U0138804

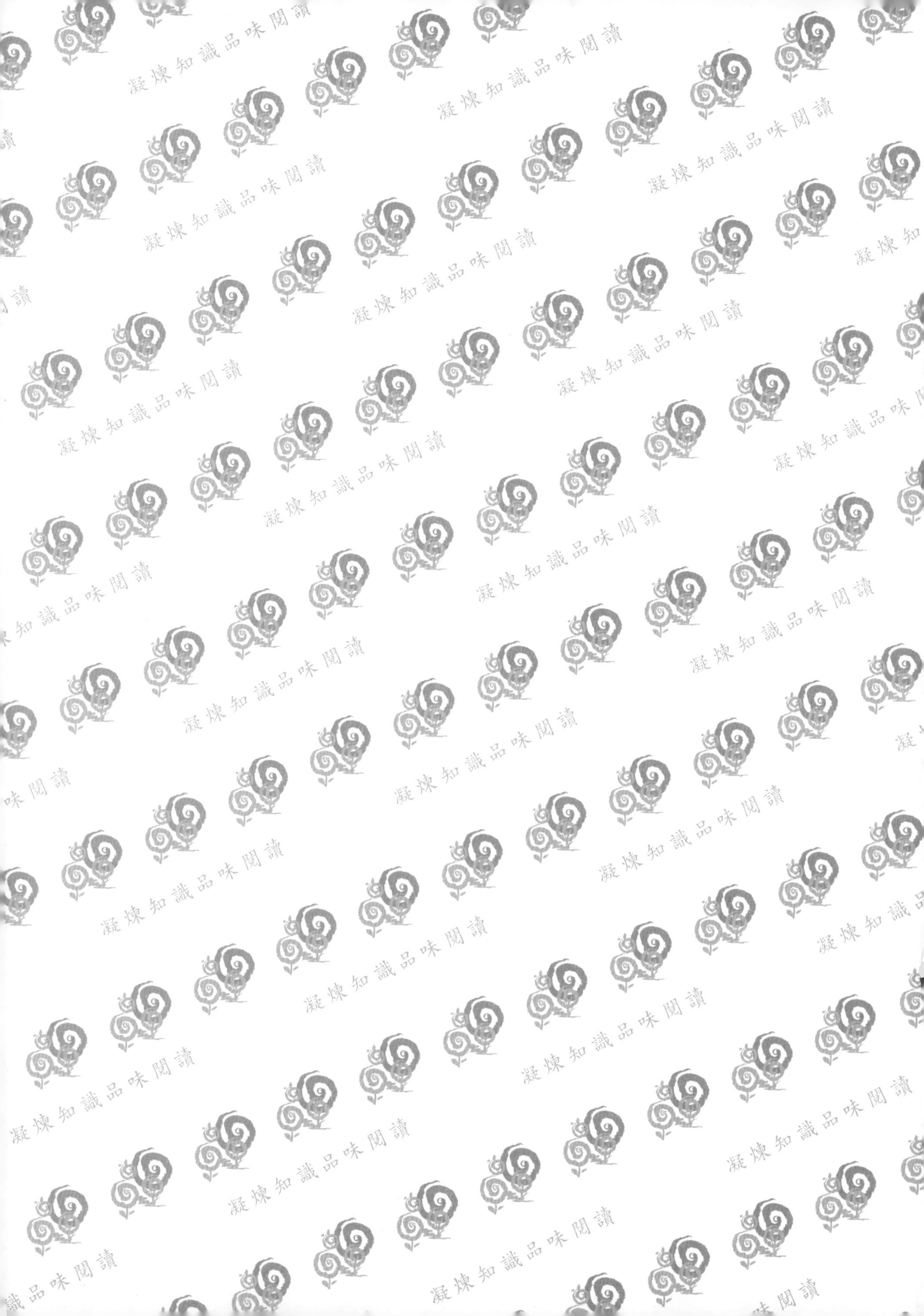

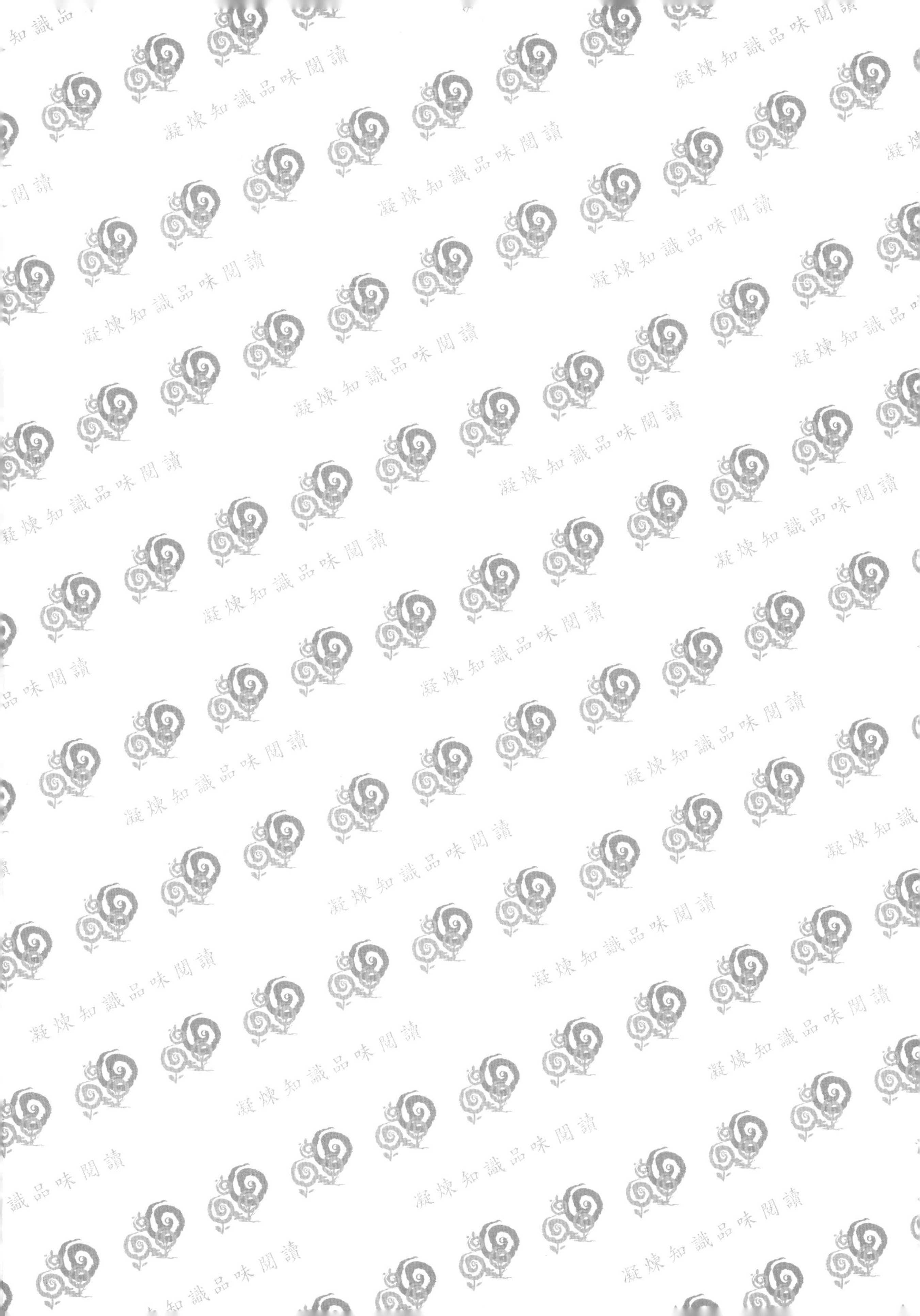

古典社會學理論二十講

孫中興　著

五南圖書出版公司 印行

目　錄

第一講

開宗明義談基本問題

一、什麼是「古典（的）」「社會學（的）」「理論」

在講授「古典社會學理論」時，許多同名的入門書或授課教師都沒有好好地界定什麼叫「古典（的）」？什麼叫「社會學（的）」？什麼叫「理論」？我們現在就好好來談一下這個基本問題。

本書有別於其他中外文同名入門書作者的做法，各位可以隨便找一本同名的「古典社會學理論」或「社會學理論」的中英文書籍的目錄來比較一下，就可以大致看出我這本書跟別人不同的地方。此外，你也可以隨著本課程的進度，比較一下和別的書或授課教師內容有無和詳略的異同。其次，所謂的「古典（的）」（classical），是相對於「當代（的）」（contemporary），主要是時間的劃分。根據社會學理論界的通行習慣，「古典（的）社會學理論」是從孔德發明「社會學」（sociologie）這個名詞開始，一直至一戰左右之間歐洲的男性社會學思想家對於主要社會學概念的提出爲主。第一次世界大戰以後，特別是第二次世界大戰以後美國在國際地位的崛起之後，一直到現在，主要在美國以及歐洲男性社會學專業的研究者所提出的社會學概念或系統就成爲「當代（的）社會學理論」的講授討論範圍。有些書只講授其中一部分，有些書則會包含兩個時期，後者也因此不會在書名或課程上特別標舉「古典（的）」或「當代（的）」的區分，有些逕自稱爲「社會學理論」或「社會理論」的書就是通貫「古典（的）」和「當代（的）」。順便說一下，孔德以前的有關社會的思想被稱爲「社會思想史」，有些社會學系把「社會思想史」當成是「社會學理論」的前導課程。不過，已經好久都沒有「社會思想史」的書籍出版。

接著是「社會學（的）」（sociological）或是「社會（的）」（social）的區分。一般來說，兩者的差異主要是學科上的區別：「社會學（的）理論」（sociological theory）是由社會學專業的教師或者專業人員所提出來的理論；「社會（的）理論」（social theory）基本上涵蓋了人文及社會科學的範疇，例如文學、哲學、歷史、人類學、社會學和政治學等學科提出的相關理論。當然，也有人顯然是把「社會學理論」和「社會理論」當成同義字來用而不做區別。

最後來談何謂「理論」。非常有意思是這個問題我最早是在中央研究院林南（Nan Lin）院士當年寫的《社會研究的基礎》（*Foundation of Social Research*）一書上看到討論。這是我當年修「社會研究法」時張曉春老師指定的教科書，而在當時「社會學理論課」上，葉啟政老師指定的法國社會學家阿宏（Raymond Aron）的以古典社會學理論家爲主的《社會學思想的主要潮流》（*Main Currents in Sociological Thought*）的英譯本（1967），以及美國社會學家柯賽（Lewis A. Coser）的通貫古典和當代的《社會學思潮的大師們》（*Masters of Sociological Thinking*，1977年第二版）中卻都沒有提到「什麼是理論」。

社會學研究方法的說法，理論是由一組對社會現象的概念（concept）所組成的，這些概念在實際研究時要經過「運作化」（operationalization）的程序而變成可以用來研究的「變項」（variable，或譯爲變量），經過了研究成果再來檢驗這些變項或變量之間的關係，然後形成一組由概念組成的「命題」（proposition）。形成命題之後再經過類似的程序，反覆透過經驗現象的驗證，形成一種抽象層次更高，更能解釋社會現象的理論。這是研究方法中理想的科學研究程序。然而，如果眞正嚴格根據這個標準，我們現在傳授的「社會學理論」基本上不可能存在，說的更白一點，就是社會學界其實很少有能稱的上是「理論」的。在 1960 年代左右，擔任美國社會學會會長的美國哈佛大學社會學教授何曼史（George C. Homans, 1982）就曾經這麼主張過。這也不是沒有道理的。

只不過我們通常將「理論」看得更寬鬆些，只要能「持之以故、言之成理」，某些可以用來觀察分析社會現象的概念或概念群就可以稱爲「理論」了，並不會嚴格採行上面說到的那種「科學程序」。有些學者甚至將上述的「科學程序」視爲只是適用「自然現象」的研究，而不適合社會現象的解釋，所以不認爲「不符合科學程序是什麼問題」。這種爭議在「當代社會理論」中頗爲常見，大家各執一詞，並沒有定論，也沒有共識。

這裡順便提一下買書看書要注意的事項。首先要注意書籍出版的年代，有些翻譯書還要特別注意原著當初出版的年代。例如在二十世紀早期社會學界有本名氣非常響亮的書——素羅金（Pitirim A. Sorokin）的《當代社會學學說》（*Contemporary Sociological Theories*），是 1927 年用英文出版的書，算是「當代社會學理論」的第一本書。它的「當代」是指「1927 年的當代」，離我們現在將近 100 年。這本書早在 1935 年上海商務印書館就出版了黃文山（凌霜）的中譯本，一直到 1970 年代中期我念臺大社會學系時，臺灣商務印書館仍然有重印本，2017 年上海社會科學院出版社還重印了這套經典書名仍為《當代社會學學說》。值得注意的是當初用的中文譯名「學說」，現在已經都改稱「理論」了。如果讀者不察，誤將老書當新書，就不知道要怪誰了！

二、社會學理論的三種教法

在社會學理論的入門書或教學裡面會有三種比較常見的做法：第一種在古典社會學理論比較常見，基本上是採取人物說明為主要方式，以這個人曾經提出哪些重要理論為主。

第二種則是以某種概念為主題，早期的社會學理論家尼斯貝（Robert A. Nisbet）就曾經在他的《社會學的傳統》（*The Sociological Tradition*，1967 年）中詳盡地討論了五個社會學理論中重要的觀念：共同體（community，或譯「社區」或「社群」）、權威（authority）、地位（status）、神聖（the sacred），以及「異化」（alienation）。他在書中比較了托克維爾（Alexis de Tocqueville）、馬克思（Karl Marx）、涂爾幹（Emile Durkheim）及韋伯（Max Weber）等幾位古典社會學家對這五種概念的討論。從已經出版的古典社會學理論入門書來看，這種主題式講法的人比較少。

第三種是採用學派的方式進行討論，這種講法以「當代社會學理論」居多，例如「結構功能論」（structural-functionalism）、「衝突論」（conflict theory）、「符象互動論」（symbolic interactionism）、「俗民方法論」（ethnomethodology）、「法蘭克福學派」（the Frankfurt School）或「批判理論」（critical theory）、「西方馬克思主義」（western Marxism）等等。古典社會學理論很難找出學派，所以在古典社會學理論教學裡仍是以人為主的這種教學方式。

三、古典社會學理論的涵蓋人物與範圍

接下來的問題是：古典社會學理論主要應該討論哪些人物以及這些人物的哪些概念或思想。這是個沒有共識的答案，前面提過素羅金的《當代社會學學說》裡提到的人物和概念數量之多是令現代教學者咋舌的，只有當時素羅金那樣博學多聞的人才可能寫出幾乎包羅十九世紀歐洲思想史主要人物的書。後來的入門書也各自有所選擇，一直到 1971 年當時年輕尚未出名的英國學者紀登斯（Anthony Giddens）出版了那本《資本主義與近代社會理論》（*Capitalism and Modern Social Theory*）之後，大概被臺灣社會學界稱爲的「社會學三大家」（馬克思、涂爾幹和韋伯）就成爲了教學的「底線」。我當時學習社會學理論時，教師並沒有提到這本早已經出版的書，反而是指定了前面說過阿宏和柯賽的書，所以我後來對理論的教學範圍的選擇主要是受到這兩本書的影響。

一般來說，古典社會學理論應該從「社會學」這個名詞出現開始講，這樣就要以 1839 年的法國人孔德（Auguste Comte）爲起點，以便看到社會學最當初被設想的模樣。順帶一提，我寫過在中文世界裡少數、現今已絕版有關孔德的一本書：《愛・秩序・進步：社會學之父——孔德》（臺北：巨流，1993），所以雖然大部分的書和傳授者都不談孔德，我還是要花一點時間講，主要原因有二：第一，這是我下過眞功夫的專長；第二，我認爲孔德有其現實的重要性，以及對後來社會學發展提供了奠基性的功能。各位可以從我之後的介紹看看孔德的社會學思想是否還有價值。如果你對孔德的思想有更進一步興趣，可以去大學圖書館找皮克琳（Mary Pickering）三巨冊的《孔德：思想傳記》（*Auguste Comte: An Intellectual Biography*，1993 及 2009 年）或我的絕版書來看。

除了從孔德開始之外，我後來讀到了更早期女性主義者沃斯通克拉芙特（Mary Wollstonecraft）的作品《爲女權辯護》（*A Vindication of the Rights of Woman*），深深感受到其他男性古典社會學理論家缺乏對性別歧視現象的感知，沃斯通克拉芙特的書，文筆簡明扼要，論點和訴求都很清楚，往往是後來某些學院派的男性社會學前輩所難望其項背的，實在值得在古典社會學理論的眞正啟蒙，特別是對當今以男性爲主流的學術界更應該回頭去反省這種忽略性別與宰制的不當歷史惡果。這也是我的古典社會學理論異於其他前輩的「起手式」。

孔德之後，我會注意到學術傳統以及思想發展的延續性，所以會根據古典社會學家的生卒前後排定講授的順序。我在談論馬克思時，也特別把他和恩格斯合作的

部分以及各自貢獻的部分分開講，這也表明了我不認爲馬克思貢獻了一切，而恩格斯（Friedrich Engels）只是可有可無的人物。各位可以在相關講次中看到我「切割這兩位思想連體嬰」的嘗試和努力，特別是我所使用的方法，都是有著文本和脈絡的根據，不是我個人的任性。有關馬克思的「異化」以及馬克思和恩格斯兩人對「歷史唯物論」的分別貢獻，我已經寫過兩本小書可供參考：《馬克思〔異化勞動〕（請注意標點符號，書中有說明）的異話》（臺北群學，2010）和《馬恩歷史唯物論的歷史與誤論》（臺北群學，2013）。

古典社會學理論的書及傳授者都會講涂爾幹，我比較不同的地方是運用下文回提到的「四本」和「脈絡」的方式，追尋涂爾幹的思想脈絡，尤其是他的方法概念承繼自孔德的系譜，以及仔細的文本分析來證明一般書籍對於涂爾幹理解的嚴重錯誤，如自殺的分類。這些都是我直接閱讀原典而不跟隨人云亦云的新發現！順便也說一下，我也寫過兩本有關涂爾幹著作的小書：《令我討厭的涂爾幹的〈社會分工論〉》（臺北群學，2008）以及《理論旅人之涂爾幹〈自殺論〉之霧裡學》（臺北群學，2009）。

接著我會介紹我最喜歡的德國古典社會學家齊美爾（Georg Simmel）。我喜歡他的原因之一就是他注重社會生活的點點滴滴，讓社會學理論更接地氣，例如他談愛情、挑逗，談女性文化、書信、旅遊，談祕密與祕密社會等等後來被稱爲是「文化社會學」的內涵。不過他的文筆散漫，很多話沒講清楚，所以給後人很多可以加油添醋的機會。我從他的觀察和文章裡獲得不小的啟發。

我還會談論當時紅遍世界知識圈的英國民間學者斯賓賽（Herbert Spencer）。他的著作很多，我自己多年前幾乎收羅完備，原本要好好全面研究他的思想，以及他對清末民初的思想家嚴復的影響。我的重點簡單放在嚴復將斯賓賽的 *Study of Sociology*（社會學研究）翻成《群學肄言》的譯名問題，以及他對於知識與社會關係的洞見。我還特別注意到他在寫信給當時日本人求教的回信中所展現的「東方主義」（Orientalism），這個「小問題」恐怕也是前人所忽略的，也成爲本書的特點。

接著我會講述兩位已經不太有人會收錄的杜尼斯（Ferdinand Toennies）和巴列圖（Vilfredo Pareto）。我的重點在於澄清一般書籍對於他們提出的主要概念的錯誤引用，有些關鍵要怪作者自己就沒說清楚，有些眞是讀者沒好好讀書。杜尼斯和巴列圖的原典最近都有簡體中文的翻譯，讓我們可以有機會親近他們的思想，而不必仰賴英譯本或是望德文和義大利文原典而興嘆。

最後，我談論大家都不會忽略的韋伯（Max Weber）。現有有關韋伯的研究相當廣泛，我的能力有限，只談論他的宗教社會學、社會學的構想、理念型，以及他對政治和學術作爲志業的兩篇通俗演講紀錄。有關韋伯原典的中譯本相當多，讀者可以比照原典看看我的理解有多少差距。我寫過一本專門討論韋伯《儒教（與道教）》以及其前後脈絡的文章的專書——《久等了，韋伯先生：〈儒教（與道教）〉的前世、今生與轉世》（臺北：聯經，2019；書中有說明我這樣使用標點符號的用意）。

以上的簡單介紹本課程的內容。這些都和我的努力及不足有關，特別我不是只便宜行事，參考別人的入門書，照著講就了事了。我當社會學學生的時候就立志要好好閱讀原典，希望寫出一本有自己特色的社會學理論的書。多年的努力就只有這樣的成果，有志的後繼者希望能接續努力。

四、每個理論家的四個部分

我從學生時代開始一直對社會學理論有興趣，後來在哥倫比亞大學社會學系讀博士也曾以「社會學理論」當成學科考試的項目。在臺大教書 35 年也常常擔任同名課程的授課老師。所以我對社會學理論的學習與講授日積月累了一段十分長的時間。誇張一點說，近 50 年。在這些歲月裡，我慢慢琢磨出一套研究古典社會學理論的架構和方法，前面幾本我研究幾位古典社會學理論家的小書也是這些方法的運用。現在就簡單介紹一下我用的架構和方法。

簡單說，我重視古典社會學理論閱讀時要注重脈絡和文本的關係，這樣可以讓我們既注重思想的外緣脈絡，也讓我們可以注重思想發展的內在邏輯或內在理論。前者主要是受到當年柯賽的入門書影響，後者則是受到阿宏的影響。我希望這本入門書也可以影響到各位未來對於理論的後續研究。

在我原始課程的設計裡，我一定先從古典社會學理論家的生平和著作著手。我的講義的第一個部分會製作一份主人翁的年表，將我閱讀到的生平大事和著作都條列在這份年表中。除了年代之外，我還會列出年齡，讓我們有一個生活歷程的參照點，而相關的著作（手稿或出版品）也可以在生平的脈絡中清楚定位。在生平中，我通常強調主人翁的情感生活經歷、繼承遺產所造成的財富自由和研究自由，以及個人精神狀態的情況。有人因此認爲我是注重「八卦」的人，而忽略了這幾個方面對於一個人生活和生命，甚至學術研究的重要影響。當然這樣的故事也往往會讓聽課的同學感到有趣，面對的是有血有肉的理論家，而不是高高在上、遙不可及的「聖人」。這些資料隨著我教學歲月的成長而增多。在生平中，我也會適量加入當時的世界大事，表明這種「大我脈絡」和「小我脈絡」之間的關係。我相信「思想不會活在眞空中」。

第二部分是思想脈絡或思想傳承。我儘量從閱讀古典理論家的原典當中找出他對話的前輩或同輩，以及他對後輩的影響，以此當成思想脈絡的內涵。不過，這方面的仔細研究往往需要看更多的傳記和歷史書籍，這已經超出我的能力，所以這個部分只能很粗略地條列出相關的人物。有些明顯的思想系譜，如孔德和涂爾幹，我就會在主要概念中提出來。這是我強調要重視「思想脈絡」的展現。

第三部分是社會學理論家的「著作脈絡」。許多思想家著作繁多，我們介紹時難免要挑其中一部分來說，爲了能讓學生理解這個概念或理論在理論家的思想發展中的地位，能將思想放在具體的脈絡中更能幫助我們了解這些概念或理論的時代意義。特別是許多古典社會學理論家都不是用英文寫作的，我們接受美國教育的人往往是從英譯本接近這些理論家的思想，而這些理論家的著作往往只有部分翻譯成英文，不懂理論家使用的原文，或是看不到原典原文，讓我們再透過翻譯理解理論家思想總會或多或少隔了一層。爲了避免「以管窺豹」或「掛一漏萬」，我會儘量將原典的寫作時間和出版時間，以及著作的目錄都翻成中文並加上原文或英譯的對照，並且詳細附上歷年我查考甚至購置的中英譯本的資料，方便讀者了解透過譯本理解原典的限制。這也是我一直強調注意文本和譯本之間的差距的重要原因。可惜社會學界很少人關切這個翻譯所造成的「誤解」問題。我們在下面的講次相關處，特別提出這個問題。

第四個部分就是理論家的主要概念或理論。在這個部分，我是根據他的思想發展先後來介紹。我都是靠著自行閱讀完整版的英譯原典，撇除選本的零碎性和斷章取義，經過經年累月不斷的增補而完成現階段的講義，有些部分後來已經寫成書籍出版，除了少數錯誤之處外，我現在都以這些出版的書籍內容作爲我最新的見解。

現在這本書也保留了且更新了很多講義中的資料，基本的講授架構也還是一樣的。有興趣了解更完整內容的讀者，可以上臺灣大學開放式課程網站我的同名課程下載相關講義，不過請注意我在本書中的最新見解。

五、四本主義說

最後稍微說一下我近年來主張的研究理論的「四本主義」。「四本主義」強調的是四個「本」的重要性：第一個「本」是「文本」。雖然很多社會學的入門書都介紹了不少概念或理論，但是很少書引用原文，往往也不會註明他的說法是根據哪本書。所以我們很難判別哪些是理論家的說法，哪些又是作者自己的理解。有些地方作者亂說一通，都沒注意理論家自己很清楚的說法，實在讓我不敢置信。這些地方我都會特別引用原典的出處，說清楚、講明白。所以閱讀「文本」，以「文本」為根據是很基本的要求。

第二個「本」是「版本」。很多念社會學的人不解：「我們又不是中文系的人，為什麼要注重版本？」這就真的沒有好好研究過書籍傳播的問題。許多書籍因為不同的原因都有「版本」的問題。在前後不同版本中，有時有著「書名」的不同，有時有著「內容的增刪」，從這些細微的差異中都可以看出理論家的思想轉折。古典社會學理論課程中授課教師常常指定的韋伯的名著《基督新教倫理與資本主義精神》（*The Protestant Ethic and the Spirit of Capitalism*）就有著 1905 年原始雜誌版以及 1920 年《宗教社會學論文集》第一卷版的區別。近幾年德國《韋伯全集》（*Max Weber Gesamtausgabe*）的編輯就根據兩個不同版本做了詳細的校勘，方便讀者看出兩個版本的差異，進而發現這些差異可能帶來的學術意義。我因為重視版本問題，所以自己收藏了許多不同版本的原典。我的這種收藏行為在同行中是個標準的「異類」。

第三個「本」是「譯本」。我們會講到的古典社會學理論家中，母語有英文、法文和德文等三種歐洲語文。我當初到美國讀博士，主要讀的是英譯本，現在學生除了英譯本之外還有很多繁簡兩體的中譯本可讀。有些人看不起中譯本，而以英譯本為尚。我個人卻以為不能這麼獨斷，譯本的優劣，不是翻譯語文的問題，應該視譯者的專業能力和語文能力而定。如果只有一個譯本，讀者當然只能遷就。常常有些人不敢懷疑譯本太差，而怪罪自己程度不好，實在是沒有必要。譯本太多，又有選擇的困擾。現在網路上有些人很認真在批評譯本的翻譯問題，很值得讀者的注意。其實這種評定譯本的工作應該由教師來做，指引學生在現在眾多譯本的情況下選擇一本相對可靠的譯本來讀，以免讀者因為爛譯本而對學習喪失興趣。我在出版的各本專書中都提過翻譯的問題，以下各個講次中也多少會點到這個問題。

第四個「本」就是「所本」，也就是作者立論的根據。理論往往不是憑空而生，或靠推理，或靠經驗證據。我們應該注意這些「所本」是否周全，是否以偏概全，是否是性別歧視、是否是民族中心主義。我們還要注意理論家提出的「所本」是否真能「證成」（justify）他所提出的理論或概念。進而，我們也要思考如何用這些概念或理論，來理解我們當今身邊的各種社會現象。特別是要如何從這些理論的啟發中，發展出更能解釋當前社會現象的概念或理論。這個應用的層面，通常必須植基於對於理論更好的理解之上。如果理論家提出的理論或概念沒有「所本」，我們也得特別注意這些理論或概念的適切性，不要一味盲目崇拜，讓「概念或理論的暴政」（the tyranny of concepts or theories）凌駕在我們之上。所以，我們提倡做人做學問都要講理，不要拿權威壓人。

六、社會學理論與社會現象

最後，我們回到另一個基本問題：社會學理論的討論該包括哪些社會現象？簡單說，現在你拿起一本近年出版的書名叫做「社會學」的書，該書裡面所探討的現象，基本上就是古典社會學理論裡面我們應該注意的問題。

現在社會學的書籍主要探討的有以下幾個面向，第一個就是所謂的「四大不平等」：年齡與老化（age and aging）、性與性別（sex and gender）、種族與族群（race and ethnicity）以及階級和階層（class and stratum），其中最少被談論到的就是「年齡」，年齡的不平等在日常生活中不但常見而且重要，但在大部分的古典社會學理論家都忽略年齡這個面向。

第二個就是「性別」，有關性別的問題，男性古典社會學理論家有許多傳統的性別刻板印象，所以我選擇從沃斯通克拉芙特講起，希望讓讀者知道早在這些男性社會學家之前，就已經有一位女性清楚地看出性別的問題並努力爭取改變。

第三個很少人注意到的就是「種族」，因爲這些古典社會學理論家皆來自歐洲，特別是西歐社會的思想家，他們很少考慮到西歐以外的人，因此他們具有東方主義的觀點也是不足爲奇的。這是受限於當時的時代。作爲當代讀者的我們更應該有意識地超越這種對全球他者的無知無視，深刻體會到大家都住在地球村中，應該要有「全球倫理」（global ethic）的意識和作爲。

最後是「階級」或「階層」。這個部分馬克思、恩格斯和韋伯都有很多討論，這些都算是標準的社會學理論的範圍。

其次就是各種「社會制度」（social institution），譬如說家庭、學校、職場、宗教、政治及經濟等，這些常常因古典社會學理論家不同的興趣，就有詳略差異的說明。大體而言，古典社會學應包含上述所提及的這些範疇。

但是有一點最常被忽略，就是這些古典社會學理論家都是社會學創立時的第一代人，他們沒有像後輩社會學者一樣受過社會學的教育。他們提出了社會學最初的構想、社會學的分支，以及社會學的方法等等創造社會學的藍圖。這些構想和後來社會學的發展未必符合，所以，大部分的古典社會學理論都不談論這些「社會學理論家的初衷」問題。我個人基於歷史興趣就將其一併整理出來，讓讀者可以遙想社會學草創時期的當年。這也算是這本書的特色。

在每一講次的結尾，我們設計了反思回顧，特別是希望讀者能將理論運用到當代社會現象上，看看這些理論是否仍具有一定程度的解釋與效用呢？

不是所有的理論都是眞理，我說過有些理論是不適用於我們的時代，有些則適用於西方文化的脈絡，可能不適合我們當今東方文化的情境，上述這些都是大家在閱讀時要特別注意的。

讀書不只是爲了考試升學，在這部分也包含了激勵有些人對於從事學術活動有所興趣，那麼應該如何站在這些社會思想家的肩膀上面，能夠看得更遠，這些也是我們這個課程對於大家的期待，我們這一講次就先談論至此。

七、Q & A 反思回顧

1. 透過網路資源或大學圖書館資料，依年代條列出版過的中英文古典社會學理論書籍。
2. 去找幾本相關的書籍或是網路資料，討論「什麼是理論」？什麼是「學說」？什麼是「典範」（paradigm）？什麼是「論述」（discourse）？什麼是「敘事」（narrative）？和我們說的「理論」有什麼關係？
3. 找幾本相關的古典社會學理論入門書，比較一下本書和其他書籍的異同。

參考文獻

George C. Homans (1982). The Present State of Sociological Theory. *Sociological Quarterly*. *23*, 3 (Summer): 285-299.

第二講

社會脈絡與思想脈絡

我們這一講次的內容主要的是要講到在社會學興起以前，西歐的社會脈絡跟思想脈絡。傳統上這算是「社會思想史」的內容，也就是法國社會學家孔德（Auguste Comte）出現之前的思想。也可以稱爲古典社會學理論的「史前史」。

我們前面講過社會脈絡跟思想脈絡，是我們非常重要的兩個注意點。通常前輩學者會把西方社會學興起限定在法國大革命之後，特別會用孔德當一個「社會學思想」和「古典社會學理論」的分水嶺。我們是把沃斯通克拉芙特（Mary Wollstonecraft）放在孔德之前，而她又橫跨了法國大革命前後，所以嚴格來說就不太適用。但是許多古典社會學思想家確實都在回應法國大革命對於歐洲世界的轉變，沃斯通克拉芙特也是，所以這種說法還是有道理的。

下面我們就分成「社會脈絡」和「思想脈絡」兩個方面來說明古典社會學理論的興起。

一、社會脈絡

首先對古典社會學理論的影響可以追溯到十五世紀末以降的地理大發現（Age of Geographical Discoveries）。現在似乎又被稱爲「探索時代」（Age of Exploration）、「海權時代」、和「大航海時代」。大家念一點西方近代史，或有一點西方歷史的常識，大概都知道麥哲倫（Ferdinand Magellan）、哥倫布（Christopher Columbus）。以前我們學英文，有一句話我記到今天：「哥倫布在 1492 年發現了新大陸」（Columbus discovered America in 1492）。

西方人的地理大發現以後，因航海技術的進步，眾多西歐國家如西班牙、葡萄牙、荷蘭等，還有一些其他的國家慢慢就加入大航海時代，對世界史而言，大航海時代最重要的意義在於世界觀的擴大，人們終於知道所處的世界不僅是如此而已。當然惡果就是開始了強國剝削和宰制弱國的殖民主義（colonialism）和帝國主義（impirialism），以及傳染疾病的擴散全球。戴蒙（Jared Diamond）的暢銷書名《槍炮、細菌和鋼鐵》（Guns, Germs and Steel）很精簡地掌握了這種時代的重點。

現在去查閱一些古地圖，特別是十五世紀的古地圖，時人對於世界的描繪，遠不如現在精準，但仍可在地圖上觀察到當時人們對於世界的想像。據聞康熙大帝，當時看了西方傳教士帶來的世界地圖，才對這個世界有了新的認識。爲了讓更多大清官員和子民認識這個世界，也在 1708 年（康熙四十七年）下令編繪了《康熙皇輿全覽圖》。

自地理大發現後，世界的發展開始出現全球貿易，嚴格說來是一種帝國主義的殖民，將西方世界所需要的資源，特別是香料、茶葉、礦產、奴隸等，從較落後的國家地區巧取豪奪。若從不公平交易角度而言，帝國主義正將世界形塑成一個他們予取予求殖民的世界；若從世界史來看，這就是一個全球貿易初起時的原料產地跟市場的問題。

其次的另一個社會背景，就是資本主義革命，資本主義革命與商業發展息息相關，全球貿易或「世界體系」（world-system）的雛型大概在十五世紀逐漸形成。在亞洲，如印度約莫十六世紀之際，葡萄牙人便開始出現在果亞邦（Goa），隨後耶穌會傳教士一同到來；在中國則是由澳門，慢慢經過廣東肇慶，逐漸北移；日本地區則是由長崎開啟日後的「蘭學」。

要言之，軍事、宗教、商業三個面向擰成一股力量，帶領歐洲人進入有別於歐洲視野以外的世界。其他地區的政府和人民也只能在船堅炮利的威嚇之下，任其擺布。

在全球貿易現象出現之際，中產階級（middle-class）或者資產階級（bourgeoisie）隨之興起。這個概念本身較爲模糊不清，因爲中產階級依照現在觀點，既非上層階級，也不是下層階級，所指涉是上下中間的那一群人。可是資產階級在當時語境，指的是僅次於貴族、教士及貧民之外的一個新興的階級，有的說是「暴發戶階級」，或稱爲「新富階級」（法語：nouveau riche；英語：parvenu, new money）。後來甚至成爲和「無產階級」（proletariat）或「工人階級」（working class）對立（應該被打倒）的統治階級（ruling class）。

而中產階級的興起，在現代的西方歷史研究，甚至全球歷史研究上面，是一重要的關鍵。很多學者認爲經濟的發展，會帶動民主制度的發展，所以中產階級增多後，國家的政治體制自然有所改變。這種信念和事件在西方歷史上，跟世界日後其他地區的發展息息相關。

隨著資產階級在歷史上的出現，同時無產階級（或工人階級）也隨之登上歷史的舞臺，兩造間若利益調和，則相安無事，社會一片祥和，倘若利益衝突的話，又碰上資產階級無法壓制工人的反抗時，便出現資產階級與無產階級的對立，甚至爆發無產階級革命，資產階級下臺的後果，如馬克思和恩格斯的預言和觀察。只不過二十世紀的兩場著名的蘇聯和中國共產主義革命靠的是農民階級，而不是馬克思和恩格斯預言的「工人階級」，因爲當時兩個國家的工業還沒發展到相當的地步。

接著是在十八世紀第三個社會脈絡——工業革命的發生。

工業革命開始，不再是鄉野的田園生活情調，開始出現煙囪、火車、空氣汙染等整個地表環境的變化，還因生產機械化、大量生產流水線的出現產生劇變，人們的生活不再擁有農閒生活的時光，反倒因工廠制度的介入，形成規律且被嚴格控制的生活。

工業革命出現的當下，就出現了不當僱用童工跟女工的社會問題。雖然在現在許多文明國家，這些都是被禁止的，但在早期的工業革命階段，這些都是尋常可見之事。

各位有機會去翻閱一本淺顯易懂的書，就是恩格斯（Friedrich Engels）所寫的《英國工人階級狀況》（*Die Lage der arbeitenden Klasse in England*）：「在這本書裡，我想把你們的狀況、你們的苦難和鬥爭、你們的希望和要求的真實情況描繪給我的德國同胞們。」（恩格斯，1957：273）

該書篇幅不短於《資本論》（*Capital*），其內容較之更爲具體，談論的都是當時的工廠制度及工人階級的生活狀況，描述得非常的生動，現代讀者看來都還會激起人們對資本主義制度的反感，以及同情受壓迫者的遭遇。這本書我覺得寫得比《資本論》更震撼人心。可惜中文世界至今沒有單行本發行，眞想看的人只能求助於圖書館收藏的《馬克思恩格斯全集》。

自社會生產方式歷經機械化、大規模生產的轉變後，在生產面開始出現了過剩的問題，工人階級於此時大量出現，同時也因爲被資產階級剝削和壓迫而轉變成無產階級。特別在工時超長過勞和工作環境惡劣的問題上，更能不證自明地顯現工人階級的被剝削。

不過相對於現代公司機構工作動輒十小時，或一定要加班的工作時間，似乎當時和現在也沒有什麼太大的差異。當時已經有團體提出最合乎人性要求的狀態，是希望能夠實施工作、休息、睡眠這占八小時的「三八制」。許多人認爲近代社會使用機器可以節省人力，工人應該會有更多的休閒時間；現在的各種發明，讓生活更加便利，相較兩百年前的工業革命，理應讓人有更多閒暇時間，但目前除歐美先進國家之外，其他國家的人似乎把超時工作當成日常。這大概是兩百多年前努力改變社會的前輩們萬萬沒有想到的結果。

第四個重要的社會背景就是民主革命，特別是十八世紀開始的美國獨立革命（1776）與法國大革命（1789），所根據的是「三權分立」及「主權在民」（社會契約論）的相關學說，大概跟霍布斯（Thomas Hobbes）、斯賓諾沙（Baruch Spinoza）、洛克（John Locke）、孟德斯鳩（Charles Louis de Secondat, Baron de Montesquieu）及盧梭（Jean-Jacques Rousseau）等思想家，討論各種契約理論成立與否的面向來界定國家與人民的關係。所以常常先進的思想是走在時代之前，社會演變追隨在原創思想之後。

有一本書特別強調美國獨立革命以後社會現象對於歐美世界的影響，這就是當時法國人托克維爾（Alexis de Tocqueville）在 1835 年及 1840 年所撰寫的《論美國的民主》或《民主在美國》（*De la démocratie en Amerique*; *Democracy in America*），對人類歷史而言，在美國革命以後，這個世界上第一個新興的國家，到底發生了一個什麼樣的變化，這在歷史上是非常重要的。托克維爾後來在 1856 年也反思過他所經歷的法國大革命，而寫下了《舊制度與大革命》（*L'Ancien Régime et la Révolution*）。後來他還出版了《回憶錄》（*Recollections*），是在他過世後由妻子整理出版的。都有中譯本，都值得大家去看。

除了社會脈絡之外，我們也強調思想脈絡。在以後各講次中或多或少都會提到這些思想脈絡對於所要討論的古典社會學思想家的影響。

接下來我們談古典社會理論出現以前的歐洲主要的思想脈絡。

二、思想脈絡

第一個是十六、十七世紀開始的科學革命（scientific revolution）。現在有很多書在研究科學革命，甚至有人懷疑科學革命存在與否。科學革命所蘊含的主要內容就是產生所謂的「科學方法」。

在西方思想史上，古希臘哲學家亞里斯多德（Aristotle）觀察宇宙間一切變化，注重因果關係，提出「四因說」，分別爲「形式因」、「質料因」、「動力因」及「目的因」。他認爲萬事萬物的發展皆有其方向與目的。

「四因說」在西方思想史上盛行許久，直至培根（Francis Bacon）後，開始強調「法則」（law，或譯「定律」），此後「原因」相對「法則」或「定律」而言就顯得沒那麼重要。特別是自然科學的興起與研究的「法則」或「定律」相關。例如十七世紀自牛頓（Isaac Newton）發表《自然哲學的數學原理》（*Principia*, 1687），提出「牛頓運動三大定律」後，定律或法則就成爲了解世界新的指導原則。

社會學的研究方法直至孔德後開始出現了歷史的方法，之前的自然科學則發展了觀察法、實驗法和比較法。涂爾幹（Émile Durkheim）作爲第一位正式以社會學家職稱出現的人物，就寫了一本有關社會科學方法的討論——《社會學方法的規則》（*Les Règles de la Méthode Sociologique*, 1895）——有時候因爲第一個中譯本的譯名而簡稱《社會學方法論》。這個名稱不太恰當，因爲「方法論」（methodology）和「方法」（method）後來不是同一個概念。另外韋伯（Max Weber）一些對於社會學方法的討論也很重要，特別是他討論的「免除價值判斷的自由」（Wertfreiheit; freedom from value judgment）及「理念型」（Idealtyp; ideal type）。

科學革命以後帶來所謂「客觀性」（objectivity）的問題，強調研究者進行研究時，針對客觀世界進行觀察時，採取不涉入情感，保持中立客觀的態度，此立場相對地涉及到所謂「理性」（rationality）的問題，對此觀念的相關討論，迄今仍有許多不同的說法。

簡單而言，人若相信可以憑藉自身努力運用方法，便可完成或達到知識的目的，理性則在手段跟目的之間找尋最有效率的方法，這是我們對理性所做的最簡單的解釋。

在古典社會學理論裡面，像巴列圖（Vilfredo Pareto），這是我們後來會提到的義大利籍社會學家，還有韋伯（Max Weber），他們兩人在社會行動分類裡面，皆提到在每一個行動中，都會考量到它的目的跟它的手段之間，找尋最有效率的方式，以此種理性的概念來區分不同的社會活動。

接下來還有「自然法（則）」（natural law），很多社會學在當初的研究，便希望能夠建立類似普遍性的法則，我們提及自然法則的觀念，主要是從培根而來的，培根的想法在自然科學領域得到了實踐，然而在社會科學有產生一樣的效果嗎？這也是社會科學界內部一直爭議不休的議題。

孔德曾經提出過所謂的「第一哲學的十五條法則」。此點在許多書都隻字未提，因爲許多同行早已經不讀孔德的著作，就算是談論孔德的古典社會學理論的入門書中也沒提到這個部分。我是在直接閱讀原典的過程中意外發現的，寫在我曾經出版現已絕版的一本書：《愛．秩序．進步：社會學之父——孔德》（臺北：巨流，1993）中。今簡要說明如下：

> 孔德第一哲學的概念主要是繼承了培根（Francis Bacon, 1561-1626）的類似的「第一哲學」（Philosophia Prima）概念而來。這十五條法則或定律可以依主觀或客觀所占有的分量分成三組：第一組是主客觀各半；第二組是以主觀為組；第三組以客觀為主。這和他早先提出的「社會學四大法則」是有頗多雷同之處。（孫中興，1993：219）

簡單說在社會學一開始的時候，就已經理解到自然法則的重要性而被納入社會學的思考裡面，只是後來沒有這樣繼續下去，這是比較可惜的地方。怪誰呢？

其次，第二個思想脈絡就是「宗教改革」（Reformation），在西方文明脈絡裡，自西元三、四世紀之後，基督宗教（Christianity）逐漸成爲西方文明主流的意識形態，尤其與政治結合後，其勢力變得非常的龐大。原本基督徒是被迫害的殉道者（martyr），歐洲中古時期卻反而演變成歷史上有名的腐敗權威和迫害者，「十字軍東征」和販賣「贖罪券」就是惡名昭彰的例子。這眞是歷史的弔詭。

自宗教改革以後——新教出現，傳統天主教權威就開始式微。在社會學界的研究裡面，最有名的就是韋伯的《基督新教倫理與資本主義的精神》（*Die protestantische Ethik und der Geist des Kapitalismus*，1905年發表，1920年修訂出版）一書；涂爾幹在研究自殺行爲時，在《自殺論：社會學的研究》（*Le Suicide: Étude de Sociologie, 1897*）一書也特別強調這個舊教（天主教）的信仰者跟新教（基督宗教）的信仰者之間，在自殺率上有很大的區別，特別是新教的自殺率遠高於天主教。所以「基督新教」的興起，在一般西方近代史的書裡面都會提到，這在思想發展上也是一個重要的現象。

另外還有一個就是「自然神教」（Deism）的觀念。自然神教的觀念出現，也是希望擺脫這種天主教權威的壓迫，追求在信仰上更多元的自由，這也是在「宗教改革」另外一個面向的影響。

接下來的第三種，是發生於十八世紀的啟蒙運動（The Enlightenment）。簡單說，啟蒙運動有三大信念：

第一，相信自然世界與人文世界存有秩序，卻對一切是否爲神所命定有所質疑，特別是針對當時君權神授的君主與解釋力不足的舊有宇宙論；第二，強調人是理性的動物，與傳統基督宗教對於人的看法是不一樣的；第三，相信人可以無限地進步，此看法跟基督宗教更是不一樣：在《舊約．創世紀》的記載中，亞當和夏娃違背與耶和華神（YHWH）的約定，吃了禁果被耶和華神逐出伊甸園，這段不光彩的經歷開啟了人類的「墮落」，英文講 The Fall 的 F 是大寫的，那人類的拯救完成必須等待基督（Christ）的再度降臨。所以在傳統的基督宗教的主流想法裡，人是在墮落與救贖之間徘徊，沒有無限進步的可能。啟蒙運動對此有個幾乎相反的看法，因此有無限進步觀，也相信人是可以憑自身努力接近完美的，而非唯有等待基督的救贖才能止於至善。

同時逐漸發展出「人權」的觀念。不但法律之前人人平等，在社會生活上也是如此，強調每個人都該被當成人來對待。此人權、人道觀念的出現超越了宗教、種族其他的一切。雖然早在 1789 年法國就提出了《人權和公民權宣言》（*Déclaration des Droits de l'Homme et du Citoyen*），1948 年聯合國也倡議過《世界人權宣言》（*Universal Declaration of Human Rights*），可是到現在爲止，還是有很多地方需要全世界一起努力。

最後出現的第四種思想脈絡就是在十八世紀以後出現的各式各樣的「主義」。

其中著名的是在法國大革命以後，相較於認爲法國大革命是無限美好的激進想法，而出現對立看法的「保守（守成）主義」（conservatism），其中最具代表性的莫過於浪漫主義（romanticism）與反啟蒙運動（counter-Enlightenment）。雖然一提到「保守」或「守成」，容易讓人產生「落伍」的聯想，然而保守主義者，特別是柏克（Edmund Burke），認爲法國大革命摧毀了過去的傳統，破壞相較於建設容易許多，對於革命後的社會要重新建設，並非朝夕可完成之事等等，對法國大革命提出了很多的省思。

所以在社會學者的相關書籍對此的討論中，我們可以在孔德、涂爾幹的書裡面看到批判法國大革命的負面影響。這點是在許多片面宣揚法國大革命正面效益的書籍中所忽略的地方。

第二個是所謂自由主義（liberalism）的興起，特別強調言論的自由與代議制度。日後很多國家也制定憲法，納入保障人民的言論自由及各項權利的條款。著名代表人物及其思想或著作有邊沁（Jeremy Bentham）的效益論（utilitarianism，或譯「功利主義」或「實利主義」）與密爾（John Stuart Mill）的《論自由》（*On Liberty*）。

第三個是在當時最常見的社會主義（socialism），主要訴求為廢除私有財產，希望財產公有。而這樣的社會主義後來分了許多不同的派別，馬克思跟恩格斯合寫的《共產黨宣言》的最後一部分便是在談論這些被他們貶抑為「烏托邦的社會主義」（utopian socialism），其目的在於區分出他們所宣稱的「科學的社會主義」（scientific socialism），而以「共產主義」（communism）較為正面意義取代負面的意涵的「社會主義」。

另外有一個是在《共產黨宣言》裡面沒有提及的，是 1884 年在英國成立的「費邊社社會主義」（Fabian socialism），主張漸進式的改革，誠如羅馬名將費邊（Fabian）所標榜的「伺機而動」的政策，其名言就是「準備好了再行動」。

簡單說，費邊式的社會主義是一個比較審慎、不走極端的社會主義。

除此之外，還有一些曾經流行，現在較少被討論到的「無政府主義」或音譯的「安那其主義」（anarchism）。該主義認為凡是政府都是壓迫人民，因此採取反對政府存在的立場。馬克思主義者當中也有人有類似的看法。但馬克思主義認為要將政府或國家轉變為服務人民的工具，而不是資產階級用來壓迫無產階級的工具，所以他們和無政府主義在此點就更加徹底決裂。其中有許多著名的人物持有該論點，例如沃斯通克拉芙特（Mary Wollstonecraft）的最後一任丈夫戈德溫（William Godwin）；馬克思寫《哲學的貧困》（*Misère de la philosophie; The Poverty of Philosophy*）來對抗《貧困的哲學》（*Philosophie de la misère; Philosophy of Poverty*）的作者普魯東（Pierre-Joseph Proudhon）；俄國思想家巴枯寧（Michael Bakunin）；克魯泡特金（Peter Kropotkin）；以及著名的俄羅斯文學家托爾斯泰（Leo Tolstoy）。

至於其他還有「工團社會主義」（guild socialism），欲藉由工團解除國家其他不必要的管理權威，或者壓迫機構，讓工人的團體自治。簡而言之，希望廢除政府及資本主義制度，由工人組成工團來治理社會。索雷爾（Georges Sorel）對於工團主義提出若干看法理論，這樣的理想也是當時的社會思潮之一。

所以我們要討論到的古典社會學理論家，基本上都活在這樣的時代氛圍中而做出不同的反應。這是個人回應所處的時代挑戰與事件。

最後要提醒的是，我一直希望大家在研讀「古典社會學理論」時，不要將它當作「故紙堆中的學問」，要經常學會用所學到的概念或理論來面對自己的生活，幫助我們對現在所處的社會現象進行思考，看看還有哪些觀點能幫助我們去理解現在的社會，有哪些已經無法回應社會的挑戰，需要捨棄或是增補，進而得去發想新的觀念來理解現在這個社會，而非盲目地接受一切。這也是我對自己的期待。

三、Q & A 反思回顧

1. 試想在西方社會產生了巨變，或者稱之為「社會變遷」，而近代的中國及日本同時歷經此千古未有之變局，紛紛採取相對應的方式，在日本為明治維新，在中國為近代各種運動，兩相對照之下，便可思考，為何日本的明治維新相對於近代中國的自強運動是成功的？有什麼樣的因素造成影響？若從外國人的視野來觀察，兩者均受儒家文化影響，然而為什麼產生如此大的差異？
2. 試想若沒有基督宗教的意識形態為前提，對於西方世界文藝復興至法國大革命這一連串思想與社會變遷會有什麼不一樣的變化嗎？
3. 試著討論臺灣近幾十年來的各方面的思潮和我們提到的社會脈絡和思想脈絡有怎樣的延續或斷裂？

延伸閱讀

修茲（H. Stuart Hughes）（1958/1981）。《意識與社會：1890 年至 1930 年間歐洲社會思想的新取向》。李豐斌譯。臺北：聯經。

馬爾庫塞（Herbert Marcuse）（1941/1993）。《理性與革命：黑格爾和社會理論的興起》。程志民等人譯。重慶：重慶出版社。

郭博文（2000）。《社會哲學的興起》。臺北：允晨。

霍松（Geoffrey Hawthorn）（1987/2018）。《啟蒙與絕望：一部社會理論史》。潘建雷、王旭輝、向輝譯。上海：上海三聯。

第三講

沃斯通克拉芙特（Mary Wollstonecraft）

我們這一講次開始談論沃斯通克拉芙特，一開始會先講沃斯通克拉芙特生平的亮點，說明生平脈絡如何影響沃斯通克拉芙特個人對於女性當時所處社會所提出的各種看法。在理論方面，我們介紹她對於女性教育與女性權利、兩性觀、兩性的差異、理性、美德與知識程度、強調理性、女性個性的養成、女性相處等與女權相關的論述。

接下來還有一大部分是談到親職的部分，以及少部分談論到行動的觀點，她雖然談得不多，但是對於我們社會學理論關於行動的看法，頗有值得借鏡之處。

最後我們會說明她對於理想教育的願景，以及個人生活中最貼近大眾的職業與愛情看法。

一、生平脈絡

我們先簡單介紹她的生平亮點，其餘請參考本講次的附錄一。

1. 她沒有受過正式的教育，可是她的文筆流暢，甚至在行文中能引經據典。甚至作爲一個英國人，還能夠翻譯德、法等其他歐洲語言，這終究是如何辦到的，一直是我感到非常好奇的事情，在我曾經翻閱過的幾本傳記當中，對於此點都沒有特別記載說明。
2. 作爲一個當時的女性，基本上她是以賣文爲生的，不像當時的女性受限於個人能力和社會資源，而從事性產業工作。作爲一個女性她到底是如何在這種困境中走出來，我覺得是很值得給予後人的一個啟發。

3. 接下來，就是她的情感生活非常的豐富，曾經與三個人有過情感關係，其中有兩個人與她生過小孩，第二個孩子就是日後寫下《科學怪人》的瑪麗．雪萊（Mary Wollstonecraft Shelley），只是讓人感到遺憾的是，對於這麼一位擁有精彩人生經歷的女性，竟然沒有多少有關她的影視作品。我曾經在 BBC 的節目廣播劇上聽過關於她的生活敘事，我也曾經看過有兩、三本英文書是談論她的情感生活，但是截至我寫書的時候爲止，竟然沒有被拍成電影，這點是我大惑不解之處，畢竟她的生活實在豐富到有十足的戲劇張力，至少會比珍．奧斯丁（Jane Austen）的小說要好看太多。
4. 她的許多著作都敢和當時的男性「嗆聲」，替女性的基本人權發聲，可惜的是有關她著作的中譯本一直只有《爲女權辯護》（*A Vindication of the Rights of Woman*）一書，最近又欣見《女子教育》（*Thoughts on the Education of Daughters*）的中譯本〔其中包含了三本書：同一作者的《女兒教育》以及《本事眞跡》（*Original Stories from Real Life*），以及當成附錄的約翰．格里高利（John Gregory）的《遺言教女》（*A Father's Legacy to His Daughters*）〕都是很值得大家去看的經典。以上這些書都是她在 27 到 33 歲之間寫的書，在她 38 年的生命中，這個女性教育的主題應該是她一直不變的關懷。

因爲我個人學力有限，我只能從《爲女權辯護》一書著手介紹，所以看不出我一直很強調的她的思想變化。

接下來我們來介紹她的重要觀念。

二、提倡女性教育與女性權利

在十八世紀的歐洲社會，沃斯通克拉芙特在當時啟蒙運動與「身爲一個人」（「女人」和「男人」一樣都是「人」）的自覺之下，提出在理性與身而爲人的道德素養作爲一個判準，進而反對當時現實社會中的觀點——只有男性可以接受國民教育，而女性僅是身爲「女人」，而非「獨立的人」。

我們現代人大概會對這個兩百年前的概念覺得理所當然啦！這可以算是人類理性的進步。對歷史長河來說，兩百年還眞不算什麼！

而之所以爲女權辯護的原因和原則，誠如她所言，「我是為了我的性別，而不是為我自己作辯護。」（Wollstonecraft, 1975: 3; 1995b: 9）。

沃斯通克拉芙特認為，或者說她希望女性不需要被規範在社會既定的女性框架中，應該去爭取身而為人所應具有的價值，所以她要掃除當時社會對於女性的偏見迷思。首先，她以女性的角度出發，「為了主張女性的權利，我的主要論證基於一個簡單原則：假如女性未能接受教育成為男性的伴侶，她就會停止在知識和美德方面的進展。」（Wollstonecraft, 1975: 4; 1995b: 10）。換句話說，知識和美德的進展絕非男性的專利。

她在這裡還要以女性「成為男性較好的伴侶」來要求女性受國民教育的權利，是為了策略性地「委曲求全」以便男性社會比較容易接受？還是她的觀念中就是如此？現代女性主義會強調這是女性作為一個人的基本權利，不會以「成為男性較好的伴侶」為理由。可是，還有多少世間男男女女仍然是這麼想著呢？

插句話，後來斯賓賽談到教育時，特別是要在「智、德、體」（intellectual, moral, and physical）三方面的發展，沃斯通克拉芙特在此只提到了前兩者，沒提到「體」方面的發展。

接著她更近一步提醒讀者女性權利被漠視的社會後果：

> 假如男性不能注意到父親的責任，不可能期望女性花時間在教養小孩；她們這一代人都比較聰明，寧願把部分時間花在面對化妝鏡。因為運用這種狡猾的手段只不過是她們本性的一部分，使她們可以獲取一些平常沒有的權力；因為女性要是不被允許享受合法的權利，她們就會讓自己和男性變得邪惡，以獲取不當的特權。（Wollstonecraft, 1975: 6; 1995b: 12）

在此處，我想把「狡滑」認為是女性本性的一部分恐怕不是現代人會贊同的觀念，但有些人認為狡猾的特質，在男性中心社會中是一種「以子之矛（女性狡滑）攻子之盾（男性狡滑）」的策略，但此處的重點應該是要求女性權力的合法化。

在這樣的前提下，漠視女性教育是一切苦難的根源的結論便在此脈絡下被揭露，「女性在此以前所受的教育，配合上市民社會的構成，只使得她們變成無足輕重的慾望對象——只是愚人的繁殖者……」（Wollstonecraft, 1975: 7; 1995b: 11）

女性變成男性慾望的對象，就是為了異己才存在，這是一個當今女性所要擺脫的形象和刻板印象，而此種形象與刻板印象的來源為何？她認為是出自於女性教育書籍的誤導：

> 在錯誤的教育體制中一些寫作此一主題有關的男性，不把女性當成人，而把她們當成女性，比較期待她們成為男人的情婦，而不是變成合情的妻子或合理的母親；由於這種似是而非的敬意混淆了我們對兩性的看法，使得現代的文明女性，除了少數之外，一心一意只想激發別人的愛意，其實應該培養更高貴的志向，並且以自己的能力和美德贏得別人的尊敬。（Wollstonecraft, 1975: 7; 1995b: 3）

最後一段話強調的是以自我獨立作爲最高的自我形象，而不是仰賴和別人的不平等關係來建立一個自我。

此處「情婦」、「妻子」、「母親」都是女性的「角色組」（role set）。不過，這三者當然不必然要有關係，也不是女性角色組的全部。

在這裡，沃斯通克拉芙特的觀念是人有男女兩性、女性又有這些角色組，這三層是環環相扣的。我國女性主義者呂秀蓮，曾任中華民國 10-11 任副總統，她說過：「先做人再做女人。」這個觀念和沃斯通克拉芙特的觀念是一致的。

> 可能有人會說我狂妄自大，但是我必須說出我深信不疑的事，所有那些寫過女性教育和行為舉止的作者，從盧梭到葛雷格里博士（Dr. John Gregory, 1724-1773），都希望女性比應有的情況還要更加虛偽、更加虛弱，也因此，變成社會上的無用之人。（Wollstonecraft, 1975: 22; 1995b: 27）

其實在這一段的書寫過程中，我們便可發現男女之間，在當時即便一樣都是著書立說，卻有著不一樣的心情與結果，這是因爲被批評的對象都是男性的緣故，還是因爲他們都沒把「女人」當成「人」？但是這樣的錯誤，難道可以完全歸咎於男性嗎？在歷史的紀錄上，女人也可能犯同樣的錯誤，看看中國的班昭所寫的《女誡》。

對於沃斯通克拉芙特而言，關鍵並非女性未能受教育，否則盧梭、葛雷格里博士等人便可加以辯駁他們是何等費心地爲女性提供一個良好的人生指南，雖然在沃斯通克拉芙特來看，關於他們書寫的女性教養內容與建議，對於女性而言，只有敗壞品味與損害理性而已。順便說一下，葛雷格里的《遺言教女》（*A Father's Legacy to His Daughters*）於 2023 年由李博婷中譯出版，收錄在沃斯通克拉芙特的《女子教育》中譯本。

當時女性所受的教育，沃斯通克拉芙特認爲與軍人的教育有相似之處。此種教育的特質有四種：第一，膚淺的知識，沒有經過判斷力的檢驗；第二，以刻板的禮貌來表現次要的品德；第三，被教導要以取悅別人爲生活的目的；第四，「人云亦云，盲目服從權威。」（Wollstonecraft, 1975: 23-25; 1995b: 29-30）

這裡很顯然不是贊美的意思。一次罵到兩種人。

而沃斯通克拉芙特反駁的主要作家觀點是關於盧梭的女性觀：

> 盧梭宣稱：女性永遠不應該認為自己是獨立自主的，她必須在恐懼的心理支使之下發揮她狡猾的本性，她必須變成一個風騷的奴隸，這樣才會成為更加誘人的慾望對象，當男性要讓自己鬆懈一下的時候，她可以成為他的一個更甜蜜的伴侶。（Wollstonecraft, 1975, 25; 1995b: 31）

盧梭的想法和他豐富的人生經驗有關，看看他的《懺悔錄》。看看「風騷的奴隸」、「更加誘人的慾望對象」、「更甜蜜的伴侶」，現在聽起來像是鎖碼台的廣告詞。這位以「社會契約論」聞名的思想家，碰到性別問題就失去了他在其他方面的革命性。

除了女性的權利被漠視之外，她先闡述女性被漠視之下的兩性觀爲何？進而提出她的主張訴求：

> 我希望女性同胞會原諒我，假如我把她們看成是理性的動物，而不是恭維她們的嫵媚風采，而且也不把她們看成是永遠無法自立的童騃狀態。我誠懇地希望指出什麼是真正的尊嚴和人類幸福——我希望說服女性努力獲取心靈上和肉體上兩方面的力量，而且要使她們確信那些呢噥軟調、細密心思、纖柔情感，以及卓然品味等幾乎都成為軟弱無能的同義字，而且我也希望說服她們，那些相關的憐憫和愛情的對象，不久後也會成為被蔑視的對象。（Wollstonecraft, 1975: 8; 1995b: 5-6）

文中提到的這些女性陰柔的特質行爲（femininity），顯然都是在男性中心社會下針對女性所規訓出來的德性。

而她卻對這樣被馴化的女性特質有所不滿，認爲人應該是具有平等的特質，無論是在神面前或在理性能力的使用。「我希望指出美德比優雅重要，指出令人欽佩的目標是要養成人類的品性，而不管性別為何；以及指出其他次要的目標都要通過這個簡單的試金石。」（Wollstonecraft, 1975: 9-10; 1995b: 6）

即使過了兩百年後的今天，現代廣告所宣揚的女性似乎還是優雅比美德重要。

> 女性作為男性的女兒、妻子和母親，她們的道德品性應該由她們履行這些簡單責任的態度來衡量；但是努力的最終目的應該是要表現她們自己的才能，以獲取自覺美德的尊嚴。（Wollstonecraft, 1975: 26; 1995b: 32）

這裡比前面清楚地提出了女性努力的最初和最終目標，前者還是以女性的常見角色組爲主，後者則以女性作爲一個自覺的人爲主，而除了在兩性人格特質的差異之外，我原先以爲她忽略了兩性體力問題，但隨後關於這部分，她反倒有些深刻的看法。

> 大自然賦予女性比男性較弱的體質；但是為了確保丈夫對她的愛情，一個做妻子的女性，在免除了為人女兒、妻子和母親的責任之餘，仍能鍛鍊自己的身心，以保持健康，她還需要使用手段讓自己顯出病態的纖弱，以搏取丈夫的愛情？軟弱可能會引起溫柔，以滿足男性的自大感；但是，這種以保護者姿態出現的愛撫並不滿足一顆渴望被尊敬的高貴的心靈。撫愛並不足以取代友誼。（Wollstonecraft, 1975: 29; 1995b: 36）

在這裡她談到兩性體力問題。她很不恥將「病態的纖弱」當成「搏取丈夫同情」的手段。她認爲男人的這種自大感不能「滿足一顆渴望被尊重的高貴心靈」。可是到目前爲止，許多男性的兩性社會化過程中還是以要「當女性的保護者」自居，對於女性的渴望是置之不顧的，似乎「英雄形象是比美女的需求更重要」。

她更近一步說明女性與男性之間的差異，首先，她先從自然法則關於體力的部分說起：

> 在自然界，我們可以看得出來，一般而言，女性在體力上是比男性差。這是自然法則，看來這個法則並沒有因為對女性有利而被暫時廢除或取消。因此，某種程度上在體力方面的優越是不可否認的，這是一種高貴的天賦。可是男性對此卻不滿足，一心一意把女性打壓得更利害，以便將女人變成一時的玩物（alluring objects）；而女性也陶醉在男性的崇拜中，受制

於五官之慾，加以回報，而不尋求在他們心中獲得永恆的利益，或者成為他們在社會上樂於交往的朋友。（Wollstonecraft, 1975: 8; 1995b: 4）

但是此種體力的優勢，是否可以延伸到男女的一切，卻是一個過度詮釋的問題：

我可以承認男性比女性在體力上有天生的優越性；這也就是男性優越的唯一有力證據。但是，我仍然堅持，兩性不僅在德性上，而且在知識上，兩性在本質上應該是一樣的，縱使在程度上會有不同，而且，女性不僅應該被看成是道德的人，也是理性的人，應該可以像男性一樣努力獲得人類的美德（或完美性），而不是像盧梭筆下沒有人性的怪物那樣，只被教育成半個人。（Wollstonecraft, 1975: 39; 1995b: 48）

在這一段終於把「德、智、體」三樣都說到了。在前面這段的引文裡面，她談到我們前一講次所提到關於啟蒙運動時代的理性觀以及完美性這樣的觀念，所以她承認女性在體質上面不如男性，但是在德性及理性這兩個方面是可以平等的。在此，她強調的是我們現在都熟知的「性別教育平等」的理念。但是我們現今的教育眞的平等了嗎？

當然贊成她的論點者大有人在，但反對她的亦不乏其人。反對者往往會以現實生活中的例子作爲支撐其反對論證的證據，更甚者在當時社會情境下，以男性化的女性有別於當時社會性別印象的例外來反駁她，認爲若依照沃斯通克拉芙特的意見，男性化的女性（masculine women）是否爲一合理的存在，而這樣的論述其實是根本性對當時社會共識提出美學上的挑戰，更是蘊含道德的譴責。

而關於男性化的女性，她是這麼說的：

我注意到一種明顯的推論——到處都可以聽到反對男性化的女性；可是在哪裡可以找得到這種人呢？假如男性使用這個名稱旨在反對女性熱衷於打獵、射擊和賭博，我會欣然加入這種呼籲；不過，假如目的是在反對模仿男性的美德，或者，說得更恰當一點，獲得男性的才能和美德，運用這些才能和美德來提升人類品性，使女性成為更高尚的動物，以便能被稱為是人類——我想，凡是以哲學眼光如此看待她們的人，一定會和我一樣，希望她們日日增強她們的男性特質。（Wollstonecraft, 1975: 8; 1995b: 4）

從正文中可以看出這種反對「男性化的女性」是由男性提出來的，以便壓制女性爭取平等。沃斯通克拉芙特在此的論證很令我佩服。

另外她也提到理性、美德與性別差異間的關係。

她是這麼說的：

> 人比禽獸優越之處在哪裡？這個答案就像一半小於整個一樣明白，就是理性。什麼條件使得一個人比另一個人優秀？美德。我們可以毫不遲疑地回答。為什麼熱情會植入人身？經驗輕聲地告訴我們，由於和情慾交戰時，人們可以獲得一定程度的知識，而這正是禽獸所不能的。
>
> 因此，我們必須根據理性、美德和知識的程度來衡量我們本性的完美以及幸福的能力，這些成為人們之間的區別，也成為指導著管制社會的法則；理性一經運用，知識和美德相應而生。如果把人類當成整體來看，這也是同樣不可否認的。（Wollstonecraft, 1975: 14; 1995b: 12）

從古到今的許多哲人都喜歡討論「人之異於禽獸」的問題。不知道這些人都有沒有養寵物的經驗，有無此經驗應該會對這個問題的回答會有差別。否則，太多答案都不自覺是「人類中心主義」的傲慢展現。

對理性和知識的強調是西方啟蒙運動以來的重要思潮，沃斯通克拉芙特也不例外。美德則似乎沒有特別受到一般世俗知識分子的重視。「文人無行」或美其名曰「瀟灑風流」好像變成了過度尊崇知識和理性而忽略德性的流弊。

雖然如此，但因爲她的主要論點聚焦於理性，進而提出以理性作爲衡量人的判準，也因而不存在兩性差異。

> 當男性爭取自由，並且對和自己幸福有關的事務可以自己作主的同時，壓制婦女難道不是自相矛盾和不公正的嗎？雖然您自認為這一切都是為了她們好。假如男性和女性同樣都具有天賦的理性，那麼誰讓男人成為唯一的仲裁者？（Wollstonecraft, 1975: 5; 1995b: 11）
>
> 我否認德性有性別的差異，就連謙遜也不例外；據我的了解，真理對男女都是一樣的。（Wollstonecraft, 1975: 51; 1995b: 63）

現在看起來已經是理所當然的話，當時竟然還要說破嘴。那接下來，她還有一些跟女性個性養成的看法，來說明爲什麼女人是現在這個樣子，旨在揭露社會教育是如何形塑一個女性的模樣。

她是這麼說的：

> 女性從小就被教導，並且透過母親的榜樣，知道一點人性弱點的知識，也就是所謂的狡猾，脾氣溫柔，外表服從，謹守繁文縟節，就可以獲得男性的保護；如果她們生得美貌，這一切都可以不要，至少可以維持二十年。（Wollstonecraft, 1975: 19; 1995b: 23）

這裡她所強調的不是「本質論」（男女天生如何如何），而是所謂的「建構論」（男女之所以如何如何是受到社會環境因素的影響）。

正文清楚地表明了女性在男性中心體制下必須展現出來的「求生自我」；更清楚表明了女性美貌的重要性。這段說法，講得非常的鞭辟入裡，所以只要妳是美女，這一切都可以不要，大家都會聽妳的話，但是妳仍舊得學著擔任社會對於一個女性的期待角色。

我想這在很多女性的成長過程裡面，從當時到現在爲止，在她說出這些話之後的兩、三百年後，在女性個性成長方面還會有類似共鳴。

最後一句話可以換成現代人常說的話：「減少奮鬥二十年。」

此外，她進一步說明男性使女性處於這樣教育下的狀態的得失，「在我看來，男人打算讓女性處於幼稚的狀態，以便讓女性能循規蹈矩，這是非常不明智的。」（Wollstonecraft, 1975: 20; 1995b: 24）

男人也許正因此才覺得放心。對當時的男性來說，明智與否在此應該也是見仁見智的吧！

所以我們現在常常還看得到，有些男人覺得女人很笨，就是覺得妳這個人太幼稚，有一些刻板印象還是強化的這樣的印象，這在兩、三百年來對某些人好像改變並不太大。

不過對於此種狀況，她認爲男女之間並非對立，「讓男性選擇吧，男性和女性是為了對方而被創造出來的，而不是為了要成為一體；假如男性不提升女性，女性就會讓男性墮落。」（Wollstonecraft, 1975: 175; 1995b: 227）

這一句話語帶威脅。不過也蘊含著「共存共榮」的意思在內，令人深思的是「爲了對方而被創造出來的，而不是爲了要成爲一體」這一句話。應該有彼此各是獨立的，但可以互相合作，截長補短，而不是「你濃我濃」似的名為一體，實為「犧牲女性」。

誠如我曾在愛情社會裡常提到的，把對方和自己都當成一顆有不同切面的鑽石，彼此尋求最大切面的呼應，而不是事事相同，所以我的八字箴言「平等對待、共同奮鬥」會是一個更好的互動關係。

另外，在女性個性的養成過程中，她並非僅考量異性的影響，與此同時她也指出女性相處對於女性的影響，「為了說真心話，女性彼此相處都過於親密，一旦親密到粗鄙的熟悉程度，就會造成婚姻生活的不幸。」（Wollstonecraft, 1975: 127; 1995b: 163）

這句話沒說清楚，所以感覺到因果之間的跳躍。「粗鄙的熟悉程度」指的是什麼？有女同性戀的暗示嗎？「婚姻生活的不幸」眞的只是由這種「粗鄙的熟悉程度」一個因素就造成的嗎？難道這是對她和女性友人 Fanny 的過往的一段反思？

以上都是她對於女性個性養成的一個看法，大概有不少親身的經驗在裡頭，她當然是反對這樣。簡單來說，她的重點就是在體力上面女性不如男性，但在德性與理性上，兩性間是可以相互匹敵的。

三、親職

接下來是談論親職（parenthood）的問題，通常親職都是討論母職（motherhood）的部分，父職（fatherhood）較少著墨，因為在大部分的人類社會裡面，父親很少擔任照顧的工作。她這麼語帶譴責地指出：

> 父母對子女的感情或者可以說是一種最盲目，頑固的利己感情的變態……父母往往用極粗魯的方式來愛他們的孩子，並且犧牲一切相關的責任以便子女在社會上飛黃騰達。（Wollstonecraft, 1975: 150; 1995b: 194）

這種言論在擁有中華文化的地方是不能說的，簡直就是造反！這句話大概說了刺痛很多人的心，因為「父母都是為子女好」、「天下無不是的父母」，她竟然敢說這是「一種最盲目的頑固的情感的變態」。是怎樣？

可是平心靜氣來看，不是有其道理在嗎？「以愛為名」似乎就可以遮掩一些殘酷的家庭暴力或祕密的事實。

接著她還說，「為了父母對子女的感情，在許多人心中，只不過是隨便實行專制壓迫的一種藉口。」（Wollstonecraft, 1975: 150-151; 1995b: 194）

如果在家庭關係裡面，子女很少感受到父母親關愛的時候，或者更精確地說大部分父母若沒有以恰當的方式關愛子女時，我們在日常生活裡便會時常聽見「我都是爲你好！到時候你就知道了。」「我管我家小孩，干你外人屁事。」等相關內容。我想這段話讓身爲子女角色的人們心有戚戚焉，別忘了這是兩、三百年之前的事情。如果現在還這樣，那是要怎樣呢？

而女性在親職當中所擔任與扮演的角色，在她來看似乎「女性在所有情況之下都是偏見的奴隸，她很少能發揮出使人擺脱偏見的母愛；她要不就是忽視她的子女，要不就是對他們過度的溺愛和寵愛。」（Wollstonecraft, 1975: 151; 1995b: 195）母職好像沒有一個合乎中庸的親職的方式，當然這也是多少都是她的親身體驗。

接下來，是她對母親的觀察：

> 要想做一個好母親，必須要有理性和獨立的精神，而婦女所受的教育就是要她們完全依賴她們的丈夫，所以很少有人能具有這種獨立的精神。溫順的妻子，一般來説，都是糊里糊塗的母親；她們要求她們的子女最愛她們，可是卻又祕密地和他們站在一起反對父親，並當成稻草人一樣來嘲笑……我只是堅決主張，除非女性的理性得到發展和准許她們支配自己的行為而使她們的性格更加堅定，否則她們永遠不會有足夠的認識，也不會有控制性情的力量來正確地管教她們的子女。（Wollstonecraft, 1975: 152; 1995b: 196）

現代多少母親活在兩百年前同樣的窠臼中，也因而在此框架當中，她提出一個強而有力的批判，她認爲親子關係間是一種相對而非片面、絕對的關係，而且以理性來作爲論述的根據，說明父母對權力的濫用：

> 在親子之間自然存在著相互責任。做父母的人，如果曾經正當地照顧過弱小無能的嬰兒，那麼到了晚年，他就有權力要求子女同樣的照顧。但是當一個有理性的人已經達到能為自己的行為向社會負責的年齡時，還要強迫他屈從於另一個人的意志，那就是最殘酷和最過分的濫用權力。（Wollstonecraft, 1975: 153; 1995b: 198）

我想很多人在思考自己的親職關係，跟現在你自己生活的方式，無論處於爲人父母或子女角色，這都非常值得好好去反省的。我最近讀到《禮記・坊記》，孔子提倡「子女對於父母的孝順重於父母對於子女的慈愛」，可是一般父母對於子女的慈愛往往多過子女對於父母的孝順。這種「厚於慈而薄於孝」的情形，在我們現在社會中仍然是隨處可見。這種親子間的責任和義務顯然是不對等的關係。

至於父母親對於子女的教育，這裡特別沒有提到男性，因爲男性的教育是大家都知道，對女性的教育知道人比較少。

> 在所有國家中，女性都過分地受到她們父母的統治……對父母像奴隸一樣地服從，會使得人的一切才能都受到阻礙……女孩子因為各種原因，比男孩子在各方面都更受到她們父母的壓制。所強加在女孩子的責任，像一切強加在女性身上的責任一樣，更多是出於循規蹈矩的意識，出於對禮法的敬重，而非出於理性……（Wollstonecraft, 1975: 154-155; 1995b: 200-201）

「出於對禮法的敬重，而非出於理性」一語實在戳穿了不少社會的運作機制，我們也常聽到，「我這是爲妳好，我要保護妳」、「妳是女孩子跟男孩子不一樣」等相關論述，我想這一點兩、三百年來的改變並不多，值得注意的是這裡已經指出兩性的不平等待遇從家庭中就開始了；女性特別受到更多的牽制。這也是現代女性常覺得不滿之處。

她接著又說：

> 最初使子女的心靈受害的乃是父母隨意地行使他們的權威，而女孩子因此所受到的害處比男孩子更甚……女孩子很早就學會一套本領去逃避這種專橫的威權，日後她們又把這套本領用在她們丈夫身上。（Wollstonecraft, 1975: 156; 1995b: 202）

你能相信這是三百年前的控訴嗎？這簡直是「上有政策，下有對策」的女性成長版寫照。

四、社會行動

接下來是她非常少數的有關行動的看法，這點在於後面的古典社會學理論家裡面，都有比較詳細的說明。雖然沃斯通克拉芙特較少著墨，但她仍提出「世界上根據原則來行動的人不多；當時的感情和早年的習慣是行動的主要本因。」（Wollstonecraft, 1975: 107; 1995b: 136）

此處強調一般的行動，在社會行動裡面具有兩個層面，分別爲情感跟早年的習慣，這與後來當代社會學理論的法國思想家布爾迪厄，特別強調這種慣習的重要性，而在韋伯著名的四種社會行動論裡面也強調到傳統跟情感的行動，可說是不謀而合。

根據原則來行動，這一點在理論上是存在的，但是基本上不是那麼的明確，這一段雖然短，卻深具啟發性，很奇怪這麼一個強調理性的人，竟然沒像韋伯一樣將理性視爲社會行動的重要原因。

五、理想教育與職業

關於教育方面，她曾經跟朋友 Fanny 一同辦學開設學校，對於教育具有實務經驗。對於教育她的看法是「在我看來，最理想的教育是強化身心的理智鍛鍊。或者，換句話說，就是能使人養成獨立自主的美德的習慣。」（Wollstonecraft, 1975: 21; 1995b: 26）

此處，她沒有告訴你，教育是爲了更多的知識，而是要變成一個更完整的人，這跟啟蒙時代人的完美性的這個觀念是一致的，而在這樣的理念之下，她對於國家教育有一些我們反思當下教育情況時特別且值得參考的看法：

結合公共教育和私人教育（Wollstonecraft, 1975: 158; 1995b: 206）
宗教（Wollstonecraft, 1975: 160-161; 1995b: 208）
愛護家庭（Wollstonecraft, 1975: 162; 1995b: 210）
愛護動物（Wollstonecraft, 1975: 172; 1995b: 222）

最後一項對現代許多人來說還是覺得比較奇怪，所以還有待努力。那一天，也許我們的「人類中心主義」會少一點，懂得和其他物種更和平尊重地相處，眞正體現「天地與我並生，萬物與我爲一」的境界。

另外，對於一個有修辭學傳統的社會裡，在教育方面她反對華麗的辭藻：

> 在這個重要目標的驅使之下，我就不屑於挑詞撿字或潤飾風格——我的主旨在於實用，我的一片誠意將使我不矯揉造作；因為，我希望別人是被我的論證力量所說服，而不是迷惑於我的華麗辭藻，我將不浪費時間在修飾辭藻上，或者在於杜撰一些言不由衷的矯情上，這些發自頭腦的，不會下深入人心——我將實事求事，不在字句上大做文章！——我熱切地期盼女性能夠成為社會上受人尊敬的一分子。我也要試著避免由散文溜進小說，又由小說溜進日常書信和談話中的那種華麗辭藻。（Wollstonecraft, 1975: 10; 1995b: 6）

雖然對我們而言是件平常的事，畢竟孔子也說過：「辭達而已矣。」（《論語．衛靈公 41》）重點都在於心中的意思能夠完整地表達，而不在於詞藻華麗與否。沃斯通克拉芙特的想法竟與孔子類似。眞神奇啊！

另外她提到個性跟職業的問題，這對於很多人選擇職業可能也有一些參考的價值。

她是這麼說的：

> 這我們可以觀察到的一很重要的事，每個人的品性，在某種程度上，是受到職業的影響……因此，社會越開化，就應該越小心，不要成立會讓人成為傻瓜或壞人的職業團體。（Wollstonecraft, 1975: 18; 1995b: 21）

沃斯通克拉芙特是注意到了科層體制（bureaucracy）對人的壞影響吧？雖然到了韋伯才對科層體制有更完整的討論。所以有時並不是職業的問題而已，是更廣泛的科層體制問題。

妙的是，涂爾幹（Emile Durkheim）非常寄望「職業團體」（professional group）能矯正當時社會生活的脫序弊端。當然涂爾幹只注意到職業團體的正面功能，或者在涂爾幹的概念中，職業團體本質上就是不可能爲惡的？如果是後者，涂先生的想法也太單純了吧！連早他一百零一年出生的女子都可以看出來的問題，他老兄還沉醉不已，「夫復何言」？

何況我們現在都知道要找職業不容易，但有些職業的進入門檻低獲利卻非常驚人，這種大概都有陷阱在裡面。

各位在選擇行業的時候，兩百年前就建議不要選擇這種會害人的行業，我想在選擇職業上不單是考量個性、職業而已，對於社會層面的影響也應該一並納入考量，這一直是非常重要的選擇職業的底線。

六、愛情

最後，我們來談談她的愛情觀。在生平脈絡介紹中，我們有提到她這一生有三段愛情關係，她對愛情也有她的體會，這個只能當參考。

她的體會是這樣：

> 從其本質上來看，愛情必然是短暫的。要想找出一個使愛情恆久的祕密，根本就像要找一個試金石或萬靈丹一樣荒唐；即使找得到，也是對人類無補的，或者有害的。社會上最神聖的關係是友情。一位諷刺家說得好：「真愛固少有，真友情更罕見。」（Wollstonecraft, 1975: 30; 1995b: 37）

這裡拿友情和愛情相比，而以友情爲更神聖持久，所表達的想法或多或少反應了她眞實生活中的遭遇，「愛情從本質上來說是短暫的」，眞是「嚇死人卻又發人深省」的想法或是感嘆。

> 愛情是一種常見的情慾，緣分和感情取代了選擇和理性，而且在某一個程度上是大多數人都感受得到的……這些情慾因為懸宕和困難而自然增強，使心靈脫離常軌，激發熱情；但是婚姻的穩固會使得愛情冷淡；只有那些理智不健全的人，才會以盲目的崇拜和愛撫的激情取代友情中冷靜的溫柔和尊敬的信賴。（Wollstonecraft, 1975: 30; 1995b: 37）

這段話中蘊含著多少對愛情的忿怒，以及相對之下友情的讚揚。好像可以聽到「男人沒有一個是好東西，還是姊妹情誼可靠。」

她又說：

> 真正的幸福（我是指在當今不完美的狀態下能夠掌握的一切滿足和正

當的愉快），必須從適當節制的情感中產生，而情感是包含責任的。（Wollstonecraft, 1975: 142; 1995b: 183）

最後這一句話比較符合現代對於愛情的看法，特別是近代的心理學家史騰伯格（Robert Sternberg）的「愛情三角形理論」（triangular theory of love），其中除了激情（passion）、親密性（intimacy）之外，重要的就是你的承諾（commitment），這跟這裡的所謂的責任是有關係的。還有她強調節制的情感，這跟中國人強調中庸的行動方式具有某種相似性，但主要來自於發揮理性的調解使得行爲達於一個端莊合宜的規範，也就是中庸之道。

雖然她在前面說到愛情不如友情穩固，這可能也是她的個人經驗，不能當成「放諸四海而皆準」的一項法則。但愛情的無常卻是大部分的人都能感受到，而面對這樣愛情無常之際，每個人如何去應對的選擇是不一樣的。只是在這裡她更細膩地提出「情感是包含責任」的觀點，秉持著身而爲人的理性原則來處理個人生命情境中的許多社會問題。

以上就是我們在沃斯通克拉芙特《爲女權辯護》這本書所摘要的一些重要的想法，我們可以從這本書裡面，觀察到很多有關性別的，特別是對女性不利的現象，不利的教養方式，到現在爲止，好像改進並不多，個別上面是有改進，但整體上面若以她所提出的標準來看，似乎還有許多進步空間，而最值得注意並反思的地方，就是她強調理性跟這個德性上面兩性是沒有差別的，我想在這一點上面都是我們需要去努力的地方。

最後在日常生活以及學術研究兩方面，我們可以用沃斯通克拉芙特作爲一個判斷基準，來考察在她之後的社會學家們，在提及性別相關問題時，他們的看法跟她有何差異，這些都值得大家再細細思量。

七、Q & A 反思回顧

1. 我們在日常生活中有關性別方面的知識或是看法，無論贊同女性或男性，請問跟沃斯通克拉芙特看法相較，現今的我們又有怎麼樣的進步呢？
2. 社會學的概念中有「組織人」（organization man），你可以去查查新一點的《社會學字典》，看看組織人的概念和沃斯通克拉芙特這裡所說的情形有多大的改進？（請注意：那是在女性主義意識還不普遍的時代，所以還用 man 來指稱所有世間男女。現在大概會改成 organization person。）

3. 讓人變傻或變壞的職業團體，你能想到哪些？
4. 爲什麼基督信仰能成爲沃斯通克拉芙特爭取女權的論據？
5. 西方文明對於友誼的重視傳統，是否影響沃斯通克拉芙特對於愛情婚姻美好一面的渴望？對照於亞洲文明，此觀點是否爲普世價值，或是有相對觀點可提出？

附錄一
沃斯通克拉芙特
（Mary Wollstonecraft, 4/27/1759-9/10/1797）
生平與著作

年代	生平與著作
1759 年	4 月 27 日　出生於倫敦的史匹托菲區（the Spitalfields district of London）。父親名為 Edward John Wollstonecraft，母親名為 Elizabeth Dickson。她是他們的長女，排行第二。
1763-1768 年（4-9 歲）	因為父親繼承了一筆遺產，想當紳士農夫（gentleman farmer）不成的關係，經常搬家，住過 Epping 及 Yorkshire 郡的 Barking、Essex 和 Berverly 等地。
1774 年（15 歲）	父親務農不成，全家搬回倫敦郊區的 Hoxton。
1775 年（16 歲）	透過 Clare 太太的引介認識摯友 Fanny Blood。
1776 年（17 歲）	全家遷往威爾斯的 Langharne。
1777 年（18 歲）	全家遷回倫敦附近的 Walworth，和 Fanny Blood 住得很近。
1778 年（19 歲）	擔任 Barth 地區道森太太的陪伴，其間遊歷 Southampton 和 Winsor。
1780 年（21 歲）	返家照顧因病垂危的母親。
1782 年（23 歲）	母親病逝。 妹妹 Eliza 嫁給 Meredith Bishop。 父親續絃，繼母名為 Lydia。 全家又遷回威爾斯。 搬去和 Fanny Blood 家同住，以針線活幫助 Blood 家的困苦生活。
1783 年（24 歲）	妹妹和妹夫的女兒出生。但不足歲即早夭。
1784 年（25 歲）	應妹夫之邀前往照顧得產後憂鬱症的妹妹。由於她相信妹妹是受到妹夫的虐待才發瘋的，所以偷偷將妹妹轉送往 Hackney 和 Islington 等地。後來妹妹和妹夫合法分居，妹妹未獲小孩監護權。不過小孩未滿周歲而逝世。 和妹妹及 Fanny Blood 在 Islington 合開設一家學校，後來遷往 Newington Green，並有三妹 Everina 加入。 在 Newington Green 結識 Richard Price 牧師，並且被引介認識 Samuel Johnson。

年代	生平與著作
1785 年（26 歲）	摯友 Fanny 到里斯本和 Hugh Skeys 結婚。Fanny 不久即懷孕，要求她到里斯本幫忙。她趕到後，Fanny 卻已早產。 11 月 29 日　Fanny 死在她懷中。不久，小孩也跟著過世。
1786 年（27 歲）	從里斯本歸來，發現學校財務困難，遂結束營業。 寫作處女作《女教論》（*Thoughts on the Education of Daughters*）〔2023 年李博婷中譯為《女子教育》出版〕，原意是為了替租來的學校支付租金。 受聘到愛爾蘭的柯克郡擔任 Mitchelstown 地方行政官 Kingsborough 女兒的家庭教師。 在前往愛爾蘭之前，親眼觀察了最老的也是最有名的 public preparatory 學校〔即私立學校〕。
1787 年（28 歲）	和家教一家人遷往都柏林和布里斯托。後來被女主人解聘。 回到倫敦，準備以寫作為生。
1788 年（29 歲）	為《分析評論》（*The Analytical Review*）雜誌寫稿。 出版首部小說《瑪麗：一篇小說》（*Mary: A Fiction*）。 出版童書《真實生活的原創故事》（*Original Stories from Real Life*）〔2023 年李博婷中譯為《本事真跡》出版〕。 翻譯法國人 Jacques Necker 的《論宗教意見的重要》（*Of the Importance of Religious Opinions*）。
1789 年（30 歲）	以筆名 Mr. Creswick 編輯出版《女性讀本》（*The Female Reader*）。此書亡佚。
1790 年（31 歲）	翻譯德國作家 Christian Salzman 的《道德要素》（*Elements of Morality*）。 為回應 Edmund Burke 的《法國革命的反思》（*Reflections on the Revolutions in France*）一書，匿名出版《為男權辯護》（*A Vindication of the Rights of Men*）。 在《分析評論》（*Analytical Review*）雜誌上發表 14 頁有關 Catherine Macaulay《教育書簡》一書的書評。
1791 年（32 歲）	搬到史托街的新區。 因不滿 Talleyrand-Périgord 在《公共教育報告書》（*Report on Public Instruction*）一書中提議女子只能受教育到 8 歲為止，寫作《為女權辯護》（*A Vindication of the Rights of Woman*）。 以真名出版《為男權辯護》第二版。

年代	生平與著作
1792 年（33 歲）	痴戀白髮脾氣不定的藝術家 Henry Fuseli。甚至要求和 Fuseli 一家同住，被 Fuseli 太太斷然拒絕。 12 月　前往巴黎，預定撰寫法國大革命簡史。 出版《為女權辯護》（*A Vindication of the Rights of Woman*）〔1995 年王蓁中譯為《女權辯護》出版，和穆勒《婦女的屈從地位》（汪溪譯）合印；2006 年王瑛中譯為《女權辯護——關於政治和道德問題的批評》出版〕；不久該書即出版第二修訂版。
1793 年（34 歲）	遇見美國探險家兼作家兼企業家 Gilbert Imlay。 因為避免法國大革命的惡果，遷往 Neuilly 郊區。 9 月　遷回巴黎。為了生命保障，到美國領事館登記為 Gilbert Imlay 的妻子。
1794 年（35 歲）	2 月　和 Imlay 在 Le Havre 相聚。 5 月 14 日　Fanny Imlay 出生〔後來在青春期時自殺〕。 Imlay 先搬回巴黎，Wollstonecraft 和 Fanny 隨後搬回。Imlay 又遷往倫敦，不過母親和女兒兩人仍留在巴黎。 出版《法國大革命起源和進展的歷史觀和道德觀》（*Historical and Moral View of the Origin and Progress of the French Revolution*）。
1795 年（36 歲）	和女兒搬回倫敦。 企圖自殺，但被丈夫發現並阻止。 6 月　帶著女兒 Fanny 和奶媽 Marguerite 遊覽北歐。 10 月　發現丈夫和女星同居。第二次跳下 Putney 橋自殺。
1796 年（37 歲）	第二次見到無政府主義者 William Godwin。兩人成為愛侶。 出版《瑞典、挪威和丹麥短居書簡》（*Letters Written during a Short Residence in Sweden*）。
1797 年（38 歲）	3 月 29 日　和 William Godwin 在 Old St. Pancras 教堂結婚。兩人並不住在一起：他們一同在 Polygon 宴客，但白天則分別在不同處所工作。 8 月 30 日　Mary Wollstonecraft Godwin Shelly 出生。 9 月 10 日　因產婦熱（puerperal (“childbed”) fever）過世。 9 月 15 日　埋藏於 Old St. Pancras 教堂墓園。
1851 年	外孫女 Percy Florence Shelly 將 Mary Wollstonecraft 及 William Godwin 遺骨遷往 Bournemouth，伴隨兩人的愛女 Mary Wollstonecraft Godwin Shelly 身邊長眠地下。

附錄二
沃斯通克拉芙特的思想脈絡

前輩

柏克（Edmund Burke, 1729-1797）

麥考蕾（Catherine Macaulay, -1791）

《教育書簡》（*Letters on Education*）對沃斯通克拉芙特影響甚深

「在教育上有許多方面我的意見都與麥考蕾夫人相吻合……」（Wollstonecraft, 1975: 106, n3; 1995: 134, n2）

盧梭（Jean-Jacques Rousseau, 1712-1778）（特別是《愛彌兒》第五卷）

晚輩

萊特（Frances Wright, 1795-1852）

《教育》（*Education*）

《自由探索》（*Of Free Enquiry*）

馬蒂娜（Harriet Martineau, 1802-1876），被稱爲「第一位女性社會學家」（Alice S. Rossi, Ed., 1973: 118）

《美國的社會》（*Society in America*）

編譯孔德的《實證哲學》（*Positive Philosophy*）

富樂（Margaret Fuller, 1810-1850）

《偉大的訴訟：男人對男人、女人對女人》（*The Great Lawsuit: Man versus Men. Woman versus Women*）

紀爾蔓（Charlotte Perkins Gilman, 1860-1935）

《女人與經濟學》（*Women and Economics*）

葛德蔓（Emma Goldman, 1869-1940）

《女人解放的悲劇》（*The Tragedy of Woman's Emancipation*）

附錄三
沃斯通克拉芙特的著作脈絡

《爲女權辯護》（*A Vindication of the Rights of Woman*）

寫作年代：1791 年

出版年代：1792 年初版；同年再版修訂

1833 年

1856 年

1890 年

1995 年王蓁中譯本《女權辯護》由北京商務印書館出版〔和穆勒《婦女的屈從地位》（汪溪譯）合印〕。中譯本將「作者前言」放在全書第一篇，且無「廣告」部分

2006 年王瑛中譯本《女權辯護——關於政治和道德問題的批評》

網路上可以找到本書英文全文

目錄：

致塔列杭－佩里果先生（To M. Talleyrand-Périgord）

廣告（Advertisement）

導言（Introduction）

第一章　論人類的權利和相關的義務（The rights and involved duties of mankind considered）

第二章　論兩性品格的俗見（The prevailing opinion of a sexual character discussed）

第三章　續論同一主題（The same subject continued）

第四章　論使婦女墮落的各種原因（Observations on the state of degradation to which woman is reduced by various causes）

第五章　駁斥某些作者將婦女視爲可憐近乎蔑視的謬論（Animadversions on some of the writers who have rendered women objects of pity, bordering on contempt）

第六章　早期思想聯想對品格的影響（The effect which an early association of ideas has upon the character）

第七章　謙遜－廣泛地討論而不只是當成女性的美德（Modesty.-Comprehensively considered, and not as a sexual virtue）

第八章　著重博取令名的性觀念對道德的戕害（Morality undermined by sexual notions of the importance of a good reputation）

第九章　社會不自然的區分所造成的惡果（Of the pernicious effects which arise from the unnatural distinctions established in society）

第十章　父母之愛（Parental affection）

第十一章　對父母之責（Duty to parents）

第十二章　論國家教育（On national education）

第十三章　婦女因無知所造成的愚蠢事例；代結論——婦女習俗變革所可預期在道德上的改進（Some instances of the folly which the ignorance of women generates; with concluding reflections on the moral improvement that a revolution in female manners might naturally be expected to produce）

參考文獻

中文文獻

Mary Wollstonecraft（瑪麗・沃斯通克拉夫特）（2006）。王瑛譯。《女權辯護——關於政治和道德問題的批評》。北京：中央編譯。

Mary Wollstonecraft（瑪麗・沃斯通克拉夫特）（1995）。王蓁譯。《女權辯護／婦女的屈從地位》。北京：商務。

Mary Wollstonecraft（瑪麗・沃斯通克拉夫特）（2023）。李博婷譯。《女子教育》。桂林：廣西師範大學。

許慧琦（2001）。《十八世紀英國新女性：Mary Wollstonecraft 其人其思》。臺北：作者自印。

外文文獻

Alice S. Rossi (ed.) (1973). *The Feminist Papers: From Adams to de Beauvoir*. New York: Columbia University Press. pp. 25-40

Carol H. Poston (1975). Mary Wollstonecraft - A Chronology. In Carol H. Poston (ed.), *Mary Wollstonecraft: A Vindication of the Rights of Woman*. New York: W. W. Norton. pp. 235-238

Claudia L. Johnson (ed.) (2002). *The Cambridge Companion to Mary Wollstonecraft*. Cambridge: Cambridge University Press.

Eleanor Flexner (1972). *Mary Wollstonecraft*. Baltimore, MD.: Penguin Books.

G. R. Stirling Taylor (1911/1969). *Mary Wollstonecraft: A Study in Economics and Romance*. New York: Haskell House Publishers.

Harriet Devine Jump (1994). *Mary Wollstonecraft: Writer*. New York: Harvester Wheatsheaf.

Maria J. Falco (ed.) (1996). *Feminist Interpretations of Mary Wollstonecraft*. University Park, PA.: The Pennsylvania State University Press.

Sylvana Tomaselli (ed.) (1995). Mary Wollstonecraft: *A Vindication of the Rights of Men with A Vindication of the Rights of Woman and Hints*. Cambridge: Cambridge University Press.

Syndy McMillen Conger (1994). *Mary Wollstonecraft and the Language of Sensibility*. Rutherford: Fairleigh Dickinson University Press.

第四講

孔德

（Auguste Comte）

我們「古典社會學理論」這一講，要來談孔德。本講次的要點先談孔德的生平，接下來介紹孔德的一些重要觀念。你可能聽說過他的三階段論、可能沒有聽過他對實證科學的層級看法，以及研究方法與實證的相關意義爲何，還有他的性別觀、家庭觀等等，我們接下來會一併完整說明介紹。有興趣的人可以去找我寫過的《愛・秩序・進步：社會學之父──孔德》（臺北：巨流，1993）來看。

一、生平大事

首先我們先介紹他生平的亮點（詳細生平請參閱本章附錄一的生平與著作年表）。孔德的學問積累，可以分爲長短期兩部分，短期的部分是他的學歷，他只念了一個工業技術學院而且還沒畢業，他的最高學歷就在休學後結束了。

接下來是他長期自學的部分，這也是該時代的特色。另外他的情感生活歷練也非常豐富，有一個傳說是他曾經跟一個有夫之婦在一起，並育有一女。

但這樣的江湖傳聞，有時候很難斷定是出自於什麼樣的傳記，是對他比較有利的人所寫的，還是別有居心的記載。

當然，一般來說，這種不利的謠言大概都不會放在正式的傳記裡面，而在古典社會學理論的這些大師們的傳記當中，偶爾也會出現這樣的事件。因此讀者在接收相關資訊時，需要特別小心地去鑑別。

簡單來說，孔德一生有三次情感事件，第一位對象是有夫之婦寶琳（Pauline）；第二位對象是卡蘿・馬菘（Caroline Masson），根據傳記的記載，她是一位跟律師曖昧的妓女。孔德是在居家附近的盧森堡公園散步時遇見了卡蘿・馬菘。孔德為了幫助她，便和她結婚了，很多年以後才結束婚姻關係。關於這段婚姻的記載，便分為「師母派」與「師父派」的敘事差異：「師父派」認為師母這種「水性楊花」的人，竟然離開師父，重操舊業；「師母派」則認為，老師本身經濟並不優渥，師母為了維持生計，所以只能重操舊業。然而無論上述說法如何，這些都不是當事人的說法。

在離婚以後，孔德遇見了第三位女性，名為克蘿蒂爾德・德・芙（Clotilde de Vaux），是他學生的妹妹。然而他們之間情感深淺到底如何，現在有兩人的法文書信。不過，我的法文能力太差，無法參考來判斷兩人的情感程度。大概有兩種看法，一種是認為兩人間僅是有點情愫，談不上深刻情感發展；另一個看法是認為僅是孔德一相情願的愛慕之情而已。

這段關係較為誇張之處，可以稱為「那張椅子」的故事。那張椅子是克蘿蒂爾德・德・芙過世彌留之際，當時孔德去探望她，她的家人認為，兩人非親非故的，孔德也僅是她哥哥的老師，不宜在女方彌留之際獨處一室。但孔德卻趁機闖進她的房間，將房門反鎖，借機在彌留之際擁抱著她，等到她去世才把房門打開。

聽起來非常像八點檔的這種狗血的劇情對吧！後來，孔德進一步要求女方家裡，把她死掉時坐的那張椅子送給他。

我在 1997 年的暑假去巴黎訪問的時候，除了去盧森堡公園遊覽之外，特別還想去附近的孔德故居改建的紀念館看那張椅子，無奈事與願違，孔德紀念館剛好暑期休館。後來我學生到巴黎留學，我說你去孔德紀念館幫我看一下，你跟他報個通關密語——「那張椅子」，結果紀念館的人可能也不太知道什麼是「那張椅子」，反而告訴他我們這邊有很多張椅子，我的學生就把那些椅子全拍了個遍，都是一模一樣的椅子，我懷疑就是根據原先那張椅子的版型來做的。

而這段感情，雖然女主角後來去世，但孔德因為對她有很高尚的情感，導致他後來對女人有更聖潔的看法。關於這點在他的性別觀裡面展現得非常的清楚。另外，他日後創立的「實證學會」的標誌中也畫著一位抱著小孩的女子，應該就是以克羅蒂爾德為原型。在孔德生命的晚期創立並宣揚了「人本教」（Religion of Humanity，也有人翻譯為「人道教」）。該宗教的主旨是以崇拜對全球文明有貢獻的人類為主，可是卻被他的某些追隨者誤以為是走回頭路，提倡傳統的宗教。

二、社會學之父

而孔德對實證主義的口號叫作「愛、秩序跟進步」，我曾經寫過一本書——《愛·秩序·進步：社會學之父——孔德》，便以「愛、秩序跟進步」作爲主書名，副書名叫「社會學之父——孔德」，這是我對於孔德主要概念的一些看法。

孔德的重要性之一就在於他是第一個爲這門學問給予「社會學」這個名稱的人。他在1839年出版的《實證哲學講義》第四冊第四十七講中首度提出 sociologie 一詞。這是由拉丁文字頭 socius（結社）和希臘文字尾 logos（學問）拼湊而成的新字。

雖然在發展初期，對於社會學該如何稱呼，孔德自己也沒有什麼特別堅持的看法。他在早期曾經使用過「社會物理學」（physique sociale; social physics）來稱呼他所提倡的新學問。後來爲了要和奎特列（Adolphe Quetelet）的同名概念有所區隔，所以改用「社會學」（sociologie）一字。有時孔德也會用社會科學（science sociale; social science）來稱呼這門新學問。例如在《實證哲學講義》第四十六講及第四十九講的標題上就仍舊用 physique sociale；在第四十七講中就用 science sociale。sociologie 是後來逐漸被大家所採用的。詳細情形請參見孫中興（1993: 74-75, 1n）。

而我們現今中文世界「社會學」的這個名詞，是從日文翻譯而來。原先日文也有一些不同的譯名。當初清朝末年嚴復翻譯 sociology 的時候，採用的是「群學」而不是「社會學」，他的理由是前者比較能完整表述這個學科研究的對象。有關這個部分，我們談到斯賓賽的時候會再詳細說明。

三、實證主義

大約在1839年，孔德在《實證哲學講義》裡面提出「實證主義」（positivisme; positivism）的口號——愛、秩序、進步，但是實證主義在孔德當時所處的時代卻常常遭到誤解，經常被誤解成：無神論（atheism）、唯物論（materialism）、宿命論（fatalism）、樂觀論（optimism）（Comte, 1875: 36-44）。

當時，實證主義被視作無神論，這樣的觀點在以天主教爲國教的法國，無疑是一項很嚴重的指控；實證主義也被視作一種唯物論，當然這樣的字眼，在當時的法國也不是一個正面的名詞；也被誤解爲宿命論，簡單來說，人力無法改變任何事件；另外也被當作樂觀論，但孔德說實證其實不是上述這些觀點。

關於實證主義的界定，孔德在 1844 年出版過一本小書——《論實證精神》（1996: 29-31），該書有簡體中譯本，有興趣可以去找來看。這本書關於「實證的」具體內涵提出了六種看法，這六種看法分別是：

1. 眞實的（réel），與虛幻的（chimérique）相反。
2. 有用的（utile），與無用的（oiseux）相反。
3. 確定的（certitute），與猶疑的（indécision）相反。
4. 精確的（précis），與模糊的（vague）相反。
5. 有機的（organiser），與破壞的（détruire）相反。
6. 相對的（relatif），與絕對的（absolu）相反。

上述關於實證的界定與和 1848 年出版的《實證主義概觀》（1875: 44-45）的說法一致。以後的著作中孔德沒有對此名詞再加界定。

而這六種看法直到涂爾幹和他的後輩都還有在使用之外，大部分的人對於孔德原先關於實證的界定爲何，其實不太在乎，甚至有許多誤解。然而孔德對於實證的看法，對於日後實證主義的觀念發展非常重要。到了二十世紀中期就有很多人採用實證主義（positivism）的概念 ，特別是在科學哲學界，所以有人就做了整理，把實證主義大致分了八項。實證主義的要素我做了一個表，條列如下：

教義	實證主義的主要教義，根據下列人物的看法				
	Kolakowski	Von Wright	Abbagano	Giedymin	Halfpenny
(1) 科學或科學方法的統一（Unity of sciences or scientific methods）	✓	✓	✓	✓	✓
(2) 某種形式的經驗主義（Empiricism in some form）	✓	✓	✓	✓	✓
(3) 科學是唯一有效的知識（Science is the only valid knowledge）	✓		✓	✓	
(4) 哲學等同於科學的邏輯（Philisophy is identical to the logic of science）			✓	✓	
(5) 科學要用來造福人類福祉（Science to be used for the benefit of mankind）			✓	✓	

教義	實證主義的主要教義，根據下列人物的看法				
	Kolakowski	Von Wright	Abbagano	Giedymin	Halfpenny
(6) 數學物理是理想的科學（Mathematical physics as the ideal science）		✓			
(7) 因果說明是科學的特徵（Causal explanations as characteristic of science）		✓			
(8) 社會學相對主義是因規範而異的（Sociological relativism with respect to norm）				✓	

資料來源：由 Stockman（1983: 7）改編自 Halfpenny（1976）。

各位可以去參考一下該表，並與孔德所言的實證主義兩者相互對照，會發現很多人的想法只是用了同樣的名詞表述不同的概念。

在社會學界一般人使用「實證的」通常是指「經驗的」、「量化的」、「以自然科學作爲社會科學的終極目標」、「不注重行動者主觀意義」等等意思。如果這個詞出自「重理論派」的嘴裡，等於是罵人的話，當然不是孔德的原意；如果出自「重經驗研究派」的手中，則有自我標榜、表示自己「很科學」、「很客觀」、「很理性」、「研究成果會很有價值」的意思，總之，比較接近孔德此處的說法。

而孔德之所以提倡實證在於他認爲實證哲學具備以下四個特質，分別爲：唯一理性地展現人類思想的邏輯法則、振興教育、輔助其他個別的實證科學向前進步、提供社會改造唯一穩固的基礎（Comte, 1974: 32-37）。

雖然這是要提倡一門重要的學科不得不唱的高調，但孔德本人應該是如此深信著「實證哲學」是有著這些好處的。不過，現在的人大概都不會這麼想，否則社會學系應會受到當政者、學生家長及學生的更多重視才對。不過，還好一直都有一小撮人還保留著和孔德一樣的信念，所以社會學才會延續至今。

但是需要特別說明的是，在孔德觀念中「實證主義」、「實證哲學」、「實證科學」和「社會學」、「社會科學」基本上是有著細微的差別。「實證主義」看起來比較接近一種制度、一種烏托邦，不只是一門新興的學科；「實證哲學」和「實證科學」則不像我們現在對「哲學」和「科學」之類的嚴格劃分，前者是諸多學科的總稱，後者只是個別的科學，這可從「實證哲學的層級」即可看出；「社會學」和「社會科學」從上下文來看，應該是同義字，是一種「實證科學」，因此，是「實證哲學」體系中的一門學科，早先占有最頂級的地位，後來則讓位給道德或倫理學。

另外在 1855 年孔德的英國粉絲馬提諾（Harriet Martineau）編譯的《孔德的實證哲學》（*Positive Philosophy of Auguste Comte*）中，提到：

> 假如我們將自己侷限在本書的第一個而且是特別的對象，我們將只會產生社會物理學（social physics）的研究；而在介紹第二個而且是比較普遍的，我們提出了實證哲學（positive philosophy），經過了所有已經成形的實證科學（positive sciences）（Comte, 1974: 30）

接下來的一頁中他還提到了「自然科學」、「實證科學」、「實證哲學」、「社會科學」等詞，界定不算清楚，但是和我下面所要討論關於孔德的實證哲學層級問題極爲相似。

四、實證科學與實證方法

關於孔德是第一個根據科學發展的順序而提出「實證哲學的層級」。不過，實證哲學的層級數目因孔德的思想發展及其著作年代的不同而有些微差異（詳見孫中興，1993）。很多書都忽略了他最後的看法，以爲社會學一直是占據最頂尖的位置，其實在 1852 年《實證政治體系》第二冊中才正式提出了「道德」（Morals）的最高位階地位（Comte, 1875b: 352）。我們現在就以一張簡單的圖示來說明：首先，他區分實證哲學的原則是根據現象的簡單性、普遍性、抽象性和距離人類生活的遠近爲準。

數學
- 無機的
  - 天上的
    - 天文學
  - 地上的
    - 物理學（1825 年時孔德所提出的名稱為地球物理學）
    - 化學
- 有機的
  - 生理學（後來改為生物學）
  - 社會物理學（後來改成社會學，1819 年稱其為實證政治學）
  - 道德（《實證政治體系》才加入）

他認爲人類的實證科學（有時候稱爲實證哲學）的發展，第一個部分是數學。接下來孔德將其分爲無機的跟有機的，無機部分還要分成天上的跟地下的，天上的就是天文學。所以從學科發展的順序上先是數學，然後是天文學，地上的就是物理學，然後物理學之外，就還有化學，化學結束後就進到他所謂有機的階段，即生物學。生物學在孔德那時代屬於最先進的實證科學或實證哲學，接著在生物學之後，便是所謂的社會學，到了孔德生命的晚年，強調要研究道德學，認爲這又是社會學之後的一個重要學科，但是似乎沒有太多人在乎。基本上孔德上述的區分方法，是符合科學史的時序發展，並非空穴來風，任意分類的，所以他的「所本」是非常堅強的。

1956 年起英國人李約瑟（Joseph Needham）寫的《中國之科學與文明》（*Science and Civilization in China*，或譯成《中國科學史》），該書的排序基本上也是根據這樣的順序，只是沒有道德這部分。這套巨作後來成爲眾人合作而至今尚未完成的系列。

孔德認爲這種分類有如下四個優點：

一、遵循科學發展的秩序。

二、解決學科間異質性的問題。

三、說明各學科之間相對完美性。

四、對教育的影響：科學知識層層依賴。（Comte, 1974: 46-48）

這種分類，可以看到學科之間的發展，還有它彼此之間的這種異質性的問題。他認爲這對教育產生非常大的影響，甚至學習就應該根據此科學的發展來做安排。現在我們的想法都不認爲學科之間有這樣的連續性。學自然科學的人不覺得社會科學是一個什麼重要的學問，甚至覺得從自然科學跳槽社會科學是件易如反掌的事，但是你要從社會科學跳到自然科學，那困難度就增加很多。

孔德除了提出實證科學層級之外，還提出了實證方法。在前面提及思想脈絡的第二講次時，曾經提到過科學方法的重要性。孔德將這些方法分爲直接與間接兩種，間接的是屬於社會學與其他科學所共有的方法，如觀察法、實驗法、比較法；直接的是屬於社會學所特有的方法，即歷史法。在孔德的看法裡，社會學所採用的方法是最爲高深厲害的，而社會學與其他學科則各別享有其他方法與應用，跟天文學共有的就是觀察法；跟物理學共有的就是實驗法，物理學很多著名的實驗，例如從比薩斜塔投擲東西測量；接下來跟化學、生物學相關的就是比較法。

孔德實證方法整理如下：

孔德論實證方法一覽表

	觀察法	實驗法	比較法	歷史法
天文學	✓			
物理學	✓	✓		
化學	✓ 完全發展	✓	✓ 因分類需要	
生理學（生物學）	✓	✓	✓	
社會物理學（社會學）	✓	✓	✓	✓

孔德後來還多提了「第五種方法」：「主觀法」（subjective method）（Comte, 1877: 163）。可是他並沒有做很清楚的陳述，所以就沒有被後人重視，甚至在「理性」和「客觀」昌明的時代，提「主觀法」很容易被認爲是一種開倒車的做法。

五、人性論與社會秩序

除了實證科學這個方法層級之外，他還特別強調實證科學有三種人，是實證科學的支柱，雖然這種分類並未符合現代科學哲學在分類時必須遵守「互斥」（mutually exclusive）和窮盡的（exhaustive）原則，但此種分類卻能形象化地說明他的概念。第一種是哲學家，像他這樣的人；第二種是女人，就像克蘿蒂爾德，是他人生最後最心儀的對象；第三種是工人，平常照顧他起居的僕人，該僕人也是他的學生。

所以上述三種人，哲學家、女人跟工人正好是實證主義三個階段，而孔德喜歡排列組合，將上述三個東西與其他元素相互搭配，形成一個非常複雜的論述，例如在上述三種人之外，孔德加上了人性的三種部分，分別爲感情（feeling）、理性（reason）、活動（activity），人性的感情與女人一組，且又與活動場所相關，而女人活動的場所，在當時孔德看來就是沙龍（salon）；而在人的理性部分相對應爲一組的就是哲學家，哲學家的活動部分就是人本廟（Temple of Humanity），而這就是他所創立的類宗教式團體；人性另一個部分是活動（Activity），活動的重要支柱就是工人，工人活動的場所就是所謂的俱樂部（Club），這個俱樂部跟現在高檔的俱樂部是不一樣的，是當時的工人俱樂部。我們將這些分類整理如下：

人性三部分和人本教三要素

人性的三部分	復興運動的三要素	活動場所
感情 Feeling	女人 Women	沙龍 Salon
理性 Reason	哲學家 Philosophers	人本廟 Temple of Humanity
活動 Activity	人民 People	俱樂部 Club

資料來源：孫中興根據 Comte（1875a: 173, 186）整理。

這些「三種」要素彼此的各別搭配，最後複雜到我整理了一張表，幾乎所有的東西都可以套在三個裡面，頗有中國的五行說的味道。因爲五行說可以對應方位、顏色、人類的身體器官……等，可以用五行與各種要素的關係去解釋這世界的一切。各位可以看一看下面的整理：

人性論與其他社會秩序

人性組成	感情	知性	活動	資料來源
感情發展	公民的	集體的	普遍的	Comte, 1876: 57
活動發展	征服	防禦	勞動	Comte, 1876: 52
思想發展	神學 虛擬	玄學 抽象	科學 實證 展示	Comte, 1876: 52
同情本能	附屬	尊敬	仁慈	Comte, 1876: 156
階級	女人	哲學家	工人	Comte, 1875a: 299-300
個人發展	嬰兒	孩童	青年	Comte, 1876: 157
人種	黑種	白種	黃種	Comte, 1876: 160
社會制度	軍事	封建	工業	Comte, 1876: 52
社會領域	家庭	國家	人本	Comte, 1876: 159
政治發展	攻擊	防禦	工業	Comte, 1877: 157
宗教組成	崇拜	教理	生活	Comte, 1891: 48
宗教發展	拜物教	多神教	一神教	Comte, 1876: 157, 356
文化領域	詩	哲學	政治	Comte, 1891: 48
道德組成	美	真	善	Comte, 1891: 48
歷史階段	古代	中古	近古	Comte, 1876: 52
實證口號	愛	秩序	進步	Comte, 1877: 76

後來在涂爾幹和莫斯提到早期分類時，發現人類有這種用簡單的現象去推估世界上的一切的組合的方式。

六、社會靜學與孔德性別觀

接下來還有一個部分，是孔德對社會學的想法。這可以算是社會學最初的藍圖。他將社會學分成兩個部分：社會靜學（social statics）跟社會動學（social dynamics）。

這其實是從理工科學引申出來的概念，靜學分析的就是我們現在所謂的社會制度，或者所謂的社會結構。在孔德的中晚期著作中，這兩種分類所涵蓋內容也有些許差異，我用以下的表格來說明。

先看看「社會靜學」涵蓋內容前後的差異，他又稱其爲「人類社會自發秩序的理論」：

《實證哲學講義》	《實證政治體系》
個人	
家庭	家庭
社會	
	宗教
	財產
	語文
	社會組織
	社會存在

孔德以生物學的組織類比，要以結構性的三個面向，分別爲個人、家庭和社會，以此來說明社會存在的狀況。但嚴格來說，孔德並不將個人視爲社會學的研究對象，家庭才是社會學研究的基本單位。後來「社會靜學」涵蓋的內容就更廣泛了，除了早期的家庭之外，還包括了宗教、財產、語文、社會組織和社會存在，其中宗教和社會組織依然是社會學入門中的主要討論主題。

而社會動學就是我們後來所謂的社會變遷（social change），只是孔德又將社會動學稱爲歷史哲學，採用著名的三階段律（law of three stages），來說明西方歷史的發展（參見附錄五）。

簡單來說，社會靜學與社會動學的區分也一直延續下來，只是換了不同的概念來表述，如基礎與上層建築、結構與歷史、社會結構與社會變遷等等。

接下來我們要談孔德的性別觀（Comte,1875b: 293）。

但依循他的思想發展脈絡，他的性別觀是屬於社會靜學的部分。早期他認爲在性別的隸屬（subordination）關係上，女人自然隸屬於男人是家庭制度的基本原則（Comte, 1974: 504）。在我們這個男女平等的時代，如此傳統的看法已經不太適用了。

然後他又說女人比起男人來比較不擅長抽象思考，他還認爲：

> 女性相對來講是比較低劣的（relative inferiority），這是無庸置疑的，比較缺乏心智勞動所必備的持續性和密集性，這可能是因為她們在本質上就不善於推理，也可能是因為她們比較長於道德及身體的敏感（moral and physical sensibility），這些對於科學的抽象和集中都是有害的。（Comte, 1974: 505）

另外，他認爲女人不應擁有財富，會有害其本性（Comte, 1875a: 197）。

這些是孔德性別觀較爲傳統的面向，基本上是完全以男性觀點看待女性，並不太符合我們當代性別平等的價值觀。但是，他也有比較先進的一面，例如他認爲女人的教育要和男人的教育相同：都需要有歷史教育當成道德眞理的基礎；科學訓練當成社會科的基礎。只是他認爲女人唯一不必考慮的是專業教育（professional education）（Comte, 1875a: 201），這點又是不合時宜的論點。也就是說，男女所受的教育不但內容要相同，而且都要受歷史教育與科學訓練，而這樣的教育理念，所涵蓋的範圍不僅是兩性，更涵蓋教師職業，此點與當時的沃斯通克拉芙特（Mary Wollstonecraft）的看法一致。

其次，若從兩性來往方面而言，他認爲男女在成長過程中必須由母親監督，在兩性的情感成熟之前，兩性不可過於親近（Comte, 1875a: 202）。

這算是孔德特殊的看法，沃斯通克拉芙特並沒有這樣的看法，至少在我們現代社會也還是這樣，在青春期前後，我們東方社會裡的父母雙親對於男女間的往來，就會比較謹慎，甚至會防範「男女授受不親」。

總結來說，孔德的性別觀大多是對於女性的論述，在男性方面較少著墨。在家庭角色方面，孔德便對女性擔任妻子與人母的角色功能做了許多說明，在人妻角色部分，除了擔任伴侶之外，也因女人重視情感，所以可以將男人的自私本能減弱（Comte, 1875a: 189）；而在人母的角色方面，生育和母性常被強調（如拿破崙）（Comte, 1875a: 187-188），負責小孩的家庭教育，特別是情感發展。而妻子與人母的兩個角色，可綜合概括爲愛，兩個任務可以用一字表示——「愛」；因合作而成長，不怕競爭（Comte, 1875a: 204）。

依據上述說法，孔德進一步推論男人與女人的關係是一種榮耀與崇拜，女人藉此獲得榮耀和男人的崇拜（Comte, 1875a: 204-205）。

所以孔德要復興中古的騎士精神；他批評天主教教義和騎士精神是不相容的；只有實證主義的思想才可以和騎士精神相互配合，相得益彰（Comte, 1875a: 205-208）。

孔德一定可惜沒生爲中國人，否則女人「三從四德」之說，大概會得到他的極度讚揚吧！直至現在很多人對於女性還是有這種刻板印象的落伍觀念。我們當今學習古典社會學理論對於這種不合時宜的想法和偏見要特別注意。

接下來，我們說明他對於婚姻制度的一些特別看法。他認爲：

> 婚姻制度的最高目的在於獨占的（exclusive）和不可分離的（indissoluble）。兩者是關係重大的，甚至可以在非法的男女關係中經常發現到。（Comte, 1875a: 190）

孔德這裡所強調婚姻制度的獨占性，就是不能有一夫多妻或一妻多夫，或者我們叫作「多偶婚制」（polygamy）。因爲他認爲愛如果不能專一於一個固定對象就不會深入（Comte, 1875a: 190），而且必須將夫妻間的性愛加以管制，他認爲性愛可能是行善的一大動力來源，但是必須將性愛加以嚴格的和永遠的紀律（Comte, 1875a: 190）。

此外，他還強調婚姻是不可分離性，這一點應該是延續天主教的想法，即結完婚後就不能離婚。天主教對於婚姻的觀點，認爲婚姻關係是神聖關係，是在神的見證命定下結合雙方，唯有神有權利將其分開。所以在這點上，孔德特別反對新教國家准許夫妻離婚的法律（Comte, 1875a: 191）。

但對於孔德而言，婚姻之所以涉及到（關於）不可分離性，跟他對於制度的設計上有所關聯，制度設計兩人的永世不可分離（Comte, 1875a: 191-193）。

首先是要實施單偶婚制（monogamy），兩個人活著的時候要單偶婚制，一個人只能匹配另外一個人。接著是永遠的鰥寡制（perpetual widowhood），倘若配偶過世了，就得一輩子守寡，這樣的話，就可以永遠維持單偶婚制。最後是同葬制（union in the tomb），在夫妻雙方都死後，必須合葬。

上述三點對於感情好的夫妻而言或許不是問題，但對於彼此不和睦的雙方，簡直是一場災難。

七、社會動學

孔德還有一個很重要的觀點，叫社會變異性（social variation; variability），又被稱爲：社會秩序的可模塑性（modifiability of social order）（Comte, 1875b: 348）。

我們一般社會學研究都是研究社會的常態，所以常常看不出問題來。他認爲要研究社會學，最好研究社會不一樣的地方，從特殊的地方切入，有助於彰顯出正常與不正常的界線爲何？

孔德特別強調變異處理是屬於抽象的概念，因此在時空之外，同時可將變異性與正常性彼此相互對照。畢竟直觀正常狀態時，往往不易察覺出問題所在，但若能從變異性與正常性的對照看出差別的話，便容易發掘問題所在。不過變異與正常的關係並非本質上的截然不同，對於孔德而言，變異與正常之間差別是一個量化的程度問題：

> 異例（anomaly）和正常秩序（normal order）的差別在於兩者的程度，而不是呈現出一種新的狀況。（Comte, 1875b: 350）

因此異例的觀念非常重要，利用變異與常態是同時並存的關係，藉由異例能彰顯出正常社會的正常情況是如何。而這樣的看法也和日後的孔恩（Thomas S. Kuhn）關於《科學革命的結構》（*Structure of Scientific Revolutions*）的說法若合符節。只是孔恩並沒有引用到孔德的觀點。

孔德發展了社會變異性的理論，藉此說明社會的外部與內部是如何造成社會變異的發生，使得先前的社會秩序引發轉變爲另一個秩序，後來涂爾幹在《社會學方法的規則》（*Les règles de la méthode sociologique*; *Rule of Sociological Method*）中也有類似的概念，應該是繼承自孔德。簡單來說，變異性概念對涂爾幹的影響，大致有以下四點：

1. 在《社會分工論》中，第一部分先研究正常的分工，然後在第三部分研究變態的分工。變態的分工就是正常分工的變異狀態。

2.《自殺論》中將自殺視爲社會變異現象加以研究，以反證出「道德—社會—宗教」的三位一體社會秩序觀。

3. 在《社會學方法的規則》一書中，對於變異性的強調，對於社會類型的接續性的強調，在在都透露出孔德的影響。特別在書的序言中已經明言孔德的影響。

4.《宗教生活的基本形式》其實也是想在前一個社會類型〔及書中的澳洲土著社會的宗教〕中爲當今社會的變異性找到根源。

這種對變異狀態的強調，可能反映出孔德經歷過的時代影響，特別是法國大革命之後社會的畸形發展，對他而言，這都不是正常生活該有的現象，都是一種變異的現象。他大概也有著「撥亂反正」的想法才會對這些變異現象如此重視。

至於變異物質的來源呢？

依據孔德整理大概有四個，分別爲環境、生命、社會學的影響以及個人對社會的影響，這些大概是孔德處理社會變異性問題時，分別從物質基礎與變異性的種類所做的區分。

詳如我所整理社會變異性理論表格：

社會變異性的理論

變異性的種類（Comte, 1875b: 350-352）	**變異性的物質來源（Comte, 1875b: 364-371）**
1. 直接來自內部：每個秩序自身的活動產生變異性（Comte, 1875b: 350） 2. 間接來自外部：對其他秩序的反應而產生的變異性（Comte, 1875b: 350） 此類又可以再細分成兩類（Comte, 1875b: 351） (1) 從先前的一個秩序所引發的變異性 (2) 從接續的一個秩序所引發的變異性 (3) 特殊的，例如干擾、病態、革命（Comte, 1875b: 374）	1. 環境影響 2. 生命影響 3. 社會學影響 4. 個人對社會的影響

孔德在此基礎之下，進一步發展社會變異性理論，提出四組社會變異性的發展原則（Comte, 1875b: 376-380）：

1. 文明削弱氣候的影響。
2. 種族的影響逐漸減弱。

3. 一個國家對其他國家的影響逐漸減弱。
4. 個人對社會的影響逐漸減弱。

關於第一點文明削弱氣候的影響，大概是受到孟德斯鳩的影響，這對我們當代氣候變遷，無疑是一個非常大的警醒。文明對氣候會產生影響，但後來的社會學很少人研究氣候，直至最近幾年因爲環境變遷的問題，社會學界也開始出現了環境社會學，還有所謂碳交易的問題等等。

第二點是種族的影響會越來越弱，我們前面說過社會學家們很少人談論種族的問題，因爲種族在不同時間的發展階段，會有強凌弱、眾暴寡的現象，但是隨著資本主義文明在全球的發展，這種情況似乎也沒有越來越少。我眞好奇孔德對於資本主義在全世界擴張有什麼看法。

至於後面兩點，孔德不知道是根據怎樣的世界局勢或是社會現象所作的評估，缺乏堅實的證據作基礎，這樣的論斷就很難讓人苟同了。

另外特別要提出來的是，孔德也提過心靈異化（mental alienation）的問題，不是只有馬克思才注意到。在一個資本主義社會裡面，當人在生活中有越來越多不能隨他意志而掌控的生活現象，這樣人就會有異化的現象。孔德這樣的看法，後來延續到了涂爾幹在談異常的分工時，我們也可以看到類似的觀點。

接下來我們來說明孔德社會動學的部分。社會動學，或人類社會自然進步的理論，或稱爲歷史哲學。在社會動學中，孔德強調人類的演化速度與次序發展。

孔德認爲，人類的演化中是由三個重要因素影響：無力感；人類的生命有限；人口的增加。

其中第一點有點費解，第二點好像又是常識；比較有趣的是關於人口的增加這一點，孔德恐怕是受到馬爾薩斯的《人口論》的影響。除了涂爾幹在社會分工的原因有提到人口因素之外，其他的古典社會學理論家很少注意到人口問題的重要性。

孔德的社會動學最有趣或最常見、最有名的地方，就是他的「三階段論」。雖然三階段論很多人都曾提及過，但我很少看到引用的人說明出處。這其實是在他的《實證政治體系》（*System of Positive Polity*）裡面提出的看法：人的演化遵循的是從原始的神學階段，經過過渡的玄學階段，到最後的實證狀態。

有時候，神學階段又稱爲虛構的，玄學階段又稱爲抽象的，科學階段又稱爲實證的，所以科學、實證在此脈絡下是同義字。

而這三階段，是可以同時並存的，並不是一個階段終結之後，被另外一個階段取代的這樣清楚的階段切割。

同時神學跟軍事政權是息息相關的、實證階段就跟工業精神息息相關，而這種軍事跟工業的區分，並將其放在歷史發展兩個階段的做法，比較有名的人是後來的斯賓賽，而非孔德。似乎沒有多少人知道孔德已經有這樣的觀察了。

在歷史上相對應的階段，也就是他後來應用了西方的人類歷史的演化進行分類，將神學的階段分成三個，分別為拜物教階段、多神教階段以及一神論階段，並將西方歷史在什麼時期符應於什麼階段，都說明的很清楚。

那玄學階段，即現代社會的關鍵期，就他當時所處的法國大革命的階段，實證階段就是他希望的未來的階段，當然對我們現在而言，同樣是尚未來臨。

最有趣的，也是最少人注意到的就是神學階段跟這三個階段不同階級的主導是有關係的，在神學階段主導的是上層階級、在玄學階段主導的是中層階級，到了實證階段主導的是下層階級。

這跟馬克思所提到人類歷史後來發展的無產階級專政，基本上沒有太大的差別。

> 一旦與下層階級的關係能夠充分建立起來，實證哲學就會找到精神上與社會上的自然而然的重大支持；而神學哲學只適宜於上層階級，它力圖永久支持其政治優勢；形而上哲學則主要面向中層階級，它支持其勃勃的野心。（Comte, 1995: 218-219; 1996: 65）

另一個更少人注意到的是，在先前我們提到過，啟蒙時代人們開始相信人類知識是有法則的，孔德也因此發展出所謂「第一哲學的十五條法則」。讀者若仔細去查看，這十五條法則基本上就是借用牛頓力學三大定律。

「第一哲學」的十五條法則

第一組（三條）普遍法則（Universal Law）主客合一。

1. 最簡單假設（The Simplest Hypothesis）。
2. 法則的不變性（The Invariability of Law）。
3. 法則的可塑性（The Modificability of Law）。

第二組（六條）以主觀為主。

第一分組：靜學觀點。

1. 所有主觀的建構都受制於客觀的材料（Comte, 1877: 156）。此法則由之所建立，所發展，所完成。此法則不僅適用於理性狀態，亦適用於非理性狀態。

2. 內心的意象（image）比外在的印象（external impression）要來得更不清晰和更不鮮活（Comte, 1877: 156）；除非在完全的心靈異化（mental alienation）狀態下，外在才會完全控制內在（Comte, 1877: 156）。
3. 腦中同時紛起的意象中只有一種是占有主導地位的（Comte, 1877: 156）。

第二分組：動學觀點（三狀態／階段律）。

1. 思想的進步：虛假的—抽象的—實證的（Comte, 1877: 157）。
2. 物質的進步（人類活動）：征服—防衛—工業（Comte, 1877: 157）。
3. 道德的進步（人的社會性）：家—國—種族（Comte, 1877: 157）。

第三組（六條）以客觀為主（原以數理現象為主）。

第一分組：此三大定律分別由 Galileo、Newton 和 Huyghens 等人提出，雖然是力學理論的基礎，也可一體適用於其他現象，毫無例外（Comte,1877: 158）。

1. 若無外力影響之下，每一種動、靜狀態有維持其原狀態的趨勢（Comte, 1877: 158）。
2. 每一原有系統中的力所造成的運動是相容的（compatible），構成每一系統的力，都受制於同時的改變，而此一改變以同等的程度影響到系統中所有其他部分（Comte, 1877: 158）。
3. 每次接觸時，作用力和反作用力相等（Comte, 1877: 158）。

第二分組：

1. 運動理論（theory of motion）受制於存在理論（theory of existence）（Comte, 1877: 158-159）；進步是特殊秩序的發展（Comte, 1877: 159）。
2. 分類原則——普遍性的增減（Comte, 1877: 159）。
3. 中間狀態受制於極端狀態（Comte, 1877: 160）。

這裡除了看出社會學挪用了自然科學的成果之外，應該也反映出孔德主張的實證科學的層級的累積性和適用性，實證科學之間的關係是連續性的而非斷裂的。

還有一個部分也是我覺得孔德很重要的歷史哲學的部分，可以跟馬克思和恩格斯的歷史唯物論（historical materialism）〔或稱唯物史觀（materialistic conception of history）〕相互匹敵之處。孔德認為，近代西方的文明，可以包含四個部分，分別為工業、美學、科學與哲學，這四個部分的影響，會因為文明的程度有所不同。這就類似於歷史唯物論裡面強調經濟基礎的下層會影響到上層，而且是唯一的因果方向。雖然後來恩格斯將單向因果修正為雙向因果。我們後面再討論。

而孔德很早就說過，在文明的早期是從哲學到工業的發展，也就是上層對於下層的影響；然而文明晚期是從工業到哲學的發展，所以是從下層到上層的影響。所以他有注意到歷史不同時期，結構因素和文明發展彼此不同的影響，這點是非常難得的。

這正是後來美國社會學家歐格朋（William F. Ogburn）的「文化脫節」（cultural lag，或譯爲「文化失調」、「文化差距」）的概念。這都先預設了文化有不同的組成部分，這些組成部分並沒有像一般正常的有機體是整體協調運作的，而是其發展速度有快有慢所引起的不協調現象。

最後，孔德提出了人本教（Religion of Humanity），基本上這是「無神的宗教」，崇拜的是社會團結和諧（social solidarity），這也和涂爾幹的「有機連帶」（organic solidarity）的觀念很類似。可是因爲名字上有個 Religion，就自找麻煩，讓人誤解，以爲他自己走回頭路，從三階段的頂端的實證階段又走回到最初的神學階段，所以信徒不多。不過網路上還是可以查到有關人本教的相關資訊。

孔德還把過去對人類有貢獻的人都做一個日曆，每天以一位或兩位名人來紀日（參見孫中興，1993：227-240）。

同時，孔德也列出一個人本教的實證主義者該讀的書，讓大家讀這樣的書，其實這就是孔德心目中的「好書榜」，其中包括孔子的《論語》以及《老子》（參見孫中興，1993：241-247）。

八、Q & A 反思回顧

1. 孔德對於社會學及社會學理論的重要性爲何？
2. 在孔德之後，有哪些社會學家繼承了上述孔德的這些想法？
3. 在上述的介紹中，很多二手書也沒有提及，在日後的涂爾幹引證很多孔德的說法，而其他人對於孔德也有或褒或貶的批評，所以孔德被忽略的原因是因爲他不重要嗎？所以爲什麼孔德今天被忽略但又值得被重視？
4. 沒有孔德的社會理論爲什麼就不完整？
5. 沒有孔德社會學是否就不會出現？
6. 我們可以從孔德的生平及這些想法中得到什麼樣的啟發？

附錄一
孔德（Auguste Comte, 1/19/1798-9/5/1857）的生平與著作

時代大事	生平與著作
1789 年 法國大革命	
1790 年 雅克賓黨獨裁，行恐怖政治	
1794 年 羅伯斯比被殺，恐怖政治結束	
1798 年	1 月 19 日　生於法國蒙培葉（Montpellier）〔他的父母於 1796 年結婚，當時其父 Louis Comte 20 歲，其母 Rosalie Boyer 卻已經 32 歲。〕〔有的資料將生日定在 17 日或 20 日（孫中興，1993，23，n2）〕。
1804 年（6 歲） 拿破崙稱帝	
1807-1814 年（9-16 歲）	就讀於 Montpellier 的 Lycée。 放棄天主教信仰，改採自由及革命的思想。
1814 年（16 歲） 拿破崙退位，放逐維也納會議	
1814-1816 年（16-18 歲）	就讀巴黎的工業學校（Ecole Polytechnique）。
1816 年（18 歲）	因為不滿意幾何教師傲慢的態度，和教師發生口角，後來孔德聯同其他十五位同學被學校退學，學校也被暫時關閉。一生的正式教育就只有如此。 一度考慮移民美國，並勤學英文，研究美國憲法。後來美國夢並未實現。 轉回故鄉的醫學院研習醫學及生理學。後來又回到巴黎。以教數學為生。
1817-1822 年（19-24 歲）	出版有關工業社會的文章。

時代大事	生平與著作
1817-1824 年（19-26 歲）	成為聖西蒙（Saint-Simon）的祕書。
1818 年（20 歲） 馬克思出生	和有夫之婦寶琳（Pauline）戀愛，並且可能育有一女露易絲（Louise）。
1820 年（22 歲） 恩格斯出生 斯賓賽出生	
1821 年（23 歲）	5 月 3 日　在散步時認識馬菘（Caroline Massin），當時馬菘 19 歲。
1824 年（26 歲）	出版《實證政治體系》（*Système de politique positive*）第一卷第一部〔孔德將此文賣給聖西蒙，聖西蒙將之未具名收入其《實業家問答》（*Catéchisme des industriels*）的第三冊中[1]。孔德抗議，兩人關係決裂〕。
1825 年（27 歲）	和馬菘結婚〔後來其妻數度離去。他自認這次婚姻是「基於慈悲所作的判斷」、「此生唯一的敗筆」〕。
1826 年（28 歲）	4 月　開始傳授實證哲學。學生中不乏當時的知名之士。
1826-1827 年（28-29 歲）	馬菘首度離去。孔德因而精神崩潰，住進療養院治療。八個月後出院，但是並未痊癒。
1827 年（29 歲）	4 月　曾跳塞納河自殺未遂。後來絕口不提此事，也不願意和他的救命恩人見面。
1829 年（31 歲）	1 月 4 日　繼續傳授實證哲學。
1830 年（32 歲） 法國七月革命，壓制言論及結社自由。市民反抗，中產階級勝	

1 孔德的這篇文章最初名爲〈社會改組所需的科學研究方案〉（Plan des travaux scientifiques nécessaires pour réorganiser la société），收入聖西蒙 1822 年出版的《論社會契約》小冊子中。後來又稍加修改，以〈實證政治體系〉爲名，收入聖西蒙 1824 年的《實業家問答》第三冊。中譯文全譯本以「工業大學肄業，聖西蒙學生奧古斯特．孔德著」收入《聖西蒙選集》，第二卷，第 126-229 頁中。

時代大事	生平與著作
1830-1842 年（32-44 歲）	出版《實證哲學講義》（*Cours de philosophie positive*）六卷〔1855 年由 Harriet Martineau 編譯成英文 *Positive Philosophy of Auguste Comte* 出版〕。
1831 年（33 歲）	免費傳授通俗天文學，一直到 1847-1848 年才結束。 孔德曾努力尋求回母校工業學校任教分析學，未果。
1832 年（34 歲）	受聘為工業學校分析學和力學助理講師。
1833 年（35 歲）	希望法國當時的教育部長 Guizot 特別為他在法蘭西學院開設科學史講座，被拒。
1836 年（38 歲）	受聘為工業學校入學考試委員。
1842 年（44 歲）	和其妻子馬菘終於仳離。
1843 年（45 歲）	出版《解析幾何的基礎》（*Traité élémentaire de géometrie analytique*）。
1844 年（46 歲）	出版《論實證精神》（*Discours sur l'esprit positif*）成為《通俗天文學的哲學》（*Traité philosophique d'astronomie populaire*）的導論〔1996 年黃建華中譯本〕。 孔德失去入學考試委員的職位。靠朋友及信徒的接濟為生。 10 月　認識學生的妹妹克羅蒂爾德。她和丈夫分居，而且身罹絕症。
1845 年（47 歲）	孔德感情生命中「最重要的一年」。他向克羅蒂爾德表達了愛慕之情，但她只願意維持友誼，她自認為「對感情以外的付出是無能為力的」。
1846 年（48 歲）	4 月 5 日　孔德親眼看著克羅蒂爾德死去。從此以後，孔德獻身宗教。
1847 年（49 歲）	宣揚人本主義。
1848 年（50 歲） 歐洲各地革命 法國二月革命，第二共和成立。路易拿破崙當選總統 巴烈圖出生	創立實證主義學會。 出版《實證主義概觀》（*Discours sur l'ensemble du positivisme*）〔1965 年 J. H. Bridges 英譯本 *A General View of Positivism* 出版。1938 年出版蕭贛中譯本《實證主義概觀》〕。
1851 年 路易拿破崙政變，國民選他為皇帝	

時代大事	生平與著作
1851-1854 年 （53-56 歲）	失掉了工業學校助理講師的職位。 出版《實證政治體系》（*Système de politique positive*）共四卷〔1875-1877 年 J. H. Bridges 等人譯成英文 *System of Positive Polit* 四冊出版〕。
1852 年（54 歲）	出版《實證主義教義問答》（*Catéchisme positiv*）〔1858 年 Richard Congreve 英譯為 *The Catechism of Positive Religion* 出版〕。
1855 年（57 歲） 杜尼斯出生	Harriet Martineau 以英文編譯孔德的《實證哲學》（*Positive Philosophy*）出版。
1856 年（58 歲）	出版《主觀綜合》（*Synthèse subjective*）〔後有不明年代的 Richard Congreve 的英譯本 *Introduction to the Subjective Synthesis* 及 1891 年同一譯者的 *Religion and Humanity: Subjective Synthesis, or Universal System of Conceptions Adopted to the Normal State of Humanity* 第一卷 *Containing the System of Positive Logic* 出版〕。
1857 年（59 歲）	9 月 5 日　下午六點三十分在信徒環繞之下，趴在克羅蒂爾德生前坐過的椅子上逝世。後來埋藏於拉謝斯神父墓園（Père-Lachaise）。
1858 年 涂爾幹出生 齊美爾出生	
1864 年 韋伯出生	
1865 年	《實證主義概觀》（*A General View of Positivism*）英譯本出版，由英國人 J. H. Bridges 翻譯。 穆勒（John Stuart Mill）在《西敏評論》（*The Westminster Review*）發表〈孔德與實證主義〉（Auguste Comte and Positivism）。後來出單行本。
1875-1877 年	《實證政治體系》（*System of positive polity*）英譯本四卷出版。

附錄二
孔德的思想脈絡

前輩（根據 Comte, 1855: 442-450）

孟德斯鳩（Charles Louis de Secondat, Baron de la Brede et de Montesquieu, 1689-1755）「政治現象受制於不變的法則」

康多塞（Marie Jean Antoine Nicolas Caritat, Marquis de Condorcet, 1743-1794）「人類思想的進步」

波蘇艾（Jacques Benigne Bossuet, 1627-1704）「整體社會歷史」

同輩

聖西蒙（Claude Henri de Rouvroy, Comte de Saint-Simon, 1760-1825）「三階段」

穆勒（密爾）（John Stuart Mill, 1806-1873）

後輩

斯賓賽（Herbert Spencer, 1820-1903）「社會動學與社會靜學」

涂爾幹（Emile Durkheim, 1858-1917）「社會學方法」

謝勒（Max Scheler, 1874-1928）

附錄三
孔德的著作脈絡

前言

孔德的法文原典在臺灣各大圖書館中並不容易找到，不過，我很幸運在 1991-1992 年於美國加州大學柏克萊分校進修時，在學校圖書館中幾乎全都可以見到。可惜因爲我的法文能力有限，僅能把法文原典當成對照英譯本的工具。幸好孔德的著作英譯本幾乎都有。我在閱讀之後，對有疑問的地方，也儘量查對法文原典，以便確定原意是否因爲翻譯而扭曲。當然，幸好，截至目前爲止，還沒有研究者指出孔德的英譯著作有誤譯的情形。所以雖然沒有直接參考法文原典，而是從英譯本輾轉入手，在解釋孔德思想時，應該不會有太離譜的差錯。以下，就要簡單說明一下孔德的著作及相關的中英文譯本，其中大多是我親自翻閱過的，有關各書的詳細資料可參考書後的「參考書目」。

在每一部著作之下，筆者盡可能將該書目錄翻譯出來，以便讀者可以藉此一探孔德在該書中所展現的思想脈絡。

早期著作

孔德因爲在早期擔任過聖西蒙的祕書，當時發表著作時，也多半不署名，所以後人很難斷定聖西蒙的現行著作中有哪些是孔德獨力的貢獻，又有哪些是兩人合作的結果。孔德自己在 1854 年出版《實證哲學體系》（*Système de Politique Positive*）第四卷時，收入了六篇文章當成附錄。1877 年出版的《實證政治體系》（*System of Positive Polity*）第四卷英譯本中也由 Henry Dix Hutton 一人獨力將這六篇文章譯成英文。1883 年，這六篇論文的法文單行本以《社會哲學論文，1819-1828》（*Opusculesde Philosophie Sociale, 1819-1828*）爲名出版（Lenzer, 1975: 481）。有些書上曾列有書名爲《社會哲學的早期論文》（*Early Essays on Social Philosophy*）的譯本，筆者雖未見此書，但是依書名推測，應該就是這六篇早期論文的英文單行本。只可惜該項資料（Gould, 1920: 121）未列明此譯本的出版年代。此後，在 1974 年，Ronald Fletcher 又將其中五篇略加編輯，以《工業文明的危機：孔德的早期論文》（*The Crisis of Industrial Civilization: The Early Essays of Auguste Comte*）爲書名出版。Gertrud Lenzer 於 1975 年編輯的《孔德與實證主義：主要著作精選》（*Auguste Comte and Positivism: The Essential Writings*）一書中，也節選了其中兩篇。

可是，根據早期孔德專家 Gouhier（1933: 295-297）的記載，孔德的早期著作不僅這六篇而已。截至目前爲止，恐怕將孔德早年著作蒐羅最完整的，要算是 Paulo E. de Berrêo Carneiro 和 Pierre Arnaud 於 1970 年合編的《孔德：青年作品，1816-1828》（*Auguste Comte: Écrites deJeunesse, 1816-1828*）。這本列名爲《實證主義者檔案》（*Archives Positivistes*），分成三個部分和兩篇附錄，共計收入了 37 篇孔德生前自己發表及死後由後人編輯出版的文章。

孔德自己承認的六篇早期論文題目如下：

第一部分（1819 年 7 月）意見與願望的一般區別（Séparation Générale entre les Opinions et les Désirs）

第二部分（1820 年 4 月）近代史概述（Sommaire Appréciation de L'Ensemble du Passé Moderne）

第三部分（1822 年 5 月）爲改造社會所必需的科學研究方案（Plan des Travaux Scientifiques Nécessaires pour Réorganiser la Société）〔中譯文改名爲〈實證政治體系〉收入《聖西蒙選集》，第二冊。北京：商務。1962。第 126-229 頁。〕

第四部分（1825 年 11 月）科學與學者的哲學思考（Considérations philosophiques sur les Sciences et les Savants）

第五部分（1826 年 5 月）精神力量論（Considérations sur le Pouvoir Spirituel）

第六部分（1828年8月）布虎賽的《刺激論》研究（Examen du Traité de Broussais sur *L'Irritation*）

《實證哲學講義》（***Cours de Philosophie Positive***）

孔德的成名作《實證哲學講義》共計六冊，分別於 1830、1835、1838、1839、1841，以及 1842 年的 12 年間才出版完畢（Gertrud Lenzer, 1975: 482）。這套書於 1864 年出第二版，由於孔德已死，就由他的弟子 Émil Littré 加了新的序言，正文部分並無更動。1892-1894 年由「實證主義學社」（Société Positiviste）發行第五版（Gouhier, 1933: 298）。以後是否再版發行就不得而知了。我見到的是 1877 年發行的第四版。孔德在 1848 年出版的《實證主義概觀》的前言中，曾經表示希望這部書再版時應該改名爲《實證哲學體系》，以便更正確地表明他對體系的重視（Comte, 1965: 2, 1n）。

這本書並無英文全譯本。我所見到最早的英文節譯本是由 W. M. Gillespie 摘譯原書中討論數學的部分，定名爲《數學的哲學》（*The Philosophy of Mathematics*）於 1851 年出版。

最常見的是 Harriet Martineau「編譯」（freely translated）的《孔德的實證哲學》（*The Positive Philosophy of Auguste Comte*）。Martineau（1974: 4）在「序言」中提到原書是以演講的形式呈現的，重複之處頗多，也因此遮蓋了書中精采之處。她的「編譯本」只有原文的八分之一篇幅，可是她深信：絕對沒有遺漏原文中的關鍵論斷和說明。倒是在原文討論到物理學的部分，Martineau（1974: 9）依照友人尼可（Nichol）教授的建議，做了比較多的刪節。此外，這個編譯本在適當段落都增加了「眉題」，有助於讀者了解該段文意。不過，全書並無索引，算是美中不足。這個譯本獲得了孔德以及其他英國實證主義者的極高的評價（Webb, 1960: 304-305）。孔德不僅在他開列的「實證主義文庫」（Positive Library）中，以這本編譯本取代自己的原著（Webb, 1960: 305），而且還授權將此編譯本翻譯成法文（Pichanick, 1980: 199）。也正是因爲孔德的「背書」，所以很多人就「理所當然」地把這個「編譯本」當成「原典」來看。其實，也有著名的實證主義者批評這個譯本。Frederic Harrison 就認爲，孔德原著中比較細緻的解說都不可避免地被省略了，對編譯者以工人階級爲假想讀者的原意而言，這本書算是恰當的（Webb, 1960: 305）。這個譯本初版於 1853 年，中間又經過幾次重印，最近一次重印是 1974 年。

另外一本幾乎和 Martineau 編譯本同時出版，但是卻比較不爲人知的編譯本是孔德的英國弟子 G. H. Lewes 的《孔德的科學哲學：孔德〈實證哲學講義〉原理的闡述》（*Comte's Philosophy of the Sciences: Being an Exposition of the Principles of the Cours de Philosophie*

Positive of Auguste Comte）。這本書的序言明載 1853 年 9 月，書也是在當年所出版的（Simon, 1963: 197）。我所見到的是 1890 年的版本。Lewes（1890: iii-iv）在序言中特別說明這本書的兩個部分：第一部分是敘述孔德的前六種基本科學，第二部分是介紹社會科學，包括歷史哲學。在第一部分的介紹中，Lewes 特別增訂了各個科學的最新狀況，而在第二部分中，他則只做去蕪存精的工作，並沒有增加任何內容。不過，有研究者認爲這本書所討論到孔德的科學哲學不只限定在《實證哲學講義》一書而已（Simon, 1963: 198）。

Descours 和 Jones 在 1905 年也合譯了《實證哲學的基本原理》（*The Fundamental Principles of the Positive Philosophy*）一書（Simon, 1963: 331）。由於我未能看到此書，所以無法斷定是否是孔德原著的編譯本。

在 1970 年代興起的一陣短暫「孔德熱」中，出現了兩個「摘譯本」：其一是 1970 年由費瑞（Frederick Ferré）編輯的小書《實證哲學導論》（*Introduction to Positive Philosophy*）。這本小書除了編者導言和簡要參考書目之外，只選入了原書開頭的兩個部分。編譯者曾經略加修訂譯文。

另一本是在 1974 年由 Stanislav Andreski 主編，Margaret Clarke 譯註的《孔德精選：選自孔德〈實證哲學講義〉》（*The Essential Comte: Selected from Cours de Philosophie Positive by Auguste Comte*）。這本「精選」不再依照 Martineau 舊譯，而重新翻譯，選錄了原書中的十一個章節，大致根據孔德原著的架構脈絡。可惜文中沒有註明該章節中省略未譯的段落。不過，附錄中將孔德原著六十講次的寫作時間和題目都譯成英文，讓讀者可以知道原著的外形全貌和發展脈絡。

這六冊書六十講原來的目錄如下（Comte, 1974: 234-237）：

【第一冊】

數理哲學的一般基礎（Préliminaires Généraux et Philosophie Mathématique）

獻辭（Dédicace）

作者前言（Avertissement de L'Auteur）

《實證哲學講義》簡表（Tableau Synoptique de L'Ensemble du *Cours de Philsophie Positive*）

第一講　課程目標概述，或是實證哲學的性質與重要性通論（Exposition du but de ce Cours, ou Considération Générales sur la Nature et L'Importance de la Philosophie Positive）

第二講　課程計畫概述，或是實證科學層級通論（Exposition du Plan de ce Cours, ou Considérations Générales sur la Hiérachie des Sciences Positive）

第三講　數理哲學總論（Considérations Philosophieques sur L'Ensemble de la Science

第四講　數理分析概觀（Vue Générales de L'Analyse Mathématique）

第五講　直接函數微積分通論（Considérations Générales sur le Calcul des Fonctions Directes）

第六講　間接函數微積分比較通論（Exposition Comparative des divers Points de Vue Généraux sous Lesquels on Purt Envisager le Calcul des Fonctions Indirectes）

第七講　間接函數微積分總表（Tableau Générales du Calcul des Fonctions Indirectes）

第八講　變量微積分通論（Considérations Gérérales sur le Calcul des Variations）

第九講　有限差異微積分通論（Considérations Générales sur le Calcul aux Différences Finies）

第十講　幾何學概觀（Vue Générale de la Géométrie）

第十一講　「特別」或「基本」幾何通論（Considérations Générales sur la Géométrie *Speciale* ou *Préliminaire*）

第十二講　「普通」或「解析」幾何的基本觀念（Conception Fondamentale de la Géométrie *Générale* ou *Analytique*）

第十三講　「普通」兩維幾何（De la Géométrie *Générale* à Deuz Dimesions）

第十四講　「普通」三維幾何（De la Géométrie *Générale* à Trois Dimensions）

第十五講　理性力學基本原理的哲學討論（Considérations Philosophiques sur les Principes Fondamentaux de la Mécanique Rationnelle）

第十六講　靜學概觀（Vue Générale de la Statique）

第十七講　動學概觀（Vue Générale de la Dynamique）

第十八講　理性力學一般理論的討論（Considérations sur les Théorèmes Généraux de Mécanique Rationnells ）

【第二冊】

天文哲學與物理哲學（Philosophie Astronomique et Philosophie Physique）

第十九講　天文哲學總論（Considérations Philosophiques sur L'Ensemble du la Science Astronomique）

第二十講　天文學中觀察法通論（Considérations Générales sur les Méthodes D'Observation en Astronomie）

第二十一講　天體基本幾何現象通論（Considérations Générales sur les sur les Phénomènes Géométriques Élémentaires des Corps Célestes）

第二十二講　地球運動通論（Considérations Générales sur le Mouvement de la Terre）

第二十三講　論克普勒定律，及其在天體運動幾何研究上的應用（Considération Générales sur les Lois de Képler, et sur leur Application à L'Étude Géométrique des Mouvement Célestes）

第二十四講　萬有引力定律的基本討論（Considérations Fondamentaes sur la Loi de la Gravitation）

第二十五講　天體靜學的通論（Considérations Générales sur la Statique Céleste）

第二十六講　天體動學的通論（Considérations Générales sur la Dynamique Céleste）

第二十七講　恆星天文學通論與實證宇宙發生學論（Considérations Générales sur L'Astonomie Sidérale, et sur la Cosmogonie Positive）

第二十八講　物理總論（Considérations Philosophiques sur L'Ensemble de la Physique）

第二十九講　重力學通論（Considérations Générales sur la Barologie）

第三十講　物理熱學通論（Considérations Générales sur la Thermologie Physique）

第三十一講　數理熱學通論（Considérations Générales sur la Thermologie Mathématique）

第三十二講　聲學通論（Considérations Générales sur L'Acoustique）

第三十三講　光學通論（Considérations Générales sur L'Optique）

第三十四講　電學通論（Considérations Générales sur L'Électrologie）

【第三冊】

化學哲學與生物哲學（Philosophie Chimique et Philosophie Biologique）

第三十五講　化學總論（Considérations Philosophiques sur L'Ensemble de la Chimie）

第三十六講　被恰當稱爲化學或「無機」化學總論（Considérations Générales sur la Chimie Proprement dite ou *Inorganique*）

第三十七講　定比化學理論的哲學考察（Examen Philosophique de la Doctrine Chimique des Proportions Définies）

第三十八講　電化學理論的哲學考察（Examen Philosophique de la Théorie Électro-Chimique）

第三十九講　所謂「有機」化學總論（Considérations Générales sur la Chimie Dite *Organique*）

第四十講　生物科學總論（Considérations Philosophiques sur L'Ensemble de la Science Biologique）

第四十一講　解剖哲學通論（Considérations Générales sur la Philosophie Anatomique）

第四十二講　生物靜學哲學通論（Considerations Générales sur la Philosophie Biotaxique）

第四十三講　植物或「有機」生命的一般性研究論（Considérations Philosophiques sur L'Étude Générale de la Vie Végétative ou *Organique*）

第四十四講　被恰當稱爲「動物」生活的一般性研究論（Considérations Philosophiques sur L'Étude Générale de la Vie *Animale* Proprement dite）

第四十五講　思想的和道德的，或是頭腦功能的實證研究通論（Considérations Générales sur L'Étude Positive des Fonctions Intellectuelles et Morales, ou Cérébrales）

【第四冊】

社會哲學的教條部分（Partie Dogmatique de la Philosophie Sociale）

作者前言（Avertissement de L'Auteur）

第四十六講　在通盤考慮過社會現況之後，對「社會物理學」的必要及機會所做的政治上的基本考慮（Considérations Politiques Préliminaires sur la Nécessité et L'Opportunité de la *Physique Sociale*, d'apré L'Analyse Fondamentale de de L'État Social Actuel）

第四十七講　截自目前爲止建立社會科學的哲學努力簡述（Appréciation Sommaire des Principales Tentatives Philosophiques Entreprises Jusqu'ici pur Constituer la Science Sociale）

第四十八講　理性地研究社會現象所使用的實證方法的基本特徵（Caractéres Fondamentaux de la Méthode Positive dans L'Étude Rationnelle des Phénomenes Sociaux）

第四十九講　社會物理學與其他實證哲學主要分科之間的必然關係（Relations Nécessaires de la Physique Sociale avec les Autres Branches Fondamentales de la Philosophie Positive）

第五十講　社會靜學，或是人類社會自發秩序的理論的導論（Considérations Préliminaires sur la Statique Socials, ou Théorie Générale de L'Ordre Spontanée des Sociétés Humaines）

第五十一講　社會動學，或是人類自然進步的一般理論的基本定律（Lois Fondamentales de la

Dynamuque Sociale, ou Théorie Générale du Progrès Naturel de L'Humanité）

【第五冊】

社會哲學的歷史部分，和神學以及玄學有關的所有事物（Partie Historique de la Philosophie Sociale, en Tout ce qui Concerne L'État Théologique er L'État Métaphysique）

第五十二講　歷史敘述的基本限制－人類神學的最初狀態論：拜物教時期。神學和軍事政權總論（Réduction Préalable de L'Ensemble de L'Élaboration Historique.-Considérations Générales sur le Premier État théologique de L'Humanité: Âge du Fétichisme. Ébauche Spontanée du Régime Théologique et Militaire）

第五十三講　人類神學的主要狀態：多神教時期。神學和軍事政權的逐步發展（Appréciation Générale du Principal État Théologique de L'Humanité: Âge du Polythéisme. Développement Graduel du Régime Théologique et Militaire）

第五十四講　人類神學的最後狀態：一神教時期。神學和軍事政權的徹底修改（Appréciation Générale du Dernier État Théologique de L'Humanité: Âge du Monothéisme. Modification radicale du Régime Théologique et Militaire）

第五十五講　近代社會玄學階段總論：批判時期，或是革命過渡時期。神權與軍事政權的，從自然的到有系統的，逐步瓦解（Appréciation Générale de L'État Métaphysique des Sociétés Modernes: Époque critique, ou Âge de Transition Révolutionnaire. Désorganisation Croissante, D'Abord Spontanée et Ensuite Systématique, de L'Ensemble du Régime Théologique et Militaire）

【第六冊】

社會哲學的完成與總結（Complément de la Philosophie Sociale et Conclusions Générales）

第五十六講　適合人類實證狀態不同因素的發展的總論：分工時期，或是暫時階段，其特色為重視細部更甚於整體。近代社會主要自發性發展的進步匯流，邁向理性以及和平的政權的最終組織（Appréciation Générale du Développement Fondamental des Divers Éléments Propres à L'État Positif de L'Humanité: Âge de la Spécialité, ou Époque Provisoire, Caractérisée par L'Universelle Prépondérance de L'Esprit de Détail sur L'Esprit D'Ensemble. Convergence Progressive des Principales Évolutions Spontainées de la Sociétés Moderne vers L'Organisation Finales d'un Régime Rationnel et Pacifique）

第五十七講　法國或歐洲革命成果總述－配合全人類過去歷史對近代社會最終趨勢所作的理性論斷：澈底的實證時期，或是普同時期，其特色在於正常地重視整體的精神甚於重視細節的精神（Appréciation Générale de la Portion déjà Accomplie de la Révolution Française ou Européenne.-Détermination Rationnelle de la Tendance Finale des Sociétés Modernes, d'apré L'Ensemble du Passé Humain: État Pleinement Positif, ou Âge de la Généralité, Caractérise par une Nouvelle Prépondérance Normale de L'Esprit D'Ensemble dur L'Esprit de Détail）

第五十八講　實證方法總論（Appréciation Finale de L'Ensemble de la Méthode Positive）

第五十九講　有助於構成實證理論的結果的哲學討論（Appréciation Philosopique de L'Ensemble des Résultats Propres à L'Élaboration Préliminaire de la Doctrine Positive）
第六十講　配合實證哲學的最終行動總論（Appréciation Générale de L'Action Finale Propre à la Philosophie Positive）

《解析幾何基本論》

這本書於 1843 年出版。原書無目錄。沒有英譯本。

《通俗天文學哲學論》

這是孔德免費開授課程的講義。於 1844 年出版。原書無目錄。沒有英譯本。

《論實證精神》（*Discours sur L'Esprit Positif*）

這是孔德於 1844 年出版的小書。原書無目錄。有些書籍記載有 E. S. Beesly 的英譯本（Gould, 1920: 121），但是我卻未能看到。

最近有大陸出版的中譯本：《論實證精神》。黃建華譯。北京：商務。1996。

《實證主義概觀》

這本書於 1848 年出版，代表了孔德的思想轉變到另外一個階段，可以算是在孔德思想中居有「承先啟後」的地位，也可能由於篇幅比起他的前後兩部鉅作要小很多，所以讀者較多。英譯本於 1865 年由 J. H. Bridges 翻譯出版。1907 年法文版增加了一些註釋，1908 年的英譯本再版時也加入了這些新材料，並由 Frederic Harrison 寫了一篇新的導言。後來收入《實證政治體系》第一卷中。全書內容即該卷「實證主義概觀的初步討論」部分。

這本書有中文譯本。1938 年由蕭贛翻譯，以《實證主義概觀》爲名，由上海商務印書館出版。1973 年臺灣商務印書館曾經重印發行，編爲該館「人人文庫特二五二號」。不過此版也已絕版多時。從現在標準來看，這本中譯本的譯筆並不好。

《實證政治體系》（*Système de Politique Positive*）

這部書共分四冊，分別於 1851、1852、1853，和 1854 年共四年出版完畢。這本書的全名是《實證政治體系，或是爲了建立人本教所做的社會學論文》（*Système de Politique Positive, ou Traité de Sociologie, Instituant la Religion de L'Humanité*）。英譯本第一冊和第二冊於 1875 年出版，第三、四冊則分別在 1876 和 1877 兩年出版。在英譯者方面，可以算是結合了英國實證主義者的集體力量：第一、二冊分別由 John Henry Bridges 和 Frederic Harrison 兩人獨力翻譯；第三冊的譯者則有 Edward Spencer Beesly、Samuel Lobb、Fanny Hertz、John Henry Bridges、Vernon Lushington 和 Godfrey Lushington 六人；第四冊則由 Richard Congreve 和 Henry Dix Hutton 分工譯成。

在英譯本中，都除了英譯本的首頁之外，每一冊也都忠實地翻譯了法文原著的首頁。英譯本和原著的不同點主要是增加了每一斷落的「眉題」（marginal notes）和詳細的目錄兩方面。

另外一個行文安排上的差異是在第一冊英譯本中把原作者獻辭的三個附錄以及第一冊附錄的在 Blainville 葬禮上的演講等四篇移到書後。不過，在前三項附錄中的兩項，亦即克蘿蒂爾德本人所寫的小說「露西」（Lucie）和名為「花思」（les Pensée d'une Fleur）的一首小詩，譯者都因為「美學上的理由」而沒有翻譯。

這一部書在頭尾都加上別的著作。開頭的部分收錄了先前已經獨立出版的《實證主義概觀》，結尾部分則網羅了孔德自己認定的六篇年少之作。

這部堪稱「大部頭」的書的原著和英譯本都曾經重印過。法文原著目錄如下：

【第一冊】（1851 年 7 月）包含《初步討論》和《基礎導論》（Contenant le *Discours Préliminaire* et *L'Introduction Fondamentale*）

前言（Préface）

獻辭（Dédicace）

獻辭附錄（Complément de la Dédicace）

1. 小說　露西（Lucie, nouvelle）
2. 論社會紀念的哲學書簡（Lettre Philosophique sur la Commémoration Sociale）
3. 合組詩　花思（Les Pensées d'une Fleur, Canzone）

實證主義概觀的初步討論（Discours Préliminaire sur L'Ensemble du Positivisme）

一般前言（Préambule Général）

第一部分　實證主義的基本精神（Esprit Fondamental du Positivisme）

第二部分　實證主義的社會目標（Destination Sociale du Positivisme）

第三部分　實證主義對工人的效用（Efficacité Populaire du Positivisme）

第四部分　實證主義對女人的影響（Influence Féminine du Positivisme）

第五部分　實證主義的美學傾向（Aptitude Esthétique du Positivisme）

初步討論的一般結論　人本教（Religion de L'Humanité）

科學和邏輯時代的基礎導論（Introduction Fondamentale à la Fois Scientifique et Logique）

第一章　導論概述（Appréciation Générale de cette Introduction）

第二章　以分析為主的間接導論 ，或是宇宙論（Introduction Indirecte, Essentiellement Analytique, ou Cosmologie）

第三章　綜合和直接導論，或是生物學（Introduction Directe, Narurellement Synthétique, ou Biologie）

第一冊附錄　布藍維爾葬禮上的演說（Discours Funébre sur Blainville）

【第二冊】（1852 年 5 月）包含《社會靜學》和《人間秩序的抽象理論》（Contenant la *Statique Sociale* ou le *Traité Abstrait de L'Ordre Humain*）

前言（Préambule Général）

前言的附錄（Appendice de la Préface）

1. 作者為自由贊助者所做第三次通訊（Troisième Circulaire de L'Auteur sur le Libre Subside Institué pour Lui）
2. 致紐約《衛理公會評論》主編的信（Lettre au Directeur de la *Revue Méthodiste* de New-

York）

3. 致韋也雅議員先生的信（Lettre à M. le Sénateur Vieillard）

4.《西方評論》大綱（Prospectus de la *Revue Occidentale*）

一般前言（Préambule Général）

第一章　宗教的一般理論，或是人類統合的實證理論（Théorie Générale de la Religion, ou Théorie Positive de L'Unité Humaine）

第二章　人類問題的社會學評價；或是物質財產的實證理論（Appréciation Sociologique du Problème Humain; d'ou Théorie Positive de la Propriété Matérielle）

第三章　人類家庭的實證理論（Théorie Positive de la Famille Humaine）

第四章　人類語言的實證理論（Théorie Positive du Langage Humain）

第五章　社會組織的實證理論（Théorie Positive de L'Organisme Sociale）

第六章　社會存在的實證理論，由教士加以系統化（Théorie Positive de L'Existence Sociale, Systématisée par le Sacerdoce）

第七章　人間秩序變異的一般限制的實證理論（Théorie Positive des Limites Générales de Variation Propres à L'Ordre Humain）

第二冊的總結（Conclusion Générale du Tome Deuxième）

【第三冊】（1853 年 8 月）包含《社會動學》和《人類進步的一般理論》（歷史哲學）（Contenant la *Dynamique Sociale* ou le *Traité Général du Progrès Humain*）（Philosophie de L'Histoire）

前言（Préface）

前言的附錄（Appendice de la Préface）

1. 人類通史的哲學課程簡要大綱（Programme Sommaire d'un Cours Philosophiques sur L'Histoire Générale de L'Humanité）

2. 作者爲自由贊助者所做的第四次通訊（Quatrième Circulaire de L'Auteur sur le Libre Subside Institué pour Lui）

3. 致尼古拉沙皇的信（Lettre à S. M. le Tzar Nicolas）

4. 致奧圖曼帝國前首相瑞思奇－巴夏的信（Lettre à S. E. Reschid-Pacha, ancien Grand-Vizir de L'Empire Ottoman）

一般前言（Préambule Général）

第一章　人類進化的一般理論，或是思想與社會運動的一般法則（Théorie Positive de L'Évolution humaine, ou Lois Générales du Mouvement Intellectuel et Social）

第二章　拜物教時期的實證理論，或是人類自發制度的一般評價（Théorie Positive de L'Âge Fétichique, ou Appréciation Générale du Régime Spontanée de L'Humanité）

第三章　神權政治的實證理論，或是保守多神論的一般評價（Théorie Positive de L'État Théocratique, ou Appréciation Générale du Polythéisme Conservateur）

第四章　希臘精粹的實證理論，或是思想多神論的一般評價（Théorie Positive de L'Élaboration Grecque, ou Appréciation Générale du Polythéisme Intellectuel）

第五章　羅馬合併的實證理論，或是社會多神論的一般評價（Théorie Positive de L'Incorporation Romaine, ou Appréciation Générale du Polythéisme Social）
第六章　天主教－封建過渡的實證理論，或是防禦性一神論的一般評價（Théorie Positive de la Transition Catholico-Féodale, ou Appréciation Générale du Monothéisme Défensif）
第七章　西方革命的實證理論，或是進代雙重運動的一般評價（Théorie Positive de la Révolution Occidentale, ou Appréciation Générale du Double Mouvement Moderne）
第三冊的總結（Conclusion Générale du Tome Troisième）
【第四冊】（1854 年 8 月）包含《人類未來的綜合描述》（Contenant le *Tableau Synthètique de L'Avenir Humain*）
前言（Préface）
前言的附錄（Appendice de la Préface）
作者爲自由贊助者所做的第五次通訊（Cinquième Circulaire de L'Auteur sur le Libre Subside Institué pou Lui）
重印第二冊未出版的通訊（Reproduction des Circulaires qui n'avaient pas Été Jointes aux Autred Tomes）
一般前言（Préambule Général）
第一章　一般理論，或是正常存在與普遍宗教的共存描述（Théorie Fondamentale du Grand-Être; d'ou Tableau Simultané de la Religion Universelle et de L'Existence Normale）
第二章　情感存在的一般描述，或是實證崇拜的最終系統化（Tableau Général de L'Existence Affective, ou Systématisation Finale du Culte Positif）
第三章　理論存在的一般描述，或是實證理論的最終系統化（Tableau Général de L'Existence Théorique, ou Systématisation Finale du Dogme Positif）
第四章　活動存在的一般描述，或是實證生活的最終系統化（Tableau Général de L'Existence Active, ou Systématisation Finale du Régime Positif）
第五章　從未來和過去對現在做有系統的評價；最後過渡階段的概觀（Appréciation Systématique du Présent, d'apré la Combinaison de L'Avenir avec le Passé; d'ou Tableau Général de la Transition Extréme）
第四冊總結（Conclusion Générale du Tome Quatrième）
《實證政治體系》全書總結（Conclusion Totale du Systéme de Politique Positive）
最後的祈禱（Invocation Finale）
第四冊附錄　十九世紀實證主義書目（Appendice du Tome Quatrième-Bibliothéque Positiviste au Dix-Neuvième Siècle）
《實證政治體系》總附錄：包含作者青年時期社會哲學的作品（Appendice Général du Systéme de Politique Positive）
特別序言（Préface Spéciale）
第一部分（1819 年 7 月）意見與願望的一般區別（Séparation Générale entre les Opinions et les Désirs）

第二部分（1820 年 4 月）近代史概述（Sommaire Appréciation de L'Ensemble du Passé Moderne）

第三部分（1822 年 5 月）爲改造社會所必需的科學工作計畫（Plan des Travaux Scientifiques Nécessaires pour Réorganiser la Société）〔中譯文改名爲〈實證政治體系〉收入《聖西蒙選集》，第二冊。北京：商務。1962。第 126-229 頁。〕

第四部分（1825 年 11 月）科學與學者的哲學思考（Considérations Philosophiques sur les Sciences et les Savants）

第五部分（1826 年 5 月）精神力量論（Considérations sur le Pouvoir Spirituel）

第六部分（1828年8月）布虎賽的《刺激論》研究（Examen du Traité de Broussais sur *L'Irritation*）

《實證主義教義問答》（***Catéchisme Positiviste***）

在《實證政治體系》第二冊於 1852 年 5 月出版之後，孔德又在同年 9 月出版了這本全名爲《實證主義教義問答，或是透過人本教教士和一位女子的十一次有系統的對話，對普遍宗教的簡要說明》（*Catéchisme Positiviste, ou Sommaire Exposition de la Religion Universelle, en Onze Entretiens Systématiques entre une Femme et un Prêtre de L'Humanité*）的書。書中的教士和女子，就是孔德和克蘿蒂爾德的化身。不過，對話的內容是否是他們兩人對話的「實錄」就不無疑問了。

英譯本由 Richard Congreve 翻譯，改名爲《實證宗教教義問答》（*The Catechism of Positive Religion*），於1858年出版．比起大部頭的《實證政治體系》的英譯本要早出版17年。英譯本依照孔德後來在《實證政治體系》中對此書的修正意見，將原來的十一次對話增加爲十三講，內容不變，只是把頭尾兩個較長的部分再細分成兩次對話，而且把原書第一和第二部分的次序對調。譯者特別強調後來法文版發行時也做了同樣的修改，可是我手中的 1966 年版並沒有如此修定。此外，英譯者也爲了讀者方便著想，將原書正文中的圖表部分，全部移到書後當成附錄，並且製作了人名索引。

這本書法文原版的目錄如下：

前言（Préface）

導論　宗教的一般理論（Théorie Générale de la Religion）

　第一次對話

第一部分　教條的闡述（Explication du Dogme）

　第二次對話　教條總論（Ensemble du Dogme）

　第三次對話　外在秩序，先是無機的，其次是有機的（Ordre Extérieur, d'Abord Matériel, puis Vital）

　第四次對話　人間秩序，先是社會的，其次是道德的（Ordre Humain, d'Abord Social, puis Moral）

第二部分　崇拜的闡述（Explication du Culte）

　第五次對話　崇拜總論（Ensemble du Culte）

　第六次對話　私人崇拜（Culte Privé）

第七次對話　公眾崇拜（Culte Public）
第三部分　生活制度的闡述（Explication du Régime）
第八次對話　生活制度總論（Emsemble du Régime）
第九次對話　私人生活（Régime Privé）
第十次對話　公眾生活（Régime Public）
結論　宗教的一般歷史（Histoire Générale de la Religion）
第十一次對話

《向保守派訴願》（*Appel aux Conservateurs*）

這本書是孔德在出版完四鉅冊的《實證政治體系》之後，於 1855 年 8 月出版的書。英譯本由 T. C. Donkin 和 Richard Congreve 合譯，於 1889 年出版。

這本書的目錄如下：

前言（Préface）
前言附錄（Appendice de la Préface）
1. 實證主義贊助者通訊（Circulaire sur le Subside）
2. 歷史哲學演講課程大綱（Programme d'un Cours sur la Philosophie de L'Histoire）
導論　眞保守主義者的興起（Avènement des Vrais Conservateurs）
普遍學說的建立（Insitution d'une Doctrine Universelle）
哲學基礎（Fondation Philosophique）
宗教建設（Construction Religieuse）
第一部分　適合保守主義者的學說（Doctrine Propre aux Vrais Conservateurs）
I 抽象的說明（Explication Abstraite）
基本狀況（Conditions Fondamentales）
1. 感情至上（Suprématie du Sentiment）
2. 完全相對（Relativité Complète）
3. 眞正綜合的不可分割性（Indivisibilité de la Vraie Synthèse）
普遍原理（Principe Universel）
特別制度（Institutions Caractéristuques）
1. 道德至上（Prépondérance de la Morale）
2. 兩權分立（Séparation des duex Puissances）
3. 女性尊嚴（Dignité de la Femme）
II 具體推測（Appréciation Concrète）
個人的存在（Existence Personnelle）
私人生活（Vie Privée）
公共生活（Vie Publique）

第二部分　保守主義者對待反動分子的行為（Conduite des Conservateurs envers les Réorogrades）

概觀（Appréciation Générale）

特別手段（Dispositions Spéciales）

1. 管理制度（Système de Ménagement）
2. 宗教結盟（Alliance Religieuse）

第三部分　保守主義者對待革命分子的行為（Conduite des Conservateurs envers les Révolutionnaires）

概觀（Appréciation Générale）

特別手段（Dispositions Spéciales）

1. 淘汰制度（Système d'Épuration）
2. 政治結盟（Alliance Politique）

結論　眞保守主義者的使命（Edstination Propre aux Vrais Conservateurs）

概觀（Appréciation Générale）

特別制度（Dispositions Spéciales）

1. 歷史教派（Culte Historique）
2. 政治解體（Décomposition Politique）

西方的合作（Coordination Occidentale）

《主觀綜合》（*Synthèse Subjective*）

這是孔德生平的最後一項計畫。書的全名是《主觀綜合，或是適合人道常態的概念的普遍系統》（*Synthèse Subjective, ou Système Universel des Conceptions Propres a L'État Normal de L'Humanité*），第一卷於 1856 年 11 月出版，由於孔德於翌年就去世了，所以其他計畫中的三卷就胎死腹中了。這本書的英譯本由 Richard Congreve 負責，於 1891 年出版。有關英譯本的書名，有兩種不同的記載：一是《主觀綜合導論》（*Introduction to the Subjective Synthesis*）（Gould, 1920: 121）；一是《宗教與人本教：主觀綜合，或是人道在常態時所採行觀念的普遍系統》（*Religion and Humanity: Subjective Synthesis, or Universal System of Conceptions Adopted to the Normal State of Humanity*）（Lenzer, 1975: 483）。由於筆者沒借到英譯本，所以無法斷定何者才是正確的。

這一系列原訂四冊，第一冊談論數學，第二、三冊講述理論和實際道德，最後一冊研究工業（Style, 1928: 153）。

原書第一冊的目錄如下：

前言（Préface）

前言附錄（Appendice de la Préface）

1. 實證主義贊助者第六次年度通訊（Sixième Circulaire Anneulle sur le Subside Positiviste）
2. 實證主義贊助者第七次年度通訊（Septième Circulaire Annuelle sur le Subside Positiviste）
3. 實證主義創始人哲學書簡（Lettre Philosophique au Fondateur du Positivisme）

4. 實證主義創始人詩學大綱（Ébauche Poétique sur le Fondateur du Positivisme）
5. 實證主義創始人特別聲明（Déclaration Caractéristique au Fondateur du Positivism）

獻辭（Dédicace）

導論（Introduction）

主觀綜合的構成（Construction de la Synthèse Subjective）

實證邏輯的建立（Institution de la Logique Positive）

數理哲學的合作（Coordination de la Philosophie Mathématique）

第一章　算數（Calcul Arithmétique）〔16 講〕

第二章　代數（Calcul Algébrique）〔16 講〕

第三章　基本幾何（Géométrie Préliminaire）〔16 講〕

第四章　代數幾何（Géométrie Algébrique）〔16 講〕

第五章　微分幾何（Géométrie Différentielle）〔16 講〕

第六章　積分幾何（Géométrie Intégrale）〔20 講〕

第七章　普通力學（Méchanique Générale）〔20 講〕

結論（Conclusion）

孔德書信

孔德是一位很勤於寫信的人。孔德去世之後，就有人編輯了他寫給 M. Valat、John Stuart Mill、Clotilde de Vaux 三位以及給其他人的書信選集。這些書信幾乎都沒有英文翻譯，除了孔德和 John Stuart Mill 之間六封書信是例外（Thompson, 1975: 193-210）。也正因爲如此，要透過英文翻譯來閱讀孔德的研究者，如筆者，必然會漏掉孔德書信所透露的思想發展及人事關係的訊息。

從 1973 年開始到 1990 年爲止，Carneiro 和 Arnaud 兩人鉅細靡遺的編輯了孔德的書信及懺悔錄。在兩人所編輯的八冊書中，一共蒐羅了 1,237 封孔德從 1814 年 11 月 21 日起到 1857 年 9 月 1 日爲止寫給不同人物的書信。此外，還包括少數別人寫給孔德的書信。這套書的第三冊就網羅了孔德和克蘿蒂爾德之間的 184 封通信，其中孔德寫了 98 封，克蘿蒂爾德寫了 86 封。

英文孔德選集

孔德的幾部名著的篇幅都很鉅大，實在不是一般讀者容易接近的，特別是對古典社會學理論的教學十分不便。因此，在 1960 年代晚期到 1970 年代中期，就出現了幾本篇幅不一的英文選集。

George Simpson（1969）所編輯的選文較短，主要以《實證哲學講義》和《實證政治體系》兩書的部分爲主，還附有一篇編者導言。

Kenneth Thompson（1975）的選文也出自《實證哲學講義》和《實證政治體系》兩書，並增加了孔德和 John Stuart Mill 論兩性平等的書信六封，算是比較特殊的。此外，還附有編者導言。

Gertrud Lenzer（1975）的選文篇幅比起前兩書都長，而且包羅範圍也廣。除了《實證哲學講義》和《實證政治體系》之外，還選了兩篇早期論文，並也附有編者導言一篇。本書原由紐約 Harper Torchbook 出版，最近改由芝加哥大學出版部出版，內容不變。

這些選文對孔德的其他書籍，如《實證主義教義問答》以及《向保守派訴願》，顯然都沒興趣。如果對照孔德所出版的著作，讀者可從選文的取捨，一窺編輯對孔德的思想中的「輕重」持何種看法，這多多少少會影響到讀者對孔德思想的整體及其脈絡發展的認識。身為讀者，如果要透過編輯來認識思想家的思想，是不可不察覺到這層差距的。

附錄四
孔德的懷舊傳記

《世界名人傳略》（*Chamber's Biographical Dictionary*）
竇樂安（John Darroch）編著
黃鼎、張在新、郭鳳翰譯述
上海：商務印書館
1908 年

孔特・奧古士都〔Comte, Auguste（1798-1857）〕
法國實驗哲學家之鼻祖。性本強，少時在塾中，即不服師長教令。年十六，學於巴黎，率諸生與某教員抗，被黜。時已以數學知名，遂以數學授徒糊口。論及社會宗教，所見頗與人異。奮然欲改革人民之思想與其生業。年二十，事桑西門，法之社會黨首領也，倡均財共產之說。氏師事之，為之臂助者六年。繼而宗旨漸歧，寖成水火。念非獨樹一幟不可，乃與桑絕。娶婦十七年，不睦，遂相離異。由是始以其哲學之說，宣講於人。格致名家，亦頗有信之者。未幾得狂疾，數月乃瘳。嘗一為巴黎某學教員，為同輩所嫉，退居於家，乃以數學授徒。屢空，賴其友賙恤之。卒年五十九。著有《幾何學》《實驗哲學》諸書。按實驗哲學家之宗旨，欲組織人之知識，合諸一途，使於世界人群之理，無所歧視。其言曰：學有二，有形上；有形下。形而上者，如數學、天文學、物理學、化學、生理學、社會學是已。思想之程度有三，最初為鬼神之思想，進而為格致之思想，又進為實驗之思想，思想之進步也。由兵戰而近於實業之戰，社會之進步也。其知識愈多者，其生理愈足。人盡天賦之職，其大者在舍一己之私利，以求公眾之利益。故實驗哲學家所崇拜者曰仁愛。

（鍾少華編，2000：194-195）

附錄五
孔德神學及玄學發展六階段

神學階段之一：拜物教階段各方面的發展表

		抽象	具體
思想	哲學	• 自發的思維模式 • 在多神論階段是最具邏輯性和實證性	• 成立真正的邏輯 • 出現三種重要理論： 1. 人受制於世界 2. 特殊現象受制於普遍現象 3. 物理不變
	科學	• 理論同時具有有機和無機性質 • 以道德來解釋物理現象 • 主觀開始受制於客觀 • 知性受制於情性 • 絕對的樂觀主義	• 簡單的算術和天文概念 • 計數和計算的開始 • 相信某些數字的神祕性 • 出現星期的概念
	美學	• 有利於詩歌、音樂和雕塑藝術的發展	• 聲音取代姿勢 • 文字停留在象形階段 • 詩歌、舞蹈、雕刻、繪畫和音樂初步發展
實際		• 開始懂得儲存 • 破壞本能發揮作用 • 豢養家畜 • 培養植物 • 仇視異類 • 有利於軍事活動的發展	• 馴服及殺害野生動物 • 食、衣、住的開始 • 用火
感情		• 有利個人同情心的發展 • 對崇拜物的普遍信任和尊敬和破壞本能的矛盾 • 家庭中女人和老人地位崇高，崇拜祖先	• 行多偶婚制 • 有收養制度 • 行奴隸制度 • 定居生活，對出生地特別有感情 • 集體財產制

資料來源：孫中興根據 Comte（1876: 68-122）製表。

神學階段之二：保守的和思想的多神教（希臘時期）階段各方面的發展表

		抽象	具體 保守的多神教	具體 思想的多神教
思想	哲學	• 宿命主義 • 人與世界二分的觀念 • 世界受制於人（變形論出現） • 人創造神	• 思考注重到實用目的 • 道德至上、重視不朽 • 以神的社會作為人的社會的榜樣 • 多神的教義開始有利於科學的發展	• 嘗試解釋人間秩序 • 思想和政治分離 • 不同城邦有共同的情操和信念 • 哲學家主導精神力量 • 直線幾何學的出現 • 德模克利圖士的原子論 • 亞里斯多德的四元素說 • 亞里斯多德的社會靜學
	科學	• 抽象思考能力在方法上和理論上的發展： 1. 尋找一致的原因 2. 注重現象的觀察，如氣象和解夢 • 出現占星術 • 算術中的乘法和除法 • 幾何學和幾何天文學 • 占卜 • 物質是被動的觀念	• 小數點的觀念開始發展 • 發明乘法表、除法和分數 • 平面及容積幾何出現 • 幾何替代數奠定基礎 • 日曆的制定	• 亞歷山大利亞博物館 • 歐幾里德的幾何 • 阿基米德的數學和物理 • 希帕庫斯的天文學和三角 • 托勒密的天文學 • 戴奧范圖士的代數
	美學	• 因為重視公共生活，間接鼓勵藝術發展 • 創造集體意象	• 語言更有條理 • 因崇拜的需要而有藝術 • 宗教和藝術的結合，成為公共教育的內容 • 教士主導藝術生活	• 藝術家階級的出現 • 藝術擺脫教士控制 • 寓言出現 • 史詩和戲劇出現 • 無大詩人 • 音樂無進展
實際		• 人可改造世界 • 工業組織出現，資本開始積累 • 大規模的征伐 • 戰士統治 • 勞動者受教育	• 工業逐漸受重視，軍事則不受鼓勵 • 出現農業、商業、金融活動和航海事業 • 出現城市	• 除了航海之外，其他無甚可觀
感情和社會		• 尊敬的本能為主 • 發展公共生活 • 創造共同信念	• 個人生活受到管制 • 亂倫禁忌 • 發展尊敬的本能	• 貶抑女人 • 祖先崇拜的式微 • 攻擊財產制

	抽象	具體 保守的多神教	具體 思想的多神教
感情和社會	•教士取代老人成為精神權威 •人世權威的神聖化 •以天意作為賞罰的依據	•出身比美德更受到重視 •土地財產制度確立	•煽動家影響大，不敬偉人 •敵視外國人 •以美德作為社會階層的原則

資料來源：孫中興根據 Comte（1876: 132-202, 225-277）製表。

神學階段之三：社會的多神教階段（羅馬時期）各方面的發展表

<table>
<tr><th colspan="2"></th><th>抽象</th><th>具體</th></tr>
<tr><td rowspan="2">思想</td><td>哲學和科學</td><td>•重活動，輕理智
•吸收並傳播希臘思想，並未發展自己的
•關懷社會問題
•確定神祇世界的層級</td><td rowspan="3">•貴族主政期
1. 只征服定居的人
2. 只兼併西歐的軍事力量
3. 征服的三個階段：
(1) 征服義大利
(2) 征服西班牙
(3) 征服高盧
4. 凱撒的興亡
•獨裁期
1. 皇帝（imperator）的頭銜
2. 三個階段：
(1) 征服的持續
(2) 納法（Nerva）當政：軍事活動過渡到工業活動，宣揚希臘哲學；歷史名著出現
(3) 色維魯斯（A. Severus）當政
3. 由蠻族固守邊疆
4. 獨裁者多半具有美德
•過渡期的轉變
1. 精神上
(1) 急需普遍的道德
(2) 猶太教已替天主教導前路
(3) 使徒保羅創立天主教
(4) 羅馬人對天主教的敵意
2. 世俗上
(1) 防衛取代征伐
(2) 農奴取代奴隸
(3) 小邦國興起</td></tr>
<tr><td>美學</td><td>•無甚可觀</td></tr>
<tr><td colspan="2">實際</td><td>•因征戰而發展工業</td></tr>
</table>

資料來源：孫中興根據（Comte, 1876: 296-350）製表。

神學階段之四：防禦的一神教階段（天主教—封建制度時期）各方面的發展表

<table>
<tr><th colspan="2"></th><th>抽象</th><th>具體</th></tr>
<tr><td rowspan="3">思想</td><td>哲學</td><td>•天主教教義的影響
1. 負面：
(1) 限制奇蹟
(2) 限制新的天啟
(3) 生命只有現在和未來
2. 正面：
(1) 發展記號的邏輯
(2) 綜合思想成形
(3) 感情的綜合</td><td rowspan="5">•三階段發展
1. 第一階段：西元 400-700 年
(1) 蠻族定居
(2) 引進決鬥
(3) 第五世紀已見到封建社會雛形
(4) 圓桌武士
(5) 奴隸變農奴
(6) 僧院制度成立
(7) 第七世紀回教興起
2. 第二階段：西元 700-1000 年
(1) 少數獨裁者掌握世俗權力
(2) 教皇在義大利的世俗權力
(3) 聖者崇拜的擴大
(4) 教會史和教會傳奇的教育
(5) 征服並兼併北方和東方民族
(6) 查理曼大帝成立西方共和國
(7) 教會使用拉丁文
(8) 回教徒在理論和美學方面的優越
3. 第三階段：西元 1000-1300 年
(1) 諾曼人征服英格蘭
(2) 女人影響力大增
(3) 武士制度
(4) 教皇主宰西方共和國
(5) 聖母馬利亞崇拜
(6) 十字軍東征
(7) 化學的興起
(8) 教士研究醫學，促進哲學和科學的整合
(9) 唯名論和唯實論論戰，有利主觀的綜合
(10) 雇主階級興起
(11) 解放農奴
(12) 亞歷山大三世頒布廢奴令</td></tr>
<tr><td>科學</td><td>•萬物之間相互都有關聯的思想，有利於科學發展</td></tr>
<tr><td>美學</td><td>•語文更為合理
•詩歌興盛</td></tr>
<tr><td colspan="2">實際</td><td>•軍事活動以防禦為主
•奴隸變成農奴
•廢止私人奴役制
•自由公民身分的出現</td></tr>
<tr><td colspan="2">感情與社會</td><td>•上帝萬能論鼓勵利己主義
•注重來世的主張有害利他主義
•教士的智慧可以彌補上述兩方面的弊端
•上帝恩典觀有利於發展愛的感情
•性本能受到管制
•譴責驕傲和虛榮
•反對自殺
•女性地位的改善
•父權和婚姻受到限制
•聖者崇拜
•廢除教士世襲制
•財富取代出身成為獲取權力的工具
•國際衝突可以協調</td></tr>
</table>

資料來源：孫中興根據 Comte（1876: 359-414）製表。

玄學階段之一：法國大革命前玄學階段各方面的發展表

<table>
<tr><th>抽象</th><th colspan="2">具體</th><th>具體</th><th>具體</th></tr>
<tr><td rowspan="5">•近代過渡的性質和目的
1. 以思想為主要性質，以社會的為主要目的
2. 先破壞，才能重建
•近代過渡的八種力量
1. 女人
2. 科學
3. 工業
4. 藝術
5. 國家
6. 教會
7. 法學家
8. 玄學家
•近代過渡的過程
1. 天主教－封建制度的崩潰，促成了批判理論出現
2. 天主教制度比天主教理論先瓦解
•三種新起的絕對的和負面的學說
1. 私下判斷的權利
2. 主權在民學說
3. 平等學說
•新教
•自然神教</td><td colspan="2">第一階段　自發的
西元 1300-1500 年</td><td>第二階段 新教
西元 15400-1685 年</td><td>第三階段 自然神教
西元 1685-1789 年</td></tr>
<tr><td>負面運動</td><td>•精神力量瓦解
•教皇遷往亞威農
•國家教會反抗教皇權威
•國家教會依賴國家，開始腐化</td><td>•精神力量瓦解
•路德、喀爾文和索西奴缺乏原創性和思想活力
•新教的思想學說，私下判斷的權利
•新教的社會學說：主權在民和平等
•這些理論有害連續性和尊敬的情感，助長驕傲
•引進離婚和重婚
•羅耀拉力圖力挽狂瀾</td><td rowspan="2">•王權和貴族國家的退化
•貴族、鄉紳和資產階級反對進步
•精神上的進步
•世俗的進步
•三大勝利：
1. 壓抑耶穌會
2. 杜閣改革失敗
3. 美國革命</td></tr>
<tr><td>世俗力量的瓦解</td><td>•權力集中
•法國君權制
•美國和威尼斯貴族制
•傭兵和常備兵
•賦稅制度
•律師節制政府力量並保障財產</td><td></td></tr>
<tr><td>正面運動</td><td></td><td>•法國獨裁制和英國貴族制
•回教亦出現負面運動
•法學家和玄學家失勢</td><td></td></tr>
<tr><td>哲學</td><td></td><td>•培根、笛卡爾、霍布斯、萊布尼茲和波蘇艾的綜合性嘗試
•專長分工太細</td><td>•趨向相對性
•維科和孟德斯鳩奠定社會靜學的基礎
•社會動學的先鋒：芳登內爾、休姆、雷華和狄德羅
•歷史研究的進展：休姆、羅伯森和伏爾德</td></tr>
</table>

抽象		具體	具體	具體
	科學	•尼古拉的天文學 •占星術和煉丹術的健全發展 •化學成為科學的一種 •物理學對哲學的影響	•地球自轉和公轉被接受 •刻卜勒、伽利略和牛頓的運動定律 •物理學成為專門科目 •笛卡爾和萊布尼茲	•天文學體系的完成 •化學也步入實證階段 •生物學的分類 •專業分科
	美學	•但丁的《神曲》 •肯培斯的《模仿基督》	•詩學的偉大進展：亞里奧斯托、塔索、塞凡提斯、卡爾德龍、莎士比亞、康奈爾、莫里哀和米爾頓 •繪畫的發展 •義大利文的流行	•詩歌取代小說 •歌劇
	實際的和工業的結果	•製造業和內陸貿易比國際貿易占優勢 •雇傭關係融洽 •重要發明 1. 火器 2. 印刷術 3. 航海指南針 •美洲和印度航路的發現 •算術的改進	•國家支持工業發展 •政府主管國家財富 •和平運動 •勞資關係惡化 •商業活動活躍 •新教和貴族制國家蓄奴 •殖民主義擴張	•銀行的興盛 •機器的使用 •商業和戰爭的結合

資料來源：孫中興根據 Comte（1876: 424-509）製表。

玄學階段之二：法國大革命之後的各方面發展表

負面運動	正面運動
• 法國大革命的起因 1. 盧梭信徒的鼓勵 2. 負面學說在世界其他地方的成功經驗 3. 路易十六的無能 4. 崇英派仿效英國的國會制度 • 壓制科學 • 拿破崙重建教會權威和軍事主義 • 神聖同盟 • 社會主義的興起 • 無政府主義的家庭和財產學說 • 1848 年的革命廢除了世襲王權 • 政變建立起獨裁統治，同時也為實證主義的到來鋪路	• 哲學 1. 康多塞已替社會學奠立了基礎 2. 狄麥斯特重新燃起對歐洲中古時代的尊重 • 科學 1. 生物學突飛猛進：拉馬克、布虎賽、比夏、卡班尼斯和高爾 2. 孔德發現社會學的基本定律 3. 實證哲學不完善之處因結識克羅蒂爾德而得以彌補 4. 實證主義概觀的演講以及出版 5.《實證政治體系》的出版 6.《實證主義教義問答》出版

資料來源：孫中興根據 Comte（1876: 509-531）製表。

參考文獻

中文文獻

Saint-Simon（聖西蒙）（1962）。《聖西蒙選集》（三冊）。王燕生、徐仲年、徐基恩譯。北京：商務。

孫中興（1993）。《愛・秩序・進步：社會學之父——孔德》。臺北：巨流。

鐘少華（2000）。《詞語的知惠——清末百科辭書條目選》。貴陽：貴州教育出版社。

外文文獻

Annie Petit (1995). Chronologie. In Auguste Comte. *Discours sur L'Esprit Positif.* Nouvelle Édition avec chronologie, introduction et notes par Annie Petit. Paris: Librairie Philosophique J. Vrin. pp. 7-12

Auguste Comte (1855/1974). *The Positive Philosophy of Auguste Comte*. Freely translated by Harriet Martineau. New York: C. Blanchard. Reprinted Edition. New York: AMS Press.

Auguste Comte (1855). *Appel aux conservateurs.* Paris: L'auteur, V. Dalmont.

Auguste Comte (1856). *Synthèse subjective: ou, Système universel des conceptions propres à l'état normal de l'humanité*. Paris: L'auteur, V. Dalmont.

Auguste Comte (1891). *Catéchisme Positiviste, ou Sommaire Exposition de la Religion Universelle, en Onze Entretiens Systématiques entre une Femme et un Prêtre de L'Humanité*. Paris: Apostolat Positiviste.

Auguste Comte (1929). *Système de politique positive; ou, Traité de sociologie instituant la religion de l'humanité*. Paris: Au siège de la Société positiviste.

Auguste Comte (1974). *The essential Comte: selected from Cours de philosophie positive*. Edited and with an introduction by Stanislav Andreski. Translated and annotated by Margaret Clarke. London: Croom Helm; New York: Barnes & Noble.

Auguste Comte (1975). *Auguste Comte and positivism: the essential writings.* Edited and with an introduction by Gertrud Lenzer. New York: Harper & Row.

Boris Sokoloff (1961). *The 'Mad' Philosopher: Auguste Comte.* New York: Vantage Books.

F. J. Gould (1920). *Auguste Comte.* London: Watts & Co.

George Henry Lewes (1890). *Comte's philosophy of the sciences: being an exposition of the principles of the Cours de philosophie positive of Auguste Comte*. London: H.G. Bohn.

Henri Gaston Gouhier (1933). *La jeunesse d'Auguste Comte et la formation du positivisme*. Paris: Librairie Philosophique J. Vrin.

Kenneth Thompson (1975). *Auguste Comte: The Foundation of Sociology*. New York: Wiley & Sons, Incorporated, John.

Raymond Aron (1968). *Main Currents in Sociological Thought* (Vol. 1). Trs. by Richard Howard and Helen Weaver. Garden City, New York: Doubleday. pp. 124-127.

R. K. Webb (1960). *Harriet Martineau, a Radical Victorian*. New York: Columbia University Press.

Valerie Kossew Pichanick (1980). *Harriet Martineau, the woman and her work, 1802-76*. Ann Arbor, MI.: University of Michigan Press.

W. M. Simon (1963). *European Positivism in the Nineteenth Century*. Ithaca, NY: Cornell University Press.

第五講

馬克思
（Karl Marx）

我們這一講次要談論的是馬克思（Karl Marx）。我特別將馬克思、恩格斯（Friedrich Engels）以及兩人合作的部分，一共分成三個講次來討論，這樣的設計，其目的在於可以清楚展示出馬克思和恩格斯各自的貢獻，還有他們兩個人合作的貢獻。

一般書籍都只從「一切都是馬克思的貢獻」這樣的角度介紹馬克思和恩格斯的思想，我覺得這是小覷恩格斯，認爲恩格斯不過就是馬克思身旁的跟班，沒有什麼自己獨立的思想，所以沒有必要分開談恩格斯。但是根據後來歷史研究，常常是恩格斯後來的著作，對於共產主義的宣揚有很大的影響。讀者應該也可以從接下來的三個講次看出我這樣堅持的原因。

一、思想脈絡

從著作的發展脈絡來看，馬克思跟恩格斯有一些各自不同的專門著作。

我們可以用表格來更清楚地說明兩人著作領域的異同。我以列寧所說的馬克思主義的三大來源，一個是法國的社會主義，一個是英國的政治經濟學，還有一個是德國的哲學，爲兩人的主要著作做歷史發展的區分。請特別注意兩人的合作著作開始於1845 年的《神聖家族》這本常常被忽略的「關鍵著作」。原因請見後面的解釋。

馬克思和恩格斯思想三大淵源發展脈絡圖

<table>
<tr><th></th><th>英國政治經濟學</th><th>德國哲學</th><th>法國社會主義</th></tr>
<tr><td>1843-1844</td><td></td><td>*馬《黑格爾法哲學批判》</td><td>馬〈共產主義者和奧格斯堡《總匯報》〉</td></tr>
<tr><td rowspan="3">1844</td><td colspan="3">*馬《一八四四年經濟學哲學手稿》</td></tr>
<tr><td>*馬〈詹姆斯．穆勒《政治經濟學原理》一書摘要〉</td><td></td><td></td></tr>
<tr><td>恩〈政治經濟學批判大綱〉</td><td></td><td></td></tr>
<tr><td rowspan="2">1845</td><td colspan="3">合《神聖家族》</td></tr>
<tr><td></td><td>馬〈關於費爾巴哈的提綱〉</td><td></td></tr>
<tr><td>1845-1856</td><td></td><td colspan="2">*合《德意志意識形態》</td></tr>
<tr><td rowspan="2">1847</td><td>馬《哲學的貧困》</td><td></td><td>馬〈《萊茵觀察家》的共產主義〉</td></tr>
<tr><td></td><td></td><td>恩〈共產主義和卡爾．赫爾岑〉
恩〈共產主義原理〉</td></tr>
<tr><td rowspan="2">1848</td><td>馬〈關於自由貿易的演說〉
馬《僱傭勞動和資本》</td><td></td><td></td></tr>
<tr><td colspan="3">合《共產黨宣言》</td></tr>
<tr><td>1850</td><td></td><td></td><td>合〈中央委員會告共產主義者同盟書〉</td></tr>
<tr><td>1853</td><td></td><td></td><td>合〈共產主義者同盟章程〉</td></tr>
<tr><td>1857-1858</td><td>*馬《大綱》或《政治經濟學批判（1857-1858 年手稿）》（《資本論》第一稿）</td><td></td><td></td></tr>
<tr><td>1859</td><td>馬《政治經濟學批判》</td><td></td><td></td></tr>
<tr><td>1861-1863</td><td>*馬《政治經濟學批判（1861-1863 年手稿）》（《資本論》第二稿）</td><td></td><td></td></tr>
<tr><td>1862-1863</td><td>*馬《剩餘價值理論》（《資本論》第四卷）</td><td></td><td></td></tr>
<tr><td>1863-1864</td><td>*馬《資本論》第一卷第六章〈直接生產過程的結果〉手稿</td><td></td><td></td></tr>
</table>

	英國政治經濟學	德國哲學	法國社會主義
1863-1865	*馬《資本論（1863-1865年手稿）》（《資本論》第三稿；現行《資本論》第三卷主要由此稿第三部分編成）		
1864			馬〈國際工人協會成立宣言〉 馬〈國際工人協會共同章程〉
1865	馬《工資、價格和利潤》 *馬《資本論》第二卷第I稿		
1867	馬《資本論》第一卷第一版 *馬《資本論》第二卷第III稿		
1867-1881	*馬《資本論（1867-1881年手稿）》		
1868	*馬《資本論》第二卷第IV稿 *馬《資本論》第二卷第II稿		
	恩〈《資本論》第一卷提綱〉 **恩〈卡·馬克思《資本論》第一卷書評——為《民主周刊》作〉**		
1872	馬《資本論》第一卷第二版		
1872-1875	馬《資本論》法譯本出版		
1877	*馬《資本論》第二卷第V稿		
1877-1878	*馬《資本論》第二卷第VI稿		
1878	*馬《資本論》第二卷第VII稿		
		恩《反杜林論》	
1879-1880	*馬〈評阿·瓦格納的《政治經濟學》教科書〉		
1880	馬《資本論》第二卷第VIII稿		**恩《社會主義：從空想的到科學的》**
1881	**恩〈僱傭勞動制度〉**		

	英國政治經濟學	德國哲學	法國社會主義
1884	馬《資本論》第一卷第三版		
1885	馬《資本論》第二卷出版（恩格斯整理）		**恩〈關於共產主義者同盟的歷史〉**
1886		**恩《路德維希．費爾巴哈和德國古典哲學的終結》**	
1890	馬《資本論》第一卷第四版		
1892			**恩〈德國社會主義〉**
1894	馬《資本論》第三卷出版（恩格斯整理）		
1905-1910	馬《剩餘價值理論》三卷（《資本論》第四卷）由考茨基編輯出版		

附註：粗體字部分爲恩格斯的著作

有＊爲馬克思生前未發表者

在這份表格裡，以學科內容的角度而言，我們可以發現早期的馬克思對於德國哲學是比較重視的，還有，他對於法國社會主義並沒有提出一些專門著作的研究，即使日後思想成熟以後的馬克思，主要的研究領域爲英國政治經濟學。

至於恩格斯的部分，最早出道研究的是英國政治經濟學，而在著名的《共產黨宣言》裡面，有關社會主義的部分是他寫的，所以他對於法國社會主義的影響比較大。

另外從著作的出版脈絡來看，馬克思在逝世後，有許多遺稿被整理出版，而恩格斯卻沒有被整理的遺稿，這從現在各種版本的《馬克思恩格斯全集》就可以看出。也因如此，馬克思的著作呈現一個難題——出版脈絡與寫作脈絡不一致，有的寫了沒有出版，或者出版的時間較晚，例如《1844 年經濟學手稿》（巴黎手稿）、《德意志形態》以及《大綱》，當時的人是無法看見這些文本的，而這些文本直至 1970 年代紅極於歐美學術圈，如著名的弗洛姆寫了一本《馬克思關於人的概念》，也因此造就世界各國學術界的跟進與流行，直到現在爲止，很多人還在閱讀這些文本。這也正是多年許多入門者在修習社會學理論課被逼著讀馬克思卻往往讀不懂的痛苦經驗，特別是《一八四四年經濟學哲學手稿》。

此外，還有受到阿圖塞（Louis Althusser, 1918-1990）的影響而逐漸成爲通說的「早期」與「晚期馬克思」的區別，其中的關鍵就是馬克思思想前後期的知識斷裂

（Epistemological rupture/break）或連續的問題。但是思想的變化其實是一個沿革的過程，有所延續，同時又有所改變，只是改變與延續的比例問題，怎麼可能思想的變化會在時間的連續過程中，突然在某一個時間點斷裂成另一個樣貌。

所以，在上述兩個問題之下，便會產生有幾種馬克思主義的問題，但以互斥與窮盡的標準，便可歸納爲 A 與非 A 兩種，因此便可區分正統馬克思主義（或教條馬克思主義，往往是正統馬克思主義與政權產生關聯後的產物），以及異端馬克思主義（或科學馬克思主義），此種馬克思主義既不被政權所影響，往往也不被當權者所接受。

比較特別的是修正的馬克思主義，此種馬克思主義視情況游移於上述兩種馬克思主義之間，往往是政權內部彼此鬥爭的標籤，例如托洛斯基提出「第四國際」後，被史達林暗殺，而托洛斯基的書籍，在共產主義國家皆不能正式出版，因爲被當時政權視爲叛徒，雖然他是早期共產革命的參與者之一。

除了上述思想與出版脈絡的問題與影響之外，馬克思有些著作有版本問題，例如著名的《資本論》，該書一共有三卷，第一卷出版是 1867 年德文版，隨後 1872 年出版了俄文版本；1875 年法文本出版；1887 年英譯本出版。二、三卷日後分別由恩格斯於 1885 年和 1894 年編輯出版，而直至 1930 年中文世界有了陳啟修的節譯版；1938 年才有郭大力和王亞南三冊全譯本；1972-1974 中共中央編譯局新譯本；1976 年又有 Ben Fowkes 新英譯本。

只是大家比較關注於第一卷的部分，肇因第一卷的目錄存有不同版本的差異，有些是章節的擴大，內容上沒有什麼改變；有些則是修改了原先的篇名或順序。

所以透過翻譯與出版的脈絡，我嘗試從他們的著作來區別他們雙方共同書寫的內容，試圖從文本各別的貢獻來釐清二人的思想輪廓，以及彼此合作的貢獻爲何。我對馬克思心得不多，我只能淺淺地談論幾個我有不同想法的部分。若希望對馬克思思想有個比較完整的認識，讀者應該求助於其他相關專門書籍。

二、生平脈絡

接著我們先談馬克思和恩格斯的生平。馬克思出生於家境不錯且重視教育的猶太人家庭，而恩格斯的教育相對來說就沒那麼顯赫了。

馬克思在 1835 年，時值 17 歲時，進入波昂（Bonn）大學法學院，隔年（1836 年）的 10 月，轉入柏林大學法學院，並和當時大他 4 歲的女朋友燕妮（Jenny von

Westphalen, 1814-1881）祕密訂婚，當時的訂婚協議也收在《馬克思恩格斯全集》（以後簡稱《馬恩全集》）中，頗有些八卦價值。馬克思的情感追求是非常勵志的，算是姐弟戀的先驅了。後來他寫了兩本詩集，獻給了燕妮，因爲馬克思日後成了共產主義的偉人，所以這兩本情詩集也一併收入於《馬恩全集》中，有興趣的讀者可以去翻閱，看看馬克思的文學表現如何。不過詩歌裡所企想的世界，相對於日後馬克思被驅逐到比利時，到了英國以後那種悲慘的生活，有著極大的落差。

比較值得注意的是在他求學的階段，雖然研究法律、哲學、歷史、英文和義大利文，比較特別的是沒有提到他懂法文這件事情，而他卻在 1847 年用法文寫了《貧困的哲學》（*Misère de la philosophie*）來反駁蒲魯東（Pierre-Joseph Proudhon, 1809-1865）的《經濟矛盾體制或哲學的貧困》（*Système des contradictions économiques ou Philosophie de la misère*, 1846）。這本書到馬克思死後才出版完整版，這也是思想脈絡和出版脈絡不一致的案例。

恩格斯因爲家族從事紡織事業，並在英國的曼徹斯特擁有自己的紡織廠，也因而有機會遊覽英國，並在曼徹斯特認識瑪麗．伯恩斯（Mary Burns, 1821-1863），兩人日後建立長期情感的同居生活。不過恩格斯沒有念大學，或許沒有被高等教育影響，所以恩格斯的文筆相較於馬克思淺顯易懂許多。

馬恩兩人的第一次見面在 1842 年，當時馬克思 24 歲，恩格斯 22 歲，只是當時兩人關係並不熟稔，生命仍舊是兩條不相關的平行線。

1843 年，馬克思因寫文章批評政府，雖然沒有經歷牢獄之災，但在工作上卻被迫辭去《萊茵報》主編。有趣的是在同年的 6 月 12 日，他與未婚妻燕妮簽訂婚約，其中有三項條款，對於雙方婚前的財產有特別的規定，雙方各自的婚前的財務由各自負責，肇因於馬克思就讀大學時便有許多債務問題；還有兩人結婚時，馬克思的雙親都沒有出席他們婚禮的紀錄。

不過就在這一年，恩格斯卻走上一條非常奇特的道路，只是日後他又放棄了。恩格斯在歐文派社會主義報刊《新道德世界》（*The New Moral World*）上發表〈政治經濟學批判大綱〉（Umrisse auf einer Kritik der Nationalökonomie）一文，而當時馬克思因爲研究法國大革命史，才開始有系統地研讀政治經濟學的經典，也就因此讀到恩格斯的這篇文章，並深感佩服，並在隔年（1844 年），在巴黎和 Arnold Ruge 合創《德法年鑑》（*Deutsch-Französische Jahrbücher*）刊登恩格斯的〈政治經濟學批判大綱〉，同年的 3-8 月寫了《經濟學哲學手稿》（*Ökonomisch-philosophische Manuskripte aus dem Jahre*, 1844），因爲是在巴黎寫的手稿，所以也稱爲「巴黎手稿」。這份手稿在馬恩生前一直沒有出版，直至 1927 年俄文節譯本才首度在莫斯科出版。該書沉寂許久，日後才以手稿的形式在世人面前展露，值得注意的是初版時使用的是節譯本，顯示出版方當時對全文的內容是否適宜出版是存疑的。

而恩格斯則是在這一年，蒐集《英格蘭工人階級的狀況》（*Die Lage der arbeitenden Klasse in England*）的資料，並於 1845 年（25 歲）出版。這是恩格斯在與馬克思熟識前，獨立完成的政治經濟學方面的著作。這本書一直有英譯的單行本問是，可是卻很奇怪沒有中文單行本發行，要看中文只有去《馬恩全集》中文版中找來看。從該書與先前他出版的〈政治經濟學批判大綱〉一文，讀者可以了解恩格斯如何在沒有馬克思的影響下，獨自率先走上共產革命的理想。

除了寫作之外，馬克思在 1844 年 4 月被普魯士政府以叛國罪起訴，終生不得入境。值得慶幸的是 5 月時大女兒燕妮（Jenny Marx Longuet, 1844-1883）出生（沒錯，跟媽媽名字一模一樣）；7 月認識普魯東；秋天才開始與恩格斯通信，這兩個人非常喜歡寫信，所以在《馬恩全集》中收錄了好幾卷兩人的書信來往。但從這些書信的內容來看，並未有任何友誼間的激情；同年的 8 月馬克思和恩格斯再度在巴黎見面，這才開始了長期的合作關係。

但這兩人的關係如何？眞的是歷史上最奇特的關係之一，你若是馬克思的話，會希望一輩子有恩格斯這樣的朋友。恩格斯則不知道是不是上輩子倒了他債，這輩子來還的，日後馬克思生活上有任何金錢的需求，恩格斯無怨無悔的持續接濟馬克思一家人。這樣的友誼關係古今中外罕見。只是非常諷刺的是恩格斯雖然反對資本主義，但是若非他家在曼徹斯特開了紡織廠，他恐怕也無力接濟馬克思一家人。

1845 年 4 月恩格斯到布魯塞爾和馬克思會合，兩個人在第二次見面以後，才有比較好的關係，合作出版了《神聖家族》（*Die heilige Familie*）一書。不過，雖然書名很有趣，但該書所要討論的主題到底是什麼，卻常常讓讀者搞不清楚。和其他兩人合著的作品相比，這本書在目錄上有標明各章節負責寫作的人，讓讀者更容易辨識兩人分別的貢獻。其他合著則完全讓人搞不清楚兩人各自的貢獻，只能籠統說是兩人的合著，甚至有些人認爲都是馬克思的成果，恩格斯只是掛名而已。這種想法當然是錯誤的。

1845 年 5-6 月兩人合寫了日後被世人所稱頌的《關於費爾巴哈的提綱》（*Thesen über Feuerbach*）一書，總共有十一條項目，其中若干內容被恩格斯所修改，只是到底修改了哪些部分，我過去閱讀的書籍都沒有詳細探究是哪些內容，我便製作了一份講義將修改的內容找出來並各別條列說明（參見本章附錄四）。

只是特別值得注意的，在思想脈絡上面，這屬於比較早期的思想，約莫在 1845 年左右，但在出版脈絡上卻延遲至 1888 年後。

9 月馬克思和恩格斯開始合作撰寫《德意志意識形態》（*Die deutsche Ideologie*），該書在 1932 年由莫斯科的馬恩研究所出版全文，但大部分都只有出版第一卷節譯本或單行本，這本書內容蕪雜，代表兩人的思想在當時都處於一種混亂的狀態。除此之外，該書主要的表達都在揭露他人錯誤，這也是馬克思非常可惜的地方，因為他花費許多時間在指正別人，卻沒有將時間精力專注在他所要完成的事情上。日後天不假年，導致他的許多著作未能更細緻的完整發展。另外，值得注意的是該年 9 月 26 日二女兒勞拉（Laura Marx, 1845-1911）出生。

1846 年，普魯東用法文寫了《經濟矛盾體制或哲學的貧困》（*Système des contradictions économiques ou Philosophie de la misère*），而馬克思在 1846-1847 年，亦以法文發表了回嗆的《哲學的貧困》（*Misère de la Philosophie*）。

隔年 1847 年 1 月長子艾德嘉（Edgar Marx, -1855）出生。盤點一下燕妮自從嫁給馬克思後，生產孩子的密度非常高。諷刺的是，日後馬克思提到資產階級將女人當成生產工具，或許他太太對這種評論應該有更深刻的體會。

我時常會將馬克思或恩格斯的講法放置於他們的生平脈絡檢視，進一步檢驗言行間是否達成一致。這樣的觀點，就是一種反思性的社會學（reflexive sociology），只是大部分的反身性社會學都在反思別人，對於自身往往視而不見，我認為這是很奇怪的事情。

1848 年歐洲各地革命，當時馬克思 30 歲、恩格斯 28 歲，兩人於 2 月時在倫敦以德文發表《共產黨宣言》（*Manifest der kommunistischen Partei*），該宣言顯然與倫敦英美人士無關，是以住在倫敦的德國人或者是在德國的德國工人為受眾，期待能更近一步引發革命。

1849 年馬克思和家人搬到倫敦。搬到倫敦後他便到大英博物館圖書館研讀經濟學作品，仍然未見他從事任何生產活動，完全仰賴恩格斯的接濟。

而這一年次子圭多（Guido Marx, -1850）誕生，但隔一年便夭折了。

馬克思自此就在倫敦終老一生。

這年恩格斯（29 歲）則參加巴登叛亂或起義，失敗後，便至倫敦和馬克思會合。

1851 年法國路易拿破崙政變，國民投票選他為皇帝，而這一年馬克思 33 歲，當時有份《紐約每日論壇報》（*New York Daily Tribune*）的報紙徵求文章，如同我們先前指出的馬克思在大學時期學過英文，便有朋友向他推薦這份差事。往後 11 年定期向《紐約每日論壇報》投稿，但日後事實證明大部分的文章，皆由恩格斯代筆，可見這位沒有大學學歷的人英文程度也是上得了檯面的。而這年三女佛蘭奇斯卡（Franziska Marx, -1852）出生，沒多久也隨即夭折。

巧的是馬克思的女僕德慕特（Helen Demuth, 1820-1890）也誕下一名嬰孩。

傳聞中該嬰孩是馬克思和女僕的私生子，但恩格斯爲避免馬克思家庭失和，遂自認爲該小孩之父，並認養小孩，取了跟自己一樣的名字 Frederick。但領養之後，便送到育幼院去了，從未在恩格斯的家庭中成長。恩格斯最後離世時也未曾把遺產遺留給這孩子，一直到他死前才透露出「他的孩子其實不是他孩子」的祕密。不過這種說法的來源並不可靠。但無論有私生子與否的私德問題，都不影響到馬克思對世界的革命影響。

1857 年 7 月 8 日，馬克思太太生下一小孩，連個名字也來不及取就夭折了。

1857-1858 年馬克思爲閱讀的政治經濟學批判書籍做筆記。這份筆記中文世界將其翻譯爲《政治經濟學手稿》，英文學界通常用其原德文書名《大綱》（*Grundrisse*）當書名。1859 年 6 月出版《政治經濟學批判》（*Zur Kritik der politischen Ökonomie*）第一分冊，後面幾冊後來都未出版。日後改以《資本論》爲名出版，而將《政治經濟學批判》改爲副標題。

1863 年與恩格斯同居多年的瑪麗．伯恩斯逝世。當時馬克思對於這件事情並未表示沉痛之情，僅說了一些不痛不癢的話，接著開始抱怨自己生活如何地困苦，希望恩格斯能再接濟他們一家人。恩格斯對此深感不滿，寫了一封措辭嚴峻的書信，此事卻在馬克思道歉以後，船過水無痕，兩人和好如初，結束長期友誼之間的唯一一場衝突。

1867 年馬克思 49 歲，這一年完成《資本論》（*Das Kapital*）第一卷的寫作，並於 9 月 14 日出版《資本論》第一卷，1867-1871 年《資本論》第二、三卷大體完成，並略做修改，但是都沒有在馬克思生前出版，而是由恩格斯分別於 1885 年和 1894 年出版。1868 年恩格斯針對馬克思的《資本論》第一卷，寫了《馬克思〈資本論〉第一卷提綱》。

1875 年馬克思出版〈哥達綱領批判〉（Kritik des Gothaer Programms），其中最重要的概念爲「無產階級專政」（Diktatur des Proletariats）的提出。同年並幫助《資本論》的法文本譯者 J. Roy 解決翻譯疑難。基本上，馬克思對法國人的知識水平非常不以爲然，在該書的序言中，馬克思說他依照法國人的思想程度，將原先的《資本論》改寫的較爲簡易，以便於法國人理解。撇除他對於法國人的成見之外，可見在寫作上，馬克思是有能力將複雜的事物說明得清晰明瞭，所以閱讀這個譯本可以更清楚了解馬克思想要表達的意思。這也造就了這個《資本論》法文譯本的獨特歷史地位。

這個獨特的法文譯本也有中譯單行本，但是沒收錄在現有中文版的《馬恩全集》中，有興趣的讀者可以找來看。

1881 年長期照顧馬克思的妻子燕妮逝世。

1882 年馬克思持續修改《資本論》第一卷第二版，基本上篇章不動，內容略作修改。沒多久，馬克思在 1883 年 3 月 14 日在倫敦逝世。

馬克思一生除了情感追求之外，最重要的地方在於他的思想追求。早期原是爲了博士學位而追求的，主要關心面向是德國哲學的問題，後來發現現實許多問題是在政治經濟學的領域，因而獨立開始研究政治經濟學。對於資本主義實際運作不了解的地方，他就請教具有實務經驗的恩格斯，這也象徵兩人合作的堅貞友誼。

簡而言之，馬克思與恩格斯是古典社會學理論家裡面，能夠對整個世界造成如此巨大的改變，他們兩人算是唯二的人選。將他們兩人列爲古典社會學理論家其實是我們社會學界的「高攀」。

另外，補充說明關於 1908 年晚清時期對於馬克思的認識與理解，當時馬克思的名字被翻譯爲「馬格司·喀爾」：

> 德國社會學家，創設工藝會之始祖。幼承父業，襲律法於柏林。既而棄之，從事史學哲學，師事哲學家黑智兒，宣講哲學於波恩。某日報延主筆政，提倡共和主義。最喜研究計學，自以所見不廣，聞法之巴黎，言計學者極勝，大都闢舊畦，創新說，乃往游焉。計學大進，遂以著述自見。既為法人所逐，至比利時，著書攻擊柏羅棠（法國社會學家）之哲學。遇同國人恩吉爾，益相與發明社會學說。1848 年間，來因河聯邦有革命之亂，氏亦與焉。事敗，避退倫敦。入博覽會，縱觀計學書，所造益邃。於歐人近世生計之理，心得頗多。遂有工業會之設，以開放工業為宗旨，且欲使國家之工人隨在有至尊之權力，而消除其自私自利，與分別貴賤之見。此會為當時社會中絕大組織，經營數年，卒底於成。氏立論以社會共和為主義，識解超卓，於社會中層累曲折之情，類能深知其故，而於工人為最，故於工人為最，故於工業界影響甚大。其意以為資本家之營利，恃乎羨餘之值。貧人作工以求工資，所得工資，復以供給繼續作工之用。是工資與其所作之工，不過為相當之價值。而在資本家，則利用此所作之工，以求更大之利益。其所得不止工資而已，是即所謂羨餘之值。是故資本家者，食此羨餘之值者也。平民者，生此羨餘之值也。故天下惟工人為最貴云。

氏著有《資本論》，至今為學校中，社會學課本。（鍾少華，2000：200）

這一段簡短的介紹中有幾點值得注意：首先，民國38年以前的書籍，大都將「黑格爾」翻譯爲「黑智兒」；其次馬克思並未曾在波恩宣講，只是就讀過；其三文本提到的「計學」，就是現在的「經濟學」或「政治經濟學」；而「博覽會」指的是「大英博物館閱覽室」；「社會共和」就是「共產主義」；而「社會中層累曲折之情」，指的是「階級鬥爭」的意思；「羨餘之値」就是所謂的「剩餘價值」。不過《資本論》一書 1908 年的「至今」爲止，當時全世界大學中有傳授社會學的國家，僅有美國，連德國當時都尚未成立社會學門，比較恰當地理解，應該是當時崇尚社會主義的人，應該都會以該書爲經典，只是實際閱讀的人，大概寥寥無幾吧！

三、馬恩生平脈絡比較

另外，我依據生平資料，以人際關係的角度製作了一份表格的比較，說明馬克思與恩格斯之間的差異，以說明馬恩生平的注意事項。

1. 兩人的早年生活都沒有文獻記載。
2. 兩人的人際關係，特別是家人：

原生家庭

關係對象	馬克思	恩格斯
和父親的關係	緊密	疏遠
和母親的關係	疏遠	緊密
和兄弟姊妹的關係	疏遠	疏遠

結婚家庭（同居家庭）

關係對象	馬克思	恩格斯
和妻子 或同居人	燕妮	瑪麗．伯恩斯 莉西．伯恩斯
和子女	小燕妮 勞拉 愛蓮諾	佛德列克．德慕特（?）

3. 馬克思所念過的三所大學——波昂、柏林和耶那，以及轉學原因：
   (1) 波昂大學離家近。
   (2) 柏林大學。
   (3) 耶那大學博士論文通過的手續較爲簡便。
4. 兩人的認識和交往，以及唯一一次的惡劣關係：
   (1) 1842 年初次見面，馬克思以爲恩格斯是敵方陣營的人，所以對恩格斯的態度不好〔此乃根據卡佛的推測（Terrell Carver, 1983: 25）〕。
   (2) 1844 年馬克思拜讀過恩格斯的〈政治經濟學批判大綱〉之後，佩服不已，相見恨晚。
   (3) 因爲瑪麗・伯恩斯過世時，馬克思回信過度冷淡，而且只注意自己的問題，絲毫沒注意到恩格斯的感受，讓恩格斯很不高興。後來馬克思再度寫信澄清，誤會才告冰釋。
5. 馬克思一家人的生計來源：
   (1) 馬克思寫稿收入。
   (2) 姨丈里昂・飛利浦（Lion Philips, 1794-1866，荷蘭飛利浦公司的創辦人）的接濟。
   (3) 恩格斯按月的接濟。
6. 馬克思私生子的疑案及其始末（Manuel, 1995: 40-41）：
   (1) 首先由布魯姆伯格（Werner Blumberg）的書揭露此事。
   (2) 證據是留存在阿姆斯特丹的國際社會史研究所的一封打字複寫的信（無原件），是考茨基（Karl Kautsky, 1854-1938）的前妻露易絲・弗萊柏格（Louise Freyberger, 1860-1950）於 1899 年 9 月 2 日和 4 日寫給巴貝爾（August Bebel, 1840-1913）的信中，提到 1895 年恩格斯在死前的病榻上親口告訴她的。
   (3) 1851 年 6 月 23 日馬克思家的女僕海倫・德慕特生下一男嬰，取名佛德列克・德慕特，然後送人撫養，後來變成工程師。
7. 馬恩兩人在學術思想上的異同：
   (1) 從學科內容來看，馬克思重視政治經濟學，恩格斯重視共產主義和德意志哲學。
   (2) 從文筆來看，馬克思的文筆較爲艱深，恩格斯的文筆則明白易懂。
   (3) 從學術興趣來看，馬克思對自然科學的興趣甚少，恩格斯將辯證法應用到自然科學方面，此外也對軍事科學有極高的興趣（因此被戲稱爲「將軍」）。
   (4) 馬克思有鮮爲人知的《數學手稿》。

(5) 馬克思有許多遺稿被整理出版，恩格斯沒有被整理出版的遺稿。

四、淺談費爾巴哈的重要論點

〈關於費爾巴哈的提綱〉一共有十一條，最著名的是第十一條，提出「過去的哲學家都在詮釋世界，但對於這個世界，最重要的事情在於改變而非解釋。」我在1997 年暑假到德國柏林大學訪問進修參觀時，經過柏林大學的主要校區的大廳，他們上樓的那面牆上就寫著這句話——「哲學家們只是用不同的方式解釋世界，問題在於改變世界。」（Die Philosophen haben die Welt nur verschieden interpretiert, es kömmt darauf an, sie zu verändern.）

他們告訴我說，兩德統一後，考慮要拿掉，後來經過學生投票後，決定繼續保留第十一條，這句話鼓舞了世界上不同世代不同的人，很多人要走上街頭要改變世界，通常都是受這句話的影響：「重要的是改變這個社會」。

只是早期馬克思的〈關於費爾巴哈的提綱〉，在生前並未出版，待他死後，恩格斯將其進行部分潤飾修改，放置於他的一本書當成附錄，可依照我所製作的對照表格查閱，提供給大家參閱（參見附錄四）。

此外，在這份文本中，有些重要的概念，我認爲有必要提出來說明清楚與釐清一些坊間流行的說法。

首先是關於第一條提到「感性的人的活動」，這是一個重要的概念，在我對於「人的活動」的理解裡，人可以區分爲感性、理性與意志的三個部分，當時的一些書籍都有提及人性的組成有三部分，分別爲情感、理智與意志，在細讀後才發現原來是出自於費爾巴哈（Ludwig Feuerbach, 1804-1872）。只是這本書現在很少有人看，或是知道了也不看，所以以前我被錯當成「馬克思專家」時，都會被找去評論關於這方面的論文，有一位前輩就完全不理會情感、理智與意志出自於哪裡，即使我說明出處，最後出版時他也不願意改。費爾巴哈的部分請參考下面講到宗教的部分。

另外，在第四條出現了「自我異化」這樣的詞。

而第六條，費爾巴哈把「宗教的本質」（das religiöse Wesen）歸結於「人的本質」，人的本質並不是單個人所固有的抽象物，實際上，它是一切社會關係的總和（das ensemble der gesellschaftlichen Verhältnisse）。

因爲這句話，很多人便把馬克思主義的社會學當作是在談論社會關係的總和，很多人念書都在找那句話的出處，找到後就不再念了。但馬克思的意思果眞如此嗎？有時候是一種說法，但若細看其他文本，其實對於是否眞的要談論到什麼是「人際關係的總和」都是很値得質疑的，其實應該是我前面提到的費爾巴哈的情感、理智和意志才是。別忘了這個文本畢竟是〈關於費爾巴哈的提綱〉。

五、馬克思的主要概念——宗教

通常談論到馬克思主要概念時，第一個會想到宗教，因爲對西方文明而言，宗教是一個很重要的意識形態，所以談論西方文明時，不能不談論宗教。就像討論中國文化時，不能抽離儒家思想（其實還有佛家和道家思想都很重要），否則就不能發現意識形態對其主體的影響。

有關於馬克思對於宗教的概念，可以參閱《黑格爾法哲學批判》導言。該書寫作時間爲 1843 年底到 1844 年 1 月，出版時間爲 1844 年，並發表於《德法年鑑》。

首先馬克思對於宗教進行批判：

> 反宗教批判的根據就是：人創造了宗教，而不是宗教創造了人。就是說，宗教是那些還沒有獲得自己或是再度喪失了自己的人的自我意識和自我感覺。但人並不是抽象的棲息在世界以外的東西。人就是人的世界，就是國家、社會（Sozietät）。國家、社會產生了宗教及顛倒了的世界觀（ein verkehrtes Weltbewußtsein），因為它們本身就是顛倒了的世界。宗教是這個世界的總的理論，是它的包羅萬象的綱領，它的通俗邏輯，它的唯靈論的榮譽問題，它的熱情，它的道德上的核准，它的莊嚴補充，它借以安慰和辯護的普遍根據。宗教把人的本質變成了幻想的現實性，因為人的本質（das menschliche Wesen）沒有真實的現實性。因此，反宗教的鬥爭間接地也就是反對以宗教為精神慰藉的那個世界的鬥爭。（馬克思和恩格斯，1972，第一卷：1；Marx & Engels, 1970: 9）

「天主（或上帝或神）創造人」的說法是西方基督教傳統的一項根本信念。費爾巴哈反過來說是「人創造了上帝」。馬克思早年受費爾巴哈的影響，這應該是一個很好的證明。對費爾巴哈講法有興趣的人，可以參考費爾巴哈（1968）的書。

文中馬克思用到 Sozietät（社會）一字，並不是現在德文中常用的 Gesellschaft（社會）。據《瓦利希德文字典》（*Wahrig Deutsches Wörterbuch*）第 1195 頁上說，這個字的意思是「合作社；動物之間的社會交往形式，這是動物之間所必須分享的以保障物種的延續。」（Genossenschaft; Form der Vergesellschaftung von Tieren, die für die beteiliegten Tiere u. deren Arterhaltung notwendig ist.）

馬克思這裡所提到的「國家、社會產生了宗教及顚倒了的世界觀」和涂爾幹在《宗教生活的基本形式》中所提到「宗教是社會的反映」的論點頗爲類似，簡單來說，我們崇拜宗教即是在崇拜社會，將現實與幻想錯置，是一個顚倒的世界。

這裡所謂的「人的本質」可能是借用費爾巴哈的「類本質」（Gattungswesen）觀念：指的就是「知、情、意」構成人性的三部分，是人類和其他物種有別之處。可參看費爾巴哈的說法：

> 人自己意識到的人的本質究竟是什麼呢？或者，在人裡面形成類，即形成本來的人性的東西究竟是什麼呢？就是理性（Vernunft）、意志（Wille）、心〔此處譯成「情」（Herz）〕。一個完善的人，必定具備思維力、意志力和心力。思維力是認識之光，意志力是品性之能量，心力是愛。
> 理性、愛、意志力，這就是完善性（Vollkommenheit），這就是最高的力（das höchsten Kräft），這就是作為人的人底絕對本質（das absolute Wesen），就是人生存的目的。（費爾巴哈，1980：39；1984：30-31）

我想馬克思受到費爾巴哈的影響，在這樣互文性的過程是無庸置疑的。另外，馬克思對於宗教的批評，從這裡可以約略理解只是他所有批判的一個開端。

> 宗教裡的苦難既是現實的苦難的表現，又是對這種現實的苦難的抗議。宗教是被壓迫生靈的嘆息，是無情世界的感情，正像它是沒有精神的制度的精神一樣。宗教是人民的鴉片。（馬克思和恩格斯，1972，第一卷：2；Marx & Engels, 1970: 10）

最後一句名言大概已經無人不知、無人不曉了。但宗教與鴉片的類比，是爲了要強調負面意義嗎？一般來說，鴉片是毒品令人厭惡，但在行文脈絡來看，鴉片似乎可以緩解疼痛，也因而強調宗教在人的心靈上，具有舒緩現實苦難的一面。但是這個上下文的脈絡就鮮爲人知了。從這麼一個上下文其實還看不太出來他在反對宗教，一定要連同更大的文本脈絡來觀察才行。

> 廢除（Aufhebung）作為人民幻想的幸福的宗教，也就是要求實現人民的現實的幸福。要求拋棄關於自己處境的幻想，也就是要求拋棄那需要幻想的處境。因此對宗教的批判就是對苦難世界——宗教是它的靈光圈——的批判的胚胎。（馬克思和恩格斯，1972，第一卷：2；Marx & Engels, 1970: 10）

第一個字 Aufhebung 中譯爲「廢除」，實際上只譯出了這個字的三分之一意思。一般來說，此字有「廢除」、「拋棄」、「丟掉」的意思，也同時有「保留」和「超越」的兩種意思。所以很難用現有的一個中文字詞來涵蓋原文的意思。錢鍾書（1986: 1-3）曾在《管錐篇》一書中提過以音譯的方式爲之，即「奧伏赫變」，可算是在不得已狀況下的一個辦法。否則只譯出其中一面不好的意思，很容易讓人誤解整句話。

這裡是說明批判舊的宗教並不是要人民拋棄幸福，而是「要求實現人民現實的幸福」。原文又特別強調「現實的」，是要多注意的，當然這裡主旨仍舊是強調人們不要將解決世界苦難的方案寄托在宗教，而是藉由批判宗教進一步指出造就現實的苦難在於制度。

接下來他談到宗教與自我異化的關係

> 彼岸世界的真理消逝以後，歷史的任務就是確立此岸世界的真理。人的自我異化的神聖形象（die Heiligengestalt der menschlichen Selbstentfremdung）被揭穿以後，揭露非神聖形象中的自我異化，就成了為歷史服務的哲學的迫切任務。於是對天國的批判就變成對塵世的批判，對宗教的批判就變成對法的批判，對神學的批判就變成對政治的批判。（馬克思和恩格斯，1972，第一卷：2；Marx & Engels, 1970: 10）

「彼岸世界」和「此岸世界」的二分和西方基督教傳統有密切的關係，若將該語詞的意義放置臺灣本土的情境脈絡，可將「此岸世界的眞理」的意義轉換成當下所處的世間，使其變成人間淨土，無須等待來世了。

若套用馬克思此處的話，後面講次會提到韋伯提出的「新教倫理」是屬於「彼岸世界的眞理」，「資本主義精神」是屬於「此岸世界的眞理」。

值得特別注意的是，在這裡已經提出了「自我異化」的觀念，只是沒有特別被馬克思強調。

接下來，馬克思開始界定無產階級的目標與任務：

> 無產階級宣告現存世界制度的解體，只不過是揭示自己本身存在的祕密，因為它就是這個世界制度的實際解體。無產階級要求否定私有財產，只不過是把社會已經提升為無產階級的原則的東西，把未經無產階級的協助，作為社會的否定結果而體現在它的身上，即無產階級身上的東西提升為社會的原則。（馬克思和恩格斯，1972，第一卷：15；Marx & Engels, 1970: 24-25）

孔德也曾經提過實證主義有三大支柱，其中一大支柱是工人階級，而馬克思在這邊則將無產階級的任務揭示得很清楚，另外「否定私有財產」也是一個很清楚的目標，只是比較晦澀的部分是「無產階級」和「社會原則」之間的關係。

在界定完無產階級的任務與目標後，開始闡述無產階級與哲學的關係，「哲學把無產階級當作自己的物質武器，同樣的，無產階級也把哲學當作自己的精神武器。」（馬克思和恩格斯，1972，第一卷：15；Marx & Engels, 1970: 25）

如同馬克思所指出的哲學和無產階級之間的關係，一個是精神武器、一個是物質武器。所以如果哲學與無產階級之間是一個互助的關係，那麼接下來的文本敘事便呈現一種矛盾：

> 哲學不消滅無產階級（die Aufhebung des Proletariats），就不能成為現實；無產階級不把哲學變成現實（die Verwirklichung der Philosophie），就不可能消滅（aufheben）自己。（馬克思和恩格斯，1972，第一卷：15；Marx & Engels, 1970: 25）

如果讀得懂上一句，這一句看起來就怪怪的。原因當然就在「消滅」這個字。照前面對「奧伏赫變」的解釋，可以看出「消滅」只譯出了這個字的一面，而且是釁血腥的一面，看起來整句話像是特異教派集體自殺。這都是翻譯「奧伏赫變」不當之害。

其實這是一個辯證法的概念，辯證法的概念並非 A 消滅 B，而是 A 會變成一個反命題 B，反命題出現後會造成一個綜合命題 C，而 C 是超越 A 與 B 的。所以若以這概念來理解哲學與無產階級的關係，會較容易些。

簡單而言，屆時不再是無產階級，也不屬於資產階級了，而是出現一個嶄新的階級，且沒有對立的狀態，是一個新的世界新造的人了，所以這是一個理想，畢竟現實世界實在太過悲慘了。

類似的概念在《資本論》裡也有出現過，「宗教世界只是現實世界的反映」（馬克思，1983: 59）。所以需要宗教裡有一個人，通常是一神教裡的神能夠幫人脫離苦海，那你到了俗世間，就是需要有一個超人或者正義的聯盟幫人解決世界的困難，兩者間極度相似。

另一個部分：

> 只有當勞動條件和實際生活條件，在人們面前表現為人與人之間和人與自然之間的明白而合理的關係時，現實世界的宗教反映才會消失。（馬克思，1983：59）

這裡要說明異化要如何消失，答案是要有一個合理的社會存在，那怎麼樣才是一個合理社會的存在，一言以蔽之，通常都跟自由和自主有關，而人是有能動性，與掌握自己的命運，結構和制度也能配合讓人有能動性。

六、異化

馬克思有關異化的理論，是從 1970 年代從東歐開始風行，東歐國家出現社會人文主義（Social Humanism），而這種思潮提出了一個重要的概念——異化（alienation）。

只是在過去冷戰時期，馬克思主義往往被視作一種意識形態，較無人文關懷，甚至在西方資本主義社會裡，被視作非常殘忍、不符合人性的學說；而在共產主義社會裡，馬克思主義被視爲革命的理論與實踐，所以剛開始既無對話的空間與可能，甚至也不太重視相關論述。

直至 1960 年代左右，《一八四四年經濟學哲學手稿》翻譯成英文以後，大量受到重視，社會學界也認爲有關於異化的部分，是馬克思主義裡面比較符合人性的部分，所以就受到很多討論與關注，這與馬克思中期或後期的思想是不太一樣的。

另外我對《一八四四年經濟學哲學手稿》一書曾經進行很詳細的文本分析，並將許多想法與分析結果都收入我的著作——《馬克思〔異化勞動〕的異話》，有興趣的讀者可參閱。

在這裡簡單說明《一八四四年經濟學哲學手稿》（*Ökonomische-philosophische Manuskripte aus dem Jahre 1844*）的出版脈絡，該書寫作時間於 1844 年 3-8 月，出版時間：1927 年在莫斯科出版俄文節譯本；1932 年德文全本在莫斯科馬列研究所的梁贊諾夫（David Riazanov, 1870-1938）策劃下出版；1964 年英譯本由 Martin Milligan 翻譯出版；1956 年何思敬中譯本；1979 年中譯本由劉丕坤翻譯，收入中文本全集第 42 卷中；1988 年臺灣出版繁體字版，譯者不詳；1990 年伊海宇中譯本由臺北時報出版公司出版。

但是有關異化理論的說法，其實不只出現在《一八四四年經濟學哲學手稿》，在其他相關作品也有出現。馬克思有關異化的作品如下：

1. 馬 1844：《一八四四年經濟學哲學手稿》（*Ökonomische-philosophische Manuskripte aus dem Jahre 1844*）
2. 馬 1844：《詹姆斯．穆勒〈政治經濟學原理〉一書摘要》（*James MILL, Éléments d'économie politique*. Traduits par J. T. Parisot. Paris 1823. VII, p. 318）
3. 馬恩 1844：《神聖家族，或對批判的批判所做的批判：駁布魯諾．鮑威爾及其伙伴》（*Die heilige Familie, oder Kritik der kritischen Kritik: Gegen Bruno Bauer & Conforten*）
4. 馬恩 1845：《德意志意識形態：對費爾巴哈、布．鮑威爾和施蒂爾納所代表的現代德國哲學以及各式各樣先知所代表的德國社會主義的批判》（*Die deutsche Ideologie: Kritik der neusten deutschen Philosophie in ihren Repräsentaten Feuerbach, B. Bauer und Stirner und des deutschen Sozialismus in seinen vershiedenen Propheten*）
5. 馬 1867：《資本論》（*Das Kapital*）

以上，是有關異化理論說法的相關作品，不過要特別注意的是有些是未出版的作品，例如在 1844 年，與《一八四四年經濟學哲學手稿》一樣並沒有出版的筆記——《詹姆斯．穆勒〈政治經濟學原理〉一書摘要》，也有異化相關的理論。但在臺灣時報文化出版的伊海宇譯本，便將兩本同樣未出版的文本擺在一起出版。

但是研究思想時，要特別注意的是「沒有出版」不如「已經出版的」，畢竟出版的內容，往往是作者認為可公諸於世，較為成熟的產物；沒有出版，則有兩種可能，一個是為政府壓迫，另一個是作者尚未釐清所欲表達的概念，我想這是在手稿與出版品詮釋位階上的一個重要差異點。

而馬克思有關異化的想法在 1840 年代中期以後的書中都有不同程度的描述。在署名馬克思和恩格斯的作品中，如《神聖家族》和《德意志意識形態》，雖沒有明言這些相關的章節是誰執筆的，可是從其他馬克思的文本中對比來看，發現這些章節的所使用的文字和論證方式，都和馬克思的文本極爲類似，所以應該可以大膽推定是馬克思的想法。

另外有關「異化」一詞的相關翻譯問題，早期我在 1970 年代讀大學時，「alienation」往往被翻譯成「疏離」，是心理學方面的名詞。「異化」大概是在我 1987 年回臺教書以後，從中國大陸的譯本引進的。原先我們都採用「疏離」而無「異化」的名詞，現在反倒很少使用「疏離」這概念。德文原先則有兩個相關的字，分別爲「Entfremdung」（異化）以及「Entäußerung」（外化），有關相關名詞的原字和翻譯的各項關聯，我製作了一份表格將德文、英文以及中文間的翻譯關係說明清楚。

異化勞動（Die entfremdete Arbeit; Estranged Labor）德文名詞和英中文譯名

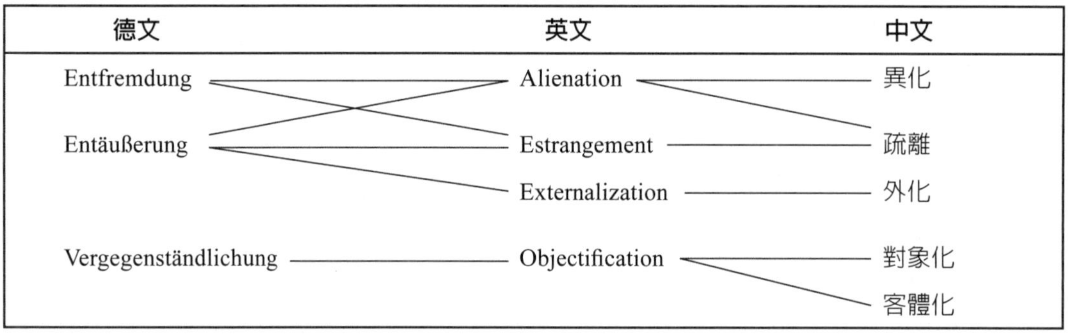

德文	英文	中文
Entfremdung	Alienation	異化
Entäußerung	Estrangement	疏離
	Externalization	外化
Vergegenständlichung	Objectification	對象化
		客體化

資料來源：孫中興整理製表。

首先，我們先了解馬克思對於「異化」研究的起因看法：

> 我們現在必須弄清楚私有制，貪欲和勞動、資本、地產三者之間的分離之間，交換和競爭之間，人的價值和人的貶值之間，壟斷和競爭之間，這全部異化（Entfremdung; estrangement）和貨幣制度（Geldsystem; money system）之間的本質聯繫。（馬克思，1990：48；Marx, 1932: 82; 1964: 107; 1968: 511）

大部分的人在談論異化的議題時，往往認爲「異化有幾種？」是個重要的問題，一般二手書或教科書便會告訴你有四種的說法。所以我從大家最關心的角度切入，將其整理如下：

常見的四種分類（馬克思，1990：52-55；Marx, 1932: 86-89; 1964: 112-114; 1975: 327, 328）：

1. 工人與其**勞動產品**（Produkt der Arbeit; product of labor）〔**物**的異化（Entfremdung der *Sache*; the estrangement of the *thing* (*object*)）〕
2. 工人與**勞動〔過程〕**中的**生產行爲**〔*Akt der Produktion* innerhalb der *Arbeit*; *the act of production* within the *labor*（*process*）〕本身〔自我異化（Selbstentfremdung; self-estrangement）
   (1) 人與自然界（Natur; nature）〕
   (2) 人與自己（sich selbst; himself）〕
   （馬克思，1990：52，53；Marx, 1932: 86, 87; 1964: 111, 112; 1975: 327, 328）
3. 人與**人的「類本質」**（Gattungswesen des Menschen; man's species being）
   （馬克思，1990：55; Marx, 1932: 89; 1964: 114; 1975: 329）
4. 人與**人的異化**（*Entfremdung des Menschen* von dem *Menschen*; *the estrangement of man* from *man*）
   （馬克思，1990：55; Marx, 1932: 89; 1964: 114; 1975: 330）

這就是一般人所說的四種異化，確實也可以在手稿裡面找到類似或同樣的說法，只是前面兩項，談論的對象同樣都是工人與勞動產品，後兩項的對象同樣都是人，若依照分類必須窮盡與互斥的標準，那麼第一點與第二點都只有談到工人的異化，那麼非工人的異化在何處？第三點與第四點則是人的異化，人應該蘊含了工人與非工人，可是這樣分類的話，就不在同一個分類系統之下，混淆了項目間的層次。簡單來說，依照現在的標準，這樣的分類是有問題的。

另外，馬克思在文本中也提到：

> 人同自己的勞動產品、自己的生命活動、自己的類本質（Gattungswesen）異化這一事實所造成的直接結果就是人同人相異化（Entfremdung des Menschen von dem Menschen）。（馬克思，1990：55；Marx, 1932: 89; 1964: 114; 1975: 330）

這裡提到的是「人」而非「工人」，而且依照這段解釋，這是把第四點當成前三點的集大成，所以這種分類方式，如果將時間因素考慮進去，在 T_1 階段有三種異化，後來到了 T_2 的階段，演化成一種異化，其關係可參考我所製作的圖表說明：

T1	T2
人同自己的勞動產品 人同自己的生命活動 人與自己的類本質	人與人的異化

請注意，在這邊馬克思有提到「類本質」和「類存在物」（Gattungswesen; species being）、「類生活」（Gattungsleben; life of species; species-life）的說法，「類存在物」或譯爲「類本質」（Gattungswesen）是費爾巴哈（Ludwig Feuerbach）的概念，指的就是「理性、意志、心」構成人性的三部分，這個經常被忽略的馬克思對於費爾巴哈的思想傳承，前面已經引用原文說過了，就不再贅述。

以上，是我所整理澄清馬克思的異化共有幾種的問題以及有關常被人忽略類本質的出處引用部分。

另外，異化涉及到的對象有哪些，馬克思認爲有兩種人的異化。「上面，我們只從工人方面考察了這一關係；下面我們還要從非工人方面來加以考察。」（馬克思，1990: 58；Marx, 1932: 91; 1964: 116）

於是就有一些問題出現，例如有關工人的異化的部分，「工人」與「人」在馬克思的用法上是否一致？另外，在〔馬克思在〈異化勞動〉中結尾清楚說道卻常被忽略的〕非工人異化，而此處的「非工人」是否指資本家和地主？

爲了解決這個問題，以及我在教學的生涯過程裡，常常看到每一年不知道有多少社會學研究所的學生，爲了看這篇《一八四四年經濟學哲學手稿》，看得頭昏腦脹的，因爲這文章眞的很不好念，所以我後來發明一個說法，就是「從倒數第五段」念起，馬克思是這麼說的：

> 首先必須指出，凡是在工人（Arbeiter; worker）那裡表現為外化、異化的活動（Tätigkeit der Entäußerung, der Entfremdung; activity of alienation, of estrangement）在非工人（Nichtarbeiter; non-worker）那裡都表現為外化、異化的狀態（Zustand der Entäußerung, der Entfremdung; state of alienation, of estrangement）。
>
> 其次，工人在生產中的現實的、實踐的態度（wirkliche, praktische Verhalten; real, practical attitude），以及他對產品的態度（作為一種精神狀態（Gemützustand; state of mind）），在同他相對立的非工人那裡表現為理論

的態度（*theoretisches* Verhalten; *theoretical* attitude）。

[XXVIII] 第三（Drittens），凡是工人做的對自身不利的事，非工人都對工人做了，但是，非工人做的對工人不利的事，他對自身卻不做。

我們來進一步考察這三種關係。（馬克思，1990：60-61；Marx, 1932: 94; 1964: 119; 1968: 522; 1975: 334）

第一點呈現一種對比關係，在工人那邊表現為外化、異化的活動，在非工人那邊表現為外化、異化的狀態，活動與狀態的差異，我們可以簡單理解為一個動態，一個靜態。

其次的部分，所以一個是理論的態度，一個是實踐的態度。

第三，簡而言之，這段要指出非工人占了工人很多便宜，非工人會欺負工人，但不會欺負自己。而第三之前的羅馬數字是原稿的頁數。

然後手稿就斷了，最重要的東西沒有寫出來，前面只是個預告，這應該是他的前提或者是他的結論，是接下來他要討論的東西，但因為手稿就斷了，天意乎？還是什麼人為的原因？不是才要開始暢所欲言嗎？

特別值得注意的是「工人」和「非工人」（依照馬克思在《資本論》第三卷最後一章所列舉的三大階級觀，「非工人」應該就是地主和資本家）的並舉，表示「異化」不會只發生在一般人認為的「工人」身上。這是許多前輩很容易忽略的部分。異化對工人與非工人來講是一樣都有影響，只是影響層面不一樣，非工人就是我們後來所謂的資本家（因為階級兩極化，地主就劃歸資本家之流），所以資本主義不只對工人不利，對資本家也是不利的。

據此，我整理了一個表格來說明兩種人的異化：

工人的異化	非工人的異化
外化、異化的勞動	外化、異化的狀態
現實的、實踐的態度	理論的態度
工人做的對自身不利的事，非工人都對工人做了	非工人做的對工人不利的事，他對自身都不做

資料來源：孫中興整理製表。

另外從馬恩合作的《神聖家族》的文本裡面，署名馬克思發表的文章中，也做了類似的三點結論，提供了馬克思異化論的另一處原典證據：

有產階級和無產階級同是人的自我異化（dieselbe menschliche Selbstentfremdung; the same human self-estrangement）。但有產階級在這種自我異化中感到自己是被滿足的（wohl; at ease）和被鞏固的（bestätigt; strengthened），它把這種異化（Entfremdung; estrangement）看做自身強大（ihre eigne Macht; its own power）的證明，並在這種異化中獲得人的生存（menschliche Existenz）外觀（Schein; semblance）。而無產階級在這種異化中則感到自己是被毀滅的（vernichtet; annihilated），並在其中看到自己的無力（Ohnmacht; powerless）和非人的生存的現實（die Wirklichkeit einer unmenschlichen Existenz; the reality of inhuman existence）。這個階級，用黑格爾的話來說，就是在被唾棄的狀況下對這種狀況的憤慨（Empörng; indignation），這個階級之所以必然產生這種憤慨，是由於它的人類本性（Natur; nature）和它那種公開地、斷然地、全面地否定（die offenherzige, entschiedene, umfassende Verneinung）這種本性的生活狀況（Lebenssituation）相矛盾。

由此可見，在整個對立的範圍內，私有者是保守的（konservative; conservative）方面，無產者是破壞的（destruktive; destructive）方面。從前者產生保持對立的行動，從後者則產生消滅對立的行動。（馬克思和恩格斯，1957：44；Marx & Engels, 1970: 37; 1975: 43）

依據上述，我一樣製作了圖表整理，詳細勾勒出資本主義對無產階級與有產階級的影響：

無產階級	有產階級
感覺被摧毀	感覺滿足和肯定
感覺無能	把異化體驗成自我權力的象徵
看成非人存在的現實	當成人類存在的表徵

資料來源：孫中興根據 Robert C. Tucker（1978: 133）整理製表。

和《一八四四年經濟學哲學手稿》不同的部分在於：這裡用「無產階級」取代「工人」，用「有產階級」取代「非工人」。其他三項差異的對照多少也可以和前面的說法呼應。

上述有關異化的部分，是馬克思在《神聖家族》一書裡面，清清楚楚並明白交代的東西，可是一般談論異化的研究者都不會談論到這本書，肇因於這本書編輯得很亂，看起來不像是一本深思熟慮的書，所以這本書日後不被重視，多少有點道理。

但是我認爲它既然是一本出版的書，而且對於異化的概念又有如此精簡的說法，便可補足《一八四四年經濟學哲學手稿》對這觀念說明不足之處，是比《一八四四年經濟學哲學手稿》要更清楚談論「異化」的經典，詮釋的位階應該更高，應該受到更多重視。

以上是我們對異化有哪些種類與涵蓋的階級對象，所應該注意到的部分。

另外，有關異化該如何解決？馬克思試圖提出了一些解決的方法，只是在解決之前，先釐清私有財產與異化間的關係，不過我們查閱原典會發現有前後矛盾之處。

非常確定的是，兩者間具有高度相關的關係。他是這麼說的「私有財產是外化勞動即工人同自然界和自身的外在關係的產物、結果和必然後果。」（馬克思，1990: 58；Marx, 1932: 94; 1964: 119; 1968: 522; 1975: 334）

有關於異化是私有財產的原因，馬克思卻又明顯地說「工資（Arbeitslohn; wages）是異化勞動的直接結果，而異化勞動是私有財產的直接原因。」（馬克思，1990: 59；Marx, 1932: 92; 1964: 118; 1975: 333）

但是他認爲又私有財產不單是個結果，同時也是外化的原因。

> 私有財產只有發展到最後的、最高的階段，它的這個祕密才重新暴露出來，私有財產一方面是外化勞動的**產物**（Produkt; product），另一方面又是勞動藉以外化的**手段**（Mittel; means），是**這一外化的實現**（Realisation dieser Entäußerung; realization of this alienation）。（馬克思，1990: 58；Marx, 1932: 92; 1964: 117; 1975: 332）

所以對於異化是不是因爲私有財產制所造成的；或者因爲私有財產制導致異化的出現；又或者是互爲因果；抑或高度相關，馬克思並沒有說得很清楚。再加上很多研究者閱讀時，往往不求甚解而斷章取義，就會發生各說各話的現象。

另外，馬克思寫於1844年上半年的《詹姆斯．穆勒〈政治經濟學原理〉一書摘要》（*James MILL, Éléments d'économie politique*. Traduits par J. T. Parisot. Paris 1823. VII, p. 318）中，有提到關於異化與社會聯繫的關係：

不論是生產本身中人的活動的交換，還是人的產品的交換，其意義都相當於類活動（Gattungstätigkeit）和類精神（Gattungsgeist）——它們的現實的、有意識的、真正的存在是社會的活動和社會的享受。因為人的本質是人的真正的社會聯繫（das wahre Gemeinwesen），所以人類在積極實現自己本質的過程中創造、生產人的社會聯繫、社會本質（das gesellschaftliche Wesen），而社會本質不是一種同單個人相對立的抽象的一般力量，而是每一個單個的本質，是他自己的活動，他自己的生活，他自己的享受，他自己的財富。因此，上面提到的真正的社會聯繫並不是反思產生的，它是由於有了個人的需要和利己主義才出現的，也就是個人在積極實現其存在時的直接產物。有沒有這種社會聯繫，是不以人為轉移的；但是，只要人不承認自己是人，因而不按人的方式來組織世界，這種社會聯繫就會以異化（Entfremdung）的形式出現。因為這種社會聯繫的主體，即人，是同自身相異化的存在物。人——不是抽象概念，而是作為現實的、活生生的、特殊的個人——都是這種存在物……人同自身相異化以及這個異化了的人的社會是一幅描繪他的現實的社會聯繫，描繪他的真正的類生活（Gattungsleben）的諷刺畫；他的活動由此表現為苦難，他個人的創造物表現為異己的力量，他的財富表現為他的貧窮，把他同別人結合起來的本質的聯繫（Wesensband）表現為非本質的聯繫，相反，他同別人的分離表現為他的真正存在；他的生命表現為他的生命的犧牲，他的本質的現實化表現為他的生命的非現實化，他的生產表現為他的非存在的生產，他支配物（Gegenstand）的權力表現為物支配他的權力，而他本身，即他的創造物的主人，則表現為這個創造物的奴隸。」（馬克思，1990：163-164；Marx & Engels, 1932: 535-536）

這裡所提到的社會聯繫，有點接近當代所提的共同體的概念。

此外，我對馬克思異化論重建了一份完整的圖示：

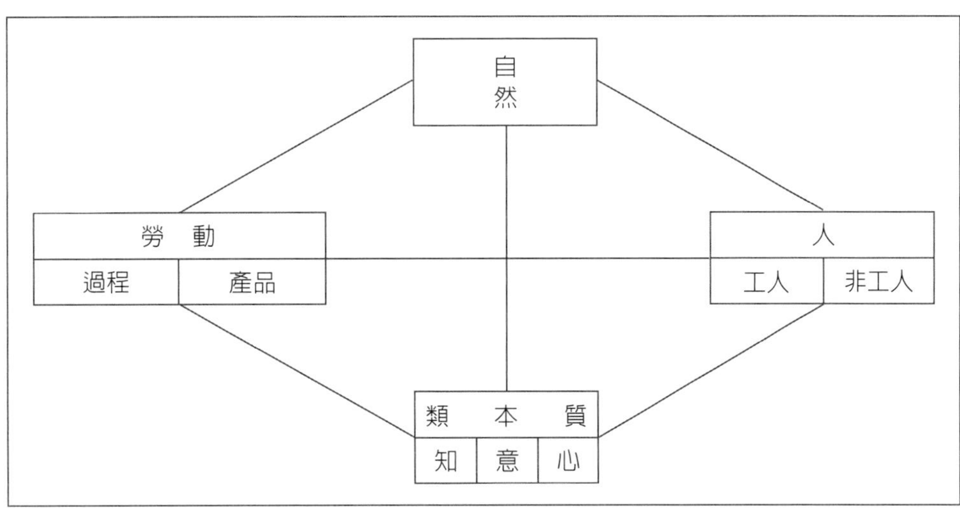

只是因爲私有財產與異化的關係，馬克思說法前後矛盾，所以暫且不收入。

除了指出異化之外，馬克思更企圖想要解除此問題，並認爲藉由無產階級的解放後，全人類也因此而得以救贖。很多思想家在提出自身看法時，往往都樂觀地錯估情勢，而馬克思也不例外地在這個時期充滿了此種樂觀的心情。當然這是我們後見之明。

首先是他對於無產階級勝利的後果的期盼：

> 無產階級獲得勝利之後，無論怎樣都不會成為社會的絕對方面，因為它只有消滅（aufheben; abolish）自己本身和自己的對立面才能獲得勝利。隨著無產階級的勝利，無產階級本身以及制約著它的對立面——私有制都趨於消滅（verschwunden; disappear）。（馬克思和恩格斯，1957：44；Marx & Engels, 1970: 38; 1975: 44）

這裡中譯的「消滅」一詞，德文原文在不同脈絡用了不同的字，英譯本也用了不同的字：德文 verschwunden 的原型字是 verschwinden，它的意思：「消失、不見、離開、走開、駛走；丟失、失蹤；溜走。」（《德漢詞典》編寫組，1987: 1342）從這些意思看來，似乎中譯的「消滅」不如英譯的「消失」來的貼近原意，而且不易和前文的「消滅」混淆。

這段話好像是說無產階級和私有財產終究會同歸於盡。如果無產階級不「奧伏赫變」（同時拋棄、保留又超越）自己，而只是「消滅」，這就很不可解了。

馬克思沒有說明爲什麼無產階級可以不重蹈前人的覆轍。他似乎假定了無產階級在道德上具有比資產階級更高的優越性。

而在他來看，無產階級的現狀是如此：

> 由於已經形成的無產階級身上實際上已完全喪失了一切合乎人性的東西，甚至完全喪失了合乎人性的外觀（Schein），由於在無產階級的生活條件中現代社會的一切生活條件達到了違反人性的頂點，由於在無產階級身上人失去了自己，同時他不僅在理論上意識到了這種損失，而且還直接由於不可避免的、無法掩飾的、絕對不可抗拒的貧困（Not）——必然性（Notwendigkeit）的這種實際的表現——的逼迫，不得不憤怒地反對這種違反人性的現象，由於這一切，所以無產階級能夠而且必須自己解放自己。但是，如果它不消滅它本身的生活條件，它就不能解放自己。如果它不消滅集中表現在它本身的處境中的現代社會的一切（alle）違反人性的生活條件，它就不能消滅它本身的生活條件（Lebensbedingungen）。（馬克思和恩格斯，1957：45；Marx & Engels, 1970: 38; 1975: 44）

那時候無產階級的生活是違反人性的，基本上只要是違反人性的，在任一種制度皆難以存續，日後東歐共產主義的垮臺，也是因爲違反人性，而資本主義因爲日後有修正，反倒存活得較久，只是現在的資本主義不再是當年粗糙的資本主義了。

而當時的馬克思對於公平社會有一美好的願景想像：

> 自我意識（Selbstbewußtsein; Self-consciousnes）是人在純思維中和自身的平等（Gleichheit; equality）。平等是人在實踐（Praxis; practice）領域中對自身的意識，也就是人意識到別人是和自己平等的人，人把別人當作和自己平等的人來對待。平等是法國用語，它表明人的本質的統一（menschliche Wesenseinheit; unity of human essence）、人的類意識（Gattungsbewußtsein; consciousness of his species）和類行為（Gattungsverhalten; his attitute toward his species）、人和人的實際的同一（praktische Identität; practical identity），也就是說，它表明人對人的社會的關係或人的關係（die gesellschaftliche oder menschliche Beziehung des Menschen zum Menschen; social or human relation of man to man）。（馬克思和恩格斯，1957：48；

Marx & Engels, 1970: 40-41; 1975: 47）

自我意識原是一個哲學術語，但馬克思在這段話提出的幾個重要概念都沒有進一步的說明：「自我意識」、「實踐」、「人的本質的統一」、「類意識」、「類行爲」。可是後來很多學者都想當然爾就使用這些「大概念」，彷彿他們在了解上都沒問題。

這些概念其實在〈關於費爾巴哈的提綱〉中也都出現過，想法大致是差不多的。也應該都是受到費爾巴哈的影響。

此處要強調的重點是最後一句話，可以算是馬克思重視社會學的一點證據。因爲我們社會學要研究的也就是最後一句話所說的。

雖然馬克思在《神聖家族》對於異化的概念有精簡的說明，他在《德意志意識形態：對費爾巴哈、布·鮑威爾和施蒂爾納所代表的現代德國哲學以及各式各樣先知所代表的德國社會主義的批判》（*Die deutsche Ideologie: Kritik der neusten deutschen Philosophie in ihren Repräsentaten Feuerbach, B. Bauer und Stirner und des deutschen Sozialismus in seinen vershiedenen Propheten*）一書中有一些補充的說法，由於該書是馬克思和恩格斯的合作，內容顯得相對雜亂也難以分辨某些觀點出於何人手筆，但因爲前文已經介紹過馬克思的說法，所以多少可據此推論在《德意志意識形態》有關異化的相關理論，應該是馬克思的手筆。

首先有一個概念，創造者屈從於創造物：

> 人們迄今總是為自己造出關於自己本身、關於自己是何物或應當成為何物的種種虛假觀念。他們按照自己關於神、關於模範人等等觀念來建立自己的關係。他們頭腦的產物就統治他們。他們這些創造者就屈從於自己的創造物。我們要把他們從幻想、觀念、教條和想像的存在物中解放出來，使他們不再在這些東西的枷鎖下呻吟喘息。我們要起來反抗這種思想的統治。（馬克思和恩格斯，1960：15）

這也是異化的重要概念，原先的創造者反倒被創造物所支配，雖然沒有使用異化的詞彙，但已經有類似的說法出現。

另外一個概念關於分工和所有制，且被視作是同一件事：

分工（Teilung der Arbeit）和私有制（Privateigentum）是兩個同義語，講的是同一件事情，一個是就活動而言，另一個是就活動的產品而言。（馬克思和恩格斯，1972，第一卷：37）

在這裡，「活動」和「活動的產品」是被視爲同一件事。好像是一個過程的兩端。後來提到自然關係（生產），人透過勞動擷取自然，是人與自然的關係：

自然界起初是作為一種完全異己的（fremd）、有無限威力的（allmächtig）和不可制服的（unangreifbar）力量與人們對立的，人們同它的關係完全像動物同它的關係一樣，人們就像牲畜一樣服從它的權力，因而，這是對自然界的一種純粹動物式的意識（自然宗教）。（馬克思和恩格斯，1972，第一卷：35）

這裡提到的應該算是「和自然界的異化」。不過要注意的是這裡的「異己的」原文只是「陌生的」的意思。

而與此對比的社會關係（勞動），則是人透過勞動，形成工人與工人之間的關係，是一個社會關係：

這樣，生命的生產——無論是自己生命的生產（通過勞動）或他人生命的生產（通過生育）——立即表現為雙重關係：一方面是自然關係，另一方面是社會關係；社會關係的涵義是指許多個人的合作，至於這種合作是在什麼條件下、用什麼方式和為了什麼目的進行的，則是無關緊要的。（馬克思和恩格斯，1972，第一卷：34）

而自然關係與社會關係又共同對人們的意識產生影響：

人們對自然界的狹隘的關係制約著他們之間的狹隘的關係，而他們之間的狹隘的關係又制約著他們對自然界的關係，這正是因為自然界幾乎還沒有被歷史的進程所改變；但是，另一方面，意識到必須和周圍的人們來往，也就是開始意識到人總是生活在社會中的。（馬克思和恩格斯，1972，第一卷：35）

所以當人總是生活在社會中時，便會產生許多矛盾，第一類矛盾，是以丈夫爲中心的家庭奴隸制是最早的所有制，而分工和私有制是同義語的情況下：

> 分工包含著所有這些矛盾，而且又是以家庭中自然產生的分工和社會分裂為單獨的、互相對立的家庭這一點為基礎的。與這種分工同時出現的還有分配，而且是勞動及其產品的不平等的分配（無論在數量上或質量上）；因而也產生了所有制，它的萌芽和原始形態在家庭中已經出現，在那裡妻子和孩子是丈夫的奴隸。家庭中的奴隸制（誠然，它還是非常原始和隱蔽的）是最早的所有制，但就是這種形式的所有制也完全適合於現代經濟學家所下的定義，即所有制是對他人勞動力的支配（Verfügung über fremde Arbeitskraft）。其實，分工和私有制是兩個同義語，講的是同一件事情，一個是就活動而言，另一個是就活動的產品而言。」（馬克思和恩格斯，1972，第一卷：37）

這裡把「家庭的分工」只說成是「家庭奴隸制」，似乎沒有光明面的可能性。

馬恩引用其他經濟學家對「所有制」的定義——對他人勞動力的支配。這裡的「支配」用的是 Verfügung，不是後來韋伯用的 Herrschaft。

「分工」和「私有制」既然是同義語，那麼也就是「異化勞動」囉！不過下面的引文又不把「分工」當成普遍的說法，強調自願自發的分工和其他分工的不同。

第二類矛盾——非自願自發的勞動導致異化：

> 其次，隨著分工的發展也產生了個人利益或單個家庭的利益與所有互相交往的人們的共同利益（gemeinschaftliches Interesse）之間的矛盾；同時，這種共同的利益不是僅僅作為一種「普遍的東西」存在於觀念之中，而是首先是作為彼此分工的個人之間的相互依存關係存在於現實之中。最後，分工還給我們提供了第一個例證，説明只要人們還處在自發地形成的社會（der naturwüchsige Gesellschaft）中，也就是説，只要私人利益和公共利益之間還有分裂，也就是説，只要分工還不是出於自願（freiwillig），而是自發的（naturwüchsig），那麼人本身的活動對人來説就成為一種異己的（fremd）、與他對立的（gegenüberstehend）力量，這種力量驅使著（unterjochen）人，而不是人駕馭著（beherrschen）這種力量。（馬克思和

恩格斯，1972，第一卷：37）

前面說的是在家庭領域中發生的矛盾，這裡說的是「人們的共同利益」，可是原文形容詞用的是 gemeinschaftlich，字根是 Gemeinschaft，有「社區」或「共同體」的意思，應該可以算是家庭之外「市民社會」的意味。

這裡強調分工的進一步區分，也說明自願自發的分工和異化勞動是不同的。不過自願自發的分工和外在社會制度的關係如何？這裡顯然暗示著人類的能動性。還是說社會條件還沒有大到可以影響到人的能動性？相反的，「異化勞動」則是人們喪失了人類的能動性（自願自發），而被「異己的、與他對立的力量」所駕馭。這種轉變是如何發生的？這種歷史的偉大轉變應該是理論關心的問題，可是馬恩在這裡卻閃避掉了。

> 原來，當分工一出現之後，每個人就有了自己一定的特殊的活動範圍，這個範圍是強加於他的，他不能超出這個範圍，他是一個獵人、漁夫或牧人，或者是一個批判的批判者，只要他不想失去生活資料，他就始終應該是這樣的人。而在共產主義社會裡，任何人都沒有固定的活動範圍，每個人都可以在任何部門內發展，社會調節著整個生產（die Gesellschaft die allgemeine Produktion regelt），因而使我有可能隨我自己的心願今天幹這事，明天幹那事，上午打獵，下午捕魚，傍晚從事畜牧，晚飯後從事批判，但並不因此使我成為一個獵人、漁夫、牧人或批判者。社會活動的這種固定化，我們本身的產物聚合為一種統治我們的、不受我們的控制的、與我們願望背道而馳的並且把我們的打算化為烏有的物質力量（sachliche Gewalt），這是過去歷史發展的主要因素之一。（馬克思和恩格斯，1972，第一卷：37-38）

這裡將非共產主義社會和共產主義社會對舉，強調的是前者是強加於人，而後者是自願的，讓人可以隨心所欲做事。不過，在共產主義社會中，人們可以隨心所欲的工作，是因爲「社會調節著整個生產」。至於這個重要的關鍵是怎樣的狀況，可以如何達到，都沒有詳細的說明。這也是學者常用的逃避討論關鍵問題的手法。

社會的「固定化」指的就是「異化」（Entfremdung），也就是「統治我們的、不受我們的控制的、與我們願望背道而馳的並且把我們的打算化為烏有的物質力量」。此處沒有明白提到「異化」這個字眼，不過後面第二段之後就挑明了這個字眼。

馬克思指出異化的力量：

> 受分工制約的不同個人的共同活動產生了一種社會力量，及擴大了的生產力。由於共同活動本身不是自願地而是自發地形成的（nicht freiwillilg, sondern naturwüchsig），因此這種社會力量在這些個人看來就不是他們自身的聯合力量，而是某種異己的、在他們之外的權力。關於這種權力的起源和發展趨向，他們一點也不了解，因而他們就不能再駕馭這種力量，相反地，這種力量現在卻經歷著一系列獨特的、不僅不以人們的意志和行為為轉移，反而支配著人們的意志和行為的發展階段。（馬克思和恩格斯，1972，第一卷：39）

他也提出「異化」消滅有兩個實際前提：(1) 無產階級的產生；(2) 無產階級和資產階級對立。

> 這種「異化」（Entfremdung）（用哲學家易懂的話來說）當然在具備了兩個實際前提之後才會消滅（aufheben）。要使這種異化成為一種「不堪忍受的」力量，即成為革命所要反對的力量，就必須讓它把人類的大多數變成完全「沒有財產的」人，同時這些人又和現存的有錢的有教養的世界相對立，而這兩個條件都是以生產力的巨大增長和高度發展為前提的。另一方面，生產力的這種發展（隨著這種發展，人們的世界歷史性的而不是狹隘地域性的存在已經是經驗的存在了）之所以是絕對必需的實際前提，還因為如果沒有這種發展，那就只會有貧窮的普遍化；而在極端貧困的情況下，就必須重新開始爭取必需品的鬥爭，也就是說，全部陳腐的東西又要死灰復燃。其次，這種發展之所以是必需的前提，還因為：只有隨著生產力的這種普遍發展，人們之間的普遍交往才能建立起來；由於普遍的交往，一方面，可以發現在一切民族中同時都存在著「沒有財產的」群眾這一事實（普遍競爭），而其中每一民族同其他民族的變革都有依存關係；最後，狹隘地域性的個人為世界歷史性的、真正普遍的個人所代替。（馬克思和恩格斯，1972，第一卷：39-40）

這是《德意志意識形態》中首度出現的「異化」這個字眼。異化產生的「基礎」是生產力的巨大增長和高度發展。「消滅」此處的德文是 aufheben。

而異化及其克服，馬克思認爲：

> 各個個人的全面的依存關係、他們的這種自發形成的世界歷史性的共同活動的形式，由於共產主義革命而轉化為對那些異己力量的控制和自覺的駕馭，這些力量本來是由人們的相互作用所產生的，但是對他們來說卻一直是一種異己的、統治著他們的力量。這種觀點仍然可以被思辨地、唯心地、及幻想地解釋為「類的自我產生」（Selbsterzeugung der Gattung）〔「作為主體的社會」（die "Gesellschaft als Subjekt"）〕，把所有前後相繼、彼此相聯的個人設想為從事自我產生這種神祕活動的唯一的個人。（馬克思和恩格斯，1972，第一卷：42）

這裡的「類」（Gattung）的自我產生，應該指的是「人類」。這是在《德意志意識形態》中首次出現這個字眼。

最後，他指出異化的消滅：

> 只有在這個階段上，自主的活動才同物質生活一致起來，而這點又是同個人像完整的個人的發展以及一切自發性的消除相適應的。同樣，勞動轉化為自主活動，同過去的被迫交往轉化為所有個人作為真正個人參加的交往，也是相互適應的。聯合起來的個人對全部生產力總和的占有，消滅著私有制。（馬克思和恩格斯，1972，第一卷：76）

消滅私有制就等同於消滅異化。也因如此，當時馬克思主義者相信共產革命後，不會有任何異化的情況。所以在 1970 年代的東歐，先產生社會主義與人文主義的問題，等於揭露共產革命後不會有任何異化的「神話」，在共產主義社會裡仍舊存在著異化的問題，而 1980 年代的中國大陸，便有社會主義與人道主義的問題，也是類似的討論。

另外在 1867 年出版的《資本論》（*Das Kapital*）一書當中，也有提到相關說法：

商品拜物教

《資本論》（德文第四版）	《資本論》（法譯本）
人與活動與自然	
「人通過自己的活動按照對自己有用的方式來改變自然物質的形態。」（馬克思，1975：87）	「人的活動改變自然提供的物質，使它們變成有用的東西。」（馬克思，1983：51）
從勞動到商品：社會性質到物的性質的轉變	
「商品形式的奧祕不過在於：商品形式在人們面前把人們本身勞動的社會性質反映成勞動產品本身的物的性質，反映成這些物的天然的社會屬性，從而把生產者同總勞動的社會關係反映成存在於生產者之外的物與物之間的社會關係。由於這種轉換，勞動產品成了商品，成了可感覺而又超感覺的物或社會的物。」（馬克思，1975：88-89）	「人類勞動的等同性，取得了勞動產品的價值形式；用勞動持續時間來計量的個人勞動，取得了勞動產品的價值形式；最後，生產者之間的體現他們的勞動的社會性的關係，取得了勞動產品的社會關係的形式。正因為如此，這些產品變成了商品，也就是說，變成了既是可感覺的又是不可感覺的物或社會的物。」（馬克思，1983：52）
商品生產與拜物教	
「這只是人們自己的一定的社會關係，但它在人們面前採取了物與物的關係的虛幻形式。因此，要找一個比喻，我們就得逃到宗教世界的幻境中去。在那裡，人腦的產物表現為賦有生命的、彼此發生關係的獨立存在的東西。在商品世界裡，人手的產物也是這樣。我把這叫做拜物教。勞動產品一旦作為商品來生產，就帶上拜物教性質，因此拜物教是同商品生產分不開的。」（馬克思，1975：89）	「價值形式和勞動產品的價值關係，是同勞動產品的物理性質完全無關的。這只是人與人之間的一定的社會關係，但它在人們面前採取了物與物之間的關係的虛幻形式。我們只有在宗教世界的幻境中才能找到這個現象的一個比喻。在那裡，人腦的產物表現為具有特殊軀體的，同人發生關係並彼此發生關係的獨立存在的東西。在商品世界裡，人手的產物也是這樣，這可以叫做拜物教。勞動產品一旦表現為商品，就帶上拜物教的性質，拜物教是同這種生產方式分不開的。」（馬克思，1983：52）
回溯研究	
「對人類生活形式的思索，從而對它的科學分析，總是採取同實際發展相反的道路。這種思索是從事後開始的，就是說，是從發展過程的完成的結果開始的。」（馬克思，1975：92）	「對社會生活形式的思索，從而對它的科學分析，遵循著一條同實際運動完全相反的道路。這種思索是從事後開始的，是從已經完全確定的材料、發展的結果開始的。」（馬克思，1983：55）

《資本論》（德文第四版）	《資本論》（法譯本）
人身依附和物質生產及生活領域	
「物質生產的社會關係以及建立在這種生產基礎上的生活領域，都是以人身依附為特徵的。但是正是因為人身依附關係構成該社會的基礎，勞動和產品也就用不著採取與它們的實際存在不同的虛幻形式。」（馬克思，1975：94）	「物質生產的社會關係以及建立在這種生產基礎上的其他一切生活領域，都是以人身依附為特徵的。而正因為社會建立在人身依附的基礎上，所以一切社會關係就表現為人與人之間的關係。」（馬克思，1983：57）
人的有意識有計畫的控制；自由結社與自覺活動	
「只有當社會生活過程即物質生產過程的形態，作為自由結合的人的產物，處於人的有意識有計畫的控制之下的時候，它才會把自己神祕的紗幕揭掉。但是，這需要有一定的社會物質基礎或一系列物質生產條件，而這些條件本身又是長期的、痛苦的歷史發展的自然產物。」（馬克思，1975：96-97）	「物質生產和它所包含的關係是社會生活的基礎，這種社會生活只有當它一旦表現為自由結合、自覺活動並且控制自己的社會運動的人們的產物時，它才會把神祕的紗幕揭掉。但是，這需要在社會上有一系列的物質生存條件，而這些條件本身又只是長期的、痛苦的發展的產物。」（馬克思，1983：59-60）

在馬克思理想的勞動狀態裡是一種自然關係，而商品的出現，便因異化關係產生拜物教，人與人之間的關係便受到物的支配，進而導致所有關係都是金錢關係。

異化的「奧伏赫變」：

> 物質生產和它所包含的關係是社會關係的基礎，這種社會生活只有當它一旦表現為自由結合、自覺活動並且控制自己的社會運動的人們的產物時，它才會把神祕的面紗揭掉。但是，這需要在社會上有一系列的物質生存條件，而這些條件本身又只是長期的、痛苦的發展的產物。（馬克思，1983：59-60）

這裡雖然沒有提出「異化」，但是從上下文來看，這段話是從「自由結合、自覺活動」來化解「異化勞動」的。

七、馬克思對孔德的看法

我們前面講次討論過孔德，很巧的是馬克思在《法蘭西內戰》初稿有一段談到孔德跟工人的文字，可以看出孔德學說在當時的影響：

> 工人的發展現在已經越過了社會主義宗派的階段，但不應忘記，他們從來也不曾被孔德派操縱過。這個宗派所給予國際的，不過是大約六七個人的一個支部，這個支部的綱領被總委員會所拒絕。巴黎工人知道：孔德在政治方面是帝國制度（個人獨裁）的代言人；在政治經濟學方面是資本家統治的代言人；在人類活動的所有範圍內，甚至在科學範圍內是等級制度的代言人；巴黎工人還知道：他是一部新的教義問答的作者，這部新的教義問答用新的教皇和新的聖徒代替了舊教皇和舊聖徒。
> 如果說，孔德的信徒在英國比在法國受人民歡迎些，那倒不是由於他們鼓吹了他們的宗派教義，而是由於他們個人的優良品質，還由於他們接受了那些不是由創造的工人階級的階級鬥爭的形式，例如英國的工聯和罷工。順便提一下，這些鬥爭形式是被他們在巴黎的同宗道友們斥為異端的。
> （馬克思恩格斯，1972：423-424）

馬克思此處所說的「新的教義問答」應該就是孔德的《實證主義教義問答》。這本書是1852年9月出版。書中的教士是孔德自己，教徒則是孔德心儀的克蘿蒂爾德。馬克思此處說是「新教皇」和「新的聖徒」，不知是意在「諷刺」或是根本沒有〔或是「不屑」〕看過這本書。

馬克思此處對孔德的指控，顯然不是根據孔德自己的作品，而主要是從馬克思個人的政治立場出發。

雖然如此，但我們仍然可以藉由馬克思與孔德間的觀點，了解思想在時代之間的連貫性與斷裂的狀態。

八、Q & A 反思回顧

1. 嘗試閱讀社會學理論教科書中對於「異化」的解釋，並對照和原典的異同。
2. 異化是否只出現資本主義社會？
3. 當代人類的苦難，還可以透過革命或其他方式解決或變得更好嗎？

附錄一
馬克思（Karl Marx, 5/5/1818-3/14/1883）和恩格斯（Friedrich Engels, 11/29/1820-8/5/1895）的生平與著作

時代大事	馬克思	恩格斯
1818 年	5 月 5 日　生於特利爾（Trier，當時的普魯士，現在德國東部）。	
1820 年		11 月 29 日　生於巴門（Barmen）（在德國西部）。
1827 歐文的《合作雜誌》首次用「社會主義」一詞		
	1830-1835（12-17 歲） 就讀特利爾高中。	
		1834-1837（14-17 歲） 在愛伯非（Elberfeld）高中就讀。
	1835（17 歲） 進入波昂（Bonn）大學法學院。	
	1836 年（18 歲） 10 月　轉入柏林大學法學院和燕妮祕密訂婚。 10 月至 11 月　寫了兩部《愛之書》詩集獻給燕妮。	
	1836-1838 年（18-20 歲） 研究法律、哲學、歷史、英文和義大利文。	
	1838 年（18 歲） 秋　搬到 Bremen 並出版詩集。	

時代大事	馬克思	恩格斯
	1839 年（21 歲） 1 月　研究希臘哲學並開始 撰寫博士論文。	1839 年（19 歲） 春　《烏培河谷來信》（*Letters from Wuppertal*）並和「青年日耳曼」（Young Germany）有關係。
		1840 年（20 歲） 夏　游歷英國。 閱讀黑格爾。
	1841 年（23 歲） 4 月　在耶那（Jena）大學交博士論文〈德模克利圖士與伊比鳩魯自然哲學的差異〉（Differenz der demokriischen und epikureischen Naturphilosophie nebst einem Anhang）。 企圖在波昂大學尋求教職，未果。	1841 年（21 歲） 離開 Bremen 回到 Barmen。
	1841-1842 年（23-24 歲） 放棄尋求教職，轉向青年黑格爾機關報《德意志年鑑》（*Deutsch Jahrbücher*）以及在科隆的反對派報紙《萊茵報》（*Rheinische Zeitung*）投稿，並成為該報主編。	1841-1842 年（21-22 歲） 在普魯士砲兵服役。 旁聽柏林大學演講，匿名為文反對當時謝林的演講內容。 加入激進團體青年黑格爾「自由」。 向《萊茵報》投稿。
	1842 年（24 歲） 11 月　馬克思和恩格斯在科隆萊茵報社首度見面。馬克思以「冷冷的」態度對待恩格斯。當時恩格斯正要去英國途中。	1842 年（22 歲）
		1842-1844 年（22-24 歲） 在曼徹斯特（Manchester）完成商業訓練。 研究英國生活與文學。 加入「人民憲章運動」（The Chartist Movement）。 閱讀政治經濟學著作。 在曼徹斯特認識 Mary Burns。

時代大事	馬克思	恩格斯
1843 年 《萊茵報》關閉	1843 年（25 歲） 3 月 17 日　因批評普魯士政府嚴格的報章審查制度而辭去《萊茵報》主編。 6 月 12 日　和燕妮（1814-1881）簽訂婚約，婚約中有三項條款，對於雙方婚前的財產有特別的規定。 6 月 19 日　在未婚妻的寡母家中結婚，太太比他大 4 歲，馬克思家人似乎都沒出席。 夏　寫作〈黑格爾法哲學批判〉（Zur Kritik der Hegelschen Rechts philosophie）。 11 月　搬往巴黎。 秋冬　寫作〈論猶太問題〉（Über die Judenfrage）。 12 月　認識海涅（Heinrich Heine）。	1843 年（23 歲） 在歐文派社會主義報刊《新道德世界》（*The New Moral World*）上發表〈政治經濟學批判大綱〉（Umrisse auf einer Kritik der Nationalökonomie）。
	1843-1844 年（25-26 歲） 研究法國大個革命史並開始有系統地研讀政治經濟學的經典。	
	1844 年（26 歲） 在巴黎和 Arnold Ruge 合創《德法年鑑》（*Deutsch-Französische Jahrbücher*）刊登恩格斯的〈政治經濟學批判大綱〉。 3-8 月　寫作《經濟學哲學手稿》（*Ökonomisch-philosophische Manuskripte aus dem Jahre 1844*）。〔1927 年俄文節譯本在莫斯科出版；1932 年德全本由莫斯科馬列研究所的 D. Riazanov 的策劃下在柏林出版；1964 年英譯本由 Martin Milligan 翻譯出版。〕 4 月　被普魯士政府以叛國罪起訴，如果進入國境則予以逮捕。 5 月 1 日　大女兒 Jenny（-1883）出生 7 月　認識普魯東。 秋　開始和恩格斯通信。	1844 年（24 歲） 2 月　在《德法年鑑》（*Deutsch-Französische Jahrbücher*）刊登〈政治經濟學批判大綱〉。 4-8 月　蒐集《英格蘭工人階級的狀況》（*Die Lage der arbeitenden Klasse in England*）的資料。 8 月　離開曼徹斯特返回德意志。

時代大事	馬克思	恩格斯
	8 月　馬克思和恩格斯再度在巴黎見面，並開始了長期的合作關係。	9 月　回到 Bremen。
	1845 年（27 歲） 1 月　受到德意志政府的壓力，法國政府將馬克思驅逐出境。馬克思轉往布魯塞耳。 4 月　恩格斯到布魯塞耳和馬克思會合。 馬克思和恩格斯合作出版《神聖家族》（*Die heilige Familie*）。 5-6 月　寫作〈關於費爾巴哈的提綱〉（Thesen über Feuerbach）。 夏　馬克思和恩格斯連袂游歷曼徹斯特。 9 月　馬克思和恩格斯開始合作撰寫《德意志意識形態》（*Die deutsche Ideologie*）〔1932 年由莫斯科的馬恩研究所出版全文〕。 9 月 26 日　二女兒 Laura（-1911）出生。 在普魯士政府壓力下放棄普魯士公民權。	1845（25 歲） 出版《英格蘭工人階級的狀況》。
1846 年 普魯東《貧困的哲學》（*Philosophie de la Misère*）	1846-1847 年（28-29 歲） 寫作《哲學的貧困》（*Misère de la Philosophie*）〔以法文發表〕。	
	1847 年（29 歲） 1 月　長子 Edgar（-1855）出生。 11 月　馬克思和恩格斯同往倫敦參加共產黨聯盟第二次大會。 12 月　馬克思在布魯塞耳發表一連串演講，後來出版，書名為《雇傭勞動與資本》（*Lohnarbeit und Kapital*）。	1847 年（27 歲） 參加在倫敦舉行的共產黨聯盟第一次大會。
1848 年 歐洲各地革命	1848 年（30 歲） 2 月　馬克思和恩格斯合作在倫敦以德文發表《共產黨宣言》（*Manifest der Kommunistischen Partei*）。 3 月　被迫離開布魯塞爾到巴黎。 4 月　從巴黎返回普魯士。 6 月　馬克思和恩格斯積極參與當時德國的革命，並在科隆合編《新萊茵報》（*Neue rheinische Zeitung*）。	1848 年（28 歲）

時代大事	馬克思	恩格斯
	1849 年（31 歲） 秋　和家人搬到倫敦。 次子 Guido（-1850）誕生。	1849 年（29 歲） 6 月　當威利希（Willich）的助手，參與巴登叛亂（起義？），最後失敗。 到倫敦和馬克思會合。
	1850 年（32 歲） 6 月　在大英博物館圖書館研讀經濟學作品。 5-11 月　出版《法國階級鬥爭》（*Die Klassenkämpfe in Frankreich 1848 bis 1850*）。	1850 年（30 歲） 住在曼徹斯特，並回到家中的公司做事，一面養活自己，一面也贊助馬克思家人。 11 月　出版《德意志農民戰爭》（*Der deutsche Bauernkrieg*）。
1851 法國路易拿破崙政變，國民投票選他為皇帝	1851 年（33 歲） 往後 11 年定期向《紐約每日論壇報》（*New York Daily Tribune*）投稿。 3 月 28 日　三女 Franziska（-1852）出生。 6 月 23 日　傳聞中馬克思和女僕 Helen Demuth 的私生子出生。因被恩格斯認養，所以取名 Frederick。	恩格斯為了避免馬克思家因為私生子而有衝突，遂自認為該小孩之父，一直到死前才透露祕密。
	〔David McLellan（1973: 271-2）相信此說，但 Terrel Carver（1981: 72-73）懷疑此事的證據。〕	
	1851-1852 年（33-34 歲） 寫作並出版《路易波拿巴的霧月十八日》（*Die achtzehnte Brumaire des Louis Bonaparte*）。	1851-1852 年（31-32 歲） 寫作《德意志的革命和反革命》（*Revolution und Konterrevolution in Deutschland*），後來以馬克思之名在《紐約每日論壇報》發表。
1852 年 路易拿破崙即位為拿破崙三世		
	1856 年（38 歲） 么女 Eleanor（-1898）出生。	
	1857 年（39 歲） 7 月 8 日　馬克思太太生下一小孩，隨即夭折。	1857 年（37 歲） 在《新美國百科全書》發表〈砲兵史〉。
	馬克思和恩格斯同時在《新美國百科全書》（*New American Cyclopedia*）上撰寫文章。	

時代大事	馬克思	恩格斯
	1857-1858 年（39-40 歲） 為政治經濟學批判做筆記。〔1938-1941 年由馬恩列研究所在莫斯科以德文兩卷本限量發行，題名為《政治經濟學批判的基礎》（*Grundrisse der Kritik der politischen Ökonomie (Ruhentwurf)*），簡稱《基礎》（*Grundrisse*）；1973 年英譯本由 Martin Nicolaus 翻譯成 *Grundrisse: Foundations of the Critique of Political Economy*。〕	
1858 年 達爾文《物種原始》（*Origin of the Species*）出版		
	1859 年（41 歲） 6 月　出版《政治經濟學批判》（*Zur Kritik der politischen Ökonomie*）第一分冊。〔後面幾冊都未出版，而改以《資本論》為名出版，而將《政治經濟學批判》改為副標題。〕	
1861 年 美國南北戰爭開始		
	1861-1863 年（43-45 歲） 寫作《剩餘價值學說》（*Theorien über den Mehrwert*）。〔1905-1910 年考茨基（K. Kautsky）編輯成三冊出版。〕	
1862 年 俾斯麥當德意志的宰相		
1863 年 拉薩爾在萊比錫組成全德勞工公會，對抗貝貝爾（馬克思派）的「德國工聯」		1863（43 歲） 1 月 6 日　同居多年的 Mary Burns（1823-）逝世。後來恩格斯和其妹妹 Lizzy 同居。

時代大事	馬克思	恩格斯
	因馬克思對 Mary Burns 之死的回信冷淡，引起恩格斯不悅，但馬克思事後道歉，結束兩人長期友誼的唯一一場衝突。	
1864 年 第一國際成立	1864（46 歲） 在倫敦成立「國際工人聯合會」（International Working Men's Association）。	
	1864-1871 年（46-53 歲） 熱衷於「國際工人聯合會」理事會的活動。	
1865 年 美國南北戰爭結束		
	1866 年（48 歲） 寫信給拉法格，對拉法格和二女兒勞拉結婚提出條件說。	
	1867 年（49 歲） 4 月 2 日　完成《資本論》（*Das Kapital*）第一卷的寫作。 9 月 14 日　出版《資本論》第一卷。	
	1867-1871 年（49-53 歲） 《資本論》第二、三卷，大體完成，並略做修改。〔分別於 1885 年和 1894 年由恩格斯編輯出版。〕	
		1868 年（48 歲） 寫作《馬克思〈資本論〉第一卷提綱》。
1869 年 李卜克涅西、貝貝爾組社會民主工黨		1869 年（49 歲） 發表〈馬克思小傳〉。 從商界退休。
		1870-1895 年（50-75 歲） 搬到倫敦。

時代大事	馬克思	恩格斯
1871 年 普王威廉為德國皇帝 巴黎公社 法國割讓亞爾薩斯和洛林兩省與德國	1871 年（53 歲） 以英文寫作《法國內戰》（*The Civil War in France*）。	
1872 年 3 月德國製造商協會雜誌刊出匿名文章攻擊馬克思引文有誤 4 月《資本論》俄文版出版	1872 年（54 歲）	
	5 月　撰文答辯，表明所引用的是報章的報導，而非官方記錄。	
9 月《資本論》第一卷第一冊法譯本出版		
1873 年 費爾巴哈（1805-）逝世 德國出現文化鬥爭（Kulturkampf） 俾斯麥排除教會對教育、政治的干預		
		1874-1880 年（54-60 歲） 斷斷續續寫作《自然辯證法》（*Dialektik der Natur*）。
1875 年 德國社會主義工黨通過《哥達綱領》（Gotha Program） 《資本論》法文譯本出版	1875 年（57 歲） 出版〈哥達綱領批判〉（Kritik des Gothaer Programmentwurf）。 幫助法文本譯者 J. Roy 解決翻譯疑難。	
1876 年 第一國際解散		

時代大事	馬克思	恩格斯
1878 年 德皇二次被刺，公布社會主義鎮壓法		1878 年（58 歲） 出版《反杜林論》（*Anti-Dühring; Herrn Eugen Dührings Umwälzung der Wissenschaft*）。 Lizzy Burns 逝世，恩格斯在其臨終前與其結婚。
		1880 年（62 歲） 從《反杜林論》中抽出三章編成《空想社會主義和科學社會主義》（*Socialisme utopique et socialisme scientifique*）由 Paul Lafargue 譯成法文發表。
	1880-1888 年（62-63 歲） 寫作民族學筆記（1972 年由 Lawrence Krader 編輯出版）。	
	1881 年（63 歲） 妻 Jenny 逝世。	
	1882 年（64 歲） 10 月　修改《資本論》第一卷第二版（篇章不動，內容略作修改）。	
	1883 年（65 歲） 3 月 14 日　在倫敦逝世。	1883 年（63 歲） 接觸到馬克思《資本論》第二卷手稿。
1884 年 費邊社在英國成立		1884 年（64 歲） 寫作並發表《家庭、私有制和國家的起源》（*Der Ursprung der Familie, des Privateigentums und des Staats*）。

時代大事	馬克思	恩格斯
1885 年 H. M. Hyndman 以 John Broadhouse 為筆名英譯《資本論》，並在英國《今日》雜誌上發表，恩格斯對此譯文甚表不滿		1885 年（65 歲） 7月　編輯《資本論》第二卷出版。
		1886 年（66 歲） 寫作並出版《費爾巴哈與德意志古典哲學的終結》（*Ludwig Feuerbach und der Ausgang der klassischen deutschen Philosophie*）。
1887 年 《資本論》第一卷英譯本出版，由恩格斯編輯，由 Samuel Moore 和 Edward Aveling 英譯，在倫敦出版（以德文版第三版為基礎，全書結構和法譯本一樣為八篇三十三章） 《英格蘭工人階級的狀況》英譯本出版 俾斯麥行鐵血政策		
		1888 年（68 歲） 8-9 月　遊覽美國和加拿大。
		1889 年（69 歲） 參加創立第二國際。 準備《資本論》第一卷第四版，並寫序言。〔參考法譯本改訂，為現有翻譯版本的依據。〕

時代大事	馬克思	恩格斯
1890 年 德國廢除社會主義鎮壓法，社會民主黨出現		
1891 年 德國社會民主黨通過考茨基的《約福特綱領》		
1892 年 《空想社會主義和科學社會主義》英譯本出版		
		1893 年（73 歲） 參加在蘇黎世舉行的國際社會主義工人大會，並當選為榮譽主席。
		1894 年（74 歲） 12 月　編輯出版《資本論》第三卷。
1895 年 列寧和馬耳托夫組成工人階級解放鬥爭協會，被捕並被流放		1895 年（75 歲） 8 月 5 日　在倫敦逝世。

1925-1927 年　D. Riazanov 編輯德文本《馬恩文庫》（*Marx-Engels-Archiv*）

1927-1935 年　D. Riazanov 和 V. Adoratskij 合編德文本《馬恩全集》（俗稱 MEGA）13 冊

1956 年　東德主編德文版《馬恩作品集》（俗稱 MEW）41 冊

1956-1974 年　中共中央馬克思恩格斯列寧斯大林著作編譯局根據馬恩全集俄文版第二版編譯中文版《馬克思恩格斯全集》共 39 冊

1972 年　東德主編原文版《馬恩全集》（預計 100 冊）開始出版（俗稱 New MEGA）

1973 年　《馬克思文庫》（*Marx Library*）英文本出版

1975 年　《馬恩全集》英譯本開始出版（預定 50 冊）

1977 年　中共中央編譯局開始出版《馬恩全集補卷》10 卷（連同前面已出版，共計 50 卷）

1995 年　中共中央編譯局重譯《馬克思恩格斯全集》，預計 60 卷以上

附錄二
馬克思的思想脈絡

前輩

德模克利圖士（Democritus, c. 460-c. 370 B.C.）
亞里斯多德（Aristotle, 384-322 B.C.）
伊比鳩魯（Epicurus, 341-270 B.C.）
德國哲學
- 黑格爾（Georg Wilhelm Friedrich Hegel, 1770-1831）
- 費爾巴哈（Ludwig Feuerbach, 1804-1872）

英國政治經濟學
- 亞當史密斯（Adam Smith, 1723-1790）
- 李嘉圖（David Ricardo, 1772-1823）

法國社會主義
- 聖西蒙（Henri de Saint-Simon, 1760-1825）
- 傅立葉（Charles Fourier, 1772-1837）

同輩

恩格斯（Friedrich Engels, 1820-1895）
普魯東（Pierre Joseph Proudhon, 1809-1865）

後輩

德國社會民主黨人
- 盧森堡（Rosa Luxemburg, 1871-1919）

奧地利馬克思主義者
- 艾德勒（Max Adler, 1873-1937）
- 雷納（Karl Renner, 1870-1950）
- 包爾（Otto Bauer, 1881-1938）
- 希佛丁（Rudolf Hilferding, 1877-1941）

俄國馬克思主義
- 列寧（Vladimir Ilyich Lenin, 1870-1924）
- 托洛斯基（Leon Trotsky, 1879-1940）
- 史達林（Joseph Stalin, 1879-1953）

歐洲馬克思主義
- 盧卡奇（Georg Lukács, 1885-1971）
- 科西（Karl Korsch, 1886-1961）

葛蘭西（Antonio Gramsci, 1891-1937）
中國馬克思主義
李達（1890-1966）
毛澤東（1893-1976）
艾思奇（1910-1966）
當代歐美馬克思主義
法蘭克福學派（The Frankfurt School）
霍克海默（Max Horkheimer, 1895-1973）
阿多諾（Theodor W. Adorno, 1903-1969）
魏復古（Karl August Wittfogel, 1896-1988）
馬庫色（Herbert Marcuse, 1898-1979）
哈伯瑪斯（Jürgen Habermas, 1929- ）
存在主義的馬克思主義
沙特（Jean-Paul Sartre, 1905-1980）
哥德曼（Lucien Goldmann, 1913-1970）
勒費夫（Henri Lefebvre, 1901-1991）
德拉・佛沛學派
德拉・佛沛（Galvano Della Volpe, 1895-1968）
柯來第（Lucio Colletti, 1924-2001）
結構主義的馬克思主義
阿圖塞（Louis Althusser, 1918-1990）
巴利巴（Étienne Balibar, 1942-）
英國馬克思主義
安德森（Perry Anderson, 1938- ）
霍布斯邦（Eric Hobsbawm, 1917-2012）
米利班（Ralph Miliband, 1924-1994）
湯姆森（E. P. Thompson, 1924-1993）
威廉斯（Raymond Williams, 1921-1988）
美國馬克思主義
米爾斯（C. Wright Mills, 1916-1962）
新左派（The New Left）
巴蘭（Paul A. Baran, 1909-1964 ）
史威濟（Paul Sweezy, 1910-2004 ）

說明：將某人化爲某學派是研究者爲了方便所經常採用的辦法，也因此會因爲研究者的立場和想法不同而異，在使用時要多加小心。此處爲了方便的緣故，基本上採行的是McLellan（1979）書中的用法。

附錄三
馬克思的重要著作目錄

注意事項

1. 寫作年代與出版年代的不同，特別是早期作品：

 《一八四四年經濟學哲學手稿》（*Ökonimische-philosophische Manuskripte aus dem Jahre 1844; Economic and Philosophic Manuscripts of 1844*）

 《德意志意識形態》（*Die deutsche Ideologie; German Ideology*）

 《大綱》（Grundrisse）或《經濟學手稿（1857-1858 年）》（*Ökonomische Manuskripte 1857/1858*）

2. 早期和晚期作品的關聯（連續？或斷裂？）
3. 幾種馬克思主義？

 正統的（教條的）馬克思主義

 異端的（科學的馬克思主義）

 修正主義

4. 馬克思和恩格斯「思想上的連體嬰」與可能的切割方式的嘗試？

重要著作

《黑格爾法哲學批判》（*Kritik der hegelschen Rechtsphilosophie*）

寫作時間：1841-1842 年

出版時間：1844 年

1935 年柳若水中文全譯本

1956 年收入《馬克思恩格斯全集》中譯版第一卷第 245-404 頁

1988 年臺灣出版繁體字版，收入《馬克思對黑格爾的批判》

《一八四四年經濟學哲學手稿》（*Ökonomisch- philosophische Manuskripte aus dem Jahre 1844*）

寫作時間：1844 年 3-8 月

出版時間：1927 年在莫斯科出版俄文節譯本

1932 年德文全本在莫斯科馬列研究所的 D. Riazanov 策劃下出版

1964 年英譯本由 Martin Milligan 翻譯出版

1956 年何思敬中譯本

1979 年中譯本由劉丕坤翻譯，收入中文本《馬克思恩格斯全集》第 42 卷中第 43-181 頁

1988 年臺灣出版繁體字版，譯者不詳

1990 年臺灣時報文化出版公司出版伊海宇中譯本

Martin Milligan 譯本中〔出版者附註〕：

「手稿包含三部分，各有羅馬數字編頁。」（Marx, 1964: 5）

「第一手稿共 27 頁，每頁有兩條直線分成三欄；每頁每欄上方都事先寫好了「工資」（Wage of Labor）、「資本利潤」（Profit of Capital）和「地租」（Rent of Land）。從第十七開始，只有「地租」一欄有填入內容，從第二十二頁起到第一手稿的結尾，馬克思在三欄之上橫寫著不要管標題。從二十二頁到二十七頁的文字，本書題名為「異化勞動」（Estranged Labor）。」（Marx, 1964: 5-6）

「第二手稿只留存下四頁，標注 XXXX-XLIII。正文是從句子中間開始的，題名為「資本和勞動反命題。土地財產和資本」（Anthithesis of Capital and Labor. Landed Property and Capital）。（Marx, 1964: 6）

「第三手稿分成 43 張大頁，各分成兩欄。一開始是附在現在已經遺失的 XXXVI 和 XXXIX 頁的附錄，在此書題名為「私有財產和勞動」（Private Property and Labor）和「私有財產與共產主義」（Private Property and Communism）。再下面一篇文字在本書中題名為「人類需要的意義」（The Meaning of Human Requirements）。第三手稿的第 XXIX-XL 頁是一篇「序」。接下來在第 XLI-XLII 頁上的文字，題名為「資產階級社會中金錢的力量」（Power of Money in Bourgeois Society）。第三手稿附錄一篇和其他文字不相關的文章，本書將其命名為「黑格爾辯證法和整個哲學的批判」（Critique of the Hegelian Dialectic and Philosophy as a Whole）。」（Marx, 1964: 6）

「只有前三篇的題目是馬克思原有的……」（Marx, 1964: 6）

「馬克思的手稿中有刪掉的部分，也有腳註。」（Marx, 1964: 6）

目錄（伊海宇中譯本及 1932 年德文版目錄）：

【第一手稿】（Erste Manuskript）

工資（Arbeitslohn）

資本的利潤（Profit des Kapitals）

一　資本（Das Kapital）

二　資本的利潤（Der Gewinn des Kapitals）

三　資本對勞動的統治和資本家的動機（Die Herrschaft des Kapitals über die Arbeit und die Motive des Kapitalisten）

四　資本的積累和資本家之間的競爭（Die Akkumulation der Kapitalien und die Konkurrenz unter den Kapitalisten）

地租（Grundrente）
〔異化勞動〕（Die entfremdete Arbeit）
【第二手稿】（Zweites Manuskript）
〔私有財產的關係〕（Das Verhältnis des Privateigentums）
【第三手稿】（Drittes Manuskript）
〔國民經濟學中反映的私有財產的本質〕（Privateigentum und Arbeit*）
〔共產主義〕（Privateigentum und Kommunismus*）
〔需要、生產和分工〕（Bedürfnis, Produktion und Arbeitsteilung）
〔貨幣〕（Geld）
〔對黑格耳的辯證法和整個哲學的批判〕（Kritik der Hegelschen Dialektik und Philosophie Überhaupt）

※〔〕中的標題爲原稿所無。
* 中德文編者所給這些章節的標題不同。

《哲學的貧困：答蒲魯東先生的「貧困的哲學」》（***Misère de la Philosophie, Réponse a la Philosophie de la Misère de M. Proudhon; Das Elend der Philosophie. Antwort auf Proudhons "Philosophie des Elends"***）

寫作時間：1847 年上半年

出版時間：1847 年以法文在巴黎和布魯塞爾刊行單行本
1885 年德文譯本在恩格斯校訂下出版
1958 年收入《馬克思恩格斯全集》中譯版第四卷第 71-198 頁

目錄：

序言（Vorrede）
第一章　科學的發現（Eine wissenschaftliche Entdeckung）
第一節　使用價值和交換價值的樹立（Gegensatz von Gebrauchswert und Tauschwert）
第二節　構成價值或綜合價值（Der konstitutierte oder synthetische Wert）
第三節　價值比例規律的應用（Anwendung des Gesetzes der Proportionalität des Wertes）
第二章　政治經濟學的形而上學（Die Metaphysik der politischen Ökonomie）
第一節　方法（Die Methode）
第二節　分工和機器（Arbeitsteilung und Maschinen）
第三節　競爭和壟斷（Konkurrenz und Monopol）
第四節　土地所有權或地租（Das Grundeigentum oder die Rente）
第五節　罷工和工人同盟（Strikes und Arbeiterkoalitionen）

《1848 年至 1850 年的法蘭西階級鬥爭》（***Die Klassenkämpfe in Frankreich 1848 bis 1850***）

寫作時間：1850 年 1 月至 11 月 1 日

出版時間：1850 年刊載於《新萊茵報》

1959 年收入《馬克思恩格斯全集》中譯版第七卷第 9-125 頁

目錄：

一　1848 年的六月失敗（Die Juniniederlage 1848）

二　1849 年 6 月 13 日（Der 13. Juni 1849）

三　1849 年 6 月 13 日事件的後果（Folgen des 13. Juni 1849）

四　1850 年普選權的廢除（Die Abschaffung des allgemeinen Stimmrechts 1850）

《路易・波拿巴的霧月十八日》（*Der Achtzehnte Brumaire des Louis Bonaparte*）

寫作時間：1851 年 12 月至 1852 年 3 月

出版時間：1852 年刊登在紐約出版的德文雜誌《革命》

1961 年收入《馬克思恩格斯全集》中譯版第八卷第 117-227 頁

《大綱》（Grundrisse）或

《經濟學手稿（1857-1858 年）》（*Ökonomische Manuskripte 1857/1858*）

寫作時間：1857 年 5 月

出版時間：1939 年由莫斯科馬恩列研究所編輯，外語出版社出版限量發行版德文本兩卷，書名是《政治經濟學批判大綱（草稿）》

1953 年東柏林的狄茨（Dietz）出版社影印合訂一冊出版

1973 年 Martine Nicolaus 英譯本出版，書名爲德文 Grundrisse（大綱）

1962-1978 年劉瀟然中譯，分五冊出版

1979 年中譯本收入《馬克思恩格斯全集》中譯版第 46 卷分上下兩冊

目錄（英譯本和德文本順序略有不同）：

導言（Vorwort）

巴師夏和凱里（Bastiat und Carey）

　前言（Avantpropos）

　14 薪資（XIV Des Salaires）

「政治經濟學批判大綱」導言（Einleitung zu den “Grundrissen der Kritik der politischen Ökonomie»）

　A. 導言（Einleitung）

　I. 生產，消費，分配，交換（流通）（Produktion, Konsumtion, Distribution, Austausch (Zirkulation)）

　　1. 生產（Produktion）

　　2. 生產與分配，交換，消費的一般關係（Das allgemeine Verh ält tnis der Produktion zu Distribution, Austausch, Konsumtion）

　　a1) 生產與消費（Produktion und Konsumtion）

　　b1) 生產與分配（Produktion und Distribution）

c1) 最後，交換和流通（Austausch endlich und Zirkulation）

3. 政治經濟學的方法（Die Methode der politischen Ökonomie）

4. 生產。生產資料和生產關係。生產關係和交往關係。國家形式和意識形式同生產關係和交往關係的關係。法的關係。家庭關係（Produktion. Produktionsmittel und Produktionsverhältnisse. Produktionsverhältnisse und Verkehrsverhältnisse. Staats- und Bewußtseins- formen im Verhältnis zu den Produktions- und Verkehrseverhältnissen. Rechtsverhältnisse. Familienverhältnisse）

政治經濟學批判大綱（Grundrisse der Kritik der politischen Ökonomie）

II. 貨幣章（Das Kapitel vom Geld）

III. 資本章（Das Kapitel vom Kapital）

第一部分：資本的生產過程（Der Produktionsprozeß des Kapitals）

貨幣作爲資本章（Das Kapitel vom Geld als Kapital）

第二部分：資本的流通過程（Der Zirkulationsprozeß des Kapital）

第三部分：資本是結果實的東西。利息。利潤（生產費用等等）（Das Kapital als Frucht bringend. Zins. Profit. (Produktionskosten etc.)）

貨幣章與資本章增補（Ergänzungen zu den Kapiteln von Geld und vom Kapital）

《政治經濟學批判》（***Zur Kritik der politischen Ökonomie***）

寫作時間：1857-1858 年

出版時間：1859 年

1921 年范壽康中文摘譯本出版

1930 年劉曼中文全譯本出版

1962 年中譯本收入《馬克思恩格斯全集》中譯版第 13 卷

目錄：

序言（Vorwort）

第一冊　資本（Vom Kapital）

第一篇　資本一般（Das Kapital in allgemeinen）

第一章　商品（Die Ware）

A. 關於商品分析的歷史（Historisches zur Analyse der Ware）

第二章　貨幣或簡單流通（Das Geld oder die einfache Zirkulation）

1. 價值尺度（Maß der Ware）

B. 關於貨幣計量單位的學說（Theorien von der Maßeinheit des Geldes）

2. 流通手段（Zirkulationsmittel）

(a) 商品的形態變化（Die Metamorphose der Waren）

(b) 貨幣的流通（Der Umlauf des Geldes）

(c) 鑄幣。價值符號（Die Münze. Das Wertzeichen）

3. 貨幣（Geld）

(a) 貨幣貯藏（Schatzbildung）
(b) 支付手段（Zahlungsmittel）
(c) 世界貨幣（Weltgeld）
4. 貴金屬（Die edeln Metalle）
C. 關於流通手段和貨幣的學說（Theorien über Zirkulationsmittel und Geld）

《資本論》（*Das Kapital*）

寫作時間：不詳

出版時間：

【第一冊】	【第二冊】	【第三冊】
1867 年德文本出版 1872 年俄文本出版 1875 年法文本出版 1887 年英譯本出版 1930 年陳啟修節譯 1938 年郭大力和王亞南三冊全譯本 1972-1974 年中共中央編譯局新譯本 1976 年 Fowkes 新英譯本 之後中譯本都根據新譯本再版繁簡譯本	1885 年德文本出版	1894 年德文本出版

目錄：

【第一冊】

〔1867 年德文第一版〕 六章一附錄	〔1872 年德文第二版〕 七篇二十五章	〔1890 年德文第四版〕 〔1872-1875 年法譯本〕 八篇三十三章
第一卷　資本的生產過程（Der Produktionsprozeß des Kapitals）	第一卷　資本的生產過程	第一卷　資本主義生產的發展
第一章　商品和貨幣（Ware und Geld）	第一篇　商品和貨幣	第一篇　商品和貨幣
1. 商品（Die Ware）	第一章　商品	第一章　商品
2. 商品的交換過程（Der Austauschprozeß der Waren）	第二章　交換過程（Der Austauschprozeß）	第二章　交換
3. 貨幣或商品流通（Das Geld oder die Warenzirkulation）	第三章　貨幣或商品流通	第三章　貨幣或商品流通
第二章　貨幣轉化為資本（Die Verwandlung von Geld in Kapital）	第二篇　貨幣轉化為資本 第四章　貨幣轉化為資本（Verwandlung von Geld in Kapital）	第二篇　貨幣轉換成資本

〔1867 年德文第一版〕 六章一附錄	〔1872 年德文第二版〕 七篇二十五章	〔1890 年德文第四版〕 〔1872-1875 年法譯本〕 八篇三十三章
1. 資本的總公式（Die allgemeine Formel des Kapitals）		第四章　資本的總公式
2. 總公式的矛論（Widersprueche der allgemeinen Formel）		第五章　資本總公式的矛盾
3. 勞動力的買與賣（Kauf und Verkauf der Arbeitskraft）		第六章　勞動力的買和賣
第三章　絕對剩餘價值的生產（Die Produktion des absoluten Mehrwerts）	第三篇　絕對剩餘價值的生產	第三篇　絕對剩餘價值的生產
1. 勞動過程和價值增殖過程（Arbeitsprozeß und Verwertungsprozeß）	第五章　勞動過程和價值增殖過程	
		第七章　使用價值的生產和剩餘價值的生產
2. 不變資本和可變資本（Konstantes und variables Kapital）	第六章　不變資本和可變資本	第八章　不變資本和可變資本
3. 剩餘價值率（Die Rate des Mehrwerts）	第七章　剩餘價值率	第九章　剩餘價值率
4. 工作日（Der Arbeitstag）	第八章　工作日	第十章　工作日
5. 剩餘價值率和剩餘價值量（Rate und Masse des Mehrwerts）	第九章　剩餘價值率和剩餘價值量	第十一章　剩餘價值率與量
第四章　相對剩餘價值的生產（Die Produktion des relativen Mehrwerts）	第四篇　相對剩餘價值的生產	第四篇　相對剩餘價值的生產
1. 相對剩餘價值的概念（Begriff des relativen Mehrwerts）	第十章　相對剩餘價值的概念	第十二章　相對剩餘價值
2. 協作（Kooperation）	第十一章　協作	第十三章　協作

〔1867 年德文第一版〕 六章一附錄	〔1872 年德文第二版〕 七篇二十五章	〔1890 年德文第四版〕 〔1872-1875 年法譯本〕 八篇三十三章
3. 分工與工場手工業（Teilung der Arbeit und Manufaktur）	第十二章　分工與工場手工業	第十四章　分工與工場手工業
4. 機器與大工業（Maschinerie und große Industrie）	第十三章　機器和大工業	第十五章　機器與大工業
第五章　對絕對剩餘價值和相對剩餘價值生產的進一步考察 （Weitere Unter suchungen über die Produktion des absoluten und relativen Mehrwerts）	第五篇　絕對剩餘價值和相對剩餘價值的生產（Die Produktion des absoluten und relativen Mehrwerts）	第五篇　對剩餘價值生產的進一步研究
1. 絕對剩餘價值和相對剩餘價值（Absoluter und relativer Mehrwert）	第十四章　絕對剩餘價值和相對剩餘價值	第十六章　絕對剩餘價值和相對剩餘價值
2. 勞動力價格和剩餘價值的量的變化（Größenwechsel von Preis der Arbeitskraft und Mehrwert）	第十五章　勞動力價格和剩餘價值的量的變化	第十七章　剩餘價值和勞動力價值之間量的比例的變化
3. 剩餘價值率的各種公式（Verschiedne Formeln für die Rate des Mehrwerts）	第十六章　剩餘價值率的各種公式	第十八章　剩餘價值率的各種公式
	第六篇　工資（Arbeitslohn）	第六篇　工資
4. 勞動力的價值或價格取得工這種轉化形式（Wert, resp. Preis der Arbeitskraft in der verwandelten Form des Arbeitslohns）	第十七章　勞動力的價值或價格轉化爲工資（Verwandlung von Wert, resp. Preis der Arbeitskraft, in Arbeitslohn）	第十九章　勞動力的價值或價格轉化爲工資
	第十八章　計時工資（Der Zeitlohn）	第二十章　計時工資
	第十九章　計件工資（Der Stücklohn）	第二十一章　計件工資

〔1867年德文第一版〕 六章一附錄	〔1872年德文第二版〕 七篇二十五章	〔1890年德文第四版〕 〔1872-1875年法譯本〕 八篇三十三章
	第二十章　工資的國民差異（Nationale Verschiedenheit der Arbeitslöhne）	第二十二章　國民工資率的差異
第六章　資本的積累過程（Der Akkumulationsprozeß des Kapitals）	第七篇　資本的積累過程	第七篇　資本的積累
1. 資本主義的積累（Die kapitalistische Akkumulation）		導言
a) 簡單再生產（Einfache Reproduktion）	第二十一章　簡單再生產	第二十三章　簡單再生產
b) 剩餘價值轉化爲資本（Verwandlung von Mehrwert in Kapital）	第二十二章　剩餘價值轉化爲資本	第二十四章　剩餘價值轉換成資本
c) 資本主義積累的一般規律（Das allgemeine Gesetz der kapitalistischen Akkumulation）	第二十三章　資本主義積累的一般規律	第二十五章　資本主義積累的一般規律
2. 所謂原始積累（Die sog ursprünglichen Akkumulation）	第二十四章　所謂原始積累	第八篇　原始積累
	1. 原始積累的祕密（Das Geheimnis der ursprünglichen Akkumulation）	第二十六章　原始積累的祕密
	2. 對農村居民土地的剝奪（Expropriation des Landvolks von Grundund Boden）	第二十七章　對農村居民的剝奪

〔1867 年德文第一版〕 六章一附錄	〔1872 年德文第二版〕 七篇二十五章	〔1890 年德文第四版〕 〔1872-1875 年法譯本〕 八篇三十三章
	3. 十五世紀末以來懲治被剝奪者的血腥立法。關於工資的法律（Blutgesetzgebung gegen die Expropriierten seit Ende des 15. Jahrhunderts. Gesetze zur Herabdrückung des Arbeitslohns）	第二十八章　十五世紀末以來懲治被剝奪者的血腥立法。關於工資的法律
	4. 資本主義租地農場主的產生（Genesis der kapitalistischen Pächter）	第二十九章　資本主義租地農場主的產生
	5. 農業革命對工業的反作用。工業資本的國內市場的形成（Rückwirkung der agricolen Revolution auf die Industrie. Herstellung des innern Markts für das industrielle Kapital）	第三十章　農業革命對工業的反作用。工業資本的國內市場的形成
	6. 工業資本家的產生（Genesis der industriellen Kapitalisten）	第三十一章　工業資本家的產生
	7. 資本主義積累的歷史趨勢（Geschichtliche Tendenz der kapitalistischen Akkumulation）	第三十二章　資本主義積累的歷史趨勢
3. 現代殖民理論（Die moderne Kolonisationstheorie）	第二十五章　現代殖民理論	第三十三章　現代殖民理論
第一冊注釋的增補		
第一章第一節附錄　價值形式（Die Wertform）		

【第二冊】

第二卷　資本的流通過程（Der Zirkulationsprozeß des Kapitals）

第一篇　資本形態變化及其循環（Die Metamorphosen des Kapitals）

第一章　貨幣資本的循環（Der Kreislauf des Geldkapitals）

第二章　生產資本的循環（Der Kreislauf des produktiven Kapitals）

第三章　商品資本的循環（Der Kreislauf des Warenkapitals）

第四章　循環過程的三個公式（Die drei Figuren des Kreislaufprozesses）

第五章　流通時間（Die Umlaufszeit）

第六章　流通費用（Die Zirkulationskosten）

第二篇　資本周轉（Der Umschlag des Kapitals）

第七章　周轉時間和周轉次數（Umschlagszeit und Umschlagszahl）

第八章　固定資本和流動資本（Fixes Kapital und zirkulierendes Kapital）

第九章　預附資本的總周轉。周轉的周期（Der Gesamtumschlag des vorgeschoßen Kapitals. Umschlagszyklen）

第十章　關於固定資本和流動資本的理論。重農學派和亞當・斯密（Theorien über fixes und zirkulierendes Kapital. DiePhysiokraten und Adam Smith）

第十一章　關於固定資本和流動資本的理論。李嘉圖（Theorien über fixes und zirkulierendes Kapital. Ricardo）

第十二章　勞動期間（Die Arbeitsperiode）

第十三章　生產時間（Die Produktionszeit）

第十四章　流通時間（Die Umlaufszeit）

第十五章　周轉時間對預付資本量的影響（Wirkung der Umschlagszeit auf die Größe des Kapitalvorschusses）

第十六章　可變資本的周轉（Der Umschlag des variable Kapitals）

第十七章　剩餘價值的流通（Die Zirkulation des Mehrwerts）

第三篇　社會總資本的在生產和流通（Die Produktion und Zirkulation des gesellschaftlichen Gesamtkapitals）

第十八章　導言（Einleitung）

第十九章　前人對這個問題的闡述（Frühere Daerstellungen des Gegenstandes）

第二十章　簡單再生產（Eingache Reproduktion）

第二十一章　積累和擴大再生產（Akkumulation und erweiterte Reproduktion）

【第三冊】

第三卷　資本主義生產的總過程（上）（Der Gesamtprozeß der kapitalistischen Produktion）

第一篇　剩餘價值轉化爲利潤和剩餘價值率轉化爲利潤率（Die Verwandlung des Mehrwerts in Profit und der Rate des Mehrwerts in Profitrate）

第一章　成本價格和利潤（Kostpreis und Profit）

第二章　利潤率（Die Profitrate）

第三章 利潤率和剩餘價值率的關係（Verhältnis der Profitrate zur Mehrwertsrate）
第四章 周轉對利潤率的影響（Wirkung des Umschlags auf die Profitrate）
第五章 不變資本使用上的節約（Ökonomie in der Anwendung des konstanten Kapitals）
第六章 價格變動的影響（Wirkung von Preiswechsel）
第七章 補充說明（Nachträge）

第二篇 利潤轉化爲平均利潤（Die Verwandlung des Profits in Durchschnittsprofit）
第八章 不同生產部門的資本的不同構成和由此引起的利潤率的差別（Verschiedne Zusammensetzung der Kapitale in verschiednen Produktionszweigen und daher folgende Verschiedenheit der Profitraten）
第九章 一般利潤率（平均利潤率）的形成和商品價值轉化爲生產價格（Bildung einer allgemeinen Profitrate Durchschnittsprofitrate und Verwandlung der Warenwerte in Produktionspreise）
第十章 一般利潤率通過競爭而平均化。市場價格和市場價值。超額利潤（Ausgleichung der allgemeinen Profitrate durch die Konkurrenz. Marktpreise und Marktwerte. Surplusprofit）
第十一章 工資的一般變動對生產價格的影響（Wirkungen allgemeiner Schwankungen des Arbeitslohns auf die Produktionspreise）
第十二章 補充說明（Nachträge）

第三篇 利潤率趨向下降的規律（Gesetz des tendenziellen Falls der Profitrate）
第十三章 規律本身（Das Gesetz als solches）
第十四章 起反作用的各種原因（Entgegenwirkende Ursachen）
第十五章 規律內部矛盾的展開（Entfaltung der innern Widersprüche des Gesetzes）

第四篇 商品資本和貨幣資本轉化爲商品經營資本和貨幣經營資本（商人資本）（Verwandlung von Warenkapital und Geldkapital in Warenhandlungskapital und Geldhandlungskapital (kaufmännisches Kapital)）
第十六章 商品經營資本（Das Warenhandlungskapital）
第十七章 商業利潤（Der kommerzielle Profit）
第十八章 商人資本的周轉。價格（Der Umschlag des Kaufmannskapitals. Die Preise）
第十九章 貨幣經營資本（Das Geldhandlungskapital）
第二十章 關於商人資本的歷史考察（Geschichtliches Über das Kaufmannskapital）

第五篇 利潤分爲利息和企業主收入。生息資本（Spaltung des Profits in Zins und Unternehmergewinn. Das zinstragende Kapital）
第二十一章 生息資本（Das zinstragende Kapital）
第二十二章 利潤的分割。利息率。「自然」利息率（Teilung des Profits. Zinsfuß. “Natürliche” Rate des Zinsfußes）
第二十三章 利息和企業主收入（Zins und Unternehmergewinn）

第二十四章　資本關係在生息資本形式上的外表化（Veräußerlichung des Kapitalverhältnisses in der Form des zinstragenden Kapitals）
第二十五章　信用和虛擬資本（Kredit und fiktives Kapital）
第二十六章　貨幣資本的積累。它對利息率的影響（Akkumulation von Geldkapital, ihr Einfluß auf den Zinsfuß）
第二十七章　信用在資本主義生產中的作用（Die Rolle des Kredits in der kapitalistischen Produktion）
第二十八章　流通手段和資本。圖克和富拉頓的見解（Umlaufsmittel und Kapital. Tookes und Fullartons Auffassung）

第三卷　資本主義生產的總過程（下）（Der Gesamtprozeß der kapitalistischen Produktion）

第五篇　利潤分爲利息和企業主收入。生息資本（續）（Spaltung des Profits in Zins und Unternehergewinn. Das zinstragende Kapital）（Fortsetzung）
第二十九章　銀行資本的組成部分（Bestandteile des Bankkapitals）
第三十章　貨幣資本和現實資本。I（Geldkapital und wirkliches Kapital. I）
第三十一章　貨幣資本和現實資本。（續）（Geldkapital und wirkliches Kapital. II (Fortsetzung)）
第三十二章　貨幣資本和現實資本。（續完）（Geldkapital und wirkliches Kapital. III (Schluß)）
第三十三章　信用制度下的流通手段（Das Umlaufsmittel unter dem Kreditsystem）
第三十四章　通貨原理和 1844 年英國的銀行立法（Das Currency Principle und die englische Bankgesetzgebung von 1844）
第三十五章　貴金屬和匯兌率（Edelmetall und Wechselkurs）
第三十六章　資本主義以前的狀態（Vorkapitalistisches）

第六篇　超額利潤轉化爲地租（Verwandlung von Surplusprofit in Grundrente）
第三十七章　導論（Einleitendes）
第三十八章　級差地租：概論（Die Differentialrente: Allgemeines）
第三十九章　級差地租的第一形式（級差地租 I）（Erste Form der differentialrente (Differentialrente I)）
第四十章　級差地租的第二形式（級差地租 II）（Zweite Form der Differentialrente (Differentialrente II)）
第四十一章　級差地租——第一種情況：生產價格不變（Die Differentialrente II-Erster Fall: Konstanter Produktionspreis）
第四十二章　級差地租——第二種情況：生產價格下降（Die differentialrente II-Zweiter Fall: Fallender Produktionspreis）
第四十三章　級差地租——第三種情況：生產價格上漲。結論（Die Differentialrente II-Dritter Fall: Steigender Produktionspreis. Resultate）
第四十四章　最壞耕地也有級差地租（Differentialrente auch auf dem schlechtesten

bebauten Boden）
第四十五章　絕對地租（Die absolute Grundrente）
第四十六章　建築地段的地租。礦山地租。土地價格（Baustellenrente. Bergwerksrente. Bodenpreis）
第四十七章　資本主義地租的產生（Genesis der kapitalistischen Grundrente）
第七篇　各種收入及其源泉（Die Revenuen und ihre Quellen）
第四十八章　三位一體的公式（Die trinitarische Formel）
第四十九章　關於生產過程的分析（Zur Analyse des Produktionsprozesses）
第五十章　競爭的假象（Der Schein der Konkurrenz）
第五十一章　分配關係和生產關係（Distributionsverhältnisse und Produktionsverhältnisse）
第五十二章　階級（Die Klassen）
弗・恩格斯《資本論》第三卷增補（Friedrich Engels: Ergänzung und Nachtrag zum III. Buche des "Kapital"）
I　價值規律和利潤律（Wertgesetz und Profitrate）
II 交易所（Die Böse）

附註：有關資本論的版本，可參考耿睿勤（1988）。〈資本論版本〉。收入宋濤主編，《〈資本論〉辭典》（頁 1086-1100）。山東：人民出版社。
《資本論》手稿版本：
1.《政治經濟學批判（1857-1858 年手稿）》
2.《政治經濟學批判（1861-1863 年手稿）》
3.《資本論（1863-1865 年手稿）》
4.《資本論（1867-1881 年手稿）》
資料來源：郭繼嚴（1988）。〈《資本論》手稿簡介〉。收入宋濤主編，《〈資本論〉辭典》。山東：人民出版社。第 1067-1074 頁

《剩餘價值理論》（*Theorien über den Mehrwert*）
（《資本論》第四卷）
寫作時間：1862 年 1 月至 7 月
出版時間：1905 年由考茨基編訂出版爲三冊
1949 年郭大力中譯本三卷四冊，譯名爲《剩餘價值學說史》
1954-1961 年按馬克思手稿順序編輯俄文新版
1956-1962 年編輯出版德文新版
1972-1974 年中譯本收入《馬克思恩格斯全集》中譯版第 26 卷分三冊

目錄：

【第一冊】

《剩餘價值理論》手稿目錄（Inhaltsverzeichnis des Manuskripts “Theorien en Mehrwert”）

總的評論（Allgemeine Bemerkung）

第一章　詹姆斯・斯圖亞特爵士（Sir James Steuart）

第二章　重農學派（Die Physiokraten）

第三章　亞當・斯密（A. Smith）

第四章　關於生產勞動和非生產勞動的理論（Theorien über produktive und unproduktive Arbeit）

第五章　奈克爾（Necker）

第六章　魁奈的經濟表（插入部分）（Abschweifung. Tableau Ökonomique suivant Quesnay）

第七章　蘭蓋（Linguet. Pokemik gegen die bügerlichliberale Ansicht von der Freiheit des Arbeiters）

附錄（Beilagen）

【第二冊】

第八章　洛貝爾圖斯先生。新的地租理論（插入部分）（Herr Rodbertus. Abschweifung. Neue Theorie der Grundrente）

第九章　對所謂李嘉圖地租規律的發現史的評論〔對洛貝爾圖斯的補充評論〕（插入部分）（Bemerkungen über die Geschichte der Entdeckung des sogenannten Ricardoschen Gesetzes. Ergänzende Bermerkungen über Rodbertus (Abschweifung)）

第十章　李嘉圖和亞當・斯密的費用價格理論（批駁部分）（Ricardos und A. Smiths Theorie über den Kostenpreis (Widerlegung)）

第十一章　李嘉圖的地租理論（Ricardos Renttheorie）

第十二章　級差地租表及其說明（Tabellen nebst Beleuchtung Über die Differentialrente）

第十三章　李嘉圖的地租理論（結尾）（Ricardos Renttheorie. Schluß）

第十四章　亞當・斯密的地租理論（A. Smiths Renttheorie）

第十五章　李嘉圖的剩餘價值理論（Ricardos Theorie über den Mehrwert）

第十六章　李嘉圖的利潤理論（Ricardos Profittheorie）

第十七章　李嘉圖的積累理論。對這個理論的批判。以資本的基本形式得出危機（Ricardos Akkumulationstheorie. Kritik derselben Entwicklung der Krisen aus der rundform des Kapitals）

第十八章　李嘉圖的其他方面。約翰・巴頓（Ricardos iscellanea. Schluß Ricardos (John Barton)）

附錄（Beilagen）

【第三冊】

第十九章　托・羅・馬爾薩斯（T. R. Malthus）

第二十章　李嘉圖學派的解體（Auflözung der Ricardoschen Schule）

第二十一章　以李嘉圖理論爲依據反對政治經濟學家的無產階級反對派（Gegensatz gegen die

Ökonomen (auf Basis der Ricardoschen Theorie)）

第二十二章　拉姆賽（Ramsay）

第二十三章　舍爾比利埃（Cherbuliez）

第二十四章　理查・瓊斯（Richard Jones）

附錄（Beilagen）

收入及其源泉。庸俗政治經濟學（Revenue and its sources. Die Vulgärökonomie）

附錄四
馬克思〈關於費爾巴哈〉和〈關於費爾巴哈的提綱〉兩文的比較

〈關於費爾巴哈〉（***ad Feuerbach***）**；〈關於費爾巴哈的提綱〉**（***Thesen über Feuerbach***）

寫作時間：1845 年春季

出版時間：1888 年恩格斯收入其《費爾巴哈和德意志古典哲學的終結》一書的附錄

1924 年未經恩格斯修定稿以德文和俄文發表，收入德文版選集第一卷

1960 年兩種版本中譯本均收入中文版全集第三卷

全文共十一條（粗體字為兩版不同處；加底線部分為原文加重）：

	馬克思原稿	經恩格斯修定稿
第1條	從前的一切唯物主義（包括費爾巴哈的唯物主義）的主要缺點是，對事物（Gegenstand）、現實（Wirklichkeit）、感性（Sinnlichkeit），只是從客體的或者直觀的形式（die Form der Objekts oder der Anschauung）去理解，而不是把它們當作**感性的人的活動**（die sinnlich menschliche Tätigkeit），當作實踐（Praxis）去理解，不是從主觀方面去理解。所以，和唯物主義相反，能動的（tätig）方面卻被唯心主義抽象地發展了，當然，唯心主義是不知道真正的現實的、感性的活動（Tätigkeit）的。費爾巴哈想要研究跟思維客體（Gedankenobjekt）確實不同的感性客體，但是他沒有把人的活動本身理解為客觀的（gegenständlich）活動。所以，他在「基督教的本質」中僅僅把理論的活動看成是真正人的活動，而對於實踐則只是從它的卑污的猶太人活動的表現形式去理解和確定。所以，他不了解「革命的」、「實踐批判的」（praktisch-kritisch）活動的意義。	從前的一切唯物主義——包括費爾巴哈的唯物主義——的主要缺點是：對事物、現實、感性，只是從客體的或者直觀的形式去理解，而不是把它們當作**人的感性活動**，當作實踐去理解，不是從主觀方面去理解。所以，**結果竟是這樣**，和唯物主義相反，能動的方面卻被唯心主義發展了，**但只是抽象地發展了**，因為唯心主義當然是不知道眞正的現實的、感性的活動的。費爾巴哈想要研究跟思想客體確實不同的感性客體，但是他沒有把人的活動本身理解為客觀的活動。所以，他在「基督教的本質」中僅僅把理論的活動看作是眞正人的活動，而對於實踐則只是從它的卑污的猶太人活動的表現形式去理解和確定。所以，他不了解「革命的」、「實踐批判的」活動的意義。

	馬克思原稿	經恩格斯修定稿
第2條	人的思維是否具有客觀的真理性（die gegenständliche Wahrheit），這並不是一個理論的問題，而是一個實踐的問題。人應該在實踐（Praxis）中證明自己思維的真理性，即自己思維的現實性（Wirklichkeit）和力量（Macht），亦即自己思維的此岸性（Diesseitigkeit）。關於思維——離開實踐的思維——是否現實的爭論，是一個純粹經院哲學的問題。	人的思維是否具有客觀的眞理性，這並不是一個理論的問題，而是一個實踐的問題。人應該在實踐中證明自己思維的眞理性，即自己思維的現實性和力量，亦即自己思維的此岸性。關於實踐的思維是否現實的爭論，是一個純粹經院哲學的問題。
第3條	關於環境的改變和教育的唯物主義學說忘記了，環境是由人來改變的，而教育者本人一定是受教育的（der Erzieher selbst erzogen werden muß）。因此，這種學說一定把社會分成兩部分，其中一部分高出於社會之上。 環境的改變和人的活動或自我改變的一致，只能被看作是並合理地理解為革命的實踐（die revolutionäre Praxis）。	**有一種唯物主義學說，認爲人是環境和教育的產物，因而認爲改變了的人是另一種環境和改變了的教育的產物**——這種學說忘記了：環境正是由人來改變的，而教育者本人一定是受教育的。因此，這種學說必然會把社會分成兩部分，其中一部分高出於社會之上（**例如在羅伯特·歐文那裡就是如此**）。 環境的改變和人的活動一致，只能被看作是並合理地理解爲革命的實踐。
第4條	費爾巴哈是從宗教上的自我異化（Selbstentfremdung），從世界被二重化為宗教的世界和世俗的（weltlich）世界這一事實出發的。他致力於把宗教世界歸結於它的世俗基礎。**但是，**世俗的基礎使自己和自己本身分離**，並在雲霄中為自己建立一個獨立王國，**這只能用這個世俗基礎的自我分裂和自我矛盾來說明。因此，對於世俗基礎本身應當在自身中、從它的矛盾中去理解，並在實踐中使之革命化。因此，例如自從在世俗家庭中發現神聖家族的祕密之後，世俗家庭本身就應當在理論上和實踐上被消滅（vernichten werden）。	費爾巴哈是從宗教上的「自我異化」，從世界被二重化爲宗教的、**想像的世界和現實**的世界這一事實出發的。他致力於把宗教世界歸結於他的世俗基礎。**他沒有注意到，在做完這一工作之後，主要的事情還沒有做哩。因爲，**世俗的基礎使自己和自己本身分離**，並使自己轉入雲霄，成爲一個獨立王國，這一事實**，只能用這個世俗基礎的自我分裂和自我矛盾來說明。因此，對於世俗基礎本身**首先**應當從它的矛盾中去理解，**然後用排除這種矛盾的方法**在實踐中使之革命化。因此，例如自從在世俗家庭中發現了神聖家族的祕密之後，世俗家庭本身就應當在理論上**受到批判**，並在實踐中**受到革命改造**。

	馬克思原稿	經恩格斯修定稿
第5條	費爾巴哈不滿意抽象的思維（das abstrakt Denken）而**喜歡**直觀，但是他把感性不是看作實踐的、人類感性的活動。	費爾巴哈不滿意抽象的思維而**訴諸感性的**直觀，但是他把感性不是看作實踐的、人類感性的活動。
第6條	費爾巴哈把宗教的本質（das religiöse Wesen）歸結於人的本質（das *menschliche* Wesen）。但是，人的本質並不是單個人所固有的抽象物，實際上，它是一切社會關係的總和（das ensemble der gesellschaftlichen Verhältnisse）。 費爾巴哈不是對這種現實的本質進行批判，所以他不得不： (1) 撇開歷史的進程，孤立地觀察宗教感情（das religiöse Gemüt），並假定出一種抽象的—孤立的—人類個體； (2) 所以，本質只能被理解為「類」（Gattung），理解為一種內在的、無聲的、把許多個人自然地聯繫起來的共同性。	費爾巴哈把宗教的本質歸結於人的本質。但是，人的本質並不是單個人所固有的抽象物。實際上，它是一切社會關係的總和。 費爾巴哈不是對這種現實的本質進行批判，所以他不得不： (1) 撇開歷史的進程，孤立地觀察宗教感情，並假定出一種抽象的—孤立的—人類個體； (2) 所以，**他只能把人的**本質理解爲「類」，理解爲一種內在的、無聲的、把許多個人純粹自然地聯繫起來的共同性。
第7條	所以，費爾巴哈沒看到，「宗教感情」本身是社會的產物（ein gesellschaftliches Produkt），而他所分析的抽象的個人是屬於一定的社會形式（Gesellschaftsform）的。	所以，費爾巴哈沒有看到，「宗教感情」本身是社會的產物，而他所分析的抽象的個人，**實際**上是屬於一定的社會形式的。
第8條	全部社會生活在本質上是實踐的。凡是把理論引到神祕主義方面去的神祕東西，都能在人的實踐中以及對這個實踐的理解中得到合理的解決。	社會生活在本質上是實踐的。凡是把理論導致神祕主義方面去的神祕東西，都能在人的實踐中以及對這個實踐的理解中得到合理的解決。
第9條	直觀的唯物主義，即不是把感性理解為實踐活動的唯物主義，至多也只能達到對單個人和市民社會（die bürgliche Gesellschaft）的直觀。	直觀的唯物主義，即不是把感性理解爲實踐活動的唯物主義，至多也只能做到是對**「市民社會」的單個人**的直觀。
第10條	舊唯物主義的立腳點是市民社會，新唯物主義的立腳點則是人類社會（die menschliche Gesellschaft）或社會的人類（die gesellschaftliche Menschheit）。	舊唯物主義的立腳點是「市民」社會；新唯物主義的立腳點則是人類社會或社**會化了**的人類。

	馬克思原稿	經恩格斯修定稿
第11條	哲學家們只是用不同的方式解釋世界，問題在於改變世界（Die Philosophen haben die Welt nur verschieden interpretiert, es kömmt darauf an, sie zu verändern）。	哲學家們只是用不同的方式解釋世界，而問題在於改變世界。

參考文獻

中文文獻

中共中央馬克思恩格斯列寧斯大林著作編譯局譯（1976）。《馬克思恩格斯生平事業年表》。北京：人民出版社。

中共中央馬克思恩格斯列寧斯大林著作編譯局譯（1982）。《摩爾與將軍：回憶馬克思恩格斯》。北京：人民出版社。

馬克思（1975）。《資本論》第一卷。中共中央馬克思恩格斯列寧斯大林著作編譯局譯。北京：人民出版社。

馬克思（1983）。《資本論（根據作者修訂的法文版第一卷翻譯）》。中共中央馬克思恩格斯列寧斯大林著作編譯局譯。北京：中國社會科學出版社。

馬克思（1990）。《一八四四年經濟學哲學手稿》。伊海宇譯。臺北：時報文化。

馬克思和恩格斯（1957）。《馬克思恩格斯全集》，第 2 卷。中共中央馬克思恩格斯列寧斯大林著作編譯局譯。北京：人民出版社。

馬克思和恩格斯（1960）。《德意志意識形態》。收入《馬克思恩格斯全集》，第 3 卷。中共中央馬克思恩格斯列寧斯大林著作編譯局譯。北京：人民出版社。第 11-640 頁。

馬克思和恩格斯（1972）。《馬克思恩格斯選集》，第 2 卷。中共中央馬克思恩格斯列寧斯大林著作編譯局譯。北京：人民出版社。

馬克思和恩格斯（1972）。《馬克思恩格斯選集》，第 4 卷。中共中央馬克思恩格斯列寧斯大林著作編譯局譯。北京：人民出版社。

馬克思和恩格斯（1979）。《馬克思恩格斯全集》，第 46 卷，上冊。中共中央馬克思恩格斯列寧斯大林著作編譯局譯。北京：人民出版社。

曼佛雷德．克利姆（1986）。《恩格斯文獻傳記》。中央編譯局。長沙：湖南人民出版社。

曼佛雷德．克利姆（1992）。《馬克思文獻傳記》。李成毅等人合譯。鄭州：河南人民出版社。

曼鈕爾（2000）。《馬克思安魂曲：思想巨人的光與影》。蔡淑雯譯。臺北：究竟出版社。

惠蔭（2001）。《資本主義的先知——馬克思》。洪儀眞和何明修合譯。臺北：時報出版。

費爾巴哈（1968）。《宗教本質演講錄》。林伊文譯。臺北：臺灣商務。

費爾巴哈（1984）。《基督教的本質》。榮震華譯。北京：商務印書館。

楊碧川和石文傑（1981）。《遠流活用歷史手冊》。臺北：遠流出版社。

德漢詞典編寫組（1987）。《德漢詞典》。上海：上海譯文出版社。

錢鍾書（1986）。《管錐編》，第一冊。北京：中華書局。

鐘少華（2000）。《詞語的知惠——清末百科辭書條目選》。貴陽：貴州教育出版社。

外文文獻

David McLellan (1979). *Marxism After Marx*. New York: Harper & Row.

Francis Wheen (1999). *Karl Marx*. London: Fourth Estate.

Frank E. Maneul (1995). *A Requiem for Karl Marx*. Cambridge, MA.: Harvard University Press.

Karl Marx (1932). Ökonomisch-philosophische Manuskripte aus dem Jahre 1844 (Zur Kritik der Nationalökonomie, mit einem Schlußkapitel über die Hegelsche Philosophie). In *Marx/Engels Gesamtausgabe*. Erste Abteilung. Bd. 3. Berlin: Marx-Engels Verlag. pp. 29-172.

Karl Marx (1964). *Economic and Philosophic Manuscripts of 1844*. Tr. by Martin Mulligan. New York: International Publishers.

Karl Marx (1968). Ökonomisch-philosophische Manuskripte aus dem Jahre 1844. In *Karl Marx/Friedrich Engels: Werke*. Ergänzungsband. Erster Teil. Berlin: Dietz. pp. 465-588.

Karl Marx (1975). Economic and Philosophical Manuscripts (1844). In *Karl Marx: Early Writings*. Trs. by Rodney Livingstone and Gregor Benton. New York: Vintage Books. pp. 279-400.

Karl Marx und Friedrich Engels (1932). *Marx/Engels Gesamtausgabe*. Erste Abteilung. Bd. 3. Berlin: Marx-Engels Verlag.

Karl Marx und Friedrich Engels (1951/1988). *Ausgewählte Schriften in zwei Bänden*. Bd. I. Berlin: Dietz Verlag.

Karl Marx und Friedrich Engels (1967) *Werke*. Bd. 3. Berlin: Dietz Verlag.

Karl Marx und Friedrich Engels (1970). Die heilige Familie. In *Karl Marx/Friedrich Engels: Werke*. Bd. 2. Berlin: Dietz. pp. 1-223.

Karl Marx und Friedrich Engels (1970/1987). *Ausgewählte Werke in sechs Bänden*. Bd. 1. Berlin: Dietz Verlag.

Karl Marx und Friedrich Engels (1975). *The Holy Family. Or Critique of Critical Criticism: Against Bruno Bauer and Company* (2nd ed.). Trs. by Richard Dixon and Clemens Dutt. Moscow: Progress Publishers.

Karl Marx und Friedrich Engels (1976). *The German Ideology*. Moscow: Progress Publishers.

Karl Marx und Friedrich Engels (1983). *Karl Marx/Friedrich Engels: Werke*. Bd. 42. Berlin: Dietz Verlag.

Ludwig Feuerbach (1980). *Das Wesen des Christentums*. Stuttgart: Philipp Reclam Jun.

Manfred Kliem (1970). *Karl Marx: Dokumente seines Lebens, 1818 bis 1883*. Leipzig: Verlag Philipp Reclam jun.

Manfred Kliem (1977). *Friedrich Engels: Dokumente seines Lebens, 1820-1895*. Leipzig: Verlag Philipp Reclam jun.

Maximilien Rubel (1980). *Marx: Life and Works*. Tr. by Mary Bottomore. London: Macmillan.

Raymond Aron (1968). *Main Currents in Sociological Thought* (Vol. 1). Trs. by Richard Howard and Helen Weaver. New York: Anchor Books. pp. 224-226

Robert C. Tucker (1978). *The Marx-Engels Reader* (2nd ed.) (pp. xv-xviii). New York: W. W. Norton.

Terrel Carver (1978). Guide to Further Reading. In Isaiah Berlin, *Karl Marx* (4th ed.). New York: Oxford University Press. pp. 209-222.

Terrel Carver (1983). *Marx & Engels: The Intellectual Relationship*. Sussex: Wheatsheaf Books. pp.

159-164.

Werner Blumenberg (1962). *Marx*. Hamburg: Rowohlt.

Werner Blumenberg (1972). *Portrait of Marx: An Illustrated Biography.* Tr. by Douglas Scott. New York: Herder and Herder.

附註：馬恩的詳盡書目收在 *Marx-Engels Cyclopedia* 第二冊 The Marx-Engels Register 中。

第六講

馬克思與恩格斯的合著

在這一講次，我們要談的是馬克思跟恩格斯兩人合作的著作脈絡。大部分的研究者，遇到馬克思及恩格斯都很難靜下心來談論，要不就是將其尊崇爲導師，要不然就是奉爲首惡，加以撻伐，很少有人能持平而論的。

兩人一開始合作了三本書，第一本經常被忽略的書就是《神聖家族》。

《神聖家族》中文譯本很少看到過單獨發行的單行本（雖然在網路上可以看到1958年的單行本），只能從《馬恩全集》中去找。加上這本書內容非常雜亂，閱讀時也讓人抓不到重點，這應該肇因於馬克思常常喜歡跟一些歷史洪流下不重要的人論戰。

我們前面說過，這本書的重要性是該書由馬克思執筆的部分，將馬克思在《1844年經濟學哲學手稿》「即將要講清楚」的段落畫下了一個清楚明白的結論。這應該視爲馬克思對於「異化」的「正解」。就此點而論，這本書被忽略，實在相當可惜。

大多數的人會重視的是兩人合作的第二本書：《德意志意識形態》。這部大部頭的書在馬克思和恩格斯生前都沒有出版過。內容的蕪雜顯然讓後人整理全書時十分痛苦。英文單行本通常只包含完整的第一部分，其他兩部分則只是節譯本。中譯本似乎沒出版過單行本，頂多在《馬克思恩格斯選集》收錄的也是節譯本。只有在《馬恩全集》裡看到完整的文本。這本書的版本問題最近也有外國學者相關研究的中譯本可供參考。

對我來說，還有一個難題就是很難在《德意志意識形態》書中區分兩人分別的貢獻。一般在引用這本書的相關部分時就直接說是馬克思的意見，而無視恩格斯好歹也是個合著者。第三本就是非常有名的《共產黨宣言》，其出版的合譯本也很多。這是兩個人合作影響最廣泛的文獻，已成爲世界文明史上的經典文獻了。這個宣言原來由恩格斯起草，他寫了兩個版本，馬克思都不滿意，最後馬克思大幅改寫，才成爲我們今天讀到的版本。

有關兩人的合作脈絡可詳細參考本講次附錄一。

一、馬克思和恩格斯思想三大淵源發展脈絡圖

接下來就請參考第五講次我製作的「馬克思和恩格思思想三大淵源發展脈絡圖」（頁 94-96）。我因爲想要釐清馬克思和恩格斯兩人的各自貢獻，所以一直希望能找出區分兩者的方法，這就像醫師要解剖連體嬰的時候，大概必須有 X 光照片，反覆地看，立體式多層次的思考，了解「合」的地方在哪裡，「分」的地方在哪裡，要怎麼樣才能完成切割，分清馬克思和恩格斯各自的思想貢獻上也是類似的。不過從兩人結識前後的各自思想脈絡來看，是我目前想出來最恰當解決這個問題的方法。

從這個圖表中，我們剛開始可以看出在英國政治經濟學這部分，恩格斯是比馬克思早有研究的，只是後來馬克思開始致力於這分面研究之後，恩格斯就退出了。

德國哲學的部分，馬克思最早有寫〈《黑格爾法哲學批判》導言〉，後來還有〈關於費爾巴哈的提綱〉，只是馬克思致力於政治經濟學的研究之後，恩格斯反而出版了《路得維希．費爾巴哈與德意志古典哲學的終結》這樣的書。

最後一個部分，是法國社會主義，早期馬克思有提到共產主義（我們在此處稍微混用一下社會主義與共產主義），後來有關此部分都是恩格斯在論述。馬克思在 1864 年有〈國際工人協會成立宣言〉和〈國際工人協會共同章程〉，後來馬克思就沒有在這一方面有任何著墨。1880 年以後都是恩格斯在寫，所以兩人好像有一個交叉的分工。

簡單做個總結，到 1844 年以後，恩格斯從政治經濟學轉到德國哲學或者是法國的社會主義，馬克思就全部轉到英國政治經濟學，好像有個默契的分工。

正因如此，所以我們透過兩人合著的文本，與列寧提出思想三大淵源進行一個比較，可以發現《神聖家族》基本上是對德國哲學的批判；而《德意志形態》基本上是對德國哲學與法國社會主義的批判，而英國政治經濟學則看不太出來所要批判的對象，我們只能大略的討論。

至於《共產黨宣言》，則是針對德國哲學、英國政治經濟學與法國社會主義皆有所批判。

上文曾提及，在責任分工上，《神聖家族》這本書在目錄上有特別說明各篇章的作者而《德意志形態》與《共產黨宣言》皆無此說明。但《共產黨宣言》有一個特別的地方，在我們看到定稿的版本之前，還有兩個粗淺的版本或草稿，皆由恩格斯執筆，恩格斯採取的是當時流行的教義問答方式書寫，顯然馬克思對於這種形式不太滿意，便重新進行謄寫修改。

只是修改哪些部分，以及如何修改，這需要一個電腦程式來分析，或者需要念很多書來分析，這個事情我到現在爲止沒有做到。我本來想寫一篇文章講這個，或寫一本書來證明這點，我相信有一天出現了厲害的電腦程式，這個問題大概幾分鐘就可以解決了。

二、《神聖家族，或對批判的批判所做的批判：駁布魯諾．鮑威爾及其伙伴》

該書（*Die heilige Familie, oder Kritik der kritischen Kritik: Gegen Bruno Bauer & Conforten*）寫作時間約在 1844 年 9 月至 11 月，出版時間爲 1845 年，是馬克思和恩格斯合作的第一部作品，在德文版、中譯本和英譯本的目錄中都清楚註明每一篇是由馬克思或恩格斯寫的。下面所引證的原文都是馬克思所負責的章節。

而《神聖家族》的文本中有關於馬克思異化的部分，我們前面已經提過，此處不再贅述，只提一下書名的典故。

書名的典故，原來是一名義大利畫家，畫了一幅宗教畫：

> 「神聖家族」一書的書名，本來是義大利著名畫家安得列阿．曼泰尼雅（Andrea Mantegna, 1431-1506）一幅名畫的題目，畫中的人物是聖母馬利亞抱著聖嬰耶穌，旁邊有馬利亞的丈夫聖約瑟，有聖以利沙伯、聖約翰、聖亞拿以及一些天使和神甫。馬克思和恩格斯就是借用這個題目來諷喻以布魯諾．鮑威爾為首的一伙的。他們把布．鮑威爾比作天父的獨生子耶穌，把其他幾個伙伴比作他的門徒。這些人妄自尊大，自以為超乎群眾之上，以為他們的話就是天經地義、不容爭辯，正像耶穌在人們中傳道一樣。這幅畫的名稱本來應該譯為「聖家族」或「聖家」，但馬克思和恩格斯的這本著作過去一向譯為「神聖家族」，已經通用，所以，我們也就沿用了這個譯名。（馬克思和恩格斯，1957：4）

三、《德意志意識形態：對費爾巴哈、布·鮑威爾和施蒂爾納所代表的現代德國哲學以及各式各樣先知所代表的德國社會主義的批判》

該書（*Die deutsche Ideologie: Kritik der neusten deutschen Philosophie in ihren Repräsentaten Feuerbach, B. Bauer und Stirner und des deutschen Sozialismus in seinen vershiedenen Propheten*）寫作時間約在1845年9月到1846年夏，出版時間在寫作完近百年後才問世，肇因於兩人生前找不到出版社願意出版。一直到1932年才由莫斯科的馬恩研究所出版全文本；1965年由莫斯科的馬列研究所出版英文全譯本；1938年才出現郭沫若中文節譯本（1988年臺灣重印本）。1960年收入中文版《馬克思恩格斯全集》第3卷。特別要注意的是中文版《馬恩選集》沒有收錄全書的序言，這是一篇簡短卻很有趣的序言。

而這本書的觀點，特別強調創造者和創造物之間的關係：物本來是人創造的，但沒想到在資本主義或之前的體制裡面都出現創造物反過來壓制創造者，創造者自主性喪失。簡單來講，馬克思和恩格斯希望藉由共產革命，能讓人的自主性，至少在制度上，能夠充分的發揮：

> 人們迄今總是為自己造出關於自己本身、關於自己是何物或應當成為何物的種種虛假觀念。他們按照自己關於神、關於模範人等等觀念來建立自己的關係。他們頭腦的產物就統治他們。他們這些創造者就屈從於自己的創造物。我們要把他們從幻想、觀念、教條和想像的存在物中解放出來，使他們不再在這些東西的枷鎖下呻吟喘息。我們要起來反抗這種思想的統治。（馬克思和恩格斯，1960：15）

「虛假」（false）一詞，在馬克思中文譯本當中，翻成「錯誤」更清晰明瞭，同時蘊含著譴責意味。

而「幻想、觀念、教條和想像的存在物」這些屬於上層建築的事物，將藉由反抗使人們從異化之中解放。

接下來要說明一下這本書的序言裡非常有名的故事，主要是諷刺當代德國哲學家：

> 有一個好漢一天突然想到，人們之所以溺死，是因為他們被關於重力的思想迷住了。如果他們從頭腦中拋掉這個觀念，比方說，宣稱它是宗教迷信的觀念，那麼他們就會避免任何溺死的危險。他一生都在同重力的幻想做鬥爭，統計學給他提供愈來愈多有關這種幻想的有害後果的證明。這位好漢就是現代德國革命哲學家們的標本。（馬克思和恩格斯，1960：16）

這舉例所諷刺的對象是德國觀念論下的某些哲學家們，這些人在歷史上也沒留下太大的名氣，你去讀任何一本政治思想史、經濟思想史或者哲學史，馬克思罵的這些人都排不上的。

所以我就覺得很可惜，馬克思跟恩格斯花了很多時間跟人家辯論，那些人其實都不需要跟他辯論，倘若專注於自身理論體系的建立，或許能讓馬克思主義更加完善。

但是當時可能有那種壓力，需要針對當時流行的思想加以澄清，他才能在當時言論場域裡占有一席之地。

否則，我都覺得他們浪費太多時間在這種沒意義的事情上了。

以前我在念書的時候，就聽過有些長輩說 他絕對不跟人家發生論戰，人家罵他就讓人家去罵，反正讀者眼睛是雪亮的，與其花時間參加論戰，既浪費時間，又影響到個人原先既定計畫。

我看韋伯，他在《新教倫理》其實也花了好多年在跟人纏鬥論戰。這是後話。

但是論戰眞的是能讓眞理會越辯越明嗎？如果是辯論社的，我想這是他們的信念。我是不相信辯論的人，眞理會不會越辯越明，我不知道，因爲我跟眞理沒有關係，我講的只是證據。

若要談眞理，那眞的又是另外一個大的問題。

在這本書的一開始，對於「意識形態」並沒有界定任何明確的定義。「意識形態」一詞，早先是一個不帶判斷的字眼，指的是「一般性的思想體系」，後來拿破崙批評法國那些不聽他話的知識分子，稱他們爲「意識形態家」以後，「意識形態」自此就變成了罵人的話；另外，有時候意識形態指涉的內容未必與政治內容相關，而是跟眞相、眞實或眞理有關，所以意識形態在此就成了一種使人誤以爲眞的信念。大致上「意識形態」可以簡單這樣來做區分。如果希望對此名詞有更進一步了解，可以去找相關書籍或者文章。

在本書中談論到的第一個問題正是一般意識形態跟德意志形態的問題：「從施特勞斯到施蒂納的整個德國哲學批判都侷限於對宗教的批判。」（馬克思和恩格斯，

1972，第一卷：22）

這還是承接馬克思對於黑格爾法哲學批判的部分，哲學性比較強。

手稿中接著刪去了：「這種批判企圖吹噓自己是使世界免除一切災難的絕對救世主。宗教總是被看作和解釋成這些哲學家們所厭惡的一切關係的終極原因、他們永世的仇敵。」（馬克思和恩格斯，1972，第一卷：22，n1）

並說明當時自黑格爾死後，其學說分爲老年黑格爾派和青年黑格爾派兩派間的異同：

> 老年黑格爾派認為，任何事物，只要把它歸入某種黑格爾的邏輯範疇，都是可以理解的。青年黑格爾派則批判一切，到處用宗教的觀念來代替一切，或者宣布一切都是神學上的東西。青年黑格爾派同意老年黑格爾派的這樣一個信念，即認為宗教、概念、普遍的東西統治著現存世界。不過一派認為這種統治是篡奪而加以反對，而另一派則認為它是合法的而加以讚揚。（馬克思和恩格斯，1972，第一卷：23）

同時針對青年黑格爾派進行批判：

> 根據青年黑格爾派的幻想，人們之間的關係、他們的一切舉止行為、他們受到的束縛和限制，都是他們意識的產物，所以青年黑格爾派完全合乎邏輯地向人們提出一種道德要求，要他們用人的、批判的或利己的意識來代替他們現在的意識，從而消除束縛他們的限制。這種改變意識的要求，歸根到底就是要求用另一種方式來解釋現存的東西，也就是說，通過另外的解釋來承認現存的東西。儘管青年黑格爾派思想家們滿口講的都是「震撼世界」的詞句，而實際上他們是最大的保守主義分子。（馬克思和恩格斯，1972，第一卷：23）

事實上，哲學與日常的脫離是個需要面對或處理的問題：

> 這些哲學家沒有一個想到要提出關於德國哲學和德國現實之間的聯繫問題（Zusammenhang），關於他們自身的物質環境之間的聯繫問題。（馬克思和恩格斯，1972，第一卷：24）

爲此，需要前提與可以使用的純粹經驗的方法：

> 我們開始要談的前提並不是任意想出的（willkürlich），他們不是教條，而是一些只有在想像中才能加以拋開的現實的前提。這是一些現實的個人（wirkliches Individuum），是他們活動（Aktion）和他們的物質生活條件（materielle Lebensbedingungen），包括他們得到的現成的和由他們自己的活動所創造出來的物質生活條件。因此，這些前提是可以用純粹經驗的方法（rein empirisches Weg）來確定。（馬克思和恩格斯，1972，第一卷：24）

這裡強調的是用純粹經驗的方法來確定的前提。可是「純粹經驗的方法」是什麼？是我們的感官經驗嗎？如何確定這些經驗的普遍性？這裡並沒有進一步說明。

而「任意想出的」原文 willkürlich 是後來杜尼斯的重要「共同體」和「社會體」對比觀念之一。

在批判完黑格爾相關學說後，對於歷史他提出「肉體人」和「自然」兩大思想範疇：

> 任何人類歷史的第一個前提無疑是有生命的個人的存在（die Existenz lebendiger menschlicher Individuen）。因此第一個需要確定的具體事實就是這個人的肉體組織，以及受肉體組織制約的他們與自然界的關係。（馬克思和恩格斯，1972，第一卷：24）

這段話簡單來說，就是人類歷史的前提，就是有人類生命個體的存在，這已經進入到有點無聊的內容。

> 一當人們自己開始生產他們所必需的生活資料（Lebensmittel）的時候（這一步是由他們的肉體組織所決定的），他們就開始把自己和動物區別開來。人們生產他們所必需的生活資料，同時也就間接地生產著他們的物質生活（materielles Leben）本身。（馬克思和恩格斯，1972，第一卷：24-25）

最後一句話就是被恩格斯在《家庭、私有制及國家的起源》〈第一版序言〉中改說成比較有名的社會的「直接生活的生產和再生產」（馬克思和恩格斯，1972，第四卷：2）。而此處「生產」應該和「勞動」是同義字。

很顯然地這些概念都還在一個不確定的狀態：

> 人們用以生產自己必需的生活資料的方式，首先取決於他們得到的現成的和需要再生產的生活資料本身的特性。這種生產方式（die Weise der Produktion）不僅應當從它是個人肉體存在的再生產這方面來加以考察。它在更大程度上是這些個人的一定的活動（Tätigkeit）方式，表現在他們生活的一定形式，他們的一定的生活方式（Lebensweise）。個人怎樣表現自己的生活，他們自己也就怎樣。（馬克思和恩格斯，1972，第一卷：25）

這裡的「生活方式」和齊美爾或韋伯後來所說的「生活風格」（Lebensstil）的關聯性如何？這是值得後人探索的問題。

「生產方式」是個歷史唯物論的關鍵字眼，和肉體存在的再生產（應該指的是人類的繁衍）以及人們的生活方式有著密切的關聯。

另外他有提到人口增長的問題：

> 這種生產第一次是隨著人口的增長（Vermehrung der Bevölkerung）而開始的。而生產本身是以個人之間的交往（Verkehr）為前提的。這種交往的形式又是由生產決定的。（馬克思和恩格斯，1972，第一卷：25）

「人口的增長」是一件西方歷史上的大事。涂爾幹在《社會分工論》第二部分提到分工的原因時，也提到這一點。請參考後面相關的講次。

而最後一句話已經開始歷史唯物論的基本要件了——「生產（或可解釋爲「基礎」或「下層」或「經濟」）決定論」。

另外，文中所謂的交往，就是我們現在所謂的溝通，人跟人之間的溝通，或者有時候交往是交通的意思，是非常物質性的，由此到彼的意思，而非精神性的想像。

而馬克思此處認爲因爲人口的增加，導致生產力影響了分工。「任何新的生產力，只要它不僅僅是現有生產力的量的擴大（例如開墾新的土地），都會引起分工的進一步發展。」（馬克思和恩格斯，1972，第一卷：25）

有關於「生產力決定分工的發展」這點和涂爾幹的《社會分工論》第二部分論述分工的原因可以對比來看。

分工與私有財產制是有關係的，私有制又造成異化，所以最終希望藉由制度的改善，能使人回復到人該有的狀態，讓每個人都能自主發揮他的才能。但是又不能所有人都做同樣的事情，所以當分工產生的歷時性與共時性的問題，最終都需要以合作作爲解決。

> 分工在共時方面，分工與各種勞動的分離：農業勞動、商業勞動、工業勞動。某一民族內部的分工，首先引起工商業勞動和農業勞動的分離，從而也引起城鄉的分離和城鄉利益的對立。分工的進一步發展導致商業勞動和工業勞動的分離。（馬克思和恩格斯，1972，第一卷：25）

而在歷時性方面，以分工的歷史階段說明：

> 分工發展的各個不同階段，同時也就是所有制的各種不同形式。這就是說，分工的每一個階段還根據個人與勞動的材料、工具和產品的關係決定他們相互之間的關係。（馬克思和恩格斯，1972，第一卷：26）

中文的「分工合作」四個字其實就可以很精簡地解決掉這種「分工」必須搭配「合作」的問題，但是許多西方學者卻要窮經皓首地去解釋分工這件事情，沒有簡要的指出「合作」的重要性。

而因爲分工與歷史階段的交互作用下，馬克思以歐洲歷史的發展來解釋分工在不同階段的樣貌：

> 第一種所有制的形式是部落（Stamm）所有制（Stammeigentum）。它是與生產的不發達的階段相適應的，當時人們是靠狩獵、捕魚、畜牧，或者最多是靠耕作生活的。（馬克思和恩格斯，1972，第一卷：26）

引文中所舉的「狩獵、捕魚、畜牧」等項，在後面馬克思提到的烏托邦是相呼應的。不過這個共產主義烏托邦竟然是和歷史發展初期的部落所有制形式的生活相呼應，而不是歷史未來的某個階段。不亦怪哉？

馬克思和恩格斯當年對於共產主義社會的幻想，很清楚的表現在下面的文本中：

> 在共產社會裡，任何人都沒有特定的活動範圍，每個人都可以在任何部門內發展，社會協調著整個生產（die Gesellschaft die allgemeine Produktion regelt），因而使我有可能隨我自己的心願今天幹這事，明天幹那事，上午打獵，下午捕魚，傍晚從事畜牧，晚飯後從事批判，但並不因此就使我成為一個獵人、漁夫、牧人或批判者。社會活動的這種固定化（Konsolidation），我們本身的產物聚合為一種統治我們的、不受我們控制的、與我們願望背道而馳的並且把我們的打算化為烏有的物質力量，這是過去歷史發展的主要因素之一。（馬克思和恩格斯，1972，第一卷：37-38）

這種上午、下午、傍晚可以隨心所欲從事自己喜歡事務的描述，好像度假村的廣告。

「社會協調著整個生產」這句話才是整個「度假村幻想」可以成立的重要機制，可是作者卻沒有解釋這種機制的結構和運作方式。

> 第二種所有制形式是古代公社所有制和國家所有制（das Gemeinde- und Staatseigentum）。這種所有制是由於幾個部落通過契約或征服聯合為一個城市（Stadt）而產生的。在這種所有制下仍然保存著奴隸制。除公社所有制之外，動產的私有制以及後來不動產的私有制的形式發展起來，但它們是作為一種反常的、從屬於公社所有制的形式發展起來的……這是積極公民的一種共同私有制……分工已經比較發達。城鄉之間的對立已經產生，國家之間的對立也相繼出現。這些國家當中有一些代表城市利益，另一些代表鄉村利益。在城市內部存在著工業和海外貿易之間的對立。公民和奴隸之間的階級關係已經充分發展。（馬克思和恩格斯，1972，第一卷：26-27）

下一個階段則是封建制度下歐洲的所有制狀況：

> 第三種形式是封建的或等級的所有制（das feudale oder ständische Eigentum）。古代的起點是城市（Stadt）及其狹小的領地，而中世紀的起

點則是鄉村（Lande）。（馬克思和恩格斯，1972，第一卷：28）

但是歐洲的歷史發展模式可以推廣到或是適用於全人類的歷史嗎？美國並不適用於這樣的發展概念，畢竟美國發展的歷史時間短，所以就沒有出現封建時期，如果早期黑人被賣爲奴屬於奴隸時期，如果按照奴隸、封建、資本主義的階段發展，美國出現了資本主義與奴隸時期，請問美國人的封建到哪去了？美國人顯然從來沒有經歷這個階段啊！

因此，認爲「歐洲的歷史放諸四海皆準」的想法，大部分的人應該都覺得是不成立。但是就是會有一些死腦筋的馬克思主義眞信徒是篤信不移的。

他們又認爲，分工和所有制是同義字：

分工（Teilung der Arbeit）和私有制（Privateigentum）是兩個同義語，講的是同一件事情，一個是就活動而言，另一個是就活動的產品而言。（馬克思和恩格斯，1972，第一卷：37）

「分工」跟「所有制」是同義字，「所有制」和「私有財產」的德文是同一個字有時候讀翻譯的作品時，不同的譯本之間就會有譯名不同的問題，對讀者往往會造成不必要的困擾，所以我一直強調除了版本問題，還要注意譯本問題。假如「分工」和「所有制」是同義語，那麼根據馬克思和恩格斯的邏輯，那也就是「異化勞動」囉！

在這裡，「活動」和「活動的產品」是被視爲同一件事。好像是一個過程的兩端。

另外値得注意的是，馬克思和恩格斯也談到「現實中的個人」：

但這裡所說的個人不是他們自己或別人想像中的那種個人，而是現實中的（wirklich）個人，也就是說，這些個人是從事活動的，進行物質生產的，因而是在一定的物質的、不受他們任意（Willkür）支配的界限、前提和條件下能動地表現自己的。（馬克思和恩格斯，1972，第一卷：29-30）

這裡所說的「現實中的人」和他在〈關於費爾巴哈的提綱〉第一條中所說到的「把它們當作感性的人的活動（die sinnlich menschliche Tätigkeit），當作實踐（Praxis）去理解」是可以對應參考的，都是在反對青年黑格爾派（或是費爾巴哈）所提到「抽象的人」：

> 這種觀察方法……它的前提是人，但不是處在某種幻想的與世隔絕、離群索居狀態的人，而是處在於一定條件下進行的現實的、可以通過經驗觀察到的發展過程中的人。只要描繪出這個能動的生活過程，歷史就不再像那些本身還是抽象的經驗論者所認為的那樣，是一些僵死事實的蒐集，也不再像唯心主義者所認為的那樣，是想像的主體的想像的活動。（馬克思和恩格斯，1972，第一卷：31）

這裡強調的還是研究具體的、現實的人。

一般所說的「歷史唯物論」或「唯物史觀」的基本論題就是「（經濟）基礎（或下層建築）制約上層建築」的想法。這在本書中有著初步的呈現：

> 思想、觀念、意識的生產最初是直接與人們的物質活動，與人們的物質交往，與現實生活的語言交織在一起的。觀念、思維、人們的精神交往在這裡還是人們物質關係的直接產物。表現在某一民族的政治、法律、道德、宗教、形而上學等的語言中的精神生產也是這樣。人們是自己的觀念、思想等等的生產者，但是這裡所說的人們是現實的，從事活動的人們，他們受著自己的生產力的一定發展以及與這種發展相適應的交往（直到它的最遙遠的形式）的制約。意識在任何時候都只能是被意識到了的存在，而人們的存在就是他們的實際生活過程。（馬克思和恩格斯，1972，第一卷：30）

文中提到基礎和上層建築關係的用語是「直接產物」和「制約」，這和後來的說法比較大的不同之處在於這裡提到的「基礎」部分是「現實的、從事活動的人們」，並沒有標舉出「階級」；其次，這裡雖然標舉出「生產力」的發展是制約著人們的活動，但是並沒有提及「生產關係」。

「人們的存在就是他們的實際生活過程」這句話清楚地說明了「人們的存在」的具體意義。

馬克思和恩格斯也批判「德國哲學」（或應更恰當稱爲「青年黑格爾派」）的「意識決定生活」論：

> 德國哲學從天上降到地上；和它完全相反，這裡我們是從地上升到天上，就是說，我們不是從人們所說的、所想像的、所設想的東西出發，也不

> 是從只存在於口頭上所說的、思考出來的、想像出來的東西、設想出來的人出發，去理解真正的人。我們的出發點是從事實際活動的人，而且從他們的現實生活過程（wirkliches Lebensprozeß）中我們還可以揭示出這一生活過程在意識形態上的反射和回聲的發展。甚至人們頭腦中模糊的東西也是他們的可以透過經驗來確定的、與物質前提相聯繫的物質生活過程的必然昇華物（Sublimate）。因此，道德、宗教、形而上學和其他意識形態（Ideologie），以及與他們相適應的意識形式（entsprechende Bewußtseinsformen）便失去獨立性的外觀。它們沒有歷史，沒有發展；那些發展著自己的物質生產和物質交往的人們，在改變自己的這個現實的同時也改變著自己的思維和思維的產物。不是意識決定生活，而是生活決定意識（Nicht das Bewußtsein bestimmt das Leben, sondern das Leben bestimmt das Bewußtsein）。前一種觀察方法從意識出發，把意識看作是有生命的個人。符合（entsprenchend）實際生活的第二種觀察方法則是從現實的、有生命的個人本身出發，把意識僅僅看作是他們的意識。（馬克思和恩格斯，1972，第一卷：30-31；Marx & Engels, 1969, Vol. 3: 26-27）

前一段是批評青年黑格爾派的人顛倒意識和生活的關係，進而揭示歷史唯物論的基本觀念：「不是意識決定生活，而是生活決定意識。」

在引文中段提到的「道德、宗教、形而上學和其他意識形態」，以及「與它們相適應的意識形式（原文是多數形）」是兩種不同的領域。換句話說，前者的「意識形態」和後者的「意識形式」應該是不同的東西。兩者的關係是：意識形式是和意識形態「相適應的」，並不是語氣較爲強烈的「制約」，這種語意上的區分，應該具有不可被忽視的理論意義。也就是說，兩者是相關聯而非因果的關係。

法國馬克思主義者阿圖塞說過的名言之一：「意識形態沒有歷史」，典故出自此段。

「不是意識決定生活，而是生活決定意識。」這句名言典故出於此段。一要注意此處的關鍵詞彙是「決定」，這是表示強因果關係的字眼。另外要注意此處說的是「生活」（Leben），而不是一般人誤引的「存在」。雖然兩者在語意上應該沒有太大的差異，特別是參考前一段引文中最後一句話──「人們的存在就是他們的實際生活過程」。

他們還使用了孔德提過的「實證科學」，並且區分了「意識形態」和「眞正的知識」：

> 思辨終止的地方，即在現實生活面前，正式描述人們的實踐活動和實際發展過程的真正實證的科學（wirkliche, postive Wissenschaft）開始的地方。關於意識形態的空話將銷聲匿跡，它們一定為真正的知識所取代。（馬克思和恩格斯，1972，第一卷：31）

馬克思和恩格斯在此顯然沒有貶低「實證的」一詞的意味。

「意識形態」在此處是用來和「眞正的知識」對舉，亦即，意識形態有著「錯誤的意識」（falsches Bewußtsein）的意涵，雖然馬克思和恩格斯在這個文脈之下並沒有使用這個詞語。

接下來，馬克思以歷史爲脈絡背景進一步提出他的觀點，認爲歷史有三個前提，構成現今世界的樣貌。

第一個前提：

> 我們遇到的是一些沒有任何前提的德國人，所以我們首先應當確定一切人類生存的第一個前提也就是一切歷史的第一個前提，這個前提就是：人們為了能夠「創造歷史」，必須能夠生活。但是為了生活，首先就需要衣、食、住以及其他東西。因此第一個歷史活動就是生產滿足這些需要的資料，及生產物質生活本身……因此任何歷史觀的第一件事情就是必須注意上述基本事實的全部意義和全部範圍，並給予應有的重視。大家知道，德國人從來沒有這樣做過，所以他們從來沒有歷史提供世俗基礎，因而也從來沒有過一個歷史學家。（馬克思和恩格斯，1972，第一卷：32）

先把德國人都一竿子罵到了，而這種歷史前提好像是人盡皆知，老嫗能解。所以這是他的第一個前提，第一個需要以後就滿足第二個需要。

第二個前提：

> 第二個事實是，已經得到滿足的第一個需要本身、滿足需要的活動和已經獲得的為滿足需要用的工具又引起新的需要。這種新的需要的產生是第一個歷史活動。（馬克思和恩格斯，1972，第一卷：32-33）

這裡所提的可以算是「生活的目的在創造人類全體之生活」。

第三個前提：

> 一開始就納入歷史發展過程的第三種關係就是：每日都在重新生產自己生命的人們開始生產另外一些人，即增殖。這就是夫妻之間的關係，父母和子女之間的關係，也就是家庭。這個家庭起初是唯一的社會關係，後來，當需要的增長產生了新的社會關係，而人口的增多又產生了新的需要的時候，家庭便成為（德國除外）從屬的關係了。（馬克思和恩格斯，1972，第一卷：33）

這裡所提的可以算是「生命的意義在創造宇宙繼起之生命」。恩格斯後來在《家庭、私有制及國家的起源》有類似的說法。所以我懷疑這個部分是恩格斯寫的。馬克思在其他文獻中對於家庭的論述並不常見。

馬克思和恩格斯也區分了自然關係（生產）與社會關係（勞動）兩方面：

> 這樣，生命的生產——無論是自己生命的生產（通過勞動）或他人生命的生產（通過生育）——立即表現為雙重關係：一方面是自然關係，另一方面是社會關係；社會關係的涵義是指許多個人的合作，至於這種合作是在什麼條件下、用什麼方式和為了什麼目的進行的，則是無關緊要的。（馬克思和恩格斯，1972，第一卷：34）

馬克思在《一八四四年經濟學哲學手稿》中曾經指出，人是透過勞動去擷取自然，人跟自然的關係是透過勞動，人在勞動中間會產生新的社會關係。這是社會關係跟自然關係的一個交錯。

接著提到歷史唯物論中「生產力」的定型：

> 一定的生產方式（Produktionsweise）或一定的工業階段始終是與一定的共同活動的方式或一定的社會階段聯繫著的，而這種共同活動方式本身就是「生產力」（Produktivkraft）；由此可見，人們所達到的生產力的總和決定著（bedingen）社會狀況（gesellschaftlicher Zustand）。（馬克思和恩格斯，1972，第一卷：34）

這裡明顯的說到「生產力」，不過還是沒有加以定義。

從文脈上來看，前一句話區分了兩項：「生產方式」（或工業階段）以及「共同活動方式」（或社會階段）。後者又等於「生產力」。換句話說，是「生產方式」相對於「生產力」。不過，兩者的關係如何，在此段文字中並未說明。比較奇特的是用「工業階段」來對比「社會階段」，意義也是不明的。

「生產力的總和『決定』社會狀況」。「社會狀況」就是後來所稱的「上層建築」；「生產力」就是「基礎」。兩者的關係是表示強因果關係的「決定」。

馬克思和恩格斯談到意識是社會的產物：「意識一開始就是社會的產物（gesellschaftliches Produkt），而且只要人們還存在著，它就仍然是這種產物。」（馬克思和恩格斯，1972，第一卷：35）這也可以說是「基礎（社會）決定上層建築（意識）」或「存在決定意識」的再度肯認。

至於歷史階段的轉變關鍵就在於分工的發展與意識和生產力的矛盾：

> 分工起初只是性行為方面的分工，後來是由於天賦（例如體力）、需要、偶然性等等而自發地或「自然地產生的」分工。分工只是從物質勞動和精神勞動分離的時候才開始成為真實的分工。從這時候起意識才能真實地這樣想像：它是某種和現存實踐的意識不同的東西；它不用想像某種真實的東西而能夠真實地想像某種東西。從這時候起，意識才能擺脫世界而去構造「純粹的」理論、神學、哲學、道德等等。但是，如果這種理論、神學、哲學、道德等等和現存的關係發生矛盾（Widerspruch），那麼，這僅僅是因為現存的社會關係（das gesellschaftliche Verhältnisse）和現存的生產力發生了矛盾。（馬克思和恩格斯，1972，第一卷：36）

這一段和涂爾幹的《社會分工論》中提到的「機械連帶」轉變到「有機連帶」的過程可以參照。不過雙方的想法剛好相反。馬恩此處隱含著將「物質勞動」和「精神勞動」的分離看成是「不好的事」──「異化勞動」，而涂爾幹則將分工導致的「有機連帶」看成是「好結果」。

第二部分提到意識的發展。特別提到「意識」和「生產力」發生矛盾的現象，可是並沒有說明，既然「生產力決定或制約意識」，又怎麼可能發生兩者的矛盾？如果可以發生矛盾，那麼生產力顯然無法完全制約意識，不是嗎？

> 上述三個因素（Moment）——生產力（Produktionskraft）、社會狀況（gesellschaftlicher Zustand）和意識（Bewußtsein）——彼此之間可能而且一定會發生矛盾，因為分工（Teilung der Arbeit）不僅使物質（materiell）活動和精神（geistig）活動、享受和勞動、生產和消費由各種不同的人來分擔這種情況成為可能，而且成為現實。要使這三個因素彼此之間不發生矛盾，只有消滅（aufheben）分工。此外，不言而喻，「怪影」（Gespenster）、「枷鎖」（Bande）、「最高存在物」（höheres Wesen）、「概念」（Begriff）、「懷疑」（Bedenklichheit）只是假想中孤立的個人的唯心的、精神的表現，只是他的觀念，即關於經驗的束縛和界限的觀念：生活的生產方式（Produktionsweise des Lebens）以及與之相聯繫的交往形式（die damit zusammenhängende Verkehrsform）是在這些束縛和界限的範圍內運動著的。（馬克思和恩格斯，1972，第一卷：36-37）

這裡所謂的「分工」相當於涂爾幹所謂的「異常的分工」，可能也在概念上等同於馬克思所謂的「異化勞動」。所以才會說要不讓三因素發生矛盾就要「消滅」分工。

「消滅」的原文就是 aufheben（奧伏赫變），前講次已經說過了。

這裡提到的是三個因素，而不是大家熟知的「基礎」和「上層建築」兩個因素而已。這裡可以當成 1859 年〈《政治經濟學批判大綱》序〉的一個有力佐證。換句話說，「社會狀況」和「意識形態」是兩個要分開看的重要因素。

在這一部分，講到歷史唯物論重要的概念，一個是生產力，一個是社會狀況。特別的地方是這個意識，這其實是歷史唯物論裡面的一個小問題，但很多人認爲是大問題，就是上層建築到底是分一個還是兩個。

簡單來說，通常是「基礎決定上層建築」，所以是兩個要素。但因爲阿圖塞曾經提出過基礎、上層，還有意識形態，是三元論。這就讓「歷史唯物論」的「二元論」和「三元論」產生了爭議。

這其實是一個方法學的問題，應該要兩案並陳，讓人可以提出一個合理的解釋。這應該有系統地從馬克思和恩格斯各自以及合作的著作的歷史脈絡來看，這樣的前後不一致，在它們的不同著作中確實都可以找到文本根據的，不能用一個文本來反對另一個文本。我在下面會更清楚地呈現各個文本的相關證據來解釋這個問題。

馬克思和恩格斯接下來提出兩類矛盾，揭露分工與社會關係間所產生的各種限制與問題，這個部分我們在前面（第 123-124 頁）已經談過了，此處就不再贅述。

至於談到異化的力量以及「異化」消滅的兩個實際前提：(1) 無產階級的產生；(2) 無產階級和資產階級對立，這在前面講次都提到過了就不再贅述。

在馬克思和恩格斯看來，共產主義的出現，正是為了替人類解決異化的問題：

> 共產主義對我們說來不是應當確立的狀況（Zustand），不是現實應當與之相適應的理想（Ideal）。我們所稱為共產主義的是那種消滅（aufheben）現存狀況的現實的（wirklich）運動。這個運動的條件是由現有的前提產生的。（馬克思和恩格斯，1972，第一卷：40）

在本書中，馬克思和恩格斯使用過 bürgerliche Gesellschaft 的概念，這個名詞英文有兩種譯法：bourgeois society 或 civil society，中文則有譯成「資產階級社會」或「市民社會」或「公民社會」或「庶民社會」，中文的意思卻是不太一樣的。此處引用的應當是黑格爾在《法哲學》中的意思，是介於「家庭」和「國家」之間的一個社會生活的領域。或者，更精確的說，應該就是指「社會的經濟結構」或是「基礎」（見第二段引文最後一句話）。不過從第二段引文來看，「市民社會」可以「超出國家和民族的範圍」，所以又好像不是介於「家庭」和「國家」之間。

「歷史唯物論」或「唯物史觀」的說明：

> 這種歷史觀（Geschichtsauffassung）就在於，從直接生活的物質生產出發來考察現實的生產過程，並把與該生產方式相聯繫的、它所產生的交往形式，即各個不同階段上的市民社會，理解為整個歷史的基礎（Grundlage）；然後必須在國家生活的範圍內描述市民社會的活動，同時從市民社會出發來闡明各種不同的理論產物（theoretisches Erzeugnis）和意識形式（Form des Bewußtseins），如宗教、哲學、道德等等，並在這個基礎上追溯它們產生的過程……這種歷史觀和唯心主義歷史觀（idealistische Geschichtsanschauung）不同，它不是在每個時代中尋求某種範疇，而是始終站在現實歷史的基礎（wirklicher Geschichtsboden）上，不是從觀念出發來解釋實踐（Praxis），而是從物質實踐（materielle Praxis）出發來解釋觀念的東西，由此還可得出下述結論：意識的一切形式和產物不是可以用精神的批判來消滅的，也不是可以通過把它們消融在「自我意識」（Selbstbewußtsein）中或化為「幽靈」（Spuk）、「怪影」（Gespenster）、

「怪想」（Sparren）等等來消滅的，而只有實際地推翻這一切唯心主義謬論所由產生的現實的社會關係（real gesellschaftliches Verhältnis），才能把它們消滅（auflösen）；歷史的動力以及宗教、哲學和其他任何理論的動力是革命，不是批判。（馬克思和恩格斯，1972，第一卷：43）

這裡雖然沒有明白說到「歷史唯物論」或「唯物史觀」，但是從文本中明白地要與「唯心主義歷史觀」對舉，那麼稱其爲「唯物主義歷史觀」或是簡稱「唯物史觀」也是很理所當然的。不過，應當特別注意的是這裡所謂的「物」其實是「物質實踐」的簡稱，而不是模模糊糊的所謂「物質」。

但馬克思一生一直沒有在他的文本裡面，對於他的理論進行過任何命名的工作，所以後來的命名，無論是「唯物史觀」或「歷史唯物論」，都是恩格斯的命名，恩格斯最早是採用「唯物史觀」，甚至後來在同一文本裡面，兩個詞彙會交互使用，大抵而言，「歷史唯物論」與「唯物史觀」是同義字，沒有必要厚此薄彼。

本段的最後一句話當然是呼應〈關於費爾巴哈的提綱〉第十一條的話：「哲學家們只是用不同的方式解釋世界，而問題在於改變世界。」

比較特別的是，在這裡提到資金與社會交往形式的總和，是其他文本中所未提及的。

另外一段很常被引用有關「統治階級與統治思想」的關係也在此書中出現：

統治階級的思想在每一個時代都是占統治地位的思想。這就是說，一個階級是社會上占統治地位的物質力量，同時也是社會上占統治地位的精神力量。支配著物質生產資料的階級同時也支配著精神生產的資料，因此那些沒有精神生產資料的人的思想，一般地是受統治階級支配的。占統治地位的思想不過是占統治地位的物質關係在觀念上的表現，不過是以思想的形式表現出來的占統治地位的物質關係；因而，這就是那些使一個階級成為統治階級的各種關係的表現，因而這也就是這個階級的統治的思想。（馬克思和恩格斯，1972，第一卷：52）

接下來是統治階級中的革命階級，這是一個比較神祕的地方，因爲統治階級都是爲了自身利益，而下層階級又被控制、壓迫，在這樣的條件下，革命何以發生？

對此，馬克思是如此論述：

〔在統治階級中間，〕因為在這個階級內部，一部分人是作為該階級的思想家而出現的（他們是這一階級的積極的、有概括能力的思想家，他們把編造這一階級關於自身的幻想當作謀生的主要泉源），而另一些人對於這些思想和幻想則採取比較消極的態度，他們準備接受這些思想和幻想，因為在實際中他們是該階級的積極成員，他們很少有時間來編造關於自身的幻想和思想。在這一階級內部，這種分裂甚至可以發展成為這兩部分人之間的某種程度上的對立和敵視，但是一旦發生任何實際衝突，當階級本身受到威脅，甚至占統治地位的思想好像不是統治階級的思想這個假象，他們擁有的權力好像和這一階級的權利不同這種假象也趨於消失的時候，這種對立和敵視便會自行消失。一定時代的革命思想的存在是以革命階級的存在為前提的……（馬克思和恩格斯，1972，第一卷：52-53）

值得注意是原文中的「一部分人」，而非「所有人」，所謂的「一部分人」指的是有良識的知識分子，而這一部分的人，在馬克思時代便是共產黨黨員，而這類黨員階級之所以出現，肇因於社會中存有不公平、不正義的事件，當大部分的人選擇忍受時，這些有良識的一部分的人便挺身而出，如果革命成功了，便是革命階級；革命失敗了，便是土匪流寇。成者爲王，敗者爲寇，古今中外皆然。

最後是本書的四大結論：

首先，是生產力產生了共產主義者和共產主義意識，簡單說就是下層決定上層：

最後，我們從上面所發揮的歷史觀中還可以得出以下的結論：(1) 生產力在其發展的過程中達到這樣的階段，在這個階級上產生出來的生產力和交往手段在現存關係下只能帶來災難，這樣生產力已經不是生產的力量，而是破壞的力量（機器和貨幣）。與此同時還產生了一個階級，他必須承擔社會的一切重負，而不能享受社會的福利，由於他被排斥於社會之外，因而必然與其餘一切階級發生最激烈的對立；這個階級是社會成員中的大多數，從這個階級中產生出來必須實行根本革命的意識，即共產主義者的意識，這種意識當然也可能在其他階級中形成，只要它們認識到這個階級的狀況；（馬克思和恩格斯，1972，第一卷：76）

這裡指出「生產力」和「交往手段」發生了矛盾（沒說爲什麼），會產生一個新的階級。不過說了千言萬語，就是沒說「無產階級」這個詞。爲什麼？

既然說這種「共產主義的意識」「當然也可能在其他階級中形成，只要它們認識到這個階級的狀況」，那麼就沒有「存在『決定』意識」這種定律，而是「認識階級狀況決定意識」才是。

而財產狀況會產生社會權力，也就是經濟資本可以轉換成政治資本：

> (2) 那些使一定的生產力能夠得到利用的條件，是一定的社會階級實行統治的條件，這個階級的由其財產狀況產生的社會權力，每一次都在相應的國家形式中獲得實踐的觀念的表現，因此一切革命鬥爭的鋒芒都是指向在此以前實行統治的階級的；(馬克思和恩格斯，1972，第一卷：76)

這裡強調的還是「無產階級專政」的條件——一定的生產力和其財產狀況，以及目的——從實踐上推翻舊有的統治階級。

只是這裡的權力，日後馬克思沒有再進一步發揮論述，日後布赫迪厄（Bourdieu）提出社會資本、文化資本等，會轉換成爲經濟資本，而經濟資本又將轉換爲政治資本。在民主社會中的選舉活動，便能夠體現出眾多的資本在此過程中的各式轉換，此種說法便能以馬克思對於權力的觀點爲基礎進行擴充說明。

另外，消滅資產階級的勞動，而這不只是馬克思主義者的觀點，前講次有提過當時英國國會的調查，便發現工人階級受到很大的剝削，此種剝削的具體表現就是超時血汗勞動。若依照當時的標準，我們現在應該所有的工作都是不遑多讓，有些恐怕還是比當時更誇張。

> (3) 過去的一切革命始終沒有觸動活動的性質，始終不過是按另外的方式分配這種活動，不過是在另一些人中間重新分配勞動，而共產主義革命則反對活動的舊有性質，消滅勞動，並消滅任何階級的統治以及這些階級本身，因為完成這個革命的是這樣一個階級，它已經成為現今社會的一切階級、民族等等的解體的表現；(馬克思和恩格斯，1972，第一卷：76)

最後，是革命的必要性，共產主義革命要消滅勞動（當然是「異化勞動」），消滅資產階級。

> (4) 無論為了使這種共產主義意識普遍地產生還是為了達到目的本身，都必須使人們普遍地發生變化，這種變化只有在實際運動中，在革命中才有可能實現；因此革命之所以必需，不僅是因為沒有任何其他的辦法能推翻統治階級，而且還因為推翻統治階級的那個階級，只有在革命中才能拋棄自己身上的一切陳舊的骯髒東西，才能成為社會的新基礎。（馬克思和恩格斯，1972，第一卷：76-77）

「使人們普遍地發生變化就要革命」並不是像他自己前面所主張的要從「生產力」的「物質實踐」來改變「交往形式」，反而是像馬恩所批評的「德意志意識形態家」那樣，主張從「意識」的改變而號召無產階級參與革命，推翻統治階級。怎麼會這樣？

革命的發生不能「順其自然」嗎？亦即「順著生產力的發展到和交往形式」發生矛盾時？或者說「順乎天（生產力和交往形式的矛盾），應乎人（無產階級的出現並推翻資產階級）」？

馬克思和恩格斯於是產生了共產主義能夠創造新天地的理想：

> 共產主義和所有過去的運動不同的地方在於：它推翻了一切舊的生產關係和交往關係的基礎，並且破天荒第一次自覺地把一切自發產生的前提看作是先前世世代代的創造，消除這些前提的自發性，使它們受聯合起來的個人的支配。（馬克思和恩格斯，1972，第一卷：77）

四、馬恩的歷史唯物論或唯物史觀

馬克思和恩格斯在他們的著作中提過「歷史唯物論（或譯「歷史唯物主義」）」（historical materialism），有時或作「唯物史觀」（materialist conception of history）或「歷史理論」。而有些人堅持別種譯法，如「歷史物質主義」、「唯物論歷史觀」。不過，請注意「辯證唯物論」（dialectical materialism）則是後來馬克主義者提出的不同的概念，馬克思和恩格斯都沒提過。

另外，我依照「歷史理論」、「歷史唯物論」、「唯物史觀」在馬克思和恩格斯的著作出現，整理成一份表格，供大家參考：

年代 作者與著作	歷史理論 Theory of History	唯物主義歷史觀 Materialistische Auffassung der Geschichte; Materialist Conception of History	歷史唯物主義 Historischer Materialismus; Historical Materialism	出處
1859 恩格斯 〈卡爾・馬克思《政治經濟學批判》〉		✓		（Karl Marx & Friedrich Engels, 1988: 399；恩格斯，1976：170）
1866 馬克思 〈馬克思致恩格斯〉	我們的關於生產資料決定勞動組織的理論			（馬克思和恩格斯，1995d：574）
1872 恩格斯 〈論住宅問題〉		✓		（馬克思和恩格斯，1995c：209）
1876 恩格斯 《反杜林論》		✓		（馬克思和恩格斯，1995c：365，366，617）
1884 恩格斯 《家庭、私有制和國家的起源》〈1884 年第一版序言〉		✓ 唯物主義歷史研究 唯物主義歷史觀 唯物主義		（馬克思和恩格斯，1995d：1）
1884/2/16 恩格斯 致考茨基		✓		（馬克思和恩格斯，1995d：661）
1885 恩格斯 〈關於共產主義者同盟的歷史〉		✓		（馬克思和恩格斯，1995d：196）
1885/4/23 恩格斯 致查蘇利奇	✓ 「馬克思的偉大的經濟理論和歷史理論」			（馬克思和恩格斯，1995d：669）

年代 作者與著作	歷史理論 **Theory of History**	唯物主義歷史觀 **Materialistische Auffassung der Geschichte; Materialist Conception of History**	歷史唯物主義 **Historischer Materialismus; Historical Materialism**	出處
1886 恩格斯 《路德維希・費爾巴哈和德國古典哲學的終結》	✓ 「馬克思的歷史觀」			（馬克思和恩格斯，1995d：257）
1888 恩格斯 《路德維希・費爾巴哈和德國古典哲學的終結》〈1888 年單行本序言〉		✓		（馬克思和恩格斯，1995d：211，212）
1890/8/5 恩格斯致施米特		✓ （馬克思和恩格斯，1995d：691）	✓ （馬克思和恩格斯，1995d：692）	
1890/9/21-22 恩格斯致布洛赫		✓ （馬克思和恩格斯，1995d：695）	✓ （馬克思和恩格斯，1995d：698）	
1890/10/27 恩格斯致施米特			✓	（馬克思和恩格斯，1995d：700）
1892 恩格斯 《社會主義從空想到科學的發展》〈1892 年英文版導言〉		✓ （馬克思和恩格斯，1995c：739，740）	✓ （馬克思和恩格斯，1995c：698，704）	（馬克思和恩格斯，1995c：698，704，739，740）
1893 恩格斯致施穆伊洛夫			✓	（馬克思和恩格斯，1995d：721）
1894 恩格斯致博爾吉烏斯		✓		（馬克思和恩格斯，1995d：733）

簡單來說，這些名詞都是恩格斯命名的，而非馬克思。而歷史唯物論大致上有三個要素，我將其分別稱爲結構論、歷史論以及關係論。

結構論因爲英文翻譯關係，又可以稱作社會形構（social formation）論。不同的理論學派，對於同樣的研究對象，經常會有不同的稱呼。例如系統理論者，就不會稱社會形構，而會稱爲「社會系統」（social system）；而現象學派則會使用「社會世界」（social world）；社會交換理論學派，則使用「社會團體」（social group）。結構論指的是社會形構的組成部分上下層建築（結構）。原始的說法，應該是「基礎」（Basis）或者「經濟基礎」，以及「上層建築」。上層建築在馬克思的語境當中，並沒有提出相對應的「下層建築」的說法。但是後來的人，很習慣地以「上層建築」的說法，用「下層建築」取代了原來的「基礎」和「經濟基礎」的用詞。雖然意思沒有什麼太大的差異，但馬克思就是沒有使用過這樣的字眼。

下層建築（infrastructure）在現在許多日常生活場合會使用到，例如公路的建設等基礎建設，不一定與經濟有關，也都是使用 infrastructure，在這種脈絡下，中文通常就翻成「基礎建設」。

這裡的上下層建築的說法和孔德「社會靜學」的概念相似，都是組成社會的不同結構。而我所謂的「歷史論」就接近孔德的「社會動學」，指的都是歷史各階段的演變。

後來所有與馬克思主義相關的書籍，對於歷史的區分都是「五階段歷史論」：原始共產，奴隸，封建，資本主義和共產主義。但是馬克思與恩格斯在生前，對於歷史都沒有這麼完整地進行區分，雖然原來有類似的想法。

接下來是「關係論」，強調結構上層與下層或基礎間究竟爲何種關係，大致上，「關係論」的用詞是「決定」、「相應而生」，或者後來阿圖塞創用的「多元決定」（over-determination）一詞，代表強弱不一的說法。

庸俗馬克思主義（vulgar-Marxist）認爲上下層兩者間是一個死板的決定論：下層或基礎決定上層。在一般介紹馬克思主義的教科書裡面都是這樣說的。

「相應而生」的用詞則是否定下層對上層的單向決定關係，而強調上層也有反轉影響下層的可能。

而阿圖賽則提出「多元決定論」的觀點，我一直搞不懂爲什麼「多元」要使用「過度」（over）一詞表達。不過一開始我看到的翻譯便是採用「多元決定論」，表示決定該項事物的原因眾多，不是只有單向的「基礎決定上層建築」這麼簡單。

馬克思和恩格斯有關於歷史唯物論的論述，一共有五種版本。我將馬克思和恩格斯推薦過自己和唯物史觀有關的著作，整理成表格如下：

	1886*	1890**	1890***	1893****	1894*****
1848 年 馬克思和恩格斯 《共產黨宣言》			✓	✓	
1851 年 馬克思 《路易．波拿巴的霧月十八日》		✓			✓
1853 年 馬克思 《揭露科倫共產黨人案件》〈序言〉				✓	
1867 年 馬克思 《資本論》		✓	✓		
1878 年 恩格斯 《反杜林論》	✓	✓			✓
1880 年 恩格斯 《社會主義從空想到科學的發展》	✓				
1886 年 恩格斯 《路德維希．費爾巴哈和德國古典哲學的終結》		✓		✓	✓

資料來源：

* 1886/1/27〈恩格斯致皮斯〉（馬克思和恩格斯，1995d：676）

** 1890/9/21-22〈恩格斯致布洛赫〉（馬克思和恩格斯，1995d：697-698）

*** 1890/10/27〈恩格斯致施米特〉（馬克思和恩格斯，1995d：704-705）

**** 1893/2/7〈恩格斯致施穆伊洛夫〉（馬克思和恩格斯，1995d：721-722）

***** 1894/1/25〈恩格斯致博爾吉烏斯〉（馬克思和恩格斯，1995d：734）

在馬克思和恩格斯合作的《德意志意識形態》中提到階級在革命的關鍵性地位，所以階級應該是很重要的因素。後來歷史唯物論的論述裡面，階級幾乎都不見了，只剩經濟決定宗教、哲學或法律等「基礎決定上層」的說法。這是很值得注意之處。最常被引用的文本是馬克思的《政治經濟學批判大綱》〈序〉，該書就沒提及階級的關鍵性地位。

此外，在恩格斯一封信件〈恩格斯致布洛赫（1890年9月21-22日）〉，裡面便有提到「上下層相互影響」，但是「經濟是最終的決定因素」的說法，或許我們可以稱這種說法爲「歷史終經論」，這也是日後兩層論與三層論的「所本」。但是因爲是來自於信件，有別於正式出版的書籍，在文本的效力上較爲薄弱。

眞是這麼重要的對歷史唯物論的補正，只在一封私人信件上說明，似乎太過草率。

接下來再仔細談談「歷史論」。在《德意志意識形態》（*Die deutsche Ideologie*）一書中，提到所有制的歷史發展階段形式，但是這本書當時並沒有出版，除了馬克思與恩格斯之外，沒有人知道有這樣的分類。

他們認爲分工發展的不同階段〔不同的財產形式（die Form des Eigentums）〕：

1. 部落財產（Stammeigentum; tribal property）
2. 古代共產及國家財產（das antike Gemeinde- und Staatseigentum; ancient communal and state property）
3. 封建或地位財產（das feudale oder ständische Eigentum; feudal or estate property）

〔4. 布爾喬亞的財產（bourgeois form of property）〕

（馬克思和恩格斯，1972，第一卷：26-29；Marx & Engels, 1958: 23-25; Marx & Engels, 1976: 38-40）

〔原書依照上列次序排列，原因不明〕

他們在書中也替歷史唯物論總結成四項：

1. 生產力發展到了某一階段，生產力和互動方式產生衝突，某一階級應運而生，他們肩負著社會的重擔，而未享受好處，他們和其他所有的階級產生矛盾，他們構成了社會的大多數，而且他們也出現了必須有根本革命的意識，一種共產主義者的意識，其他階級也可能因為考慮到這個階級的處境而產生這種意識。（Marx & Engels, 1976: 60）
2. 特定生產力可以適用的狀況就是特定階級的狀況，他們的社會權力是由財產而來的，每一次革命的鬥爭都是針對當權階級的。

3. 以前所有的革命活動方式都是一成不變的，共產主義革命是針對現存的活動方式，廢除勞動，由階級本身來消滅所有的階級，因為這個階級不算一個階級，也不被視為一個階級，所以在現在社會中，他是所有階級、國籍等等崩解的表現。
4. 為了大規模產生共產主義者意識以及為了目標的達成，必須大規模地改造人，這只有透過革命，一種實際的運動才能完成；革命是必要的，因為沒有別的辦法可以推翻統治階級，再者也因為推翻統治階級的階級只有在革命中才可以拋棄歷史的廢物，適應新的社會。（Marx & Engels, 1976: 60）

馬克思的《經濟學手稿（1857-1858年）》（*Ökonomische Manuskripte 1857/1858*），或《大綱》（*Grundrisse*）中也有著相當豐富的歷史唯物論的材料。該書在馬克思與恩格斯生前一樣沒有出版，寫作時間約爲1857-1858年，德文原文出版時間在1939年和1941年分兩冊在莫斯科出版。《政治經濟學批判大綱（草稿）》的書名是編者所加的。1979年收入《馬恩全集》中文版第46卷，分上下兩冊。

順帶說一句，不過值得注意的是在1939年以及1941年期間，蘇聯正處於第二次戰爭狀態，而莫斯科當局卻願意持續出版與戰爭無關的書籍，實在是件不可思議的事情。

書中提到「資本主義生產以前的各種形式」指出在資本主義出現以前，人類社會出現的原始所有制：

第一種是亞細亞所有制形式：

1. 亞細亞的所有制形式

   部落共同體（Stammgemeinschaft）：自然形成的共同體（血緣、語言和習慣等等的共同性），家庭和擴大成為部落的家庭，或通過家庭之間互相通婚，或部落的聯合。（馬克思和恩格斯，1979：472；Marx & Engels, 1983: 384）

   土地是共同體的基礎：在大多數亞細亞的基本形式中，凌駕於所有這一切小的共同體之上的總合統一體（die zusammenfassende Einheit）表現為更高的所有者或唯一的所有者，實際的公社卻只不過表現為世襲的占有者。（馬克思和恩格斯，1979：473；Marx & Engels, 1983: 385）

統一體能夠使勞動過程本身具有共同性，這種共同性能夠成為整套制度，例如在墨西哥，特別是在秘魯，在古代克爾特人，印度的某些部落就是這樣。（馬克思和恩格斯，1979：474；Marx & Engels, 1983: 386）

部落體內部的共同性還可能由部落中一個家庭的首領來代表或是由各家長彼此間發生聯繫。在這種情況下，那些通過勞動而實際占有的公共條件，如在亞細亞各民族中起過非常重要作用的灌溉渠道（Wasserleitungen），以及交通工具等等，就表現為更高的統一體，即高居於各小公社之上的專制政府的事業。（馬克思和恩格斯，1979：474；Marx & Engels, 1983: 386）

無個人財產（馬克思和恩格斯，1979：475；Marx & Engels, 1983: 387）：在亞細亞的（至少是占優勢的）形式中，不存在個人所有，只有個人占有（kein Eigentum, sondern nur Besitz des einzelnen）；公社是真正的實際所有者，所以財產只是作為公共的土地財產而存在。（馬克思和恩格斯，1979：481；Marx & Engels, 1983: 392）

亞細亞形式必然保持得最頑強也最長久。這取決於亞細亞形式的前提：即單個人對公社來說不是獨立的，生產的範圍僅限於自給自足，農業和手工業合在一起，等等。（馬克思和恩格斯，1979：484；Marx & Engels, 1983: 394）

尷尬的是亞細亞究竟是什麼意思，因爲若從歐洲爲中心，在歐洲的東邊區域皆可稱作亞細亞，這個我們現今稱爲中東地區。但「中東」這樣的字眼，本身也就是個地中海中心的概念。跟我們現在把亞洲當成「亞細亞」，只是剛好用了同一個名詞而已，指涉的地區眞是大不相同啊！

簡單來說，亞細亞地區指的是俄國或印度的一些農村狀況，但這種狀況只能算是特殊案例，並不具有足以涵蓋大部分其他地區現象的普遍性，也因而如此，所以這個階段，後來就被排除在五大歷史階段之外，雖然還是有些人對這個主題仍然抱有很大的興趣，希望能夠解開這個「亞細亞生產方式」之謎。

第二個是古代所有制：

2. 古代的所有制形式

把城市及已經建立起來的農村居民（土地所有者）的居住地（中心地點）

作為自己的基礎。（馬克思和恩格斯，1979：474-475；Marx & Engels, 1983: 386）

這種由家庭組成的公社首先是按軍事的方式組織起來的，是軍事組織或軍隊組織，而這是公社以所有者的資格而存在的條件之一。住宅集中於城市是這種軍事組織的基礎。（馬克思和恩格斯，1979：475；Marx & Engels, 1983: 386）

部落體再細分為高級的和低級的氏族，這種區別又由於勝利者與被征服部落的相混合等等而更加發展起來。（馬克思和恩格斯，1979：475；Marx & Engels, 1983: 387）

公社財產——作為國有財產和公有地（ager publicus）——和私有財產是分開的。（馬克思和恩格斯，1979：475；Marx & Engels, 1983: 387）

公社制度的基礎既在於它的成員是由勞動的土地所有者即擁有小塊土地的農民所組成的，也在於擁有小塊土地的農民的獨立性是由他們作為公社成員的相互關係來維持的，是由確保公有地以滿足共同的需要和共同的榮譽等等來維持的。（馬克思和恩格斯，1979：476；Marx & Engels, 1983: 387）

公社成員不是通過創造財富的勞動協作來再生產自己，而是通過了在對內對外方面保持聯合體這種共同利益（想像的和真實的共同利益）所進行的勞動協作來再生產自己。（馬克思和恩格斯，1979：477；Marx & Engels, 1983: 388）

第三種是日耳曼所有制：

3. 日耳曼的（Germanische）所有制形式

在日耳曼人那裡，各個家長住在森林之中，彼此相隔很遠的距離，即使從外表來看，公社也只是存在於公社成員每次集會的形式中，雖然他們的自在的統一體體現在他們的家世淵源、語言、共同的過去和歷史等等當中。（馬克思和恩格斯，1979：480；Marx & Engels, 1983: 391）

日耳曼的公社本身，一方面，作為語言、血統等等個共同體，是個人所有者存在的前提；但另一方面，日耳曼公社事實上只存在於公社為著公共目的而舉行的實際集會上，而就公社具有一種特殊的經濟存在（表現為共同使用獵場、牧場等等）而言，它是被每一個個人所有者以個人所有者身分來使用，而不是以國家代表的身分（像在羅馬那樣）來使用的。（馬克思和恩格斯，1979：482；Marx & Engels, 1983: 392-393）

每一個單獨的家庭就是一個經濟整體（die ökonomische Ganze），它本身單獨構成一個獨立的生產中心（工業只是婦女的家庭副業等等）。在古代世界，城市連同屬於它的土地是一個經濟整體；而在日耳曼世界，單獨的住宅所在地就是一個經濟整體。（馬克思和恩格斯，1979：481；Marx & Engels, 1983: 392）

城鄉關係的歷史演變：

古典古代的歷史是城市的歷史，不過這是以土地財產和農業為基礎的城市；
亞細亞的歷史是城市和鄉村無差別的統一（eine Art indifferenter Einheit von Stadt und Land）（真正的大城市在這裡只能乾脆看作王公的營壘，看作真正的經濟結構上的贅疣）；
中世紀（日耳曼時代）是從鄉村這個歷史舞臺出發的，然後，它的進一步發展是在城市和鄉村的對立中進行的；
現代的歷史是鄉村城市化（die Verständlichung des Landes），而不像在古代那樣，是城市鄉村化（die Verländlichung der Stadt）。（馬克思和恩格斯，1979：480；Marx & Engels, 1983: 390-391）

不過上述這三種所有制，基本上很難與歷史上各個階段發展有一清楚的對照關係，所以後來的歷史發展五大階段根本就略過這個部分。這個蕪雜的歷史細節，也只留給一些人去皓首窮經。

比較爲大家所重視的歷史唯物論文本是《政治經濟學批判》（*Zur Kritik der politischen Ökonomie*）的〈序〉，寫作時間在1857-1858年，出版時間爲1859年，1921年范壽康中文摘譯本出版、1930年劉曼中文全譯本出版、1962年中譯本收入《全集》第十三卷。

這本書一直有發行單行本，但是大部分的人只看序言前四頁的部分，因爲精華就在這裡：

> 我的研究得出這樣一個結果：法的關係（Rechtsverhältnisse）正像國家的形式（Staatsformen）一樣，既不能從它們本身來理解，也不能從所謂人類精神的一般發展來理解，相反，它們根源於物質的生活關係（die materiellen Lebensverhältnisse），這種物質的生活關係的總和，黑格爾按照十八世紀的英國人和法國人的先例，稱之為「市民社會」（die bürgerliche Gesellschaft），而對市民社會的解剖應該到政治經濟學中去尋求。（馬克思和恩格斯，1972，第二卷：82）

這段引文有幾處值得注意：馬克思認爲國家的形式不能用黑格爾所謂的「人類精神」來了解；相反的是要依據物質的生活關係，若是用上層與基礎的概念來理解此段，相對而言是較爲容易的，但是「法的關係」和「國家的形式」是否即一般所稱的「上層建築」？這裡並不明確。

倘若如此的話，「根源於」是否即「決定」還是「與之相適應的」，而「物質的生活關係」是否即下面引文中的「基礎」？

此外「市民社會」有不同的翻譯，也可以翻譯成「資產階級社會」，只是後來在左派的觀點裡，此較具有負面意涵。

接著字字句句都是重點的段落來了：

> 人們在自己生活的社會生產中發生一定的（bestimmt）、必然的（notwendig）、不以他們的意志為轉移的關係（von ihrem Willen unabhängige Verhältnisse），即同他們的物質生產力（die materielle Produktivkräfte）的一定發展階段相適合的（entsprechen）生產關係（die Produktionsverhältnisse）。這些生產關係的總和構成社會的經濟結構（die öknomische Struktur der Gesellschaft），即有法律的和政治的上層建築（Überbau）豎立其上（erheben）並有一定的社會意識形式（die gesellschaftliche Bewußtseinsformen）與之相適應的（entsprechen）現實基礎（Basis）。物質生活的生產方式制約著（bedingen）社會生活、政治生活和精神生活的過程。（馬克思和恩格斯，1972，第二卷：82）

馬克思很喜歡用三個形容詞來連續形容某一件事物——「一定的、必然的、不以他們的意志爲轉移的」。

而此處文本敘述提到「法律的和政治的上層建築」和「社會的意識形式」與《德意志形態》是有所關聯的，觀念是一致的。

值得注意的是，此處馬克思的用詞是「基礎」，不是一般常用的、相對於「上層建築」的「下層建築」！

所以「物質生活」制約著「社會生活」、「政治生活」和「精神生活」的這段敘述中，可以得知下層階層僅有一項要素，而上層階層具有兩項要素。

爲什麼會發生矛盾，這其實是需要解釋的，但很多理論卻在需要解釋的地方，當成假設而不解釋。這也是許多理論家取巧的地方。

本來生產力的發展形式與生產力是相得益彰的，卻在時間過程裡產生矛盾，歷史的轉變非常地詭譎，在某個階段，可能是進步者，卻在另外一個階段成了保守者，妨礙進步的人，也因此革命就會發生了。

> 社會的物質生產力發展到一定的（gewiß）階段，便同它們一直在其中活動的現存生產關係或財產關係（這只是生產關係的法律用語）發生矛盾。於是這些關係便由生產力的發展形式變成生產力的桎梏。那時社會革命的時代就到來了。隨著經濟基礎的變更，全部龐大的上層建築也或慢或快地發生變革。（馬克思和恩格斯，1972，第二卷：82-83）

雖然現實中有許多群眾活動，貌似即將發生革命，但始終未能如理論家們的預測般地發展革命，所以到底什麼時候會發生革命這樣的事情，終究難以預測，大部分都是曖昧不明的說法。

不過在嚴格的研究革命理論的領域，對於社會革命與政治革命是有所區分的，政治革命是政體的革命而社會革命是社會生活的革命。大部分的革命，在人類歷史中都只是政治革命並非社會革命，因爲社會生活和社會結構並未改變，只是統治者或統治團隊改變而已。

另外，此段敘述最有趣的在於「或快或慢」的敘述。什麼因素導致它或快或慢，迄今尚未有一明確的說明解釋。這也是在該說明處不說明的取巧做法。

接下來是關於歷史論的部分：

> 大體說來，亞細亞的、古代的、封建的和現代資產階級的生產方式（Produktionsweise）可以看作是社會經濟形態（die ökonomische

Gesellschaftsformation）演進的幾個時代。（馬克思和恩格斯，1972，第二卷：83）

所以馬克思在此處選擇了「社會經濟形態」或可稱爲「社會經濟形構」的字眼，後來許多私淑馬克思的學者也就跟隨用這樣的詞語來表示他們研究的社會現象。

「亞細亞的生產方式」又再一次出現了，此處已經非常精煉地將此想法展示，倘若依照我們知道的五階段論，那麼此段「亞細亞生產方式」和著名的「原始共產一奴隸一封建一資本主義一共產主義」五階段論彼此之間究竟如何自圓其說？亞細亞生產方式該放置在哪個階段呢？這眞是個令人感到頭大的問題！

如果馬克思日後對此議題有更深層的思考，我想他大概會取消「亞細亞生產方式」的論點。

而社會的結構或基礎造成社會形態的種種轉變，馬克思至少在此處做了一個清楚的介紹：

資產階級的生產關係是社會生產過程的最後一個對抗形式，這裡所說的對抗，不是指個人的對抗，而是指從個人的社會生活條件中生長出來的對抗；但是，在資產階級社會（die bürgerliche Gesellschaft）的胎胞裡發展的生產力，同時又創造著解決這種對抗的物質條件。因此，人類社會的史前時期就以這種社會形態（Gesellschaftsformation）而告終。（馬克思和恩格斯，1972，第二卷：83）

至於「存在決定意識」的說法，以及其和「錯誤意識」的關係，我覺得可以用下面我製作的圖表清晰地說清楚講明白：

階級與意識（孫氏分析圖解）

階級 ＼ 意識	資產	無產
資產	*正確意識* *true consciousness*	錯誤意識 false consciousness
無產	錯誤意識 false consciousness	*正確意識* *true consciousness*

以上的圖表用階級和意識代表兩個分類的向度，每個向度又同樣用資產和無產來做區分，這就說明了，如果堅持「存在決定意識」的話，有資產階級的存在就應該有資產階級的意識，無產階級就應該有無產階級的意識。這兩種情況就是「正確的意識」（相對於「錯誤的意識」而言）。如果資產階級的存在卻出現了無產階級的意識，或是無產階級的存在卻產生資產階級的意識，這就是錯誤的意識（或譯成我認爲不妥的「虛假意識」）。

若依照兩人生平對照此份表格的話，馬克思與恩格斯兩人是屬於什麼意識呢？問題在於誰來決定在什麼階段，一個人屬於何種階級呢？馬克思出身資產階級家庭，卻在成年之後潦倒成爲無產階級，又鼓勵無產階級革命？恩格斯一直是資產階級，卻也一直具有無產階級的意識，它們兩人不就是「錯誤意識」的最佳範例？

另外，我們特別要說明一下，在這一講次裡面，我們將歷史唯物論的許多觀點看法整理了兩份表格，詳細參考附錄二及附錄三。

五、《共產黨宣言》

接下來要談論的是變成世界經典文獻的《共產黨宣言》（*Manifest der kommunistischen Partei; Manifesto of the Communist Party*），也是兩個人合作的著作中影響最廣泛的作品。

該書寫作時間約爲 1847 年 12 月至 1848 年 1 月，出版時間則是在 1848 年 2 月第一次以德文單行本在倫敦出版。

《共產黨宣言》在起草時，馬克思交給恩格斯做，他自己在忙別的事情。恩格斯就起了草稿。這就是 1847 年的〈共產主義信條〉。那時候標題是「共產主義」，不是後來宣言標題的「共產黨」。〈共產主義信條〉，後來又再改寫成〈共產主義原理〉。所以在馬克思和恩格斯聯合發表《共產黨宣言》之前恩格斯已經寫了兩個版本，有些部分融合進了《共產黨宣言》中。

在第一個版本裡，其書寫方式像是傳統天主教的教義問答方式。恩格斯列了一些條目，後來又做了部分修改，在現在的《馬恩全集》裡都可以找到這個版本。

也因爲有收錄這些版本，我們就可以很清楚地了解某些部分是經由馬克思重新潤飾過的論點，哪些是恩格斯原先設計提出的概念。

除了版本的脈絡之外，在《共產黨宣言》裡面還有一些細節值得留意，特別是有關於它的幾個〈序言〉。

原先，我在閱讀時的一個困擾是：爲什麼叫「共產黨宣言」而不叫「社會黨宣言」或者「社會主義宣言」？畢竟《共產黨宣言》後面批評的都是一些「社會主義者」。

在看了恩格斯在〈1890 年《共產黨宣言》德文版序言〉就提到，當時社會主義是一個負面標籤的名詞，爲了和這些人劃清界線，所以採用了《共產黨宣言》這樣的標題：

〔孫中興譯文〕
在 1847 年只有兩種人被視為社會主義者，一方面是信仰各種不同烏托邦系統的人，最著名的有英國的歐文派和法國的傅立葉派，在那個時候，他們都已經縮減成為一個宗派，逐漸銷聲匿跡；另一方面，是指各式各樣的社會騙子，他們企圖以他們的各種萬靈丹和偏方，希望在不影響資本和利潤的情況下，消除社會的各種罪惡……1847 年的社會主義代表著資產階級的運動，而共產主義是工人階級的運動。社會主義，至少在歐陸，是很受人尊敬的，而共產主義恰恰好相反。（馬克思和恩格斯，1972：244；Marx & Engels, 1951: 30; 1968: 33-34）

透過序文提供的資訊，也解決了我原先的問題。

《共產黨宣言》裡面其實分成幾個部分，常常有人說《共產黨宣言》的第一句話是「所有的歷史都是階級鬥爭史。」這是錯的。這其實是第二段的第一句話。

《共產黨宣言》眞正的第一句話是：「一個怪影在歐洲遊蕩── 共產主義的怪影。」（馬克思恩格斯，1958：465）。

早先版本的翻譯叫做怪影（Gespenst），現在多翻爲「幽靈」。

第二段才是經常被引用的「至今所有一切社會的歷史都是階級鬥爭的歷史。」（馬克思恩格斯，1958：465）

但這一句話其實是不周全的，甚至還是錯誤的，所以恩格斯在 1888 年英文版所加上的注釋是這麼說的：

即有文字可考的全部歷史。在 1847 年的時候，關於社會的史前狀態，即關於全部成文史以前的社會組織，幾乎還完全沒有人知道。後來，哈克斯特豪森發現了俄國的公社土地所有制，毛勒證明了這種所有制是一切日耳曼部落的歷史發展所由肇源的社會基礎，從而逐漸搞清楚，土地公有的村社乃是或者曾經是從印度起到愛爾蘭止各地社會的原始形態。最後，摩爾根發現了氏族的真正本質及其在部落中的地位，才把這個原始共產社會的典型的內部結構弄明白了。隨著這種原始公社的解體，社會開始分裂為各個獨特的、終於彼此對抗的階級。關於這個解體過程，我試圖在《*Der Ursprung der Familie, des Privateigentums und des Staats*》，2. Aufl.，Stuttgart，1886（「家庭、私有制和國家的起源」，1886年，斯圖加特，第二版）一書中加以探討。（馬克思恩格斯，1958：466，n2）

在歷史五大發展階段的設想裡，最原始的階段是沒有階級鬥爭的。所以，後來恩格斯才要附加這麼一個說明。

不過，這裡面存在著《共產黨宣言》特性的問題。宣言的特質並非嚴謹的學術著作，無須講話滴水不漏。所以用研究學術的立場去看待《共產黨宣言》，你會發現這樣不符合歷史的漏洞是很正常的。畢竟宣言的目的在於用平易近人的語言來激發群眾的情感，呼召眾人的認同。這也是爲什麼《共產黨宣言》翻譯成多國語言後，都能夠號召不同國家的人拋頭顱、灑熱血。這也是這份宣言重要意義之所在，以及成爲世界經典文獻的重要原因。

簡單來說，第二段的第一個部分是在處理階級分析，並說明爲什麼需要這場革命，而且這場革命有它歷史的根據——階級爲何是如此劃分的。

自由民和奴隸、貴族和平民、地主和農奴、行會師傅和幫工，簡短些說，壓迫者和被壓迫者，始終處於相互對抗的地位，進行不斷的，有時隱蔽、有時公開的鬥爭，而每一次鬥爭的結局，不是整個社會受到革命的改造，就是鬥爭的各階級同歸於盡。（馬克思恩格斯，1958：466）

但這其實是歐洲的歷史發展，所以爲了喚起情感，《共產黨宣言》裡面又概略地做了歷史上各階級的區分，不同的歷史階段就會有不同的階級：

在過去的各個歷史時代，我們幾乎到處都可以看到社會完全劃分為各個不同的等級，可以看到由各種不同的社會地位構成的整個階梯。在古代的羅馬，有貴族、騎士、平民和奴隸：在中世紀，有封建領主、陪臣、行會師傅、幫工和農奴，並且幾乎在每一個階級內部，有各種特殊的社會等第。

（馬克思恩格斯，1958：466）

那這不同的階級，最後因爲資本主義的出現而分裂，出現階級兩極化的現象，產生了兩大階級：無產階級和資產階級。

現今的這個時代，即資產階級時代，卻有一大特點，就是它使階級矛盾簡單化了：社會日益分裂為兩大敵對的陣營，即分裂為兩大相互直接對立的階級：資產階級和無產階級。（馬克思恩格斯，1958：466）

而對於資產階級及其前身：農奴→城市的自由居民→資產階級，這種階級的轉化是如何出現的，《共產黨宣言》也提供了相關說明：「從中世紀的農奴中間產生了初期城市的自由居民；從這個市民等級中間發展出最初的資產階級分子。」（馬克思恩格斯，1958：467）

組　織	成　員
封建或行會的工業組織	行會師傅
工場手工業	中層等級
現代大工業	現代資產者

資料來源：孫中興根據馬克思恩格斯（1958：467）整理製表。

如果從知識社會學的觀點來看，這是一個非常重要的觀點：組織常常跟某種階級有密切的關係。

而隨著組織的發展到現在國家，國家跟資產階級的關係，變成了管理委員會。「現代的國家政權只不過是管理整個資產階級共同事務的委員會罷了。」（馬克思恩格斯，1958：468）

這是他對於國家的看法，而對於家庭，資產階級將家庭變成金錢關係，「資產階級撕破了籠罩在家庭關係上面的溫情脈脈的紗幕，把這種關係變成了單純的金錢關係。」（馬克思恩格斯，1958：469）

這句話，對於從社會學角度來看，簡直怵目驚心，因爲資產階級幾乎將所有事物轉變成金錢關係，畢竟不再相信神了，而改相信的是金錢的力量。所以金錢可以支配一切。這雖然是個相對誇大的說法，但是仍舊掌握到資產階級的一個特性，不過請注意，資產階級並不是現在意義的中產階級，而比較偏向上層階級的意涵。

資產階級將生產和消費世界化。「資產階級既然榨取全世界的市場，這就使一切國家的生產和消費都成為世界性了。」（馬克思恩格斯，1958：469）

在1848年的《共產黨宣言》裡面，已經揭示了許多我們所處世界的光景了，非常具有前瞻性。下面的段落說得更現代：

> 舊的需要為新的需要所代替，舊的需要是用國貨就可以滿足的，而新的需要卻要靠非常遙遠的國家和氣候懸殊的地帶的產品才能滿足了。過去那種地方的和民族的關閉自守和自給自足狀態已經消逝，現在代之而起的已經是各個民族各方面互相往來和各方面互相依賴了。物質生產如此，精神的生產也是如此。各個民族的精神活動的成果已經成為共同享受的東西。民族的片面性和狹隘性已日益不可能存在，於是由許多民族的和地方的文學形成了一個世界的文學。」（馬克思恩格斯，1958：470）

這不只是在描述1848年的世界，在現今這樣的情況更加顯著，所以全球化的過程，不單是經濟層面的影響，在文學方面也逐漸形塑出一種新的樣貌。

資產階級正在雕刻著世界的樣貌。「〔資產階級〕按照自己的形象，為自己創造出一個世界。」（馬克思恩格斯，1958：470）

此處明顯地是仿用《聖經．創世紀》1：27-28節中所說：「上帝依照自己的形象造人。」

而這樣的觀點，與聖西蒙所提出的未來影響世界的三大族群：科學家、銀行家以及工業家的說法，不謀而合。甚至一直到現在爲止，這些確實是影響全球經濟走向的重要族群。

另外，爲了呈現整體結構，採用了上層建築和下層建築的相適應進一步說明：

> 封建的所有制關係，就不能再同已經發展的生產力相適應了……起而代之的是自由競爭和自由競爭相適應的社會政治制度，及資產階級在經濟上和政治上的統治。（馬克思恩格斯，1958：471）

同時也提到資產階級創造了自己的掘墓人：資產階級確實興起了，但也造就了無產階級的出現。「可是，資產階級不僅鍛造了置自身於死地的武器；同時它還造就

了將運用這武器來反對它自己的人——現代的工人，即無產者。」（馬克思恩格斯，1958：472）

這似乎成爲了一種無止盡的循環，但是這樣的惡性循環，最終結束在無產階級的勝利，也是全人類希望之處。「資產階級的滅亡和無產階級的勝利同樣是不可避免的。」（馬克思恩格斯，1958：479）

無產階級會吸納某些舊階級，這也是馬克思著名的階級分析之一：

> 中層等級的下層，即小工業家、小商人和小食利者、手工業者和農民——所有這些階級都降落到無產階級的隊伍裡來了，有的是因為他們的小資本不夠經營大工業，經不起大資本家競爭；有的是因為他們的專門技藝已經被新的生產方法弄得一文不值了。無產階級的隊伍就是這樣從居民中間的各個階級補充起來的。（馬克思恩格斯，1958：474）

任何馬克思主義者，不從事階級、文化、政治、經濟，這樣的宣稱大概就很難成立。而階級的分析有一個很大的問題，有研究階級的人大概都知道，有時候客觀情況與主觀情況是不相符合的。馬克思跟恩格斯就是這樣，階級地位並未能決定他們的意識。

中層階級的組成及其和資產階級和無產階級的關係：

> 中層階級，即小工業家、小商人、手工業者、農民，他們同資產階級作鬥爭，都只是為了挽救他們這種中層階級的生存，以免於滅亡。所以，他們不是革命的，而是保守的。不僅如此，他們甚至是反動的，因為他們力圖把歷史的車輪扭向後轉。如果說他們是革命的，那是指他們將轉入無產階級的隊伍裡來，那是指他們維護的不是他們目前的利益，而是他們將來的利益，那是指他們拋棄自己原來的觀點，而接受無產階級的觀點。（馬克思恩格斯，1958：476-477）

另外，還有流氓無產階級的出現：

> 流氓無產階級是舊社會最下層腐化的消極產物，他們雖然間或被無產階級革命捲進運動裡，但是他們的全部生活條件卻使他們更甘心被人收買，去

幹反動勾當。（馬克思恩格斯，1958：477）

同時也指出無產者在現代社會的一無所有，在如此嚴苛條件下，唯一能選擇的道路就是革命了：

> 舊社會的生活條件在無產階級的生活條件中間已經被消滅了。無產者是沒有私產的，他們和妻子兒女的關係是同資產階級的家庭關係完全不同的；現代的工業勞動，現代的資本壓迫，無論在英國或法國，也無論在美國或德國，都是一樣的，都已經使無產者失去任何民族性了。法律、道德和宗教，在他看來全都是掩蔽資產階級利益的資產階級偏見。（馬克思恩格斯，1958：477）

這也是日後任何革命或社會運動在號召群眾運動時，都會提供這樣一個美好願景。否則什麼也無法改變的話，又何必投入其中。

不過關於無產者在現代社會是一無所有的說法，此種修辭手法跟有些流行歌曲講法是類似的，雖然宣稱「一無所有」，其實很多人最後都還有自己，怎麼可能「一無所有」。

而共產主義有哪些特徵，根據《共產黨宣言》裡所言，至少有下面幾項：

> 第一個就是廢除私有制
> 共產主義的特徵，並不是要廢除一般的所有制，而是要廢除資產階級的所有制……從這個意義上說，共產黨人可以把自己的理論用一句話表示出來：消滅私有制。（馬克思恩格斯，1958：480）

「廢除私有制」有時候又可以翻譯成「廢除私有財產」。

第二個是「消滅家庭！」（馬克思恩格斯，1958：486）但這句話在修辭上是有問題的。「資產者原來是把自己的妻子僅僅當作一種生產工具看待的。」（馬克思恩格斯，1958：487）

嚴格來說，馬克思的太太似乎符合上述情況。在前一講次，馬克思的生平裡，我們可以很清楚地看到，燕妮不斷地處於懷孕生子與孩子死去的惡性循環中。而且「消滅家庭」確切的意思是要「消滅資產階級的家庭」，主要的理由如下：

我們的資產者不以他們無產者的妻子兒女受他們的支配為滿足，正式的娼妓就不必說了，他們還以互相誘姦妻子為其特別的快樂呢。（馬克思恩格斯，1958：487）

這種說法應該是有事實根據的。雖然《共產黨宣言》裡面很多的宣稱是蠻不「溫、良、恭、儉、讓」的，但是革命本來就不是請客吃飯，所以這邊就極度諷刺資產階級：「資產階級的婚姻實際上是公妻制。」（馬克思恩格斯，1958：487）

簡單來說，資產階級家庭在馬克思跟恩格斯看來，是當時的公妻制，而且資產階級是以無產階級的子女作爲他們的性滿足的工具，所以它要消滅這種萬惡的家庭，並不是要消滅一般家庭。可惜，很多人常常以偏概全，無法領悟其中的「撥亂反正」的邏輯。

所以延續第一點，一旦廢除私有制之後，資產階級也因此不存在，而上述這些狗屁倒灶的事情就一同消散了。此中單因結構的論述，以宣言此種文體來說，是非常容易達到宣傳的效果。這與學術研究不一樣，學術研究要考慮到很多相關的多元變項。

只是第三個問題就更難以處理了：「要廢除祖國和民族。工人沒有祖國。」（馬克思恩格斯，1958：487）

只是弔詭的是，後來歷史證明工人是有祖國的，而商人才是沒有祖國的。

但別忘了，這是「國際工人聯合會」的跨國工人組織，如果在那樣的場合，還強調工人有祖國，大概人都散光了吧！所以對於這句話的理解，應該是工人的利益是結合在一起的，而因爲工人是替資本家服務，而資本家本來就沒祖國了，所以你替他服務也是處於沒有祖國的狀態，是相對於資產者的情況而來的。

《共產黨宣言》當初期待的是由工人階級來發起革命，雖然歷史上後來發生的無論是蘇聯的革命，或中國的無產階級革命，但這些都是農民起義，而非馬克思跟恩格斯當時所期待的工人發起。

「人對人的剝削一消滅，民族之間的敵對關係就會隨之消失。」（馬克思恩格斯，1958：488）

歷史事實在這點上，與上面論述是有很明顯差別的，所以有些預言或宣言，查考歷史的時候，往往會發現因爲歷史的力量介入，導致許多事情並不會如原先所預期的方向前進。

以上是他對於階級的分析，而階級分析的基礎，來自於存在決定意識，這是相對於黑格爾提出「意識決定存在」的說法，也是馬克思主義裡一個著名的論斷：

> 人們的觀念、觀點、概念、簡短些說，人們的意識，是隨著人們的生活條件、人們的社會關係和人們的社會存在的改變而改變的——這一點難道需要有什麼特別的深奧思想才能了解嗎？思想的歷史，豈不是證明，精神生產是隨著物質生產的改造而改造的嗎？任何一個時代的統治思想都不過是統治階級的思想。（馬克思恩格斯，1958：488）

所謂的存在決定意識的論斷，就是把歷史唯物論做一個精簡的說明，即什麼樣的存在，決定什麼樣的意識，所以若是無產階級的存在，就會有無產階級的意識；資產階級的存在，就會有資產階級的意識。這點我們在上面已經說過了。

另外他對於政治權力有個定義，這定義影響深遠。他認爲政治權力的原義：「原來意義上的政治權力，是一個階級用以鎮壓另一個階級的有組織的暴力。」（馬克思恩格斯，1958：491）

這種鎮壓現象的描述適用於資產階級，而在無產階級的世界裡，則沒有這種問題，因爲沒有階級壓迫了。

後來的故事你都知道，無產階級最後把資產階級消滅掉，無產階級最後也會自己消滅掉，變成一個無階級的社會，這是《共產黨宣言》裡面最重要的講法。

但我們要再度強調，所謂無產階級最終會自我消滅，自我消滅一詞不是自殺，是最後會統治一切並昇華至另一個更好的境界。

> 如果說無產階級在反對資產階級的鬥爭中一定要團結成為階級，如果說它通過革命使自己成為統治階級，並以統治階級的資格運用暴力消滅舊的生產關係，那麼它在消滅這種生產關係的同時，就消滅階級對立存在的條件，就根本消除一切階級，從而也就一併消滅它自己這個階級的統治。（馬克思恩格斯，1958：491）

這是一個理想訴求，旨在告訴《共產黨宣言》的聽眾，給予一個應許之地的圖像與期待，也是革命的最終理想：「代替那存在著各種階級以及階級對立的資產階級舊社會的，將是一個以各個人自由發展為一切人自由發展條件的聯合體。」（馬克思恩格斯，1958：491）

接下來，提到有關於共產主義設施的部分，有關這部分其實在《共產主義原理》已經提到過了，今將共產主義的措施〔前後觀念的比較〕整理成表格如下：

《共產主義原理》	《共產黨宣言》
1. 用累進稅、高額遺產稅；取消旁系親屬（兄弟、侄甥等）繼承權、強制公債等來限制私有制。	2. 徵收高額累進稅。 3. 廢除繼承權。
2. 一部分用國營工業競爭的辦法，一部分直接用紙幣贖買的辦法，逐步剝奪土地私有者、廠主以及鐵路和海船所有者的財產。	1. 剝奪地產，把地租供國家支出使用。
3. 沒收一切流亡分子和舉行暴動反對大多數人民的叛亂分子的財產。	4. 沒收一切流亡分子和叛亂分子的財產。
4. 組織勞動或者讓無產者在國家的田莊、工廠、作坊中工作，這樣就會消除工人之間的相互競爭，並迫使殘存的廠主付出的工資跟國家所付出的一樣高。	
5. 直到私有制完全廢除為止，對社會的一切成員實行勞動義務制。成立產業軍，特別是農業方面的產業軍。	8. 實行普遍勞動義務制，成立產業軍，特別是在農業方面。
6. 通過擁有國家資本的國家銀行，把信貸系統和銀錢業集中在國家手裡。封閉一切私人銀行和錢莊。	5. 通過擁有國家資本和獨享壟斷權的國家銀行，把信貸集中在國家手裡。
7. 隨著國家所擁有的資本和工人數目的增加而增加國營工廠、作坊、鐵路、海路的數目，開墾一切荒地，改良已墾地的土質。	7. 增加國營工廠和生產工具數量，按照總的計畫來開墾荒地和改良土壤。
8. 所有的兒童，從能夠離開母親照顧的時候起，由國家機關公費教育。把教育和工廠勞動結合起來。	10. 對一切兒童實行公共的和免費的教育。取消現在這種工廠童工勞動。把教育同物質生產結合起來，等等。
9. 在國有土地上建築大廈，作為公民公社的公共住宅。公民公社將從事工業生產和農業生產，將結合城市和鄉村生活方式的優點而避免兩者的偏頗和缺點。	9. 把農業同工業結合起來，促使城鄉之間的差別逐步消滅。
10. 拆毀一切不合衛生條件的、建築得很壞的住宅和市街。	
11. 婚生子女和非婚生子女享有同等的遺產繼承權。	
12. 把全部運輸業集中在人民手裡。	6. 把全部運輸業集中在國家手裡。

資料來源：孫中興根據恩格斯（1958：367-368；Engels, 1969, 1971）及馬克思與恩格斯（1958：490）整理製表。

原先在《共產黨宣言》裡提出的措施，卻在非共產主義國家實行，歷史的發展有時候很詭譎。

這些共產主義的設施，已有若干成爲現在許多民主國家的政策，所以這已經不再是共產黨國家的專利，現在大部分的資本主義國家，皆實行不同程度的福利資本主義，甚至出現一些向社會主義靠攏的資本主義。至於社會主義向資本主義靠攏，也是潮流。

接下來最後一部分是對社會主義的分類。

大概從恩格斯在早期版本裡面就有對當時許多不同的社會主義進行分類，進而自認爲馬克思主義是科學的社會主義，而在當時，「科學」一詞是一個正面意義的符碼。

在這裡簡單提出三大類，分別是「反動的社會主義」、「保守的，或資產階級的社會主義」以及「批判的—烏托邦的社會主義」。

在第一類反動社會主義裡面，可再細分爲封建的社會主義、小資產階級的社會主義，以及德意志或「眞正的」社會主義，共蘊含了三種類型：

封建的社會主義，代表人物爲一部分法國正統主義者和「青年英國」。

而小資產階級的社會主義，其中的代表人物爲西斯蒙地。

另外一種德意志或「眞正的」社會主義，此處之所以強調「眞正的」，僅是自稱而已，而非眞正如此。

接下來第二大類是保守的，或資產階級的社會主義。「資產階級的社會主義歸結起來就是這樣一個論斷：資產者之為資產者，是為了工人階級的利益。」（馬克思恩格斯，1958：499）

第三類是批判的—烏托邦的社會主義。其中代表人物：聖西蒙、傅立葉、歐文（馬克思恩格斯，1958：500）。

上述的社會主義，皆爲馬克思及恩格斯所捨棄的路線。

原來恩格斯認爲德國無產階級太過溫馴，是沒有希望的，可是經過馬克思改寫以後，卻對德國無產階級有著另一種的期待：

> 共產黨人現在把自己的主要注意力集中在德國，是因為德國正處在資產階級革命的前夜，是因為德國將在整個歐洲文明更進步的條件下，具有比十七世紀的英國和十八世紀的法國更發展得多的無產階級去實現這個變革。所以，德國的資產階級革命一定要成為無產階級革命的直接序幕。

（馬克思恩格斯，1958：503-504）

此段意思簡單說，就是請德國的無產階級開始革命吧！打響第一槍，以號召世界一起革命，然後世界就會一片美好。

而共產黨人之所以公開目的爲何：

> 共產黨人認為隱瞞自己的觀點和意圖是可鄙的事情。他們公開宣布：他們的目的，只有用暴力推翻全部現存的社會制度才能達到。讓那些統治階級在共產主義革命面前顫抖吧。無產者在這個革命中失去的只是自己頸上的鎖鏈。而他們所獲得的卻是整個世界。（馬克思恩格斯，1958：504）

這裡完全不諱言暴力，同時這也是共產黨日後爲人所詬病之處。但是請問那個時代，沒有民主制度，你不選擇暴力你要用什麼？而現今已經有民主制度了，選擇暴力卻又是爲了什麼？

最後的段落，便出現最有名的話：「全世界無產者，聯合起來！」（馬克思恩格斯，1958：504）

「全世界無產者要聯合起來」。以前中共中央馬列編譯局的書都會在扉頁印這句話，事實上，這句話在歷史上確實也發揮過很大的作用。

六、Q & A 反思回顧

1. 馬克思說過：「人們在自己生活的社會生產中發生一定的（bestimmt）、必然的（notwendig）、不以他們的意志為轉移的關係（von ihrem Willen unabhängige Verhältnisse），即同他們的物質生產力（die materielle Produktivkräfte）的一定發展階段相適合的（entsprechen）生產關係（die Produktionsverhältnisse）。這些生產關係的總和構成社會的經濟結構（die öknomische Struktur der Gesellschaft），即有法律的和政治的上層建築（Überbau）豎立其上（erheben）並有一定的社會意識形式（die gesellschaftliche Bewußtseinsformen）與之相適應的（entsprechen）現實基礎（Basis）。物質生活的生產方式制約著（bedingen）社會生活、政治生活和精神生活的過程。」（馬克思和恩格斯，1972，第二卷：82）「一定的、必然的、不以他們的意志爲轉移的關係」是否也把無產階級的意志算在內？而「法律的和政治的上層建築」和「社會的意識形式」是分開的兩項上層建築嗎？（「上層建築的隔間」？）所以對於馬克思而言，「社會的意識形式」是否即「意識形態」？「豎立其上」和「與之相適應的」和下面所謂的「決定」是一樣的嗎？

2. 馬克思說過：「不是人們的意識決定（bestimmen）人們的存在，相反，是人們的社會存在決定人們的意識。」（Es ist nicht das Bewußtsein der Menschen, das ihr Sein, sondern umgekehrt ihr gesellschaftliches Sein, das ihr Bewußtsein bestimmt.）（馬克思和恩格斯，1972，第二卷：82）「意識」的內涵爲何？是否即上述的「上層建築」？「社會存在」的內涵如何？是否即上述的「基礎」？「決定」的轉圜餘地如何？
3.「社會的物質生產力發展到一定的（gewiß）階段，便同它們一直在其中活動的現存生產關係或財產關係（這只是生產關係的法律用語）發生矛盾。於是這些關係便由生產力的發展形式變成生產力的桎梏。那時社會革命的時代就到來了。隨著經濟基礎的變更，全部龐大的上層建築也或慢或快地發生變革。」（馬克思和恩格斯，1972，第二卷：82-83）文本中「一定的」具體的內涵爲何？如果「社會革命的時代就到來了」，那麼無產階級所扮演的角色爲何？導致革命「或快或慢」的決定因素爲何？
4. 如果依照階級與意識的觀點，在人的一生中，要以何種標準來界定階級，而此種界定是否爲一生不變的要素？
5. 馬克思與恩格斯兩人，考慮的不是個人的利益，而是以世界的關懷爲重點，因此在這樣的脈絡下，他們有哪些想法，是令你感到佩服的地方？
6. 現階段人類文明社會的發展，若要往更美好的方向進步時，還有什麼樣的選項是可以繼續努力的？

附錄一
馬克思和恩格斯合作的著作脈絡

《神聖家族，或對批判的批判所做的批判。駁布魯諾·鮑威爾及其伙伴》（***Die heilige Familie, oder Kritik der kritischen Kritik. Gegen Bruno Bauer und Konsorten***）

寫作時間：1844 年 9 月至 11 月

出版時間：1845 年出版單行本

1957 年收入《馬克思恩格斯全集》第二卷第 3-268 頁

目錄：

序言

第一章 以訂書匠的姿態出現的批判的批判或賴哈特先生所體現的批判的批判（**恩格斯**）（"Die kritische Kritik in Buchbindermeister-Gestalt" oder die kritische Kritik als Herr Reichardt）（von Engels）

第二章 體現爲《MÜHLEIGNER》的批判的批判或茹爾·法赫爾先生所體現的批判的批判（**恩格斯**）（"Die kritische Kritik" als "Mühleigner" oder die kritische Kritik als Herr Jules Faucher）（von Engels）

第三章 「批判的批判的徹底性」或榮（榮格尼茨？）先生所體現的批判的批判（**恩格斯**）（"Die Gründlichkeit der kritischen Kritik" oder die kritische Kritik als Herr J.（Jungnitz?）（von Engels）

第四章 體現爲認識的寧靜的批判的批判或埃德加爾先生所體現的批判的批判（"Die kritische Kritik" als die Ruhe des Erkennens oder die "kritische Kritik" als Herr Edgar）

(1) 弗洛拉·特莉斯坦的「工人聯合會」（**恩格斯**）（"Die Union ouvrière" der Flora Tristan）（von Engels）

(2) 貝羅論娼妓問題（**恩格斯**）（Béraud über die Freudenmädchen）（von Engels）

(3) 愛情（馬克思）（Die Liebe）（von Marx）

(4) 蒲魯東（馬克思）（Proudhon）（von Marx）

第五章 販賣祕密的商人所體現的批判的批判或施里加先生所體現的批判的批判（馬克思）（Die "kritische Kritik" als Geheimniskrämer oder die "kritische Kritik" als Herr Szeliga）（von Marx）

第六章 絕對的批判的批判或布魯諾先生所體現的批判的批判（Die absolute kritische Kritik oder die kritische Kritik als Herr Bruno）

(1) 絕對批判的第一次征討（馬克思）（Erster Feldzug der absoluten Kritik）（von Marx）

(2) 絕對批判的第二次征討（Zwiter Feldzug der absoluten Kritik）

(a) 辛利克斯，第二號，「批判」和「費爾巴哈」：對哲學的譴責（**恩格斯**）（Hinrichs Nr. II. Die "Kritik" und "Feuerbach," Verdammung der Philosophie）（von Engels）

(b) 猶太人問題，第二號：關於社會主義、法學和政治學（民族性）的批判的發現

（馬克思）（Die Judengrage, Nr. II. Kritische Entdeckungen über Sozialismus, Jurisprudenz und Politik（Nationalität））（von Marx）

(3) 絕對批判的第三次征討（馬克思）（Dritter Feldzug der absoluten Kritik）（von Marx）

第七章 批判的批判的通訊（Die Korrespondenz der kritischen Kritik）

(1) 批判的群眾（馬克思）（Die kritische Masse）（von Marx）

(2)「非批判的群眾」和「批判的批判」（Die "unkritische Masse" und die "kritische Kritik"）

(a)「冥頑不寧的群眾」和「不知足的群眾」（馬克思）（Die "verstockte Masse" und die "unbefriedigte Masse"）（von Marx）

(b)「軟心腸的」和「求救的」群眾（**恩格斯**）（die "weichherzige" und "erlösungsbedürftige" Masse）（von Engels）

(c) 天恩之降臨於群眾（馬克思）（Der Gnadendurchbruch der Masse）（von Marx）

(3) 非批判的批判的群眾或「批判」和「柏林學社」（馬克思）（die unkritisch-kritische Masse oder die Kritik und die "Berliner Couleur"）（von Marx）

第八章 批判的批判之周遊世界和變服微行，或蓋羅爾施坦公爵魯道夫所體現的批判的批判（馬克思）（Weltgang und Verklärung der "kritischen Kritik" oder "die kritische Kritik" als Rudolph, Fürst von Geroldstein）（von Marx）

第九章 批判的末日的審判（馬克思）（Das kritische jüngste Gerischt）（von Marx）

《德意志意識形態》（*Die deutsche Ideologie*）

寫作時間：1845 年 9 月到 1846 年夏

出版時間：兩人生前找不到出版社出版

1932 年由莫斯科的馬恩研究所出版全文本

1965 年由莫斯科的馬列研究所出版英文全譯本

1938 年郭沫若中文節譯本〔1988 年臺灣重印本〕

1960 年收入《馬克思恩格斯全集》第三卷第 11-640 頁

目錄：

【第一卷】

對費爾巴哈、布·鮑威爾和施蒂納所代表的現代德國哲學的批判（Kritik der neuesten deutschen Philosophie in ihren Repräsentaten Feuerbach, B. Bauer und Stirner）

序（Vorrede）

I 費爾巴哈（Feuerbach）

II 聖布魯諾（Sankt Bruno）

III 聖麥克斯（Sankt Max）

【第二卷】

對各式各樣先知所代表的德國社會主義的批判（Kritik des deutschen Sozialismus in seinen verschiedenen Propheten）

「眞正的社會主義」（Der wahre Sozialismus）

I《萊茵年鑑》或是「眞正的社會主義」的哲學（Die "Rheinischen Jahrbücher" oder Die Philosophie des wahren Sozialismus）

IV卡爾・格律恩：《法蘭西和比利時的社會運動》（1845年達姆斯塔德版）或「眞正的社會主義」的歷史編纂學（Karl Grün: "Die soziale Bewegung in Frankreich und Belgien" (Darmstadt 1845) oder Die Geschlichtschreibung des wahren Sozialismus）

V「霍爾斯坦的格奧爾格・庫爾曼博士」或「眞正的社會主義」的預言（"Der Dr. Georg Kuhlmann aus Holstein" oder Die Propheten des wahren Sozialismus）

附註：此書第一章的編輯，英文版《全集》（*Karl Marx and Frederick Engels: Collected Works*）和德文版《作品集》（*Marx/Engels Werke*）有不同，見 Hal Draper (1985). *The Marx-Engels Register.* New York: Schocken Books. p.10.。

《共產黨宣言》（*Manifest der kommunistischen Partei*）

寫作時間：1847年12月到1848年1月

出版時間：1848年2月以德文在倫敦發表
1908年民鳴中文節譯本
1920年陳望道中文全譯本
1965年中譯本收入《馬克思恩格斯全集》第四卷
1998年4月《當代》出現新中文譯本
1998年香港新苗出版社版
1999年孫善豪節譯本，收入其所編《馬克思：作品選讀》
2001年唐諾翻譯說明《共產黨宣言》
2004年管中琪和黃俊龍合譯《共產黨宣言》

目錄：

I 資產者和無產者（Bourgeois und Proletarier）

II 無產者和共產黨人（Proletarier und Kommunisten）

III社會主義的和共產主義的文獻（Sozialistische und kommunististische Literatur）

1. 反動的社會主義（Der reaktionäre Sozialismus）
   A. 封建的社會主義（Der feudale Sozialismus）
   B. 小資產階級的社會主義（Kleinbürgerlicher Sozialismus）
   C. 德國的或「眞正的」社會主義（Der deutsche oder der "wahre" Sozialismus）
2. 保守的或資產階級的社會主義（Der konservative oder Bourgeoissozialismus）
3. 批判的空想的社會主義和共產主義（Der kritisch-utopische Sozialismus und Kommunismus）

IV共產黨人對各種反對黨派的態度（Stellung der Kommunisten zu den verschiedenen oppositionellen Parteien）

附錄二
馬克思和恩格斯各版歷史唯物論比較

		馬恩 1845	馬 1857-1858	馬 1859	恩 1880	恩 1890
結構論	因素	生產力 生產方式 市民社會 物質實踐		基礎 社會的經濟基礎		基礎 經濟結構
		社會狀況 交往形式 上層建築 （Superstruktur）		上層建築／結構 （Überbau）		上層建築／結構
		宗教				
		哲學				哲學
		道德				法律
				法律		宗教
				政治		政治
						教義
		意識 意識形式		社會的意識形式		
	關係	制約 相適應的		豎立其上 相適應的		相互作用
		並不是意識決定生活，而是生活決定意識。		不是人們的意識決定人們的存在，相反，是人們的社會存在決定人們的意識。		根據唯物史觀，真實生活的生產和再生產是歷史的最終決定要素
歷史論	主題	所有制形式	所有制形式	生產方式	歷史演化	
	I	部落所有制	亞細亞所有制	亞細亞	中世紀社會	
	II	古代公社所有制和國家所有制	古代所有制	古代	資本主義革命	
	III	封建的或等級的所有制	日耳曼所有制	封建	無產階級革命	
	IV			資本主義		

附註：

馬恩 1845——《德意志意識形態》：提到階級在造成革命的關鍵性地位

馬 1857-1858——《大綱》或《經濟學手稿（1857-1858 年）》

馬 1859——《政治經濟學批判大綱》〈序〉：未提及階級的關鍵性地位

恩 1880——《社會主義從空想到科學的發展》

恩 1890——〈恩格斯致布洛赫（1890 年 9 月 21-22 日）〉：上下層相互影響、經濟是最終的決定因素（「歷史終經論」）

附錄三
馬恩對於歷史唯物論的貢獻兩人歷年說法的整理

年代 作者與作品	馬克思的說法	恩格斯的說法
1852 馬克思 〈馬克思致約．魏德邁〉	自己的三項發現（階級和歷史階段的聯繫，但未明說是唯物史觀）	
1859 馬克思 《政治經濟學批判》〈序〉	兩人獨立發現 「自從弗里德里希．恩格斯批判經濟學範疇的天才大綱（在《德法年鑑》上）發表以後，我同他不斷通信交換意見，他從另一條道路（參看他的《英國工人階級的狀況》得出同我一樣的結果，當 1845 年春他也住在布魯塞爾時，我們決定共同闡明我們的見解與德國哲學的意識形態的見解的對立，實際上是把我們從前的哲學信仰清算一下……。」 （馬克思和恩格斯，1995b：33-34）	
1866 7 月 7 日 馬克思致恩格斯	我們 「我們的關於生產資料決定勞動組織的理論，在哪裡能比在殺人工業中得到更為明顯的證實呢？你的確值得費一些力氣來寫點這方面的東西（我缺乏這方面的知識），我可以把你寫的東西署上你的名字放在我的書中作為附錄。請你考慮一下。如果這樣做的話，那就應當放在第一卷裡，在那裡我專門探討了這個題目。你可以了解，如果你能在我的主要著作（到目前為止，我只寫了些小東西）中直接以合著者的身分出現，而不是被徵引者，這會使我多麼高興。」（馬克思和恩格斯，1996d：574）	

年代 作者與作品	馬克思的說法	恩格斯的說法
1870 恩格斯 《德國農民戰爭》〈1870 年第二版序言〉		馬克思 「這個唯一唯物主義的歷史觀不是由我，而是由馬克思發現的。」（馬克思和恩格斯，1995b：623；恩格斯，2009：204）
1880 恩格斯 《社會主義從空想到科學的發展》		馬克思 「這兩個偉大的發現——唯物主義歷史觀和通過剩餘價值揭開資本主義生產的祕密，都應該歸功於馬克思。」（馬克思和恩格斯，1995c：740）
1883 恩格斯 《共產黨宣言》〈1883 年德文版序言〉		馬克思
1884 恩格斯《家庭、私有制和國家的起源》〈第一版序言〉	兩種說法，馬克思的和兩人共有的 「以下各章，在某種程度上是實現遺願。不是別人，正是卡爾·馬克思曾打算聯繫**他的——在某種限度內我可說是我們兩人的——唯物主義歷史研究**所得出來的結論來闡述摩爾根的研究成果，並且只是這樣來闡明這些成果的全部意義。」 （馬克思和恩格斯，1995d：1）	
1885 恩格斯 〈關於共產主義者同盟的歷史〉		馬克思 「當我 1844 年夏天在巴黎拜訪馬克思時，我們在一切理論領域中都顯出意見完全一致，從此就開始了我們的共同的工作……但是這個在史學方面引起變革的發現，這個正如我們所看到的主要是馬克思作出而我只能說參加了很少一部分工作的發現……」（馬克思和恩格斯，1995d：196）
1885（兩種說法之一）		馬克思 「順便指出：本書所闡述的世界觀，絕大部分是由馬克思確立和闡發的，而只有極小的部分是屬於我的。所以，我的這部著作不

年代 作者與作品	馬克思的說法	恩格斯的說法
		可能在他不了解的情況下完成，這在我們相互之間是不言而喻的……**在各種專業上互相幫助，這早就成了我們的習慣**。」（馬克思和恩格斯，1995c：347）〔我的強調〕
1885（兩種說法之二） 恩格斯 《反杜林論》〈三個版本的序言〉	一起 「馬克思和我，可以說是把自覺的辯證法從德國唯心主義哲學中拯救出來並用於唯物主義的自然觀和歷史觀的唯一的人。」（馬克思和恩格斯，1995c：349）	
1888 恩格斯 《路德維希·費爾巴哈和德國古典哲學的終結》〈1888 年單行本序言〉		馬克思 「馬克思在《政治經濟學批判》（1859 年柏林版）的序言說，1845 年我們兩人在布魯塞爾著手『共同闡明我們的見解』── 主要是由馬克思制定的唯物主義歷史觀……」（馬克思和恩格斯，1995d：211）
1888 恩格斯 《共產黨宣言》〈1888 年英文版序言〉 （兩種說法）		一起 「我們兩人早在 1845 年前的幾年中就已經逐漸接近了這個思想。當時我個人獨自在這方面達到什麼程度，我的《英國工人階級狀況》一書就是最好的說明。但是到 1845 年春我在布魯塞爾再次見到馬克思時，他已經把這個思想考慮成熟，並且用幾乎像我在上面所用的那樣明晰的語句向我說明了。」（馬克思和恩格斯，1995a：257-258） 馬克思 「雖然《宣言》是我們兩人共同的作品，但我認為自己有責任指出，構成《宣言》核心的基本思想是屬於馬克思的……」（馬克思和恩格斯，1995a：257）

年代 作者與作品	馬克思的說法	恩格斯的說法
1893 恩格斯 〈致弗・梅林〉		馬克思 「如果說我有什麼異議，那就是您加在我身上的功績大於應該屬於我的，即使我把我經過一定時間也許會獨立發現的一切都計算在內也是如此，但是這一切都已經由眼光更銳利、眼界更開闊的馬克思早得多地發現了。如果有一個人能有幸和馬克思這樣的人一起工作 40 年之久，那麼他在後者在世時通常是得不到他以為應當得到的承認的，後來，偉大的人物逝世了，那個平凡的人就很容易得到過高的評價——在我看來，現在我的處境正好是這樣。歷史終會把一切都納入正軌，到那時那人已經幸運地長眠於地下，什麼也不知道了。」（馬克思和恩格斯，1995d：725）

參考文獻

中文文獻

《德漢詞典》編寫組（1987）。《德漢詞典》。上海：上海譯文出版社。

馬克思（1962）。〈政治經濟學批判〉。收入《馬克思恩格斯全集》，第 13 卷。中共中央馬克思恩格斯列寧史達林著作編譯局譯。北京：人民出版社。第 7-11 頁。

馬克思和恩格斯（1957）。《馬克思恩格斯全集》，第 2 卷。中共中央馬克思恩格斯列寧史達林著作編譯局譯。北京：人民出版社。

馬克思和恩格斯（1958）。〈共產黨宣言〉。收入《馬克思恩格斯全集》，第 4 卷。中共中央馬克思恩格斯列寧史達林著作編譯局譯。北京：人民出版社。第 459-504 頁。

馬克思和恩格斯（1960）。《德意志意識形態》。收入《馬克思恩格斯全集》，第 3 卷。中共中央馬克思恩格斯列寧史達林著作編譯局譯。北京：人民出版社。第 11-640 頁。

馬克思和恩格斯（1972）。〈共產黨宣言〉。收入《馬克思恩格斯選集》，第 1 卷。中共中央馬克思恩格斯列寧史達林著作編譯局譯。北京：人民出版社。第 228-286 頁。

馬克思和恩格斯（1972）。〈社會主義從空想到科學的發展〉。收入《馬克思恩格斯選集》，第 3 卷。中共中央馬克思恩格斯列寧史達林著作編譯局譯。北京：人民出版社。第 376-443 頁。

馬克思和恩格斯（1972）。〈費爾巴哈：唯物主義觀點和唯心主義觀點的對立（《德意志意識形態》第一卷第一章）〉。收入《馬克思恩格斯選集》，第 1 卷。中共中央馬克思恩格斯列寧史達林著作編譯局譯。北京：人民出版社。第 20-85 頁。

馬克思和恩格斯（1972）。《馬克思恩格斯選集》，第 4 卷。中共中央馬克思恩格斯列寧史達林著作編譯局譯。北京：民出版社。

馬克思和恩格斯（1979）。《馬克思恩格斯全集》，第 46 卷（上冊）。中共中央馬克思恩格斯列寧史達林著作編譯局譯。北京：人民出版社。

馬克思和恩格斯（1990）。《1844 年經濟學哲學手稿》。伊海宇譯。臺北：時報文化。

郭繼嚴（1988）。〈《資本論》手稿簡介〉。宋濤主編，《〈資本論〉辭典》。山東：人民出版社。第 1067-1074 頁。

費爾巴哈（1984）。《基督教的本質》。榮震華譯。北京：商務印書館。

趙洪（1988）。〈《資本論》年表〉。宋濤主編，《〈資本論〉辭典》。山東：人民出版社。第 1100-1125 頁。

劉炎、張鐘朴、耿睿勤（1988）。〈《資本論》版本〉。宋濤主編，《〈資本論〉辭典》。山東：人民出版社。第 1074-1100 頁。

外文文獻

Karl Marx and Frederick Engels (1951). Manifest der kommunistischen Partei. In *Karl Marx/Friedrich Engels: Ausgewählte Schriften*. Bd. 1. Berlin: Dietz. pp. 14-72.

Karl Marx and Frederick Engels (1968). Manifesto of the Communist Party. In *Karl Marx and*

Frederick Engels: Selected Works in One Volume. New York: International Publishers. pp. 35-63.

Karl Marx and Frederick Engels (1971). Manifest der kommunisten Partei. In *Karl Marx/Friedrich Engels: Werke*. Bd. 4. Berlin: Dietz. pp. 459-493.

Karl Marx and Friedrich Engels (1951/1988). *Ausgewählte Schriften in zwei Bänden*. Bd. I. Berlin: Dietz Verlag.

Karl Marx and Friedrich Engels (1967). *Werke*. Bd. 3. Berlin: Dietz Verlag.

Karl Marx and Friedrich Engels (1970). Die heilige Familie. In *Karl Marx/Friedrich Engels: Werke*. Vol. 2. Berlin: Dietz. pp. 1-223.

Karl Marx and Friedrich Engels (1970/1987). *Ausgewählte Werke in sechs Bänden*. Bd. 1. Berlin: Dietz Verlag.

Karl Marx and Friedrich Engels (1975). *The Holy Family. Or Critique of Critical Criticism: Against Bruno Bauer and Company* (2nd Revised Edition). Trs. by Richard Dixon and Clemens Dutt. Moscow: Progress Publishers.

Karl Marx and Friedrich Engels (1976). *The German Ideology*. Moscow: Progress Publishers.

Karl Marx und Friedrich Engels (1932). *Gesamtausgabe*. Erste Abteilung. Bd. 3. Berlin: Marx-Engels Verlag.

Karl Marx und Friedrich Engels (1983). *Karl Marx/Friedrich Engels: Werke*. Bd. 42. Berlin: Dietz Verlag.

第七講

恩格斯
（Friedrich Engels）

我們這一講次要談論的是恩格斯（Friedrich Engels）。我之所以特別將恩格斯別立一講是因爲有他獨特的貢獻。我們這一講次會介紹恩格斯有關於他對政治經濟學的研究、階級研究、家庭與性別、異化的看法、歷史唯物論、共產主義的內涵界定以及自然辯證法。

一、政治經濟學

恩格斯在認識馬克思之前，自己寫了一篇有關政治經濟的文章〈國民經濟學批判大綱〉，寫作時間在 1843 年 9 月底或 10 月初到 1844 年 1 月中旬，發表於 1844 年 2 月的《德法年鑑》。

馬克思在看完這篇文章後，就覺得恩格斯寫得非常好。根據中文新版《馬克思恩格斯全集》的編輯對馬克思的推測：

> 大概在寫完《1844 年經濟學哲學手稿》筆記本 I 之後，對恩格斯這篇文章作了摘要，並在〈序言〉中把它列為「內容豐富而有獨創性的」德國著作。1859 年，馬克思還在《政治經濟學批判》的〈序言〉中稱讚它是「批判經濟學範疇的天才大綱」。（馬克思和恩格斯，2002：696，n182）

後來這個文章的名字變成馬克思在後來的政治經濟學著作的一個主標題，或是副標題。恩格斯此後就不再從事政治經濟學的研究。直至馬克思過世後，恩格斯才又開始重新探討原先政治經濟學的相關問題。

這一篇文章，其實討論的不是我們現在所說的經濟學的內容，而是採用知識社會學的分析，說明這樣的知識爲什麼會出現。恩格斯先從國民經濟學產生的社會背景脈絡開始說明：

> 國民經濟學的產生是商業擴展的自然結果，隨著它的出現，一個成熟的允許詐欺的體系、一門完整的發財致富的科學代替了簡單的不科學的生意經。（馬克思和恩格斯，2002：696，n182）

在此處的「國民經濟學」是翻譯德文的 Nationalökonomie，一般翻譯成「政治經濟學」。另外根據中文新版《馬克思恩格斯全集》第 3 卷中的說明：

> 國民經濟學是當時德國人對英國人和法國人稱做政治經濟學的資產階級政治經濟學採用的概念。德國人認為政治經濟學是一門系統地研究國家應該採取哪些措施和手段來管理、影響、限制和安排工業、商業和手工業，從而使人民獲得最大福利的科學。因此，政治經濟學也被等同於國家學（Staatswissenschaft）。英國經濟學家亞當・斯密認為，政治經濟學是關於物質財富的生產、分配和消費的規律的科學。隨著斯密主要著作的問世及其德譯本的出版，在德國開始了一個改變思想的過程。有人認為可以把斯密提出的原理納入並從屬於德國人界定為國家學的政治經濟學。另一派人則竭力主張把兩者分開。路・亨・馮・雅科布和尤・馮索登在 1805 年曾作了兩種不同的嘗試，但都試圖以一門獨立的學科形式來表述一般的經濟學原理，並都稱其為「國民經濟學」。（馬克思和恩格斯，2002：696，n182）

我們可以得知他對於當時流行的政治經濟學或者國民經濟學的態度是非常不以爲然的。「一個成熟允許詐欺的體系」是十分強烈的批判，和馬克思的辛辣文風是很類似。這是一個很值得注意的關鍵點，肇因於他認爲國民經濟學興起背後的忌妒、貪婪、自私、自利的社會心理。「這種從商人的彼此妒忌和貪婪中產生的國民經濟學或發財致富的科學，在額角上帶有最令人厭惡的自私自利的烙印。」（恩格斯，2002：442）

對恩格斯來說，國民經濟學儼然有著「披著學術的外皮」同時卻包藏著「自私的基因」的想法，同時也揭露十九世紀以歐洲爲中心，逐漸拓展至各地的帝國主義與資本主義結合的世界局勢。

> 當時一切基於商業角逐而引起的戰爭就時時露出這種貪財和自私。這種戰爭也表明：貿易和掠奪一樣，是以強權為基礎的；人們只要認為哪些條約最有利，他們就甚至會昧著良心使用詭計或暴力強行訂立這些條約。（恩格斯，2002：443）

恩格斯在這裡已經明白戳破了「帝國主義世界市場」的假面具，同時他也對國民經濟學進行批判，認爲國民經濟學不敢去面對「私有制合理化的問題」，意指國民經濟學是爲資產階級服務的，因此它的理論都是「詭辯和僞善」。他批判道：

> 唯物主義不抨擊基督教對人的輕視和侮辱，只是把自然界當作一種絕對的東西來代替基督教的上帝而與人相對立；政治學沒有想去檢驗國家的各個前提本身；經濟學沒有想去過問私有制合理性的問題。因此新的經濟學只前進了半步；它不得不背棄和否認它自己的前提，不得不求助於詭辯和偽善，以便掩蓋它所陷入的矛盾，以便得出那些不是由它自己的前提而是由這個世紀的人道精神得出的結論。這樣，經濟學就具有仁愛的性質；它不再寵愛生產者，而轉向了消費者了；它假惺惺地面對重商主義體系的血腥恐怖表示神聖的厭惡，並且宣布商業是各民族、各個人之間的友誼和團結的紐帶。（恩格斯，2002：443-444）

顯然這是兩種僞善、前後不一貫和不道德的體系，他還認爲：

> 與這種偽善的博愛相對立的馬爾薩斯人口論，這種理論是迄今存在過最粗陋最野蠻的體系，是一種徹底否定關於仁愛和世界公民的一切美好言詞的絕望體系；這些前提創造並發展了工廠制度和現代奴隸制度，這種奴隸制度就它的無人性和殘酷來說不亞於古代的奴隸制度。新的經濟學，即以亞當・斯密的《國富論》為基礎的自由貿易體系，也同樣是偽善、前後不一貫和不道德的。這種偽善、前後不一貫和不道德目前在一切領域中與自由的

人性處於對立的地位。（恩格斯，2002：444）

此處恩格斯清楚區分出兩種他所要批判的對象，分別爲馬爾薩斯《人口論》中這種「最粗陋最野蠻的體系」與亞當．斯密《國富論》中的「僞善的博愛」的體系。在這段敘事中，很清楚是要成立一種尊重「自由的人性」的國民經濟學體系，就應該「廢除私有制的」體系，而絕對不是當時發展出來的那種「工廠制度」和「現代奴隸制度」。他指出：

可是，難道說亞當．斯密的體系不是一個進步嗎？當然是進步，而且是一個必要的進步。為了使私有制的真實的後果能夠顯露出來，就有必要摧毀重商主義體系連同它的壟斷以及它對商業關係的束縛；為了使當代的鬥爭能夠成為普遍的人類的鬥爭，就有必要使所有這些地域的和國家的小算盤退居次要的地位；有必要使私有制的理論拋棄純粹經驗主義的、僅僅是客觀主義的研究方法，並使它具有一種也對結果負責的更為科學的性質，從而使問題涉及全人類的範圍；有必要通過否定舊經濟學中包含的不道德這種嘗試和通過這種由此產生的偽善——這種嘗試的必然結果——而使這種不道德達於極點。這一切都是理所當然的。我們樂於承認，只有通過貿易自由的建立和實現，我們才有可能超越私有制的經濟學，然而我們同時也該有權指出，這種貿易自由就其全部理論和實踐來說是毫無用處的。（恩格斯，2002：444-445）

這段話的重點在於指出：要暴露出舊經濟學包含的不道德，以及由此產生的僞善，才可能建立和實現眞正的貿易自由。

恩格斯在這裡諷刺舊經濟學的進步，特別是諷刺亞當．斯密的「新經濟學」的「貿易自由」理論：雖然理論進步了，但卻是「毫無用處的」；始終未能眞正建立和實現以「自由的人性」爲基礎的「貿易自由」，所以也沒能超越「私有制的經濟學」。同時他也對近代經濟學家的理論與誠實間的關係，進行了一個嚴厲的審視：

時代每進一步，為把經濟學保持在時代的水平上，詭辯術就必然提高一步。因此，比如說，李嘉圖的罪過比亞當．斯密大，而麥克庫洛赫和穆勒的罪過又比李嘉圖大。（恩格斯，2002：445）

面對這樣有缺陷的理論，以及未能擺脫社會結構限制的學說，恩格斯針對近代經濟學的限制及超越提出一些看法，認爲應該從「純粹人的、普遍的基礎」出發，就是要擺脫只從資產階級立場出發的兩種體系，否則理論學說如何進步，在恩格斯的眼中看來，新的經濟學比舊的還要糟糕，兩者半斤八兩，皆是爲資本主義體制張目。

> 近代經濟學甚至不能對重商主義體系作出正確的評判，因為它本身就帶有片面性，而且還受到重商主義體系的各個前提的拖累。只有擺脫這兩種體系的對立，批判這兩種體系的共同前提，並從純粹人的、普遍的基礎出發來看問題，才能夠給這兩種體系指出它們的真正地位。那時大家就會明白，貿易自由的捍衛者是一些比舊的重商主義者本身更惡劣的壟斷者。那時大家就會明白，在新經濟學家的虛偽的人道背後隱藏著舊經濟學家聞所未聞的野蠻；舊經濟學家的概念雖然混亂，與攻擊他們的人的口是心非的邏輯比較起來還是單純的、前後一貫的；這兩派中任何一派對另一派的指責，都不會不落到自己頭上。（恩格斯，2002：445）

對恩格斯而言，在這樣基礎條件的限制，以此爲前提，便可以推論或猜想得到自由主義經濟學所謂的進步，也不過就是詳細地說明或發現私有制的各種規律。「自由主義經濟學達到的唯一肯定的進步，就是闡述了私有制的各種規律。」（恩格斯，2002：446）

恩格斯本文的第二部分討論的是亞當・斯密名著上標舉的「國民財富」：

> 國民財富這個用語是由於自由主義經濟學家努力進行概括才產生的。只有私有制存在一天，這個用語便沒有任何意義。英國人的「國民財富」很多，他們卻是世界上最窮的民族。人們要麼完全拋棄這個用語，要麼採用一些使它具有意義的前提。國民經濟學，政治經濟學，公經濟學等用語也是一樣。在目前的情況下，應該把這種科學稱為私經濟學，因為在這種科學看來，社會關係只是為了私有制而存在。（恩格斯，2002：446）

私有制是國民經濟學肯定不疑的前提，也就是說「私有制」是國民經濟學假設或直接認定爲眞的公理。

接著第三部分討論的是商業。對恩格斯而言，當整個社會以一個可能爲錯誤的信念作爲經濟活動的一切基礎時，那麼商業活動對於他而言，變成了一種合法的詐欺：

> 私有制產生的最直接的結果就是商業，即彼此交換必需品，亦即買和賣。在私有制的統治下，這種商業與其他一切活動一樣，必然是經商者收入的直接來源；就是說，每個人必然要儘量設法賤買貴賣。因此，在任何一次買賣中，兩個人總是以絕對對立的利益相對抗；這種衝突帶有勢不兩立的性質，因為每一個人都知道另一個人的意圖，知道另一個人的意圖是和自己的意圖相反的。因此，商業所產生的第一個後果是：一方面互不信任，另一方面為這種互不信任辯護，採取不道德的手段來達到不道德的目的。例如：商業的第一條原則就是對一切可能降低有關商品的價格的事情都絕口不談，祕而不宣。由此可以得出結論：在商業中允許利用對方的無知和輕信來取得最大利益，並且也同樣允許誇大自己的商品本來沒有的品質。總而言之，商業是合法的欺詐。任何一個商人，只要他說實話，他就會證明實踐是符合這個理論的。（恩格斯，2002：447）

這裡對於資本主義商業體制眞是痛恨到了極點，好像現代新聞媒體對於黑心商業的報導。當然對於商業這樣控訴，必會有眾多聲音的反彈，對此他是這麼回應的：

> 偽君子叫道：難道我們沒有打倒壟斷的野蠻嗎？難道我們沒有把文明帶往世界上遙遠的地方嗎？難道我們沒有使各民族建立起兄弟般的關係並減少了戰爭次數嗎？不錯，這一切你們都做了，然而你們是怎樣做的啊！你們消滅了小的壟斷，以便使一個巨大的根本的壟斷，即私有制，更自由地、更不受限制地起作用；你們把文明帶到世界各個角落，以便贏得新的地域來擴張你們卑鄙的貪欲；你們使世界各民族建立起兄弟般的關係——但這是盜賊的兄弟情誼；你們減少了戰爭次數，以便在和平時期賺更多的錢，以便使各個人之間的敵視、可恥的競爭戰爭達到極端尖銳的地步！你們什麼時候做事情是從純粹的人道出發，是從普遍利益和個人利益之間對立毫無意義這種意識出發的呢？你們什麼時候講過道德，什麼時候不圖謀私利，不在心底隱藏著一些不道德的、利己的動機呢？（恩格斯，2002：448-449）

若從我們自身近代歷史脈絡，無論是西風東漸或是日本黑船事件等等，近代亞洲自十九世紀後，逐漸成為世界的邊緣地位來看，恩格斯這段話確實是有道理的。

有關於價值的部分，恩格斯一針見血地指出「商業形成的第一個範疇是價值。」（恩格斯，2002：449）

同時對價值進行界定分類，將其分為抽象價值或實際價值與交換價值。「靠對立營生的經濟學家當然也有一種雙重的價值：抽象價值或實際價值與交換價值。」（恩格斯，2002：449）

馬克思後來在《資本論》中也一開始就區分了使用價值和交換價值這兩類。

恩格斯進一步區分實際價值（抽象價值）的兩種立場，分別為生產費用和物品的效用：

> 關於實際價值的本質，英國人和法國人薩伊進行了長期的爭論。前者認為生產費用是實際價值的表現，後者則說什麼實際價值要按物品的效用來測定。這個爭論從本世紀初開始，後來停息了，沒有得到解決。這些經濟學家是什麼問題也解決不了的。（恩格斯，2002：449-450）

雖然這段話中並沒有提出英國經濟學家的名字，可是在下一段中就直接點出是麥克庫洛赫和李嘉圖。恩格斯在下面的段落中對兩方的立場都有更詳細的敘述和反駁。藉由這樣的論述，便勾勒出「價值—生產費用—效用」的關係：

> 物品的價值包含兩個因素，爭論的雙方都要強行把這兩個因素分開，但正如我們所看到的，這是徒勞的。價值是生產費用對效用的關係。價值首先是用來決定某物是否應該生產，即這種物品的效用是否能抵償生產費用。然後才談得上運用價值來進行交換。如果兩種物品的生產費用相等，那麼效用就是確定它們的比較價值的決定因素。（恩格斯，2002：451）

私有制的關鍵地位便是建立在此基礎之上：

> 不消滅私有制，就不可能消滅物品固有的實際效用和這種效用的規定之間的對立，以及效用的規定和交換者自由之間的對立；而私有制一旦被消滅，就無須再談現在這樣的交換了。到那時候，價值概念的實際運用就會越來越限於決定生產，而這也是它真正的活動範圍。（恩格斯，2002：451-452）

這段敘述隱含著另一層意思，即資本主義制度下才有這種對價值的不同看法；一旦到了共產主義制度下，私有制被消滅了，就不會有這種形式的交換，大家各盡所能生產，各取所需消費。

接下來，他便談論到價值的問題，他認爲價值應優先於價格，但是經濟學家們卻本末倒置。這種本末倒置，或是自己的產物「反客爲主」的現象，基本上可以和馬克思所謂的「異化」來參照。

「價值本來是原初的東西，是價格的源泉，倒要取決於價格，即自己的產物。大家知道，正是這種顛倒構成了抽象的本質。」（恩格斯，2002：452）

在商品生產的要素的部分，他提到：

> 在經濟學家看來，商品的生產費用由以下三個要素組成：生產原材料必需的土地的地租、資本及其利潤、生產和加工所需要的勞動的報酬。但是，這立即表明，資本和勞動是同一個東西，因為經濟學家自己就承認資本是「積累起來的勞動」。這樣，我們這裡剩下的就只有兩個方面，自然的、客觀的方面即土地和人的、主觀的方面即勞動。勞動包括資本，並且除資本之外還包括經濟學家沒有想到的第三要素，我指的是簡單勞動這一肉體要素以外的發明和思想這一精神要素。（恩格斯，2002：453）

「土地」（或自然）以及「勞動」兩項要素，和馬克思在〈異化勞動〉中同樣作爲該理論建構的思考起點：馬克思認爲人們透過勞動占有自然；恩格斯在此則特別提出經濟學家都忽略的精神要素：發明和思想，恩格斯這種對於自然科學的重視，一直影響到他後來撰寫《自然辯證法》。

不過兩者間還是有些微差異，恩格斯在此同時考慮到人的肉體活動和精神活動雙重的重要性。馬克思在約略同時所撰寫的〈異化勞動〉手稿中只注意到費爾巴哈提出的人的「類本質」，並沒有特別注意人的精神活動或是自然科學發明的重要性。「這樣，我們就有了兩個生產要素——自然和人，而後者還包括他的肉體活動和精神活動。」（恩格斯，2002：454）

恩格斯在第六部分談論的是有關地主的問題，這跟階級的區分相關。一般來說，提到階級劃分時，馬克思跟恩格斯將其分爲有產階級跟無產階級，這特別出現在《共產黨宣言》裡面。但如果依照收入來源爲判斷階級的標準，那麼資產階級的收入來源是利潤或剩餘價值；無產階級的收入來源則是出賣自身勞動力；地主仰賴的來源則是地租。

到現在爲止，現行的臺灣社會或世界其他資本主義國家，依靠房租收入過日子的人，法文爲 rentier，英文也沿用，中文通常譯爲「食利者」。

此外，恩格斯也提到土地占有者（地主）的掠奪。「土地占有者無論如何不能責備商人。」（恩格斯，2002：455）

> 他靠壟斷土地進行掠奪。他利用人口的增長進行掠奪，因為人口的增長加強了競爭，從而抬高了他的土地的價值。他把不是通過他個人勞動得來的、完全偶然地落到他手裡的東西當作他個人的利益的源泉進行掠奪。他靠出租土地、靠最終攫取他的佃户的種種改良的成果進行掠奪。大土地占有者的財富日益增長的祕密就在於此。（恩格斯，2002：454）

人類社會中之所以有此種現象的出現，恩格斯認爲「私有制」才是土地占有者掠奪的關鍵：

> 認定土地占有者的獲得方式是掠奪，即認定人人都有享受自己的勞動產品的權利或是不播種者不應有收穫，這樣的公理並不是我們的主張。第一個公理排除撫育兒童的義務；第二個公理排除任何世代的生存權利，因為任何世代都得繼承前一世代的遺產。確切地説，這些公理都是由私有制產生的結論。要麼實現由私有制產生的結論，要麼拋棄私有制這個前提。（恩格斯，2002：455-456）

恩格斯在第七部分討論的是資本與勞動的辯證關係：

> 我們已經看到，資本和勞動最初是同一個東西；其次，我們從經濟學家自己的闡述中也可以看到，資本是勞動的結果，它在生產過程中立刻又變成了勞動的基質、勞動的材料；可見，資本與勞動的短暫分開，立刻又在兩者的統一中消失了；但是，經濟學家還是把資本和勞動分開，還是堅持這兩者的分裂，它只在資本是「積累起來的勞動」這個定義中承認它們兩者的統一。（恩格斯，2002：456-457）

不過資本跟勞動有時候談到的是資本家跟工人的關係。共產主義觀察資本主義的弊病，造成資本和勞動的分裂，產生資本家與工人緊張對立的現象：

> 由私有制造成的資本和勞動的分裂，不外是與這種分裂狀態相應的並從這種狀態產生的勞動本身的分裂。這種分裂完成之後，資本又分為原有資本和利潤，即資本在生產過程中所獲得的增長額，雖然實踐本身立刻又將這種利潤加到資本上，並把它和資本投入週轉中。甚至利潤又分裂為利息和本來意義上的利潤。在利息中，這種分裂的不合理性達到頂點。貸款生息，即不花勞動單憑貸款獲得收入，是不道德的，雖然這種不道德已經包含在私有制中，但畢竟還是太明顯，並且早已被不持偏見的人民意識看穿了。所有這些微妙的分裂和劃分，都產生於資本和勞動的最初的分開和這一分開的完成，即人類分裂為資本家與工人。這一分裂日益加劇。（恩格斯，2002：457）

很顯然地，對於恩格斯而言，土地、資本和勞動的三要素，基本上是不可分割的狀態才是一個比較好的選項：

> 但是，這種分開與我們考察過的土地同資本和勞動分開一樣，歸根結底是不可能的。我們根本無法確定在某種產品中土地、資本和勞動各占多少分量。這三個量是不可通約的。土地出產原料，但這裡並非沒有資本與勞動；資本以土地和勞動為前提，而勞動至少以土地，在大多數場合還以資本為前提。這三者的作用截然不同，無法用任何第四種共同的尺度來衡量。因此，如果在當前的條件下，將收入在這三種要素之間進行分配，那就沒有它們固有的尺度，而只有由一個完全異己的、對它們來說是偶然的尺度即競爭或者強者狡詐的權利來解決。地租包含著競爭，資本的利潤只有由競爭決定，至於工資的情況怎樣，我們立刻就會看到。（恩格斯，2002：457-458）

之所以會有上述情況之發生，恩格斯認爲私有制是這些反常分裂的根源：

> 如果我們撇開私有制，那麼這些反常的分裂就不會存在。利息和利潤的差

> 別也會消失；資本如果沒有勞動、沒有運動就是虛無。利潤把自己的意義歸結為資本在決定生產費用時置於天平上的法碼，它仍是資本所固有的部分，正如資本本身將回到它與勞動的最初統一體一樣。（恩格斯，2002：458）

第八部分關於勞動，恩格斯除了承認勞動是財富的來源之外，他更強調勞動是人的自由的活動。這個論點跟馬克思在合寫《德意志意識形態》時，便強調這種具有自由、自主、自願的勞動。這樣的活動到現在爲止，始終還是一個人們內心深處的渴望需求的理想。

> 勞動是生產的主要要素，是「財富的源泉」，是人的自由活動，但很少受到經濟學家的重視。正如資本已經從勞動分開一樣，現在勞動又再度分裂了；勞動的產物以工資的形式與勞動相對立，它與勞動分開，並且通常又由競爭決定，因為，正如我們所看到的，沒有一個固定的尺度來確定勞動在生產中所占的比重。只要我們消滅了私有制，這種反常的分離就會消失；勞動就會成為它自己的報酬，而以前被讓渡的工資的真正意義，即勞動對於確定物品的生產費用的意義，也就會清清楚楚地顯示出來。（恩格斯，2002：458）

雖然勞動是人的自由活動這一點很重要，可是在私有制之下，勞動變成是「異化勞動」。雖然這裡沒用這樣的字眼，但是和馬克思在〈異化勞動〉中所展現的想法是很接近的。

另外比較特別的是，恩格斯提出一種獨特的看法，認爲經濟學的入門是供需平衡，而這樣的基礎學理卻被他認爲是造成人類墮落的根本原因。

這供需定律的問題跟競爭壟斷相關。所以第九部分就是討論競爭。他是這麼說的：

> 私有制的最直接的結果是生產分裂為兩個對立的方面：自然的方面和人的方面，即土地和人的活動。土地無人施肥就會荒蕪，成為不毛之地，而人的活動的首要條件恰恰是土地。其次，我們看到，人們的活動又怎樣分解為勞動和資本，這兩方面怎樣彼此敵視。這樣我們已經看到的是這三種要素

> 的彼此鬥爭，而不是它們相互支持；現在，我們還看到私有制使這三種要素中的每一種都分裂。一塊土地與另一塊土地對立，一個資本與另一個資本對立，一個勞動力與另一個勞動力對立。換句話說，因為私有制把每一個人隔離在他自己的粗陋的孤立狀態中，又因為每個人和他周圍的人有同樣的利益，所以土地占有者敵視土地占有者，資本家敵視資本家，工人敵視工人。在相同利益的敵對狀態中，正是由於利益相同，人類目前狀態的不道德已經達到極點，而這個極點就是競爭。（恩格斯，2002：458-459）

而因爲競爭的要素，必然伴隨出現壟斷：

> 競爭的對立面是壟斷。壟斷是重商主義者戰鬥時的吶喊，競爭是自由主義經濟學家廝打時的吼叫。不難看出，這種對立面也是完全空洞的東西。（恩格斯，2002：459）

在這樣的情況下，競爭與壟斷的關係，變成了兩種關係，爲競爭與壟斷的對立；以及競爭是以壟斷爲前提所進行的活動。這就是本文的第十個部分：

> 競爭的矛盾和私有制的矛盾是完全一樣的。單個人的利益是要占有一切，而群體的利益是要使每個人所占有的都相等。因此，普遍利益和個人利益是直接對立的。競爭的矛盾在於：每個人都必定希望取得壟斷地位，可是群體本身卻因壟斷而一定遭受損失，因此一定要排除壟斷。此外，競爭已經以壟斷即所有權的壟斷為前提——這裡又暴露出自由主義者的虛偽——而且只要所有權的壟斷存在著，壟斷的所有權也同樣是正當的，因為壟斷一經存在，它就是所有權。（恩格斯，2002：460）

當競爭與壟斷的架構被呈現出來後，恩格斯在第十一部分接著說明該結構是如何運行的，對於競爭的規律而言，市場上的競爭規律是：供需永遠的不平衡。他指出：

> 競爭的規律是：需求與供給始終力圖互相適應，而正是因為如此，從未有過互相適應。雙方又重新脫節並轉化為尖銳的對立。供給總是緊跟著需求，然而從來沒有達到過剛好滿足需求的情況；供給不是太多，就是太少，它和

需求永遠不相適應，因為在人類的不自覺狀態下，誰也不知道需求和供給究竟有多大。如果需求大於供給，價格就會上漲，因而供給似乎就會興奮起來；只要市場上供給增加，價格又會下跌，而如果供給大於需求，價格就會急劇下跌，因而需求又被激起。情況總是這樣；從未有過健全的狀態，而總是興奮和鬆弛相更迭——這種更迭排斥一切進步——一種達不到目的的永恆波動。這個規律永遠起著平衡的作用，使在這裡失去的又在那裡獲得，因而經濟學家非常欣賞它。（恩格斯，2002：460）

因此，爲了消弭供需永遠不平衡的狀況，恩格斯提出了解決方案：

如果生產者自己知道消費者需要多少，如果他們把生產組織起來，並且在他們中間進行分配，那麼就不會有競爭的波動和競爭引起危機的傾向了。你們有意識地作為人，而不是作為沒有類意識的分散原子進行生產吧，你們就會擺脱所有這些人為的無根據的對立。（恩格斯，2002：461）

此處「有意識地作爲人，而不是作爲沒有類意識的分散原子進行生產」簡單說就是「分工合作」。而這種「把生產組織起來」的想法，就是後來共產主義人民公社或是生產大隊的思考根據。這和資本主義放任「看不見的手」來運作的市場經濟有著根本的差異。

所以對恩格斯而言，他的解決方案相對於當時社會實況而言，便可理解爲是希望終結放任供需定律的惡果：

但是，只要你們繼續以目前這種無意識的、不加思索的、全憑偶然性擺布的方式來進行生產，那麼商業危機就會繼續存在；而且每一次接踵而來的商業危機必定比前一次更普遍，因而也更嚴重，必定會使更多的小資本家變窮，使專靠勞動為生的階級人數已增大的比例增加，從而使待僱勞動者的人數顯著地增加——這是我們的經濟學家必須解決的一個主要問題——最後，必定引起一場社會革命，而這一革命，經濟學家憑他的書本知識是作夢也想不到的。（恩格斯，2002：461）

恩格斯在此預告了一場「社會革命」。當然在此之後，世界各國也開始發生了共產革命，近年來也有攻占華爾街事件。在這樣的脈絡敘事下，顯而易見地革命的發生都是肇因於供需定律的失靈：

> 在這種持續地不斷漲落的情況下，每個人都必定力圖碰上最有利的時機進行買賣，每個人都必定會成為投機家，就是說，都企圖不勞而獲，損人利己，算計別人的倒楣，或利用偶然事件發財。投機者總是指望不幸事件，特別是指望歉收，他們利用一切事件，例如：當年的紐約大火災；而不道德的頂點還是交易所中有價證券的投機，這種投機把歷史和歷史上的人類貶低為那種用來滿足善於算計或伺機冒險的投機者的貪欲的手段。（恩格斯，2002：462）

雖然恩格斯所談論的是十九世紀的狀況，但對照今天的狀況，這難道只是十九世紀的狀況嗎？在這種制度下，人要被逼到極致，變成了「生產機器」，或是「機器人」，而不是一個「眞正的人」。「捲入競爭鬥爭的人，如果不全力以赴，不放棄一切真正人的目的，就經不住這種鬥爭。」（恩格斯，2002：463）

恩格斯在第十二部分就是要指出因供需所造成的諸多社會現象，其實就是競爭的結果，可是經濟學家們無視這個簡單的道理：

> 在競爭的波動不大，需求和供給、消費和生產幾乎彼此相等的時候，在生產發展過程中必定會出現這樣一個階段，在這個階段，生產力大大過剩，結果，廣大人民群眾無以為生，人們純粹由於過剩而餓死。長期以來，英國就處於這種荒誕的狀況中，處於這種極不合理的情況下。如果生產波動得更加厲害——這是這種狀態的必然結果——那麼就會出現繁榮和危機、生產過盛和停滯的反覆交替。經濟學家從來就解釋不了這種怪誕狀況；為了解釋這種狀況，他發明了人口論，這種理論和當時這種貧富矛盾同樣荒謬，甚至比它更荒謬。經濟學家不敢正視真理，不敢承認這種矛盾無非是競爭的結果，因為否則他的整個體系就會垮臺。（恩格斯，2002：463）

然而資本、勞動力增加以及科學的力量，三者的結合，將大幅提升生產效率與量能：

> 資本日益增加，勞動力隨著人口的增長而增長，科學又日益使自然力受人類支配。這種無法估量的生產能力，一旦被自覺地運用並為大眾造福，人類肩負的勞動就會很快地減少到最低限度。要是讓競爭自由發展，它雖然也會起同樣的作用，然而是在對立之中起作用的。（恩格斯，2002：464）

值得注意的是恩格斯對於科學的重視，這點一直是馬克思沒有著力之處，也是恩格斯晚年在《自然辯證法》中持續對科學發展的關心。作爲一種科學，近代經濟學的任務對恩格斯而言就應該是：

> 證明現在開始顯露出來的社會弊病是現存生產方式的必然結果，同時也是這一生產方式快要瓦解的標誌，並且在正在瓦解的經濟運動形式內部發現未來的、能夠消除這些弊病的、新的生產組織和交換組織的因素。（恩格斯，1970：147）

當然這樣的經濟體制除了劃分出新的階級族群之外，若依照近代經濟學理論來看，人原先作爲一個整體的概念，便可區別出因爲失業而形成的「多餘的人」。「馬爾薩斯把窮人，或者更確切地說，把失業的人叫做『多餘的人』，宣布他們是罪犯，社會應當用餓死來懲罰他們。」（恩格斯，1957：575）各位難道聽不出恩格斯此處的言外之意的譴責嗎？

恩格斯接著在第十三部分談論的是財產的集中與階級的兩極化，這種看法後來也持續出現在馬克思和恩格斯《共產黨宣言》中：

> 在通常情況下，按照強者的權利，大資本和大土地占有併吞小資本和小土地占有，就是說，產生了財產的集中。在商業危機和農業危機時期，這種集中就進行得更快。一般來說，大的財產比小的財產增長的更快，因為從收入中作為占有者的費用所扣除的部分要小的多。這種財產的集中是一個規律，它與所有其他的規律一樣，是私有制所固有的；中間階級必然越來越多地消失，直到世界分裂為百萬富翁和窮光蛋、大土地占有者和貧窮的短工為止。任何法律，土地占有的任何分割，資本的任何偶然的分裂，都無濟於事，這個結果必定會產生，而且就會產生，除非在此之前全面變革社會關係，使對立的利益融合，使私有制歸於消滅。（恩格斯，2002：470）

「要使對立的利益融合」和「使私有制歸於消滅」的「全面變革社會關係」也就是他們盼望的共產主義革命。

恩格斯在第十四部分談到的是競爭和犯罪的關係。他認爲：「競爭貫穿在我們的全部生活關係中，造成了人們今日所處的相互奴役狀況。」（恩格斯，2002：471）

恩格斯在這裡說今天人們所處的是「相互奴役」的狀況，而不是「工人被資本家剝削的奴役狀況」，這不是和馬克思在〈異化勞動〉中最後面說的「兩種人（資本家和工人）的異化」是一樣的想法嗎？

不過需要特別提出來的是關於工廠制度與犯罪間的關係與問題。「工廠制度的擴展到處引起犯罪行為的增加。」（恩格斯，2002：471）

特別是犯罪又受到競爭的影響，是一種制度下的影響，而非完全歸屬於個人天性或選擇：

> 這種規律性證明犯罪也受競爭支配，證明社會產生了犯罪的需求，這個需求要由相應的供給來滿足；它證明由於一些人被逮捕、放逐或處死所形成的空隙，立刻會有其他的人來填滿，正如人口一有空隙立刻就會有新來的人填滿一樣；換句話說，它證明了犯罪威脅著懲罰的手段，正如人口威脅著就業手段一樣。（恩格斯，2002：471）

而這種競爭和私有制與人的墮落，就是在社會中常見到男人靠著出賣體力，女人則是出賣肉體，不同的性別卻歸向共同墮落的結果。而這種墮落的出現，都是爲了更有效率、賺取更多金錢。「我認為這裡重要的是：證明競爭也擴展到了道德領域，並表明私有制使人墮落到多麼嚴重的地步。」（恩格斯，2002：472）

恩格斯在第十五部分強調科學的角色。恩格斯認爲科學在資本與勞動間，擔任一種反對勞動的角色。「在資本和土地反對勞動的鬥爭中，前兩個要素比勞動還有一個特殊的優越條件，那就是科學的幫助，因為在目前情況下連科學也是用來反對勞動的。」（恩格斯，2002：472）

而人們天生好逸惡勞、趨利避害，勞動與發明的關係往往是爲了降低人們對於勞動的支出。「對勞動的渴求導致發明的出現，發明大大地增加了勞動力，因而降低了對人的勞動的需求。」（恩格斯，2002：472）

但是經濟學家卻忽略或者說忘記機器科技的出現，對於工人是一種不利的現況。經濟學家站在資本家的立場，當然就忘記了這一切從工人立場來看是如此明白的事。

> 誠然，經濟學家說，歸根結底，機器對工人是有利的，因為機器能夠降低生產費用，因而替產品開拓新的更廣大的市場，這樣，機器最終還能使失業工人重新就業。這完全正確，但是，勞動力的生產是受競爭調節的；勞動力始終威脅著就業手段，因而在這些有利條件出現以前就已經有大量尋求工作的競爭者等待著，於是有利的情況形同虛構，而不利的情況，即一半工人突然被剝奪生活資料而另一半工人的工資被降低，卻絕非虛構，這一點為什麼經濟學家就忘記了呢？發明永遠不會停止前進的，因而這種不利的情況將永遠繼續下去，這一點為什麼經濟學家就忘記了呢？由於我們的文明，分工無止境地增多，在這種情況下，一個工人只有在一定的機器上被用來做一定的細小的工作才能生存，成年工人幾乎在任何時候都根本不可能從一種職業轉到另一種職業，這一點為什麼經濟學家又忘記了呢？（恩格斯，2002：472-473）

對於轉業的重視，同時也見於馬克思和恩格斯在《德意志意識形態》中對於「上午捕魚，下午打獵，傍晚討論」的烏托邦幻想中。

上述這些在〈國民經濟學批判大綱〉中所提到的許多重點，其實也一直延續在《反杜林論》一書中。

比較需要強調的是，恩格斯討論完國民政治經濟學出現的起源與該學說的內容後，他接著要說明這樣的學理在歷史的發展中，將如何發揮影響力：

> 政治經濟學本質上是一門歷史的科學。它所涉及的是歷史性的經常變化的材料；它首先研究生產和交換的每一個發展階段的特殊規律，而且只有在完成這種研究以後，它才能確立為數不多的、適合於一切生產和交換的、最普遍的規律。同時，不言而喻的，適用於一定的生產方式和交換形式的規律，對於具有這種生產方式和交換形式的一切歷史時期也是適用的。例如：隨著金屬貨幣的採用，一系列的規律發生了作用，這些規律對於藉金屬貨幣進行交換的一切國家和歷史時期都是適用的。（恩格斯，1970：144-145）

首先，這段話強調政治經濟學的歷史特性；其次，這裡強調每一個發展階段都有其特殊規律。如此一來，唯物史觀就不能適用於所有的歷史階段。但是它又說明在研究的最後階段會發現適合一切的規律。前後文看起來似乎有矛盾。

另外，我們可以再看看恩格斯在其他地方所提到的相關說法：

> 到現在為止，我們所掌握的有關經濟科學的東西，幾乎只限於資本主義生產方式的發生和發展：它從批判封建的生產形式和交換形式的殘餘開始，證明它們必然要被資本主義形式所代替，然後把資本主義生產方式和相應的交換形式兩者的規律從正面，即從促進一般的社會目的的方面來加以闡述，最後對資本主義的生產方式進行社會主義的批判，就是說，從反面來敘述它的規律，證明這種生產方式由於它本身的發展，以達到使它自己不可能再存在下去的地步。這一批判證明：**資本主義的生產形式和交換形式日益成為生產本身所無法忍受的桎梏；這些形式所必然產生的分配方式造成了日亦無法忍受的階級狀況，造成了人數愈來愈少但是愈來愈富的資本家和人數愈來愈多而總的來說處境愈來愈惡劣的一無所有的僱傭工人之間日益尖銳的對立；最後，在資本主義生產方式內部所造成的、它自己不再能駕馭的、大量的生產力，正在等待著為了有計畫地合作而組織起來的社會去占有，以便保證而且是以不斷增長的規模來保證全體社會成員都有生存和自由發展其才能的手段。**（恩格斯，1970：147-148）

劃底線的文字中有一段的翻譯太長了，仔細看還是可以知道它的文意是一氣呵成的。雖然一氣呵成，但是這段文字也逃避了質疑，並沒有確切回答爲什麼資本主義會生產出本身所無法忍受的桎梏？對於這個關鍵問題的迴避，讓唯物史觀失色失血，喪失其解釋力。

當理論對歷史的解釋有問題時，那麼對於私有財產在歷史上何時出現的界定，對於馬克思的歷史學而言，始終是個說不清的謎底。

> 私有財產在歷史上的出現，絕不是掠奪和暴力的結果。相反地，在一切文明民族的古代的自發公社中，私有財產已經存在了，雖然只限於某幾種物品。（恩格斯，1970：159）

出現了私有財產，就出現了階級區分。既然古代公社即已如此，所以歷史上就沒有沒有私有財產的歷史時期，那麼「有史以來的歷史都是階級鬥爭史」就說的通了。可是，前面已經提過，馬恩在這點上有點立場搖擺。

二、階級研究

接下來我們要談論的是恩格斯的《英國工人階級的狀況》（*Die Lage der arbeitenden Klasse in England; The Condition of the Working Class in England*）中對於英國工人階級狀況的研究。

他在書中很清楚說明了他寫書的目的：

> 在英國造成無產階級貧困和受壓迫的那些根本原因，在德國也同樣存在，而且照這樣下去也一定會產生同樣的結果。同時，對英國的災難的揭露將推動我們去揭露我們德國的災難，而且還會給我們一個尺度來衡量我們的災難以及在西里西亞和波希米亞的騷動中所暴露出來的危險，這種危險從這一方面威脅著德國的安寧。（恩格斯，1957：279-280）

這是恩格斯在與馬克思相識以後所獨立研究的計畫，篇幅構思規模宏大，誠如他自己所言：

> 我尋求的並不僅僅是和這個題目有關的抽象的知識，我願意在你們的住宅中看到你們，觀察你們的日常生活，同你們談談你們的狀況和你們的疾苦，親眼看看你們為反抗你們的壓迫者的社會的和政治的統治而進行的鬥爭。我是這樣做了。我拋棄了社交活動和宴會，拋棄了資產階級的葡萄牙紅葡萄酒和香檳酒，把自己的空閒時間幾乎都用來和普通的工人交往；對此我感到高興和驕傲。高興的是這樣一來我在獲得實際生活知識的過程中有成效地度過了許多時間，否則這些時間也只是在客廳裡的閒談和討厭的禮節中消磨掉；驕傲的是這樣一來我就有機會為這個受壓迫受誹謗的階級做一件應該做的事情，這些人儘管有種種缺點並且處於重重不利的地位，但仍然引起每個人的尊敬，也許只有英國的錙銖必較的商人才是例外。（恩格斯，1957：273）

從上所述可得知，一方面他的研究方法與現在社會學質化研究並不會相差太遠，另一方面我們可以從中得知一個研究者對於此種經驗的研究開拓是多麼地自豪。他還強調這是用英語做的調查研究：

我的英語也許還不是很道地，但是，我希望你們將發現它是平易近人的。順便說一句，無論在英國或是在法國，從來沒有一個工人把我當作外國人看待。我極其滿意地看到你們已經擺脫了民族偏見和民族優越感。這些極端有害的東西歸根到底只是大規模的利己主義（wholesale selfishness）。我看到你們同情每一個為人類的進步而真誠地獻出自己力量的人，不管他是不是英國人；我看到你們仰慕一切偉大美好的事物，不論它是不是在你們祖國的土地上產生的。我確信，你們並不僅僅是普通的英國人，不僅僅是一個孤立的民族的成員；你們是意識到自己的利益和全人類的利益相一致的人，是一個偉大的大家庭中的成員。（恩格斯，1957：274-277）

「歸根到底」這四個字，後來就成了恩格斯最喜歡並常用的字眼。上述這樣的看法，在日後的《共產黨宣言》裡面，精煉成一句「全世界的工人階級聯合起來」的口號。

而在〈序言〉當中，恩格斯提到工人階級的狀況是社會一切災難的典型：「工人階級的狀況是當代一切社會運動的真正基礎和出發點，因為它是我們目前社會一切災難的最尖銳最露骨的表現。」（恩格斯，1957：278）

爲什麼強調工人階級？而非農人或其他人，因爲英國無產階級有其典型的狀況，這也是他選擇英國工人階級狀況的研究根據：

但是只有在大不列顛，特別是在英國本土，無產階級的境況才具有完備的典型的形式；而且只有在英國，才能蒐集到這樣完整的並為官方的調查所證實了的必要材料，這正是對這個問題進行稍微詳盡的闡述所必需的。（恩格斯，1957：278）

這時候，恩格斯還是篤守著「三階級論」的：「所以在這裡，我們看到了資產階級社會的三個階級，以及各階級所特有的收入：地主獲得地租，資本家獲得利潤，而工人獲得工資。」（恩格斯，1970：221）

雖然「三階級論」出自於李嘉圖（David Ricardo, 1772-1823），馬克思在《一八四四年經濟學哲學手稿》中也曾引用過；恩格斯後來整理馬克思的《資本論》第三卷的第五十二章時仍然引用到這三階級論。

基本上他的研究方法是透過兩年多的參與觀察。不過當時英國國會也有派人員進行相關調查。另其他關心工人階級生活的社會人士也有所觀察，只不過恩格斯所作與他們略有不同：

> 我有機會在二十一個月內從親身的觀察和親身的交往中直接研究了英國的無產階級，研究了他們的要求、它們的痛苦和快樂，同時又以必要的可靠的材料補充了自己的觀察。這本書裡所敘述的，都是我看到、聽到和讀到的。我的觀點和我所引用的事實都將遭到各方面的攻擊和否定，特別是當我的書落到英國人手裡的時候，這一點我是早有準備的。（恩格斯，1957：278-279）

同時他也澄清「中等階級」和「無產階級」在幾種歐洲語言之間的同義語：

> Mittelklasse（中等階級）這個詞我經常用來表示英文中的 middle-class（或通常所說的 middle-classes），它同法文的 bourgeoisie（資產階級）一樣是表示有產階級，即和所謂的貴族有所區別的有產階級，這個階級在法國和英國是直接地、而在德國是假借「社會輿論」間接地掌握著國家政權。同樣，我也經常把工人（working men）和無產者，把工人階級、沒有財產的階級和無產階級當作同義語來使用。（恩格斯，1957：280）

別忘了，這是用德文書寫的，所以他需要兩造對應，與此同時他也採用了古今對照的方式，只是這樣的對照是否如此是可存疑的，甚至可說是他美麗的幻想投射：

> 工人們就這樣過著庸碌的生活，誠實而安靜地、和和氣氣而又受人尊敬地生活著，他們的物質生活狀況比他們的後代好得多；他們無須乎過度勞動，願意做多少工作就做多少工作，但是仍然能夠掙得所需要的東西；他們有空到園子裡和田地裡作些有益於健康的工作，這種工作本身對他們已經是一種休息，此外，他們還有機會參加鄰居的娛樂和遊戲；而滾木球、打球等等遊戲對保持健康和增強體質都是有好處的。他們大部分是些強壯、結實的人，在體格上和鄰近的農民很少或者甚至完全沒有區別。孩子們生長在農村的新鮮空氣中，即使他們有時也幫助父母做些事情，到底還不是經常的，當然更談不到八小時或十二小時工作日了。（恩格斯，1957：282）

在此他完全描繪了在使用機器以前的工人的生活圖像——美麗的田園景觀，雖然眞實與否並不可得知，畢竟農村社會若有飼養豬隻、雞群，我想味道應該都充斥在新鮮的空氣當中。但可以確信的是在工業革命之後，確實對於自然生態造成了劇烈的改變，而在人文社會方面則是有了另外一方面的影響：

> 孩子們成天和父母待在家裡，受的教育是服從父母，敬畏上帝。宗法的家庭關係一直保持到孩子們結婚。年輕人是在幽靜純樸的環境中、在和婚前的遊伴互相信賴的氣氛中長大的，雖然婚前發生性的關係幾乎是普通現象，可是這僅僅是在雙方都已經把結婚看做道義上的責任時發生的，只要一舉行婚禮，就一切都正常了。（恩格斯，1957：283）

有關於制度與身體的聯繫，恩格斯在此處特別以機器使用前的工人子弟婚前性行爲來說明，而這也是時人所忽略的面向。最後一段提到的「先上車後補票」的現象，在我們周遭也不算罕見吧！

另外他也提到當時一些重要的器物發明，使英國工人狀況發生根本改變，顯示他對於工業革命有著相當的認識與了解：

> 一、珍妮紡紗機（1764 年詹姆斯．哈格里沃斯製造的）
> 「這架最初的很不完善的機器的出現，不僅引起了工業無產階級的發展，而且也促進了農業無產階級的產生。」（恩格斯，1957：285）
> 二、水力紡紗機（1767 年理查．阿克萊發明的）
> 三、騾機（1785 年賽米爾．克倫普頓綜合了珍妮紡紗機和水力紡紗機的特點而發明的）
> 四、梳棉機和粗紡機（阿克萊發明，和上述時間大致相同）
> 五、動力織機（18 世紀最後幾年卡特賴特博士發明；1804 年加以改進由蒸汽機發動）（恩格斯，1957：284-285）

所以，在工業革命後，除了出現資產階級之外，也伴隨出現了工業無產階級。當然「工業無產階級」與「無產階級」或「無產者」或「工人階級」是同義詞。針對無產出現的順序與工業革命的進程關係，他做了相關排列敘述：

> 第一批無產者是出現在工業裡面而且是工業的直接產物，因此，我們首先要研究的是產業工人，及從事於原料加工的那些人。工業材料及原料和燃料的生產，只是由於產業革命才重要起來，也只是在這個時候，新型的無產階級，及煤礦和金屬礦的工人，才能夠產生。第三是工業的發展影響了農業，第四是工業的發展影響了愛爾蘭，這就決定了我們研究相應的各類無產階級時所遵循的順序。（恩格斯，1957：299）

他認爲新的器物發明動搖了舊世界的三大槓桿——分工、水力和機器的使用。（恩格斯，1957：300）

他也指出工業革命創造了不同的階級興滅：

> 隨著工業革命的進展，小工業會創造資產階級、大工業則創造工人階級。並把資產階級隊伍中的少數選民擁上寶座，可是，這只是為了後來在某個時候更有把握地推翻他們。目前，無可爭辯的和容易解釋的事實，是「美好的舊時代」的人數眾多的小資產階級已經被工業所消滅，從他們當中一方面分化出富有的資本家；另一方面又分化出貧窮的工人。（恩格斯，1957：300）

此處的「小資產階級」，就是我們簡稱的「小資」，在恩格斯的預言裡小資會隨著時間瓦解消散：

> 因為小資產階級一天天地消失著。小資產階級，這個過去曾經最穩定的階級，現在變成了最不穩定的階級；他們是舊時代的少數殘餘和一些渴望發財的人，十足的冒險家和投機者，其中也有一個人可以弄到些錢，但九十九個破了產，而這九十九個中多半都只是靠破產生存的。（恩格斯，1957：302）

另外，他也提到大城市的問題，在共產主義的想法裡，常常希望能夠泯滅城市與鄉村的差距，也是我們現在面臨的城鄉差距問題。

所以在這樣的社會結構下，城市中的利己主義必然成爲社會上人際關係的主流模式，也就是一盤散沙的世界，而城市中人際關係的疏離也是齊美爾在〈大都市與精神生活〉中強調的重點。他又繼續說：

> 所有這些人愈是聚集在一個小小的空間裡，每一個人在追逐私人利益時的這種可怕的冷淡、這種不近人情的孤僻就愈是使人難堪，愈是可恨。雖然我們也知道每一個人的這種孤僻、這種目光短淺的利己主義是我們現代社會的基本的和普通的原則，可是，這些特點在任何一個地方也不像在這裡，在這個大城市的紛擾裡表現得這樣露骨，這樣無恥，這樣被人們有意識的運用著。人類分散成各個分子，每一個分子都有自己特殊生活原則，都有自己的特殊目的，這種一盤散沙的世界在這裡是發展到頂點了。（恩格斯，1957：304）

這「一盤散沙」正是孫中山先生很喜歡用來描述中國人不團結現象的比喻。只是我後來發現這樣的描述是錯誤的。如果有養過貓的人都會知道，現在的貓砂遇水是會結塊的，人與人之間比較像是貓砂的問題，畢竟人與人之間仍舊會依靠著某種職業、宗親、利益等關係而聚集在一起，產生一些團體，好比貓砂中一塊、一塊的存在。

當然人與人之間必然會產生衝突，所以接下來恩格斯提出了社會戰爭（social war）：

> 這樣就自然會得出一個結論來：社會戰爭，一切人反對一切人的戰爭已經在這裡公開宣告開始。正如好心腸的施蒂納所說的，每一個人都把別人僅僅看做可以利用的東西；每一個人都在剝削別人，結果強者把弱者踏在腳下，一小撮強者即資本家握有一切，而大批弱者即窮人卻只能勉強活命。（恩格斯，1957：304）

此處援引「一切人反對一切人」是霍布斯（Thomas Hobbes, 1588-1679）的名言，出自《利維坦》，這也是他認爲社會契約存在的重要論據。可是恩格斯強調的是資本作爲一種武器：

> 因為這個社會戰爭中的武器是資本，即生活資料和生產資料的直接或間接的占有，所以很顯然，這個戰爭中的一切不利條件都落在窮人這一方面了。（恩格斯，1957：305）

所以當整個社會變成一個戰場，人與人之間彼此爭鬥，窮人往往因資源的匱乏，時常處於劣勢。這樣的結果來自先前提及的科技、競爭與資本三要素所造成的影響。於是恩格斯指出這種「你死我活」的競爭就是資產者和工人之間的階級鬥爭：

> 競爭充分反映了流行在現代市民社會中的一切人反對一切人的戰爭。這個戰爭，這個為了活命、為了生存、為了一切而進行的戰爭，因而必要時也是你死我活的戰爭，不僅在社會各個階級之間進行，而且也在這個階級的各個成員之間進行；一個人擋著另一個人的路，因而每一個人都力圖擠掉其餘的人並占有他們的位置。工人彼此競爭，資產者也彼此競爭……工人彼此之間的這種競爭對於工人來說是現代各種關係中最壞的一面；這是資產階級對付無產階級的最有力武器。（恩格斯，1957：359-360）

所以在這樣的悲慘競爭所形構出的社會，也就是某一政權的部分，會產生出這樣的結局：

> 在這裡，也和在其他地方一樣，當我說到社會這樣有各自的權利和義務的負有責任的整體的時候，我所指的當然是社會中擁有政權的那一部分，即這樣一個階級，這個階級目前在政治方面和社會方面都握有統治權，因而應該對它不允許參加政權的那些人的狀況負責。（恩格斯，1957：379，1n）

此處所說的「社會」和我們現在通用的「社會」的意義是大不相同的：他所謂的社會爲社會上菁英管理階層，與現代人使用的全社會的社群概念在包容的範圍上有差異。

特別的是，在資本主義盛行之後，除了人與人之間的關係轉化之外，連原先人與神之間的關係也隨之改變。「金錢是人間的上帝。」（恩格斯，1957：400）

後來的韋伯在《新教倫理與資本主義精神》及齊美爾在《金錢哲學》中發表類似的看法。令人玩味的是在英文中Gold和God只有一字之差。

此外，他也譴責強制勞動對工人道德的惡劣影響：

> 使工人道德淪喪的另一個根源就是他們的勞動的強制性。如果說自願的生

產活動是我們所知道的最高的享受，那麼強制勞動就是一種最殘酷最帶侮辱性的痛苦。還有什麼能比必須從早到晚整天地做那種自己討厭的事情更可怕呢！工人愈是感到自己是人，他就愈是痛恨自己的工作，因為他感覺到這種工作是被迫的，對他自己來說是沒有目的的。他為什麼工作呢？是由於喜歡創造嗎？是由於本能嗎？絕不是這樣！他是為了錢，為了和工作本身毫無關係的東西而工作。（恩格斯，1957：404）

這和馬克思在《一八四四年經濟學哲學手稿》中所講的工人的異化部分幾乎如出一轍。不過，比馬克思說得更清楚明白，也是恩格斯自己獨立的發現。

雖然恩格斯對於無產階級抱持著同情式地理解與研究，但並沒有因此諱言他們的問題，特別是酗酒和縱欲：

除酗酒外，許多英國工人的另一個大毛病就是縱欲……資產階級只留給他們這兩種享樂，同時卻把大量的沉重的勞動和苦痛加到他們身上。結果是，工人為了還想從生活中得到點什麼，就把全部熱情集中在這兩種享樂上，過度地極端放縱地沉溺在裡面。如果人們被置於只適合於牲口的狀況裡，那麼他們除了起來反抗或者真的淪為牲口，是沒有其他道路可走的。更何況資產階級自己，甚至他們中的一些正派人物都直接助長賣淫呢？……最沒有權利責備工人淫蕩的就是資產階級，這難道還不明顯嗎？（恩格斯，1957：474-475）

這在《共產黨宣言》中可以發現類似的言論。由此可以推論該部分爲恩格斯所寫的可能性極高。

三、家庭與性別

當資本主義造成工人如此悲慘的情況時，《共產黨宣言》所提出「廢除家庭」就顯得合理。當然，此處的家庭非一般意義的家庭，而是馬克思和恩格斯眼中在資本主義體制下的喪失家庭功能的家庭：

忽視一切家庭義務，特別是忽視對孩子的義務，在英國工人中是太平常

> 了，而這主要是現代社會制度促成的。對於這種傷風敗俗的環境中——他們的父母往往就是這環境的一部分——像野草一樣成長起來的孩子，還能希望他們以後成為道德高尚的人！躊躇滿志的資產者對工人的要求真是太天真了！（恩格斯，1957：416）

「無產階級的家庭功能被資產階級破壞」的論點，從現在看來，眞可謂眞知灼見。確實日後許多個人的心理與社會活動所造成的問題，往往都是在原生家庭中埋下種子。除了工人的家庭被影響之外，甚至許多工人階層也在此制度的影響下，與犯罪脫不了干係。在恩格斯眼中，工人好比水一般，缺乏自身意志。這種比喻方式剛好與我們的文化有所落差，無論是孔子或老子都喜歡以水來比喻一種至善美好的一面。

> 在資產階級的粗暴野蠻、摧殘人性的待遇的影響之下，工人逐漸變成了像水一樣缺乏自己意志的東西，而且也同樣必然地受自然規律的支配——到了某一點他的一切行動就會不由自主。因此，隨著無產階級人數的增長，英國的犯罪的數字也增加了，不列顛民族已成為世界上罪犯最多的民族。（恩格斯，1957：416）

這段論述，讓我對恩格斯深感佩服，他並不會因爲同情工人，而認爲他們一切美好，而還能直言他們的缺失問題所在；同時也將此問題發生的緣故試著採用制度分析或階級分析的方式，將其說明清楚。對比於現在質化研究的許多研究者們，不但看不出研究對象的問題，還將研究對象當成朋友，研究距離與身分角色因此界線模糊，致使研究結果存在著若干問題。

而這樣的工廠制度導致工人的兩性關係的顚倒，我們回想一下講到沃斯通克拉芙特的時候也提到了，如果女性沒有適當的教育，她的德性跟理性就沒有辦法跟男人一樣的發展，這也是一個非常值得注意的地方：

> 這種使男人不成其為男人、女人不成其為女人，而又既不能使男人真正成為女人、也不能使女人真正成為男人的情況，這種最可恥地侮辱兩性和兩性都具有的人類尊嚴的情況，正是我們所讚美文明的最終結果，正是幾百代人為了改善自己和自己的子孫的狀況而做的一切努力的最終結果……我們必須承認，兩性間的關係之所以這樣完全顛倒過來，只是因為這些關係

一開頭就建立在不合理的基礎上。如果說工廠制度所必然造成的女人統治男人的現象是不近人情的，那麼原來男人統治女人的現象也應該認為是不近人情的。如果現在的女人，像過去的男人一樣，把自己的統治建立在她謀得了大部分甚至全部家庭公共財產這樣一件事實上，那麼財產的共有就不是真正的，不是合理的，因為家庭的一員以自己擔負了大部分的責任而驕矜自誇。現代社會裡的家庭正日益解體這一事實，只不過證明了維繫家庭的紐帶並不是家庭的愛，而是隱藏在財產共有這一外衣下的私人利益。（恩格斯，1957：432）

在這裡，恩格斯認爲兩性未能成就自身，其問題基礎在於不合理的制度，此種觀點非常具有前瞻性。這讓我在教授愛情社會時有了很大的提醒，有時候愛情確實遮掩了人所看不見的私人利益；有時候愛卻又讓人能超越私人利益。

接下來他談論到在工廠制度下的女工對於家庭的影響。因爲當時工廠非常需要大量廉價的勞力，女工與童工就是最好的補充來源。女工除了做工以外，下班回家還要從事家務勞動，生活增加了更多的重擔：

一個九歲起就在工廠裡做工的女孩子自然是不熟悉家務的，因此，所有的工廠女工在這方面都完全是外行，都不會管理家務。她們不會縫紉，也不會編織，不會做飯，也不會洗衣服，她們連最普通的家務都不熟悉；至於怎樣照顧孩子，她們更是一無所知。（恩格斯，1957：433）

除了家庭功能喪失之外，在個人道德方面，女工也因爲工作環境因素而有了改變：

婦女在工廠裡工作，在道德方面引起更加嚴重得多的後果。人們不分男女老少地聚集在一間工作室裡，他們不可避免地互相接近，沒有受過任何智育和德育的人們擠在一個狹小的地方——這一切對婦女的性格的發展是不會有什麼好影響的。（恩格斯，1957：434）

遠因交代完畢後，他便說明在這樣不利的結構下所導致的問題，首先是女工被工廠廠主性剝削：

> 不言而喻，工廠奴隸制也和任何別的奴隸制一樣，甚至還要厲害些，是把jus primae noctis（初夜權）給予主人的。在這方面廠主也是女工的身體和美貌的主宰。解僱的威脅即使不是一百回中有九十九回，至少十回中也有九回足以摧毀女孩子的任何反抗，何況她們本來就不很珍視自己的貞操呢。如果廠主夠卑鄙的話（委員會的報告敘述了許多這樣的事件），那麼他的工廠同時也就是他的後宮；而且，即使不是所有的廠主都利用這個權利，女工們的情況本質上也不會因此而有所改變。在工廠工業創始的時期，當大多數廠主都是沒有受過教育而且不尊重社會上的偽善習俗的暴發户的時候，他們是泰然自若地利用他們這個「正當得來的」權利的。（恩格斯，1957：435）

這裡提到的「委員會的報告」是英國國會派人調查的結果，足以證明此類的景況並非恩格斯一人自己所虛構編造，類似的見解在《共產黨宣言》中也出現過。

除了在性自主的影響外，工廠勞動也對女工身體產生影響：

> 工廠勞動對婦女身體的影響也是很特別的。因工作時間過長而引起的畸形在婦女中比男子更為嚴重；骨盤的變形（一半是骨盤骨本身位置不正常和發育不正常的結果，一半是脊柱下部彎曲的結果）就常常是這個原因引起的……此外，女工們還患上一切工廠工人共有的一般衰弱症。（恩格斯，1957：447）

如果你有這樣細微的觀察，你當然會跟恩格斯一樣對資本主義會有負面的觀感。這都是工廠環境所造成的影響，而整個制度目的不過就是爲了滿足貪婪，其結果造就了人類的災難：

> 資產階級的這種令人厭惡的貪婪造成了這樣一大串疾病。婦女不能生育，孩子畸形發育，男人虛弱無力，四肢殘缺不全，整代整代的人都毀了，他們疲憊而且衰弱——而所有這些都不過是為了要填滿資產階級的錢袋。（恩格斯，1957：453）

除了上面所提及有關於工廠制度對於女工的影響之外，恩格斯有關於此議題的討論，最有名的還是在後來《家庭、私有制和國家的起源》這本書所談到性別跟家庭的這個看法。該書是恩格斯於 1884 年 3 月至 5 月約莫兩個月寫成的作品，並於 1884 年在蘇黎世出版；1886 年出版第二版（未修改）；1889 年出版第三版（未修改）；1891 年出版第四版；1892 年出版第五版（翻印自第四版）；1894 年出版第六版（翻印自第四版）。

該書的書寫目的在第一版（1884 年）提及是為了執行馬克思的遺囑，闡明唯物史觀：

> 以下各章，在某種程度上是執行遺囑。不是別人，正是卡爾・馬克思曾經打算聯繫他的——在某種限度內我可以說是我們兩人的——唯物主義的歷史研究所得出的結論來闡述摩爾根的研究成果，並且只是這樣來闡明這些成果的全部意義……我這本書，只能稍稍補償我的亡友未能完成的工作。（恩格斯，1972：3）

不過此觀點並非馬克思的獨家發現，在美國人類學的先驅摩爾根（Lewis H. Morgan, 1818-1881）1877 年出版的《古代社會》（*Ancient Society*）也有類似見解。這可以算是摩爾根和馬克思的英雄所見略同：

> 原來，摩爾根在美國，以他自己的方式，重新發現了四十年前馬克思所發現的唯物主義歷史觀，並且以此為指導，再把野蠻時代和文明時代加以對比的時候，在主要點上得出了與馬克思相同的結果。（恩格斯，1972：3）

恩格斯提出的唯物主義的觀點，認為：

> 歷史中的決定因素，歸根結蒂是直接生活的生產和再生產。但是，生產本身又有兩種。一方面是生活資料即食物、衣服、住房以及為此所必需的工具的生產；另一方面是人類自身的生產，即種的繁衍。（恩格斯，1972：3）

這裡雖然說的是「唯物主義的觀點」，而不是「唯物主義歷史觀」，不過從上下文來看應該是一樣的意思。

上述論述中的歷史決定因素是「直接生活的生產和再生產」。這樣的話後來恩格斯在給布洛赫的信中也說過。後來也常被馬克思主義者所愛用。

此兩種生產和後來在民國23-38年期間「新生活運動」中的兩大口號：「生活的目的在增進人類全體之生活」以及「生命的意義在創造宇宙繼起之生命」竟然十分吻合。在解嚴前，經常是政府機關和學校禮堂兩旁的對聯。這裡的「食」、「衣」、「住」的順序後來也被加上「行」、「育」、「樂」成爲蔣中正《民生主義育樂兩篇補述》（1953年）的重要詞彙。

恩格斯最後總結了勞動發展和家庭發展的歷史關聯：

> 一方面受勞動的發展階段的制約，另一方面受家庭的發展階段的制約。勞動愈不發展，勞動產品的數量，從而社會的財富愈受限制，社會制度就愈在較大程度上受血族關係的支配。然而，在以血族關係為基礎的這種社會結構中，勞動生產率日益發展起來；與此同時，私有制和交換，財產差別、使用他人勞動力的可能性，從而階級對立的基礎等等新的社會成分，也日益發展起來；這些新的社會成分在幾世代中竭力使舊的社會制度適應新的條件，直到兩者的不相容性最後導致一個徹底的變革為止。（恩格斯，1972：4）

所以整個社會的組織模式將從血族團體到地區團體的歷史發展，構成人類的歷史發展：

> 以血族團體為基礎的舊社會，由於新形成的社會各階級的衝突而被炸燬；組成為國家的新社會取而代之，而國家的基層單位已經不是血族團體，而是地區團體了。在這種社會中，家庭制度完全受所有制的支配，階級對立和階級鬥爭從此自由開展起來，這種階級對立和階級鬥爭構成了直到今日的全部成文歷史的內容。（恩格斯，1972：4）

恩格斯最有名的就是運用了當時美國的摩爾根所寫的《原始社會》這本書，將人類發展區分成蒙昧時代、野蠻時代和文明時代三個階段，並以社會制度基本上受到勞動與家庭發展的制約爲前提，進一步對應出婚姻的形式：

> 一定歷史時代和一定地區內的人們生活於其下的社會安排（gesellschaftliche Einrichtungen），受著兩種生產的制約（bedingen; condition）：一方面受勞

動的發展階段（Entwicklungsstufe）的〔制約〕；另一方面受家庭的〔發展階段的制約〕。（Marx & Engels, 1952: 182; Marx & Engels, 1968: 455；馬克思和恩格斯，1972，第四卷：2）

在人類發展的蒙昧時代對應的婚姻形式是群婚制，在人類發展的野蠻時代對應的方式叫對偶婚制，這是一個人類學的專有名詞，就是某一個部落的人會跟另外某一個部落的人通婚，然後接下來野蠻時代還有一個高級階段，對應的婚姻形式是男子對於女奴隸的統治以及多妻制。最後的階段是文明階段，這時候才是單偶婚制，就是一個配偶，另外還有通姦加上娼妓的元素。現在將這些說法整理如下表：

人類發展階段與婚姻形式

人類發展階段	婚姻形式
蒙昧時代（Wildheit; savagery）	群婚制（Gruppenehe; group marriage）
野蠻時代（Barbarei; barbarism）	對偶婚制（Parrungsehe; pairing marriage）
野蠻時代高級階段	男子對女奴隸的統治和多妻制（Vielweiberei; polygamy）
文明（Zivilisation; civilization）	單婚（Monogamie; monogamy）＋通姦＋娼妓

資料來源：孫中興整理自 Marx & Engels, 1952: 247; Marx & Engels, 1968: 510；馬克思和恩格斯，1972：70-71。

我們在前面講到《共產黨宣言》的時候，有提到要消除家庭，恩格斯在《家庭、私有制和國家的起源》裡面，也特別提到婚姻自由跟資本主義廢除之間的關係：

結婚的充分自由，只有在消滅了資本主義生產和它所造成的財產關係，從而把今日對選擇配偶還有巨大影響的一切派生的經濟考慮消除以後，才能普遍實現。到那時候，除了相互的愛慕之外，就再也不會有別的動機了。（Marx & Engels, 1952: 254; 1968: 516；馬克思和恩格斯，1972，第四卷：78）

「婚姻」一詞是指「資產階級的婚姻」，在《共產黨宣言》中亦有類似的見解。所以要消除這些資本主義條件，婚姻才能眞正的自由。反觀我們現在很多人的結婚的條件裡，還是以物質條件爲基礎，好比要有車有房，中國大陸甚至還要有大城市戶口。這樣的要求與恩格斯當年所講到的婚姻自由，看來沒有進步多少。

自工業革命與資本主義出現後，除了影響舊有的婚姻狀態，連帶原先的性愛關係也隨之改變。恩格斯面對新舊的兩性關係，他提倡一種「新的性愛觀」，這個性愛觀，當然重點不在於性了，而在於性跟愛的結合，他認爲現代性愛觀應該有三個條件：

> 現代的性愛（Geschlectsliebe; sex love），同單純的性欲（geschlechtes Verlangen; sexual desire），同古代的愛（Eros），是根本不同的。
> 第一，它是以所愛者的互愛為前提的；在這方面，婦女處於同男子平等的地位，而在古代愛的時代，絕不是一向都徵求婦女同意的。
> 第二，性愛常常達到這樣強烈和持久的程度，如果不能結合和彼此分離，對雙方來說即使不是一個最大的不幸，也是一個大不幸；僅僅為了能彼此結合，雙方甘冒很大的危險，直至拿生命孤注一擲，而這種事情在古代充其量只是在通姦的場合才會發生。
> 最後，對於性交關係的評價，產生一種新的道德標準，不僅要問：它是結婚的還是私通的，而且要問：是不是由於愛情，由於相互的愛而發生的？（Marx & Engels, 1952: 249-250; Marx & Engels, 1968: 512；馬克思和恩格斯，1972，第四卷：73）

恩格斯這個說法，其實非常現代。這裡除了尊重女性的意願之外，還是以眞愛而不是外在形式作爲重要的標準。頗值得某些「從未現代化」的人深思。

四、異化

恩格斯在《英國工人階級的狀況》一書中提到在階級裡面也會有工人階級的異化，這是他沒有和馬克思合作之前自己的獨立發現。只是恩格斯較強調的是工人的異化，行文也比馬克思的更清楚。

首先他先交代工人異化的根源：

> 使工人道德淪喪的另一個根源就是他們的勞動的強制性。如果說自願的生產活動是我們所知道的最高的享受，那麼強制勞動就是一種最殘酷最帶侮

辱性的痛苦。還有什麼能比必須從早到晚整天地做那種自己討厭的事情更可怕呢！工人愈是感到自己是人，他就愈是痛恨自己的工作，因為他感覺到這種工作是被迫的，對他自己來說是沒有目的的。他為什麼工作呢？是由於喜歡創造嗎？是由於本能嗎？絕不是這樣！他是為了錢，為了和工作本身毫無關係的東西而工作。（恩格斯，1957：404）

另外在《反杜林論》一書中，也再度提到資產階級社會異化的問題：

我們已經不止一次地看到，在目前的資產階級社會中，人們就像受某種異己力量的支配一樣，受自己所創造的經濟關係，受自己所生產的生產資料的支配。因此，宗教的反映過程的事實基礎就繼續存在，而且宗教反映本身也同它一起繼續存在。即使資產階級經濟學對這種異己支配力量的因果關係有一定的理解，事情並不因此有絲毫的改變。（恩格斯，1970：312）

恩格斯在此處採用異化來描述資產階級社會讓人變得不像人的狀態，人不但被資產階級所奴役，變成了奴隸，而且還被自己的創造物以及市場所宰制。

因此恩格斯提議爲了擺脫異己力量的方法，就是認識異化，進而消滅異化，恢復人類的自主意志：

社會力量完全像自然力一樣，在我們還沒有認識和考慮到它們的時候，起著盲目的、強制的和破壞的作用。但是，一旦我們認識了它們，理解了它們的活動、方向和影響，那麼，要使它們愈來愈服從我們的意志並利用它們來達到我們的目的，這就完全取決於我們了。這一點特別適用於今天的強大的生產力。只要我們固執地拒絕理解這種生產力的本性和性質——而資本主義生產方式及其辯護士正是抗拒這種理解的——它就總是像上面所詳細敘述的那樣，起違反我們、反對我們的作用，把我們置於它的統治之下。但是它的本性一旦被理解，它就會在聯合起來的生產者手中從魔鬼似的統治者變成順從的奴僕。（恩格斯，1970：276）

恩格斯在談到異化的消除，就像他在跟馬克思一起合作的時候，在《德意志意識形態》裡面說到的，必須要有自主的組織、自主的勞動還有自由的勞動，這樣的快樂的生產就不會有異化的情況發生，也因此恢復人自主的地位。此外，他提出若干消滅異化的方案。

首先他先提出組織的變革，才能從奴役之路轉往解放的大道：

> 當社會成為全部生產資料的主人，可以按照社會計畫來利用這些生產資料的時候，社會就消滅了人直到現在受他們自己的生產資料奴役的狀況。自然，要不是每一個人都得到解放，社會本身也不能得到解放。因此，舊的生產方式必須徹底變革，特別是舊的分工必須消滅。代之而起的應該是這樣的生產組織：在這個組織中，一方面，任何個人都不能把自己在生產勞動這個人類生存的自然條件中所應參加的部分推到別人身上；另一方面，生產勞動給每一個人提供全面發展和表現自己全部的及體力的和腦力的能力的機會，這樣，生產勞動就不再是奴役人的手段，而成了解放人的手段，因此，生產勞動就從一種負擔變成一種快樂。（恩格斯，1970：289-290）

接著是針對資本主義的性質而提出日後共產主義國家的計畫經濟，這也就是要由組織的變革來消除異化現象：

> 要消滅這種新的惡性循環，要消滅這個不斷重新產生的現代工業的矛盾，又只有消滅工業的資本主義性質才有可能。只有按照統一的總計畫協調地安排自己的生產力的那種社會，才能允許工業按照最適合於它自己的發展和其他生產要素的保持或發展的原則分布於全國。（恩格斯，1970：292）

這裡指出財產的公有（或稱爲「社會化」）才是消除「異化」的社會條件。這個看法呼應著馬克思早期的看法。

> 為此首先需要有社會的行動。當這種行動完成的時候，當社會通過占有和有計畫地使用全部生產資料而使自己和一切社會成員擺脫奴役狀態的時候（現在，人們正被這些由他們自己所生產的，但作為不可抗拒的異己力量而同自己相對立的生產資料所奴役），當謀事在人，成事也在人的時候，現在還在宗教中反映出來的最後的異己力量才會消失，因而宗教反映本身也就隨著消失。原因很簡單，這就是那時再沒有什麼東西可以反映了。（恩

格斯，1970：312-313）

從此文的後半段來看，共產主義社會消除了「異化」，也同時消除了「宗教」。在恩格斯看來「宗教」始終就是個異己的力量，先是自然力量的異化，後來是社會力量的異化。雖然這段敘述有點拗口，但「歸根結蒂」就是要消除這些構成虛幻的東西，異化才會消失。以上是恩格斯對於異化的看法。

五、共產主義

在說明完問題意識之後，恩格斯認爲要解決這一切問題的辦法，就得來一場共產主義革命。所以接下來我們就來討論恩格斯對於共產主義的看法。

我們在講到《共產黨宣言》的時候，曾提到過恩格斯寫過兩個初稿，其中一個版本叫做《共產主義原理》（*Grundsätze der Kommunismus; Principles of Communism*）。

根據中文版馬恩全集的注釋，這篇文章是：

> 共產主義者聯盟的綱領草案。關於以問答方式擬定綱領的問題，早在正義者同盟進行改組和改名為共產主義者同盟（1847年6月）的第一次代表大會以前就進行過討論。1847年9月，共產主義者同盟倫敦中央委員會（沙佩爾、鮑威爾、莫爾）把「共產主義問答」分發給同盟的各個區部和支部。這個帶有空想社會主義影響痕跡的文件不能使馬克思和恩格斯滿意，同樣，「真正的社會主義者」莫·赫斯在巴黎擬定的「修正」草案也不能使他們滿意。10月22日，在巴黎共產主義者同盟區部委員會的會議上，恩格斯尖銳地批評了赫斯的草案，使它遭到否決。恩格斯受委託起草新的草案。這個草案就是很快寫成的「共產主義原理」。
>
> 恩格斯把「共產主義原理」僅僅看成是綱領的初稿，他在1847年11月23-24日給馬克思的信中曾談到應當以「共產主義宣言」的形式來起草綱領的想法，而拋棄陳舊的問答方式。馬克思和恩格斯在共產主義者同盟第二次代表大會（1847年11月29日至12月8日）上捍衛了無產階級政黨的綱領科學基礎，大會委托他們以宣言的形式擬定綱領。在寫作「共產黨宣言」的過程中，馬克思主義的創始人曾運用了「共產主義原理」中提出的一系列原理。（馬克思和恩格斯，1958：618，n162）

恩格斯寫作這一篇的時間約在1847年10月至11月，出版時間在1914年首次以德文的單行本發行。

這篇文獻內容是針對共產主義的二十五個問題所做的回答，有短有長。

文中內容後來有不少收入《共產黨宣言》中。由此應可以看出《共產黨宣言》中恩格斯所負責的部分和馬克思後來定稿的部分是有區別的。

在這二十五個問題中，第九個和第十個問題是在同一個答案回答的；第二十二個和第二十三個問題則未給答案，只寫了 bleibt（remains，保留原案），中譯本的注釋中說：「顯然，這是說答案應當仍維持原案，即仍照已失傳的共產主義者同盟綱領的初步草案之一中業已擬定的答案。」（馬克思和恩格斯，1958：618，n16）

然後在這些問答當中，對於馬克思主義的幾個關鍵概念有著明確的定義：如無產階級和共產主義。這些都比日後的馬克思定稿的《共產黨宣言》要更清晰明瞭。

我們就舉例來讓大家了解一下：

1. 共產主義的定義

> 第一個問題：什麼是共產主義？
> 答：共產主義是關於無產階級解放（Befreiung des Proletariats; emancipation of the proletariat）的條件的學說。（恩格斯，1958：357；Engels, 1969: 81; 1971: 363）

共產主義和無產階級與資產階級兩個階級都有關。恩格斯只從無產階級的解放立論，其實也蘊含著打倒資產階級的意思。

2. 無產階級的定義

> 第二個問題：什麼是無產階級（Proletariat）？
> 答：無產階級是專靠出賣自己的勞動而不是靠某一種資本的利潤來獲得生活資料（Lebensunterhalt; means of livelihood）的社會階級（Klasse der Gesellschaft; class of society）。這一階級的禍福、存亡和整個生存，都要看對勞動的需求而定，也就是要看生意的好壞，要看無法制止的競爭的波動而定。一句話，無產階級或無產者階級（Klasse der Proletarier; class of proletarians）就是十九世紀的勞動階級（die arbeitende Klasse; the working

class）。（恩格斯，1958：357；Engels, 1969: 8; 1971: 363）

3. 無產階級的產生

第四個問題：無產階級是怎樣產生的？
答：無產階級是由於產業革命（die industrielle Revolution; industrial revolution）而產生的，這一革命在十八世紀後半期發生於英國，後來，相繼發生於世界各文明國家。（恩格斯，1958：357；Engels, 1969: 81; 1971: 363）

此處「die industrielle Revolution 」通常也譯成「工業革命」或「產業革命」。另外，資產階級和無產階級是相伴而生的，恩格斯卻選擇只從無產階級來論，顯然有他的修辭考量。

4. 兩個階級的產生

於是，從前的中層階級（der bisherige Mittelstand; the former middle class），特別是小手工業者（die kleinen Handwerksmeister; smaller master handicraftsmen），日益破產，勞動者的狀況也發生了根本的變化，產生了兩個漸漸併吞所有其他階級的新階級。這兩個階級就是：

一、大資本家階級（die Klasse der großen Kapitalisten; the class of big capitalists），現在他們在所有文明國家裡幾乎是一切生活資料（Lebensmittel; means of subsistence）以及生產這些生活資料所必需的原料和工具（機器、工廠）的獨占者。這就是資產者階級（die Klasse der Bourgeois）或資產階級（Bourgeoisie）。

二、完全沒有財產的階級（die Klasse der gänzlich Besitzlosen），他們為了換得維持生存所必需的生活資料，只得把自己的勞動出賣給資產者。這一階級叫做無產者階級（die Klasse der Proletarier）或無產階級（Proletariat）。（恩格斯，1958：358-359；Engels, 1969: 82; 1971: 365）

中譯本在「資產者階級」、「資產階級」、「無產者階級」和「無產階級」各詞上都有加粗黑體，可是德文本和英譯本均無加重。這就是中譯本沒有遵守原典的寫作規範。

接下來是說明歷史上的勞動階級——奴隸、農奴、工人。

第六個問題：在產業革命前，勞動階級是怎樣的？

答：在不同的社會發展階段（Entwicklungsstufen der Gesellschaft; stages of development of society）上，勞動階級的生活條件也各不同，它在同有產階級和統治階級的關係上所處的地位也各不相同。在古代，正像在現代許多落後國家，甚至美國南部一樣，勞動者是主人的奴隸（Sklaven; slaves）。在中世紀，勞動者是土地占有者貴族的農奴（Lebeigenen; serfs），直到今天這種農奴在匈牙利、波蘭和俄國都還殘存著。此外，在中世紀，甚至在產業革命前，城市裡還有在小資產階級師傅那裡做工的手工業者的幫工，隨著手工工場的發展，就漸漸地出現了受大資本家僱傭的手工工場工人（Manufakturarbeiter; manufactory workers）。（恩格斯，1958：359-360；Engels, 1969: 83; 1971: 365-366）

有關此處的說明，我根據上述的說法整理了表格如下：

歷史時期	階級區分
以農業為中心的中世紀	地主（Baron; lord）和農奴（Leibeigenen; serf）
中世紀後期的城市	師傅（Zunftmeister; master guildsman）、幫工（Gesellen; apprentices）和短工（Taglöhner; day-laborers）
十七世紀	手工工場場主（Manufakturisten; manufacturers）和手工工場工人（Manufaktuarbeiter; manufactory workers）
十九世紀	大廠主（große Fabrikanten; big factory owners）和無產者（Proletarier; proletarian）

資料來源：孫中興根據恩格斯（1958: 365-366; Engels, 1969: 89; 1971: 371）整理製表。

(1) 無產階級和奴隸的區別

奴隸	無產者
一次就被完全賣掉了	一天一天、一小時一小時地出賣自己！
特定的主人的財產。由於他們與主人的利害攸關，他們的生活不管怎樣壞，總還是有保障的	整個資產階級的財產。他們的勞動只有在有人需要的時候才能賣掉，因而他們的生活是沒有保障的。只有對整個無產者階級來說，這種生活才是有保障的
處在競爭之外	無產者處在競爭之中，並且親身感受到競爭的一切波動
奴隸被看做物件，不算是市民社會的成員	無產者被認為是人，是市民社會的成員
能夠比無產者生活得好些	屬於較高的社會發展階段，他們本身所處的發展階段也比奴隸為高
在所有的私有制關係中，只要廢除奴隸制一種關係，奴隸就能解放自己，並由此而成為無產者	無產者卻只有廢除一切私有制才能解放自己

資料來源：孫中興根據恩格斯（1958: 360; Engels, 1969: 83-84; 1971: 366）整理製表。

(2) 無產階級和農奴的區別

農奴	無產者
擁有並使用生產工具和一塊土地。為此，他要交出自己的一部分收入或者服一定的勞役	用別人的生產工具做工，他們就是為這個別人生產，從而換得一部分收益。
交出東西	得到報酬
生活有保障	生活無保障
處在競爭之外	處在競爭之中
可以通過以下各種道路獲得解放：或者是逃到城市裡去做手工業者；或者是交錢給地主代替勞役或產品，從而成為自由的佃農；或者是把他們的封建主趕走，自己變成私有者。總之，農奴可以通過不同的方法加入有產階級的隊伍並進入競爭領域而得到解放	只有通過消滅競爭、私有制和一切階級差別才能獲得解放

資料來源：孫中興根據恩格斯（1958: 360-361; Engels, 1969: 84; 1971: 366）整理製表。

(3) 無產者和手工業者（Handwerker; handicraftsman）以及手工工場工人（Manufakturarbeiter; manufactory worker）的區別

手工工場工人	無產者
十六到十八世紀，幾乎任何地方的手工工場工人都占有生產工具，例如：織布機、家庭用的紡車和一小塊在工餘時間耕種的土地	無產者無左列一切
幾乎都是生活在鄉下，和地主或雇主維持著或多或少的宗法關係	通常生活在大城市裡、和雇主只有金錢關係。大工業使手工工場工人脫離了宗法關係，他們失去了僅有的一點財產，因此才變成無產者

資料來源：孫中興根據恩格斯（1958: 361; Engels, 1969: 84-85; 1971: 367）整理製表。

接下來是有關於共產主義關於新的社會制度（neue Gesellschaftsordnung; new social order）的設想：

> 首先將根本剝奪相互競爭的個人對工業和一切生產部門的管理權。一切生產部門將由整個社會（die ganze Gesellschaft; society as a whole）來管理，也就是說，為了公共的利益按照總的計畫（gemeinschaftllicher Plan; social plan）和在社會全體成員的參加下來經營。這樣，競爭將被這種新的社會制度消滅（aufheben; do away with），而為聯合（Assoziation; association）所代替。因為個人管理工業的必然後果就是私有制，因為競爭不過是個別私有者管理工業的一種方式，所以私有制是同工業的個體經營和競爭密切聯繫著的。因此私有制也必須廢除（abschaffen; abolish），代替它的是共同使用全部生產工具和按共同協議來分配產品，即所謂財產共有（Gütergemeinschaft; community of goods）。廢除私有制（Abschaffung des Privateigentums）甚至是工業發展所必然引起的改造整個社會制度的最簡明扼要的說法。所以共產主義者提出廢除私有制為自己的主要要求是完全正確的。（恩格斯，1958：364-365；Engels, 1969: 88; 1971: 371-372）

後來他在提到「國家萎縮論」時強調的「社會管理一切」，在《德意志意識形態》中那段田園式共產主義生活方式的幻想也有這一句，可是都沒有多做解說。此處他說得很清楚，可以作爲補充。這裡中譯本的「廢除」，有時原文是 aufheben，有時是 abschaffen。

這種混用也出現在第十五個、第十六個和第十七個三個問題的用字上：第十五個和第十七個問題所用的字都是 Abschaffung，而第十六個問題用的字是 Aufhebung，英譯本一律用的是 abolition 的動詞或名詞形式，中譯本則一律作「廢除」。

這也是共產主義原初的理想，也是其動人之處，這是恩格斯在早期的說法。而關於私有制何時出現於人類文明的，關於此點恩格斯認爲私有制的產生非一向就有，而是產生於中古末期：

> 社會制度中的任何變化，所有制關係中的每一次變革，都是同舊的所有制關係不再相適應的新生產力（neue Produktivkräfte; new productive forces）發展的必然結果。私有制就是這樣產生的。私有制並非一向就有；在中世紀末期，產生了一種手工工場那樣的新的生產方式（Art der Produktion; mode of production），這種新的生產方式已經超越了當時封建和行會所有制（feudale und Zunfthältnissen; feudal and guild property）的範圍，於是這種已經超越舊的所有制關係的手工工場便為自己創造了新的所有制形式——私有制。（恩格斯，1958：365；Engels, 1969: 88; 1971: 371）

因此恩格斯認爲「私有制是萬惡之淵藪」，應當加以廢除。至於廢除的方式該如何進行，恩格斯認爲就是廢除私有制或私有財產（Abschaffung des Privateigentums; abolition of private property）：

> 第十七個問題：能不能一下子就把私有制廢除呢？
> 答：不、不能，正像不能一下子就把現有的生產力擴大到為建立公有經濟（Gemeinschaft; community）所必要的程度一樣。正像顯著即將來臨的無產階級革命，只能逐步改造現社會（Gesellschaft; society），並且只有在廢除私有制所必需的大量生產資料（Produktionsmittel; means of production）創造（schaffen; creat）出來之後才能廢除（abschaffen; abolish）私有制。（恩格斯，1958：366-367；Engels, 1969: 89-90; 1971: 372）

如果仔細對照原文，會發現恩格斯使用了「公有經濟」，德文原文是 Gemeinschaft，英文的翻譯爲 community，而「現社會」的德文原文是 Gesellschaft，英文翻譯成 society。令人驚訝的是恩格斯在此處的這一對概念正是我們後來會提到的杜尼斯（Ferdinand Tönnies）的招牌概念，只是社會學界通常翻成「社區／社會」（Gemeinschaft/Gesellschaft; community/society）。不過，先插一句話，我認爲比較恰當顯示出這是一對專有的概念，建議翻成「共同體」與「社會體」，以免和常用的「社區」（或譯「共同體」）與「社會」混淆。

從出版年代來看，杜尼斯的《共同體與社會體：共產主義和社會主義當成經驗的文化形式的論文》（*Gemeinschaft und Gesellschaft*: *Abhandlung des Communismus und des Socialismus als empirischer Culturformen*）第一版出版於 1887 年，比恩格斯這篇文章晚了 30 年，似乎也沒有思想傳承上的直接關聯。

新的社會來臨之前，無產階級革命必然會發生，「革命不能預先隨心所欲地製造，革命在任何地方都是完全不以個別政黨和整個階級的意志和領導為轉移的各種情況的必然結果。」（恩格斯，1958：366；Engels, 1969: 89; 1971: 372）

因此，在新的社會形式到來之際，無產階級革命會有以下這些的主要措施：

假如無產階級不能立即利用民主來實行直接侵犯私有制和保證無產階級生存的各種措施，那麼，這種民主對於無產階級就會毫無用處。這些由現有條件中必然產生出來的最主要措施（Maßregeln; measures）如下：

1. 用累進稅、高額遺產稅；取消（Abschaffung; abolition）旁系親屬（兄弟、侄甥等）繼承權、強制公債等來限制私有制。
2. 一部分用國營工業競爭的辦法，一部分直接用紙幣贖買的辦法，逐步剝奪（Expropriation）土地私有者、廠主以及鐵路和海船所有者的財產。
3. 沒收一切流亡分子和舉行暴動反對大多數人民的叛亂分子的財產。
4. 組織勞動或者讓無產者在國家的田莊、工廠、作坊中工作，這樣就會消除工人之間的相互競爭，並迫使殘存的廠主付出的工資跟國家所付出的一樣高。
5. 直到私有制完全廢除（Aufhebung; abolition）為止，對社會的一切成員實行勞動義務制（Arbeitszwang; liability to work）。成立產業軍（industrielle Armee; industrial army），特別是農業方面的產業軍。
6. 通過擁有國家資本的國家銀行，把信貸系統和銀錢業集中（Zentralisierung; centralization）在國家手裡。封閉一切私人銀行和錢莊。
7. 隨著國家所擁有的資本和工人數目的增加而增加國營工廠、作坊、鐵路、海路的數目，開墾一切荒地，改良已墾地的土質。

8. 所有的兒童，從能夠離開母親照顧的時候起，由國家機關公費教育。把教育和工廠勞動結合起來。
9. 在國有土地上建築大廈，作為公民公社的公共住宅。公民公社將從事工業生產和農業生產，將結合城市和鄉村生活方式的優點而避免兩者的偏頗和缺點。
10. 拆毀一切不合衛生條件的、建築得很壞的住宅和市街。
11. 婚生子女和非婚生子女享有同等的遺產繼承權。
12. 把全部運輸業集中（Konzentration; concentration）在人民手裡。（恩格斯，1958：367-368；Engels, 1969: 90-91; 1971: 373-374）

我依照上述所提出的方案與共產黨宣言進行了一個表格的比較，共產主義的措施〔前後觀念的比較〕，參見第六講（第 210 頁），此處不再贅述。

另外，他也提到共產主義其實不是一個國家的事情，而是全世界全人類的事情。這跟馬克思看法是一樣的，就是要先尋求工人階級的解放，到時候進一步達成全人類的解放，這是共產主義的原初理想。這些理想，後來在非共產國家也多多少少實踐了其中不少項目，也不是共產國家的專利。

共產主義革命將不僅是一個國家的革命，而將在一切文明國家裡，及至少在英國、美國、法國和德國同時發生。在這些國家的每一個國家中，共產主義革命發展得較快或較慢，要看這個國家是否工業較發達，財富累積較多，以及生產力較高而定。因此，在德國實現共產主義革命最慢最困難，在英國最快最容易。共產主義革命也會大大影響世界上其他國家，會完全改變並特別加速它們原來的發展進程。它是世界性的革命（universelle Revolution），所以將有世界性的活動場所。（恩格斯，1958：369；Engels, 1969: 91-92; 1971: 374-375）

到了《共產黨宣言》中，卻又把德國捧得很高，和此處所說大相逕庭。

共產黨人現在把自己的主要注意力集中在德國，是因為德國正處在資產階級革命的前夜，是因為德國將在整個歐洲文明更進步的條件下，具有比十七世紀的英國和十八世紀的法國更發展得多的無產階級去實現這個變革。所以，德國的資產階級革命一定要成為無產階級革命的直接序幕。（馬克思恩格斯，1958：503; Marx & Engels, 1969: 137; 1971: 493）

另外，恩格斯也談到共產主義與教育的關係：

教育（Erziehung; education）可使年輕人很快就能熟悉整個生產系統（System der Produktion; system of production），它可使他們根據社會的需要或他們自己的愛好，輪流從一個生產部門轉到另一個生產部門。因此，教育就會使他們擺脱現代這種分工（Teilung der Arbeit; division of labor）為每個人造成的片面性（einseitiger Charakter; one-sidedness）。這樣一來，根據共產主義原則組織起來的社會，將使自己的成員能夠全面地發揮他們各方面的才能，而同時各個不同的階級也就必然消失。因此，根據共產主義原則組織起來的社會一方面不容許階級繼續存在，另一方面這個社會的建立本身便給消滅（aufheben; remove）階級差別（Klassenuntershiede; class distinction）提供了條件。（恩格斯，1958：370-371；Engels, 1969: 93; 1971: 376）

這裡強調人的各方面才能在共產主義之下都足以發揮，不會像資本主義生產方式之下因爲分工所造成的異化勞動那樣。這種「全人」或是「人盡其才」的想法，是他們認爲可以在共產主義制度下達到的。這算不算是他們所指責的「空想的」社會主義理想呢？畢竟他們對教育的期望很高。但是這種全方位才能的發揮可以導致不同階級的消失，這樣的看法恐怕是太過樂觀。

此外，他也提到共產主義制度對家庭的影響：

兩性間的關係（Verhältnis der beiden Geschlechter）將成為僅僅是和當事人有關而社會無須干涉的私事。這一點之所以能實現，是由於廢除私有制和社會負責教育兒童的結果，因此，私有制所產生的現代婚姻的兩種基礎，即妻子依賴丈夫、孩子依賴父母，也會消滅（vernichten; destroy）。這也是對道貌岸然的市儈（moralischer Spießbürger; moralizing philistines）關於共產主義公妻制（Weibergemeinschaft; community of wives）的悲鳴的回答。

> 公妻制完全是資產階級社會（bürgerliche Gesellschaft; bourgeois society）特有的現象，現在的賣淫（Prostitution）就是這種公妻制的充分表現。賣淫是以私有制為基礎的，它將隨著私有制的消失而消失。因此，共產主義組織並不實行公妻制，正好相反，它要消滅（aufheben; put an end to it）公妻制。（恩格斯，1958：371；Engels, 1969: 94, 1971: 377）

同樣的論點可以在恩格斯和馬克思合著的《共產黨宣言》以及恩格斯後來所寫的《家庭、私有制及國家的起源》一書中看到。

接著他細辨共產主義者與當時社會主義者的差異：

> 所謂社會主義者可分成三類：
>
> 第一類是那些封建和宗法社會的擁護者（Anhängern der feudalen und patriarchalischen Gesellschaft; adherents of feudal and patriarchal society），這些社會已被大工業、世界貿易和由它們所造成的資產階級社會（Bourgeoisgesellschaft; bourgeois society）所消滅和日益消滅著。這一類社會主義者從現代社會的苦難中做出了這樣的結論：應該恢復封建的和宗法的社會，因為它沒有這種種苦難。這一類人的一切主張都是直接或間接地為了這一目的。共產主義者隨時都要堅決同這類反動的社會主義者做鬥爭，儘管它們假惺惺地表示同情無產階級的苦難和為此而灑出熱淚。因為這些社會主義者：
>
> 1. 追求一件根本不可能的事情；
> 2. 希望恢復貴族、師傅、手工工場廠主以及和他們相關係的專制君主或封建君主、官吏、士兵和僧侶的統治（Herrschaft; rule），他們想恢復的這種社會固然沒有現代社會的各種缺點，但至少會有同樣多的其他災難，而且它也不會開闢通過共產主義社會來解放被壓迫工人的任何前途；
> 3. 當無產階級成為革命的和共產主義的階級的時候，這些社會主義者總要暴露出他們的真實意圖。在這種場合下，他們馬上和資產階級聯合起來反對無產階級。
>
> 第二類是現代社會的擁護者（Anhängern der jetzigen Gesellschaft），現代社會必然產生的苦難，使他們不得不替這一社會的存在擔心。因此，他們力圖保持現代社會，不過要消除和它聯繫在一起的苦難……共產主義者也得

> 和這些資產階級社會主義者（Bourgeoissozialisten; bourgeois Socialists）做不懈的鬥爭，因為他們的活動有利於共產主義者的敵人，他們所維護的社會正是共產主義者所要推翻的社會。
> 最後，第三類是民主主義的社會主義者（demokratische Sozialisten），他們和共產主義者同道，他們希望實現 XXX 個問題* 中所提出的部分措施，但他們不是把這些措施當作引向共產主義的過渡辦法，而是當作足以消滅現代社會中的貧困和苦難的措施……因此，共產主義者在需要行動的時候，只要民主主義的社會主義者不為占統治地位的資產階級效勞和不攻擊共產主義者，就應當和這些社會主義者達成協議，並且要盡可能和他們採取共同的政策。（恩格斯，1958：372-373；Engels, 1969: 94-96; 1971: 377-379）〔* 馬恩全集的編者註：手稿此處空白，指的是第 18 個問題。〕

這些也可見於後來馬克思定稿的《共產黨宣言》中。

總而言之，從上面的引文對照後來的《共產黨宣言》，恩格斯的貢獻不可以小覷。

六、歷史唯物論

恩格斯對於歷史唯物論的廣爲人知的闡述，便是有關於階級鬥爭史的說明：

> 以往的全部歷史，都是階級鬥爭的歷史。這些互相鬥爭的社會階級在任何時候都是生產關係和交換關係的產物，一句話，都是自己時代的經濟關係的產物；因而每一時代的社會經濟結構形成現實基礎，每一個歷史時期由法律設施和政治設施以及宗教的、哲學的和其他的觀點所構成的全部上層建築，歸根到底都是應由這個基礎來說明的。（恩格斯，1970：24）

「以往的全部歷史，都是階級鬥爭史」在後來恩格斯在 1888 年的《共產黨宣言》〈序言〉的英文版中有個註解，有了修正的說法：除了「原始共產社會」之外，因爲那時候人類社會還沒有階級區分。不過這句在《共產黨宣言》中很有名的話，經常被不加修正而廣泛引用。這段話和馬克思在《政治經濟學批判大綱》〈序〉中所提到的基本上是一樣的。

同時延續前段所提及與社會主義者的差異，在此處則是突顯唯物史觀和以往社會主義史觀的差別：

> 以往的社會主義同這種唯物主義歷史觀是不相容的，正如法國唯物主義的自然觀同辯證法和近代自然科學不相容一樣。以往的社會主義固然批判過現存的資本主義生產方式及其後果，但是不能說明這個生產方式，因而也就不能對付生產方式；他只能簡單地把它當作壞東西拋棄掉。但是，問題在於：一方面說明資本主義生產方式的歷史聯繫和它對一定歷史時期的必然性，從而說明它滅亡的必然性，另一方面揭露這種生產方式內部的一直還隱蔽著的性質，因為以往的批判與其說是針對著事態發展本身，不如說是針對著所產生的惡果。這已經由於剩餘價值的發現而完成了。（恩格斯，1970：24）

接下來，比較特別的是他跟馬克思不同之處。他認爲基礎「有時並不」決定上層建築：

> 社會的政治結構絕不是緊跟著社會的經濟生活條件的這種劇烈的變革發生相映的改變。當社會日益成為資產階級社會的時候，國家制度仍然是封建的。大規模的貿易，特別是國際貿易，尤其是世界貿易，要求有自由的，在行動上不受限制的商品所有者，他們作為商品所有者來說是有平等權利的，他們根據對他們來說全都平等的（至少在各該當地是平等的）權利進行交換。（恩格斯，1970：102）

尤其是當「文化脫節」（cultural lag）或是「文化失序」的狀況，形成「國家處於封建體制，而社會經濟卻是資產階級」的發展不一致的樣貌。在這樣的歷史過渡階段，基礎就決定不了上層建築的情況。只是這樣的情況能持續多久，是個值得觀察的現象：

> 每一種新的生產方式或交換形式，在一開始的時候都不僅受到舊的形式以及與之相應的政治設施的阻礙，而且也受到舊的分配方式的阻礙。新的生產方式和交換形式必須經過長期的鬥爭才能取得和自己相適應的分配。但

> 是，某種生產方式和交換方式愈是活躍，愈是具有成長和發展的能力，分配也就愈快地達到超過它的母體的階段，達到同到現在為止的生產方式和交換方式發生衝突的階段。（恩格斯，1970：146）

簡單來說，基礎與上層原先是相互配合的，只是遇到變化之後，兩者脫節直至兩者能夠重新調適成互相配合的狀態爲止，過渡期才會結束。

這裡提到了「生產方式」和「交換形式」或「交換方式」。前者還是延續以前的用詞，後者則是比較特別的用詞。重點是：交換關係指的是什麼？行文脈絡沒說清楚。後來提到唯物史觀的人也都沒注意這個名詞。

從行文脈絡來看，「交換形式」有別於「生產方式」和「相應的政治設施」，「生產方式」和「交換方式」相互衝突就是社會要發生變革的時候。至於關鍵問題：「爲什麼會發生兩者相互衝突的情況」，恩格斯並沒有加以說明。

另外，我們也可以透過唯物歷史觀的敘述，觀察到恩格斯未遵循馬克思著名的「基礎」或「下層建築」詞彙時，而是使用「生產」和「產品交換」、「生產方式」和「交換方式」來界定歷史發展。由此可見，唯物主義歷史觀的概念已逐漸成形，只是仍然在尋找精確的、一致的詞語。

> 唯物主義歷史觀從下述原理出發：生產以及隨生產而來的產品交換是一切社會制度的基礎；在每個歷史地出現的社會中，產品分配以及和它相伴隨的社會之劃分為階級或等級，是由生產什麼、怎樣生產以及怎樣交換產品來決定的。所以，一切社會變遷和政治變革的終極原因，不應當在人們的頭腦中，在人們對永恆的真理和正義的日益增進的認識中去尋找，而應當在生產方式和交換方式的變更中去尋找；不應當在有關的時代的哲學中去尋找，而應當在有關的時代的經濟學中去尋找。對現存社會制度的不合理和不公平、對「理性化為無稽，幸福變成苦痛」的日益清醒的認識，只是一種徵象，表示在生產方法和交換形式中已經靜悄悄地發生了變化，適合於早先的經濟條件的社會制度已經不再和這些變化相適應了。同時這還說明，用來消除已經發現的弊病的手段，也必然以多少發展了的形式存在於已經發生變化的生產關係本身中。這些手段不應當從頭腦中發明出來，而應當通過頭腦從生產的現成物質事實中發現出來。（恩格斯，1970：264-265）

恩格斯於此強調的是「物質事實」和「經濟學」相對於「頭腦」和「哲學」在唯物主義歷史觀中的優位性。這也就是在《德意志意識形態》中，馬克思和恩格斯要將黑格爾的顛倒來看的緣故。

另外在《社會主義從空想到科學的發展》，恩格斯將歷史演化分成三個階段，也是經常被拿來當成歷史唯物論的重要歷史發展階段論：

(一) 中世紀社會（Mittelatlerliche Gesellschaft; medieval society）

個體的小生產；生產或者是爲了生產者本身的直接消費，或者是爲了他的封建領主的直接消費；商品生產正在形成：剩餘的生產拿去出賣或交換；包含社會生產的無政府狀態的萌芽。

(二) 資本主義革命（Kapitalische Revolution; capitalist revolution）

簡單協作和工場手工業的出現；生產資料集中於大作坊：個人生產資料轉變成社會化的生產資料；出現資本家：生產資料的所有者，占有產品並將之轉變爲商品；生產已成爲社會的活動，而交換以及占有仍是個體的或單個人的活動：社會產品爲資本家所占有。

1. 生產者和生產資料分離；工人註定要終身從事僱傭勞動；無產階級和資產階級相對立。
2. 支配商品的規律日異突顯；競爭白熱化；個別工廠中的社會化組織和整個生產中的社會無政府狀態相矛盾。
3. 機器的改進，使得工人不斷被解僱，造成產業後備軍；生產無限擴張，每個廠主必須遵守強制性的競爭規律；生產力的空前發展，供過於求，出現十年一次的惡性循環危機；生產方式起來反抗交換形式。
4. 資本家被迫部分承認生產力的社會性；大規模的生產機構和交通機構先後由股份公司、托拉斯和國家占有；資產階級全部的社會功能被僱傭的職員所取代。

(三) 無產階級革命（Proletarische Revolution; proletarian revolution）

無產階級取得社會權力，並且藉此將社會化生產資料轉變為公共財產；社會生產的無政府狀態消失；國家的政治權威消失；人終於成為自己的社會結合（Vergesellschaftung; social organization）的主人，從而也就成為自然界的主

> 人，成為自己本身的主人——自由的人。（Marx & Engels, 1968: 432-434；馬克思和恩格斯，1972，第三卷：441-443）

Vergesellschaftung（社形；社聯）是 Georg Simmel 所用的重要概念。但似乎只是用詞的巧合，看不出有理論上的關聯。

另外，依照我對恩格斯的文本理解，我傾向認爲恩格斯在經濟與歷史的關係，可以稱之爲是一種「歷史辯證終經論」：歷史的上下結構之間相互影響，而最終決定因素是經濟。但關鍵問題在於「最終」是怎麼判定的？

有關「最終決定」的討論，恩格斯在別的書信也有提及上下層結構各要素之間的互動。恩格斯於 1890 年 9 月 21 日給住在柯尼斯堡（Königsberg）的布洛赫（Joseph Bloch, 1850-1923）的信，就是最好的範例。以下是我的翻譯：

> 根據唯物史觀，真實生活的生產和再生產（die Produktion und Reproduktion des wirklichen Lebens; the production and reproduction of real life）是歷史的最終（in leztes Instanz; ultimately）決定要素（Moment）。除此之外，不論是馬克思或我都不曾斷言過更多的意見。如果現在有任何人〔將我們的意思〕扭曲成：經濟要素（das ökonomische Moment）是唯一的決定要素，他就把這個論點轉變成無意義的、抽象的、荒謬的語句。經濟狀況（Lage）是基礎（Basis），但是各種不同上層結構（Überbau）的要素——階級鬥爭的政治形式及其結果——由勝利的階級所建立的憲法——法律形式以及所有參與實際鬥爭的人的腦海中的反映，政治的、法律的、哲學的理論，宗教的觀點以及教義體系的進一步發展對歷史鬥爭的經過所造成的影響，以及在許多情況下決定了其主要的形式（Form）。這些要素之間有著相互作用（Wechselwirkung），其中歸根結底透過無盡的偶然（這些事物和結果的內在關係相互間是遠不可及或是無法證實，以至於我們無法加以觀察而可以略而不論）經濟活動被當成是必需。
>
> 我們自己創造我們的歷史，但是首先是在一定的前提和條件之下。其中經濟是最終的決定（Darunter sind die ökonomischen die schließlich entscheidenden）……第二，歷史是許多個別意志相互衝突的結果，每一個別意志又是受到許多特別的生活條件的影響……請您從原典而非二手作品來研究這些個理論……《路易・波拿巴的霧月十八日》……《資本

> 論》……《歐根・杜林先生在科學中的實行的變革》……《路德維希・費爾巴哈和德國古典哲學的終結》……青年們有時過分重視經濟面，馬克思和我自己必須對此負部分責任。我們在和對手辯駁時為了強調這些被否認的主要原則，並不常有時間、地點和機會使參與交互作用的要素得到應有的重視……（Marx & Engels, 1952: 513-514; Marx & Engels, 1968: 692；馬克思和恩格斯，1972，第四卷：477）

請注意，經濟是「最終的」（the ultimate）而非唯一的決定因素，由此可見上下層建築的相對自主性。

信中又說：「除此之外，不論是馬克思或我都不曾斷言過更多的意見。如果現在有任何人〔將我們的意思〕扭曲成：經濟要素（das ökonomische Moment）是唯一的決定要素，他就把這個論點轉變成無意義的、抽象的、荒謬的語句。」對照我們前面對於馬克思歷史唯物論的說法，特別是馬克思的《政治經濟學批判》中〈序言〉的經典說法，也不是事實。

在這邊恩格斯對於他所要反駁的意見，照理應當重現對手的主要論點，但在這段敘述過程中，對手的論述完全被忽略。也許因爲這是私人書信的關係，不必跟我們這些多年後看信的外人多做交代。

値得注意的是，恩格斯在書信中提到的想法，在其他正式公開發表的文獻中並沒出現過。我不禁懷疑：這會不會只是恩格斯應付布洛赫的手法。不然，爲何對唯物史觀這麼根本而且重要的說明，不在後來的正式文獻中再加以澄清說明？這也是我認爲我們應當多注意書信文本和書籍文本的詮釋權重問題。

七、自然辯證法

接下來的部分，恩格斯做了一些研究是馬克思沒有做過的，就是有關自然科學的一些研究。馬克的著作中很少提到自然科學。

我們先討論恩格斯的《歐根・杜林先生在科學中實行的變革》（*Herrn Eugen Dührings Umwälzung der Wissenschaft*），簡稱《反杜林論》（*Anti-Dühring*）。

首先，「自然辯證法」（Dialektik der Natur; Dialectics of Nature）一詞既不是馬克思創用的詞彙，也不是著作中有這個書名的恩格斯發明的名詞。馬恩全集的編譯者的腳註幫了我們一個大忙：

> 杜林把自己的「辯證法」稱為「自然辯證法」，以別於黑格爾的「非自然的」辯證法。見歐·杜林《自然辯證法：科學和哲學的新的邏輯基礎》1865年柏林版（E. Dühring. «Natürliche Dialektik. Neue logische Grundlegungen der Wissenschaft und Philosophie». Berlin, 1895）。（恩格斯，1970：364，n101）

這裡的自然是指自然界的意思，大部分的辯證法泰半使用於人文與社會研究領域，關於自然界的部分較少琢磨，只是爲什麼「自然辯證法」這個杜林的用詞，後來成爲恩格斯另一本書的書名？恩格斯是「不以人廢言」的人嗎？

在書中，恩格斯將人類知識領域分成三大部分：

> 第一部分包括研究非生物界以及或多或少能用數學方法處理的一切科學，即數學、天文學、力學、物理學、化學。如果有人喜歡對極簡單的事物使用大字眼，那麼也可以說，這些科學的某些成果是永恆真理，是最後的、終極的真理，所以這些科學也叫做精密科學。然而絕不是一切成果都如此。（恩格斯，1970：84-85）
>
> 第二類科學是包括研究生物機體的那些科學。（恩格斯，1970：85）
>
> 在第三類科學中，即在按歷史順序和現在的結果來研究人的生活條件、社會關係、法律形式和國家形式以及它們的哲學、宗教、藝術等等這些觀念的上層建築的歷史科學中，永恆的真理的情況還更糟。（恩格斯，1970：86）

恩格斯的分類，大致上與現今將科學劃分爲自然科學、社會科學以及人文科學的方式類似。

比較特別的是，他注意到基督新教和近代科學發展的關係：

> 新教徒在迫害自然科學的自由研究上超過的天主教徒。塞爾維特正要發現血液循環過程的時候，加爾文便燒死了他，而且還活活地把他烤了兩個鐘頭；而宗教裁判所只是把喬爾丹諾·布魯諾簡單地燒死便心滿意足了。（恩格斯，1971：8）

此處恩格斯認爲基督新教對於科學發展有不利的影響，可是他在《自然辯證法》裡面跟在《社會主義從空想到科學的發展》卻對此一論題提出一種截然相反的觀點。

> 隨著中等階級的興起，科學也大大地復興了；天文學、機械學、物理學、解剖學和生理學的研究又重新進行起來。資產階級為了發展它的工業生產，需要有探察自然物體的物理特性和自然力的活動方式的科學。而在此以前，科學只是教會的恭順的婢女，它不得超越宗教信仰所規定的界限，因此根本不是科學。現在科學起來反叛教會了；資產階級沒有科學是不行的，所以也不得不參加這一反叛。（恩格斯，1970b：333）

另外，恩格斯也提出近代自然觀的改變：

> 新的自然觀的基本點是完備了：一切僵硬的東西溶化了，一切固定的東西消散了，一切被當作永久存在的特殊東西變成了轉瞬即逝的東西，整個自然界被證明是在永恆的流動和循環中運動著。（恩格斯，1971：15-16）

這一段類似的話曾在《共產黨宣言》中出現過，這裡再度出現是否表示這段話是由恩格斯所寫的？而這段話對於後來二十世紀末期的研究者而言，常常將其視作現代性的特徵，相對於前現代性一切都固定的、不會溶化、僵硬的。

希望上面對於恩格斯思想的介紹，有助於大家了解我執意要區分馬克思和恩格斯共同的貢獻和分別的貢獻的理由。希望我們可以重新平心靜氣的從學術研究的觀點來看待兩個人的思想，而不是帶著自己先入爲主的政治意識形態來誤解這兩位重要的思想家。

八、Q & A 反思回顧

1. 我們當代的性愛觀或你個人跟恩格斯所提倡的現代性愛觀，有怎樣的差距？
2. 倘若恩格斯不和馬克思合作的話，那他的獨立貢獻對於人類文明究竟有多大的影響力？
3. 恩格斯的貢獻和馬克思的貢獻，兩者相較有哪些各自的特色，哪些內容對你而言有比較大的啟發？

附錄一
恩格斯的思想脈絡

前輩

黑格爾（Georg Friedrich Wilhelm Hegel, 1770-1831）
謝林（Friedrich Wilhelm von Schelling, 1775-1854）
費爾巴哈（Ludwig Feuerbach, 1804-1872）
摩爾根（Lewis Henry Morgan, 1818-1881）

同輩

布魯諾·鮑威爾（Bruno Bauer, 1809-1882）
杜林（Eugen Dühring, 1833-1921）
馬克思（Karl Marx, 1818-1883）
白恩斯姊妹（Mary Burns, c. 1823-1863; Lydia Burns, 1827-1878）

附錄二
恩格斯的重要著作目錄

〈政治經濟學批判大綱〉（*Umrisse auf einer Kritik der Nationalökonomie*）

寫作年代：1843 年 10-11 月（英文版如是說）
1843 年底至 1844 年 1 月（德文版）

出版年代：1844 年 2 月《德法年鑑》
1965 年中文《全集》第 1 卷

《英國工人階級狀況》（*Die Lage der arbeitenden Klasse in England*）

寫作年代：1844 年 9 月至 1845 年 3 月

出版年代：1845 年 5 月
1887 年 Wischnewetzky 英譯本
1958 年 W. O. Henderson 和 W. H. Chaloner 英譯本
1953 年季羨林中文全譯本
1965 年中文《全集》第 2 卷

目錄：

序言（Vorwort）
導言（Einleitung）
工業無產階級（Das industrielle Proletariat ）
大城市（Die großen Städte）
競爭（Die Konkurrenz）
愛爾蘭移民（Die irische Einwanderung）
結果（Resultate）
各別勞動部門：狹義的工廠工人（Die einzelnen Arbeitszweige. Die Fabrikarbeiter im engeren Sinne）
其他勞動部門（Die übrigen Arbeitszweige）
工人運動（Arbeiterbewegungen）
礦業無產階級（Das Bergwerksproletariat）
農業無產階級（Das Ackerbauproletariat）
資產階級對無產階級的態度（Die Stellung der Bourgeoisie zum Proletariat）

《德國農民戰爭》（*Der deutsche Bauernkrieg*）

寫作時間：1850 年夏天

出版時間：1850 年刊登於《新萊茵報》
1959 年收入《馬克思恩格斯全集》第七卷第 383-483 頁

《德國的革命和反革命》（*Revolution und Konterrevolution in Deutschland*）

寫作時間：1851 年 8 月至 1852 年 9 月

出版時間：1851 年刊登於《紐約每日論壇報》，出版時署名「馬克思」

目錄：

一　革命前夕的德國（Deutschland am Vorabend der Revolution）

二　普魯士邦（Der prußische Staat）

三　德國其他各邦（Die übrigen deutschen Staaten）

四　奧地利（Österreich）

五　維也納起義（Der Wiener Märzaufstand）

六　柏林起義（Der Berliner Aufstand）

七　法蘭克福國民會議（Die Frankfurter Nationalversammlung）

八　波蘭人、捷克人和德意志人（Polen, Tschechen und Deutsche）

九　泛斯拉夫主義：什列斯維希—霍爾施坦的戰爭（Der Panslawismus-Der Krieg in Schlieswig-Holstein）

十　巴黎起義：法蘭克福議會（Der Pariser Aufstand-Die Frankfurter Nationalversammlung）

十一　維也納起義（Der Wiener Oktoberaufstand）

十二　對維也納的攻擊（Die Erstürmung Wiens-Der Verrat an Wien）

十三　普魯士制憲議會：國民議會（Die preußische konstituierende Versammlung-Die Frankfurter Nationalversammlung）

十四　秩序的恢復：議會和議院（Die Wiederherstellung der Ordnung-Reichstag und Kammern）

十五　普魯士的勝利（Preußens Triumph）

十六　國民議會和各邦政府（Die Nationalversammlung und die Regierungen）

十七　起義（Der Aufstand）

十八　小資產階級（Die Kleinbürger）

十九　起義的終結（Das Ende des Aufstandes）

《反杜林論》（*Anti-Dühring*）或

《杜林先生的科學革命》（*Herr Eugen Dührings Umwälzung der Wissenschaft*）

寫作年代：1876-1878 年

出版年代：1878 年

1939 年 Emile Burns 英譯本

1930 年吳黎平中文全譯本

1965 年中文《全集》第 20 卷

目錄：

三版序言（Vorworte zu den drei Auflagen）

一

二

三

引論（Einleitung）

一、概論（Allgemeines）

二、杜林先生許下了什麼諾言（Was Herr Dühring verspricht）

第一編　哲學（Philosophie）

三、分類：先驗主義（Einteilung. Apriorismus）

四、世界模式論（Weltschematik）

五、自然哲學：時間和空間（Naturphilosophie. Zeit und Raum）

六、自然哲學：天體演化學、物理學、化學（Naturphilosophie. Kosmogonie, Physik, Chemie）

七、自然哲學：有機界（Naturphilosophie. Organische Welt）

八、自然哲學：有機界（續）（Naturphilosophie. Organische Welt (Schluß)）

九、道德和法：永恆眞理（Moral und Recht. Ewige Wahrheiten）

十、道德和法：平等（Moral und Recht. Gleichheit）

十一、道德和法：自由和必然（Moral und Recht. Freiheit und Notwendigkeit）

十二、辯證法：量和質（Dialektik. Quantität und Qualität）

十三、辯證法：否定的否定（Dialektik. Negation der Negation）

十四、結論（Schluß）

第二編　政治經濟學（Politische Ökonomie）

一、對象和方法（Gegenstand und Methode）

二、暴力論（Gewaltstheorie）

三、暴力論（續）（Gewaltstheorie (Fortsetzung)）

四、暴力論（續完）（Gewaltstheorie (Schluß)）

五、價值論（Werttheorie）

六、簡單勞動和複雜勞動（Einfache und zusammengesetzte Arbeit）

七、資本和剩餘價值（Kapital und Mehrwert）

八、資本和剩餘價值（續完）（Kapital und Mehrwert (Schluß)）

九、經濟學的自然規律：地租（Naturgesetze der Wirtschaft. Grundrente）

十、《批判史》論述（Aus der “Kritischen Geschichte”）

第三編　社會主義（Sozialismus）

一、歷史（Geschichtliches）

二、理論（Theoretisches）

三、生產（Produktion）

四、分配（Verteilung）

五、國家、家庭、教育（Staat, Familie, Erziehung）

《自然辯證法》（*Dialectik der Natur*）

寫作時間：1874-1880 年

出版時間：1932 年杜畏之中文全譯本

1965 年中文《全集》第 20 卷

目錄：

〔計畫草案〕（Planskizzen）

〔總計畫草案〕（Skizze des Gesamtplans）

〔局部計畫草案〕（Skizze des Teilplans）

〔論文〕（Artikel）

導言（Einleitung）

《反杜林論》舊序：論辯證法（Alte Vorrede zum “Anti-Dühring.” Über die Dialektik）

神靈世界中的自然科學（Die Naturforschung in der Geisterwelt）

辯證法（Dialektik）

運動的基本形式（Grundformen der Bewegung）

運動的量度——功（Maß der Bewegung.-Arbeit）

潮汐摩擦。康德與湯姆生—台特（Flutreibung. Kant und Thomson-Tait）

熱（Wärme）

電（Elektrizität）

勞動在從猿到人的轉變過程中的作用（Anteil der Arbeit an der Menschwerdung des Affen）

〔札記和片斷〕（Notizen und Fragmente）

〔科學歷史摘要〕（Aus der Geschichte der Wissenschaft）

〔自然科學和哲學〕（Naturwissenschaft und Philosophie）

〔辯證法〕（Dialektik）

〔(A) 辯證法的一般問題：辯證法的基本規律〕（Allgemeine Fragen der Dialektik. Grundgesetze der Dialektik）

〔(B) 辯證邏輯和認識論：關於「認識的界限」〕（Dialektische Logik und Erkenntnistheorie. Von den “Grenzen der Erkenntnis”）

〔物質的運動形式：科學分類〕（Bewegungsformen der Materie. Klassifizierung der Wissenschaften）

〔數學〕（Mathematik）

〔力學和天文學〕（Mechanik und Astronomie）

〔物理學〕（Physik）

〔化學〕（Chemie）

〔生物學〕（Biologie）

〔各束手稿的名稱和目錄〕（Titel und Inhaltsverzeichnis der Konvolute）

《社會主義：空想的和科學的》（***Socialisme utopique et socialisme scientifique***）
寫作年代：1880 年
出版年代：1880 年 Paul Lafargue 譯成法文發表
1912 年施仁榮中文節譯
1925 年麗英女士中文全譯
1963 年中譯本收入《全集》第 19 卷

由《反杜林論》抽出單獨發行

《家庭，私有財產和國家的起源》（***Die Ursprung der Familie, des Privateigentums und des Staats***）
寫作時間：1884 年 3 月至 5 月
出版年代：1884 年
1923 年熊得山中文節譯
1929 年李膺揚中文全譯本
1965 年中文《全集》第 21 卷
1989 年臺灣繁體字版

目錄：
第一版序言（Zur ersten Auflage 1884）
一　史前各文化階段（Vorgeschichtliche Kulturstufen）
1. 蒙昧時代（Wildheit）
2. 野蠻時代（Barbarei）
二　家庭（Die Familie）
三　易洛魁人的氏族（Die irokesische Gens）
四　希臘人的氏族（Die griechische Gens）
五　雅典國家的產生（Entstehung des athenischen Staats）
六　羅馬的氏族和國家（Gens und Staat in Rom）
七　克爾特人和德意志人的氏族（Die Gens bei Kelten und Deutschen）
八　德意志人國家的形成（Die Staatsbildung der Deutschen）
九　野蠻時代和文明時代（Barbarei und Zivilisation）

《費爾巴哈與德國古典哲學的終結》（***Ludwig Feuerbach und der Ausgang der klassischen deutschen Philosophie***）
寫作時間：1886 年
出版時間：1888 年
1930 年向省吾中文全譯本
1965 年中文《全集》第 21 卷

參考文獻

中文文獻

中共中央馬克思恩格斯列寧史達林著作編譯局馬恩室編（1983）。《馬克思恩格斯著作在中國的傳播》。北京：人民出版社。

恩格斯（1958）。〈共產主義原理〉。收入《馬克思恩格斯全集》，第 4 卷。中共中央馬克思恩格斯列寧史達林著作編譯局譯。北京：人民出版社。第 357-374 頁。

恩格斯（1970）。《反杜林論（歐根・杜林先生在科學中實行的變革）》。中共中央馬克思恩格斯列寧史達林著作編譯局譯。北京：人民出版社。

恩格斯（1970b）。〈《社會主義從空想到科學的發展》英文版導言〉。收入《反杜林論（歐根・杜林先生在科學中實行的變革）》。中共中央馬克思恩格斯列寧史達林著作編譯局譯。北京：人民出版社。第 322-346 頁。

恩格斯（1971）。《自然辯證法》。中共中央馬克思列寧史達林著作編譯局譯。北京：人民出版社。

恩格斯（2002）。〈國民經濟學批判大綱〉。收入《馬克思恩格斯全集》，第 3 卷。北京：人民出版社。中共中央馬克思恩格斯列寧史達林著作編譯局譯。第 442-473 頁。

馬克思和恩格斯（1958）。〈共產黨宣言〉。收入《馬克思恩格斯全集》，第 4 卷。中共中央馬克思恩格斯列寧史達林著作編譯局譯。北京：人民出版社。第 459-504 頁。

馬克思和恩格斯（1972）。《馬克思恩格斯選集》，第 4 卷。中共中央馬克思恩格斯列寧史達林著作編譯局譯。北京：人民出版社。

馬克思和恩格斯（2002）。《馬克思恩格斯全集》，第 3 卷。中共中央馬克思恩格斯列寧史達林著作編譯局譯。北京：人民出版社。

外文文獻

Friedrich Engels (1969). Principles of Communism. In *Karl Marx and Frederick Engels: Selected Works in Three Volumes*. Vol. 1. Moscow: Progress Publishers. pp. 81-97.

Friedrich Engels (1971). Grundsätze der Kommunismus. In *Karl Marx/Friedrich Engels: Werke*. Bd. 4. Berlin: Dietz. pp. 361-380.

Karl Marx and Frederick Engels (1968). *Selected Works in One Volume*. New York: International Publishers.

Karl Marx and Frederick Engels (1969). Manifesto of the Communist Party. In *Karl Marx and Frederick Engels: Selected Works in Three Volumes*. Vol. 1. Moscow: Progress Publishers. pp. 98-137.

Karl Marx and Frederick Engels (1971). Manifest der kommunisten Partei. In *Karl Marx/Friedrich Engels: Werke*. Bd. 4. Berlin: Dietz. pp. 459-493.

Karl Marx und Friedrich Engels (1952). *Ausgewählte Schriften in zwei Bänden*. Bd. 2. Berlin: Dietz Verlag.

第八講

斯賓賽
（Herbert Spencer）

今天要講斯賓賽（Herbert Spencer），現在的古典社會學理論教學和教材中幾乎乏人問津，可是他卻是十九世紀風靡全世界，享譽一時的思想家，而不只是一位社會學的思想家。

他在古典社會學理論的「消失」卻也不是最近的事情。早在 1937 年時，帕深思（Talcott Parsons）在其名著《社會行動的結構》（*The Structure of Social Action*）的序言中就引用了當時哈佛大學的政治思想史教授布林頓（Crane Brinton）所說的「現在誰還讀斯賓賽？」（Who now reads Spencer?）這句話未必是敲響了斯賓賽的喪鐘，卻也見證了斯賓賽思想的退出古典社會學理論江湖。

這裡有一段我津津樂道的往事，就在這裡簡單說一下，當成我學思歷程的一段美好回憶：在這樣的無人聞問斯賓賽的情況下，我還對於斯賓賽有興趣，完全是來自於我大學修「社會思想史」的課程時的契機。當時張承漢老師要我們每人任選一個主題人物去研究。我選了嚴復作爲主題研究，自此之後，凡是與嚴復相關的文章或書籍，都是我蒐集的對象。透過嚴復翻譯斯賓賽的《群學肄言》（*The Study of Sociology*），我初步認識了斯賓賽。在蒐集博士論文資料的偶然的機緣下，我意外發現一篇嚴復寫的英文文章。

我回臺教古典社會學理論時就決定加入斯賓賽，可是在圖書館中卻很難找到斯賓賽的書，當時有學生從東吳大學圖書館幫我影印了一套不完整的《社會學原理》（*Principle of Sociology*）。可是臺大圖書館中卻遍尋不得，特別是當時臺大法學院圖書館珍藏了許多日本時代遺留下來的歐洲書籍也沒找到。後來竟然有一晚作夢，夢到書在圖書館的另外一個平常我不去的位置，結果第二天去尋找，果然發現了完整的兩卷本《社會學原理》。卻沒有他的其他作品。

1991 年到 1992 年我到美國加州大學柏克萊分校當訪問學者，學校附近二手書店林立，我的日常就是逛書店尋寶。終於皇天不負苦心人，在逛了舊金山大灣區的二手書店之後，終於湊齊了斯賓賽的所有著作。原本要完成我的「斯賓賽與嚴復」的寫書計畫，卻因爲研究興趣的改變而一直未能下筆。我珍藏的斯賓賽書籍也全數在退休時捐給臺大圖書館，希望我的未竟之業，也許會有有心人承接下去。

我沒有讀完斯賓賽的大部分著作，此講只是將我讀到的，我認爲還相當有價值的部分介紹給讀者。我們多少可以透過下面的介紹一窺這位十九世紀的思想紅人到底在紅些什麼，特別是當時落後的卻積極迎頭趕上的明治維新的日本人向他求教富強之道時，他的忸怩建議，更是發人深省。

一、生平脈絡

斯賓賽生於 1820 年的英國德比（Derby），比馬克思小 2 歲，跟恩格斯是同歲人，他是家中七個小孩的老大。

他沒有早年受過正式教育的相關記載。他 17 歲時進入倫敦伯明罕鐵路局當工程師，這份工作顯然是需要相關的知識技能，所以他應該是透過自學而具備這方面的基本知識。

22 歲時，斯賓賽發表了一篇被視爲基進的論文。

28 歲時成爲倫敦《經濟學人》（*The Econimist*）副總編輯，他任職 5 年，這個雜誌現今還存在。

31 歲時出版了《社會靜力學》（*Social Statics*）。同時認識小說家瑪麗·安·艾凡斯（Mary Ann Evans, 1819-1880），筆名是十分男性化的喬治·艾略特（George Eliot）。他一直跟這位女性長期相處而未結婚。

1852 年，斯賓賽讀了孔德的書，可是卻沒記載讀了哪本書，只記載著他看不下那本書，並對之極度生厭，以至於對孔德的書籍沒有什麼好感。

32 至 34 歲，他發表了〈發展的假說〉（The Developmental Hypothesis），後來有些研究者認爲這篇文章比達爾文（Charles Darwin, 1809-1882）早 7 年發表「演（進）化論」（Evolutionism）。

33 歲，斯賓賽終於滿足社會學家的三個條件之一——繼承遺產。我經常在課堂上戲謔地說過精神崩潰、繼承遺產以及要有外遇，是部分古典社會學家的常見現象。

但有外遇的前提是要有婚姻，但是斯賓賽因為沒有結婚，顯然是不可能有外遇的。

而關於繼承遺產這件事情，我可以非常確定其所帶來的效益與學術之間的關係。

首先，繼承遺產就可以擁有較為充裕閒暇的時間專心寫作，不用因為教學等等而為五斗米折腰。雖然，教學的好處在於教學相長，只是有些人的天才不是靠累積的，有些是靠迸發出來的創意，那種創意當下若不捕捉，將隨風而逝。

我以前在美國念書時，常常有些國外的教師，申請到一筆龐大的研究經費，他也就因此不需要進行教學，完全依賴研究單位撥給他的充裕經費過生活。而這種狀況，在臺灣是不可能發生的，現在就算做了國科會等單位的補助，還是要繼續教書的。這其實是雙重壓力，可能教學和研究兩方面都很難盡全力做好，眞不如給一筆充裕的經費，可以不用擔心日常經濟生活而專心於自己的研究。自己退休後，發現狀況也適合做自己喜歡的研究。

1855 年他 35 歲時，斯賓賽終於累積到第二個點數——精神崩潰。他如果早一點結婚，可能還有外遇的可能性。這當然是玩笑話。

雖然他精神崩潰，但該年仍舊出版了《心理學原理》（*Principle of Psychology*），我們可以從他對這本書的自我評價，來了解他可能是如何崩潰的。

他認為他的《心理學原理》可以和牛頓的《原理》（*Principia*）並駕齊驅。只有他自己這樣評價，在當時以及後來都沒有得到任何共鳴。這種評價落差，大概會讓他認為別人都不懂他的心。後來也沒什麼人提到這本書的重要性。

與此相反的是在 1890 年，美國的早期心理學家威廉·詹姆斯（William James）出版的《心理學原理》（*Principle of Psychology*），雖然比斯賓賽同名的書晚了幾年出版，但是後來還一直有影響力，其中第十章提到的各種「自我的意識」（consciousness of self）的分類甚至變成後來美國社會學理論——符象（符號與象徵）互動論（symbolic interactionism）的一個很重要的思想淵源。

另外，我也很好奇斯賓賽沒有什麼正式的工作，他究竟靠什麼營生呢？

斯賓賽當時有名到什麼地步，你知道嗎？

他可以直接刊登一個廣告，預告將要書寫哪一本書，然後徵求預購。當時斯賓賽的書全世界許多人訂購，他便依靠那時候的全球訂戶支撐其生活，特別是日本有很多他的鐵粉會預購他的書。我們這一講次也要提一下他和日本鐵粉通信。他就是靠這種現在很難想像的方式以及繼承的遺產獲得了「財富自由」。

這裡順便提一下，每位思想家或理論家都會被時代限制了他的想像以及道德觀。倘若以此來否定他們的思想，那最好不要來研究社會學理論。我們要學會辨別這些人思想中的精華和糟粕部分，不要走極端一味高捧或鄙視。特別不要只跟著流行或人云亦云，而忽略去看原典的精采處。對待斯賓賽特別要警覺。

崩潰以後的隔年，他到巴黎拜訪孔德。這場會面顯然沒有驚天動地的影響，反而在事後，斯賓賽認爲孔德是個糟老頭，而孔德建議斯賓賽趕快結婚，這樣就可以治療他的憂鬱症狀。眞是應了中國人說的「話不投機半句多」。

只是這個故事是由斯賓賽來說，在孔德相關文獻裡並沒有任何有關他對於斯賓賽的相關看法。

斯賓賽在 41 歲（1861 年）出版了《教育：智、德和體》（*Education: Intellectual, Moral, and Physical*），影響巨大，在 1922 年就已經有了中文節譯版，後來 1997 年，才有現在中文簡體字的版本。

42 歲（1862 年）以後，開始一個龐大的寫作出版計畫，出版《綜合哲學體系》（*System of Synthetic Philosophy*）第一卷《第一原理》（*First Principle*），這個是仿效德法兩國思想家想將人類知識融於一爐的偉業。

孔德其實也有同樣的想法，孔德的「實證哲學的體系」，也是這樣的時代產物。

斯賓賽的綜合哲學，除了出版《第一原理》這本書作爲起點之外，第二順位出版的作品是《生物學原理》，同年，他也發表了〈不同意孔德先生的哲學的理由〉（Reasons for Dissenting from the Philosophy of M. Comte），就是在跟孔德劃清界線。

綜合哲學體系，除了《第一原理》、《生物學原理》之外，他也收錄了當年出版的《心理學原理》。

這也是斯賓賽與孔德、涂爾幹不同之處，他選擇了在生物學與社會學之間增添心理學。

53 歲（1873 年）這一年，出版《社會學研究》（*Study of Sociology*）。此書是根據美國教授 Youmans 的建議而寫的，1872 年 4 月和 5 月先後在英國的《當代評論》（*Contemporary Review*）第 19 卷和美國的《通俗科學月刊》（*Popular Science Monthly*）的創刊號上相繼連載。由此也可看出他在大西洋兩岸受歡迎的程度。

這一年，他又有一個偉大的構想。他希望能夠有門知識可以涵蓋全世界，所以他出版《描述社會學》（*Descriptive Sociology*）系列。這套書我以前在哥大圖書館打工時看過其中一部，是很大一本書，有類似固定格式，有點像現在旅遊書會介紹緯度多少、平均溫度多少，完全依照固定設計的表格填寫，該書中，他講了很多少數民族研究的相關事情，有些部分是靠朋友提供的資料所撰寫的。很可惜，他的這一個偉大計畫並沒有完全完成，但是有幾本出版問世。現在看起來比較像是對全世界的一些民族的文化人類學研究。其中有本書提到澳大利亞原住民的宗教狀況，正是涂爾幹後來用來研究《宗教生活的基本形式》的重要所本。

直至 56 歲（1876 年），他才出版了《社會學原理》（*Principle of Sociology*）第一卷。光是從這套書的目錄就可以發現日後的社會學教科書所討論的內容範疇。早期在他之前，孔德寫的《實證哲學講義》和《實證政治體系》以及斯賓賽的這部著作，我們都可以查看出他們對於社會學未來發展的一個初心和願景。斯賓賽的貢獻還在於是第一個以「社會學」爲名，爲社會學的領域畫出一個清楚的界線的先驅者。忘掉這樣的先驅者，這樣不好吧？

繼《社會學原理》之後，斯賓賽在 59 歲（1879 年）出版了《倫理學原理》（*Principles of Ethics*）。這種出版的序列基本上和孔德的「實證哲學的層級」是若合符節的。

斯賓賽晚年寫了一本比較有名的政治哲學方面的小書《人和國家對抗》（*The Man versus the State*）。最近也有簡體中譯本出版。

這裡順便提一下，versus 是一個字，所以不需要簡寫成 v.s 或者 v.s. 這種錯誤用法，應該縮寫 vs.。我常常看到許多教師或學生常常誤用，尤其是大學生跟大學教授更不應該犯這種錯誤。

斯賓賽最後於 1903 年過世，享年 83 歲。

1904 年在他死後他的自傳才出版。可惜到現在都沒有中文譯本可以參考。

所以這是斯賓賽一生的梗概說明，他一輩子的行事特色大概可以歸納成下面兩點：

第一點，他拒絕接受大學的高等教育，可是有關他高中教育的相關紀錄，我也沒看過。同時他也拒絕政府跟科學界頒發任何榮譽給他。我年輕時候覺得這樣的行爲簡直太酷了，就像伍迪・艾倫（Woody Allen）一樣得了奧斯卡獎了也不去領獎。

第二點，他沒有大學學位，也沒有一官半職，專心致志做學問，十分難得。

二、著作脈絡

這邊可以同時參照附錄，有關於斯賓賽的主要著作目錄。這部分主要著眼於斯賓賽的思想傳承部分，他最早出版的書是《社會靜學》（*Social Statics: or the Conditions Essential to Human Happiness Specified, and the First of them Developed*），但是這本書怎麼看都像是文章的選集，集結成冊。

但是裡面題目眾多，涉及到的內容極為豐富，除了中間談論到幸福的問題之外，還有第一原理、社會主義、婦女權、孩童權、政治權、國家商業、宗教……等，幾乎什麼東西都有，看起來非常龐雜。

《心理學原理》（*Principles of Psychology*）部分，基本上屬於比較有系統條理的著作，而在第二部分的「特別分析」（SPECIAL ANALYSIS）提到對於空間的知覺（The Perception of Space）、時間的知覺（The Perception of Time）……等，跟現在心理學有些部分是類似的，只是時空延展的部分比較少人在談。

我們要談論的對象主要是社會學的範圍，所以會著重在介紹《社會學研究》（*Study of Sociology*）。1903 年嚴復將這本書用文言文翻譯成《群學肄言》出版。2001 年有新的白話文簡體譯本。可參考附錄上的表格，有古文、白話文與英文間的對照，嚴復每一章都用兩個字翻譯，翻得非常典雅，和現在中文白話翻譯十分不同。

不過這本書其實不是講社會學，而可以說是社會學的社會學。在此書中一開始他先說明為什麼需要社會學這門學問，接著他也會告訴你社會學在研究上會遭遇到怎樣的客觀的以及主觀理智和情感兩方面的困難，還加上教育、愛國主義、階級、政治，以及神學五種偏見的阻撓。只要經過社會學的訓練，可以超越這些日常生活習焉不察的俗見。這些對於學習社會學的入門者還是有著耳提面命的功能，不讀斯賓賽真是可惜了呢！

而《社會學原理》（*Principles of Sociology*），才是真正以社會為主體進行討論。我因為沒有讀過全書，但是又覺得有介紹的必要，所以就從目錄簡單介紹一下他構想的社會學的內容。從目錄當中，可以看到他被稱為「有機體類比」（organic analogy; organismic analogy）的想法，也就是把社會各部分比擬成一種有機體（organism）。因為當時生物學是「顯學」，所以許多人將社會比擬為生物學研究的「有機體」。斯賓賽在第一卷第一章的標題中還用了「超有機體演化」（super-organic evolution）一詞。所以「有機體類比」一詞可能不如「超有機體類比」來的更能掌握斯賓賽的社會觀。

該書前半段談論到原始人的問題，像第一卷在第一部分的第五章、第六章、第七章，以智、德、體對原始人進行體力、情感、思想的區分。

第八章以後，則對於原始概念、睡覺、做夢、昏厥、死亡、精靈、鬼怪……等諸多現象進行討論，以及第二卷第四部分的儀式制度。這些領域從現代學科觀點來看，比較算是文化人類學的領地。

與現在社會學較為相關的內容在第二部分「社會學入門」。斯賓賽在此處提出了一個非常好的問題，就是「什麼是社會」，然後才討論「什麼是社會學」。這是許多我看過的社會學入門書都沒有提到的基本問題。許多書都理所當然地只界定社會學是研究社會的學問之後，就絕口不提這個問題的前提「什麼是社會」。這不是本末倒置嗎？這也是斯賓賽對當今社會學教學仍有相當意義之處。

接著斯賓賽也討論了「社會結構」（Social Structure）這個到現在還在用的重要概念。

所以從第六章「器官系統」（Systems of Organism）後，又開始回到有機類比，直至第十章的「社會類型與構成」（Social Types and Constitutions）開始，又非常的社會學，最後討論「社會變形」（Social Metamorphoses）。

「社會變形」的問題跟我們講到孔德時提到的「社會變異」的觀念是類似的。因爲社會學家常常不直接研究正常的狀況，而選擇研究異常的狀況，以便突顯出正常的狀況。譬如要研究孝順，可以有兩種選擇，第一種是研究人們怎麼孝順父母，如母親節買禮物等等，這是一種研究方法；另外一種是專門去研究歷史上或現代社會中「不孝」的問題，甚至是「弒親」來彰顯這些「不孝」的問題怎麼展露出「孝順」的重要性。

第三部分研究的是家庭制度。

孔德也以家庭作爲討論對象，所以初代社會學是不能離開家庭這項主題的。

比較特別的是第二卷第四部分的儀式制度（Ceremonial Institutions）的第十一章研究流行（Fashion）。很多人以爲只有齊美爾（Georg Simmel）研究流行。不！你眞的是看書看太少。不過，很慚愧的是我也沒看這部分是研究什麼，所以也不能多說什麼。

第五部分就研究政治制度，和現在政治社會學類似。

第三卷第六部分研究的主要對象是教會制度（Ecclesiastical Institutions）。以現在學科分類來看屬於宗教社會學的內容。第七部分，研究職業制度（Professional Institutions）。第八部分，研究工業制度（Industrial Institutions）。這兩部分大概屬於現在的「社會組織」研究的範疇。比較特別的是，斯賓賽在第二十二章，有一個部分特別討論社會主義（Socialism）。以上只是從目錄上簡單介紹《社會學原理》的主要內容。

那《倫理學原理》（*Principles of Ethics*）的部分，題目界定也很清楚，第四部分，討論公道（Justice）。他的第一篇就是講動物倫理（Animal Ethics），可見動物倫理不是從現在才開始的。

接下來，我們就講一下，斯賓賽理論的主要內容，這主要內容當然會比一般的書多一點，特別只有比柯賽（Lewis A. Coser）《社會學思想的大師們》介紹斯賓賽的內容多一些。

三、斯賓賽的社會學理論主要概念

(一) 社會科學的建構

我們先從社會學裡面他非常特別的地方開始，以現在知識社會學觀點來說，他特別提到對於政治的判斷與個人先天和後天特質間的交互作用，是影響人們意見表達時的重要因素。

斯賓賽對於這樣的意見和信念問題便提出了他自身的洞察：

> 在政治觀察和判斷上，個人先天和後天的特質到目前為止是最重要的因素。教育的偏見、階級關係的偏見、國家主義的偏見、政治的偏見、神學的偏見——這些再加上與生俱來的同情和反感，對於影響決定社會問題上的信念，是比少許已經蒐集到的證據還要更具有影響力。（Spencer, 1873: 10）

這是我們到現在爲止，凡是念社會學都不能忽略的問題，這當中包括我們自己的偏見，雖然常常許多念書以及教書的人都覺得只有自己沒偏見，永遠都是別人有偏見。這是一件最可怕的偏見。

順便一提，現在社會學有「反身（思）社會學」（reflexive sociology），可是號稱「反身（思）」的人往往是批評別人起家，完全沒有先反省自身、反思自己。這不是反身（思）社會學家自己應該做的事情嗎？！

斯賓賽的這種看法，在現在的一般社會學知識，或者知識社會學裡是很重要的，因爲我們對於政治的觀察是受於教育、階級的影響，受於國家主義、政治或神學的偏見。對於我們人要如何擁有一個眞正的知識或眞理，或者在什麼情境下，我們提出的看法到底是不是眞相或眞理，還是某種別人灌輸給我們的意識形態，斯賓賽的這種洞見是個很好的提醒。

另一個要提醒當今讀者的地方，是關於「社會科學」一詞在斯賓賽當時是和「社會學」同一個意思，是作爲同義字來使用。不像我們現在「社會科學」是經濟學、政治學、社會學等等學問的統稱，不再是「社會學」的同義字。這是詞彙的歷史轉變。

他提出了至今仍是困擾社會科學研究的三種困難：

1. 事實本身的困難。
2. 事實觀察者本身的困難。
3. 觀察者和所觀察事實之間的奇特關係（Spencer, 1873: 65）。

上述三點成了後來詮釋學的學者，進一步探討這幾個方法學上的基本問題。

我們先來談論第一點事實本身的困難。首先要去界定什麼是社會事實，後來涂爾幹（Emile Durkheim）花很多時間在這部分進行討論。只是講半天，還是惹了一堆塵埃，因爲講不清楚。我們到涂爾幹的講次會有更詳盡的說明。

理想上，現在做研究的時候，第一個要界定研究現象，提供一個暫時性的定義（working definition），隨著研究題目的變化，無論是大範圍或小範圍，通常這個部分會有待研究者研究完後，再重新進行修改，給一個有研究證據支持的「眞實定義」（real definition）。

第二個是觀察者本身的困難。是因爲觀察者本身在成長過程中已經具有前面所提到的那些偏見，如神學的偏見、國家主義的偏見、政治的偏見……等等諸多因素，所以要客觀觀察實在有自己都很難察覺的難度。除了上述的偏見之外，現在的研究者還會注意到性別及年齡的偏見。

第三個是觀察者和所觀察事實之間的奇特關係，這也是因爲人的各種不同成長經驗而有差別的。我記得那時候讀到一篇文章是關於對警察的看法的研究，研究者發現不同階層的小孩對警察的概念會不同，簡單來說，有錢階級的小孩會認爲警察是爲人民服務的，窮人家的小孩往往爲了生存，會跟警察發生一些衝突，所以他們窮人家的小孩就會認爲警察是國家暴力代表。而擔任警察的人往往又都是窮人家小孩。因爲讀警察的學校會有公費，可以解決窮人家小孩沒錢念書的困境，所以警察常常就處於一個很奇特的位置上。

另外，斯賓賽提到除了孔德影響之外，還有一位蘇格蘭籍的前輩叫亞當．福格森（Adam Ferguson, 1723-1816）〔他寫了一本《文明社會史論》（*Essay on the History of the Civil Society*）〕，並提出他認爲福格森該書的貢獻：

> 〔在《市民社會史論》（*An Essay on the History of Civil Society*）中〕第一部分處理「人性的一般特質」第一節，在指出合群傾向的普遍性，這有賴於某些情感和對抗，以及記憶、預知、語言和溝通的影響之後，聲稱「我們必

> 須承認這些事實是有關人類的推理的基礎。」雖然這種說法將社會現象是從個別人性現象而來的說得太廣泛而且模糊，但是卻看到了因果關係的概念。（Spencer, 1873: 298-299）

福格森的這本書的中譯本，於 1999 年由林本椿和王紹祥合譯成《文明社會史論》，由大陸遼寧教育出版社出版。

(二) 社會科學的歷時性發展

斯賓賽指出孔德對他的影響是功過參半的：

> 他〔孫案：指孔德〕很清楚地看出：由一群人聚集在一起所呈現的事實和一群比較低等的群居動物所呈現的是一樣的；在兩種狀況中，必須先研究個體才能了解全體。因此在他的科學分類體系中他把生物學擺在社會學之前。（Spencer, 1873: 299）

這是因爲他的「方法學上的個人主義」（methodological individualism）的預設，就是主張：「個體的特質總和造成了整體」。與此相對的「方法學上的集體主義」（methodological collectivism）則主張：總體的特質不是靠著個體的特質累加而成，而是除了群體之外還有一種另外產生的新興因素，也就是「新興特質」〔或譯成「湧現性質」（emerging property）〕。

簡單來說，在我們生活經驗裡，如果你有談過戀愛的話，這就會很清楚，你不談戀愛的時候，你是你，她是她；你一旦談戀愛後，你是你，她是她，你們中間還有一個奇特的兩人共享的談戀愛的經驗；然而最妙的是，等你們兩個分手後，那個戀愛的經驗，還深深地烙印在你的腦海裡面，彷彿還存在的樣子，可是戀愛的事實已經在現實上不存在了。

所以我們既活在一個存在的現實，也活在一個記憶的現實，同時也活在一個幻想的現實，這幾個現實有時候不是在同一主軸上，是彼此交疊、相互影響，有各自的發展。後來被劃爲「現象學派社會學理論」的舒茲（Alfred Schütz, 1899-1959）稱之爲「多重現實」（multiple realities）。

斯賓賽批評孔德：

他幾乎忽略了一個重要的事實……他雖然承認人類是可以在思想上和情感上加以改變的，但是他仍然堅持物種是不變的，這就把個人和社會變遷看得太狹隘了。（Spencer, 1873: 300）

接著他批評孔德的嚴重錯誤：

他最嚴重的錯誤在於，世界各地野蠻和文明種族所呈現不同的社會形態，只是一種進化形式的不同階段而已；然而事實上，社會類型，和個別有機體的類型，並不形成一個序列，而是可以不同團體加以區分的。（Spencer, 1873: 300）

這種說法被稱爲「單線演化論」（unilineal evolution），認爲所有民族是在一條演化的路線上面，只是站在不同的位子上面而已。後來也有人提出「多線演化論」（multilinear evolution），就是在演化的方法或演化的路線有很多條道路，不同的文明與社會只是選擇了不同的路線。

接著，斯賓賽說：

只有我們認識到社會的生長、成熟和衰亡所經歷的轉變，和所有有機和無機的聚體（aggregate）所經歷的轉變都符合同一原則——只有當所有的這種過程都同樣受到力（forces）的決定，而且是以這些力的展現以後才加以科學地解釋——只有在這種情況下社會學是科學的概念才可能達到。（Spencer, 1873: 300）

這種說法，某種程度上試圖引用物理學精確的概念描述方式來建構社會學，因爲力（force）是物理學的概念。

雖然孔德有類似的概念，但無論是斯賓賽或是孔德，他們都沒有走上這條「追隨自然科學」的道路。我們可以發現社會學在早期發展階段，這些社會學前輩們都希望能將社會學發展的跟其他自然科學學門一樣精確，而社會學是在科學發展的頂端的。現在還是有人堅持這種夢想，但已經不是社會學界共享的夢想。

他認爲孔德的貢獻在於孔德的著作：「《社會學》一書導言部分的深度和廣度是前所未有的。」（Spencer, 1873: 300）。

只是斯賓賽顯然搞錯了。孔德並沒有寫過這種書名的書，孔德的書叫《實證哲學講義》（英文節譯本叫做《實證哲學》），或者是晚期的書叫《實證政治體系》。他應該再多做查證的功夫。

另外他稱讚孔德：「他對社會現象的看法比其他人優越。」（Spencer, 1873: 300）只是當時還有哪些其他人呢？他並沒有說明。

不過基於學科演進科學史的事實，斯賓賽自己也認同孔德的「生物學是社會學基礎」的看法：「他確認了社會學對生物學的依賴。」（Spencer, 1873: 300）

(三) 社會學要素——行為、兩性與權利關係

接著斯賓賽提到一些零散的看法，但對於知識社會學而言，都是很重要的起點。

首先是影響行爲的因素的討論：「僅僅是認知不足以影響行為。」（Spencer, 1873: 328）

這裡明白否定了「認知影響行爲」的單因論。只是很可惜，斯賓賽沒有在此處將其他因素說出來。

斯賓賽在行爲與知識的關係間認爲：「行為不是受到知識的決定，而是受到情感（emotion）的決定。」（Spencer, 1873: 329）

這其實預設著影響行動的因素中至少有知識（或是理性）和情感兩項。可惜他沒有在「情感」這部分多所著墨，只是點到爲止。

在馬克斯．韋伯（Max Weber）後來對社會行動的分類，其中就有一項是「情感的社會活動」，也同樣可惜的是對情感的社會行動的描述不多。這在後面的講次會提到韋伯完整的社會行動分類。

情感能夠影響人的行動，這是有點人生經驗的人都知道的事。但是在社會科學領域裡，一直到近幾年才將情感當成是重要的研究內容。

接下來，我們來看一下斯賓賽對性別的看法。首先是他對兩性在心理和生理結構上的差異，他指出女人進化上停止較早（Spencer, 1873: 341）。

這也和兩性的強弱關係有關（Spencer, 1873: 342）。

因爲女人在進化過程停止較早，導致兩性間有強弱關係，形成所謂的「男強女弱」。這樣的思想都是早期的想法，明顯地不合時宜。

接著他特別指出：女人所重視的是對無助者的關愛；對同情憐憫的關心大過公平的、具體的、附近的、私人的、特殊的、當下的關心（Spencer, 1873: 346）。

很奇怪的是，他並沒有同樣的列舉出男性所重視的各方面。這些看法的根據是什麼，他也並沒有說明。恐怕多半出自他個人的偏見或是俗見，沒有太大的學術價值。

有關婦女權利的問題，斯賓賽提供了一個「反男女不平等」的論證：

> 只有我們認識到社會的生長、成熟和衰亡所經歷的轉變，和所有有機和凡是辯稱婦女在智力上的劣勢阻止她們要求與男人權利平等的人，可以用好幾種方式去駁斥他們。
>
> 1. 如果權利在兩性之間應按其智力的量的比例來加以分配，那麼在男人與男人之間，權利的分配也必須按同樣的制度來進行。
> 2. 同樣地可以由此得出結論，由於各處都有比一般男人具有毫無疑問的更大能力的婦女，有些婦女應該比有些男人擁有更大的權利。
> 3. 因此，這一假設不是把權利的某一固定的份額分配給男性，把另一固定的份額分配給女性，其本身意味著把權利分為無限等級，完全不去考慮性別，並且使我們要再一次去探索那些無法達到的迫切要求的東西——一種衡良能力的標準，以及另一種衡量權利的標準。（斯賓塞，1996：69）

關於這點，斯賓賽倒顯得很先進了。他這裡提到「智力」和「權利」的關係，主張男女不平等與其用「性別」做標準，不如用「智力」做標準，有智力者享有權利，而不是迂迴地用「男性有智力優勢，所以享有權利」的思考邏輯。

他的反駁講得很簡單又清楚，但是可惜沒有進一步分析這種不平等造成的社會因素。

此外，他也指出男性對待女性的殘暴程度跟文明程度，呈現一個比例關係：男人對女人越和善、越不暴力，就表示文明程度越高：

> 這種感情對信仰的支配到處都決定了男人關於他們與婦女關係的看法，這種看法的苛刻程度是與社會狀態的野蠻程度成比例的。我們隨意往哪裡看，都發現正如最強者支配的法律在規定男人與男人間關係中達到什麼程度，它也這樣規定男人與婦女之間的關係。國家的專制與家庭的專制是聯繫在一起的。（斯賓塞，1996: 71）

現在世界文明國家都已經立法懲罰家庭暴力的問題，這也可以算是「文明化的歷程」中的重要里程碑。

特別値得我們深入注意的，是有關愛情跟壓制的看法：

> 愛情與壓制生活在我們天性中如此遙遙隔開的兩個地帶，絕不可能共同繁榮。愛情是富於同情心的；壓制是冷漠無情的。愛情是溫柔的；壓制是嚴酷的。愛情是自我犧牲的；壓制是自私的。那麼它們怎麼能共存呢？前者的特性是吸引，而後者的特性是排斥；既然它們是如此互相矛盾的，每一個都不斷傾向於消滅另一個。凡是認為兩者可以相容的人，請想像一下他自己作為凌駕於他未婚妻之上的主人吧！（斯賓塞，1996：72-73）

這是對男性的說法，因爲當時看書的族群大部分是男性。所以在此處，他對於愛情的看法其實已經蘊含著現代性別平等的概念。

他對婚姻的看法也強調要相互忍讓，不侵犯對方，兩性要平等地經營婚姻生活：

> 無論何時，當社會文明到足以承認兩性間的權利平等——當婦女們對於應屬於她們的事物獲得了明確的認識，而男人們也有了一種高尚的感情，使他們許給婦女以她們自己所要求的自由——人類社會就將經歷一種變化，使得權利平等成為切實可行。

他又說：

> 婚姻生活在事情的這種最終狀態下，將不是以永恆的爭吵，而是以相互忍讓為特徵。在丈夫方面，不再有把自己的權利要求維護到極度而不顧及妻子的權利要求的願望，在妻子方面也不再有同樣的願望。相反，雙方都會有一種注意不進行侵犯的願望。兩方都無須採取防禦姿態，因為每一方都將關心另一方的權利。擔心的是會做出對另一方的侵犯，而不是自己受到侵犯。（斯賓塞，1996：74-75）

基本上這是非常不容易的事。各位將來有機會，或結婚或同居或生活在一起就會碰到類似的問題。要小心，不要侵犯到對方，以便彼此權利都獲得保障。

這個講法有點類似密爾（John Stuart Mill）在《論自由》（*On Liberty*）講的自由概念：自由不是爲所欲爲，自由是不去侵犯別人，以不妨礙別人爲界線。

這是以前我們在小時候學到的，跟這裡的想法一樣。這也是以賽亞．伯林（Sir Isaiah Berlin）所謂的「消極自由」（negative liberty），而不是一種「積極自由」（positive liberty）。

(四) 社會學與心理學及進化概念關係

他針對心理學跟社會科學進行比對討論，這跟涂爾幹以及孔德的想法不太一樣：「沒有心理科學的準備就不可能有社會科學。」（Spencer, 1873: 349）

所以在他的著作裡面就有關於心理學的部分，這是涂爾幹與孔德所不談的。孔德我們在前面講次已經提過，他的實證哲學層級裡沒有「心理學」的位置。涂爾幹則會在後來講到。

對斯賓賽而言，社會學的研究是在心理學之上的最複雜形式進化的研究。（Spencer, 1873: 350）。

這裡要提到 evolution 一詞的中譯問題。有人翻成「『進』化」，隱含著有越來越好，不斷進步的意思；有的人只強調「變遷」而不認同「進步」，所以改譯「『演』化」。斯賓賽在此處有很明顯地「越來越進步」的意思在內，所以這裡譯成「進化」。

(五) 社會學方法論取徑

在研究對象的取材上常常會出現的兩種選項：第一，研究一個非常成熟的社會現象；第二，研究一個非常原初的狀態。

涂爾幹在研究宗教的時候，就選擇我們人類所知道最原初的狀態，所以他研究的是「宗教生活的基本（或初級）形式」以彰顯宗教具有的社會本質。而馬克思在研究資本主義的時候，選擇當時世界最先進的英國狀態，來彰顯英國工業革命以後的悲慘狀況，以便證成他的「無產階級革命」。

斯賓賽這邊的討論是要研究最複雜的社會狀態。這和我們前面提到過的他的「方法學上的個人主義」（methodological individualism）的立場有關（Spencer, 1873: 351）。

(六) 社會學認識論

斯賓賽也和孔德的「實證哲學層級」的分類有關，講到知識的層級劃分：他認為知識的層級的上方是「社會行動」，然後其基礎是「人性」；「人性」的基礎是「生命定律」；「生命定律」的基礎是「一般生命定律」。換句話說，社會學的知識要以生物學和心理學為基礎。回顧他的寫作脈絡：先出版《心理學原理》，再出版《生物學》原理，然後才出版《社會學原理》。如果參照他在《社會學原理》之後又出版了《倫理學原理》，可以推論「倫理學」在他的科學位階上應該有更高的地位。

斯賓賽的知識層級沒有孔德提出的「實證科學層級」來的詳細周全。他這裡是以「社會行動」為「終點」，強調在了解「社會行動」之前，必須先了解人性：「缺乏對人性的一些知識就不可能了解社會行動。」（Spencer, 1873: 355）

以「人性」為基礎，則必須了解所謂的「思想定律」（Law of Mind）。缺乏對「思想定律」的一些知識就不可能對「人性」有深度的知識（Spencer, 1873: 355）。

以「思想定律」為基礎又必須再往下了解「生命定律」。缺乏對「生命定律」的知識就不可能適當地了解「思想的定律」（Spencer, 1873: 355）。

在「生命定律」以後，又必須了解「一般生命定律」。要適當地掌握「生命定律」的知識，就必須注意「一般的生命定律」（Spencer, 1873: 355）。

這種環環相扣、層層遞進的說法，顯示出他相信科學的統一性。這已經是我們現在比較陌生的觀念了。

在這樣的架構下，然後他提出思想、感情和社會進化程度的關係：

> 每一個社會，以及它進化的每一個階段，感情和思考必須得到適當的調和；感情和思考，若是不能配合進化程度，以及周遭的環境，就不能永遠建立起調和的模式。（Spencer, 1873: 356）

換句話說，感情和思考也是隨著社會而進化的。所以這裡面談論到感情、思考與社會結構之間的關係，我們如果從比較抽象的層面來看，這是很有意義的洞見。

另外他提到意見跟社會結構的關係，這裡有著知識社會學的基本觀念：國家的平均意見和國家社會的結構是相關的：「大致說來，雖不中亦不遠矣，一個時代和國家的平均意見是該時代和國家社會結構的函數。」（Spencer, 1873: 356）

這通常就是所謂輿論或通俗見解，它們之間的關係是隨著國家社會結構而改變。

所以爲使一個社會能有健全的輿論出現，以配合著國家社會結構的改變，斯賓賽認爲社會存在必須有「可以容忍的和諧」（Spencer, 1873: 356）。

這裡預設著社會的存在不是在一個烏托邦式的完全的和諧狀態，而是一個有著不會讓社會崩解的衝突狀態下的狀態吧。

那麼，什麼是「可以容忍的和諧」？

簡單來說，你要活下去也要讓別人活下去，不能讓別人去死（Live and let live），這個「可以容忍的和諧」應該就是民主社會很基本的共識。

所以當社會結構進行轉變時，新舊思想和制度的交替現象，他是這樣描述：

> 適合舊社會狀況的思想和制度，但卻不適合從舊社會中產生的新社會，會存活到新的社會狀況來，一直到新的社會狀況產生了自己的思想和制度為止。舊的思想和制度在存活的過程中必然會和新的思想和制度產生衝突，也必然造成個人思想和行動的矛盾。為了社會生活的延續，在新的還沒有準備好之前，舊的必須持續，這是正常發展所不可或缺的一種永恆的妥協。（Spencer, 1873: 361）

這裡有點馬克思和恩格斯的「社會存在決定社會意識」的意味。類似的想法，孔德也曾經提及過。孔德認爲社會結構轉變的時候，上層階級的因素會反過來影響下層階級，雖然他不是用這樣的字眼。各位可以回頭去看討論孔德的講次。

恩格斯也講過這一點，他說馬克思也這樣想，但是也許我看的馬克思書不多，並沒有發現這樣的想法。恩格斯很強調在「轉型期」和「過渡期」思想跟制度對經濟基礎的影響和我們習見的「經濟決定論」很不一樣。

斯賓賽的意思也是如此，而且他和馬克思與恩格斯的歷史唯物論相近之處是：沒有說明爲什麼一個社會狀況會改變成一個新的社會狀況。這個關鍵因素不講清楚是可惜的。

我們念社會學的人，常常是因爲某一位同行的公開社會意見而全體被歸納成「激進派」或是「保守派」。這個問題並不是前所未有的新問題。斯賓賽在很早就注意到這個問題：

> 科學地研究社會學，可以比較公平地了解不同的政治、宗教和其他團體。社會科學所開創和發展的觀念，同時是激進的也是保守的——激進到一個

現今激進主義所想像以外的程度；保守到現在保守主義也無法想像的地步。（Spencer, 1873: 364）

常有人好奇：學了社會學會讓人更激進還是更保守？斯賓賽的答案如上。可是有的時候，學了社會學，並不會造成個性的改變，反而成爲自己行事的藉口。君不見，社會學教授在報上的發言常常會不一致，反映的到底是社會學家個人的意見還是專業的知識？

由社會學的研究所揭示的進步理論可以緩和兩極團體的希望和恐懼。在清楚地看到社會中的結構和行動是受到各單位性質的決定，以及（除開外在干擾之外）各單位若是沒有在本質上和永遠的改變，則社會也無法有本質上和永遠的改變，我們很容易看出巨大的改變是不能突然達成的。（Spencer, 1873: 364-365）

斯賓賽也強調漸進的改革，不相信一夕之間的革命。他另外的意思似乎是認爲社會學可以在這當中找到折中的第三條路。

雖然他有這種說法，但還是很容易被人質疑爲保守主義者。依照他的「方法學上的個人主義」立場就會認爲社會上每個公民都具有民主素養後，整個社會自然而然會轉變成一個民主社會；倘若在這社會的公民當中，有任何一個人沒有民主素養，眞正的民主社會便不會到來。

也有人認爲他是當權者的走狗。如果在今天，我看他難逃被洗版的命運。可能還會出現「虧你還是念社會學的」、「虧你還教社會理論」的說法。所以這種自以爲折中穩健的說法往往很難討好所有人。

（七）對社會學的預期發展

斯賓賽提出進化論的穩定效果的說法。因爲他相信進化論，認爲進化有穩定社會的效果。

很明顯的，就學說能影響一般行動而言（雖然可以，但是程度相對上是很小的），進化的理論在社會應用上可以產生穩定的效果，在思想和行動上亦然。（Spencer, 1873: 365）

斯賓賽對進化理論顯然信心十足，相信「學說能影響一般行動」。

接著是人的努力跟進化的關係：到底人的努力能不能影響進化的方向和進程？他說：

> 如果有人下結論到：我們所相信的和我們所教授的都變得無關緊要，因為社會進化的過程是有自己的路線，不受個人意志的左右；這個結論在某種意義上是對的，而在某種意義上又是錯的。（Spencer, 1873: 365）

斯賓賽這裡說「某種方面是對，某方面又是錯的」，與其說這樣模糊曖昧不明的字句，更應該明白講出來在什麼社會條件或情況下會決定對與錯。否則，這段話好像是否定人類努力的功效，進化的力量才是王道。

因爲他接著又說：

> 若是人類福利的大幅度進步只有在進化過程中慢慢到來，而且終將到來；我們又何必自找麻煩呢？（Spencer, 1873: 365-366）
>
> 無庸置疑的，在幻想的希望中，理性的批評是有很令人沮喪的影響。然而，認識真理還是比較好的。在嬰兒期與成熟期之間是沒有捷徑的，無法避免繁複的成長和發展過程；因此社會生活中的最低的和較高形式之間，除了微小連續的修改之外，也別無他路。（Spencer, 1873: 366）

講了半天，斯賓賽其實就直接告訴我們進化的力量是大到人力無法抗衡的就可以了，不用迂迴婉轉地繞來繞去。千言萬語一句話：「人力是擋不住進化的潮流的」。

所以深受斯賓賽影響的嚴復會走上改良主義而非革命，不是沒有道理的。依照斯賓賽的說法，革命是違反進化的，進化一定要循序變化，否則就算革命成功了，許多原先的結構問題並沒有解決，還是會隨著時間不斷地出現。

這點我是相信的，法國大革命後，法國社會和歐洲社會始終處於餘波蕩漾之中，而中國人的社會包括臺灣以及一些華人地區，也仍舊在辛亥革命的餘波蕩漾之中，雖然辛亥革命解決了很多政治問題，解決了一些皇權到共和的進程，但民主共和的發展，在現今的華人社會裡都還是很大的問題。

最後，斯賓賽說：

> 在人性和人類制度裡，永恆的改變尚未變成人種獲致的遺傳之前，容易造成這些改變的思想、感情和行動必須不斷地重複出現。這個過程是不能縮減的；必須用適當的耐心去渡過。（Spencer, 1873: 367）

就是人力基本上不能改變，得慢慢等待進化。這怎麼會讓人感覺有希望呢？所以最後該怎麼辦？

斯賓賽給了些許建議，他說人們唯一可做的就是：

> 〔人們〕必須看出他們所能做的是多麼的少，但是即使是如此微少也是值得去做的：以哲學的鎮定來聯合慈善的能量（uniting philanthropic energy with philosophic calm）。（Spencer, 1873: 367）

換言之，斯賓賽重視的是歷史冥冥之中的力量，而不是行動者的力量。

勉強來說，叫做「勿以善小而不爲」，慢慢做一些對人好的事情，不要太躁進、冷靜下來，所以「哲學的鎮定」，就是「要堅定不移地相信進化的理論」，然後我們終將到達那個境界。你能接受這樣的想法嗎？

(八) 自然世界與社會人文世界的比較

接下來，要講到「有機（體）類比」與社會異同的問題。基本上所有的類比都面臨一樣的問題，就是要比較什麼，有什麼內容是值得比較，哪些又是可以忽略。如果劃錯重點，就會產生「引喻失義」的反效果。

我們將斯賓賽對於生物有機體和社會有機體的異同條列如下：

相同處：

1. 部分之間的相互依賴。
2. 分子之間相互合作以維護全體的利益。
3. 合作的程度是進化的指標。

相異處：

生物有機體	社會有機體
固定的（concrete）	不固定的（discrete）
對稱的	不對稱的
只有一個感覺中心	所有的單位都有感覺

資料來源：孫中興根據 Robert L. Carneiro, 1967: 47 製表。

(九) 社會類型的分類

斯賓賽也提過「社會類型」的概念。

斯賓賽將社會區分成兩種類型：一種叫做軍事型社會（military society），另一種叫做工業型的社會（industrial society）。這種歷史的兩極分類是當時學者很喜歡使用的，例如孔德、涂爾幹、杜尼斯等人都提過類似的社會類型的分類。我們在相關講次中都會說明。

斯賓賽先說明用來區分社會的兩種主要差異標準如下：

1. 組成分子的程度：簡單、複雜、雙重複雜、三重複雜。
2. 以軍事爲主或是以工業爲主──防衛和攻擊組織相當發展或是維繫組織相當發展。

在第二點他才進一步區分這兩種社會類型：軍事型的社會和工業型的社會。這部分我看到的不多，目前只能略爲敘述到此。

(十) 社會主義理論概說

我們這裡也提一下他對當時重要社會思潮之一的社會主義的看法。斯賓賽主張：

> 一切人都有使用大地的同等權利的社會組織，其中公眾不是把土地租給他們團體內的各個成員，而是把它保留在自己手中；由合股機構耕種它；分享它的出產。（斯賓塞，1996: 61）

斯賓賽這裡強調的還是農業的部分，對於工業生產的問題沒有論及，顯然他所知道的社會主義很偏頗。他所強調的社會主義，依照現在觀點來看，屬於土地正義或環境正義的問題。

他認爲社會主義理論的兩大缺憾是：

> 雖然表面上很有道理，這種設計卻是不能嚴格地按照道德法則加以實現的。在它可以呈現的兩種形式中，其一在倫理學上是不完善的，另一雖然在理論上正確，卻是無法實行的。如果把大地出產的相等部分給予每一個人，而不去管他對於取得出產所貢獻勞動的數量和質量，那就是做一件破壞公平的事。我們的第一原理所要求的，不是人人都得到有助於滿足其身體各項機能的事物的相同的一份，而是人人都有追求這些事物的相同自由——完全相同的機會……另一方面，如果根據每個人曾經幫助生產的程度按比例地分配產品這種建議雖然抽象的說是公正的，可是已經不再是切實可行的。假如所有的人都是土地耕種者，也許有可能對於他們各自的要求做出近乎真實的估計。但是要搞清楚各種腦力和體力勞動者為了獲取生活必需品總儲量各自貢獻的數量卻是不可能的。（斯賓塞，1996: 61-62）

這裡提到的是後來被稱爲「分配正義」的問題：要怎樣平衡投入和分配才算公平。

第一點是按人頭平等分配，不問貢獻。可是斯賓賽的「公平」只強調「追求機會的均等」而不是「實際分配的均等」。

第二點就是一般所說的「按勞分配」，但是斯賓賽認爲勞動的投入很難量化，所以實際上窒礙難行。

斯賓賽只從社會主義理論上著眼，沒有深論及社會主義制度的問題。

四、對中國的影響

晚清時在中國的嚴復注意到了「追求富強」時斯賓賽的重要性。嚴復翻譯了斯賓賽的「社會學研究」，改名爲《群學肄言》，是社會學在中國發展的很重要的里程碑，所以我們就在這裡多花一點篇幅介紹一下。

西元 1905 年時，中國廢除科舉制度。當時很多讀書人仍想要飛黃騰達，找尋新的出路。當時不知道誰帶動風氣，開始許多人到日本留學念書。

到日本念書有什麼好處？當時張之洞《勸學篇》的外篇〈游學〉第二提到：

> 至遊學之國，西洋不如東洋，一、路近省費，可多遣；一、去華近，易考察；一、東文近於中文，易通曉；一、西學甚繁，凡西學不切要者東人已刪節而酌改之，中、東情勢風俗相近，易仿行，事半功倍。

地近，指的是中國與日本地理位置接近，坐船從中國北方或上海很快就抵達，比去美國要快很多。

其次是念書的費用與時間，比起到歐美國家要省錢。爲了因應此種留學風潮，當時的日本設立了許多語言學校，以收納大量湧進的中國留學生。

另外，在日本念書還有一個好處，當時日本都還大量的用漢字，所以一群不懂日文的中國人去日本讀書覺得很容易，語言障礙要比去歐美國家要來得小很多。

就當時的翻譯類型來說，我過去寫「1949年以前社會科學在中國的發展」（The Development of the Social Sciences in Chine before 1949）的博士論文就將晚清的社會科學翻譯分成兩種類型：第一種類型稱之爲「梁啟超型」，以梁啟超爲代表，這種翻譯只「求快」不「求好」。一方面是他本身語言能力和知識背景的限制，致使也無法「求好」；另一方面是當時清末的中國面臨生死存亡之際，有亡國亡種的深刻焦慮感，因此翻譯內容只求大致了解即可，精細探討是後續探討而非當務之急。其次，梁啟超當時翻譯了許多短篇文章都刊登在他當時辦理的報紙上面，有定期出版的壓力，所以他的翻譯都算是急就章，現在看來只有歷史價値而沒有對後世中國的社會科學有任何影響。

另一種是「嚴復型」：這種類型的翻譯特色就是「求好」。所以他這一生只翻譯了幾本書，但對於譯名的審訂都很認眞考慮到和中國原來語意的適切性，而不是照抄日本漢字的譯名交差了事。他所翻譯的許多原著甚至到當今都還是非常重要的經典，例如亞當·斯密（Adam Smith）的《國富論》和孟德斯鳩的《法意》。特別値得注意的是他翻譯的《穆勒名學》（*System of Logic*），這部書在社會科學研究方法史上是非常重要的，只可惜因爲嚴復只翻到前面部分，後面第六部分和後來社會科學發展息息相關的「道德科學的邏輯」部分沒有翻到，影響到中國知識界認識這本經典的機會。甚至到今天，這本書也沒有完整中譯本。第六部分的簡體中文節譯本倒是出版過，也算是小小彌補了嚴復的未竟之業。

嚴復希望能夠藉由翻譯西學，影響當時中國的領導階級和知識分子。因此在翻譯的語言策略上，採用魏晉南北朝時候的古文這種較爲典雅的文體，而非當時已經開始流行的白話文翻譯。我們現今習以爲常的許多觀念對於嚴復而言，往往需要「一名之立，躊躇旬月」找尋相對應的翻譯名詞，與傳統意義配合。

最明顯的就是 Sociology 的中文譯名問題。

首先，他主張應該採用「群學」，而非當時從日文直接挪用漢字的「社會學」。

因爲在中文語境當中，「群」的意思，比較接近西方社會（society）的意思；中文語境中的「社會」或者日本人使用的「社會」一詞，比較接近中文語境中的「結社」意義。他引用了荀子的話，作爲中西對「社會」與「國」的界定：

> 荀卿曰。民生有群。群也者。人道所不能外也。群有數等。社會者有法之群也。社會。商工政學莫不有之。而最重之義。極於成國。嘗考六書文義。而知古人之説與西學合。何以言之。西學社會之界説曰。民聚而有所部勒（東學稱組織）祈嚮者。曰社會。而字書曰。邑。人聚會之稱也。從口有區域也。從巴有法度也。西學國之界説曰。有土地之區域。而其民任戰守者曰國。而字書曰。國古文或。從一。地也。從口以戈守之。觀此可知中西字義之冥合矣。（斯賓賽，1903：譯餘贅語 p.2）

他認爲人與人之間共同生活在一起的現象，稱作「群」，所以社會學應該稱爲群學，而群這個集體當中，有地位階層的等差，而社會只是「有法之群也」，以他當時所認知的社會而言，採用社會學的翻譯屬於一個狹義的用法。簡單來說「群」的使用可以蘊含「社會」所指涉的範圍。

在這樣的語言脈絡下，嚴復認爲日本人將其翻譯爲「社會學」是和傳統中國語意不符合的事情，雖然直接挪用漢字是很方便的事情。

而「社會者有法之群也」，指的是當時社會、商工、政學各種的團體。所以他查考六書文藝，研究古典文獻中的相關記載，認爲古人的看法與西學是一樣的，主要的理由是他認爲西方學術思潮裡對於社會的界定，是「民聚而有所部勒」，即民眾聚集在一起的意思，而「部勒」一詞在日本則被翻譯成「組織」。

我們現在也不使用「部勒」了，例如如果有人問你說：「你教什麼？」曰：「我教群學部勒（社會組織）。」應該會讓人覺得十分突兀而且奇怪的。但是對當時的中國人而言，「組織」這樣的日本語實在是怪異到不行的字眼。可是現在任何一個中華文化的人，會對「組織」一詞感到困惑奇怪的話，大概是剛從火星回來的，現在沒有人認爲這是個怪異的詞彙，早已經習以爲常了。

中國古代有本字書叫做《爾雅》，清末時則推出了一本《新爾雅》，提供當時日譯的西方漢字名詞如何被中國接受引用，到現在的中文人文社會科學學術界的翻譯名詞上還是可以看到不絕如縷的影響。特別現在在媒體上往往可以看到日文漢字的直接挪用，有些讓人很難望文生義，像「痴漢」、「炎上」……等等。

第二個是有關社會（拓都 total）與個人（么匿 unit）：

東學以一民而對於社會者稱箇人。社會有社會之天職。箇人有箇人之天職。或謂箇人名義不經見。可知中國言治之偏於國家。而不恤人人之私利。此其言似矣。然僕觀太史公言小雅譏小己之得失。其流及上。所謂小己。即箇人也。大抵萬物莫不有總有分。總曰拓都。譯言全體。分曰么匿。譯言單位。筆拓都也。毫么匿也。飯拓都也。粒么匿也。國拓都也。民么匿也。社會之變象無窮。而一一基於小己之品質。是故群學謹於其分。所謂名之必可言也。（斯賓賽，1903：譯餘贅語 p. 2）

而當時的東學（日本的學術界）以意譯將相對於社會的部分稱爲「箇人」（個人），我們現在對「個人」或「個體」一詞的使用也很習慣，並不覺得這是個外來字眼，但這對當時的中國人而言，根本不是中文。

另外，他也特別提到爲什麼「箇人」沒有出現在中國古籍文獻當中，針對這個現象，當時有些人認爲，沒有「箇人」這個詞是因爲中國偏重於國家群體的治理，不屑談論個人的私利爲考量。

嚴復認爲這種說法，似是而非，他說在中國詩經裡面，關於個人的說法稱爲「小己」，而與小己相對的是「總」曰「拓都」。剛開始我還看不懂什麼是「拓都」，細念才發現原來是全體（total），而在這樣的線索下，所謂「么匿」，就是分化下的個別單元（unit）。「有總有分」，依照現在講法就是有集體有個體的區別。爲了避免這樣的翻譯太過抽象，使人無法理解，嚴復以毛筆舉例，筆屬於「拓都」，而筆毛則屬於「么匿」。

嚴復接下來便談論到這本書對他的影響以及他對此書的評價：

不佞讀此在光緒七八之交。輒嘆得未曾有。生平好為獨往偏至之論。及此始悟其非。竊以為其書實兼大學中庸精義。而出之以翔實。以格致誠正為治平根本矣。每持一義。必使之無過不及之差。於近世新舊兩家學者。尤為對病之藥。雖引喻發揮。繁富弔詭。顧按脈尋流。其義未嘗晦也。其繕性以下三篇。真西學正法眼藏。智育之業。舍此莫由。思賓塞氏此書。正不僅為群學導先路也。（斯賓賽，1903：譯餘贅語 p. 3）

「不佞」和「竊」都是古人對自己的謙稱。光緒元年是 1875 年，所以「光緒七八之交」的時間大致在 1881 年至 1882 年。

嚴復自己認爲在念過此書之後，才發現他過去錯了。即使當時他已經念了大量的中國書，深切反省後，認爲早期他說過的話，都太過偏激了，而閱讀斯賓賽的這本書後，他認爲其中的道理蘊含了〈大學〉和〈中庸〉的「格物誠正修齊治平」的道理之外，還闡釋得更加詳細。對於清末新舊學說兩派學者，有矯正其雙方弊端的功用。這其實也是我們前面提到斯賓賽在結論時的看法。

簡單來說，他認爲斯賓賽這本書在「其繕性以下三篇」，就是西方學問的最精華的地方（「眞西學法眼藏」），因此若要討論智育，從此書開始，也是最好的入門，也因此該書不僅是社會學的入門，也是改造社會的開始，讓社會的改造不要過於偏激。

從這樣的說法來看，嚴復應該不是保皇黨或革命黨，他比較是中間路線，很可惜，一旦革命後就沒有中間立場了。

五、對日本的影響

最後談到斯賓賽的「東方主義」（Orientalism）。這裡的東方主義，我是採用薩伊德（Edward Said, 1935-2003）的說法，雖然薩伊德的「東方」只有現在的中東地區，與印度、日本和中國無關，但他提到歐美爲主的西方人是對於其他「東方的刻板印象」很適合用來說明斯賓賽下面所表現出來的思想。

斯賓賽曾廣受十九世紀日本知識分子的景仰，當時日本的駐英公使森有禮（MORI Arinori, 1847-1889）就曾經向斯賓賽請益。

日本當時正處在明治維新的開端，有一些人希望脫離亞洲，能夠跟歐洲一樣富強。於是積極想向西方人學習文明開化、殖產興業和富國強兵之道。

我在看 J. D. Y. Peel 編輯的《斯賓賽論社會進化》（*Herbert Spencer on Social Evolution*）一書時，斯賓寫給金子堅太郎（KANEKO Kentaro, 1853-1942）的回信，而沒有金子先生當初寫給他的那一封信。根據網路的資料，斯賓賽一共寫過三封信（1892 年 8 月 21、23、26 日）給金子先生（第二封不完整），原收錄在鄧肯（David Duncan）1908 年所編輯的《斯賓賽生平與書信》（*Life and Letters of Herbert Spencer*）中。現在網路上也可以搜尋到這三封信。我原先參考文選只有第二封信。

雖然不知道當初金子先生到底問了什麼，不過從斯賓賽回答了什麼，可以回溯推測金子先生的提問。將來若是有人找到這封金子堅太郎寫的原信，就可以將兩封信併在一起合看，將事件還原。

1892年8月21日斯賓賽寫信給日本金子堅太郎的第一封簡短的信，是從當時的日本大使森有禮請斯賓賽對日本憲法草案的討論開始的。他覺得日本從專制統治一下子變成憲法統治是不可能的，不過顯然他的保守建議沒被接受，所以日本才會在一下子給人民太多自由之下嚐到惡果。

8月23日的第二封信，斯賓賽接著前一封信的主題：

> 我給森〔有禮〕先生的建議如下：議定中的新制度應該盡可能**移植到**（grafted upon）現存的制度之上，以便不會打破連續性——也就是：不應該以新的形式**取代**（replacing）舊的，而是要逐漸改進舊的形式。（J. D. Y. Peel, 1972: 253）

信件裡他建議日本要漸進地改革，也建議對於人民代表組織應該選取家父長爲代表，這樣三、四代下來，才能賦予這些代表完全的立法權，這時才能徹底擺脫當時日本的憲法紛爭。

8月26日的第三封信，斯賓賽提出了更多日本應付歐美列強的對策建議。

他首先很直白建議要和歐美保持適當距離，以免遭殃。

所以他建議日本和歐美的關係：先給予某些特權，以免遭殃：

> 我認為日本的政策應該和美國人及歐洲人儘量保持適當距離。在這些強力的種族帶來永無止盡的危險，所以您要小心要盡可能不讓步給他們。在我看來，你們該採行對您自己有利的唯一的互通形式，是不可或缺的商品的交流和思想的交流——體力和腦力產品的進口和出口。對其他民族就不必給予這樣的優待，特別是給其他較強力的種族，除非是為了達到這些目的所必須。很顯然您正提議要修改和歐美的通商協定，「將整個帝國開放給外國人和外國資本」。我認為這是一項致命的政策。如果您想知道後果如何，研究一下印度的歷史吧！一旦讓最強力的種族獲得，隨著時間的推移，不可避免地就會產生更具侵略性的政策，終會導致和日本人民的衝突；這些衝突會被視為是日本人的攻擊，歐美會加以報復；視情況而定，歐美會派兵攻打，一部分土地會被占領，成為外國租借地，並且會慢慢演變為整個日本帝國都落入敵人之手。我認為您很難避免這樣的命運，但是這個過程恐怕會容易一點，假如您讓外國人有些我所提到的特別優惠。（J. D. Y.

Peel, 1972: 255）

還有他也建議外國人不得擁有財產，然後每一年要改訂租約：

不要給外國人擁有財產的權利，而且也要拒絕給他們租約，只能允許他們每年續約居住。（J. D. Y. Peel, 1972: 255-256）

他並提出一些具體做法，例如不要讓外國人開礦：

至於第二個問題，我堅定的說，不允許外國人在政府所擁有或是所開發的礦場中工作。（J. D. Y. Peel, 1972: 256）

以及要控制沿岸貿易：

第三，你們應該將沿岸貿易控制在自己手中，並且禁止外國人參與其中。（J. D. Y. Peel, 1972: 256）

他特別強調嚴禁和外國人通婚：

至於您最後的問題，有關外國人和日本人通婚的問題，您說是「目前學者和政治人物熱烈討論的問題」，而且您說是「最棘手的問題」。我的回答是，從理性的角度來回答，根本不會有問題。這是應該積極加以禁止的。這根本不是社會哲學的問題。這根本是生物學的問題。在不同的人種中的通婚和動物中的交配證據繁多，當混種超過了某一個限度，長期來看**結果就一定是壞的**（the result is invariably a bad one）。這麼多年來我很認真注意這方面相關的證據，所以我的信念是根據從不同來源的不同事實。（J. D. Y. Peel, 1972: 256）

所以他不贊成異族通婚，是因爲他認爲通婚會造成壞種，並以在美洲的中國人作爲例證。這在現在看，已經涉及到辱華的程度了，這多少有反應了當時歐美擔心的「黃禍」（Yellow Peril）問題：

> 因為這個原因，我相當贊同美國人限制中國人移民，如果我有權力的話，我會將他們限制到最小的範圍，我做這樣決定的理由是因為會發生兩件事。假如中國人被允許廣泛居住在美國，如果他們不相互混同的話，中國人就會成為一個主要的種族，假如不是奴隸的話，也會是一個近乎奴隸的階級。或者，假如他們通婚的話，他們就會生下壞的混血種（bad hybrid）。在這兩種情況下，假定移民數量很大的話，就會產生社會的罪惡，最終導致社會解組（social disorganization）。歐美種族和日本人混種的話也會發生同樣的事。（J. D. Y. Peel, 1972: 257）

這樣的思想多少顯示出西方中心主義，在全球化時代已經是不合時宜的落伍思想。可見社會學思想家也有值得注意的時代限制，這也是學習古典社會學理論可以深切反省之處。我們如果還陷在類似的思維框架中，就表示我們並沒有走出那個還相當愚昧的時代！

在第三封信的結尾，斯賓賽一再叮嚀對方一定要保守這封信的祕密，至少到他死前不要公開他的建議，以免升高他的同胞對他的仇恨值！這也是令人不勝唏噓之處。現在的「網暴」顯然也不是一個新興現象！

六、Q & A 反思回顧

1. 當時的世界具有什麼樣的條件以及需求，致使斯賓賽的學說得以盛行？
2. 斯賓賽與孔德的看法爲什麼會類似，是因爲觀察到了同一個社會事實嗎？
3. 斯賓賽的學說與他的親密關係之建立，是如何彼此影響建構出他的學說與人際關係。
4. 斯賓賽對於東方的看法，是眞的貶抑了東方，還是很誠懇地展現西方世界的主流看法？
5. 斯賓塞對於性別的觀念，到現在還適用嗎？或者有其他可以在此基礎上進行調整的看法？
6. 一個當時紅極一時的理論，爲什麼到後來乏人問津？

附錄一
斯賓賽（Herbert Spencer, 4/27/1820-12/8/1903）的生平與著作

時代大事	生平與著作
1820 年	4 月 27 日　生於英國德比（Derby），是七個孩子中的老大。
1830-1842 年 孔德出版《實證哲學講義》六卷	
1837 年（17 歲） 維多利亞女王主政	進入倫敦和伯明罕鐵路局（London and Birmingham Railway）當工程師。
1839-1841 年 鴉片戰爭	
1842 年（22 歲） 南京條約	開始發表激進的論文。
1848 年（28 歲） 歐洲各地革命 孔德出版《實證主義概觀》 馬克思和恩格斯在倫敦聯合發表《共產黨宣言》 密爾（John Stuart Mill）出版《政治經濟學》	成為倫敦《經濟學人》（*The Economist*）的副編輯（共 5 年）。
1850 年 倫敦召開第一次萬國博覽會	
1851 年（31 歲）	出版《社會靜學》（*Social Statics*）〔1997 年張雄武中譯本出版〕。 認識 Marian Evans（即後來以筆名 George Eliot 聞名的小說家）。
1852 年（32 歲） 英國通過「共濟合作法」，為工會與合作運動之始	讀孔德的書，未終卷而生厭。

時代大事	生平與著作
1852-1854 年（32-34 歲）	發表 “The Developmental Hypothesis”〔比達爾文（Charles Darwin, 1809-1882）早七年發表演化論，但是是以拉馬克（Lamarck, 1744-1829）的理論為準。〕
1853 年（33 歲）	繼承 uncle 遺產。 開始私人撰述生涯。
1854 年（34 歲）	開始寫作《心理學原理》（*Principle of Psychology*）。
1855 年（35 歲） Harriet Martineau 編譯孔德《實證哲學》出版	精神崩潰。 出版《心理學原理》〔斯賓賽認為此書可以和牛頓的《原理》（*Principia*）並駕齊驅（Peel, 1971: 14）。〕
1856 年（36 歲）	到巴黎拜訪孔德〔斯賓賽認為孔德是個糟老頭（A very undignified old man），兩人以法語交談；孔德建議斯賓賽趕快結婚以治療斯賓賽當時的憂鬱症（Peel, 1971: 14）。〕
1857 年 孔德逝世	
1858 年 達爾文《物種原始》（*Origin of the Species*）出版 英法美俄四國與清朝訂立「天津條約」	
1859 年 密爾出版《自由論》	
1860 年 英法聯軍陷北京，燬圓明園，訂立「北京條約」	
1861 年（41 歲） 美國南北戰爭開始	出版《教育：智、德和體》（*Education: Intellectual, Moral, and Physical*）〔1922 年任鴻雋中文節譯本《教育論》；1997 年胡毅和王承緒合譯《斯賓賽教育論著選》。〕
1862 年（42 歲）	出版《綜合哲學體系》（*System of Synthetic Philosophy*）第一卷《第一原理》（*First Principle*）。

時代大事	生平與著作
1864 年（44 歲） 倫敦成立「國際工人聯合會」（第一國際）	出版《生物學原理》（*Principles of Biology*）第一冊（1867 年第二冊出版）。 發表〈不同意孔德先生的哲學的理由〉（Reasons for Dissenting from the Philosophy of M. Comte）。
1865 年 倫敦長老教會到臺灣傳教	
1867 年 馬克思《資本論》第一卷出版	
1870 年（50 歲） 英國實行義務教育	出版《心理學原理》第一冊第二版〔1872 年第二冊第二版出版〕。
1872 年（52 歲）	4 月　在英國的《當代評論》（*Contemporary Review*）開始連載《社會學研究》（*The Study of Sociology*）。 5 月　美國的《通俗科學月刊》（*Popular Science Monthly*）上跟進連載。
1873 年（53 歲）	將雜誌連載文章增補出版《社會學研究》（*Study of Sociology*）〔此書是根據美國教授 Youmans 的建議而寫的；美國社會學史上第一個社會學教授沙姆納（William Graham Sumner, 1840-1910）曾以此書為教科書；1897 年嚴復翻譯此書，書名為《群學肄言》；2001 年張宏暉和胡江波合譯為《社會學研究》出版。〕
1873 年（Peel, 1971: 16）（53 歲） 1874 年（Peel, 1971: 319）（54 歲）	出版《描述社會學》（*Descriptive Sociology*）系列。
1876 年（56 歲） 中英「煙台條約」	出版《社會學原理》（*Principles of Sociology*）第一卷〔1879 年出版第二卷第四部分；1882 年出版第二卷第五部分；1885 年出版第三卷第六部分；1897 年出版第三卷第七、八部分。〕
1879 年（59 歲）	出版《倫理學原理》（*Principles of Ethics*）第一卷第一部分〔1892 年出版第一卷第二、三部分；1891（?）年出版第二卷第四部分；1893 年出版第五、六部分。〕
1880 年 恩格斯出版《社會主義：空想的和科學的》	

時代大事	生平與著作
1883 年 馬克思逝世	
1884 年（64 歲） 恩格斯出版《家庭，私有財產和國家的起源》 費邊社在英國成立	出版《人和國家對抗》（*The Man versus the State*）〔2000 年談小勤等合譯為《國家權力與個人自由》出版；2021 年林斯澄譯為《個體與國家》出版。〕
1895 年 恩格斯逝世	
1899 年 義和團出現	
1900 年 八國聯軍攻占北京	
1903（83 歲） 英國工黨成立 嚴復翻譯《群學肄言》（*Study of Sociology*）出版 馬君武節譯《社會學原理》出版	12 月 8 日　逝世。
1904 年	出版《自傳》（*Autobiography*）。
1908 年	D. Duncan 編輯出版《斯賓賽的生平和書信》（*The Life and Letters of Herbert Spencer*）。

補充說明：

一生行事特色：

1. 拒絕大學、政府及科學界頒發的榮譽。
2. 沒有大學學位，也未曾擔任一官半職（民間學者？）

附錄二
斯賓賽的思想脈絡

前輩

孔德（Auguste Comte, 1798-1857）
馬爾薩斯（Thomas Robert Malthus, 1776-1834）
亞當・斯密（Adam Smith, 1723-1790）
萊埃爾（Sir Charles Lyell, 1797-1875）

同輩

密爾〔穆勒〕（John Stuart Mill, 1806-1873）
路易士（George Lewes, 1817-1878）
艾略特（George Eliot, 1819-1880）
赫胥黎（Thomas Huxley, 1825-1895）
達爾文（Charles Darwin, 1809-1882）
丁道爾（John Tyndall, 1820-1893）物理學家

後輩

霍布浩斯（L. T. Hobhouse, 1864-1929）
惠勒（G. C. Wheeler, 1897-1991）
金斯堡（Morris Ginsberg, 1889-1970）
沙姆納（William Graham Sumner, 1840-1910）

附錄三
斯賓賽的主要著作目錄

註：詳細書目資料，可參考 Jay Rumney (1934/1966). *Herbert Spencer's Sociology* (Reprinted Edition). New York: Atherton Press.

《社會靜學》（*Social Statics: or the Conditions Essential to Human Happiness Specified, and the First of them Developed*）

寫作年代：不詳

出版年代：1850 年

1890 年出版節略修訂本

1996 年張雄武中譯節略修訂本爲《社會靜力學》出版

目錄〔根據 1896 年紐約版〕：

幸福作爲當下的目標（Happiness as an Immediate Aim）
無導向的權宜之計（Unguided Expediency）
道德意義學說（The Moral-Sense Doctrine）
道德是什麼（What is Morality?）
惡之消散〔減少？〕（The Evanescence [?Diminution] of Evil）
最大的幸福必須間接追求（Greatest Happiness Must Be Sought Indirectly）
第一原理的演繹（Derivation of a First Principle）
第一原理的再度演繹（Secondary Derivation of a First Principle）
第一原理（First Principle）
第一原理的應用（Application of this First Principle）
財產權（The Right of Property）
社會主義（Socialism）
思想財產權（The Right of Property in Ideas）
婦女權（The Rights of Women）
幼童權（The Rights of Children）
政治權（Political Rights）
國家的憲法（The Constitution of the State）
國家的責任（The Duty of the State）
國家責任的限制（The Limit of State-Duty）
商業管制（The Regulation of Commerce）
宗教體制（Religious Establishments）
濟貧法（Poor-Law）
國家教育（National Education）
政府殖民（Government Colonization）

衛生監督（Sanitary Supervision）
通貨、郵政安排等等（Currency, Postal Arrangements, ETC.）
通盤考慮（General Considerations）

《心理學原理》（*Principles of Psychology*）

寫作年代：不詳

出版年代：1855 年第一版
1870 年第一冊第二版
1872 年第二冊第二版

目錄：

20 同外延和非同外延的關係（The Relations of Coextension and Non-coextension）
21 同存和非同存的關係（The Relations of Coexistence and Non-coexistence）
22 同性質和非同性質的關係（The Relations of Connature and Non-connature）
23 相似和不相似的關係（The Relations of Likeness and Unlikeness）
24 順序的關係（The Relation of Sequence）
25 一般的意識（Consciousness in General）
26 結果（Results）

第三部分　一般綜合（GENERAL SYNTHESIS）

1 方法（Method）
2 心靈和生命的連結（Connection of Mind and Life）
3 生命的最近似定義（Proximate Definition of Life）
4 生命及其環境的對應（The Correspondence Between Life and Its Circumstances）
5 生命的程度隨對應程度而變化（The Degree of Life varies as the Degree of Correspondence）
6 直接和同質的對應（The Correspondence as Direct and Homogeneous）
7 直接但異質的對應（The Correspondence as Direct but Heterogeneous）
8 對應爲空間的延展（The Correspondence as Extending in Space）
9 對應爲時間的延展（The Correspondence as Extending in Time）
10 對應爲專門性的增加（The Correspondence as Increasing in Specialty）
11 對應爲普遍性的增加（The Correspondence as Increasing in Generality）
12 對應爲複雜性的增加（The Correspondence as Increasing in Complexity）
13 對應的協調（The Co-ordination of Correspondence）
14 對應的整合（The Integration of Correspondence）
15 整體的對應（The Correspondence in their Totality）

第四部分　特別綜合（SPECIAL SYNTHESIS）

1 智力的性質（The Nature of Intelligence）
2 智力的法則（The Law of Intelligence）
3 智力的成長（The Growth of Intelligence）
4 反射行動（Reflex Action）
5 本能（Instinct）
6 記憶（Memory）
7 理性（Reason）
8 感情（The Feelings）
9 意志（The Will）

《教育：智、德和體》（*Education: Intellectual, Moral, and Physical*）

寫作年代：不詳

出版年代：1861 年

1922 年任鴻雋中文節譯本《教育論》〔只有前兩章〕

1997 年胡毅和王承緒合譯爲《斯賓塞教育論著選》

目錄：

什麼知識是最有價値的？（What Knowledge is of Most Worth?）

智育（Intellectual Education）

德育（Moral Education）

體育（Physical Education）

《第一原理》（*First Principles*）

寫作年代：不詳

出版年代：1862 年

目錄：

第一部分　不可知者（The Unknowable）

1 宗教與科學（Religion and Science）

2 終極宗教思想（Ultimate Religious Ideas）

3 終極科學思想（Ultimate Scientific Ideas）

4 所有知識的相對性（The Relativity of All Knowledge）

5 妥協（the Reconciliation）

第一部分後語（Postscript to Part I）

第二部分　可知者（The Knowable）

1 哲學的界定（Philosophy Defined）

2 哲學的資料（The Data of Philosophy）

3 空間、時間、物質、運動和力（Space, Time, Matter, Motion, and Force）

4 物質的不可毀滅性（The Indestructibility of Matter）

5 運動的連續性（The Continuity of Motion）

6 力的持續性（The Persistence of Force）

7 眾力之間關係的持續性（The Persistence of Relations among Forces）

8 力的轉換與相等（The Transformation and Equivalence of Forces）

9 運動的方向（The Direction of Motion）

10 運動的韻律（The Rhythm of Motion）

11 摘要、批判與重做（Recapitulation, Criticism, and Recommencement）

12 進化與瓦解（Evolution and Dissolution）

13 簡單的和複雜的進化（Simple and Compound Evolution）

14 進化的定律（The Law of Evolution）

15 進化的定律（續）（The Law of Evolution）（Continued）
16 進化的定律（續）（The Law of Evolution）（Continued）
17 進化的定律（完）（The Law of Evolution）（Concluded）
18 進化的詮釋（The Interpretation of Evolution）
19 同質的不穩定性：一般不穩定性舉例（The Instability of the Homogeneous: Exemplifying Instability at Large）
20 效果的倍增（The Multiplication of Effects）
21 隔離（Segregation）
22 均衡（Equilibration）
23 瓦解（Dissolution）
24 摘要與結論（Summary and Conclusion）
附錄 A、B、C 和 D（Appendices A, B, C, and D）

《生物學原理》（*Principles of Biology*）
寫作年代：不詳
出版年代：1864 年第一冊初版
1867 年第二冊初版
1898 年第一冊增訂版
1899 年第二冊增訂版
目錄〔根據 1880 年紐約版〕：
【第一冊】
第一部分　生物學的資料（The Data of Biology）
1 有機物質（Organic Matter）
2 眾力對於有機物質的作用（The Actions of Forces on Organic Matter）
3 有機物質對眾力的反作用（The Re-Actions of Organic Matter on Forces）
4 生命的最近四定義（Proximate Definition of Life）
5 生命及其環境的對應（The Correspondence between Life and Its Circumstances）
6 生命的程度隨對應的程度而異（The Degree of Life Varies as the Degree of Correspondence）
7 生物學的範圍（The Scope of Biology）
第二部分　生物學的導論（The Inductions of Biology）
1 成長（Growth）
2 發展（Development）
3 功能（Function）
4 浪費和修補（Waste and Repair）
5 適應（Adaptation）
6 個別性（Individuality）

7 起源（Genesis）
8 遺傳（Heredity）
9 變異（Variation）
10 起源、遺傳和變異（Genesis, Heredity, and Variation）
11 分類（Classification）
12 分布（Distribution）

第三部分　生命的進化（The Evolution of Life）
1 基本問題（Preliminary）
2 特別創造假設的一般面向（General Aspects of the Special-Creation Hypothesis）
3 進化假設的一般面向（General Aspects of the Evolution Hypothesis）
4 分類的論證（The Arguments from Classification）
5 胚胎學的論證（The Arguments from Embryology）
6 形態學的論證（The Arguments from Morphology）
7 分布的論證（The Arguments from Distribution）
8 有機進化是如何開始的？（How is Organic Evolution Caused?）
9 外在因素（External Factors）
10 內在因素（Internal Factors）
11 直接均衡（Direct Equilibration）
12 間接均衡（Indirect Equilibration）
13 眾因素的合作（The Co-operation of the Factors）
14 證據的輳合（The Convergence of the Evidences）

【第二冊】

第四部分　形態學的發展（Morphological Development）
1 形態學的問題（The Problems of Morphology）
2 植物形態學的組成（The Morphological Composition of Plants）
3 植物形態學的組成（續）（The Morphological Composition of Plants, Continued）
4 動物形態學的組成（The Morphological Composition of Animals）
5 動物形態學的組成（續）（The Morphological Composition of Animals, Continued）
6 植物在形態學上的分化（Morphological Differentiation in Plants）
7 植物的一般外形（The General Shapes of Plants）
8 分枝的外形（The Shapes of Branches）
9 樹葉的外形（The Shapes of Leaves）
10 花朵的外形（The Shapes of Flowers）
11 植物細胞的外形（The Shapes of Vegetal Cells）
12 其他因素造成外形的改變（Changes of Shape Otherwise Caused）
13 動物在形態學上的分化（Morphological Differentiation in Animals）
14 動物的一般外形（The General Shapes of Animals）

15 脊椎動物骨骼的外形（the Shapes of Vertebrate Skeletons）
16 動物細胞的外形（The Shapes of Animal Cells）
17 形態學發展的摘要（Summary of Morphological Development）

第五部分　生理學的發展（Physiological Development）

1 生理學的問題（The Problems of Physiology）
2 植物內外組織的分化（Differentiations between the Outer and Inner Tissues of Plants）
3 植物外在組織的分化（Differentiations among the Outer Tissues of Plants）
4 植物內在組織的分化（Differentiations among the Inner Tissues of Plants）
5 植物的生理整合（Physiological Integration in Plants）
6 動物內外組織的分化（Differentiations between the Outer and Inner Tissues of Animals）
7 動物外在組織的分化（Differentiations among the Outer Tissues of Animals）
8 動物內在組織的分化（Differentiations among the Inner Tissues of Animals）
9 動物的生理整合（Physiological Integration in Animals）
10 生理學發展的摘要（Summary of Physiological Development）

第六部分　繁殖的定律（Laws of Multiplication）

1 眾因素（The Factors）
2 先驗原則（A Priori Principle）
3 正面的先驗原則（Obverse a priori Principle）
4 歸納驗證的困難（Difficulties of Inductive Verification）
5 無性創造和發展的對抗（Antagonism between Growth and Asexual Genesis）
6 有性創造和發展的對抗（Antagonism between Growth and Sexual Genesis）
7 無性和有性，以及創造和發展的對抗（Antagonism between Development and Genesis, Asexual and Sexual）
8 創造和支出的對抗（Antagonism between Expenditure and Genesis）
9 創造和高營養的符合（Coincidence between High Nutrition and Genesis）
10 這些關係的特質（Specialties of these Relations）
11 詮釋和限制（Interpretation and Qualification）
12 人種的繁殖（Multiplication of the Human Race）
13 未來的人口（Human Population in the Future）

附錄

A 植物中以軸向取代葉狀器官（Substitution of Axial for Foliar Organs in Plants）
B 評論歐文教授的脊椎動物骨骼論（A Criticism on Prof. Owen's Theory of the Vertebrate Skeleton）
C 植物中木質的循環和形成（On Circulation and the Formation of Wood in Plants）

《社會學研究》（*Study of Sociology*）

寫作年代：不詳

出版年代：1873 年

1903 年嚴復翻譯成《群學肄言》出版

2001 年張宏暉和胡江波合譯為《社會學研究》出版

目錄：

CR 標題	PSM 標題	出版標題	嚴復譯名	CR 卷期頁碼	PSM 卷期頁碼	備註
		Preface				
I Our Need of It			砭愚	April 1872: 555-572	May 1872: 1-17	
II Is There a Social Science?			倡學	May 1872: 701-718	June 1872: 159-174	
III Nature of the Social Science			喻術	August 1872: 307-326	September 1872: 514-529	
IV Difficulties of the social science			知難		October 1872: 641-643	
V Objective Difficulties			物蔽	September 1872: 455-482	October 1872: 643-655 November 1872: 1-15	
VI Subjective Difficulties-Intellectual			智絯	December 1872: 1-26	January 1873: 257-280	
VII Subjective Difficulties-Emotional			情瞀	January 1873: 159-182	February 1873: 450-472	
VIII The Educational Bias			學詖	February 1873: 315-334	March 1873: 564-582	
IX The Bias of Patriotism		The Bias of Nationalism	國拘	March 1873: 475-502	April 1873: 708-732	
X The Class-Bias			流梏	April 1873: 635-651	May 1873: 45-60	
XI The Political Bias			政惑	May 1873: 799-820	June 1873: 172-193	
XII The Theological Bias			教辟	June 1873: 1-17	July 1873: 340-355	

CR 標題	PSM 標題	出版標題	嚴復譯名	CR 卷期頁碼	PSM 卷期頁碼	備註
XIII Discipline			繕性	July 1873: 165-174	August 1873: 419-428	
XIV Preparation in Biology			憲生	August 1873: 325-346	September 1873: 594-614	
XV Preparation in Psychology	XV Mental Science and Sociology	15 Preparation in Psychology	述神	September 1873: 509-532	October 1873: 676-689	
XVI Conclusion	Radicalism, Conservatism and the Transition of Intitutions	16 Conclusion	成章	October 1873: 663-677	December 1873: 129-141	

附註：CR=Contemporary Review（《當代評論》）

PSM=Popular Science Monthly（《通俗科學月刊》）

1.英國出版的《當代評論》比美國出版的《通俗科學月刊》早一個月出版。

2.《當代評論》的標題和《通俗科學月刊》的標題有三處不同，後來出版的《社會學研究》的標題都和《當代評論》相同。

資料來源：孫中興根據網路資料製表

https://onlinebooks.library.upenn.edu/webbin/serial?id=contempreview

https://onlinebooks.library.upenn.edu/webbin/serial?id=popularscience

《社會學原理》（*Principles of Sociology*）

寫作年代：不詳

出版年代：1876 年出版第一卷第一至第三部分

1879 年出版第二卷第四部分

1882 年出版第二卷第五部分

1885 年出版第三卷第六部分

1897 年出版第三卷第七、八部分

1903 年馬君武翻譯第二部分出版，書名《社會學原理》目錄中的〔〕中爲馬君武譯名

目錄：

【第一卷】

第一部分　社會學的資料（The Data of Sociology）

1　超有機體演化（SUPER-ORGANIC EVOLUTION）

2　社會現象的因素（THE FACTORS OF SOCIAL PHENOMENA）

3 原始外在因素（ORIGINAL EXTERNAL FACTORS）
4 原始內在因素（ORIGINAL INTERNAL FACTORS）
5 原始人—體力的（THE PRIMITIVE MAN – PHYSICAL）
6 原始人—情感的（THE PRIMITIVE MAN – EMOTIONAL）
7 原始人—思想的（THE PRIMITIVE MAN – INTELLECTUAL）
8 原始觀念（PRIMITIVE IDEAS）
9 生靈及非生靈的觀念（THE IDEA OF THE ANIMATE AND INANIMATE）
10 睡覺與作夢的概念（THE IDEAS OF SLEEP AND DREAMS）
11 昏暈、中風、強直性昏厥、狂喜以及其他麻木形態的觀念（THE IDEAS OF SWOON, APOPLEXY, CATALEPSY, ECSTASY AND OTHER FORMS OF INSESIBILITY）
12 死亡與復活的觀念（THE IDEAS OF DEATH AND RESURRECTION）
13 靈、鬼、精、怪等等觀念（THE IDEAS OF SOULS, GHOSTS, SPIRITS, DEMONS, ETC.）
14 另一個生命的觀念（THE IDEAS OF ANOTHER LIFE）
15 另一個世界的觀念（THE IDEAS OF ANOTHER WORLD）
16 超自然力量的觀念（THE IDEAS OF SUPERNATURAL AGENTS）
17 超自然力量導致羊癲瘋、痙攣、精神狂亂、發瘋、疾病和死亡（SUPERNATURAL AGENTS AS CAUSING EPILEPSY AND CONVULSIVE ACTIONS, DELIRIUM AND INSANITY, DISEASE AND DEATH）
18 感召、占卜、驅魔和妖法（INSPIRATION, DIVINATION, EXORCISM, AND SORCERY）
19 神聖的地方、廟宇和神壇；犧牲、齋戒、贖罪；讚美、禱告等等（SACRED PLACES, TEMPLES, AND ALTARS; SACRIFICE, FASTING, PROPRITIATION; PRAISE, PRAYER, ETC...）
20 一般的祖先崇拜（ANCESTOR-WORSHIP IN GENERAL）
21 偶像崇拜與神物崇拜（IDOL-WORSHIP AND FETICH-WORSHIP）
22 動物崇拜（ANIMAL-WORSHIP）
23 植物崇拜（PLANT-WORSHIP）
24 自然崇拜（NATURE-WORSHIP）
25 自然神（DEITIES）
26 原始事務的理論（THE PRIMITIVE THEORY OF THINGS）
27 社會學的範圍（THE SCOPE OF SOCIOLOGY）

第二部分 社會學入門（THE INDUCTION OF SOCIOLOGY）

1 社會是什麼？（WHAT IS A SOCIETY?）
〔何謂社會〕
2 社會是個有機體（A SOCIETY IS AN ORGANISM）
〔社會者一種有機體也〕

3 社會生長（SOCIAL GROWTH）
〔社會之生長〕
4 社會結構（SOCIAL STRUCTURE）
〔社會之構造〕
5 社會功能（SOCIAL FUNCTIONS）
〔社會之職能〕
6 器官系統（SYSTEMS OF ORGANS）
〔社會之系制〕
7 維持系統（THE SUSTAINING SYSTEM）
〔供給系〕
8 分配系統（THE DISTRIBUTING SYSTEM）
〔分配系〕
9 管制系統（THE REGULATING SYSTEM）
〔統制系〕
10 社會類型與構成（SOCIAL TYPES AND CONSTITUTIONS）
〔社會之體型及國制〕
11 社會變形（SOCIAL METAMORPHOSES）
〔社會之變體〕
12 限制與摘要（QUALIFICATIONS AND SUMMARY）
〔本篇所論之限制〕

第三部分　家庭制度（DOMESTIC INSTITUTIONS）
1 物種的延續（THE MAINTENANCE OF SPECIES）
2 物種、雙親和後代的不同興趣（THE DIVERSE INTERESTS OF THE SPECIES, OF THE PARENTS, AND OF THE OFFSPRING）
3 兩性的原始關係（PRIMITIVE RELATIONS OF THE SEXES）
4 外婚制與內婚制（EXOGAMY AND ENDOGAMY）
5 雜交（PROMISCUITY）
6 一妻多夫制（POLYANDRY）
7 一夫多妻制（POLYGYNY）
8 一夫一妻制（MONOGAMY）
9 家庭（THE FAMILY）
10 女人的地位（THE STATUS OF WOMEN）
11 子女的地位（THE STATUS OF CHILDREN）
12 家庭的回顧和前瞻（DOMESTIC RETROSPECT AND PROSPECT）

【第二卷】

第四部分　儀式制度（CEREMONIAL INSTITUTIONS）
1 一般的儀式（CEREMONY IN GENERAL）
2 獎品（TROPHIES）

3 殘害（MUTILATIONS）
4 禮物（PRESENTS）
5 拜訪（VISITS）
6 尊敬（OBEISANCES）
7 稱呼的形式（FORMS OF ADDRESS）
8 頭銜（TITLES）
9 徽章和服裝（BADGES AND COSTUMES）
10 其他階級區分（FURTHER CLASS DISTINCTION）
11 流行（FASHION）
12 儀式的回顧和前瞻（CEREMONIAL RETROSPECT AND PROSPECT）

第五部分　政治制度（POLITICAL INSTITUTIONS）
1 基本問題（PRILIMINARY）
2 一般的政治組織（POLITICAL ORGANIZATION IN GENERAL）
3 政治整合（POLITICAL INTEGRATION）
4 政治分化（POLITICAL DIFFERENTIATION）
5 政治形式和力量（POLITICAL FORMS AND FORCES）
6 政治領袖──首領、國王等等（POLITICAL HEADS – CHIEFS, KINGS ETC.）
7 複合式的政治領袖（COMPOUND POLITICAL HEADS）
8 諮詢機關（CONSULTATIVE BODIES）
9 代議機關（REPRESENTATIVE BODIES）
10 部會（MINISTRIES）
11 地方治理機構（LOCAL GOVERNING AGENCIES）
12 軍事系統（MILITARY SYSTEMS）
13 司法和行政系統（JUDICIAL AND EXECUTIVE SYSTEM）
14 法律（LAWS）
15 財產（PROPERTY）
16 收益（REVENUE）
17 軍事型的社會（THE MILITANT TYPE OF SOCIETY）
18 工業型的社會（THE INDUSTRIAL TYPE OF SOCIETY）
19 政治的回顧和前瞻（POLITICAL RETROSPECT AND PROSPECT）

【第三卷】

第六部分　教會制度（ECCLESIASTICAL INSTITUTIONS）
1 宗教觀念（THE RELIGIOUS IDEA）
2 醫生和教士（MEDICINE-MEN AND PRIESTS）
3 後人的教士職責（PRIESTLY DUTIES OF DESCENDANTS）
4 最長的後人當成準教士（ELDEST MALE DESCENDANTS AS QUASI-PRIESTS）
5 統治者當成教士（THE RULER AS PRIEST）

6 教士制度的興起（THE RISE OF A PRIESTHOOD）
7 多神的和一神的教士制度（POLYTHEISTIC AND MONOTHEISTIC PRIESTHOOD）
8 教會的層級制度（EXXLESIASTICAL HIERACHIES）
9 教會制度當成社會聯繫（AN EXXLESIASTICAL SYSTEM AS A SOCIAL BOND）
10 教士的軍事功能（THE MILITARY FUNCTIONS OF PRIESTS）
11 教士的民事功能（THE CIVIL FUNCTIONS OF PRIESTS）
12 教會與國家（CHURCH AND STATE）
13 不服從（NONCONFORMITY）
14 教士制度的道德影響（THE MORAL INFLUENCES OF PRIESTHOODS）
15 教會制度的回顧與前瞻（ECCLESIASTICAL RETROSPECT AND PROSPECT）
16 宗教的回顧與前瞻（RELIGIOUS RETROSPECT AND PROSPECT）

第七部分　職業制度（PROFESSIONAL INSTITUTIONS）
1 一般職業（PROFESSIONS IN GENERAL）
2 醫生和外科醫生（PHYSICIAN AND SURGEON）
3 舞師和巫師（DANCER AND MUSICIAN）
4 演說家和詩人，演員和劇作家（ORATOR AND POET, ACTOR AND DRAMATIST）
5 傳記作家、歷史家和文學家（BIOGRAPHER, HISTORIAN, AND MAN OF LETTERS）
6 科學家和哲學家（MAN OF SCIENCE AND PHILOSOPHER）
7 法官和律師（JUDGE AND LAWYER）
8 教師（TEACHER）
9 建築師（ARCHTECT）
10 雕刻家（SCULPTOR）
11 畫家（PAINTER）
12 職業的演化（EVOLUTION OF THE PROFESSIONS）

第八部分　工業制度（INDUSTRIAL INSTITUTIONS）
1 導論（INTRODUCTORY）
2 功能的專業化和分工（SPECIALIZATION OF FUNCTIONS AND DIVISION OF LABOUR）
3 採購和生產（ACQUISITION AND PRODUCTION）
4 輔助生產（AUXILIARY PRODUCTION）
5 分配（DISTRIBUTION）
6 輔助分配（AUXILIARY DISTRIBUTION）
7 交換（EXCHANGE）
8 輔助交換（AUXILIARY EXCHANGE）
9 互賴和整合（INTER-DEPENDENCE AND INTEGRATION）
10 勞工的管理（THE REGULATION OF LABOUR）
11 父系的管理（PATERNAL REGULATION）

《倫理學原理》（*Principles of Ethics*）

寫作年代：不詳

出版年代：1879 年出版第一冊第一部分
1891 年出版第二冊第四部分
1892 年出版第一冊第二、三部分
1893 年出版第二冊第五、六部分

目錄：

第二部分　倫理學的導論（THE INDUCTIONS OF EHTICS）

1 倫理思想的混淆（The Confusion of Ethical Thought）
2 怎樣的思想和情愫是合乎倫理的？（What Ideas and Sentiments Are Ethical?）
3 攻擊（Aggression）
4 搶劫（Robbery）
5 報仇（Revenge）
6 公道（Justice）
7 大方（Generosity）
8 人道（Humanity）
9 眞實（Veracity）
10 服從（Obedience）
11 勤奮（Industry）
12 節制（Temperance）
13 貞潔（Chastity）
14 導言的摘要（Summary of Inductions）

第三部分　個人生活的倫理學（THE ETHICS OF INDIVIDUAL LIFE）

1 導言（Introductory）
2 活動（Activity）
3 休息（Rest）
4 營養（Nutrition）
5 刺激（Stimulation）
6 文化（Culture）
7 娛樂（Amusement）
8 婚姻（Marriage）
9 親職（Parenthood）
10 一般性結論（General Conclusions）

第四部分　公道（JUSTICE）

1 動物倫理（Animal Ethics）
2 次人類倫理（Sub-human Ethics）
3 人類公道（Human Justice）
4 公道的情愫（The Sentiment of Justice）
5 公道的觀念（The Idea of Justice）
6 公道的公式（The Formula of Justice）
7 此公式的權威性（The Authority of This Formula）
8 其推論（Its Corollaries）
9 身體整合的權利（The Right to Physical Integrity）
10 自由行動的權利（The Rights to Free Motion and Locomotion）

11 使用自然媒體的權利（The Rights to the Uses of Natural Media）
12 財產權（The Right of Property）
13 無形財產權（The Right of Incorporeal Property）
14 禮物與遺產的權利（The Rights of Gift and Bequest）
15 自由交換與自由契約的權利（The Rights of Free Exchange an Free Contract）
16 自由工業的權利（The Right of Free Industry）
17 自由信仰與崇拜的權利（The Rights of Free Belief and Worship）
18 自由言論和出版的權利（The Rights of Free Speech and Publication）
19 回顧並附增訂（A Retrospect With An Addition）
20 婦女的權利（The Rights of Women）
21 孩童的權利（The Rights of Children）
22 所謂政治的權利（Political Rights-So Called）
23 國家的性質（The Nature of the State）
24 國家的憲法（The Constitution of the State）
25 國家的職責（The Duties of the State）
26 國家職責的限制（The Limits of State Duties）
27 國家職責的限制（續）（The Limits of State Duties）（Continued）
28 國家職責的限制（續）（The Limits of State Duties）（Continued）
29 國家職責的限制（完）（The Limits of State Duties）（Concluded）

第五部分　負面善行（NEGATIVE BENIFICENCE）

1 利他主義的種類（Kinds of Altruism）
2 自由競爭的限制（Restraints on Free Competition）
3 自由契約的限制（Restraints on Free Contract）
4 不當支付的限制（Restraints on Undeserved Payments）
5 展現能力的限制（Restraints on Displays of Ability）
6 歸咎的限制（Restraints on Blame）
7 讚揚的限制（Restraints on Praise）
8 最終的裁決（The Ultimate Sanctions）

第六部分　正面的善行（POSITIVE BENIFICENCE）

1 婚姻的善行（Marital Beneficence）
2 父母的善行（Parental Beneficence）
3 子女的善行（Filial Beneficence）
4 幫助傷病者（Aiding the Sick and the Injured）
5 幫助受難者（Succour to the Ill-used and the Endangered）
6 對親友金錢上的幫助（Pecuniary Aid to Relatives and Friends）
7 救濟貧困（Relief of the Poor）
8 社會善行（Social Beneficence）

9 政治善行（Political Beneficence）
10 一般善行（Beneficence At Large）
附錄
A 康德的權利觀（The Kantian Idea of Rights）
B 土地問題（The Land-Question）
C 道德動機（The Moral Motive）
D 動物的良心（Conscience in Animals）
E 對批評的答覆（Replies to Criticisms）

《論文集：科學的、政治的和玄想的》（*Essays: Scientific, Political, and Speculative*）
寫作年代：不詳
出版年代：1857 年出版第一冊
1863 年出版第二冊
1874 年出版第三冊
1890 年出版三冊修訂版
目錄〔根據 1907 年紐約版〕：
【第一冊】
發展假設（The Development Hypothesis）
進步：其定律和原因（Progress: Its Law and Cause）
超驗生理學（Transcendental Physiology）
星雲假設（The Nebular Hypothesis）
不合邏輯的地質學（Illogical Geology）
邊恩論情緒和意志（Bain on the Emotions and the Will）
社會有機體（The Social Organism）
動物崇拜的起源（The Origin of Animal Worship）
道德和道德情愫（Morals and Moral Sentiments）
比較人類心理學（The Comparative Psychology of Man）
馬提奴先生論進化（Mr. Martineau on Evolution）
有機體進化的因素（The Factors of Organic Evolution）
【第二冊】
科學的開創（The Genesis of Science）
科學的分類（The Classification of the Sciences）
不同意孔德先生的哲學的理由（Reasons for Dissenting From the Philosophy of M. Comte）
論一般定律，及其被發現的次序（On Laws in General, and the Order of Their Discovery）
證據的評價（The Valuation of Evidence）
電是什麼？（What is Electricity?）
穆勒對抗漢米爾頓——眞理的考驗（Mill versus Hamilton – The Test of Truth）

對批判的答辯（Replies to Criticisms）
葛林教授的說明（Prof. Green's Explanation）
風格哲學（The Philosophy of Style）
用途和美麗（Use and Beauty）
建築類型的根源（The Sources of Architectural Types）
優雅（Gracefulness）
個人美（Personal Beauty）
音樂的起源和功能（The Origin and Function of Music）
笑的生理學（The Physiology of Laughter）

【第三冊】

禮節與流行（Manners and Fashion）
鐵路道德和鐵路政策（Railway Morals and Railway Policy）
貿易道德（The Morals of Trade）
監獄道德（Prison-Ethics）
康德的倫理學（The Ethics of Kant）
絕對的政治倫理（Absolute Political Ethics）
過度立法（Over-Legislation）
代議政府——有什麼用？（Representative Government – What is it Good For?）
國家對貨幣和銀行的不當影響（State-Tamperings with Money and Banks）
國會改革：危險和保護（Parliamentary Reform: The Dangers and the Safeguards）
「集體智慧」（"The Collective Wisdom"）
政治拜物教（Political Fetichism）
特別行政（Specialized Administration）
從自由到拘束（From Freedom to Bondage）
美國人（The Americans）

《政府的正當範圍》（***The Proper Sphere of Government***）

寫作年代：不詳

出版年代：1843 年

2021 年林斯澄中譯本《個體與國家》中的〈政府職能的正當範圍〉

目錄：

政府職能的正當範圍
第一封信　論政府職能
第二封信　再論政府職能
第三封信　論濟貧法
第四封信　再論濟貧法
第五封信　論戰爭權利

第六封信　論殖民體系
第七封信　論國家教育
第八封信　再論國家教育
第九封信　論公共健康
第十封信　論不作爲
第十一封信　論普遍選舉權
第十二封信　總結

《人對抗國家》（***The Man versus the State***）
寫作年代：不詳
出版年代：1885 年
2000 年譚小勤中譯本《國家權力與個人自由》
2007 張肖虎和趙穎博合譯本《論政府》
2021 年林斯澄中譯本《個體與國家》
目錄〔根據林斯澄中譯本〕：
個體與國家
前言（Preface）
新托利主義（The New Toryism）
奴役迫近（The Coming Slavery）
立法者之罪（The Sins of Legislators）
巨大的政治迷信（The Great Political Superstition）
後記（Postscript）

參考文獻

中文文獻

Herbert Spencer〔斯賓賽〕（1873/2001）。《社會學研究》。張宏暉、胡江波譯。北京：華夏。

Herbert Spencer〔斯賓賽〕（1890/1996）。《社會靜力學》。張雄武譯。北京：商務。

Herbert Spencer〔斯賓賽〕（1903）。《群學肄言》（重印本）。嚴複譯。臺北：臺灣商務。

日本文物辭典編纂委員會編（1988）。《日本人物辭典》。北京：商務印書館。

楊碧川和石文傑（1981）。《遠流活用歷史手冊》。臺北：遠流。

韓承樺（2017）。《當「社會」變爲一門「知識」：近代中國社會學的形成及發展（1890-1949）》。國立臺灣大學歷史學研究所博士論文。

外文文獻

Herbert Spencer (1873/1961). *Study of Sociology* (Reprinted Edition). Ann Arbor, MI.: University of Michigan Press.

J. D. Y. Peel (1971). *Herbert Spencer: The Evolution of a Sociologist*. New York: Basic Books.

J. D. Y. Peel (ed.) (1972). *Herbert Spencer on Social Evolution*. Chicago: The University of Chicago Press.

Jay Rumney (1934/1966). *Herbert Spencer's Sociology*. New York: Atherton Press.

Robert L. Carneiro (ed.) (1967). *The Evolution of Society: Selections from Herbert Spencer's Principles of Sociology*. Chicago: The University of Chicago Press.

Stanislav Andreski (ed.) (1971). *Herbert Spencer: Structure, Function and Evolution.* London: Michael Joseph.

Three Letters to Kaneko Kentaro (1892). by Herbert Spencer. https://praxeology.net/HS-LKK.htm〔2024 年 1 月 22 日查閱〕

第九講

巴烈圖
（Vilfredo Pareto）

我們這一講次，開始談論巴烈圖（或譯成帕累托）。

巴烈圖最有名的地方是在經濟學領域，特別是他提出所謂的「八十／二十法則」，或者「二十／八十法則」：世界上的 80% 的財富，大概由 20% 的人所占有。而這項原則又時常被應用到別的領域。然而，「社會學家巴烈圖」相對於「經濟學家巴烈圖」就非常的不出名。

社會學家的巴烈圖，在我學生時代還有導論書會收錄，也有教師會教。但是 1981 年我到哥倫比亞大學念研究所時，教社會學理論課的教師就不教巴烈圖。後來我參考的社會學理論入門書也都把他排除在外。所以我下面講到的，也只是我發現的一些巴烈圖的問題，算是對我學習巴烈圖的一些意外的發現，對我們學習社會學理論應該有一些警惕作用，而不是對巴烈圖的全面介紹。我曾經寫過一篇短文，強調讀巴烈圖不能「望文生義」，以及他理論的「蛇足」和「矛盾」之處。

一、生平脈絡

我們先簡單介紹他的幾大生平特色，其餘請參考本講的附錄一。

他出生於 1848 年的巴黎，父親是義大利貴族之後，母親是法國人，所以他算是一個混血兒。家裡從小就使用雙語，也因爲家庭背景的關係，從小接受古典教育，熟悉上流社會的生活。這個生命經驗，影響他後來在探討關於貴族問題。

比較特別的是他在寫作時候往往使用兩種語言，主要是義大利文，但是也有以法文書寫的。

10 歲（1858 年）的時候他回到義大利居住。17 到 21 歲（1865-1869 年）他在杜林的科技大學就讀，研究古典著作，然後研習科學。以這樣的學習脈絡看來，他原來是一個理工男，後來自修經濟學，而且在經濟學享有大名，後來又轉而「自學」社會學。因為當時的社會學還不是一個既定的學問，前輩們也沒人是學社會學出身，所以所謂的「自學」，就是他愛怎麼說，社會學大概就是什麼樣子。這是早期的前輩，在社會學領域裡的界定有較為自由的地方。所以初代的社會學家對於社會學的想像是有異同的。仔細學習古典社會學理論就應該可以看出來當時彼此的異同，以及和我們現代的異同。

21 歲（1869 年）時，他辯護一篇有關固態均衡的一些基本原則。然後在 26 歲（1874 年）至 46 歲（1894 年）期間，他除了擔任羅馬鐵道公司鐵路工程師外，後來還當過煉鐵廠監督。

在此生命階段他反對當時義大利政府所推行的三件政策，分別是國家社會主義、保護政策和軍事政策。

而在 34 歲（1882 年）的時候，他跟現在某些人的想法一樣：既然要實踐我的想法，最好的方式就是選舉，透過當時的民主制度進行選舉發聲。只是競選失利，所以沒走上政途。

在 1884 年，另外一位義大利學者莫斯卡（Gaetano Mosca），寫了一本在政治社會學及政治學領域裡非常有名的著作《統治階級》（*The Ruling Class*），這本書後來影響巴烈圖日後發展的學說著作。

41 歲（1889 年）那一年，他和巴枯寧（Alexandra Dina Bakounin）結婚。他的夫人只是和當時著名的無政府主義者同姓氏，並無親戚關係。

同年（1889 年），巴烈圖辭掉煉鐵廠工作，專事批評的工作。在眞正民主的地方，專事批評沒有太大的問題，但在非民主的地方，對當局的批評常常會遭來牢獄之災或殺身之禍。也因為這樣，他一度被義大利當局視為危險人物，但是他仍舊參加在羅馬召開的國際和平及裁軍會議。

後來到 43 歲（1891 年）的時候，他開始學術的轉向。在這之前，他都是一個理工男，在這一年他閱讀了義大利的經濟學家潘塔里奧尼（Maffeo Pantaleoni, 1857-1924）所寫的《純粹經濟學原理》（*Principles of Pure Economics*, 1889）。透過這本書的介紹，他開始閱讀華勒斯（Léon Walras, 1834-1910）跟枯諾（Antoine Augustin Cournot, 1801-1877）的書籍。巴烈圖在閱讀這些人的作品後，深受感動。

他後來在米蘭的一次演講會中曾經遭警方制止。接著當時的義大利政府也剝奪他講學的自由，不准他教授免費的政治經濟學。

巴烈圖到44至46歲期間（1892-1894年），發表有關經濟學的著作。45歲（1893年），他到了瑞士洛桑（Lausanne）大學擔任政治經濟學教席，接替華勒斯的職位。過了3至4年後，他在洛桑以法文發表《政治經濟學講義》（*Cours d'Economie Politique*）。

他50歲（1898年）的時候，從Uncle（舅舅、伯父、叔父，具體是誰並不清楚）繼承了一筆遺產。所以在這一年他累計了「成爲古典社會學理論家」的第一個點數。

因爲有遺產之後，就能專心寫書，並不是因此就奢靡度日。同時他也接待義大利流亡的社會主義人士。

除經濟學外，他之後還自己研發了社會學，並教授社會學。隨後又以法文出版了《經濟自由與義大利的情況》（*La Libertè Economique et les Evènements d'Italie*）。

不過在53歲（1901年）這一年，他的思想轉趨保守。

同年，他也在法國巴黎的高等學校（Ecole des Hautes Etudes）任教。

不過這一年，他的私生活發生了一件大問題。他當時的妻子，攜帶珍貴物品和一位社會主義者返回俄國。他申請正式分居。

可是這件事雖然發生在1901年，但兩人卻遲至1923年才正式離婚。

這段分居期間，他開始與雷吉斯（Jeanne Règis）共同生活，一直到巴烈圖臨死前，兩人才結婚。巴烈圖有一本巨著，叫做《普通社會學》（*Treatise of General Sociology*），就是獻給這位雷吉斯。

那年他也寫了一些文章，提到〈一項社會學理論的應用〉，特別是談論當時熱門的「精英」（elite）。

54歲（1902年）的時候，他在巴黎以法文出版《社會主義制度》（*Les Systèmes Socialistes*）二卷。

58歲（1906年），他在米蘭以義大利文出版《政治經濟學手冊》（*Manuale di Economia Politica*）。這本書後來有英譯本跟法文修訂版。

63歲（1911年），他在巴黎以法文出版《道德夫子的神話與不道德的文獻》（*Le Mythe Vertuiste et la Littèrature Immorale*）。我沒看過這本書，不清楚書中內容是要討論什麼，光從書名也很難推想。

到了64歲（1912年）的時候，他停止教授經濟學，只偶爾教授社會學。

68歲（1916年）時，他在佛羅倫斯以義大利文出版《普通社會學》（*Trattato di Sociologia Generale*）三卷。4年後因爲原書卷帙浩繁，就有人以義大利文改成節譯本。英譯完整本跟節譯本都先後出版。中文只有田時綱先生的節譯本。

大概在 73 歲（1921 年）的時候，他在米蘭出版《民主政治的轉變》（*Trasformazione della Democrazia*）。

74 歲（1922 年）時，當時義大利的獨裁者莫索里尼（Benito Mussolini, 1883-1945）向羅馬進軍。而巴烈圖在國際聯盟中代表莫索里尼政府。

他曾經發表過同情法西斯主義的文章，所以即使他也強調自由主義，但是許多人還是把他看成是法西斯主義的同路人。除此之外，他也因爲曾經批評左派的虛僞，致使兩面不討好，被許多人當成法西斯主義者。

以上是巴烈圖簡單的生平介紹。

二、邏輯行動和非邏輯行動

在《普通社會學綱要》（*Compendio di Sociologia Generale*）裡一開始的分析，在於區分什麼是邏輯行動與非邏輯行動。

他指出「邏輯行動」（logical action）是「從行動者以及其他具有更廣泛知識的旁觀者來看，任何在邏輯上聯繫著手段和目的的行動。」

「非邏輯行動」（non-logical action）則是邏輯行動以外的其他行動，不過這和「不合邏輯的行動」（Illogical action）是不同的。

接著「非邏輯行動」又可以因爲行動所帶有的客觀目的和主觀意圖的不同而細分爲四大類，其中沒有主觀意圖的行動就不在研究範圍之內，而沒有主觀意圖卻有客觀目的的行動正是「非邏輯行動的純粹類型」（Pareto, 1935: 78, §151）。

這種邏輯行動強調理性的計算，在目的跟手段之間，要找到一個最有效率的一種方式，這基本上是經濟學所預設的「經濟人」的模型。

在實際的很多社會行動中，除了從最大效益的考量之外，還有考慮到該不該做，也就是還會加入義務與道德的考量。

只是這種「邏輯行動」，有所謂客觀的目的跟主觀的意圖兩個重點。但問題是：在實踐層面，研究者要如何辨認出客觀目的與主觀意圖？

三、原作與翻譯問題

我們前面提過，巴烈圖的著作中存在著相當嚴重的主要概念的不可望（譯）文生義和蛇足矛盾的問題。我們就在這裡舉例說明。首先是該書中提出的一對專有名詞residue（殘基或剩餘物），以及derivation（衍理或衍生物）。但是仔細去看他的書會發現，他原來還提出derivatives的概念，因爲許多書都沒提到，遑論翻譯，所以姑且譯爲「衍理」。我將巴烈圖的幾個重要概念的譯名做了一個表格，應該可以看出譯名不統一的問題，「精英」的譯名問題比較小：

義大利原文	英譯	社會學詞彙（1991）	中譯社會學詞彙（1980, 1991）	社會學辭典（1998）	田時綱中譯本
Derivate	Derivation	演繹、推理	衍因	衍理	派生物、派生論
Derivazioni	Derivatives				派生物
Residui	Residue	殘差	殘因	殘基	剩餘物
Classe eletta	Elite class	精英	精英	精英	精英階級

他在書籍分段是採用自科學用分節的方式，例如第115節，就寫成§115。我們就從他自己標定的節數來看他的前後矛盾和蛇足之處。

接下來，我們對照一下巴烈圖書中前後不同章節有關於「殘基」（residues）、「衍理」（derivations）以及「衍論」（derivatives）這三個譯名以及內容用詞前後矛盾和不能望文生義的地方。

首先在第162節的直角三角形的圖表：

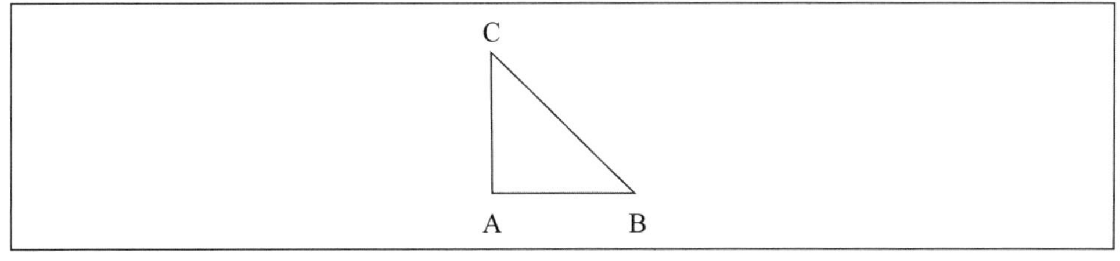

他認爲A是一種「假定的心理狀態」、B是「行爲」，而C是他所謂「情愫的表達」。

但有趣的是，在第 162 節出現的圖，在第 868 節又再一次出現，只是這一次出現不像原來只有英文字母 ABC 當標誌，現在出現了專有名詞：A 就叫做「殘基」；B 就叫做「衍理」；C 就叫做「衍論」。我把兩節中的說明再做一個對照表，可以清楚看出前後矛盾之處：

§162 （pareto, 1935: 88）	§868 （pareto, 1935: 508）
A：假設的心理狀態	A：殘基（residues）
B：行為	B：衍理（derivations）
C：情愫的表達	C：衍論（derivatives）

別忘了，原來的 A 是一種「假設的心理狀態」，所以我們如果認爲前後一致的話，那麼「殘基」在這樣的情況下，就是一種假設的心理狀態，但眞的是這樣嗎？關於此點，我們等一下會仔細討論說明。

第二就是 B 是「衍理」（derivations），等同於「行爲」。

第三個因素「衍論」（derivatives），變成爲情愫的表達。這和下面巴烈圖自己對這些概念及其分類的說法是相互矛盾的。

至於「不能望文生義」的部分就在於巴烈圖自己曾經說過：「我們絕對不可以從字面上或語源學上來推測這些字的適當涵義，它們只是分別代表 A、B、C 而已，此外無他。」（Pareto, 1935: 508）。

可是巴烈圖在 868 節所講的殘基（residues）與「衍理」（derivations），以及很多人都忘掉的「衍論」，這三個名詞都屬於沒有意義的空洞物。

更妙的還在英譯者說：

> 巴烈圖並不常用「衍論」（derivatives）一詞，可能是因為它的功能可以以「理論」（theory），或更好的「非邏輯—實驗理論」（non-logico-experimental theory）來代替。從字源學上來說，「殘基」（residue）指的是當一項行動或是比較分析的推理中消除了變素（the variable element）所「剩下的」（"what is left"）（常素，the constant element）。我們可以將它化成同義片語「以非邏輯行動或推理為基礎的原則」（principle underlying a non-logical action or reasoning）。（Pareto, 1935: 508, n.868）

巴烈圖不是在正文中叫我們不可以望文生義嗎？爲什麼譯者要多此一舉，違反原作者的意圖呢？

這概念本身巴烈圖沒搞清楚之外，翻譯者又畫蛇添足，根本是二度傷害。

如果巴烈圖只是要代表 A、B、C，他就不必給「殘基」、「衍理」及「衍論」這樣的概念。

接著我們看看這兩個概念（他忘掉第三個「衍論」）在正文中的詳細分類。他的第一組將「殘基」分成六組：第一組叫做「結合的本能」（Instinct for combination）（§§889-990）

光看字面，其實也不知道具體要談什麼，但應該不是「假設的心理狀態」。

另外我們可以注意一下，英譯者對於「結合」（combinazione; combination）一詞的注釋：

> 巴烈圖似乎是從弗雷澤的《金枝篇》中引用了「結合」（英文 combination；義大利文 combinazione）這個詞彙。不過，這個詞彙在義大利文中的意義要比在英文中的意義要來得更加廣泛。在英文中，特別是在俗語用法中，我們會用到很多和義大利文的 combinazione 相近的詞語：例如 “deal”、“happy inspiration”、“idea”、“big idea” 和 “scheme”。Combination 這個詞語本身在美國俗語中有著這些意義的用法。雖然不滿意，可是我還是遵照 Bongiorno 先生的用法將這個義大利詞語翻成英文的 combination，但是我們應該時時刻刻將巴烈圖的解釋牢記在心。在不同的脈絡之下，「結合的本能」的同義字有「創造的能力」（the inventive faculty）、「獨創性」（ingeniousness）、「原創性」（originality）、「想像」（imagination）等等。「結合的本能」是人類社會進步的元素，和「創造神話的本能」或是「團體持續的本能」是相反的，後者是保守的力量。（Pareto, 1935: 519, n889）

先不說譯者完全忽略了我們前面特別提到巴烈圖的「不要用字源學來推測」，況且「結合的本能」眞是如譯者的推測嗎？我們從該書的目錄上看看巴烈圖在「結合的本能」項目下又細分成哪些項目？

I-α. 一般的結合（generic combination）（§§892-909）

I-β. 同異的結合（Combinations of similars or opposites）（§§910-43）

I-β1. 一般的同異（Generic likeness or oppositeness）（§§913-21）

I-β2. 不尋常的事和特別的事（Unusual things and exceptional occurrences）（§§922-28）

I-β3. 引發敬畏或恐怖的對象和事件（Objects and occurrences inspiring awe or terror）（§§929-31）

I-β4. 和美好事物相關的幸福狀態；和不好的不幸福狀態（Felicitous state associated with good things; infelicitous state, with bad）（§§932-36）

I-β5. 同化：肉體消耗物質以達成結合，或是較罕見的反對的效果（Assimilation: physical consumption of associable, and more rarely of opposite, character）（§§937-43）

I-γ. 某些事務的神祕作用；某些行動的神祕效果（Mysterious workings of certain things; mysterious effects of certain acts）（§§944-65）

I-γ1. 一般的神祕作用（Mysterious operations in general）（§§947-57）

I-γ2. 名字與事物的神祕關聯（Mysterious linkings of names and things）（§§958-65）

I-δ. 結合殘基的需要（Need for combining residues）（§§966-71）

I-ε. 邏輯發展的需要（Need for logical developments）（§§972-75）

I-ζ. 結合效力的信念（Faith in the efficacy of combinations）（§§976-90）

讀者能從這些目錄看出「結合的本能」具體說的是什麼嗎？應該不是「假定的心理狀態」吧？以下列出來的各項「殘基」的目錄都看得出他執迷於分類，可是讀者卻很難從這些分類中得到清楚的概念。請看：

第二組　團體持續（聚體的持續）（*Group-persistence (Persistence of aggregate)*）（§§991-1088），或者有時候叫做「聚體的持續」。

II-α. 一個人和其他人以及地方關係的持續（Persistence of relations between a person and other persons and places）（§§1015-51）

II-α1. 家庭和親族團體的關係（Relationships of family and kindred

groups）（§§1016-40）

II-α2. 和地方的關係（Relations with places）（§§1041-42）

II-α3. 和社會階級的關係（Relationships of social class）（§§1043-51）

II-β. 生者與死者關係的持續（Persistence of relations between the living and the dead）（§§1052-55）

II-γ. 死者及其生前所有物關係的持續（Persistence of relations between a dead person and the things that belonged to him in life）（§§1056-64）

II-δ. 抽象的持續（Persistence of abstractions）（§§1065-67）

II-ε. 一致性的持續（Persistence of uniformities）（§1068）

II-ζ. 情愫轉換成客觀現實（Sentiments transformed into objective realities）（§1069）

II-η. 擬人化（Personification）（§§1070-85）

II-θ. 新抽象的需要（Need of new abstractions）（§§1086-88）

這個具體指的是一群人的聚合集合（Aggregate）。

第三組　由外在行動表達情愫的需要（活動、自我表達）（*Need of expressing sentiments by external acts (activity, self-expression)*）（§§1089-1112）

III-α. 表達一起「做點事」的需要（Need of "doing something" expressing itself in combinations）（§§1092-93）

III-β. 宗教的狂喜（religious ecstasies）（§§1094-1112）

第四組　和社交有關的殘基（*Residues connected with sociality*）（§§1113-1206）

IV-α. 特殊社會（Particular societies）（§1114）

IV-β. 一致性的需要（Need of uniformity）（§§1115-32）

IV-β1. 個人自願的順從（Voluntary conformity on the part of the individual）（§§1117-25）

IV-β2. 強迫別人一致（Uniformity enforced upon others）（§§1126-29）

IV-β3. 懼新症（Neophobia）（§§1130-32）

IV-γ. 憐憫與殘酷（Pity and cruelty）（§§1133-44）

IV-γ1. 擴及他人的自憐（Self-pity extended to others）（§§1138-41）

IV-γ2. 厭惡受苦的本能（Instinctive repugnance to suffering）（§§1142-43）

IV-γ3. 對白白受苦的理性厭惡（Reasoned repugnance to useless suffering）（§1144）

IV-δ. 為他人的幸福而自我犧牲（Self-sacrifice for the good of others）（§§1145-52）

IV-δ1. 冒自己生命的危險（Risking one's life）（§1148）

IV-δ2. 和人共享自己的財產（Sharing one's property with others）（§§1149-52）

IV-ε. 社會階層的情愫；層級組織（Sentiments of social ranking; hierarchy）（§§1153-62）

IV-ε1. 優勢者的情愫（Sentiments of superiors）（§1155）

IV-ε2. 劣勢者的情愫（Sentiments of inferior）（§§1156-59）

IV-ε3. 團體認可的需要（Need of group approbation）（§§1160-62）

IV-ζ. 禁慾主義（Asceticism）（§§1163-1206）

第五組　個人的正直及其附屬物（*Integrity of the individual and his appurtenance*）（§§1207-1323）

V-α. 抗拒社會均衡改變的情愫（Sentiments of resistance to alteration in the social equilibrium）（§§1208-19）

V-β. 劣勢者平等的情愫（Sentiments of equality in inferiors）（§§1220-28）

V-γ. 由曾經受過正直危害的人的行動來恢復正直（Restoration of integrity by acts pertaining to the individual whose integrity has been impaired）（§§1229-1311）

V-γ1. 真實的主體（Real subjects）（§§1240-95）

V-γ2. 想像的或抽象主體（Imaginary or abstract subjects）（§§1296-1311）

V-δ. 由侵犯者的行動來恢復正直（報復、「扯平」）（Restoration of integrity by acts pertaining to the offender）（vengeance, "getting even"）（§1312）

V-δ1. 真正的侵犯者（Real offender）（§§1313-19）

V-δ2. 想像的或抽象的侵犯者（Imaginary or abstract offender）（§§1320-23）

第六組　性的殘基（*The sex residue*）（§§1324-96）

（Pareto, 1935: 516-519, §888）

第六組分類沒有再細分的項目。

這種分類學都沒有符合現在要求的「互斥」（mutually exclusive）跟「窮盡」（exclusive）的雙重標準，有時候甚至是有點任性的分類，讓一個讀者如墜五里霧中。

那他第二個概念叫做「衍理」。他將「衍理」再細分成四類：

第一組　肯定（*Assertion*）（§§1420-33）

I-α. 實驗的或想像的事實的肯定（Assertions of facts, experimental or imaginary）（§§1421-27）

I-β. 情愫的肯定（Assertions of sentiments）（§§1428-32）

I-γ. 事實和情愫的混雜（Mixtures of fact and sentiment）（§1433）

第二組　權威（*Authority*）（§§1434-63）

II-α. 一個人的或是許多人的（Of one individual or a number of individuals）（§§1435-46）

II-β. 傳統的、習慣的和風俗的（Of tradition, usages, and customs）（§§1447-57）

II-γ. 神的或擬人的（Of divine being, or personification）（§§1458-63）

第三組　和情愫或原則一致（*Accords with sentiments or principles*）（§§1464-1542）

III-α. 和情愫一致（Accord with sentiments）（§§1465-76）

III-β. 和個人興趣一致（Accord with individual interest）（§§1477-97）

III-γ. 和集體興趣一致（Accord with collective interest）（§§1498-1500）

III-δ. 和司法實體一致（Accord with juridical entities）（§§1501-09）

III-ε. 和玄學實體一致（Accord with metaphysical entities）（§§1510-32）
III-ζ. 和超自然實體一致（Accord with supernatural entities）（§§1533-42）

第四組　口頭證明（*Verbal proofs*）（§§1543-1686）
IV-α. 指稱真實事物的不定名詞；對應於名詞的不定事物（Indefinite terms designating real things; indefinite things corresponding to terms）（§§1549-51）
IV-β. 指稱事物並引起偶發情愫的名詞，或者偶發的情愫決定了名詞的選用（Terms designating things and arousing incidental sentiments, or incidental sentiments determining choice of terms）（§§1552-55）
IV-γ. 有許多意義的名詞，以及由同一名詞指稱的不同事物（Terms with numbers of meanings, and different things designated by single terms）（§§1556-1613）
IV-δ. 隱喻、諷喻和類比（Metaphors, allegories, analogies）（§§1614-85）
IV-ε. 不對應於具體事物的含混、不確定名詞（Vague, indefinite terms corresponding to nothing concrete）（§1686）

（Pareto, 1935: 899, §1419）

我們再回到三角形的那個圖表，在第 162 節的地方，B 是所謂的「行爲」；在 868 節的時後，B 就是「衍理」。而細看「衍理」的分類似乎又跟「行爲」沒有什麼關係。這不是「前後矛盾」嗎？

這本書後來沒有人念，可能也是有著「說不清楚，講不明白」的道理。

四、統治精英與非統治精英及相關理論

比較之下，他的另外一組概念既簡單又清楚：統治精英（governing elite）與非統治精英（non-governing elite）。

一開始他先界定什麼爲精英：「讓我們將一群在活動範圍中擁有最高指數的人，稱其為精英（élite）。」（Pareto, 1935: 1423, §2031）

接著針對這樣的族群，他再進行細部分類：

> 我們將一個階級分成兩類：一個**統治精英**（governing élite），這是在政府中直接或間接扮演重要角色的個人所組成的，以及**非統治精英**（non-governing élite），是由其他人所構成的。（Pareto, 1935: 1423, §2032）

在二次大戰之前，有些字是英文從法文借來的，還保留著法文的形式，所以他的 élite 上面，還有「法文字才有英文卻沒有的」短撇。

他接著做出總結：

> 因此，人口中有兩個階級：(1) 一個比較低的階層，**非精英**（non-élite），他們對政府的影響我們並不在此處加以考慮；以及 (2) 一個較高的階層，**精英**（élite），這又可以分成兩類：(a) 一個統治**精英**（a governing *élite*）；(b) 一個非統治**精英**（a non-governing *élite*）。（Pareto, 1935: 1424, §2034）

和此精簡分類相關的「不能望文生義」的概念就是「精英流通」（circulation of elite）的理論。我以前閱讀雷蒙・阿宏（Raymond Aron）的《社會學主要思潮》時，書中就提及這概念。

我們都簡單將其望文生義理解爲：原有的一批精英走了，另外一批人來占據原先的那個位置。類似「改朝換代」或者「政黨輪替」。

直有一天念到巴烈圖正文的時候，我才發現，天啊！這個概念竟然不是這個意思：

> 〔當只有兩個團體（精英和非精英團體）時〕，一個人從一個團體移到另一個團體時，他會將在原團體所習得的傾向（inclination）、情愫和態度帶到新團體來……我們可以稱之為「精英的流通」——法文是 circulation des élites〔或者用更普遍的名詞叫做「階級流通」（class-circulation）〕。（Pareto, 1935: 1426; §2041-2042）

巴烈圖的用詞眞的很容易讓人誤會。簡單來說，巴烈圖的這個概念，就是「江山易改、本性難移」或是「狗改不了吃屎」的一種比較學術的說法。

另外他還有一個概念，我覺得很值得跟前面的古典社會學的理論家區隔之處：他有提到組成社會的因素，其中有關於組成社會因素中的第一項，是我們現在比較忽略的面向。

1. 土壤、氣候、植物、動物、地質、礦物等條件
2. 在某一個時間外在於一個社會的因素，例如：
   外在空間——其他社會對此社會的影響
   外在時間——該社會中以前情境的影響
3. 內在因素，主要有：種族、殘基（或者更好的說法是，由殘基所呈現的情愫）、偏好、利益、思想或觀察的性向、知識的狀況等等。衍理也可以算在後者中。（Pareto, 1935: 1433; §2060）

第一個就是環境因素，在二戰以前的社會學理論，或者社會學教科書會有這方面的區分，二戰以後的教科書基本上不太談這些問題，因爲大部分的社會學不討論土壤、氣候、植物、動物、地質、礦物對人的影響，或對社會的影響，認爲那是地質學或者氣象學之類的事情，巴烈圖認爲這也是社會學應該要研究的面向，因爲這是以外部研究，了解影響社會的因素。直至最近「環境社會學」出現以後，現在的社會學家又開始回頭對於環境因素重新重視。

至於第二個，就是共時性與歷時性的問題。

至於第三個因素，我們在前面說社會學家很少討論種族，但他們都注意到這個種族的重要性。而在這裡「殘基」的觀念又出現了。

五、對馬克思與馬克思主義的批評

巴烈圖一個對於馬克思及馬克思主義的批評，也是大部分的書很少提到的。我就在這裡稍微提一下：

馬克思也重視接近具體的東西，它否定價值論，用另一個更不完備的理論代替當時流行的很不完備的理論；實際上，它的理論是大衛·李嘉圖理論的拙劣複製，比原作糟糕。他還用剩餘價值對與倫理學毫無關係的地方補充上道德思考；但他的社會學著作很精采。他對摧毀資產階級古典經濟學倫理—人道主義體系作出貢獻，而「階級鬥爭」概念表明絕對必要用新概念補充經濟學概念，以便能夠具體認識具體現象。馬克思的倫理學有別於資產

> 階級倫理學，但並不比後者優越；這足以使我們踏上認識兩者錯誤的征途。（§787, Pareto, 2001: 293; 1980: 269）

用另一個更不完備的理論代替當時流行的很不完備的理論，這種說法一方面像是在批評，同時又在讚美。

他的這種說法，對於我們念社會學的人是有啟發意義的。因爲一般來說，接觸社會學的人，如果下意識地認爲所有的社會學家都贊成馬克思主義，其實並不然。

我想他在這部分的論述，有關於剩餘價值、道德思考、階級鬥爭等這些概念，大概就跟恩格斯批評當時的政治經濟學是有關係的，認爲那種學問只是爲了服務資產階級的，只是大部分的人都不這樣討論，不去了解學問的政治性質。

嚴格來講，我們是某種程度有立場的學問，可是這種有立場的學問常常被隱含或包裝在號稱的「價值中立」的科學裡面。所以我們學的到底是某某人的看法還是某些派別的看法，還是你學的是一個所謂的眞理。這眞是一個困擾學者的大問題。

他認爲階級鬥爭概念是比較具體的，這是他對馬克思的看法。

然後是他對唯物史觀的批判。當然每個人對唯物史觀的了解是不太一樣的。我會根據我的了解，會找出文本上的依據證明，表示有所本而非隨便說說。但是從巴烈圖的文本裡，我們就常常不知道他所參考的是什麼書，根據什麼來批評。

巴烈圖也提出對於唯物史觀的因果關係的批判：

> 對歷史進行唯物主義解釋的首創者發現 A 與 B 的依賴性，做出巨大功績；但當他們把這種依賴確定為 A 是 B 的原因的關係時就犯了錯誤。在找到 A 與 B 依賴的實在形式之前，這裡也需要擁有它們的存在概念。現在，科學的進步已清晰地揭示 A 與 B 的依賴性，堅持將實際並不存在的形式賦予它的經濟學家再不能原諒。（§789, Pareto, 2001: 295; 1980: 271）

此處所指的就是基礎跟上層建築的關係，上層建築依賴著基礎而變動，A 在這裡可以轉換成基礎，B 應該是上層建築或者是意識形態。

他認爲唯物史觀發現 A 跟 B 有這個依賴性，但是他覺得這個依賴性，不是眞正的原因，這種觀點，依照我們現在的說法，是一個共變因素，有相關但不是因果關係，但是詳細的理由與解釋他也沒有特別說明。

倘若不是因果關係的話，應該是什麼關係，證據是什麼？總而言之，這種依賴性，他不相信且抱持著懷疑的態度，但關於此點馬克思主義是非常確定的。

六、Q & A 反思回顧

1. 對於巴烈圖說不清楚的地方，我們是不是可以藉由現代的知識，將它說明的更清楚，譬如說我們心中所想的跟實際說出來的情況，如果不用殘基跟衍理來說明的話，有沒有一個更好的說明？
2. 巴烈圖這裡用的是邏輯的行動跟非邏輯的行動，這跟我們之後會提到有關韋伯的四種社會行動的分類，各有什麼樣的不同的地方？
3. 這些行動分類說，分類的判準為何，到底是什麼，是否有更好分類的可能？

附錄一
巴烈圖（Vilfredo Pareto, 7/15/1848-8/19/1923）的生平與著作

時代大事	生平與著作
1848 年 歐洲各地革命	7 月 15 日生於巴黎。父親為義大利貴族之後，母親為法國人〔小時候家中使用雙語（法／義），接受古典教育，熟悉上流社會社會生活與文化〕。
1858 年（10 歲）	回到義大利。
1861 年 義大利王國成立	
1865-1869 年（17-21 歲）	在杜林（Turin）的科技大學（Polytechnical University）先研究古典著作，然後研習科學。
1869 年（21 歲）	辯護一篇有關固態均衡的一些基本原則。
1874-1894 年（26-46 歲）	擔任羅馬鐵道公司鐵路工程師（-1874）。 煉鐵廠監督（1874）。 反對義大利政府所推行的國家社會主義、保護政策和軍事政策。
1882 年（34 歲）	競選國會議員失敗。
1884 年 莫斯卡出版《統治階級》	
1889 年（41 歲）	和 Alexandra Bakounin 結婚〔或作 Dina Bakunin（Charles H. Powers, 1984: 5）〕。 辭掉煉鐵廠工作，專事批評，一度被當局視為危險人物。 參加在羅馬召開的國際和平及裁軍會議。
1891 年（43 歲）	閱讀潘塔里奧尼（Maffeo Pantaleoni）的《純粹經濟學原理》（*Principles of Pure Economics*, 1889）。潘氏並介紹閱讀華勒斯（Walras）、枯諾（Cournot）、艾基渥斯（Edgeworth）等人的作品。 在米蘭的一次演講會中曾遭警方制止。 義大利政府不准他教授免費的政治經濟學。
1892-1894 年（44-46 歲）	發表有關經濟學的著作。
1893 年（45 歲）	到瑞士洛桑（Lausanne）大學任教政治經濟學，接替華勒斯的職位。

時代大事	生平與著作
1896-1897 年（48-49 歲）	在洛桑以法文發表《政治經濟學講義》（*Cours d'Economie Politique*）〔1942 年出版義大利文版〕。
1898 年（50 歲）	從 Uncle 處繼承一筆財產。 接待義大利流亡的社會主義人士。 除經濟學外，加授社會學。 在洛桑以法文出版《經濟自由與義大利的情況》（*La Libertè Economique et les Evènements d'Italie*）〔1951 年出版義大利文版〕。
1901 年（53 歲）	思想轉趨保守（原因不明）。 赴巴黎高等學校（Ecole des Hautes Etudes）任教。 妻子攜帶珍貴物品和一位社會主義者返回俄國，巴烈圖正式申請分居〔1923 年才正式離婚；分居後與 Jeanne Règis 同居，直到巴烈圖死前才結婚；巴烈圖的生平巨著《普通社會學》（*Treatise of General Sociology*）是獻給她的〕。 在《義大利社會學評論》上發表〈一項社會學理論的應用〉〔1991 年由 Hans L. Zetterberg 英譯為 *The Rise and Fall of Elites: An Application of Theoretical Sociology* 出版；2003 年劉北城中譯為《精英的興衰》出版）〕。
1902 年（54 歲）	在巴黎以法文出版《社會主義制度》（*Les Systèmes Socialistes*）二卷。
1906 年（58 歲）	在米蘭以義大利文出版《政治經濟學手冊》（*Manuale di Economia Politica*）〔1909 年在巴黎出版法文修訂版 *Manuel d'Economie Politique*；1971 年在紐約出版英譯本 *Manual of Political Economy*）〕。 開始撰寫《普通社會學》。
1911 年（63 歲）	在巴黎以法文出版《道德夫子的神話與不道德的文獻》（*Le Mythe Vertuiste et la Littèrature Immorale*）〔1914 年在羅馬出版義大利文版〕。
1912 年（64 歲）	停止教授經濟學。只有限地教授社會學。
1914 年 第一次世界大戰開始	
1916 年（68 歲）	在佛羅倫斯以義大利文出版《普通社會學》（*Trattato di Sociologia Generale*）三卷〔1923 年第二版；1917 年在巴黎出版法文版 *Traité de Sociologie* Générale 二卷；1935 年在紐約和倫敦同時出版英譯本 *The Mind and Society* 四卷；1963 年英譯本合訂二卷重印〕。

時代大事	生平與著作
1919 年 巴黎和會簽訂凡爾賽合約 莫索里尼組法西斯	
1920 年（72 歲）	在佛羅倫斯出版《行動與理論》（*Fatti e Teorie*）。 巴烈圖授權審閱 Giulio Farina 編輯出版《普通社會學綱要》（*Compendio di Sociologia Generale*）精簡本〔1980 年 Elisabeth Abbott 英譯本 *Compendium of General Sociology* 出版；2001 年田時綱中譯為《普通社會學綱要》；2007 年田時綱中譯本修訂本出版〕。
1921 年（73 歲）	在米蘭出版《民主政治的轉變》（*Trasformazione della Democrazia*）〔1946 年重印本；1984 年出版英譯本 *The Transformation of Democracy*〕。
1922 年（74 歲）	莫索里尼向羅馬進軍。在國際聯盟中代表莫索里尼政府組閣。
1923 年（75 歲）	發表同情法西斯主義的文章，但強調自由主義〔死前受到莫索里尼（1883-1945）的誇讚，再加上他曾批評左派人士的虛偽，兩面不討好，遂被許多人指為法西斯主義者（Charles H. Powers, 1984: 22）〕。 8 月 19 日 逝世。
1924 年 義大利大選，法西斯大勝 莫索里尼獨裁	

附錄二
巴烈圖的思想脈絡

前輩

馬基維利（Noccolò Machiavelli, 1469-1527）
邊沁（Jeremy Bentham, 1748-1832）
黑格爾（Wilhelm Friedrich Hegel, 1770-1831）
孔德（Auguste Comte, 1798-1857）
馬克思（Karl Marx, 1818-1883）
斯賓賽（Herbert Spencer, 1820-1903）
潘塔隆尼（Maffeo Pantalone, 1857-1924）

同輩

詹姆士（William James, 1842-1910）
傅雷澤（James George Frazer, 1854-1941）
莫斯卡（Gaetano Mosca, 1858-1941）

晚輩

韓德森（Lawrence J. Henderson, 1878-1942）
帕深思（Talcott Parsons, 1902-1979）
霍門史（George C. Homans, 1910- 1989）

附錄三
巴烈圖的主要著作目錄

〈一項社會學理論的應用〉（Un Applicatzione di teorie sociologische）

寫作時間：不詳

出版時間：收入《義大利社會學評論》（*Rivista Italiana di Sociologia*）（1901）

1991 年 Hans L. Zetterberg 英譯為 The Rise and Fall of Elites: An Application of Theoretical Sociology 出版

2003 年劉北成中譯為《精英的興衰》出版

《普通社會學》（*Trattato di Sociologia Generale*）三卷

寫作時間：不詳

出版時間：1916 年以義大利文出第一版

1917 年以法文出版 *Traité de Sociologie Générale* 二卷

1920 年義大利文精簡本經作者本人同意審閱，由 Giulio Farina 編輯，書名為 *Compendio di Sociologia Generale*

1923 年以義大利文出第二版

1935 年由 Andrew Bongiorno 和 Arthur Livingston 聯合英譯為 *The Mind and Society: A Treatise on General Sociology* 四卷出版

1963 年英譯合訂二卷本出版

1980 年 Elisabeth Abbott 英譯義大利文精簡本為 *Compendium of General Sociology* 出版

1983 年英譯四卷本重印出版

2001 年根據義大利文精簡本的田時綱中譯本《普通社會學綱要》出版

2007 年田時綱中譯修訂本出版（增加 60 頁譯序）

目錄（依英譯本）：

第一冊　非邏輯行為（Non-Logical Conduct）

　第一章　科學探究法（Scientific Approach）

　第二章　非邏輯行為（Non-Logical Conduct）

　第三章　非邏輯行為的合理化（Rationalization of Non-Logical Conduct）

　第四章　超越經驗的理論（Theories of Transcending Experience）

　第五章　假性科學理論（Pseudo-Scientific Theories）

第二冊　殘基的理論（Theories of Residues）

　第六章　殘基：組合和團體持續（Residues: Combinations and Group Persistence）

　第七章　殘基：活動（自我表現）和合群性（Residues: Activity (Self-Expression) and Sociability）

　第八章　殘基：個人正直和性（Residues: Individual Integrity and Sex）

第三冊　衍理的理論（Theories of Derivations）

　第九章　衍理（Derivations）

　第十章　衍理：口頭證明（Derivations: Verbal Proofs）

　第十一章　殘基和衍理的特性（Properties of Residues and Derivations）

第四冊　社會的一般形式（General Forms of Society）

　第十二章　社會的一般形式（General Forms of Society）

　第十三章　歷史上的社會均衡（Social Equilibrium in History）

附錄　定理的索引摘要（Index-Summary of Theorems）

《普通社會學綱要》（*Compendio di Sociologia Generale*）

Giulio Farina（1980: xlv-xlvi）的〈序〉：

1. 爲了那些想要追求客觀的社會學知識卻苦無適當的方法或是對於基本社會問題無知的熱血義大利青年學生所編寫，不是爲了那些沒有讀過《普通社會學總論》或是甚至只想快速瀏覽的人而作的。
2. 巴烈圖此書將社會學提升到科學的尊嚴地位，其功勞可比馬基維利和伽利略。這是一本深思熟慮之作，可以讓讀者大開眼界，並且也是傳世之作。
3. 編選時以歸納法爲原則：先呈現事實，再從其中推出結論。不過，只摘出主要理論部分的事實，其餘部分則加以割捨。
4. 法譯本的部分注釋以及巴烈圖對於《綱要》手稿提出的意見都收納到《綱要》一書中。
5. 書後附有《綱要》一書主要段落和《總論》一書相對照。〔孫註：田時綱的中譯本沒有這個部分〕

Philip E. Allen（1980:xi-xii）的說明：

1. Giulio Farina 的譯本在 1920 年出版之後，在義大利之外的國家顯爲人知。
2. 《綱要》的英譯者 Elisabeth Abbot 原先參與《總論》的翻譯工作，在編譯《綱要》時決定盡可能採取原來 Andrew Bongiorno 和 Arthur Livingston 英文譯文，就像 Farina 在編選時謹守 Pareto 原文一樣。

Joseph Lopreato（1980: xxi-xxiii）的提醒：

1. 《綱要》將《總論》原有的編碼打亂，重新排序。對於慣於在引用巴烈圖著作時以編碼註明出處的人，會產生對照上的困擾。不過，英譯本提供了對照表。
2. 《總論》的英譯者之一 Arthur Livingston 雖是義大利文專家，但是對於英美社會學界通用的術語並不熟悉，因此在不少譯名上都有和社會科學慣例不一致之處。例如：原文中多處社會學家所慣用的「功能」（function）一詞，都被譯成「效用」（utility）。
3. 巴烈圖在書中其實是在對抗當時義大利文史學界以克羅齊（Bennedeto Croce）爲首的一群新黑格爾派，因爲他們當時對一般科學和社會學都不懷好意。這本書可以等同於馬克思和恩格斯的《德意志意識形態》。

中譯者的背景說明：

「1916 年完成社會學巨著《普通社會學總論》，這部巨著給他帶來國際聲譽：首創的『剩餘物』、『派生物』概念，關於精英階級循環理論，研究社會學理論的現代技術方法等，使他成爲西方社會學理論的代表人物之一。但《普通社會學總論》卷帙浩繁（共 13 章，2612 節，數千個注釋，長達數千頁），不利於普及。爲此，帕累托的追隨者和朋友建議他搞個普及本。儘管帕累托贊同這個建議，但感到由自己刪節非常困難。正巧，1919 年《總論》告罄，貝爾貝拉出版社決定爲大學生出個普及本。佛羅倫薩考古博物館館員，30 歲的古埃及學學者朱利奧・法利納（Giulio Farina）自薦任編者。他用了幾個月的時間編完書稿，於 11 月送交帕累托審閱；從 12 月至第二年 3 月，帕累托認眞審稿，充分肯定編者的工作，只提了幾點無關緊要的修改意見。1920 年 6 月中旬書稿交出版社，9 月上旬《普通社會學綱要》首批書面市。出版印行 5000 冊，很快銷售一空，獲得大成功。

《綱要》全書 10 章、1045 節、520 頁，便於普及，但增加內容翻譯的難度。首先因刪除例證、簡化論證過程，使內容難以理解；其次涉及學術領域廣泛、人物眾多，又多不加注釋，這就逼得譯者向百科詞典和有關著作請教。儘管我信守「信、達、諧」三原則（恕我改動前輩一詞，作爲學術著作，『雅』難於上青天，但力爭做到風格統一較爲實際），儘管翻譯時『如履薄冰』、謹小愼微，仍不免有疏漏之處，望專家和讀者不吝賜教。」（Pareto, 2001: 463-364）

《普通社會學綱要》中英文譯本的比較：

Elisabeth Abbott 英譯本 ***Compendium of General Sociology*（1980）**	**田時綱中譯本** **《普通社會學綱要》** **（2001）**	**田時綱中譯修訂本** **《普通社會學綱要》** **（2007）**
Forward by Philip E. Allen		
Introduction by Joseph Lopreato		
Giulio Farina Preface		
		譯序
Chapter I. Introduction(THE SCIENTIFIC APPROACH)	第一章　導論	
Chapter II. NON-LOGICAL CONDUCT	第二章　非邏輯行為	
Chapter III. RATIONALIZATION OF NON-LOGICAL CONDUCT	第三章　學說史中的非邏輯行為	
Chapter IV. THEORIES TRANSCENDING EXPERIENCE	第四章　超驗的理論	
Chapter V. PSEUDO-SCIENTIFIC THEORIES	第五章　偽科學理論	
Chapter VI. RESIDUES	第六章　剩餘物	
Chapter VII. DERIVATIONS	第七章　派生物	
Chapter VIII. PROPERTIES OF RESIDUES AND DERIVATIONS	第八章　剩餘物和派生物的特性	

Elisabeth Abbott 英譯本 *Compendium of General Sociology*（1980）	田時綱中譯本 《普通社會學綱要》 （2001）	田時綱中譯修訂本 《普通社會學綱要》 （2007）
Chapter IX. THE GENERAL FORM OF SOCIETY	第九章　社會的一般形式	
Chapter X. THE SOCIAL EQUILIBRIUM IN HISTORY	第十章　歷史上的社會平衡	
Appendix Index-Summary of Theorems		
Notes		
Comparative List of Paragraphs in the Compendium and Paragraphs in the *Trattato*		
Index		
	意漢譯名表	意漢人名對照表
	意漢術語表	意漢術語對照表
		漢意術語索引
		漢意人名索引
		帕累托生平著作年表
	譯後記	初版譯後記
		修訂版附記

附註：

1. 英譯本的內容比中譯本要多：除了兩篇後代學者的序言和導讀之外，還有《綱要》編者 Farina 的序，以及書後對於定理的整理。中譯本沒有這些部分。中譯本增加的是〈意漢譯名表〉和〈意漢術語表〉以及〈譯後記〉。
2. 英譯本和中譯本在標題上基本上是一樣的。唯有第三章的英譯標題〈非邏輯行爲的合理化〉和中文標題〈學說史中的非邏輯行爲〉有異。目前手邊無義大利文本可資檢驗孰是孰非。

《民主政治的轉變》（*Trasformazióne della Democrazia*）

寫作時間：不詳

出版時間：1920 年以義大利文在 *Revista di Milano* 上連載
1921 年出版單行本
1984 年由 Renata Girola 英譯爲 *The Transformation of Democracy* 出版

目錄（依英譯本）：

通則（Generalizations）
中央權威的崩潰（The Crumbling of Central Authority）
財閥政治的循環（Plutocratic Cycle）
情愫（Sentiments）
附錄（Appendix）

參考文獻

中文文獻

David Jary 和 Julia Jary 合編（1998）。《社會學辭典》。周業謙、周光淦譯。臺北：貓頭鷹。

Vilfredo Pareto〔帕累托〕（2001）。《普通社會學綱要》。田時綱譯。北京：三連書店。

林義男編譯，中國社會學社審定（1991）。《社會學詞彙》。臺北：巨流。

香港中文大學社會學系編譯（1980/1991）。《中譯社會學詞彙》。香港：中文大學出版社。

楊碧川、石文傑編（1981）。《遠流活用歷史手冊》。臺北：遠流出版公司。

英文文獻

Charles H. Powers (1984). Introduction: The Life and Times of Vilfredo Pareto. In Vilfredo Pareto, *The Transformation of Democracy.* Tr. by Renata Girola. New Brunswick: Transaction Books. pp. 1-23.

Elisabeth Abbot (ed.) (1980). *Vilfredo Pareto: Compendium of General Sociology*. Abridged in Italian with the Approval of the Author by Giulio Farina from Pareto's *Trattato di Sociologia Generale*. Minneaplis: University of Minnesota Press.

Giulio Farina (1980). Preface. In Elisabeth Abbot (ed.), *Vilfredo Pareto: Compendium of General Sociology*. Abridged in Italian with the Approval of the Author by Giulio Farina from Pareto's Tratt*ato di Sociologia Generale*. Minneaplis: University of Minnesota Press. pp. xlv-xlvi.

Joseph Lopreato (1980). Introduction. In Elisabeth Abbot (ed.), *Vilfredo Pareto: Compendium of General Sociology*. Abridged in Italian with the Approval of the Author by Giulio Farina from Pareto's *Trattato di Sociologia Generale*. Minneaplis: University of Minnesota Press. pp. xiii-xliv.

Philip E. Allen (1980). Foreword. In Elisabeth Abbot (ed.), *Vilfredo Pareto: Compendium of General Sociology*. Abridged in Italian with the Approval of the Author by Giulio Farina from Pareto's *Trattato di Sociologia Generale*. Minneaplis: University of Minnesota Press. pp. xi-xii.

Raymond Aron (1970). *Main Currents in Sociological Thought.* Vol. II. Trs. by Richard Howard and Helen Weaver. New York: Anchor Books. pp. 208-210.

S. E. Finer. (ed.) (1966). *Vilfredo Pareto: Sociological Writings.* Tr. by Derick Mirfin. New York: Frederick A. Praeger. p. 327.

Vilfredo Pareto (1935). *The Mind and Society: A Treatise on General Sociology.* 4 Vols. Trs. by Andrew Bongiorno and Arthur Livingston. New York: Harcourt, Brace, and Co.

第十講

杜尼斯
（Ferdinand Toennies）

這一講次談論杜尼斯。先說一下譯名，原來的杜尼斯名字德文 ö 叫 Umlaut，發音近似中文的 ue，英文中因爲沒有這個字母，所以用 oe 兩個字母來代替。中文沒有剛好「Tö」相應的字，翻成杜尼斯或滕尼斯，其實都只是近似的發音。

杜尼斯以「共同體（社區）」（Gemeinschaft）與「社會體（社會）」（Gesellschaft）這一對概念而聞名，一般社會學教科書都會提到，但是都和他的原意有點距離。杜尼斯以這對概念命名的書籍很早就有英譯本，書名是 Community and Society。大概是怕 Society 這個字會和現在通行的用法混淆，所以最新的英譯本將原來的Gesellschaft改譯成Civil Society（「公民社會」、「市民社會」或「庶民社會」）。

中文書籍提到這對名詞時也通常依照英文的譯法而轉譯成「社區」與「社會」。近年來「社區」一詞有其現代的意義，所以 Gemeinschaft 譯成 Community，又轉譯成「共同體」（可能是根據日譯），而「社會」的譯名一直不變。最近林榮遠先生從德文直接中譯成的書名也還是依照「共同體與社會」的慣例。我覺得既然原書名上「社會」這個詞容易和通俗用法混淆，也許翻成和「共同體」類似的「社會體」，更能彰顯這是杜尼斯的專有概念而非一般通用的意義。

順便說一下，最近幾年大陸出版了不少杜尼斯的著作，有些目前還沒有英譯本：林榮遠翻譯的《共同體與社會》（*Gemeinschaft und Gesellschaft*）和《新時代的精神》（*Geist der Neuzeit*），還有張巍卓翻譯的《論尼采崇拜：一個批判》（*Der Nitzsche-Kultus: Eine Kritik*）、《霍布斯的生平與學說》（*Thomas Hobbes. Leben und Lehre*），和《論哲學術語》（*Philosophische Terminologie in psychologisch-soziologischer Ansicht*）。林榮遠還翻譯了烏韋．卡斯滕斯（Uwe Carstens）的《滕

尼斯傳：佛里斯蘭人與世界公民》（*Ferdinand Tönnies: Friese und Weltbürger: eine Biographie*）。德文版的《杜尼斯全集》（*Ferdinand Tönnies Gesamtausgabe*）也陸續編輯出版中。很遺憾，我下面的講次來不及參考這些新近的譯本。有興趣的讀者可以自行搜尋閱讀這些新的譯本，讓自己對杜尼斯有更深刻的認識。我們專注在他講社會學理論的部分。

一、生平脈絡

杜尼斯 1855 年出生在史勒斯威－霍斯坦（Schleswig-Holstein）的艾德城（Eiderstedt），這是一座靠近北海的德國城市。在他 9 歲（1864 年）的時候，全家遷移至胡森（Husum）小鎮。

15 歲（1870 年）的時候，他認識詩人和民眾英雄史篤姆（Theodor Storm, 1817-1888）。人在年輕的時候認識社會名人，對你的人生會有很大的影響，尤其是作家之類等。我年輕的時候很喜歡子敏（林良）先生的散文，後來因緣際會之下，我還有機會跟他說到話，我也曾經寫信給他，表達我對他的景仰，他也用很工整的毛筆字回了一封信鼓勵我。這封信一直被我放在書桌抽屜中。很可惜，後來搬家沒注意，就再也找不回來了。後來我主持一次《中國時報》開卷版的贈獎典禮，他當時已經 80 高齡，獲得終身成就獎，我見到他還是有當年見到偶像的悸動，雖然他已經不記得當年的往事。

17 歲（1872 年）時的杜尼斯，準備進入史特拉斯堡大學就讀。後來杜尼斯轉往耶納（Jena）大學就讀。

20 歲（1875 年）的杜尼斯因為常常喝醉酒，身體因而大病一場。馬克思、韋伯、杜尼斯等人在念大學的時候，常會跑去喝啤酒，然後鬥毆、講大話等行徑。所以建議各位同學，不要在太年輕的時候，殘害自己的身體。

後來杜尼斯轉往柏林大學，當時的柏林已經是個大城市了，所以柏林大學也是個比較熱鬧的地方。

22 歲（1877 年）時，他獲得杜賓根（Tübingen）大學的古典語言學博士。22 到 27 歲（1882 年）時，在他的一位教師——包森（Friedrich Paulsen）的建議下，他開始研究霍布斯（Thomas Hobbes, 1588-1679）。

31 歲（1881 年）的時候，杜尼斯擔任基爾（Kiel）大學的編制外的講師（Privatdozent，有人翻成「私講師」），就是學校不給薪水，靠學生繳交的學分費謀生。

也是在 31 歲（1881 年）這一年，他開始撰寫《共同體和社會體》的初稿，當作升等論文。1887 年正式出版，原標題爲《共同體與社會體：共產主義和社會主義當成經驗文化形式的論文》（*Gemeinschaft und Gesellschaft: Abhandlung des Communismus und des Socialismus als empirischer Culturformen*）。1912 年第二版時刪除了冗長且有著政治敏感的副標題，正標題不變，副標題改爲四平八穩的「純粹社會學的基本概念」（Grundbegriffe der reinen Soziologie）。

39 歲（1889）的時候，他以英文編輯出版霍布斯的《法律要素：自然與政治》（*Elements of Law: Natural and Politic*）。

43 歲（1893 年），他參加「德國倫理學會」（German Ethical Society）創立大會〔Harris & Hollis（2001: xxxii）作 1892 年〕。當時大學給他大學講座一職，但是條件是要求他退出倫理學會，被他婉拒。

44 歲（1894 年）時他和瑪莉・席克（Marie Sieck）結婚，後來生了五個小孩。同年他向德國倫理學會提出「八小時工時和反對夜間工作」的提議，但沒有被通過。

46 歲（1896 年），他出版《湯瑪斯・霍布斯：生平與學說》（*Thomas Hobbes: Leben und Lehre*）。早年研究霍布斯，到了這時候，他也確實成爲世界上研究霍布斯的思想的專家。

54 歲（1904 年）那一年，他跟特略區（Ernst Troeltsch）和韋伯（Max Weber）三個人一起遊歷當時在美國聖路易的萬國博覽會。

當時的萬國博覽會還有學術會議，不是只有展覽商品。當時他也到芝加哥大學參訪，芝加哥大學是美國早期少數設立社會系的學校，所以他也和芝加哥大學的社會學家有一些交流。

58 歲（1908 年），他前往海德堡參加國際哲學會議，借宿在韋伯夫婦家。在當時的海德堡，韋伯夫婦家每週日都舉辦類似文化沙龍的聚會，讓韋伯的文化界朋友們可以相互討論交流。

59 歲（1909 年），杜尼斯出版了一本書講《習俗》（*Die Sitte*）。同年，德國社會學社成立，杜尼斯是創始會員之一，並且從創立時期開始一直到 1933 年爲止長期擔任會長。

雖然他有相關作品與研究出版，但是他一直到了63歲（1913年）才升任正教授。只是隔一年後，第一次世界大戰便開始了。

開始進入晚年的他，在 67 歲（1917 年）時出版《英國國家與德國國家》（*Der*

englische Staat und der deutsche）。

71 歲（1921 年），他出版了《馬克思：生平與學說》（*Marx: Leben und Lehre*），這本書 1974 年就有 Charles P. Loomis 和 Ingeborg Paulus 的英譯本，目前尚無中譯本。

81 歲（1931 年），他出版了《社會學導論》（*Einführung in die Soziologie*），主要是談論社會學。

他一直活到 86 歲（1936 年），算是社會學家比較長壽的。

簡單來說，杜尼斯的生平有一些亮點：

第一點，他是研究霍布斯的專家；

第二點，他是早期研究馬克思的專家。

同時他對於社會學領域的貢獻，便是提出「共同體與社會體」這一對有名的概念。

二、社會學獨特的看法

首先對於《共同體與社會體》一書的不同版本，我做了一個整理，方便大家比對不同版本間的差異。請參看附錄二中的相關部分。

接下來，我們看一下關於他在晚年書寫的《社會學導論》（*Einführung in die Soziologie*）。關於這本書，我們可以跟斯賓賽的《社會學原理》進行比對，基本上現在社會學教學內容或研究，主要的架構都出現在斯賓賽書中。但在杜尼斯提出了不一樣的觀點，雖然現在幾乎沒人繼承他的做法，但總歸是提供我們一種不一樣的視野與啟發。

杜尼斯的《社會學導論》分成六卷：第一卷叫做「基本觀念」（Grundbegriffe）；第二卷叫做「社會實體或者全形」（Soziale Wesenheiten und Gestalten），這部分有英譯本。在第二卷的當中，討論的議題涵蓋了「一般特質」（Allgemeine Charakteristik）、「社會關係」（Soziale Verhältnisse）、「社會整體」（Soziale Samtschaften）跟「社會聯合」（Soziale Verbände）。大概只有「社會關係」的概念目前還有人在使用，其他已經很罕見了。

第三卷是「社會價值」（Soziale Werte）。現今社會學關於這方面的研究特別少，因為它的社會價值裡，包括經濟價值、政治價值、倫理社會價值等，各種我們現今會認為跨學門或專門學科所討論的主題，比較不是現今一般社會學入門會討論的主題。

第四卷，他稱為「社會規範」（Soziale Normen），他又再分成四個面向進行討論，「一般特質」（Allgemeine Charakteristik）、「秩序」（Ordnung）、「法律」（Recht），以及「道德」（Moralität）。

而第五卷的「社會關係形體」（Soziale Bezugsgebilde），其中他再分成五個章節：「特質」、「因素的作用」、「成對觀念—經濟因素」、「政治因素」和「精神因素」，以這五個面向進行社會關係形體的探討。

第六卷是「應用的和經驗的社會學」（Angewandte und Empirisch Soziologie）。

基本上這六卷的章節內容，呈現他晚年對於社會學發展的一個看法，基本上這種看法沒有被承繼下來，只能說這種看法是他個人獨特的觀點。

另外，他提出社會誌（Soziographie; Sociography）的概念，這是他繼承丹麥社會學家 Sebald Rudolf Steinmetz 在 1913 年所創立的概念。從杜尼斯的描述來看，有點類似中國的地方志。

英文杜尼斯文集的編選者 Cahnman 和 Herberle 對此有過如下的說明：

> 德國統計學家 Georg von Mayr 認為：有系統地蒐集和排比官方統計資料——所有可以計算和測量的社會現象——就構成了一門科學。相反地，杜尼斯希望復興統計學的較早的意義，也就是十八世紀和十九世紀初期德國的 Statistik，所指的是對於一個國家，或是國家一部分，其自然狀況和人口、經濟、政治組織，軍事力量，以及其他社會制度，簡言之，所有對於「政治人物」有服務效果的一切。有時候這些方面會有一些數字，可是也並不全然如此。這就是杜尼斯和 von Mayr 論戰的焦點所在。（Toennies, 1971: 235）

不過，杜尼斯「社會誌」的概念很含混，而且對其真正的內容說明也不太確定（Toennies, 1971: 235）。

另外一個人梅爾（Georg von Mayr）將統計學（statistics）定義為精準社會學（exact sociology）（Toennies, 1971: 236）。

我們現在在社會科學的研究裡面，有所謂的民族志，特別是人類學領域時常採取此種方式，許多質性也會使用，但是這與透過統計學方式去描述社會還是略有差別。

> 假如我們將社會誌來替換統計學，毫無疑問地，它會變成和理論社會學同樣的地位。然而，假如喜歡一個比較寬廣的社會學概念，就應該將它放在

> 理論的（概念的）和經驗的社會學〔theoretical (conceptual) and empirical sociology〕，而我將後者視為等同於社會誌。（Toennies, 1971: 238）

而且這當中蘊含著統計學的要素，試圖利用此要素去完整地描述一個社會，我們現在社會學系的學生都要學統計學，就是希望能擁有比較精準的量化知識。

杜尼斯如此說：

> 就我個人而言，我坦白承認：我認為經驗社會學是和理論社會學一樣重要，雖然我比較為人稱道的比較是我理論社會學的作品，而比較不是舊的意義上的社會誌和統計學。我認定的社會誌基本上關心的是研究事實和其間的關聯，因此研究其間的因果關係，這也正是知識的終極目標。這樣的研究必須要以基礎工作當前導（雖然這種基礎工作並不是人人都有共識），就是必須要從不是為概念思維所特別設計的語言中淨化出概念思考。每一種科學必須以某種方式說出自己的語言——正如同某些科學中已經表現的很好的那樣。人文科學和社會科學因為對象極端困難而遭逢障礙。（Toennies, 1971: 238）

所以這是他的社會誌，雖然沒有清楚地交代具體內容爲何物，但顯然他有一個期待：希望能用某些方法使得社會學更加精確：

> 我只想指出一個放諸四海皆準的一般定理：為了要改進和治療，我們必須首先知道罪惡的原因；診斷是最困難的工作，對醫生而言如此，對以行動為導向的社會科學家也是如此。（Toennies, 1971: 240）

三、共同體與社會體

在一般社會學的入門書，都會談到有關「共同體（社區）」（Gemeinschaft）與「社會體（社會）」（Gesellschaft）這對概念。通常談論到這對概念的時候，大部分的二手書的解釋，都採取極簡主義。在我還是學生，念書的時候，我還記得當時教師最喜歡考試的題目之一，就是社會的演變形式，是從什麼演化到什麼，並舉出三個人的說法。

譬如，一般答題時都會提到馬克思的說法，從原始共產社會，經過奴隸社會，封建社會，資本主義社會到最後的共產主義社會，這就是著名的五階段論。

另外一位就是涂爾幹，我們在接下來的講次會詳細說明著名的「機械連帶」到「有機連帶」的看法。

第三個就是杜尼斯，從「共同體」到「社會體」。然後把這三種分類當成是從「傳統」到「現代」的演變階段。

我就是因爲覺得這概念太簡單了，所以就想去看看原書，應該也這麼簡單吧？難道導論書的作者和授課教師會誤導我？

我先將杜尼斯關於「共同體」與「社會體」這對概念的德文原名，以及英文、日文譯名，進行比對，製作了一個表格，同時提供了我個人對此的建議（參見附錄四）。

首先「Gemeinschaft」，通常都翻譯成英文的「community」，這沒有任何的差別；「Gesellschaft」通常都翻譯成英文的「society」，唯一的差別是新譯本翻成「civil society」。

「Gemeinschaft」，中文通常都翻譯成「社區」，「共同體」是林榮遠翻譯的 。日文的翻譯就叫做「共同社會」或者叫「共同體」。

「Gesellschaft」，對照日文翻譯的時候，都翻成「利益社會」，中文沒有人如此翻，而翻成「社會」或「市民社會」。「市民社會」主要是爲了因應新的英文譯本。

另外，還有兩個和「共同體」和「社會體」這對概念的區分很重要但是往往被無視的另一組概念叫做「本質意識」（Wesenwille）〔英譯爲「自然意志」（natural will）〕，以及「決斷意志」（Willkür 或者 Kürwille）〔英譯爲「理性意志」（rational will）〕。坦白講，多年以來，到現在爲止，一直不知道這兩個字是什麼意思。

所以在我找到原書閱讀後，發現關於所謂的共同體跟社會體的說法，作者自己曾經做過四次分類，而這四次的分類，已經整理在附錄四當中供各位參閱。

這些分類，都是他原來自己的分類，我並沒有添加任何一字，僅是將這三個分類擺在一起，可是這種分類法都不是二手書用到的，所以我眞懷疑二手書的作者到底看到了什麼我沒看到的東西。

譬如說在第一次的分類裡，第一，「共同體」是他認爲「眞正的、有機的生活」，「社會體」只是「想像的、機械的教養」。這裡面的區分，就出現了「有機」跟「機械」的分類，我們在下一講次談論涂爾幹時會再度碰到這對概念。

在價值判斷上，「有機的」通常被視爲具有正面意義，而「機械的」則帶有貶義，被認爲是不好的。所以「共同體」被認爲是「有機的生活」是「好的生活」，而「社會體」的「想像的、機械的教養」是「不好的生活」。

第二，「共同體」是「親密的、私密的、排外的共同生活」；「社會體」是「公共生活」。

第三，「共同體」是「古早的現象」；「社會體」是「新興現象與名詞」。這個部分大致符合「傳統」和「現代」的區分，所以也是一般導論書所掌握最好的部分。

第四，「共同體」是在鄉村生活中可以見到最強烈的和最生動的，是共同生活的最長久和眞正的形式；「社會體」是暫時性的、膚淺的。

第五，「共同體」是活生生的有機體；「社會體」是機械式的聚合、人爲產品。這和第一項有點類似。

接下來同一本書中他又有第二次分類。這次的區分是強調「共同體是本質意志」，或者叫「自然意志」；「社會體」強調的是「理性意志」或者翻成「決斷意志」。「共同體」重視「自我」；「社會體」強調「個人」。

我對第二次分類的疑問更大：首先，我們根本不知道這兩種意志有何區別；其次，是自我與個人有何區別？實在讓人如墜五里霧中。

第三次的分類裡，「共同體」的部分，「家庭等於和諧」，而「社會體」是「大城市生活等於傳習」。傳習的部分，因爲德文跟英文一樣都是 convention，只是因爲德文名詞首字要大寫，這個字如果在此處翻成「傳統」或「會議」就怪怪的。

「共同體」等於「心思」（Gesinnung）〔或英譯的「情操」（Sentiment）〕，而「社會體」強調「意圖」。順便說一下，Gesinnung（心思）這個德文字，也是韋伯的「心志倫理」（Gesinnungsethik）所用的字。雖然如此，我還是不知道這說的都是些什麼。

第四次分類，他有提到主要的職業和精神生活，再者比對兩者社會制度層面的差異。

這四種分類比對下來，共同體和社會體彼此之間和對比好像都沒有太大關係。

我在此列舉這四種分類，主要指出「共同體」與「社會體」的概念區分上，作者自身有其一套論述，但是在一般二手導論書籍裡，都看不到這四個分類擺在一塊。

就算我在上面將這四次分類放在一起，大概除了第一次和第二次分類之外，後面兩次分類眞的很難理解。所以有些教科書就芟繁就簡，儘量不要自找麻煩，要解釋就找最容易的解釋。這種「瞎子摸象」和「斷章取義」的做法似乎也有點道理，但是讀者就看不出經典作家也有自己說不清楚講不明白的責任。

另外，他認爲「共同體」與「社會體」之間，有一個「不可能的用法」，就是當兩者間處於一個矛盾的狀態。

畢竟在這四類區分當中，我們很明顯地可以看到杜尼斯的區分裡，將具有正面意義的字眼放置於「共同體」，負面意義的描述字眼，則歸屬於「社會體」的分類之中。所以不可能存有「壞的共同體」（schlechte Gemeinschaft; bad Gemeinschaft）、「生活的社會體」（Gesellschaft des Lebens; Gesellschaft of life）這樣矛盾的用法（Tönnies, 1963: 34; 1979: 4）。

四、人類意志與社會行動

杜尼斯還提過人類的意志跟社會行動間的關係及相關問題。他是古典社會學理論家裡面唯一強調「意志」的人。在哲學領域裡，叔本華（Arthur Schopenhauer, 1788-1860）、尼采（Friedrich Nietzsche, 1844-1900），兩人以強調意志的學說出名，但是大部分的學人大都強調感性跟理性。

而他在這裡強調人類意志跟行動的關係：

> 人類意志彼此之間有多重的關係。每一種關係都是相互的行動，只要一方是主動的、付出的，而另一方是被動的，或接納的。這些行動都對他人的意志或生活有保護或破壞的作用。這本書的研究目的在於研究互相肯定的關係（Verhältnisse gegenseitiger Bejahung; relationships of mutual affirmation）。這種關係代表了多元的統一（Einheit in der Mehrheit; unity of plurality）或統一的多元（Mehrheit in der Einheit; plurality in unity）。它包括彼此之間你來我往的協助、減輕痛苦、服務，可以視為是意志及其力量的展現。（Tönnies, 1963: 33; 1979: 3）

除了點明意志是一個可以研究的對象之外，他還進行了分類與說明。

首先，他將「意志」區分爲「本質／自然意志」（Wesenwille; natural will）跟「決斷／理性意志」（Willkür; Kürwille; rational will），我將他的分類製作了一份表格：

本質／自然意志	決斷／理性意志
喜歡（Gefallen; liking）	考慮（Bedacht; deliberation）
習慣（Gewohnheit; habit）	偏好（Belieben; discrimination）
記憶（Gedächtnis; memory）	概念（Begriff; conception）

資料來源：根據 Tönnies（1963: 108-114, 121-122; 1979: 78-84, 91-93）整理製表。

我們先看一下，他是如何界定本質／自然意志與決斷／理性意志：

> 因為所有的精神行動（geistige Wirkung; mental action）都包括了思想，我區分兩種：一種是包括了思想的意志（den Willen, sofern in ihm das Denken），一種是包括了意志的思想（das Denken, sofern darin der Wille enthalten ist）。每一種都代表了一種天生的整體，它整合了感情、本能和慾望的複合體。在第一種情況下，應該被看成是真正的和自然的（real und natürlich）；在第二種情況下，則應該被看成是思想的和人為的（ideell und gemacht）。人類的第一種意志我稱之為自然意志（Wesenwille; natural will），第二種稱為理性意志（Kürwille; rational will）。（Tönnies, 1963: 103; 1979: 73）

我覺得這段文字寫得很美，但不知道是什麼意思。我可以理解自然和人爲的是對立的，可是我並不清楚，是基於什麼樣的判準進行如此的分類。

而對於本質／自然意志，他是這樣說明的：

> 自然意志是人體的心理等同物，或者是生命統合的原則，假定生命被想成是思想本身所屬的現實的形式。自然意志包括了思想，就像有機體包括了大腦細胞，這些細胞一旦受到刺激，就會引起心理活動，這可被看成是思想的等同物。（Tönnies, 1963: 103; 1979: 73）

而有關決斷／理性意志部分的界定，決斷／理性意志是思想本身的產物，只有和原創人（Urheber），即思考主體，發生關係才能擁有現實，雖然現實本身要被其他人所認可和確認（Tönnies, 1963: 103; 1979: 73）。

你聽得懂嗎？

接下來，他提出本質／自然意志和決斷／理性意志的共同點：

> 這兩種不同的意志的觀念所共同之處在於，它們都被視為是導向行動的原因或傾向（als Ursachen oder als Dispositionen zu Tätigkeiten; as the causes for or tendencies toward action）。（Tönnies, 1963: 103; 1979: 73）

這兩種意志都是人類行動的原因，但是怎麼區分的，我看了半天還是不懂。比較有趣的是，他提到自然意志與理性意志在時間上的差異：

> 自然意志要從過去來解釋，就如同未來是從過去演變而來的。理性意志只有從它所涉及的未來來了解。自然意志包括了未來的初期形式；理性意志則把它當成意象。（Tönnies, 1963: 103-4; 1979: 73）

如果依照這樣的說法，兩個意志的區別在於時間因素，造成一個是從未來解釋，一個是從過去解釋，這種看法很接近當代現象學社會學的舒茲（Alfred Schutz）的理論。舒茲（Alfred Schütz, 1943）說我們做事會出於三種動機，其中一種不常被使用，一個是「因爲動機」（Because-Motive），另一個是「爲了動機」（In-Order-To Motive）。「因爲動機」是說，無論人從事任何行動，回溯的是一個過去事件；「爲了動機」，是說想到一件未來可能的事件，導向未來的原因。

我不太確定現象學社會學的這兩個動機能否與杜尼斯這種意志與時間差的概念相互補充說明，但只是我個人的一個想法。

五、親密關係分類與分工

後來杜尼斯也跟許多社會學家一樣，開始對於分類這件事情感到極大興趣。他在討論親密關係時，也先區分了親密關係的三種形式（Tönnies, 1963: 38-39; 1979: 8）：

首先是母子關係。他認爲這是深植在喜愛或純粹的本能（Instinkt; instinct）之中，也是從原先的兩方的從母親懷孕時的生理關係轉變成一生的心理的關係。

其次是夫妻關係。他認爲這種關係的建立是由於性的本能（Sexaul-Instinkt），而不是永久共同生活所必需的。他強調這種關係的重要性主要展現於同居、共財、子女，和經濟方面。

第三是手足關係。這種關係強調的並非本能，而是靠著記憶（Gedächtnis）來創造、維繫和鞏固這種彼此之間心的連結。

這種分類法與儒家傳統的「五倫」中家庭的「三倫」基本上是一樣的。比較特別的是，在中文脈絡裡會提到父子關係，他在這邊則是提到母子關係。

手足關係在長大以後遇到財產問題時，往往會因此經歷很大的考驗，這在許多社會新聞裡時有所聞，這種問題不單是有錢人家會遭遇到的，許多人都會碰到這樣的問題。

而母子關係大概是這三種關係裡面最親密的關係，特別是媽媽對小孩的態度，媽媽很少會看到自己小孩的缺點，與此相對的是他認爲父子關係是一種統一但完全比較不親密的關係（Tönnies, 1963: 39; 1979: 9）。

以此觀點爲前提下，對於父權跟長子權，他便提出一些界定與其造成的歷史效應：

> 在共同體之中，父權（Vatertum; fatherhood or paternity）是最純粹的權威（Herrschaft; authority）。然而，在此種意義之下，權威並不是指因為主人的利益而擁有或使用，而是指把教育和養育當成生育的完成（Erziehung und Lehre als Vollendung der Erzeugung; education and instruction as the fulfillment of procreation），也就是說，和小孩分享自己的生活和經驗，而小孩也會慢慢成長，將來會回饋這些禮物，因而建立起相互的關係。在這種情形下，長子就也自然的有優先地位：他和父親最親近，而且在年邁的父親不在之時，也會取代父親的位置。因此，父親的所有權威在長子出生之時其實已經隱約地傳給了長子，在父子不斷交替的過程中展現了生生不息的生命力。（Tönnies, 1963: 39; 1979: 9）

嫡長子繼承制在歷史上非常重要。

他也提到這三種人際關係跟分工的關係（Tönnies, 1963: 40; 1979: 10）：

第一種母子關係中，享樂超過工作，子女享受到雙親的保護、營養和教導，而母親則享受了擁有子女的快樂、子女的服從，以及生活中知性的協助。

第二種夫妻關係中，彼此的關係先是以性別差異爲主，然後是年齡差異，而夫妻之間體力方面的差異就是家務分工的基礎，妻子以保護有價值的財產爲要務，丈夫則以捍禦外侮爲主；妻子以保存和料理食物爲要務，丈夫則以獲取生活必需品爲主；妻子以家務爲主，和女兒的關係密切，丈夫主外，主鬥爭，領導兒子。

第三種手足關係中彼此互相幫忙、互助、提攜，此外手足之間除了性別差異之外，還有心理能力的差異也很明顯；一方動腦、思考、計畫，一方體力勞動，強調實踐；一方指引和主導，一方屈服和順從，這一切關係都是遵循著自然的模式；不過，這些內在的規律趨勢也可能受到干擾、制衡，或者被顛倒過來。

接下來，他提到人際關係跟力的均衡。杜尼斯試圖以物理學的力的概念闡述人際關係與社會關係。在這些關係之中，個人的意志相互決定和相互服務對方，所以可以把這些關係看成是力的均衡（ein Gleichwichts von Kräften; equilibrium of forces）（Tönnies, 1963: 41; 1979: 11）。

而在組織工作層面，個人與組織間的關係，他也試圖用力的均衡方式說明。理想的均衡應該是比較辛勤的工作，亦即需要比較多努力或特殊才能的工作，享有比較大的快樂。反之，比較不辛苦的工作就享有比較少的快樂（Tönnies, 1963:41; 1979: 11）。

除了三種人際關係之外，依照翻譯的不同，可以分成三種尊敬（Würde; dignity）或者威望（Autorität; authority）的說法。主要爲了和 Herrschaft（權威）的中譯稍加區別，此處將 Autorität 譯成「威望」。英譯者把兩個不同的德文字都譯成同一個英文 authority。

不過，杜尼斯在這裡並沒有清楚區分兩者。到底兩者是同義字，還是有不同。恐怕需要更進一步研究。

杜尼斯所提出的三種尊敬或威望展現在年齡（die Würde des Alters; authority of age）、權力（die Würde der Stärke; authority of force），以及智慧或精神（die Würde der Weisheit oder des Geistes; authority of wisdom or spirit）三方面（Tönnies, 1963: 41; 1979: 11）。

在這三種尊敬裡，有的是仰賴年齡的因素。這也是在大部分的傳統文化裡面，年長者往往會具有較大的威望，等到一旦需要強調「敬老尊賢」的時候，大概就表示已經喪失了年齡的威望。

第二種是權力，比較有權力的人較容易受人尊敬；第三種則是智慧或者精神，大概會是在宗教領域或教育領域比較常見。

但是這三種威望，卻又可以完全集中在父親的角色上。這三種威望齊集於父親的威望之中，因爲父親對家庭既保護、又協助，還引導（Tönnies, 1963: 41; 1979: 11）。

當然這是一個比較傳統的看法，而這三種威望有什麼具體的代表，我製作了圖表，供讀者參考比對：

三種威望及其代表

三種威望	代表的威望	代表地位
年齡威望	審判的威望（richterliche Würde; judicial authority）	家庭中的父親（Stande des Haus-Vaters）
權力威望	封建的威望（herzogliche Würde; feudal authority）	家長／族長（Stande des Patriarchen）
智慧威望	聖職的威望（priesterliche Würde; sacerdotal authority）	師傅（Meisterstande）

資料來源：孫中興根據 Tönnies（1963: 45; 1979: 15）製表。

表格裡提到的師傅是指傳統工匠裡的師傅角色，一共有三種威望，大概杜尼斯對於數字三有異常迷戀，沒有「三」，他大概就不能玩了。

所以他接下來將共同體與三種衍生關係做了一種分類。

六、三種共同體（共同體發展的三種類型）和三種衍生的關係

杜尼斯區分了三種共同體：首先是血緣共同體（Gemeinschaft des Blutes; Gemeinschaft by blood）：這是一群有血緣親屬關係的人所組成的共同的存有關係。其次是地緣共同體（Gemeinschaft des Ortes; Gemeinschaft of locality）：這是因爲同處在共同的地域所產生的，可以想像是動物彼此之間的關係（Zusammenhang des animalischen）。第三種是精神共同體（Gemeinschaft des Geistes; Gemeinschaft of mind），這是以分工合作來達成共同目標所組成的共同體，可以想成是心理生活的關係（Zusammenhang des mentalen Lebens）。這是人類特有的、最高形式的共同體（die eigentlich menschliche und höchste Art der Gemeinschaft）（Tönnies, 1963 42:; 1979: 12）。

杜尼斯認爲：

> 這三種共同體在時間和空間上都有著密切的關聯。它們和單一現象及其發展有關，也和一般人類文化與歷史有關。只要人類的意志以有機的方式相互影響時，我們就會發現其中某一種共同體。（Tönnies, 1963: 43; 1979: 12）

從這三種共同體，杜尼斯又衍生出三種關係，第一種是：

親屬（Verwandtschaft; kinship），一群人住在同一個屋簷下，或是有共同的居所，快樂共財共食，崇拜同一個祖先，相信祖先仍享有生前的權利，可以保佑生者，這群人也會彼此和平共存，以抵禦共同畏懼的敵人並保護共同的榮譽，同時這些人就算不在一起，也會透過記憶，回想同在一起共同生活的日子，以滿足彼此相親相愛的需求，也是個人在共同體中感受到最舒服和最高興的時光。（Tönnies, 1963: 42-43; 1979: 12-13）

第二種共同體是：

鄰居（Nachbarschaft; neighborhood），這是基於地緣關係所建立的共同生活關係，一旦離開了地域的鄰近性，這種關係就會瓦解，所以鄰居關係通常透過集會和神聖的習俗加強彼此的聯繫。（Tönnies , 1963: 43; 1979: 13）

第三種是：

朋友（Freundschaft; friendship），這是靠著一起工作或是一致的知性態度（Denkungsart; intellectual attitude）而維繫的共同體（Tönnies, 1963: 43; 1979: 13）。

杜尼斯還提出，這三種關係和前面提到的三種權威關係也有著相互對應的關係。請參考下面表格的整理：

關係	權威
親屬	父權（väterliche Würde; paternal authority）
鄰里	王侯權（Wurde des Fürsten; authority of the prince）
朋友	師父權（Würde des Meisters; authority of the master）

資料來源：Tönnies（1963: 44-45; 1979: 14）。

此外，他認爲共同體有三種基礎：

> 統一的真正基礎，以及接著而來的共同體的可能性，第一在於血緣關係及血緣混合的緊密性（Blutnähe und Blutmischung; closeness of blood relationship and mixture of blood），第二在於身體上的親近性（die räumliche Nähr; physical proximity），最後，對人類而言，在於思想的親近性（die geistige Nähe; intellectual proximity）。（Tönnies, 1963: 48; 1979: 18）

他還指出共同體有三大法則：

> 第一，親戚和結婚的配偶彼此相愛，或者他們比較容易彼此適應。他們一起説話，而且想法類似。鄰里和其他朋友也是類似的；
> 第二，彼此相愛的人彼此也相互了解；
> 第三，彼此相愛和了解的人會住在一起，並且會組織共同的生活。（Tönnies, 1963: 48; 1979: 18）

簡單來說，共同體就是與你擁有共同信念的人。在現在的社會裡面，有所謂的生態村，或者希望一群朋友集資買房子住在一起的想法跟做法，都是共同體的具體展現。一旦住在旁邊的人都不再是陌生人以後，就很容易因爲原有的血緣關係，再加上後來的地緣和精神關係，可以產生出新的共同體。如此一來，這三種分類就可合而爲一。

而這種共同體一旦組成家庭組織後，便會形成家庭的生活三種階層：

> 家庭包括了三種階層，或是範圍（drei Schichten oder Sphären; three strata or spheres），可以説是由三個同心圓所組成的：最內圈也就是最老的：家中的男主人（die Herr; the master）和女主人（die Frau; the mistress）以及其他妻妾（Frauen; wives），假如她們的地位都一樣的話。第二圈是後代子嗣（Nachkommen; descendants），在結婚後他們還可以待在家中。最外圈是由男女僕役（die dienenden Glieder: Knechte und Mägde; servants, male and female）所組成。（Tönnies, 1963: 53; 1979: 22）

這是杜尼斯對於共同體美好的想像，也像是涂爾幹認爲社會應該有的樣子。只是涂爾幹將這些美好的想像，濃縮在職業團體裡面。

七、社會體與資本主義

相對來說，杜尼斯對「社會體」（Gesellschaft）這個概念也有些負面的強調，日本社會學界將社會體這個概念翻譯成「利益社會」，似乎也有其道理。

杜尼斯確實是這麼說過：

> 在社會體中，每一個人都為了自己的利益（Vorteil; interest）而努力，他只會在別人的行為對他有利時才會肯定別人。（Tönnies, 1963: 77; 1979: 45）

因此，社會體是由商人跟資本家來統治的。這種看法也算是對於當時資本主義的一個描述：

> 商人或資本家（可以透過雙重交換增加貨幣的所有人）是社會體的自然主人（Herren）和統治者（Gebieter）。社會為他們而存在。它是他們的工具。社會中的其他非資本家要不就像無生命的工具——亦即最標準的奴隸觀——要不就是法律上的不存在物，也就是說，他們被認為沒有自由意志，因此無法在現存的契約制度中行動。（Tönnies, 1963: 83; 1979: 51）

我們在前面有提到過社會體與共同體是一對概念，如果「社會體」是翻譯成「利益社會」的話，通常「共同體」的翻譯就會是「禮俗社會」。

八、兩性觀

在兩性觀方面，杜尼斯用氣質、品行與知性態度這三個方面來說明。這是一個標準的對比做法，採取此種做法往往要將一些細小的差異給抹煞掉，而強調一些明顯的差異，以方便對照研究。

下面是我整理出來杜尼斯對於兩性從三方面（氣質、品行和知性態度）所表現的差異的表格：

	女性	男性
氣質（Temperament）	情愫（Gesinnung; sentiment）	意圖（Bestrebung; intention）
品性（Charakter）	心情（Gemüt; mind）	算計（Berechnung; calculation）
知性態度（Denkungsart; intellectual attitude）	良心（Gewissen; conscience）	意識（Bewußtsein; conscious behavior）

資料來源：根據 Tönnies（1963: 155; 1979: 128）整理製表。

這個不知道有太大的意義，像這種區分，有的時候只是爲了區分的目的，但是根據是什麼，從哪裡得到這樣的結論，這點其實是我們更應該關心的問題。很多人在學習的時候，特別是我們東方社會，只強調記憶，所以只要能夠把它記起來就好了，好像區分的標準與判準是否合適，都不是我們會去思考的面向。我覺得這是特別要加以警惕的。

他提到了天才型男性具有女性氣質，只是這當中有什麼深刻意義，我也不知道：

> 天才型的男人在許多方面都具有女性特質：天真、坦白、溫柔、敏感、生氣蓬勃、情緒多變、歡樂或孤獨、夢幻且熱情，彷如對人或對事務有著信仰（Glauben）和**信賴**（Vertrauen），無計畫，對事情的緩急輕重通常是既無知又盲目的。（Tönnies, 1963: 154; 1979: 127）

這樣的觀念，會不會是因爲杜尼斯對於性別的「本質論」太過強調？

九、輿論

杜尼斯也注意過很多同行沒有注意過的「輿論」。

他認爲輿論討論的困難，主要在於界定的問題，以及涵蓋範圍（Toennies, 1971: 251）。

輿論，德文叫 Offentliche Meinung；英文叫 Public Opinion。簡而言之，輿論的輿是公眾的意見的意思。

關於公眾的討論主題原先隸屬於社會學的範圍，但後來隨著學科更細緻區分後，就變成大眾傳播主要研究的對象。

在研究上一個很重要的問題是，誰代表了大眾？

杜尼斯認爲：「輿論成為社會生活的一種力量，一種非常重要的力量（特別是1789年從法國大革命之後）。」（Toennies, 1971: 251）

杜尼斯也提到輿論在民主國家的重要性：

> 輿論的力量和政府的力量是並肩而行的；政府要靠立法機構相輔相成，重要的政治問題都在法庭中上訴；而我們經常聽說：在民主國家中輿論是最高和最具決定性的權利。輿論被想成是一個思考的主體，它經常被人崇拜或是被人毀謗，彷彿它是一種超自然的和準神祕的力量。（Toennies, 1971: 252）

他提出可以確認輿論的幾種徵兆：

第一種是「聽到的」：

> 輿論可以被一個人到處所聽到的加以確認，假如我們「和人們交談」並且傾聽他們談話的內容，特別重要的是他們對於某一事件的判斷，以及假如這種判斷隱含著某種特定的贊同或反對，以及假如這種判斷看起來沒有反對的和一致的判斷。（Toennies, 1971: 252）

第二種是「看到的」：

> 人們也相信可以透過我們所看到的來確認輿論，例如：街頭大群集會、抗議遊行等等。（Toennies, 1971: 253）

另外，另一個與輿論相關的事物──「輿情」（popular sentiment），也是杜尼斯想要區別出來的事物。

「輿情（popular sentiment）和輿論相關，但是絕不是同一個現象。」（Toennies, 1971: 253）於杜尼斯而言，兩者的區別，主要是輿論是針對公共政策的公開立場表達：

> 輿論展現出其社會力量和政治力量的方式是透過對於政治事件的贊同或不贊同，對於要求政府採取某一種特定的立場並且廢止某些誤用，對於堅持要求改革或是立法手段，簡言之，透過對某些公共政策議題「採取立場」，

就像是一個旁觀者或是法官那樣。（Toennies, 1971: 253-254）

此外，杜尼斯還特別指出公開場合的言論，並不等同於輿論的觀點；公開的愉悅（public joy）和公開的哀悼（public mourning）也不能和輿論等同視之（Toennies, 1971: 254）。

顯然他在剛開始的時候，對輿論的這個區分跟界定是非常明顯及明確的，也特別強調感官印象並不可以完全採信。

而在資訊蒐集方面的輿情之外，杜尼斯特別提到當時的報導，也就是第三種的「讀到的」：

> 人們相信可以透過所閱讀的來確認輿論。輿論的力量經常被等同於新聞的力量（power of the press）。在歐洲五強的時代（1815-1867），兩者都被等同是「第六大權」（the sixth great power）。新聞的力量比輿論的力量更加明顯。新聞的力量背後，特別是大報，往往都有著政黨的支持……在政黨之後，有著強而有力的人士，是政黨或明或暗的領導人，甚至是整個群體的領導人。他們之所以有影響力部分是因為智慧、知識和經驗，部分而且經常是因為財富；而且有影響力的財富往往又基於土地財產或者是其他可變動資產……（Toennies, 1971: 255）

不但聽到、看見的不可信，連閱讀得到的資訊，也需要採取懷疑的態度。

當然這當中永遠不可避免假新聞的出現。

他也提到輿論有時候不是社會一般人的意見，而是教育階級的意見。

> 一般來說，我們可以說：輿論是教育階級的意見，而不是一般社會大眾的意見。然而，越多的群眾向上流動，他們就更多參與教育和政治意識，他們也更願意在輿論的形成過程中發表自己的意見。輿論經常是精英的判斷，也就是，少數人，更經常是少數人的代表，然而有時候這些人士和一般民眾脫節的。（Toennies, 1971: 264）

不過在他的想法裡，他提出這種精英的判斷與大眾的差異，主要是要說明這種意見並不是眞正的輿論，不代表一般人的想法意見，只代表少部分精英觀點，所以輿論一旦出現一致性，既不尋常，也不可採信：

> 輿論的一致性是罕見的現象。其中大部分有效的輿論又是精英中的大多數人的意見：主要的、最明顯的、最喧嘩的意見。（Toennies, 1971: 264）

輿論之所以重要，在於輿論代表著人本主義的倫理，要以人爲中心強調人的重要性：

> 知識分子被要求成為社會生活的領導人；他們只有注意和改進輿論才能完滿扮演他們的角色。我們在上面提過，輿論中的要素是要維持人本主義的倫理。（Toennies, 1971: 264）

十、社會學分類

最後一個部分，我要討論社會學分類上的問題。這是在一般社會學理論教科書都不會提到的。我認爲在初代社會學理論家的想像中，社會學應該有的樣子，應該是社會學理論研究的一個不可忽略的部分。

杜尼斯首先將社會學分成普通社會學跟特殊社會學兩大部分：普通社會學下面他又細分成兩個分支：社會生物學（社會人類學）及社會心理學，而前者又可以以研究未開化民族和開放民族而分別爲民族誌和人口學。特殊社會學可以分成三支：純粹社會學、應用社會學及經驗社會學，而純粹社會學又可以再細分成五個部分：第一個部分是研究「共同體」和「社會體」的基本概念，第二個部分研究社會實體的理論（無法直接經驗到的，必須透過構成實體的部分的共同思想和意志爲中介來加以理解），第三個部分是社會規範的理論（社會實體的意志的內容），第四個部分是社會價值的理論（社會實體所占有的對象），最後一個部分則是社會制度或結構的理論（社會實體行動的對象）。

這個部分大家可以自行參照目前社會學的發展對照來看，古典社會學理論家的想像也許還可以替我們指出一些新的方向呢！

十一、Q & A 反思回顧

1. 你認爲杜尼斯對於共同體與社會體的區分，是否有一個良好健全的判準？
2. 杜尼斯對於人類生活中的親密關係的分類，與家庭三倫的關係有什麼特別的不同差異嗎？
3. 杜尼斯對於威望的分類與馬克斯．韋伯對於支配的分類，對於同一個主題，哪一個分類是更爲合適的，爲什麼？
4. 杜尼斯爲什麼想要採取統計的方式描述社會樣貌，他對於世界有什麼預設立場的看法嗎？
5. 杜尼斯爲什麼與涂爾幹的有機與機械連帶說法如此相似，兩人有何差異？

附錄一
杜尼斯
（Ferdinand Toennies, 7/26/1855-4/9/1936）
的生平與著作

年代	生平與著作
1855 年	7 月 26 日　生於史勒斯威—霍斯坦（Schleswig-Holstein）的艾德城（Eiderstedt）。
1861 年（6 歲） 曼因出版《古代法》	
1862 年（7 歲） 俾斯麥為德國宰相	
1864 年（9 歲）	舉家遷往胡森（Husum）小鎮。
1866 年（11 歲） 普奧戰爭	
1868 年（13 歲） 馬克思出版《資本論》第一卷	
1870 年（15 歲） 普法戰爭	認識詩人和民眾英雄史篤姆（Theodor Storm），對他產生終身的影響。
1871 年（16 歲） 普王威廉為德國皇帝 尼采出版《悲劇的誕生》	
1872（17 歲）	原先準備進入史特拉斯堡大學就讀，但後來轉往耶納（Jena）大學。
1873 年（18 歲） 德國文化鬥爭，俾斯麥排除教會對教育政治的干預	
1875 年（20 歲）	喝醉酒後病倒，以後經常頭痛。 轉往柏林大學就讀。
1877 年（22 歲）	獲得杜賓根（Tübingen）大學古典語言學博士。

年代	生平與著作
1877-1882 年（22-27 歲）	接受教師包森（Friedrich Paulsen）的建議，研究霍布斯（Thomas Hobbes, 1588-1679）。
1878 年（28 歲） 德皇二次被刺，公布社會主義鎮壓法	遊歷英國的倫敦和牛津，尋訪閱讀霍布斯手稿。 閱讀馬克思《資本論》第一卷。
1881 年（31 歲）	擔任基爾（Kiel）大學的 Privatdozent。 以《共同體和社會體》初稿呈現給大學當成升等論文。
1881-1887 年（31-37 歲）	準備撰寫《共同體與社會體》。
1882 年（31 歲） 俾斯麥提出勞工保險案	
1887 年（37 歲）	出版《共同體與社會體》（*Gemeinschaft und Gesellschaft*）〔1957 年由 Charles P. Loomis 英譯為 *Community and Society* 出版；1999 年林榮遠中譯本《共同體與社會》出版；2001 年 Jose Harris 和 Margaret Hollis 合譯英譯本 *Community and Civil Society* 出版〕。
1889 年（39 歲）	杜尼斯編輯的霍布斯的《法律要素：自然與政治》（*Elements of Law: Natural and Politic*）和《比希毛斯》（*Behemoth*）以英文出版。
1890 年（40 歲） 德國廢社會主義鎮壓法 社會民主黨出現	
1893 年（43 歲）	參加「德國倫理學會」（German Ethical Society）創立大會〔Harris & Hollis（2001: xxxii）作 1892 年〕。 大學給予大學講座，但是條件要求杜尼斯退出倫理學會，被杜尼斯婉拒。
1894 年（44 歲）	和 Marie Sieck 結婚，兩人後來生了五個小孩。 德國倫理學會沒有通過杜尼斯「八小時工時和反對夜間工作」的提議。
1896 年（46 歲）	出版《湯瑪斯．霍布斯：生平與學說》（*Thomas Hobbes: Leben und Lehre*）〔2022 年張巍卓中譯為《霍布斯的生平與學說》出版〕。
1904 年（54 歲）	與特略區（Ernst Troeltsch）和韋伯（Max Weber）遊歷美國聖路易博覽會。和芝加哥大學社會學家有往來。

年代	生平與著作
1908 年（58 歲）	往海德堡參加國際哲學會議，借宿在韋伯夫婦家。
1909 年（59 歲）	出版《習俗》（*Die Sitte*）〔1961 年 A. Farrell Borenstein 英譯為 *Custom: An Essay on Social Code* 出版〕。
1909-1933 年（59-83 歲）	德國社會學社創立，他是創始社員，並長期擔任會長。
1913 年（63 歲）	升任正教授。
1914 年（64 歲）	第一次世界大戰開始。
1917 年（67 歲） 美國參戰 俄國大革命	出版《英國國家與德國國家》（*Der englische Staat und der deutsche Staat*）。
1919 年（69 歲） 巴黎和會簽訂凡爾賽和約 德國威瑪共和	
1920-1925 年（70-75 歲）	寫作「新福音」（The New Gospel），但未出版。
1921 年（71 歲） 希特勒為納粹黨魁	出版《馬克思：生平與學說》（*Marx: Leben und Lehre*）〔1974 年由 Charles P. Loomis 和 Ingeborg Paulus 合譯為 *Karl Marx: His Life and Teachings* 出版〕。
1922 年（72 歲）	出版《輿論批判》（*Kritik der öffentlichen Meinung*）。
1923 年（73 歲）	出版《當代哲學自述》（*Die Philosophie der Gegenwart in Selbstdarstellung*）內有簡單的自傳
1925 年（75 歲） 希特勒出版《我的奮鬥》	出版《社會學研究和批判集》（*Soziologische Studien und Kritiken*）第一集〔1926 年第二集；1929 年第三集〕。
1926 年（76 歲）	出版《進步與社會發展：歷史哲學的觀點》（*Fortschritt und soziale Entwicklung: Geschichtsphilosophische Ansichten*）。
1931 年（81 歲）	出版《社會學導論》（*Einführung in die Soziologie*）。
1932 年（82 歲）	參加社會民主黨（Social Democratic Party）以抵抗法西斯的興起。

年代	生平與著作
1933 年（83 歲） 希特勒為德國總理 德國大選，納粹獲勝	
1935 年	杜尼斯八十大壽慶生會在萊比錫召開。 《新時代的精神》（*Geist der Neuzeit*）出版〔2006 年林榮遠中譯為《新時代的精神》出版〕。
1936 年（86 歲）	4 月 9 日　逝世。

附錄二
杜尼斯的思想脈絡

前輩

霍布斯（Thomas Hobbes, 1588-1679）
普芬道夫（Samuel von Pufendorf, 1632-1694）
繆勒（Adam H. Müller, 1779-1829）
叔本華（Arthur Schopenhauer, 1788-1860）
孔德（Auguste Comte, 1798-1857）
馬克思（Karl Marx, 1818-1883）
斯賓賽（Herbert Spencer, 1820-1903）
曼因（Sir Henry Sumner Maine, 1822-1888）
謝福勒（Albert Schäffle, 1831-1903）
基爾克（Otto von Gierke, 1841-1921）
尼采（Friedrich Nietzsche, 1844-1900）
包森（Friedrich Paulsen, ?-1908）
史篤姆（Theodor Storm, 1817-1888）〔《茵夢湖》（*Immensee*）一書的作者〕

同輩

瓦革納（Adolf Wagner, 1835-1917）
耶林（Rudolf von Jhering, 1818-1892）
涂爾幹（Emile Durkheim, 1858-1917）
齊美爾（Georg Simmel, 1858-1918）
韋伯（Max Weber, 1868-1920）

晚輩

帕深思（Talcott Parsons, 1902-1979）

附錄三
杜尼斯的主要著作脈絡

* 有關杜尼斯的詳細著作目錄，請參見 Werner J. Cahnman and Rudolf Heberle (eds.) (1971). *Ferdinand Toennies on Sociology: Pure, Applied, and Empirical.* Chicago: The University of Chicago Press. pp. 333-341.

《共同體與社會體：共產主義和社會主義當成經驗文化形式的論文》（*Gemeinschaft und Gesellschaft: Abhandlung des Communismus und des Socialismus als empirischer Culturformen*）

寫作時間：1881-1887 年

出版時間：1887 年初版

〔「序」英譯："Preface to the First Edition of *Gemeinschaft und Gesellschaft*," in Cahnman and Heberle. Eds. (1971: 12-23)〕

1912 年第二版

〔「序」英譯："Preface to the Second Edition of *Gemeinschaft und Gesellschaft*," in Cahnman and Heberle. Eds. (1971: 24-36)〕

1940 年由 Charles P. Loomis 英譯爲 *Fundamental Concepts of Sociology*（*Gemeinschaft und Gesellschaft*）出版

1955 年由 Charles P. Loomis 英譯本在英國以 *Community and Association* 出版

1957 年由 Charles P. Loomis 英譯本改名爲 *Community and Society* 出版

1963 年 Charles P. Loomis 英譯本出版平裝本

1988 年 Charles P. Loomis 英譯本由 John Samples 重新寫導讀出版平裝本

1999 年林榮遠中譯本《共同體與社會》出版

2001 年 Jose Harris 和 Margaret Hollis 合譯爲 *Community and Civil Society* 出版

目錄（第一版）：

第一卷　對比的普通限定（Allgemeine Bestimmung des Gegensatzes）

　第一節　社區的理論（Theorie der Gemeinschaft）

　第二節　社會的理論（Theorie der Gesellschaft）

第二卷　本質意志與專斷意志（Wesenwille und Willkür）

　第一節　人類意志的形式（Die Formen des menschlichen Willens）

　第二節　對比的注釋（Erläuterung des Gegensatzes）

　第三節　經驗的意義（Empirische Bedeutung）

第三卷　自然法的序言（Prooemien des Naturrechts）

　第一節　定義和題旨（Definitionen und Thesen）

　第二節　法律中的自然（Das Natürliche im Rechte）

　第三節　聯合意志的形式──市村制度和國家（Formen des verbundenen Willens –

Gemeinwesen und Staat）

附錄　結果與展望（Ergebnis und Ausblick）

德文版（1887/1935）	Loomis 英譯版（1940）	Loomis 英譯 Transaction 版（1988）	Harris & Hollis 英譯版（2001）	林榮遠中譯版（1999）
Vorbemerkung zur Neuausgabe 1978				1978 年新版序
Vorbemerkung zur Ausgabe 1963				1963 年版序
			Acknowledgements	
			General introduction	
			Chronology of Tönnies's life and career	
			A note on the texts and further reading	
			A note on translation	
			Glossary	
Vorrede zur ersten Auflage			Tönnies's preface to the first edition, 1887	第 1 版前言
Vorrede zur zweiten Auflage				第 2 版前言
Vorrede zur vierten und fünften Auflage				第 4 版和第 5 版前言
Vorrede zur sechsten und siebenten Auflage				第 6 版和第 7 版前言
Vorwort zur achten Auflage				第 8 版前言
	Forward *Pitirim A. Sorokin*			
	Preface *Rudolf Heberle*			
		Introduction to the Transaction Edition *John Samples*		
	Introduction *Charles P. Loomis and John C. McKinney*			

德文版（1887/1935）	Loomis 英譯版（1940）	Loomis 英譯 Transaction 版（1988）	Harris & Hollis 英譯版（2001）	林榮遠中譯版（1999）
Erstes Buch: Allgemeine Bestimungen der Hauptbegriffe Erster Abschnitt: Theorie der Gemeinschaft Zweiter Abschnitt: Theorie der Gesellschaft	PART ONE General Statement of the Main Concepts		BOOK ONE: A general classification of key ideas The argument Section 1: The theory of *Gemeinschaft* Section 2: The Theory of *Gesellschaft*	第一卷　主要概念的一般界定 主題 第一章　共同體的理論 第二章　社會的理論
Zweites Buch: Wesenwille und Kürwille Erster Abschnitt: Die Formen des menschlichen Willens Zweiter Abschnitt: Erläuterung des Gegensatzes Dritter Abschnitt: Empirische Bedeutung	PART TWO Natural Will and Rational Will		BOOK TWO: Natural will and rational will Section 1: The forms of human will Section 2: Explanation of the dichotomy Section 3: Practical implications	第二卷　本質意志和選擇意志 第一章　人的意志的形式 第二章　對立的闡釋 第三章　經驗的意義
Drittes Buch: Soziologische Gründe des Naturrechts Erster Abschnitt: Definitionen und Thesen Zweiter Abschnitt: Das Natürliche im Rechte Dritter Abschnitt: Formen des verbundenen Willens – Gemeinwesen und Staat	PART THREE The Sociological Basis of Natural Law		BOOK THREE: The sociological basis of natural law Section 1: Definition and propositions Section 2: The natural element in law Section 3: Inter-related forms of will – Commonwealth and state	第三卷　自然法的社會學的根據 第一章　定義和命題 第二章　法中的自然之物 第三章　被約束的意志的形式——工團和國家
Anhang: Ergebnis und Ausblick	PART FOUR Conclusions and Outlook		Appendix: Conclusions and future prospects	附錄　結論與前瞻

德文版（1887/1935）	Loomis 英譯版（1940）	Loomis 英譯 Transaction 版（1988）	Harris & Hollis 英譯版（2001）	林榮遠 中譯版（1999）
	PART FIVE The Summing Up			
	Notes on Tönnies' Fundamental Concepts *Charles P. Loomis*			
	Selected Bibliography			
Sach- und Personenverzeichnis	Index			

《習俗》（*Die Sitte*）

寫作時間：不詳

出版時間：1909 年出版

1961 年由 A. Farrell Borenstein 英譯爲 *Custom: An Essay on Social Code* 出版

《馬克思：生平與學說》（*Marx: Leben und Lehre*）

寫作時間：不詳

出版時間：1921 年

1974 年由 Charles P. Loomis 和 Ingeborg Paulus 合譯爲 *Karl Marx: His Life and Teachings* 出版

目錄（依英譯本）：

序

第一部分　生平

1. 到他選擇共產主義以及和恩格斯會面爲止（1818-1843）
2. 狂飆時期——到遷居倫敦爲止（1843-1850）
3. 到《資本論》第一卷的結論以及《政治經濟學批判》爲止（1850-1867）
4. 到他死爲止（1867-1883）

第二部分　學說

1. 《政治經濟學批判》——價値論
2. 平均利潤率的謎
3. 資本主義的生產方法及其發展
4. 歷史唯物論
5. 批判

《進步與社會發展：歷史哲學的觀點》（***Fortschritt und Soziale Entwicklung: Geschichtsphilosophische Ansichten***）

寫作時間：不詳

出版時間：1926 年

目錄：

新時代的個人與世界（Individuum und Welt in der Neuzeit）

〔英文節譯："The Individual and the World in the Modern Age," in Cahnman and Heberle. Eds.（1971: 288-317）〕

人類進步的概念與法則（Begriff und Gesetz des menschlichen Fortschritt）

研究進步與社會發展的原理（Richtlinien für das Studium des Fortschritt und der sozialen Entwicklung）

世界意見、世界文學、世界宗教：世俗的觀察（Weltmeinung, Weltliteratur, Weltreligion: Eine Säkularbetrachtung）

跋（Nachwort）

《社會學導論》（***Einführung in die Soziologie***）

寫作時間：不詳

出版時間：1931 年

目錄：

第一卷　基本觀念（Grundbegriffe）

第二卷　社會實體或全形（Soziale Wesenheiten und Gestalten）

　第一章　一般特質（Allgemeine Charakteristik）

　〔英譯："Social Entities or Configurations: General Characterization," in Werner J. Cahnman and Rudolf Heberle. Eds. (1971: 143-156)〕

　第二章　社會關係（Soziale Verhältnisse）

　第三章　社會整體（Soziale Samtschaften）

　第四章　社會聯合（Soziale Verbände）

第三卷　社會價值（Soziale Werte）

　第一章　經濟價值（Ökonomische Werte）

　〔英譯："Social Values: Economic Values," in Cahnman and Heberle. Eds. (1971: 157-169)〕

　第二章　政治價值（Politische Werte）

　第三章　倫理社會價值（Ethische soziale Werte）

　〔英譯："Social Values: Ethical Social Values," in Cahnman and Heberle Eds. (1971: 170-185)〕

第四卷　社會規範（Soziale Normen）

　第一章　一般特質（Allgemeine Charakteristik）

　〔英譯："Social Norms: General Characterization," in Cahnman and Heberle. Eds. (1971: 186-

198)〕

第二章　秩序（Ordnung）

第三章　法律（Recht）

〔英譯："Social Norms: Law," in Cahnman and Heberle. Eds. (1971: 199-211)〕

第四章　道德（Moralität）

第五卷　社會關係形體（Soziale Bezugsgebilde）

第一章　特質（Charakteristik）

〔英譯："Social Structures or Institutions: General Characterization," in Cahnman and Heberle. Eds. (1971: 212-216)〕

第二章　因素的作用（Wirksamkeit des Faktoren）

〔英譯："Social Structures or Institutions: Effectiveness of Factors," in Cahnman and Heberle. Eds. (1971: 217-231)〕

第三章　成對觀念──經濟因素（Die Begriffspaare – der Faktor Wirtschaft）

第四章　政治因素（Der Faktor Politik）

第五章　精神因素（Der Faktor Geist）

第六卷　應用的和經驗的社會學（Angewandte und Empirisch Soziologie）

附錄四
杜尼斯的共同體〔社區〕（Gemeinschaft）與社會體〔社會〕（Gesellschaft）的譯名與區分

譯名

德文	Loomis	英譯		中譯	日譯	孫中興建議
		Cahnman & Herberle	Harris & Hollis			
Gemeinschaft	community	community	community	社區；共同體	共同社會 共同体	共同體
Gesellschaft	society	society	civil society	社會；市民社會	利益社會	社會體
Wesenwille	natural will	essential will;	natural will; essential will; spontaneous will; intuitive will	本質意志	本質意志	自然意志
Willkür (1887); Kürwille (1979)	rational will	arbitrary will	rational will; arbitrary will; free choice; rational choice	選擇意志	選擇意志	理性意志

註：日文部分參考森岡清美等（1993: 301）。

說明：既然將 Gemeinschaft 翻成「共同體」已經成爲共識，那麼相對於「共同體」的 Gesellschaft 這個概念，似乎以翻成對應的「社會體」爲佳，以免只用「社會」容易和一般的用法混淆，而忽略了這是杜尼斯的一組同「體」特別概念。

區分

共同體〔社區〕（Gemeinschaft）	社會體〔社會〕（Gesellschaft）
真正的、有機的生活	想像的、機械的教養
親密的、私密的、排外的共同生活	公共生活
古早的現象	新興現象與名詞
在鄉村生活中可以見到最強烈的和最生動的，是共同生活的最長久和真正的形式	暫時性的、膚淺的
活生生的有機體（ein lebendiger Organismus; a living organism）	機械式的聚合、人為產品（ein mechanisches Aggregat und Artefakt; a mechanical aggregate and artifact）
	（Tönnies, 1963: 33-35; 1979: 3-4）

共同體〔社區〕（Gemeinschaft）	**社會體〔社會〕（Gesellschaft）**
本質意志（Wesenwille; Natural Will）	理性意志（Willkür; Rational Will）
自我（Selbst; Self）	個人（Person; Person）
占有（Besitz; Possession）	財產（Vermügen; Wealth）
土地（Grund und Boden; Land）	金錢（Geld; Money）
家族法（Familienrecht; Family Law）	契約法（Obligationenrecht; Law of Contract）
	（Tönnies, 1887: 212; 1963: 181）
家庭生活＝合諧（Familienleben=Eintracht; Family Life=Concord）	大城市生活＝傳習（Grossstädtisches Leben=Convention; City Life=Convention）
心思（Gesinnung; Sentiment）	意圖（Bestrebung; Intention）
人民（Volk; People）	社會體本身（Gesellschaft schlechthin; Gesellschaft *per se*）
農村生活＝習俗（Dorfleben=Sitte; Rural Village Life=Folkways & Mores）	國家生活＝立法（Nationales Leben=Politik; National Life=Legislation）
民俗（Gemüthe; Mind & Heart）	計算（Berechnung; Calculation）
市村制度（Gemeinwesen; Commonwealth）	國家（Staat; State）
城鎮生活＝宗教（Städtisches Leben=Religion; Town Life=Religion）	世界主義生活＝輿論（Kosmopolitische Leben =Oeffentliche Meinung; Cosmopolitan Life=Public Opinion）
良心（Gewissen; Conscience）	意識（Bewusstheit; Consciousness）
教會（Kirche; Church）	學者共和國（Gelehrten-Republik; Republic of Scholars）
	（Tönnies, 1887: 289; 1963: 231）
主要的職業和精神生活	
家庭經濟（Hauswirtschaft; Home (or household) economy）	商業（Handel; Trade）
農業（Ackerbau; Agriculture）	工業（Industrie; Industry）
藝術（Kunst; Art）	科學（Wissenschaft; Science）
	（Tönnies, 1887: 289-90; 1963: 232）

※ 這兩個分類概念很少人注意到杜尼斯自己在書中所做的區分圖表。

※ 涂爾幹的「機械連帶」和「有機連帶」和杜尼斯的概念太像到會讓人懷疑。涂爾幹 1882 年的博士論文《社會分工論》，不知何故拖到 1893 年才出版。杜尼斯的《社區與社會》在 1887 年出版，剛好夾在涂爾幹博士論文和書籍出版中間。

參考文獻

中文文獻

斐迪南・滕尼斯（Ferdinand Tönnies）（1887/1991）。《共同體與社會》。林榮遠譯。北京：商務印書館。

森岡清美、鹽原勉、本間康平編（1993）。《新社會學辭典》。東京：有斐閣。

楊碧川、石文傑（1981）。《遠流活用歷史手冊》。臺北：遠流。

外文文獻

Alfred Schutz (1943/1964). The Problem of Rationality in the Social World. *Economica*, X, 38(May): 130-149. Reprinted in Arvid Brodersen. Ed. Alfred Schutz: Collected Papers. Vol. II. Studies in Social Theory. The Hague: Martinus Nijhoff. pp. 74-75

Ferdinand Tönnies (1887). *Gemeinschaft und Gesellschaft: Abhandlung des Communicsmus und des Socialismus als Empirischer Culturformen.* Leipzig: Fues's Verlag.

Ferdinand Tönnies (1925/1971). The Divisions of Sociology. In his *On Sociology: Pure, Applied, and Empirical.* Edited and with an introduction by Werner J. Cahnman and Rudolf Herberle. Chicago: The University of Chicago Press. pp. 128-140.

Ferdinand Tönnies (1931). *Einführung in de Soziologie.* Stuttgart: Ferdinand Enke.

Ferdinand Tönnies (1940). *Fundamental Concepts of Sociology* (*Gemeinschaft und Gesellschaft*). Tr. by Charles P. Loomis. New York: American Book Company.

Ferdinand Tönnies (1957/1963). *Community and Society*. Tr. by Charles P. Loomis. New York: Harper & Row.

Ferdinand Tönnies (1971). *On Sociology: Pure, Applied, and Empirical.* Edited and with an introduction by Werner J. Cahnman and Rudolf Herberle. Chicago: The University of Chicago Press.

Ferdinand Tönnies (1979). *Gemeinschaft und Gesellschaft: Grundbegriffe der reinen Soziologie.* Darmstadt: Wisenschaftliche Buchgesellschaft.

Ferdinand Tönnies (1988). *Community and Society*. Tr. by Charles P. Loomis. With a new introduction by John Samples. New Brunswick, N.J.: Transaction Books.

Ferdinand Tönnies (2001). *Community and Civil Society*. Ed. by Jose Harris. Trs. by Jose Harris and Margaret Hollis. Cambridge: Cambridge University Press.

Ferdinand Tönnies (1932/1971). My Relation to Sociology. In his *On Sociology: Pure, Applied, and Empirical.* Edited and with an introduction by Werner J. Cahnman and Rudolf Herberle. Chicago: The University of Chicago Press. pp. 3-11.

Harry Liebersohn (1988). *Fate and Utopia in German Sociology, 1870-1923.* Cambridge, Mass.: MIT Press. pp. 11-39. https://en.wikipedia.org/wiki/German_Sociological_Association

Werner J. Cahnman and Rudolf Heberle (eds.) (1971). *Ferdinand Toennies on Sociology: Pure, Applied, and Empirical*. Chicago: University of Chicago Press.

第十一講

涂爾幹（Émile Durkheim）（一）

《社會分工論：高級社會組織的研究》

從這一講次開始，接下來連續四講都要談論涂爾幹。

我的古典社會學理論的講次安排是根據古典社會學理論家的出生順序；奇妙的是他們的出生順序與後來被學術界重視程度，兩者恰好就呈現了高峰跟低谷的走勢圖：在沃斯通克拉芙特與孔德之後，迎來的第一個高峰便是馬克思與恩格斯；在此高峰之後的低谷，是斯賓賽、巴烈圖跟杜尼斯，然後我們現在要爬上另外一個高峰——涂爾幹。

涂爾幹是法國的社會學家，他是第一位在高等院校中榮獲「社會學教授」頭銜的人。值得注意的是，他的影響力從來都未消退過，始終吸引著後輩學者對他的學術研究興趣。

涂爾幹生前出版的著作非常多，許多景仰他的學生或後來的研究者，也整理了許多相關學術作品。他自己親自撰寫的總共有四本重要著作，對社會學的研究影響深遠，堪稱他的「四大名著」。

根據他出版的順序，第一本是他的博士論文《社會分工論》；第二本是《社會學方法的規則》（或不恰當地譯爲《社會學方法論》）；第三本是非常有名的《自殺論》，我認爲這是「社會學的第一部經典」，我們提到《自殺論》的時候再詳細述說；第四本是《宗教生活的基本（或初步）形式》。

涂爾幹在這「四大名著」中都遵循著嚴謹的學術寫作格式。

首先，涂爾幹會描述該書要研究的現象，隨後說明過去相關的學說理論，我們現在稱爲「文獻回顧」（literature review），接下來，他針對研究的對象進行分類。在他的「四大名著」裡，分類學扮演著一個非常重要的角色，很不幸地，關於這部分，在許多二手書裡的介紹都不完整且模糊。

所以接下來的各講次中，我會根據他的每一著作進行專題討論，也會特別關注他在處理分類時的一般書籍的誤導以及正確的分類。

最後，涂爾幹也會針對研究問題，試圖提供一些解決問題的方案。大體而言，他所關心的問題，是在法國大革命之後，一個動盪不安的社會該如何使其恢復秩序，而社會秩序和道德與宗教之間的關係又爲何？

簡單來說，如果能掌握到涂爾幹「三位一體」的概念，即「宗教、社會和道德是一體的三面」這樣的前提概念，要了解他的相關學說，就是比較方便的途徑。以前有些作者把他稱爲是「社會學主義者」（sociologism），強調他把萬事的解釋都歸結爲社會因素，不是沒有道理的事情。

一、生平脈絡

涂爾幹出生在法國洛林省的艾平納（Epinal），洛林省跟亞爾薩斯省曾經因爲戰爭的關係，在普法戰爭前後，分別歸屬於德國與法國，至第二次世界大戰後又重新歸回法國。所以，出生在該地區的人往往因爲歷史和政治的關係，有時可以稱爲是法國人，有時則是德國人。歷史上有名的史懷哲（Albert Schweitzer, 1875-1965）就有這種國籍歸屬的問題。小的時候讀過胡適翻譯都德（Alphonse Daudet, 1840-1897）的〈最後一課〉，講的就是這樣歷史脈絡下的故事。

涂爾幹是猶太人，他們家到他爲止是八代父子世襲的猶太經師和領袖拉比（rabbi）世家。長子早夭，涂爾幹排行老么，上有兩姊一兄。涂爾幹出生時，父親53歲，母親38歲。

在他12歲（1870年）的時候，普法戰爭發生，翌年（1871年）法國割讓亞爾薩斯和洛林兩省給德國。對於故鄉掛著另一國旗的心情，我們很難從他的社會著作裡找出什麼端緒。

21歲（1879年）時，他進入法國巴黎高等師範學院（École normale supérieure, ENS）就讀。在此之前，他曾經落榜兩次。法國巴黎高等師範學院是法國知識分子的搖籃，至今爲止許多法國著名的學者都出自於此。

涂爾幹在巴黎高師求學期間，師從兩位到現在爲止都還是非常重要的學者，一位是古朗士（Fustel de Coulanges, 1830-1889），以研究《古代城邦》聞名，早期史學界前輩李宗侗先生翻譯的《希臘羅馬古代社會史》，就是該書的中譯本。只是書名改成這樣，很難會讓人聯想到這兩本書其實是同一本書。

另一位是柏格森（Henri Bergson, 1859-1941），他曾經得過諾貝爾文學獎，哲學著作《創造進化論》、《物質與記憶》和《道德與宗教的兩個起源》都是迄今還是被討論研究的書籍，近年也都有簡體中譯本。

比較值得一提的是他的朋友尙．饒勒斯（Jean Jaurès, 1859-1914），以提倡社會主義聞名，曾經於 1901 年寫過《法國革命的社會主義史》（*Histoire Socialiste de la Revolution Française*，六卷），非常奇妙的是我曾經買到過簡體版的《社會主義史》（下冊），卻一直沒看到過上冊。這本書也沒有英譯本。這幾年可以找到中譯本的網路版。

涂爾幹生性木訥，除了少數幾位朋友之外，與其他同學都很疏遠，被同輩戲稱爲「玄學家」。

26 歲（1884 年），他開始寫作《社會分工論》。27 至 28 歲（1885-1886 年），他休假一年，到巴黎研究社會科學；後赴德，參訪柏林（Berlin）、馬堡（Marburg）和萊比錫（Leipzig）各地的大學。萊比錫大學當初是學術重鎮，林語堂先生曾在萊比錫得過語言學博士，這在當時不是件容易的事情。

涂爾幹在萊比錫時曾經參觀威廉．馮特（Wilhelm Wundt, 1832-1920）設立的心理學研究室，並拜馮特爲師。馮特在當時是德國名噪一時的心理學家、民族社會學家也是哲學家，眞是多才多藝。可惜後來乏人問津。

29 歲（1887 年），他受聘爲波爾多大學文學院教育學及社會科學教授，這是法國大學首度設立社會學課程，而且專爲涂爾幹而設立。這是法國社會學史，同時也是世界社會學史的一件破天荒的大事。同年他也結婚了，婚後育有一子一女。眞可謂是搭上人生的順風車。

隔年 30 歲（1888 年），他發表了〈自殺與生育率：道德統計學研究〉（Suicide et natalité: étude de statistique morale）。但是請注意，「道德」（moral）這個字眼，在當時歐洲不論法文或英文，都具有「社會的」意義，不是一個我們現行的倫理學上的意義。此外，在十七世紀左右，蘇格蘭的社會科學先驅，曾被很死板地翻譯爲「道德科學家」（Scottish Moralists），其實確切意義等同於我們現代意義的「社會科學家」。

33 歲（1891 年），他教授有關社會學先驅的課程，包括亞里斯多德、孟德斯鳩和孔德。這部分的課程，特別是有關孟德斯鳩的部分，後來也出版了英譯本，也就是他在 34 歲（1892 年）出版的拉丁文論文《賽孔達對政治科學的貢獻》（*Quid*

secundatus politicae scientiae instituendae contulerit）。當時的博士論文需要寫兩篇論文，一篇法文與一篇拉丁文。

35 歲（1893 年），他的哲學博士論文是《社會分工論》，這書很早就有語言學家王力（當時用的筆名是「王了一」）中譯本，後來還有新的中譯本出現。我寫過一本《令我討厭的涂爾幹的〈社會分工論〉》很認眞地討論過這本書的內容及其問題。有興趣的讀者可以找來看看。

36 至 37 歲（1894-1895 年）期間，他講授宗教課程，接觸到蘇格蘭東方學家兼神學家威廉．羅伯遜．史密斯（William Robertson Smith, 1846-1894）的相關著作，深受啟發，後來涂爾幹在有關宗教生活的基本形式相關論述與此有所關聯。

在涂爾幹 36 歲（1894 年）時，就在《哲學評論》（*Revue philosophique*）上連載〈社會學方法的規則〉（Les Règles de la méthode sociologique）。翌年（1895）就出版了《社會學方法的規則》。這本書 1924 年就有許德珩的中譯本《社會學方法論》。我教書的早年，余伯泉同學就發現，許先生的中譯本，原先有蔡元培的序言。可是戒嚴時期的臺灣商務印書館的版本都略去這個序言，解嚴後才恢復到原來譯本的狀態。

不僅如此，譯者許德珩的名字在書中也被略去中間的「德」字，譯者遂成爲「許珩」。這些看似無關緊要的小問題都蘊含了不少政治介入學術或出版的故事。這也是讀書要注意版本的一個例子。

在臺灣因爲長期沒有新的譯本，所以這個譯本一直重印。但是譯本裡面重要譯名已經和現在學界的通用譯法有別，而且譯筆也和現代的白話文有差距，所以閱讀起來增加不少讀者的困擾。後來臺灣引介了新的譯本，由簡體轉繁體，這個古早味的譯本才慢慢淡出江湖。

另外，頗值得注意的是現在的法文版中有根據當年雜誌版（第一版）重印的《社會學方法的規則》，中譯本則一直沒有這種版本意識，就算 2020 年整理出版的十卷本簡體版的《涂爾幹文集》也一樣，錯失法國學界的最新發現和研究成果，十分可惜。

38 歲這一年（1896 年），他終於獲得當初孔德夢寐以求的職位，被聘爲社會科學正教授，成爲名正言順的學術體制內的社會學先驅。

39 歲（1897 年），他發表了《自殺論：社會學的研究》（*Le Suicide: étude de sociologie*），該書影響深遠，堪稱「社會學第一經典」。我曾經寫過一本書《理論旅人之涂爾幹自殺論之霧裡學》，對於版本、譯文、著作脈絡等各種迷霧裡的問題，進行討論與釐清。有興趣的讀者可以去參考。

40 歲時（1898 年），《社會學年報》（*L'Annee Sociologique*）創刊號出版。這本雜誌至今都還是法國很重要的社會學期刊。他在其中發表了〈亂倫禁忌的性質及其起源〉（La Prohibition de l'inceste et ses origines）。

44 歲（1902 年），他受聘爲巴黎大學索爾朋分校教育學系副教授。所以涂爾幹不單只是在社會學領域，他對教育學也提供了不少貢獻。

45 歲（1903 年），他與他的外甥馬塞爾．莫斯（Marcel Mauss）發表〈原始分類的一些形式：集體表徵的研究〉（De quelques formes primitives de classification: contribution à l'étude des représentations collectives）。這篇文章在知識社會學領域裡是非常重要的。妙的是這篇文章的內容錯誤百出，英譯這篇文章的 Rodney Needham，寫了一篇幾乎跟該文篇章等長的導讀，就提到過這個問題。我初次閱讀時就感到納悶：爲什麼一篇錯誤百出的文章還要出版？他的解釋是因爲該書的觀點對後來的研究深具啟發性。

48 歲（1906 年），升任文學院教育學系正教授，講授社會學及教育學。同年並在法國哲學會發表〈道德事實的決定〉（La Détermination du fait moral）。

49 歲（1907 年），在給《新學院評論》（*Revue néo-scholastique*）的主編的信中提到自己 1894-1895 年開設的宗教課程，和閱讀威廉．羅伯遜．史密斯對他思想的啟蒙和轉向的影響。

51 歲（1909 年），他和李維．步呂爾（Lucien Levy-Bruhl, 1857-1939 年）通信。步呂爾寫過《原始思維》（*La mentalité primitive*），有簡體譯本，在人類學史上非常重要。

當年並在《形上學和道德評論》（R*evue métaphysique et de morale*）上發表〈宗教社會學與認識論〉（Sociologie religieuse et théorie de la connaissance），該文轉爲 54 歲時（1912 年）發表的《宗教生活的基本形式：澳大利亞圖騰制度》（*Les Formes élémentaire de la vie religieuse: le système totémique en Australie*）的導論。

56 歲時（1914 年），第一次世界大戰爆發，他的獨子 André 在前線戰死。同年他出版《誰需要戰爭？根據外交文獻探索戰爭的起源》（*Qui a voulu la guerre? Les origines de la guerre d'après les documents diplomatiques*）以及《德國高於一切：德國心態與戰爭》（*L'Allemagne au-sessus de tout: la mentalité et la guerre*）。

58 歲（1916 年）年尾，他於離開一場會議時中風。隔年（1917 年）11 月 15 日於巴黎逝世，葬於蒙納帕斯墓園的猶太人區。

綜觀涂爾幹一生，他作爲一個偉大的社會學家，並沒有集滿「繼承遺產」、「精神崩潰」以及「外遇」這三個點數，在古典社會學者群體裡，他算是異類的存在。

後來他的學生非常崇拜他，將他上課的筆記都整理出版，所以除了「四大名著」之外，涂爾幹還有可觀的著作問世。不過，學生在未經教師同意下整理的內容是否可以確實代表教師的想法，是否可以算是教師的「著作」也不是完全沒有異議的。比較保守的做法都是只引用他的「四大名著」，其他學生整理的筆記僅供參考。

以上可以參考在附錄一的生平脈絡。

二、《社會分工論》的封面引文與標題問題

關於《社會分工論》，我曾經寫過一本小書《令我討厭的涂爾幹的〈社會分工論〉》，是我在長期教學和思考之後，對《社會分工論》進行一個認眞的分析，也大概是我開始找到脈絡和四本的研究路徑以後的學術寫作裡面標題和文字都追求詼諧的一本。以下的討論多少也會提到書中的發現。

《社會分工論》當年在出版時，封面上印了一行希臘文，如果有學過英文片語的話，眞是「It's all greek to me」。這些希臘文到底在說什麼，應該不是只有我看不懂吧！

在後來重印的法文版裡，這句話便被挪進內頁裡，但一樣處於被忽略的位置。這也導致英譯本遇到這句希臘文時，也無所適從。

這段希臘文註明是出自亞里斯多德《政治學》第二卷（涂爾幹誤作第一卷）1261a24 的一段話：

> 其次，城邦不僅是由多個人組合而成的，而且是由不同種類的人組合而成。種類相同就不可能產生出一個城邦。城邦與軍事聯盟不同。（Ον γαρ γινεται πολιζ εξ ομοιῶν ετερον γαρ σνμμαχια και πολιζ）（亞里士多德，1994，頁 32-33）

亞里斯多德的著作在西方長期以來的註解習慣標明它的節數而非常見的頁碼。

接下來也是常被中英譯本忽略的副標題「高級社會組織的研究」（Étude sur l›organization des sociétés supéreures）。其實透過副標題我們就可以得知，《社會分工論》不是只想研究社會分工的問題，它還要研究一種「高級的社會組織」。從內容來看，這種他所謂的「高級的社會組織」就是下面會詳細提到的「有機連帶」。

三、《社會分工論》的全書架構

書名和封面之後，我們參考附錄三的著作脈絡，先要注意這本書的幾個重點：

首先，要提醒閱讀時注意的是現行的譯本都有〈第二版序言〉，也就是涂爾幹對職業團體（groupements professionelles; professional groups）的強調。這其實主要是延續他在《自殺論》中沒說清楚的「職業團體」，藉著《社會分工論》出第二版的機會來個對另一本著作的補充。多少也算是對自己前面著作的「置入性行銷」。

其次，〈第一版的導論〉在第二版印行時刪掉了原有約三十頁的篇幅。這個刪節的部分 1933 年辛普森（George Simpson）的英譯本有將其還原並譯出，後來霍爾（W. D. Halls）就徹底忽略這個部分。中譯本則壓根沒有提到這個部分，這個第一版的導言彷彿根本就不存在一樣。所以就此點而論，新譯本未必是好譯本。讀經典要注意版本和譯本，這裡就是最好的例證。

第三，涂爾幹在正文中都會對重要概念下個明確的定義，可是下完定義之後，很少在結論中再提到這個概念和本研究的關係。例如本書提到了「功能」（function; function）此一重要概念，可是整篇「社會分工」和「功能」有何關聯？卻沒看到他加以討論。

第四，文本以確立「分類」和找尋「原因」爲主線（在後來的《自殺論》一書中亦同），最後結論中也都有解決之道提出。「分工」的解決之道，中文的成語其實已經說得很精簡了，就是「分工合作」。這就是涂爾幹的「連帶」、「社會」和「道德」。我們講「分工合作」太習慣了，沒去細想涂爾幹的精義就在此四字「眞言」中。

第五，整個研究不忘「正常」和「異常」對舉。這也算延續了孔德以來對於「社會變異性」的重視。

第六，引證資料很不仔細：例如首頁亞里斯多德的話，以及第二部分對斯賓賽的引證，在今天的標準來看，都算很隨便。

最後，整篇研究展現出一般論文常見的「虎頭蛇尾」：對「正常社會分工」的研究舉證較詳細，論證也比較深入，而在最後一卷討論「異常社會分工」時，則分類（第三種異常的分工就說得很含糊）、舉證和論證都很馬虎（《自殺論》亦同）。

四、《社會分工論》的問題意識與實證方法

在《社會分工論》的正文開頭，涂爾幹列舉了許多相關的前人研究。這就是我們現在「文獻回顧」的部分。

我將他前後提到的前人的研究說明如下：

一是亞當・斯密（Adam Smith）《國富論》（*An Inquiry into the Nature and Causes of the Wealth of Nations*, 1776）。〔不過，涂爾幹在書中只提到「亞當・斯密」的名字，並未徵引到他的名著。〕

二是古朗士（Fustel de Coulanges）《古代城邦》（*La cité antique*, 1864）。〔李宗侗中譯本《希臘羅馬古代社會史》（1955 年）。〕

三是齊美爾（Georg Simmel）《社會分化論》（*Über sociale Differenzierung*, 1890）。

四是斯賓賽（Herbert Spencer）《社會學原理》（*Principles of Sociology*, 1876-1897）。〔可是涂爾幹的《社會分工論》於1893年出版，來不及參考斯賓賽1897年才出版的第三卷第七、八部分。〕

最後是我們現在比較不熟悉的馬西翁（Henri Marion）《道德連帶》（*La solidarité morale*）。〔我想應該是書名的影響很大。〕

這當中最有名的莫過於亞當・斯密的《國富論》，只是該書是從經濟觀點看待社會分工，但對於涂爾幹而言，他希望另闢蹊徑，從社會凝聚力下的道德與宗教來看待分工的歷史影響。他的終極目的是希望透過此問題的研究，能使法國社會在法國大革命的破壞之下能重新成爲運作良好的社會。

爲達到此目的，涂爾幹運用了孔德提過的實證方法，以便研究道德生活：

> 本書主要是企圖以實證科學的方法（la méthode des sciences positives）來研究道德生活的事實（les faits de la vie morale）。（Durkheim, 1996: XXXVII; 1933: 32; 1984: xxv）

涂爾幹自己承認是想要透過科學的方法，建立一種道德科學：

> 我們不是希望從科學中尋得道德，而是要建立一門道德的科學（Nous ne voulons pas tirer la morale de la science, mais faie la science de la morale）。

這是不一樣的。（Durkheim, 1996: XXXVII; 1933: 32; 1984: xxv）

涂爾幹所謂的「實證科學」是遵循孔德的用法。所以，他在下文馬上舉生物學、心理學、社會學爲例，增加他的可信度。

接下來，我們看他是如何界定研究對象——道德，在有關道德事實的特性：

> 道德事實（les faits moraux）和其他的現象（phénomènes）一樣；它包括了具有某些獨特的行動規則（règles d'action）；它可以被觀察、描述，和分類，同時也可以找到法則加以解釋。（Durkheim, 1996: XXXVII; 1933: 32; 1984: xxv）

在這裡，事實（fait）和現象（phénomène）一詞應該是同義字。事實（fait）一字並無特別之處。

而關於科學研究與應用，他也坦承並不是純粹爲了思辨的旨趣而研究，而是有明確的改革現實的目的：

> 雖然我們主要的目的是研究現實（réalité; reality），這不是說我們不希望能加以改革；假如我們的研究只有純然思辨上的旨趣（intérêt spéculatif; speculative interest），我們應該判斷我們的研究是根本沒有價值的。如果我們謹慎地區分理論問題和實際問題，目的並不是在忽略後者；恰好相反，是為了能更妥善地加以解決。（Durkheim, 1996: XXXVIII-XXXIX; 1933: 33; 1984: xxv-xxvi）

社會分工的三個方面，他的觀點有別於傳統經濟學關於勞動的看法，不再從經濟勞務，改從道德影響的角度：

> 在兩人或多人之間創造一種連帶的情愫（sentiment de solidarité; feeling of solidarity），這是它的真正功能。（Durkheim, 1996: 19; 1933: 56; 1984: 17）

涂爾幹希望強調社會分工的道德影響。關於此點，他是繼承了孔德的看法而來，也因此他希望透過他的研究方式，使得道德不再是一個抽象事物，而將肉眼不可見的內在事實，透過外在事實而加以研究。對於涂爾幹而言，「道德」是「內在的事實」，「法律」則是外在可見的事實。所以要研究道德，需要從法律開始，因爲法律與道德關係，他將其預設爲「法律是道德的表徵（representation，或譯『再現』）」的關係：

> 社會連帶完全是一種道德現象，從其本身來看，既是無法被精確地觀察，也無法測量的。要能夠加以分類和比較，就必須以可以符象代表的外在事實（fait extérieur）來取代內在事實（dait interne），並由外而內加以研究。法律就是一種可見的符象。（Durkheim, 1996: 28; 1933: 64; 1984: 24）

在此處對於法律的看法觀點，涂爾幹認爲是道德的外在表現。但對於馬克思主義者來說，法律卻是統治階級壓迫下層階級的工具，衛護的是資本階級的利益貪婪，跟道德和正義都沒有關係。顯而易見的，馬克思主義與涂爾幹的看法是有天壤之別。

所以這也是在本書提到的兩種連帶中，涂爾幹一直強調兩種連帶分別對應的是「壓制性」和「恢復性」法律的原因。

五、《社會分工論》的種類與功能界定

對於《社會分工論》的分類，大部分的書籍都會提到「機械連帶」與「有機連帶」兩種。但是如果翻閱原典的話，就會發現其實並不是這樣。完整的說法涂爾幹的分類應該是分層次的：

第一個層次的分類是將分工分成「正常的」與「異常的」分工。

第二個層次的分類是將「正常的分工」再細分成三大類：「機械連帶」（solidarité mécanique; mechanical solidarity）或相似連帶（solidarité par similitudes; solidarity by similarities）、「有機連帶」（solidarité organique; organic solidarity）和「契約連帶」（solidarité contractuelle; contractual solidarity）；「異常的分工」（les formes anormales）又可再細分成三大類：「脫序的」（anomique; anomie）、「強迫的」（contrainte; forced），以及「同時能促進並限制活動力的」分工。

異常分工的前兩項在原書標題就寫的很清楚，可是第三種在原章標題只做「另一種異常的形式」（autre forme anormale; Another Abnormal Form）。這裡是從正文的閱讀歸納而得的。

很奇怪的是，大部分的書都忽略了第三種正常的社會分工——契約連帶，也都不提「異常的分工」。也不知道是看書不精還是根本沒看書，跟著人家人云亦云，反正錯也不是從自己開始的。

特別要提一下「脫序的分工」。「脫序」（anomie）在涂爾幹的學說裡占有非常重要的地位。因爲對涂爾幹而言，在法國大革命之後，整個法國動盪不安，呈現的就是一個脫序的狀態。他討論脫序的分工時，分成三個主題：第一個是經濟恐慌跟經濟蕭條時候的分工。關於這部分，涂爾幹並沒有親眼遇見，但這卻是與後來二十世紀與二十一世紀經濟蕭條現象有關。第二個是資本與勞動的對立。這也就是馬克思和恩格斯關懷的核心，也正是我們現在勞資糾紛的問題。第三個則是科學分工太細的問題。如果他那個時代就感受到這問題的話，我們當代學科的分工，想必已經細緻到他無法想像的地步了，應該屬於異常裡的更異常的分工了吧！

脫序一詞的中文譯名也經過一番演變，我整理了一下相關的翻譯在下面的表格：

anomie 的譯名

法文	英譯	王力中譯本	大陸譯本	黃丘隆中譯	通用中譯
anomie	anomy*	無定的	動亂的	無規範的	無規範的
		無法律的	失範的	脫序的	脫序的
				動亂的	

因爲涂爾幹用的這個法文字在英文字中沒有相應的形容詞形式，所以辛普森就大膽創用了 anomy 一詞（Simpson; 1933: ix）。不過後來的英譯本都直接採用法文字 anomie 而不用這個 anomy。

而除了脫序的分類之外，對於脫序的在社會實體裡涉及的範圍當然會涉及到涂爾幹以內在與外在事實的道德與法律進行界定，因而脫序可區分成兩種狀態，分別爲法律的脫序狀態（l'état anomie juridique; legal anomie）以及道德的脫序狀態（l'état anomie morale; moral anomie）。

簡單來說，脫序與道德關係，對涂爾幹而言是對立且矛盾的：「*我們相信……脫序和所有道德是矛盾的*（anomy is the contradiction of all morality）。」（Durkheim, 1933: 431, n21）

這句話原出自於第一版導論中，後來出第二版時，涂爾幹把三十頁左右的篇幅給刪掉了。這個註解就在被刪的部分。辛普森的譯本獨具慧眼地將它譯出來了。後來霍爾的英文新譯本，卻沒如法泡製。刪除這麼一個簡單明瞭的立場，眞是可惜！所以要強調版本不是沒有原因的。

涂爾幹對脫序的反感厭惡是絕不掩飾的：

> 假如脫序是一種罪惡，這主要是因為社會若是沒有團結和管制就會有災難而不能存在（si l'anomie est un mal, c'est avant tout parce que la société en souffre, ne pouvant se passer, pour vivre, de cohésion et de régularité）。（Durkheim, 1996: VI; 1933: 5; 1984: xxxv）

另外要補正一下我在《令我討厭的涂爾幹的〈社會分工論〉》（第 105-106 頁）一書所犯下的錯誤的論斷，當時我誤以爲霍爾的翻譯把脫序當成結果，而辛普森把脫序當成原因的譯法是正確的。後來經過過去兩位學生吳宗謀和萬毓澤先後的指正，兩人的譯文都是把脫序當成社會亂象的原因，這點並無差別，只是辛普森的譯筆比較明確，而霍爾的譯法貼近涂爾幹原文的結構，稍微複雜一點。特此向兩位過去的學生致謝。並提醒各位在閱讀拙作時能加以注意這個部分。

涂爾幹也強調：與「脫序」相反的「管制」兩者間呈現出的關係，與連帶正常與否相關：

> 在上述所有的情況下，假如分工都無法產生連帶，這正是因為器官之間的關係並沒有受到管制（c'est que les relations des organes ne sont pas réglementées）；正因為它們正處於脫序的狀態（état d'anomie）。（Durkheim, 1996: 360; 1933: 368; 1984: 304）

這裡提到的「脫序」和他後來在《自殺論》提到的「脫序」都是一樣的意思，都是強調社會沒有整合的狀況。簡單來說，是我們日常聽到的「社會這麼亂」的學術用語。反過來說：「……假如器官都彼此緊密聯繫，充分以及長時間的接觸，就不會有脫序的狀態。」（Durkheim, 1996: 360; 1933: 368; 1984: 304）

另外，涂爾幹所謂的「強迫的分工」，其實就是馬克思和恩格斯所說的「異化勞動」，只是用詞不同而已；第三種分工，他沒有命名，只有描述樣態，是一種同時促進又壓抑的動力，進退兩難的分工。

這三種分工是《社會分工論》在結論時的主要論點，但是在一般的導論書籍裡面卻很少提到，所以是要特別強調，讀者不宜輕忽。

我們接著回到比較多書籍都會討論的「正常的分工」。先說一下「連帶」的中文譯名。有些譯本將「連帶」（solidarity）翻譯成「團結」。嚴格來說，「有機連帶」翻譯成「有機團結」是正確的，因爲有機體各個部分，彼此相互結合成爲一整體，「團結」是一個很好形容此種狀況的字眼。但是在「機械連帶」部分，譯成「機械團結」就十分矛盾了。因爲機械連帶的各分子之間是沒有關係的，沒有中文裡蘊含的「團結」的狀態。基於這種考量，將兩者都翻成「連帶」還是一個比較妥當的選擇。

在討論兩種連帶的時候，涂爾幹提出一個後來社會學很器重的觀念：「功能」（fonction; function）。這概念在西方思想史上，其實是接續亞里斯多德。亞里斯多德強調研究事物的「原因」，他因此提出「四因說」。到了十六世紀的培根（Francis Bacon, 1561-1626），認爲科學的任務在於發現自然界的「定律」。涂爾幹則認爲需要在法則、定律之外，強調功能的作用。他的這種看法應該是受到生物學的影響。

他對功能下了兩個定義：其一是「活生生運動的系統，和結果是分離的」（un système de mouvements vitaux, abstraction faite de leurs conséquences; a system of living movements, divorced from their effects）；其二是「這些運動和有機體某些需要之間的相對應關係」（le rapport de correspondance qui existe entre ces mouvements et quelques besoins de l'organisme; the corresponding relationship existing between these movements and certain needs of the organism）（Durkheim, 1996: 11; 1984: 11）。

綜合以上的說法，我們可以得知：「功能」既不是「原因」也不是「結果」，跟「需要」有關。可是「需要」又怎麼得知呢？譬如：社會分工的「功能」或「需要」是什麼呢？。

不過涂爾幹採取的是第二個定義。這個定義後來影響到帕深思等被稱爲「結構功能學派」（structural functionalism）的有關「功能」的觀念建立。譬如：我的老師莫頓（Robert K. Merton）就提過有名的一對概念：「顯性功能」（manifest function）和「隱性功能」（latent function）。

雖然涂爾幹在此提出了「功能」概念，但除了他沒有提供一個清楚論述之外，也沒有在他的後續著作中再度提到這個概念。「功能」似乎只是一次性的概念。

「功能」的譯名現在已經是公認的，在王了一的中譯本中就出現過「職務」、「作用」和「任務」等譯名。

六、有機連帶與機械連帶以及其他相關連帶

接下來，我們要討論正常的社會分工中的兩種「連帶」：機械連帶」（solidarité mécanique; mechanical solidarity）與「有機連帶」（solidarité organique; organic solidarity）這對著名的概念。這在很多書籍中也都會提到，但是對於如何區分這兩者的判準以及兩者的內容，說法不一。我根據閱讀原典的結果做了一張表，連頁數出處我都註明出來了，有興趣的人可以去查證：

機械連帶	有機連帶
壓迫性法律，如：刑法	恢復性法律，如：民法、商事法、程序法、行政法、憲法
共同良識	個別良識
低等社會	高等社會
人的聯繫較弱	人的聯繫較強
格言、俗語較多	格言、俗語較少
游牧民族 氏族 部分型（segmentary type）社會	有組織型（organized type）社會
共同道德	專業道德

資料來源：孫中興根據 Durkheim（1984: 29, 71, 84 105, 120, 126-127, 168, 172）製表。

從表格裡我們可以知道，法律和道德是涂爾幹在討論這兩種連帶的重要論證根據。如同前文提到的，要從外在的可見的事實以推論內在的事實：在機械連帶的部分，盛行的是壓迫性的法律，如刑法；有機連帶則盛行恢復性的法律，如民法、商事法、程序法、行政法以及憲法。

「機械連帶」只是逐漸被後起的「有機連帶」所搶盡風頭，並不會被完全取代。社會分工是兩種連帶轉變的關鍵。

涂爾幹在書中一直要和斯賓賽撇清關係，先說「機械連帶」和斯賓賽的「軍事連帶」不同，因爲前者不像後者有軍事集中化的現象。後來又辯稱「有機連帶」也不是斯賓賽的「工業連帶」，後者純粹是「契約形式的連帶」，是沒有任何義務的，這是一種不穩定的連帶。涂爾幹承認固然契約連帶逐漸占優勢，但是非契約的連帶一樣有發展。

至於爲什麼以「機械連帶」與「有機連帶」的命名，涂爾幹是有說明的，對於「機械的」一詞命名原因是：

只能以這種方式聯繫的社會分子，因為它們沒有自己的行動，所以無法當成一個單位來移動，就像無機體的分子一樣。這就是為什麼我們把這種連帶稱為機械的。這樣用並不表示這種連帶是靠著機械的或人為的方式產生的。我們只是用這個名詞來類比：將原料要素結繫在一起，以有別於活生生有機體的統一狀態。最後一個使用這個名詞的證立理由是這種人和社會的緊密關係可以類比為事物與人的關係。

法文原文：Les molécules sociales qui ne seraient cohérentes que de cette seule manière ne pourraient donc se mouvoir avec ensemble que dans la mesure où elle n'ont pas de mouvements prpres comme font les molécules des corps inorganiques. C'est pourquoi nous proposons d'appeler mécanique cette espèce de solidarité. Ce mot ne signifie pas qu'elle soit produite par des moyens mécaniques et artificiellement. Nous ne la nommons ainsi que par analogie avec la cohésion qui unit entre eux les éléments des corps bruts, par opposition à celle qui fait l'unité des corps vivants. Ce qui achève de justifier cette dénomination, c'est que le lien qui unit ainsi l'individu à la société est tout à fait analogue à celui qui rattache la chose à la personne.（Durkheim, 1996: 100）

英譯：The social molecules that can only cohere in this one manner cannot therefore move as a unit save in so far as they lack any movement of their own, as do molecules of inorganic bodies. This is why we suggest that this kind of solidarity should be called mechanical. This is why we suggest that this kind of solidarity should be called mechanical. The word does not mean that the solidarity is produced by mechanical and artificial means. We only use this term for it by analogy with the cohesion that links together the elements of raw materials, in contrast to that which encompasses the unity of living organisms. What finally justifies the use of this term is the fact that the bond that thus unites the individual with society is completely analogous to that which links the thing to the person.（Durkheim, 1984: 84）

其實既然知道用「機械」一詞可能會引起誤會，爲什麼不用自己也提到的「無機的」一詞，和「有機的」一詞比較「登對」，也比較不會有引起誤會的後遺症。

另外對於「有機的連帶」中的「有機的」一詞的界定，涂爾幹也有其說法：

> 這種連帶類似我們在高等動物所觀察到的。實際上，每一個器官都有自己特別的相貌和自主性，而且有機體的統一性越大，各部分的個別化就越明顯。根據這樣的類比，我們將這種因為分工所產生的連帶稱之為有機的。
>
> 法文原文：Cette solidarité ressemble à celle que l'on observe chez les animaux supérieurs. Chaque organe, en effet, y a sa physionomie spéciale, son autonomie, et pourtant l'unité de l'organisme est d'autant plus grande que cette individuation des parties est ;ius marquée. En raison de cette analogie, nous proposons d'appeler organique la solidarité qui est due à la division du travail.（Durkheim, 1996: 101）
>
> 英譯：The solidarity resembles that observed in the higher animals. In fact, each organ has its own special characteristics and autonomy, yet the greater the unity of the organism, the more marked the individualization of the parts. Using this analogy, we propose to call 'organic' the solidarity that is due to the division of labor.（Durkheim, 1984: 85）

順便一提，涂爾幹的「機械連帶」和「有機連帶」與杜尼斯的「共同體」和「社會體」的成對概念，一般都被看做是對歷史發展的前後區分（「機械連帶」類似「社會體」，「有機連帶」類似「共同體」），只是所處的歷史階段剛好相反。

那爲什麼會從機械連帶轉換到有機連帶，對涂爾幹而言，本來機械連帶彼此間沒有什麼關係的，但因爲社會分工的引入，使得組成分子間有了關聯性，於是「機械連帶」就轉變到「有機連帶」

如果再追問：爲什麼會發生社會分工？

涂爾幹將社會分工的原因又分爲原因（cause）和副因（secondary factors）兩項。

主要原因的部分與人口相關，所以他提出「社會密度」（densité de la société; social density）與「社會容積」（volume de la société; social volume）的觀念：「社會密度」就是「人與人互動的程度」；「社會容積」則是「人口數量」（Durkheim, 1996: 330; 1933: 339; 1984: 278）。另外涂爾幹也提到「道德或動態密度」（moral or dynamic density）。從上下文來判斷，應該和「社會密度」是同義字（Durkheim, 1984: 201）

雖然他提了這觀念，但沒有引起後人的重視。關於注重人口與地方的人口學這一點，先前孔德、馬克思都有提到過，可見十九世紀的時候，社會學前輩們都已經注意到人口問題。

在「副因」（secondary cause）的部分，就包括了在「正面連帶」的部分提到的「集體良識」和「遺傳」的因素，不過他著墨的不多。

這裡值得一提的就是涂爾幹的「集體良識」（conscience collective; collective conscience, collective consciousness）。這個中譯名常常根據英譯而翻成「集體意識」，而忽略了原來的法文字 conscience，包括了英文 conscience（良心）和 consciousness（意識）的雙重涵義，所以中譯爲「集體良（心）（意）識」是個英文做不到的兩全其美的翻譯。

涂爾幹解釋社會對於犯罪一事容易感到憤怒，正是因爲犯罪侵犯到了社會的集體良識。

七、兩性與分工問題

除了上述社會分工的分類之外，涂爾幹也提到兩性跟社會分工的問題。日常生活裡面我們的家務分工，基本上是跟性別有關的。

他先是對於兩性間的吸引，提出一種有別於一般人認知的看法：

> 正因為男女大不同，所以才會引起彼此熱情相追。不過……並不只是因為兩方的對比差異才會產生相互的情愫：只有假想的差異以及互補的差異才擁有這種力量……換句話説，性別分工是婚姻連帶（solidarité conjugale; conjugal solidarity）的根源，這就是為什麼心理學家很正確地看出兩性的區分對於情愫的演化（l'evolution des sentiments）是極為首要的；這是因為它使得所有最強的無私傾向（les penchants désintéressés）可以發揮出來。（Durkheim, 1996: 19-20; 1933: 56; 1984: 17-18）

當然要「分工」和「合作」才能「速配」。涂爾幹顯然與眾不同，他認爲由兩性間的「兒女『私』情」可以發揮出「大『公』無私之情」。

接著以性別在歷時性的發展與共時性的解剖學內容，說明他對於性別認知是如何建立的，以此作爲兩性在社會功能上的前提界定。

首先，是兩性關係在歷史上的演變，他認爲：「歷史越古早，男女兩性的差異就越小。古代的女性並不像道德發展以後的女性那樣的脆弱。」（Durkheim, 1996: 20; 1933: 57; 1984: 18）

接著是以化石爲證據：「以嬰兒期和青春期兩性的發展為例：兩性差別不大，都是以女性特質為主。」（Durkheim, 1996: 20; 1933: 57; 1984: 18）

和大腦生理觀點，以 Lebon 博士的研究支持：現代女性的腦容量小於男性；又引德國人類學家 Bischoff 同樣的看法爲證（Durkheim, 1996: 20-21; 1933: 57-58; 1984: 18-19）。

涂爾幹藉由解剖學上的觀點與證據說明兩性在解剖學上的相似性（ressemblances anatomiques）。因此，對他而言，兩性在功能上也是相似的。

至於兩性社會分工與婚姻關係，對涂爾幹而言是與兩性的社會功能無異的，他主張：「溫柔（douceur; gentility; gentleness）並不是原始女性的特質。」（Durkheim, 1996: 21; 1933: 58; 1984: 19）

他認爲：「古代是母系家庭（famille maternelle; matriachal family）：母子關係強過夫妻關係，並不強調夫妻彼此忠誠（fidélité conjugale）。」（Durkheim, 1996: 22; 1933: 58-59; 1984: 19）

他還從現代法律中可以看出婚姻的重要：「兩人的結合不再是短暫的；不再是暫時的和部分的外在的接觸，而是親密的結合，通常雙方終其一生都不脫離這種關係。」（Durkheim, 1996: 23; 1933: 59; 1984: 20）

他認爲兩性在生活領域方面各有所長：「許久以前女人就退出戰場和公共事務，轉入家庭。時至今日，女人的生活和男人大不相同。可以說，女人負責心理生活中的情感功能，男人負責理智功能。」（Durkheim, 1996: 23; 1933: 60; 1984: 20）

他也認爲兩性可逐漸抹平在文藝方面的差異：「女人逐漸和男人一樣在文學和藝術上嶄露頭角。這種回歸到原初的同質性正好可以看成是新的分化（différenciation nouvelle）的開端。」（Durkheim, 1996: 23; 1933: 60; 1984: 20）

除了強調兩性共同部分之外，涂爾幹也沒有忽略兩性的相異處：「男女功能的差異也展現在形貌上：男女在身高、體重、外形和腦容量上有別。」（Durkheim, 1996: 24; 1933: 60; 1984: 21）

所以在分化與相似之間，涂爾幹要強調的並非只是分工勞動的功能。在性別的分工問題上，男女間所組成的社會群體，其分工不是越來越瑣碎，而應該是越來越緊密，形成一種互動關係或社會凝聚力，這才是涂爾幹比較強調的觀點：

> 社會分工的最顯著效果不在於功能的分化的增多，而在於造成它們之間的連帶，建立起**獨特的**社會秩序和道德秩序（ordre social et moral *sui generis*）。個人因此而彼此發生關聯。（Durkheim, 1996: 24; 1933: 61; 1984: 21）

另外，涂爾幹也注意到婚姻連帶跟法律規定的關係：

> 在特定社會中，和婚姻有關的司法規則正象徵婚姻連帶的狀態：婚姻連帶強的話，相關的司法規則會多而複雜；婚姻連帶弱的話，相關的司法規則會少而且不精確。（Durkheim, 1996: 22; 1933: 59; 1984: 19）

後來在《自殺論》中，涂爾幹又把婚姻連帶的強弱和自殺率扯上關係。如果我們將這兩部分再扯上的話，不就是相關的司法規則和自殺率也是正相關的嗎？

八、社會分工與職業團體

社會分工既然在個人與群體間發揮如此重要的影響，是以對於涂爾幹而言，要解決社會分工的弊病，還需要仰賴一種重要的社會團體，也就是他提出的 groupe professionnel，英譯爲 occupational group（職業團體）或者 professional group（專業團體）。

涂爾幹先是從「職業活動」推導出「職業團體」：

> 職業活動在一個懂得整體運作，感受到所有的需要，並能夠掌握住各種變化的團體手中，才能有效地被管制。唯一能夠滿足這些情況的團體，就是由同一產業的從業人員所團結組織而成的單一團體。這就是所謂的行會（corporation）或職業團體。（Durkheim, 1996: VI; 1933: 5; 1984: xxxv）

在這樣的職業團體裡，他認爲因爲大家有共同的目標，所以很容易凝聚在一起，形成一種介於個人與社會之間的團體，這對於現代社會而言，是非常重要的。

所以他對於工團（syndicat; syndicate; union），便是以此共識下的定義，進行相關描述：

是無形式的、粗略的職業團體。
是私人結社，沒有法定權威，也因此沒有約束力。
雇主和雇員的工團各自獨立，互不相屬。
（Durkheim, 1996: VII; 1933: 6; 1984: xxxvi）

此種職業團體能夠在社會上發揮其所相對應的道德力量。這是涂爾幹十分強調的功能，可惜許多人沒有注意到的：

如果職業團體是不可或缺的話，那倒不是因為它所能提供的經濟勞務，而是因為它所擁有的道德影響力。我們所特別看重職業團體的道德力量，是能夠包涵各別利己主義（les égoïsmes individuels; individual egos; individual egoism），能在所有工人的意識中維繫一種生氣蓬勃的共同連帶，防止強者在工商關係上粗魯地運用對自己有利的法律。不過，這種團體被認為不適合擔任此項角色（rôle）。因為它是由短暫的利益所產生的，看起來似乎只能滿足功利的目的，而且舊制度（ancien régime）時代的行會（corporation）就給人如此這般的印象。我們很容易看到，未來和以前的目的一樣，首要在於維繫並增進他們的利益和壟斷。我們看不到的是這些狹隘的職業考量可能會對行會及其會員的道德有著正面的影響。（Durkheim, 1996: XI-XII; 1933: 10; 1984: xxxix）

如果要套句莫頓的術語，這就是行會在道德方面的「顯性功能」和「隱性功能」。

涂爾幹在〈第二版序言〉中提到西歐行會的發展。有趣的是，韋伯的博士論文寫的也正是《中古商社史》。不過，涂爾幹在文中並沒有提到韋伯的論文。

職業團體的興起，除了制度的變革影響之外，也因爲「家庭道德力量的式微，只有轉而依靠職業團體。」（Durkheim, 1996: XVIII-XX; 1933: 15-17; 1984: xliv-xlv）

是以，一旦道德（la morale; morality）、法律（le droit; law）與社會團結三股力量連結在一起，對於社會實體而言，可以發揮很大的穩定力量：

> 法律和道德代表了我們和他人，以及和社會緊密聯繫的整體，將一盤散沙式的個人凝聚成緊密的團體。我們可以說，所謂的道德，就是促成人們團結的根源，強迫人們要考慮到其他的人，強迫他在利我主義之外還能約束自己的行為，這些聯繫越多越強烈，道德就越穩固。（Durkheim, 1996: 393-394; 1984: 331）

因此，涂爾幹認爲社會分工只要能持續發展進步，那麼就會有人類世界大同的可能性。簡單來說，涂爾幹認爲社會分工與人類的大同是有關係的：

> 人類大同不可能實現，除非社會分工有進步。我們必須選擇：假如我們不進一步限制我們的活動的話，我們就只有拋棄我們的夢想；或者，我們只有藉著上面說過的方法〔孫按：即「進一步限制個人的活動」〕，讓我們的夢想成真。（Durkheim, 1996: 402; 1933: 406; 1984: 337）

在「我們的活動」（notre activité）處，霍爾的譯本譯成 our individual activities；辛普森的舊英譯本忠實地譯爲 our activities。多了個 individual 會讓太小心念書的人誤會成「個人主義」，畢竟此處是涂爾幹集體主義式的信念，若是產生誤解，其意義便差之千里。

可見涂爾幹研究社會分工是有一個更大的願景，寓含著他對人類世界和平的想像與努力，所以社會分工不是一個簡單的問題而已。

那由誰來促成這樣的願景與方案執行？

涂爾幹認爲：

> 社會學家（sociologue）的工作和政治人物（l'homme d'État）的不同。我們不需要仔細地提出改革應有的一切，只要指出一般原理（les principes généraux）就夠了。（Durkheim, 1996: XXVII; 1933: 23; 1984: 1）

此處的「我們」指的是「社會學家」，而「不需要仔細地提出改革應有的一切，只要指出一般原理就夠了」這段話涂爾幹沒有說得很完整。簡單來說，他的意思應該是由社會學家負責指出一般原理，由政治人物來實踐，來讓他們徹底的執行。

其實我一直覺得涂爾幹關於社會分工論的解決方案，就是我們中文裡很簡單的一句話，叫「分工合作」。如果只有分工沒有合作，那麼所有的分工都可能造成異常的分工。而要如何使分工得以進一步合作，才能夠讓團體的氣氛活絡起來，爲共同的目標奮鬥，達到人類的大同世界，這可能需要後面更細緻的設計。

九、Q & A 反思回顧

1. 婚姻連帶和司法規則的關係眞是如涂爾幹想的這樣。可不可能只是一種研究法中所謂的「似是而非的關係」（spurious relationship）？
2. 對於「社會分工」要如何判準才算進步？
3. 有關於社會分工與世界大同的概念關係，關於這一段文字，你想馬克思讀了會怎麼樣反應？
4. 涂爾幹對於職業團體有如此大的期待，希望藉此力量能重整脫序的社會，你認爲這有可能嗎？
5. 涂爾幹認爲好的分工可以造成社會團結，馬克思認爲社會分工造成異化，請問是什麼因素，導致兩者間有不同的看法？
6. 世界大同的和平社會，除了社會分工這項因素之外，有沒有可能還有別的因素？

附錄一
涂爾幹
（Emile Durkheim, 4/15/1858-11/15/1917）
的生平與著作

時代	生平與著作
1858 年	4 月 15 日　生於法國洛林省的艾平納（Epinal）。全名為 David Émile Durkheim。 家中為八代父子相傳的猶太拉比世家。 父親為 Moïse Durkheim（1805-1886），母親為 Mélanie Isidore（1820-1901），兩人於1837年8月16日結婚，婚後生有五個小孩，長子早么，涂爾幹為排行老么，上有兩姊一兄。涂爾幹出生時，父親 53 歲，母親 38 歲。
1870 年（12 歲） 普法戰爭	
1871 年（13 歲） 法割亞爾薩斯和洛林兩省給德國	
1879 年（21 歲）	進入法國巴黎高等師範學院（以前曾落第兩次）。 師事 Fustel de Coulanges, Émile Boutroux 和 Henri Bergson。 和 Jean Jaurès 為友 和同學疏遠，被同輩戲稱為「玄學家」。 教師給他的成績並不高。
1880 年（22 歲） 法國成立工黨	7 月 14 日　參加巴黎街頭的共和國遊行。
1882 年（24 歲）	獲得哲學方面的學位，並獲得在 Sens 和 Saint Quentin 的教職，傳授哲學。
1884 年（26 歲） 法國承認工人組織合法	開始寫作《社會分工論》。
1885-1886 年（27-28 歲）	休假一年，到巴黎研究社會科學。 後赴德，參訪柏林、馬堡和萊比錫：在萊比錫拜 Wilhelm Wundt 為師。〔Wundt 在萊比錫設有心理學研究室〕涂爾幹對科學研究的客觀性大為傾倒。

時代	生平與著作
1886 年（28 歲）	10 月　從德國返法，受聘擔任 Troyes 學校的哲學教師。
1887 年（29 歲）	受聘為 Bordeaux 大學文學院教育學及社會科學教授。這是法國大學首度設立社會學課程〔專為涂爾幹而設〕。 和 Louise Dreyfus 結婚〔婚後育有 Marie 和 André〕。
1888 年（30 歲）	發表〈自殺與生育率：道德統計學研究〉（Suicide et natalité: étude de statistique morale）
1889 年（31 歲）	教授「自殺」（Le Suicide）課程。
1891 年（33 歲）	教授有關社會學先驅的課程，包括亞里斯多德、孟德斯鳩和孔德。
1892 年（34 歲）	初版拉丁文論文《賽孔達對政治科學的貢獻》（*Quid secundatus politicae scientiae instituendae contulerit*）〔1937 年由 F. Alengry 法譯為 *Montesquieu: sa part dans la foundation des science politiques et de la science des sociétés* 出版；1960 年由 Ralph Manheim 英譯為 *Montesquieu's Contribution to the Rise of Social Science* 出版；1997 年由 W. Watts Miller 和 Emma Griffiths 聯合英譯並和拉丁文和法譯並列出版對照本；2003 年由李魯寧中譯為〈孟德斯鳩對社會科學興起的貢獻〉出版〕，獻給 Fustel de Coulanges。
1893 年（35 歲）	獲得哲學博士，論文是《社會分工論》，獻給 Boutroux。 出版博士論文《社會分工論》（*De la division du travail social: Étude sur l'organization des sociétés supéreures*）〔1933 年由 G. Simpson 英譯為 *The Division of Labor in Society*；1935 年由王力中譯為《社會分工論》；1984 年由 W. D. Halls 重新英譯為 *The Division of Labor in Society*；2000 年渠東中譯為《社會分工論》；2002 年渠東譯本繁體字版在臺出版〕。
1894 年（36 歲） 法國發生德列福斯事件（The Dreyfus Affair），他被控告出賣情報與德國，造成排斥猶太人運動，輿論不滿 塔爾德被聘為司法部犯罪統計室主任	在《哲學評論》（*Revue philosophique*）上連載〈社會學方法的規則〉（Les Règles de la méthode sociologique）。
1894-1895 年（36-37 歲）	講授「宗教」（La Religion）課程，接觸到 Robertson Smith 的著作。

時代	生平與著作
1895 年（37 歲）	出版《社會學方法的規則》（*Les Règles de la méthode sociologique*）〔1924 年由許德珩中譯為《社會學方法論》；1938 年由 S. A. Solovay 和 J. H. Mueller 英譯為 *The Rules of Sociological Method*；1981 年由 W. D. Halls 重新英譯為 *The Rules of Sociological Method*；1988 年胡偉中譯本《社會學方法的規則》出版；1989 年臺灣出現黃丘隆中譯本《社會學方法的規則》；1995 年狄玉明中譯本《社會學方法的規則》出版〕。比雜誌版多了修定和序言。
1895-1896 年（37-38 歲）	講授「社會主義史」（L'Histoire du socialisme）。
1896 年（38 歲）	父親及妹夫（Mauss 的父親）過世。 籌畫《社會學年報》（*L'Année Sociologique*）。 被聘為社會科學正教授，為法國教育體制占有此位置之第一人。
1897 年（39 歲）	發表《自殺論》（*Le Suicide: étude de sociologie*）〔1951 年由 J. A. Spaulding 和 G. Simpson 英譯為 *Suicide: A Study in Sociology*；1988 年鍾旭輝等人中譯本《自殺論》出版；1989 年臺灣出現黃丘隆中譯本《自殺論》；1996 年馮韻文譯本《自殺論》出版；2006 年 Robin Buss 英譯本出版；2016 年謝佩芸和舒雲合譯本《自殺論》出版〕。
1898 年（40 歲） 左拉發表〈我控訴〉（J'accusse...!）一文	《社會學年報》創刊號出版。 發表〈亂倫禁忌的性質及其起源〉（La Prohibition de l'inceste et ses origines）〔1963 年由 E. Sagarin 編輯英譯為 *Incest: The Nature and Development of the Taboo*；2003 年由汲喆、付德根和渠東聯合中譯《亂倫禁忌及其起源》出版〕。
1899 年（41 歲） 法國總統赦免德列福斯	
1900-1901 年（42-43 歲）	講授「宗教的基本形式」（Les Formes élémentaires de la religion）
1902 年（44 歲）	受聘為巴黎大學索爾朋分校教育系副教授
1903 年（45 歲）	和 Marcel Mauss 發表〈原始分類的一些形式：集體表徵的研究〉（De quelques formes primitives de classification: contribution à l'étude des représentations collectives）〔1963 年由 R. Needham 英譯為 *Primitive Classification*；2000 年汲喆中譯為《原始分類》〕。
1906 年（48 歲）	升任文學院教育學系正教授，講授社會學及教育學。 在法國哲學會發表〈道德事實的決定〉（La Détermination du fait moral）〔1953 年由 D. F. Pocock 英譯為 "The Determination of Moral Fact" 收入 *Sociology and Philosophy*〕。

時代	生平與著作
1906-1907 年（48-49 歲）	講授「宗教：起源」（La Religion: Origines）。
1907 年（49 歲）	在給《新學院評論》（*Revue néo-scholastique*）的主編的信中提到自己 1894-1895 年開設的宗教課程，和閱讀 Robertson Smith 對他思想的啟蒙和轉向的影響。
1909 年（51 歲）	和 Levy-Bruhl 通信。 在《形上學和道德評論》（*Revue métaphysique et de morale*）上發表〈宗教社會學與認識論〉（Sociologie religieuse et théorie de la connaissance），後來成為《宗教生活的基本形式》的導論。
1911 年（53 歲）	在波隆納（Bologna）哲學大會上發表〈價值判斷與事實判斷〉（Jugements de valeur et jugements de réalité）〔1953 年由 D. F. Pocock 英譯為 "Value Judgments and Judgments of Reality" 收入 *Sociology and Philosophy*〕。
1912 年（54 歲）	發表《宗教生活的基本形式》（*Les Formes élémentaire de la vie religieuse: le système totémique en Australie*）〔1915 年由 Joseph W. Swain 英譯為 *The Elementary Forms of the Religious Life: A Study in Religious Sociology*；中譯本：《宗教生活的基本形式》，芮傳明和趙學元譯，1992；1995 年由 Karen E. Fields 英譯為 *The Elementary Forms of Religious Life* 為最新英譯本，1999 年渠東和汲喆中譯為《宗教生活的基本形式》；1999 年林宗錦和彭守義中譯為《宗教生活的初級形式》〕。
1913 年（55 歲）	他在索爾邦分校的講座改名為「教育科學與社會學」。
1913-1914 年（55-56 歲）	講授「實用主義與社會學」（Pragmatisme et Sociologie）。
1914 年（56 歲） 第一次大戰開始 8 月 3 日德國向法國宣戰	
1915 年（57 歲）	獨子 André 死於第一次世界大戰。 出版《誰需要戰爭？根據外交文獻探索戰爭的起源》（*Qui a voulu la guerre?: Les origines de la guerre d'après les documents diplomatiques*）〔1915 年英譯為 *Who Wanted War? The Origin of the War according to Diplomatic Documents*，譯者不詳〕。 出版《德國高於一切：德國心態與戰爭》（*L'Allemagne au-sessus de tout: la mentalité et la guerre*）〔1915 年英譯為 *Germany Above All: German Mentality and the War*，譯者不詳〕。

時代	生平與著作
1916 年（58 歲）	年尾離開一場會議時中風。
1917 年（59 歲）	11 月 15 日　於巴黎逝世，葬於蒙納帕斯墓園的猶太人區。
1924 年	C. Bouglé 編輯出版《社會學與哲學》（*Sociologie et philosophie*）〔1953 年由 D. F. Pocock 英譯為 *Sociology and Philosophy*；2002 年渠東中譯為《社會學與哲學》出版〕。
1925 年	P. Fauconnet 編輯出版《道德哲學》（*L'Éducation morale*）〔1961 年由 Everett K. Wilson 和 Herman Schnurer 英譯為 *Moral Education: A Study in the Theory and Application of the Sociology of Education*；2001 年陳光金、沈杰和朱諧漢中譯為《道德教育》〕。
1928 年	M. Mauss 編輯出版《社會主義》（*Le Socialisme*）〔1958 年由 C. Sattler 英譯為 *Socialism and Saint-Simon*；2003 年有趙立瑋中譯為《社會主義與聖西蒙》出版〕。
1938 年	M. Halbwachs 編輯出版《法國教育的演進》（*L'Évolution pédagogique en France*）〔1977 年由 Peter Collins 英譯為 *The Evolution of Educational Thought*；2003 年由李康中譯為《教育思想的演進》出版〕。
1950 年	G. Davy 編輯出版《社會學演講：道德與法律的外觀》（*Leçon de sociologie: physique des moeur et du droit*）〔1957 年由 C. Brookfield 英譯為 *Professional Ethics and Civic Morals*；2001 年渠東和付德根中譯為《職業倫理與公民道德》〕。
1953 年	G. Davy 編輯出版《孟德斯鳩與盧梭：社會學的先驅》（Montesquieu et Rousseau, précurseurs de la sociologie）〔1960 年由 R. Manheim 英譯為 *Montesquieu and Rousseau: Forerunners of Sociology*；2003 年由李魯寧中譯為〈孟德斯鳩與盧梭〉出版〕。
1955 年	A. Cuvillier 編輯出版《實用主義與社會學》（*Pragmatisme et sociologie*）〔1983 年由 J. C. Whitehouse 英譯為 *Pragmatism and Sociology*；2000 年渠東中譯為《實用主義與社會學》〕。
1969 年	J. Duvignaud 編輯出版《社會學札記》（*Journal sociologique*）。
1970 年	J.-C. Filloux 編輯出版《社會科學與行動》（*La Science sociale et l'action*）。

附錄二
涂爾幹的思想傳承

前輩

孟德斯鳩（Montesquieu, 1689-1755）
盧梭（Jean-Jacques Rousseau, 1712-1778）
孔德（Auguste Comte, 1798-1857）
斯賓賽（Herbert Spencer, 1820-1903）
馮德（Wilhelm Wundt, 1832-1920）
古郎士（Fustel de Coulanges, 1830-1889）
史密斯（Robertson Smith, 1846-1894）
布托（Emile Boutroux, 1845-1921）

同輩

賈瑞斯（Jean Jaurès, 1859-1914）
齊美爾（Georg Simmel, 1858-1918）

後輩

莫斯（Marcel Mauss, 1872-1950）

附錄三
涂爾幹的主要著作目錄

* 涂爾幹詳細著作目錄可參考 Steven Lukes (1972). *Emile Durkheim: His Life and Work.* New York: Harper and Row.

《賽孔達對於政治科學的貢獻》（*Quid Secundatus Politicae Scientia Instituendae Contulerit*）

寫作時間：不詳

出版時間：1892 年拉丁文出版
1937 年 F. Alengry 法譯
1960 年 R. Manheim 英譯本，併入《孟德斯鳩與盧梭》出版
1997 年 W. Watts Miller 和 Emma Griffiths 聯合英譯，出版拉丁文、法譯和英譯對照本
2003 年李魯寧中譯本併入《孟德斯鳩與盧梭》

目錄：

《社會分工論》（*De la Division du Travail Social*）

寫作時間：不詳

出版時間：1893 年第一版
1902 年第二版
1933 年 George Simpson 英譯本
1935 年王力中譯本
1984 年 W. D. Halls 英譯本
2000 年渠東中譯本《社會分工論》
2002 年渠東中譯本繁體字版〔林端教授導讀〕

目錄：

第一卷　分工的功能（La fonction de la division du travail）

第一章　決定各種功能的方法（Méthode pour déterminer cette fonction）

第二章　機械連帶，或相似連帶（Solidarité mécanique ou par similitues）

第三章　由分工所引起的連帶，或是有機連帶（La solidarité due a la division du travail ou organique）

第四章　前項理論的另一種證明（Autre preuve de ce qui précède）

第五章　有機連帶逐漸占優勢及其後果（Prépondérance progressive de la solidarité organique et ses conséquences）

第六章　有機連帶逐漸占優勢及其後果（續）（Prépondérance progressive de la solidarité organique et ses conséquences (suite)）

第七章　有機連帶與契約連帶（Solidarité organique et solidarité contractuelle）

第二卷　原因和條件（Les causes et les conditions）

第一章　分工和幸福的進步（Les progrès de la division du travail et ceux du conheur）

第二章　原因（les causes）

第三章　次要因素：共同良識的漸進不確定性及其原因（Les facteurs secondaires: L'indétermination progressive de la conscience commune et ses causes）

第四章　次要因素（續）：遺傳（Les facteurs secondaires (suite): L'hérédité）

第五章　前述的結果（Conséquences de ce qui précède）

第三卷　異常的形式（Les formes Anormales）

第一章　脫序的分工（La division du travail anomique）

第二章　強迫的分工（La division du travail contrainte）

第三章　其他的異常形式（Autre forme anormale）

結論（Conclusion）

《社會學方法的規則》（*Les Règles de la Méthode Sociologique*）

寫作時間：不詳

出版時間：1895 年

1924 年許德珩中譯本〔臺灣重印本刪去譯者序〕

1938 年 S. A. Solovay 和 J. H. Mueller 英譯本

1982 年 W. D. Halls 英譯本

1988 年胡偉中譯本《社會學研究方法論》

1989 年黃丘隆中譯本《社會學研究方法論》

1995 年狄玉明中譯本《社會學方法的準則》

目錄：

第一版序言（Préface de la Première Édition）

第二版序言（Préface de la Deuxième Édition）

導言（Introduction）

第一章　社會事實是什麼？（Qu'est-ce qu'un fait social?）
第二章　關於社會事實的觀察的規則（Règles relatives à l'observation des faits sociaux）
第三章　關於正常與異常的區別的規則（Règles relatives à la distinction du normal et du pathologique）
第四章　關於社會類型的構成的規則（Règles relatives à la constitution des types sociaux）
第五章　關於社會事實的說明的規則（Règles relatives à l'explication des faits sociaux）
第六章　關於證據提出的規則（Règles relatives à l'administration de la preuve）
結論（Conclusion）

《自殺論》（***Le suicide: étude de sociologie***）

寫作時間：不詳

出版時間：1897 年
1951 年 John A. Spaulding 和 George Simpson 英譯本
1988 年鍾旭輝、馬磊和林慶新中文合譯本《自殺論》
1989 年黃丘隆中譯本《自殺論》
1996 年馮韻文中譯本《自殺論》〔根據 1930 年法文版中譯〕
2016 年謝佩芸和舒雲合譯本《自殺論》

目錄：

導論（Introduction）
第一卷　社會之外的因素（Les facteurs extra-sociaux）
　第一章　自殺和心理變態的狀態（Le suicide et les états pyschopathiques）
　第二章　自殺和正常心理狀態——種族、遺傳（Le suicide et les étas psychologiques normaux: la race, l'hérédité）
　第四章　自殺和宇宙因素（Le suicide et les facteurs cosmiques）
　第五章　模仿（L'imiatation）
第二卷　社會原因和社會形態（Causes sociales et types sociaux）
　第一章　決定的方法（Méthode pour les déterminer）
　第二章　利己主義的自殺（Le suicide égoiste）
　第三章　利己主義的自殺（續）（Le suicied égoiste (suite)）
　第四章　利他主義的自殺（Le suicide altrruiste）
　第五章　脫序的自殺（Le suicide anomique）
　第六章　不同形式自殺的各別形式（Formes individuelles des différents types de suicides）
第三卷　自殺當成一種社會現象的一般性質（Su suicide comme phénoméne social en général）
　第一章　自殺的社會因素（L'élément social du suicide）
　第二章　自殺與其他社會現象的關係（Rapports du suicide avec les autres phénoménes sociaux）
　第三章　實際結果（Conséquences pratiques）

《宗教生活的基本形式》（***Les formes élémentaires de la vie religieuse***）

寫作時間：不詳

出版時間：1912 年

1915 年 Joseph Ward Swain 英譯本

1992 年由芮傳明和趙學明合譯爲中譯本《宗教生活的基本形式》

1995 年 Karen E. Fields 英譯本

1999 年渠東和汲喆中譯本《宗教生活的基本形式》

1999 年林宗錦和彭守義中譯本《宗教生活的初級形式》

目錄：

第一章　消極禮拜及其功能：禁慾的儀式（Le culte négatif et ses fonctions: les rites ascétiques）
第二章　積極禮拜 I. 犧牲的要素（Le culte positif I. – Les éléments du sacrifice）
第三章　積極禮拜（續）II. 模仿儀式和因果原則（Le culte positif (suite) II. – Les rites mimétiques et le principe de causalité）
第四章　積極禮拜（續）III. 代表或紀念儀式（Le culte positif (suite) III. – Les rites représentatifs ou commémoratifs）
第五章　贖罪的儀式和神聖觀念的含混（Les rites piaculaires et l'ambiguïté de la nition du sacré）
結論（Conclusion）

《教育和社會學》（***Education et Sociologie***）
寫作時間：不詳
出版時間：1922 年 P. Fauconnet 整理出版
1956 年 Sherwood D. Fox 英譯本
2001 年沈杰中譯〈教育與社會學〉
目錄：
導言：涂爾幹的教育著作（L'œuvre pédagogique de Durkheim）〔福孔內（Paul Fauconnet）〕
第一章　教育：其性質和其角色（L'éducation, sa nature et son rôle）
1 教育的定義：批判的檢驗（Les définitions de l'éducation. Examen critique）
2 教育的定義（Définition de l'éducation）
3 前述定義的結果：教育的社會特性（Conséquence de la définition précédente: caractère social de l'éducation）
4 教育事業中的國家角色（Le rôle de l'Etat en matière d'éducation）
5 教育的提供：行動方案（Pouvoir de l'éducation. Les moyens d'action）
第二章　教育學的性質和方法（Nature et méthode de la pédagogie）
第三章　教育學和社會學（Pédagogie et sociologie）
第四章　法國中等教育的演進和角色（L'évolution et le rôle de l'enseignement secondaire en France）

《道德教育》（***L'Éducation et Morale***）
寫作時間：不詳
出版時間：1925 年 P. Fauconnet 整理出版
1961 年 Everret K. Wilson 和 Herman Schnurer 英譯本
2001 年陳光金中譯爲〈道德教育〉出版
目錄：
導言（Introduction）〔福孔內（Paul Fauconnet）〕
第一講　世俗道德（La Morale laïque）

第一部分：道德要素（Les Éléments de la Moralité）

第二講　道德的第一要素：紀律的精神（Le premier élément de la moralité: l'esprit de discipline）

第三講　紀律的精神（續）（L'esprit de discipline (suite)）

第四講　紀律的精神（完）（L'esprit de discipline (fin)）；

道德的第二要素：社會團體的依附（Le second élément de la moralité: l'attachement aux groupes sociaux）

第五講　社會團體的依附（續）（Le second élément de la moralité (suite)）

第六講　社會團體的依附（完）（Le second élément de la moralité (fin)）；

和前兩因素的連繫和整合（Rapports et unité des deux éléments）

第七講　道德前二因素的結論（Conclusions sur les deux premiers éléments de la moralité）；

第三因素：意志自律（l'autonomie de la volonté）

第八講　道德的第三因素（完）（le troisième élément de la moralité (fin)）

第二部分：如何在小孩中發展道德要素（Comment constituer chez l'enfant les éléments de la moralité）

I. 紀律的精神（L'esprit de discipline）

第九講　紀律和孩童心理學（La discipline et la psychologie de l'enfant）

第十講　學校的紀律（La discipline scolaire）

第十一講　學校裡的處罰（La pénalité scolaire）

第十二講　學校裡的處罰（續）（La pénalité scolaire (suite)）

第十三章　學校裡的處罰（完）（La pénalité scolaire (fin)）；

報償（Les récompenses）

II. 社會團體的依附（L'attachement aux groupes sociaux）

第十四講　孩童的利他主義（L'altruisme de l'enfant）

第十五講　學校環境的影響（Influence du milieu scolaire）

第十六講　學校環境（完）（Le milieu scolaire (fin)）；

科學的教學（L'enseignement des sciences）

第十七講　科學的教學（完）（L'enseignement des sciences (fin)）

第十八講　美學文化（La culture esthétique）；

歷史教學（L'enseignment historique）

《社會主義》（***Le Socialisme***）

寫作時間：不詳

出版時間：1928 年由 M. Mauss 編輯

1958 年 Charlotte Sattler 英譯本改名爲 *Socialism and Saint-Simon*

2003 年趙立瑋中譯本〈社會主義與聖西蒙〉

目錄：

《社會學講義》（*Leçons de Sociologie*）

寫作年代：不詳

出版年代：1950 年 George Davy 整理出版

1957 年 Cornelia Brookfield 英譯本，改書名爲《職業倫理與公民道德》（*Professional Ethics and Civic Morals*）

2001 年渠東和付德根中譯爲《職業倫理與公民道德》出版

目錄：

démocratie）

第八講　公民道德（續）：國家的形式・民主（Morale civique (suite). Formes de l'État. La démocratie）

第九講　公民道德（完）：國家的形式・民主（Morale civique (fin). Formes de l'État. La démocratie）

第十講　一般的責任，獨立於社會團體之外：殺人（Devoirs généraux, indépendants de tout groupement social. L'homicide）

第十一講　禁止攻擊財產的規則（La règle prohibitive des attentats contre la propriété）

第十二講　財產權（續）（Le droit de propriété (suite)）

第十三講　財產權（續）（Le droit de propriété (suite)）

第十四講　財產權（續）（Le droit de propriété (suite)）

第十五講　契約權（Le droit contractuel. Du contrat）

第十六講　契約關係的道德（續）（La morale contractuelle (suite)）

第十七講　契約權（完）（Ce droit contractuel（fin））

第十八講　契約關係的道德（完）（La morale contractuelle (fin)）

參考文獻

中文文獻

亞里士多德（1994）。《政治學》。收入苗力田主編，《亞里士多德全集》，第九卷。顏一、秦典華譯。北京：中國人民大學出版社。第 32-33 頁

埃米爾·涂爾幹（Emile Durkheim）（2000）。《社會分工論》。渠東譯。北京：三聯書店。

孫中興（2008）。《令我討厭的涂爾幹的〈社會分工論〉》。臺北：群學。

楊碧川、石文傑（1981）。《遠流活用歷史手冊》。臺北：遠流出版公司。

外文文獻

Emile Durkheim (1902/1933). *The Division of Labor in Society*. Tr. by George Simpson. Glencoe, Ill.: The Free Press.

Emile Durkheim (1902/1984). *The Division of Labor in Society.* Tr. by W. D. Halls. New York: The Free Press.

Emile Durkheim (1902/1996). *De La Division du Travail Social*. Paris: PUF.

George Simpson (1933). Preface to the Translation. In Emile Durkheim, *The Division of Labor in Society.* Tr. by George Simpson. Glencoe, Ill.: The Free Press.

Marcel Fournier (2005). Durkheim's Life and Context: Something New about Durkheim? In Jeffrey C. Alexander and Philip Smith (eds.), *The Cambridge Companion to Durkheim.* Cambridge: Cambridge University Press. pp. 41-69.

Marcel Fournier (2007/2013). Émile Durkheim: A Biography. Cambridge: Polity Press.

Raymond Aron (1970). *Main Currents in Sociological Thought.* II. Trs. by Richard Howard and Helen Weaver. New York: Anchor Books.

Steven Lukes (1972). *Emile Durkheim: His Life and Work.* New York: Harper & Row.

第十二講

涂爾幹（二）

《社會學方法的規則》

這一講要專門談論涂爾幹的《社會學方法的規則》。這本書原來在雜誌上連載，後來才出版單行本。這本書主要有兩個英文譯本，至少有四種中文譯本，最早的中譯本甚至比第一個英文譯本還要早出版。不過，目前所有中英文譯本都沒有注意到原始的雜誌版和後來單行本之間版本是否有差異的問題，殊爲可惜。

最早的中譯本是許德珩直接從法文翻譯的，書名翻成《社會學方法論》，所以後來很多人就習慣把此書稱爲「方法論」。但是這沒有貼近涂爾幹書名的原意，涂爾幹說的是「方法的規則」，雖然「方法論」這個概念也大致符合「對方法的研究」這樣的意涵。

涂爾幹是第一位獲得社會學教授頭銜的學者，甚至可以說是全世界社會學的創始人。他希望提出社會學有自己特殊的研究領域之外，還要有特殊的研究方法，使得該門學科能夠在當時及後世的學術界上立足，持續爲人類知識提出貢獻，因此就有《社會學方法的規則》一書的出現。

我們接下來就是針對該書的內容、社會方法的特質，以及他提出了什麼特殊的觀點，對日後社會學方法上有哪些影響作爲介紹。

一、《社會學方法的規則》書寫動機與主張

爲什麼書寫這本書，涂爾幹自己有說明：

假如一門社會的科學（une science des sociétés）要存在，我們當然不是期待

> 它只是換一種方式來表達傳統的偏見。它應該引導我們從不同於一般人的角度來看事物，因為任何科學的目的都在於發現，而這些發現或多或少都會有別於我們所習於接受的意見。（Durkheim, 1982: 31; 1996: VII）

因對涂爾幹而言，社會學就是要對抗這種不假思索便接受視爲眞理的意見。

另外他對於「社會的科學」（science des sociétés; science of society）一詞的使用，跟現在所熟悉的社會學（sociology）不太一樣，但從內涵上看應該是同一個概念。這種不一致的用法在早期英文譯本也可見到，這是在早期發展階段，統一的名詞尚未確立時常見的問題。

他甚至提出要將科學術語與日常用語釐清的概念，避免在界定討論事物時，有魚目混珠的行爲出現：

> 需要努力之處是要形塑新的概念（concepts nouveaux），以滿足科學的需要，並且使用特別的術語來表達。當然，這並不是說常識概念（concept vulgaire）對科學家就是一無是處的。它可以當成一個指標，把它當成描述具有同樣名稱的一群現象，而且將來也可能發現它們具有共同的特徵。（Durkheim, 1982: 76; 1996: 37）

這種專業術語和日常用語的重疊一直是社會科學研究的困擾。許多人用日常用語來質疑社會科學的結論，例如涂爾幹提到「犯罪是正常的」是指每個社會都會有犯罪的現象，所以「正常」是這種描述性的意思，可是大眾卻認爲「正常」是有道德規範的意涵，因此誤會「犯罪是正常的」根本就是社會學家在替犯罪背書的嫌疑。所以他在這裡就說明得更清楚：

> 有人會因為正常的社會學把犯罪當成一種現象，就懷疑社會學是要替犯罪找存在的理由。這種反對是十分幼稚的。因為，假如每個社會都會發生犯罪是正常的話，犯罪要被處罰也是同樣正常的。（Durkheim, 1982: 32; 1996: VIII）

社會學視犯罪爲正常並不是要縱容犯罪，因爲「正常」是一個非常含混的概念，生活上所謂的正常是道德的意義，符合社會主流價值的叫做「正常」，不符合社會主流價值的就「不正常」，或叫「異常」（abnormal），甚至叫「變態」。

但是對學術研究而言，正常有另外一個意思。在統計上面，數量多的我們會認爲是正常；數量少的，我們會比較認爲是異常。像統計學上的「常態分配」，在常態分配曲線裡面的歸屬於正常，在此之外歸於不正常，不管是過低或過高的。這裡並沒有道德的意涵。

另外一個是正常和不正常的分野是專業的判斷，這容易和我們的日常生活判斷混淆，譬如：日常生活裡，我們會認爲某人是正常或是不正常，但是如果是醫療或疾病方面的問題，需要由專業醫療人員判定才算，日常生活口語的不正常甚至是神經病，是罵人的話，和專業判斷無關。

簡單來說，社會學家認爲犯罪正常，是因爲沒有社會無犯罪現象，同時也並非採取單一道德意涵的角度來看待此犯罪。「首先，犯罪是正常的，因為每一個社會都完全不可能沒有犯罪的存在。」（Durkheim, 1982: 99; 1995: 85; 1996: 67）

而涂爾幹對於正常和異常的看法，其實早在孔德時就已經提過。不過，涂爾幹在下文中說在生物學和心理學中早已確認了這項規則並且行之多年。所以，他雖然沒有刻意提到孔德，但還是和孔德有關的：

> 一種現象的病態形式（formes morbides）在性質上和其正常形式（formes normales）是沒有差別的，因此，為了要決定其性質，兩方面都必須要觀察。（Durkheim, 1982: 79; 1996: 40）

社會學家往往因爲提出的觀點太新穎、不同於大眾意見，所以導致在許多人的印象裡，會認爲社會學家是專門找麻煩、譁眾取寵等奇怪的人。這樣的印象大概從涂爾幹開始就沒有停止過。

涂爾幹反對用心理學的概念來討論社會現象的問題，這也是他積極地要與心理學劃清界線以建立社會學獨特性的用心之處。

在學科歷史發展上，當時的心理學受到更多的重視，甚至一度被認爲凡有關人類的學問，只要用心理學就可以解決了。關於此種「心理學獨霸論」的看法，涂爾幹認爲是不恰當的，而這也是《社會學方法的規則》主要論證所在：

> 正如同唯靈論者（spiritualiste）將心理領域和生物領域加以區隔一樣，我們也要將心理領域和社會領域加以區隔；像他們一樣，我們拒絕以更簡單的來

說明（expliquer; explain）更複雜的。（Durkheim, 1982: 32-33; 1996: IX）

涂爾幹認爲一個社會事實要用另外一個社會事實來解釋，而非採用心理層次來解釋說明，這種「以更簡單的來說明更複雜」的思維就是「化約論」（reductionism）。很顯然他在這裡的層次架構是受到孔德跟斯賓賽的影響。涂爾幹自稱採取理性主義者的立場：

> 我們只接受理性主義者（rationaliste）的稱呼。我們主要的目標是要拓展科學理性主義的範圍來涵蓋人類的行為，可以將過去的行為化約成因果關係，然後透過同樣理性的操作，可以將其轉化成未來行動的規則。被稱為實證主義其實只是這種理性主義的結果*。（Durkheim, 1982: 33; 1996: IX）

涂爾幹在此特別註明：「也就是說不要和孔德和斯賓塞的實證形上學（métaphysique positiviste）搞混。」這種警語也反映出一般人容易將他和孔德和斯賓賽兩位前輩搞混。

簡單來說，他相信因果關係，但涂爾幹不僅只是分析因果關係，同時也要將此關係定位成行動的準則。

這種看法，在早先古典社會學家裡面是很常見的。當時沒有「爲了做學問而做」的概念。做學問的目的都是爲了要讓人群跟社會能夠變得更好，學問是我們行動或改革社會的重要工具。所以社會學在成立之初，前輩們都有非常強烈實用的取向，或者是改造社會的取向。

他在這本書裡也對三位前輩學者關於社會學方法的想法提出一些評論。這三位除了我們前面的講次裡有提到過的孔德和斯賓賽之外，還有密爾（嚴復譯「穆勒」）（John Stuart Mill）。

涂爾幹對於斯賓賽是這麼看的：

> 在斯賓塞的所有作品中，沒有方法論的問題。《社會學研究》一書令人誤解的書名，其實是展示社會學的困難和可能性，而不是要鋪陳社會學研究應該運用的程序。（Durkheim, 1982: 48; 1996: 1）

前面講次介紹過《社會學研究》，基本上涂爾幹的評論是中肯的。

一般而言，社會學討論到涂爾幹時，往往不太討論到斯賓賽跟孔德，但忽略這兩位前輩，又該如何了解這一來龍去脈。

他對密爾的批評有點嚴厲：

> 沒錯，密爾對這個問題有過長篇的討論。但是，他只是對孔德所說過的，運用他自己的辯證加以篩選，而沒有加進自己真正的貢獻。（Durkheim, 1982: 48; 1996: 1）

這裡提到密爾的長篇討論應該說的是他的《邏輯體系》（*System of Logic*，嚴復譯為《穆勒名學》），特別是書中第一卷第六部分的第七至十二章談到「道德科學的邏輯」（The Logic of Moral Science）的部分。很可惜，嚴復的《穆勒名學》其實是個不完全譯本，當時若能把全書譯完的話，應該會對中文世界的社會科學方法跟概念會有更精深的理解。

而密爾因為是孔德的私淑弟子，一些方法概念受惠於孔德，有些人比較過兩人的方法之後，發現密爾所謂的「逆轉演繹法」或「歷史法」是受到孔德比較深的影響。只是在後期之後，因理念不合，他與孔德分道揚鑣。所以在他後來版本的《邏輯系統》（*System of Logic*）書中，就不太談孔德對他的影響（孫中興，1993：85）。版本的重要性於此又是另一個實例。

涂爾幹對於孔德的看法則是偏向正面肯定：「在《實證哲學講義》的一章中是我們對於這個主題所有的唯一原創的和重要的貢獻。」（Durkheim, 1982: 48; 1996: 1）

這三位前輩對於涂爾幹而言，在方法上固然有貢獻，但也有其不足之處。涂爾幹就是要在這本書裡，針對這些限制提出他超越前輩的看法：

> 前面所提過的這些偉大的社會學家，很少討論社會的一般性質、社會領域和生物領域的關係，以及一般的進步行程之外的事。甚至斯賓賽的多部頭著作，目的也只在於顯示普遍進化法則可以怎樣運用到社會。（Durkheim, 1982: 48; 1996: 1）

二、社會事實

他提出的第一個概念就叫社會事實（fait social; social fact）。

這本書的第一章就是以「社會事實是什麼？」爲題，似乎這是一個很獨特的概念。但若是仔細查看內容，會發現除了「社會事實」之外，在行文間他也提到了「社會現象」（phénomène social; social phenomenon）這樣的字眼，「社會現象」跟「社會事實」，在涂爾幹來看，基本上是同義字，可以交互使用。

在現行四種中譯本中，許德珩和胡偉的譯本都沒把 fait social 譯成「社會事實」，而和「社會現象」（phénomène social）混用。黃丘隆和狄玉明的譯本，才做了如此的區分。

涂爾幹並沒有特別標舉「社會事實」作爲他的一個重要概念，其佐證還在於《社會學方法的規則》一書於 1895 年出版後的其他著作中，例如 1897 年出版的《自殺論》以及 1912 年出版的《宗教生活的基本形式》，都沒有特別標舉他要研究的對象，如自殺和宗教，是「社會事實」。所以，除了字典上 fait 和 phénomène 的意義相同之外，我才會有如下的結論：fait social（社會事實）一詞並不是涂爾幹自認爲重要的概念，基本上這就是 phénomène social（社會現象）一詞的同義字。

雖然如此，他對「社會事實」下了一個定義：

> 社會事實是一種行為方式，不論是固定與否，能夠對個體造成外在的強制力；或者說，普遍存在某一個社會，有獨立於個體表徵之外的自己的存在。
> 法文：Est fait social toute manière de faire, fixée ou non, susceptible d'exercer sur l'individu une contrainte extérieure; ou bien encore, qui est générale dans l›étendue d›une société donnée tout en ayant une existence propre, indépendante de ses manifestations individuelles.（Durkheim, 1996: 14）
> 英譯：A social fact is any way of acting, whether fixed or not, capable of exerting over the individual an external constraint; or which is general over the whole of a given society whilst having an existence of its own, independent of its individual manifestations.（Durkheim, 1982: 59）

這個定義強調社會學研究的是社會事實，而這個社會事實具有一個特性，所以在第一段裡，我們可以視作爲界定社會事實的第一個特徵：「外在性」；第二個是界定

「強制性」。

故這個社會事實具有一個特性——「外在的強制力」。我們如果從後面行文來看，會發現涂爾幹關於這點一直沒有說清楚。我們推測應該是指對個人生活有著個人無法抗拒的影響的一種外加的社會力量。

話說從頭，我們先了解他對「事實」的看法：

> 事實的秩序（ordre de faits）具有非常特別的特徵：它們包括外在於個人的行動、思想和情感的方式（manietes d'agir, de penser et de sentir），它們對於個人具有強制力（pouvoir de coercition; coersive power）。因此，既然它們包括了表徵（représentation）和行動（action），它們就不能和有機現象相混淆，也不能和心理現象，後者是存在於個人良識（conscience individuelle）之中，或是透過個人良識才能存在的。因此，它們構成了一個新的種類（une espèce nouvelle; a new species），可以稱之為社會的（sociaux）。（Durkheim, 1982: 52; 1996: 5）

這裡用到的「行動」、「思想」和「感情」的三分法，和孔德的人性組成三要素相同。

而「表徵」和「行動」的並舉，如果配上人性三要素來看，「表徵」應該是指「思想」和「感情」這些「有諸中而形於外」的東西。Solovay 和 Mueller 的舊英譯本就將 représentation 譯成 idea（Durkheim, 1966: 28）。

另外，這裡的末句話其實也說明了「社會的」是有別於「個人的」之外的一個新興的現象，涂爾幹稱之爲「新的種類」。在不同的行文中，涂爾幹會在某些名詞之後用上一個拉丁文 sui generis（特殊的、獨特的），我將本書中主要出現這個詞組的地方都整理如下：

> 「獨特的現象」（phénomènes sui generis）（Durkheim, 1982: 34; 1996: XI）
> 「獨特的綜合」（synthèse sui generis）（Durkheim, 1982: 39; 1996: XVI）
> 「獨特的現實」（une réalité sui generis）（Durkheim, 1982: 54; 1996: 9）
> 「獨特的團體」（un groupe sui generis）（Durkheim, 1982: 75; 1996: 35）
> 「獨特的製作」（élaboration sui generis）（Durkheim, 1982: 134; 1996: 110）
> 「獨特的性質」（nature sui generis）（Durkheim, 1982: 144; 1996: 122）

「獨特的非物質性」（immatéterialité sui generis）（Durkheim, 1982: 162; 1996: 143）

這就是社會學的「獨特現象」。我們研究的不一定是我們看得到的現象，萬一我們要研究看不到的現象怎麼辦？

這在前面《社會分工論》有談論過，若要研究道德，但道德不可見。該如何處理？就是研究道德的表徵——法律。

法律反映或者再現群體間的道德，雖然道德無法看見，但對人有外在的強制力。但是也有人說，其實不單只有外在強制力，因爲社會事實有時候也會出現內在的強制力，例如一人獨處時，仍會感受到有些事是不能做的，有些事雖然沒有別人在場，但是做了之後還是會有壓力。

這種強制力都是這種社會事實的展現，「社會事實是一個可以透過作用於個人或是可以作用於個人身上的外在強制力而加以辨識。」（Durkheim, 1982: 56; 1996: 11）

因此，他強調要從外在研究社會事實，找尋其外在原因（Durkheim, 1982: 38; 1996: XV）

因爲外在性不能是偶然的。社會事實的外在性如果是偶然的話，就不能表現出物的基本特質。此時，從外在可觀察性來研究社會現象就有問題了。（Durkheim, 1982: 80; 1996: 42）

涂爾幹的意思，社會事實不是個體表徵的總和。也就是說他不相信我們前面講次提過的「方法學的個人主義」，而主張「方法學上的集體主義」。

我們其實可以從他在《自殺論》的研究中，對於自殺率的數字研究，來說明數字對個人生活的影響，並將其影響視爲一種社會事實，而此種事實具有一種強制力。我想這是他對社會事實的界定的簡要說明。

另外他區分了三種在社會學科發展上的重要概念——原因、功能和法則：

> 就目前學科的狀況來看，我們不知道主要社會制度的性質，如：國家或家庭，財產權或契約，處罰和責任。我們幾乎忽略了它們所仰賴的原因、它們所滿足的功能，以及它們的進化法則。（Durkheim, 1982: 38; 1996: XV）

注意這段引文出現了「原因」、「功能」和「法則」等涂爾幹的關鍵字眼，這是社會學要尋求解釋時的三個方向。後來的社會學在處理原因這部分時，採用統計學上的變項與變數來解釋應變項與自變項間所占有的影響力，將原因轉化為計量方面的展現。

而功能的部分，因為反對心理學，又需要滿足需求，所以就被界定成滿足某種社會運行的需要。但是什麼是滿足社會運行的需要？該由研究者來決定嗎？在這問題上就很有可能變成「套套邏輯」（tautology）。

很顯然地，因為有需求而有功能，所以功能不是原因，也並非結果，對於功能跟需要有關以外，到目前為止並沒有一個令人滿意的定義。

因此「功能」是什麼的問題，時常被誤解，甚至有時候會與「原因」、「法則」、「結果」混同。

接下來是「法則」的問題。從牛頓發現運動三大基本定律之後，孔德也曾經仿作出十五條法則。不過，沒有受到後來社會學家的注意。但在百年後，帕深思（Talcott Parsons, 1902-1979）曾經獨立地發現並運用這些法則，當時他並不知道孔德已經提過此事。帕深思的說法也同樣沒被重視。

三、社會事實的觀察規則

界定事實與研究方向之後，他就提出該如何對社會事實觀察的規則，請不要忽略他提出的這些順序，這些都是後來社會學研究遵循的程序。

不過在觀察之前，有個前提，需要「將社會事實當成物」，只是更令人無奈的是關於「物」這件事，始終無法清楚說明。

> 第一條而且是最基本的規則是：把社會事實當成物（considérer les faits sociaux comme des choses; consider social facts as things）。（Durkheim, 1982: 60; 1996: 15）

「把社會事實當成是一個物（chose; object）」這個前提原來應該是涂爾幹解決問題的創見和利器，卻因為沒講清楚而惹出更多爭端。所以在《社會學方法的規則》第二版序言裡面，涂爾幹又花了相當篇幅再度澄清「物是什麼」。結果也一樣沒解決眾人的疑惑：

> 物是什麼？物和思想是相對立的，就像從外可知的和從內可知的是相對

> 的。一種物是知識的對象，不是從理解就可以自然而然地穿透；不是我們可以經由簡單的知性分析過程就可以加以適當概念化成為思想的所有一切。是思想必須走出自己，透過觀察和實驗，才能理解從這些最外在和最當下可即的逐漸進步到最不可見的和最深刻的。因此，把某種秩序中的事實當成事物，並不是要把它們放在現有的現實範疇中；而是要具備一定的心態。在研究的開端，要採取『對它們是什麼一無所知』的原則，不能經由最仔細的內省法就發現它們的特質，就像它們所仰賴的未知原因一樣。（Durkheim, 1982: 35-36; 1996: XII-XIII）

這一大段話，要仔細讀，像在兜圈子。沒有直接說到物是什麼。倒是說到：

—它的相對物——思想

—它是知識的對象

—它不是可以簡單推論就可以知道的，要用到觀察和實驗

—要具備一定的心態

—內省法是行不通的

只能說涂爾幹眞會閃。這樣的解釋方式，算哪門子解答「物是什麼？」

後來法國哲學家布希亞（Jean Baudrillard）的《物體系》不知是否能讓我們更清楚知道「物是什麼」？不過，雖然中文都譯作「物」，涂爾幹用的法文是 chose，布希亞用的是 objet。我知道的兩者異同就只有這樣，其他更細緻的部分就非我能力所能回答的。

涂爾幹提出觀察事實的規則有三個主要原則，首先：

> 我們必須有系統地要拋棄所有的成見（Il faut écarter systématiquement toutes les prénotions; One must systematically discard all preconceptions）。（Durkheim, 1982: 72; 1996: 31）

這裡所說的偏見是笛卡爾所指出的懷疑論以及培根所提到的四偶像說。

涂爾幹在當時所處的時代，提出要有系統地拋棄成見，隱含著他對社會學的期待，希望社會學能夠成爲一個比較理性的學科，而非充滿偏見。這應該是啟蒙運動思想的餘緒。

現在受到詮釋學的影響，有人認爲我們是不可能拋棄成見，我們都是帶著成

見，或者帶著先前既有的一些想法來看待我們現代的事物。這些都和涂爾幹當初的想法相左。

其次：

……研究的主題必須只包括一組事先從某個共同的外在特徵加以界定的現象，而且要包括符合這個定義的所有現象（Ne hamais prendre pour objet de recherches qu'un groupe de phénomènes préalablement définis par certains caractères extèrieurs qui leur sont communs et compredre dans la même recherche tous ceux qui répondent à cette définition）。（Durkheim, 1982: 75; 1996: 35）

這部分，就是現在社會科學研究裡面，對於現象與研究對象的界定，有時候又稱爲工作定義（working definition）。

第三：

……當社會學家在研究任何社會事實時，他必須要努力從孤立於個人表現之外的觀點來加以研究（Quand donc, le sociologue entreprend d'explorer un ordre quelconque de fais sociaux, il soit s'efforcer de les considérer par un côté où ils se présentent isolès de leurs manifestations individuelles）。（Durkheim, 1982: 82-83; 1996: 45）

涂爾幹在這部分，指出進行社會學的研究時，觀察者需要注意各項要素之間的關聯性，而非孤立研究個別表徵。

四、常態與病態的相對規則

涂爾幹接下來討論「常態」（正常）和「病態」（異常、不正常、變態）的區分原則：

最一般形式所展現的事實我們稱之為正常，其餘的稱為病態的或病理的（Nous appllerons normaux les faits qui présentent les formes les plus générales et nous donneeons aux autres le nom de morbides ou de pathologiques）。（Durkheim, 1982: 91; 1995: 74; 1996: 56）

他也強調這兩種的區分是視情況而定的：

我們可以看到，被稱為病態的事實會因為某一個特定的種（espèce; species）而有不同。健康和疾病狀況不能抽象地或絕對地加以界定。（Durkheim, 1982: 92; 1995: 75; 1996: 56）

簡單來說，一個事情發展與否，需要看其所處於哪個發展階段。以人作爲比喻的話，小朋友在某一個發展階段，對於話語上關於屎與尿的連結，容易感到好笑，但是人一旦年紀大了以後，這就變成是一件低俗的事情。

涂爾幹大概想表達這樣的意思，所以對於正常與異常的部分，他也整理了三條規則：

(1)對一個既定的社會類型來說，社會事實正常與否，要看它在相應的進化階段，以及它所發生的某種平均社會而定（Un fait social est normal pour un type social déterminé, considéré à une phase déterminée de son développement, quand il se produit dans la moyenne des sociétés de cette espèce, considérées à la phase correspondante de leur évolution）。

(2)前述方法的結果可以藉由和所研究的社會類型中的集體生活的一般狀況有關的一般現象來加以證實（On peut vérifier les résultats de la méthodes précédente en faisant voir que la généralité du phénomène tient aux conditions générales de la vie collective dans le type social considéré）。

(3)當這項事實和未完成進化的社會種發生關聯時，這種驗證就是必要的（Cette vérification esst nécessaire, quand ce fait se repporte à une espèce sociale qui n'a pas encore accompli son évolution intégrale）。（Durkheim, 1982: 97; 1995: 82; 1996: 64）〔原文為斜體字〕

「種」（espèce; species）是借用生物學的概念，是生物分類（界、門、綱、目、科、屬、種）中的一種最小單位，加上「社會的」一詞，也僅僅是代表一種對社會所做的分類。這並不是他一直強調的概念。

他常用的「社會形態學」（morphologie social; social morphology）一樣是生物學和社會學結合的新概念。

簡單來說，當社會範圍或社會現象發生了聯繫的時候，這個經驗就是必要的。而常態跟病態的分類對涂爾幹來說，不是簡單的二分法，還需要考慮當時的時空背景、文化脈絡等各種因素。

所以社會學面對社會事實與正常狀況兩者間的關係，到底該如何理解，涂爾幹認爲：

> 社會學要把事實當成物，社會學家必須感到有向事實學習的需要。任何不管是個人或社會的生命科學的主要目的，都是最終要界定和解釋正常狀況，以別於異常狀況。（Durkheim, 1982: 104; 1995: 91; 1996: 73-74）

從這段話可以了解，正常狀況是社會學研究的一個重點了，而「社會學要真正成為一門物的科學（science de choses），現象的普遍性必須被當成是其正常性的判準。」（Durkheim, 1982: 104; 1995: 92; 1996: 74）

涂爾幹甚至認爲這種社會學方法，「可以同時端正行為與思想（régler l'action en même temps que la pensée）。」（Durkheim, 1982: 104; 1995: 92; 1996: 74）

因爲有了比較寬廣的想法之後，我們的行爲會更寬容，不會像沒有學過社會學的人想法那樣狹隘。這當然是涂爾幹當時對於學社會學的一個期待。

對於現在學社會學的人，他們的想法可能在經過社會學訓練後變得更加寬廣，也有可能是更狹隘，這都是因人而異的

五、社會類型的構成規則

涂爾幹提出一種社會類型的構成規則，也是這本書的另一個重點。他提出形態學的觀念（social morphology），這個概念後來由他的外甥莫斯（Marcel Mauss, 1872-1950）所繼承。

首先是關於社會形態學（morphologie sociale）的定義：「我們可以將社會學中處理構成和區分社會類型（types sociaux）的部分稱之為社會形態學。」（Durkheim, 1982: 111; 1995: 97-98; 1996: 81）

這在《自殺論》的時候，會出現他形態學與病原學的兩種分類，而這種分類就構成他的社會類型，不過現在不太流行這樣的說法。所以涂爾幹這種說法有他時代的限制。

接著他會區分幾種社會類型，這個非常有意思，如果教師要考一題，請問：涂爾幹認爲社會類型有哪幾種，大部分學生限於閱讀文本關係，只會提到機械連帶跟有機連帶。主要是這部分教師提到的多，二手書也講了許多。

可是機械連帶跟有機連帶其實都不如下面這幾種社會類型。

首先是：

> 游牧部落（horde）* 是最簡單的社會，因為沒有比自身再簡單的社會。這種社會只有一個單一的環節（société à segment unique），而且這個環節不是從前一個部分發展而來的。這是一種社會的聚集（agrégat social; social aggregate），內部不再有更基本的聚集，但是卻可以直接分成許多個體，個體之間像原子一樣並列。（Durkheim, 1982: 113; 1995: 99; 1996: 82）

狄玉明的中譯本在這個名詞之下有個頗有參考價值的譯者註：

> hord〔原誤〕，為突厥族和蒙古族的氏族軍事組織，元史一般譯為「斡爾朵」。迪爾凱姆不是用這個詞的原義，此處係指臨時結合在一起的、不固定的人類群體。（Durkheim, 1995: 99, n3）

第二個是氏族：

> 氏族（clan）：當游牧部落不再是整個社會，而只是其中一社會環節（segment social; social segment）時，就可以稱之為氏族。氏族是由一些家庭所組成的。（Durkheim, 1982: 113; 1995: 100; 1996: 83）

第三個是簡單多環節的社會：

> 簡單多環節（polysegmentaire simples; simple polysegments）社會：複製了游牧部落或氏族，他們在游牧部落中並列，形成整個團體中的一個中介團

> 體。例如：美國伊洛魁（Iroquois）部落、澳洲部落、卡比耳部落（tribu kabyle）或「阿喜」（arch）〔氏族結合成村落〕，以及歷史上有一陣子羅馬時代的「氏族聯合」（curie）和雅典的「氏族同盟」（phratry）。（Durkheim, 1982: 114; 1995: 101; 1996: 84）

這個環節的比喻是來自蚯蚓，他認爲將蚯蚓每一段切斷的話，牠每個環節都是一樣的，而就是簡單多環節的社會。雖然它樣子很多，但是它的形式非常的簡單。

第四種就是「簡單合成的多環節社會」；第五種是「雙重合成的多環節社會」，其他是依照各種社會進化程度加以分類。只是這樣的分類其實已經沒有太大的意義了，而且這種分類方式與他前面提過的「機械連帶」有什麼關係，他也沒有任何說明。這也是一件頗爲離奇的事情。

六、社會事實要如何解釋

分類之後，便是針對事實該如何解釋。關於這部分，跟現在講的詮釋學的範圍是不一樣的，主要牽涉到原因與目的差異。兩者分別在因果的兩端，原因是在前端，目的是在後端，目的也就是他所謂的效用：

> 許多社會學家認為，一旦他們展現了現象的服務目的和所扮演的角色，就算解釋了現象……
>
> 但是這種方法混淆了兩個非常不同的問題。展現一件事實的效用並不就是解釋了它的起源，也沒解釋它如何變成現在的樣子。（Durkheim, 1982: 119-120; 1995: 107; 1996: 90）

而原因跟功能也不一樣，只是許多人都弄混，將目的當成功能。

對於原因跟功能的不同，涂爾幹是這麼認爲的：

> 當一個人要解釋社會現象時，產生這個現象的動因和它所滿足的功能應該分開來研究（Quand donc on entreprend d'expliquer un phénomène social, il faut rechercher séparément la cause dfficiente qui le produit et la fonction qu'il remplit）。我們使用功能（fonction）一詞，而不用目的（fin; end）或目標

（but; goal），正是因為社會現象通常不是因為它們所產生的有用結果而存在。（Durkheim, 1982: 123; 1995: 111; 1996: 95）〔原文前段為斜體字〕

這是採用亞里斯多德的四因說裡的「動因」，其他三種是「物因」、「本因」和「極因」，已經不被現代社會科學方法所採用。涂爾幹此處所謂的「動因」，從上下文的脈絡來看，其實等同我們理解的「原因」。

我們順便提一下，「四因說」亞里斯多德在《形而上學》一書中是這麼說的：

> 顯然，我們應須求取原因的知識，因為我們只能在認明一事物的基本原因之後才能說明知道了這事物。原因則可分為四項而予以列舉。
> 其一為本體亦即怎是（「為什麼」旨在求得界說最後或最初的一個「為什麼」，這就指明了一個原因與原理）（本因）；
> 另一是物質或底層（物因）；
> 其三為動變的來源（動因）；
> 其四相反於動變者，為目的與本善，因為這是一切創生與動變的終極（極因）。（983a25-983b1; Aristotle, 1959: 6-7）

他在《物理學》一書中又是這麼說的：

> 所謂的原因之一，是那事物由之而生成並繼續存留於其中的東西，如青銅對雕像，白銀對酒杯以及諸如此類東西的種。
> 另一種原因是形式和模型，亦即「是其所是」的原理及它們的種，如八音度中二與一的比例，一般而言的數目以及原理中的各部分。
> 再一個就是運動或靜止由以開始的本原，如策劃者是行動的原因，父親是孩子的原因，以及一般而言，制作者是被制作者的原因，變化者是被變化的原因。
> 最後一個原因是作為目的，它就是「所為的東西」，例如健康是散步的原因，因為若問他為什麼散步，我們回答說，是為了健康。（194b16-194b33; Aristotle, 1991:37）

功能和目的或目標或有用的結果是無關的。可是到了當代社會學理論中的結構功能學派，許多人都有意無意地把功能看成是目的和結果。將來可以注意一下當代社會學理論家是如何界定的。

前面我們也有提到過功能與原因、法則是不一樣的，但功能是什麼？在前文的定義有提到功能跟需要系統相關，而在這裡他又不願意直接說「社會現象常常是因爲需要產生的，而這個需要就是功能」這樣的論述，反倒使用一堆否定用法。

另外他有一個說法，被稱爲「方法學上的集體主義」。簡單來講，這是討論整體跟部分的關係。我們在先前談論斯賓賽的時候有對此詳加說明過。方法學上的集體主義認爲所有個體累加以後，會產生新興的現象，這些累加的元素與新興現象互動後，會產生一個整體。因此整體並非僅是個別的集合而已，還有集合所產生的新興現象會出現。

所以涂爾幹除了強調與斯賓賽不一樣之外，也會提到全體跟部分是處於斷裂的：「全體不等於部分的總和；全體是個不一樣的東西，它的性質和形成整體的部分所展現的特質是不同的。」（Durkheim, 1982: 128; 1995: 118; 1996: 102）

針對個體組成的部分，所產生一些新興的特質，他稱作湧現性（emergent property），這是全體跟純粹部分的集合不相同的原因。

在解釋的層次上，關於社會事實的原因，需要從前面的社會事實來找尋，不能用心理現象來解釋一個社會現象，或者你不能用一個心理事實來解釋社會事實。關於這一點，前面已經有提過。

一言以蔽之：社會層次跟心理層次不一樣，因爲心理層次對於社會層次而言是屬於部分層面，不能夠解釋整體：

> 社會並不只是個人的總和而已，而是由個人組合而成的系統，代表了一個特別的具有自己特徵的現實。毫無疑問地，假如沒有特別的良識（consciences particulières）的話就沒有集體；這是必要的卻不是充分的條件。此外，這些良識必須加以結合或聯合，但是要以某一種方式聯合；這種聯合遂產生了社會生活，也可以從這種聯合來解釋社會生活。經由聚集在一起、互相滲透、互相融和，個體產生了一個新的存在，可以稱之為心理的（psychique），但卻是一個新種的心理個體（individualité psychique d'un genre nouveau）。因此，我們必須在存在於個體的性質中去尋找產生事實的近因或決定性的原因，而不是要從組成因素中找。團體在思考、感覺和行動時和孤立的成員的方式是不同的。如果，我們從個別的成員開始研

> 究，我們不會了解團體中所發生的事。簡言之，心理學和社會學之間的斷裂就如同生物學和物理和化學的斷裂一樣。因此，每當社會現象直接有心理現象解釋時，我們可以肯定地認為這種解釋是錯誤的。（Durkheim, 1982: 129; 1995: 119; 1996: 102-103）

這一大段有關心理學和社會學斷裂的話，是涂爾幹的重要理論根據之一。在他的看法裡，這兩者有著天壤之別。

對於功能的部分，在後面的地方，他又有一些看法：

> 一項社會事實的功能必須要在它和某種社會目的之間的關係中尋找（La fonction d'un fait social doit toujours être recherchée dans le rapport qu'il soutient avec quelque fin sociale）。（Durkheim, 1982: 134; 1995: 125; 1996: 109）〔原文為斜體字〕

前面才說到「我們使用功能（fonction）一詞，而不用目的（fin; end）或目標（but; goal），正是因為社會現象通常不是因為它們所產生的有用結果而存在。」（Durkheim, 1982: 123; 1995: 111; 1996: 95）這裡的引文卻又提到「社會目的」，不是前後矛盾嗎？怎麼會這樣？

而且此處又沒有強調「需要」的關鍵字，所以要如何從社會目的去找尋確切意義，我眞的覺得他並沒有把話說得更清楚一點。

後來，他也提到了這個影響社會現象的過程的環境特質，譬如，我們在《社會分工論》講到社會分工的原因時，他提出「社會容積」跟「社會密度」。在《社會學方法的規則》，他有更詳細的說明，以「動態密度」以及「物質密度」作爲補充：

> 第一，社會單位的數量，或社會的容積（volume）；
> 第二，群眾集中的程度，或者我們稱為動態密度（densité dynamique; dynamic density）。
> 動態密度可以界定為，在容積不變的情況下，一群人彼此在商業上和道德上的相互密切關係的函數，他們不僅交換勞務或相互競爭，也共同生活。（Durkheim, 1982: 136; 1995: 127-128; 1996: 112-113）
> 物質密度（densité matérielle）不只是指每單位面積中住民的數目，也是指

> 通訊和交通發展的程度，它通常是和動態密度同步的，而且，一般來說，也可以用來測量動態密度。（Durkheim, 1982: 137; 1995: 128; 1996: 113）

他也修正他在《社會分工論》的錯誤：「我們在《社會分工論》中犯了一個錯誤，不當地強調了物質密度就正是道德密度。」（Durkheim, 1982: 146, n.21; 1995: 129, n.1; 1996: 113, n.1）

同時他也認爲社會現象的原因存在於社會的內部，而非個人內心（Durkheim, 1982: 146, n.21; 1995: 129, n.1; 1996: 113, n.1）。

這又再一次強調心理與社會隸屬於不同的層次，社會事實不可以化約成心理事實；社會事實要用另一個社會事實來解釋。

七、社會學證明的展示規則

接下來涂爾幹詳細地討論該如何展示證明其論證。

在提到社會學證明的法則，他就提到了前面孔德提過的一些方法：如比較法、實驗法，另外還有間接實驗法，也就是他所謂的比較法，或稱剩餘法（la méthode dite des résidus; the so-called method of 'residues'）。

順便補充一下：剩餘法是密爾在《論邏輯體系》一書中所提出的方法。他是這麼說的：

> 從一種現象中減去先前歸納得知受到其他前項影響的部分，則殘餘的現象即為其他前項所影響到的結果（Subduct from any phenomenon such part as is known by precious inductions to be the effect of certain antecedents, and the residue of the phenomenon is the effect of the remaining antecedents）。〔第三卷第八章第五節第四準則〕

另外，涂爾幹也提到，在密爾的書中也提過的「異中求同法」（méthode de condordance; method of agreement）和「同中求異法」（méthode de différence; method of difference）：

> 異中求同法和同中求異法也很少被用到。事實上，它們假定了被比較的個

案只有在一點上表現出相同或相異之處。毫無疑問的，沒有一種科學可以建立一種不可辯駁的實驗，其中只有在某一獨特的特徵上才有嚴格的相同或相異。我們永遠無法確定，我們是否遺漏了某些和結果（conséquent）在某點上相同或相異的前提（antécédent），這些和唯一已知的前提在時間上和方式上都相同。（Durkheim, 1982: 150; 1995: 142-143; 1996: 128）

不過關於這部分的解釋說明，密爾的說法比涂爾幹更清楚。他是這麼說的：「假如兩個以上的研究案例在眾多成因中只有一個相同，這個共有的成因即是此一研究所關懷的現象的成因。」〔第三卷第八章第一節第一準則〕

而「同中求異法」的部分，他則認爲：

在我們所研究的案例中，在各方面的條件都相同，唯獨其中一項不同，則此不同的條件就是造成這些案例結果相異的成因，或成因不可或缺的一部分，或是其結果（If an instance in which the phenomenon under investigation occurs, and an instance in which it does not occur, have every circumstance in common save one, that one occurring only in the former; the circumstance in which alone the two instances differ, is the effect, or the cause, or an indispensable part of the cause, of the phenomenon）。〔第三卷第八章第二節第二準則〕

另外，還有「共變法」（méthode des variations concomitantes; method of concomitant variations）：

要把共變法當成證明，並不需要嚴格地排除和我們所比較的因素不同的變異（variations différentes）。假定已經有相當數目的變異個案，兩個現象之間具有價值的平行關係，就可以證明兩者之間有關係存在。這種方法的優點在於從內部來證明因果關係，而不像前述方法是由外部來證明的……這種方法證明了在數量上，以連續的方式相互參與（participant l'un de l'autre et d'une manière continue）的事實……兩項發展要相呼應，它們所展現的性質必須也要有對應。因此，不管比較對象以外的現象狀況如何，永恆的共存關係（concomitance constante）本身就是一種法則。（Durkheim, 1982:

151; 1995: 143-144; 1996: 129-130）

「共變法」也是密爾在《邏輯體系》一書中所提出的方法：「當某一現象隨著另一現象而變化時，它就是另一現象的因或果，或者和另一現象有其他的因果關聯。」〔第三卷第八章第六節第五準則〕

這裡所說的「共變法」，其實就是我們現在在研究法或統計上所熟知的「相關」（correlation）。「共變法」一詞已經很少人使用了。

另外比較特別的是他所謂的「發生學的方法」（méthode génétique; genetic method）：

> 首先建構一個曾經存在過的最原初的類型，以便可以一步一步研究它進步成為更複雜的方式。這種方法可以稱之為發生學的，可以同時分析和綜合要研究的現象。（Durkheim, 1982: 157; 1995: 150; 1996: 137）

涂爾幹自己寫的《宗教生活的基本形式》以及和外甥莫斯合寫的〈原始分類〉就是用這種方法研究的成果。

簡單講，就是研究一個東西的歷史演變，整個發展過程是非常重要的，研究者在從事研究時，最好有三階段的想法概念：在事情未發生前、發生的過程以及發生後的結果。

八、社會學方法論的特質

最後涂爾幹提到社會學方法論的三個特質：

> 首先，它獨立於一切哲學。因為社會學是從偉大的哲學學說衍生而來的，所以它就養成了依賴某些有聯繫的體系的習慣。因此，前後經歷了實證主義、進化論和唯靈論，而卻不滿足於社會學的存在。要不是我們只是要把社會事實當成可以從自然的方式加以解釋的話，我也會避免用自然主義的（naturaliste）一詞。（Durkheim, 1982: 159; 1995: 152; 1996: 139）

他也強調，社會學看問題的方式和一般人以及黨派不同：

> 並不是說，社會學對於實際問題表示漠不關心（désintéesser des questions pratiques）。相反地，我們經常的關注指引了某些實際的結果。社會學在研究的終尾必然會碰到這樣的問題。問題不到最後關頭不會現身，而且問題是出自事實，而不是出自熱情，由此可以推知，問題在社會學家面前和在一般人面前會展現不同的風貌。此外，社會學的解決方案儘管不完善，但是也不會完全呼應不同利益團體的解決方案。從這個觀點來看，社會學必須擺脫所有的黨派。這不是靠著以一種學說來攻擊另一種學說，而是要在面對這些問題時養成一種特別的態度，一種只有科學才能直接接觸物的態度。（Durkheim, 1982: 160-161; 1995: 154; 1996: 141）
>
> 第二點，我們的方法是客觀的。這完全受到這種觀念的支配：社會事實是物，而且必須被看成是物（faits sociaux sont des choses et doivent être traités comme telles）。（Durkheim, 1982: 161; 1995: 154; 1996: 141）

這裡涂爾幹把話說得讓人更迷糊了。到底社會事實「是」（is）物，還是「當成」（as）物。這段話裡兩者都說到了，還要在第二版序中辯解「我們並不是說社會事實是物質的物」（Durkheim, 1982: 35; 1995: 7; 1996: XII）。

> 第三點，把社會事實當作物是要把它當成社會物（choses sociales; social things）。（Durkheim, 1982: 162 ; 1995: 155 ; 1996: 142）

剛好這三點在當今的社會學界還有很大的爭議。有一派的社會學家，認爲社會學跟哲學是分不開的；另外，有一派的社會學家，強調詮釋觀觀點、強調現象學方法，認爲社會學基本上不可能是客觀的，強調客觀本身就是一種迷信。

至於第三點，把社會事實當成物這一點，這在當時就引起了很大的爭議，即使涂爾幹努力解釋也沒有平息這樣的爭議。

比較有趣的是，涂爾幹在這本書的後面，提到了社會學今後努力的方向，我覺得非常值得作爲這一講次的一個結束：

> 我們相信，現在正是社會學放棄所謂世俗成功的時候，而要改採適合所有科學的圈外人難懂的特質（caractère ésoterique）。因此，在獲得尊嚴和權威的同時，它可能會失去其通俗性。因為，一旦它捲入黨派鬥爭，而且仍

> 滿足於比一般人更常用的邏輯來確立共同的觀念，結果當然是展現不出特殊的能力，它就沒有資格大聲疾呼：要放棄熱情（passion）並且驅逐偏見（préjugé）。當然，距離社會學要扮演這樣的角色還要一段長遠的時間。不過，就從現在起，我們必須努力工作。（Durkheim, 1982: 163; 1995: 157; 1996: 144）

在放棄熱情這一點，跟我們後來會提到的韋伯的看法是相反的論調。韋伯認為做學問或從事政治，或者其實我們更廣泛來說，做任何事情，都必須有那個熱情，沒有熱情是走不遠的。就像我學社會學理論，也一直有著學習的熱情。

九、Q & A 反思回顧

1. 現代的方法論跟涂爾幹這本書有何差異？
2. 如果社會學沒有研究成果，只是採用既有的理論或概念來談論事情，這是否也可能是一種偏見。
3. 爲什麼涂爾幹的時代如此強調客觀性，有什麼優點與缺失嗎？
4. 爲什麼「發生學」會被許多學者採用進行研究？

參考文獻

中文文獻

Aristotle（1959）。《形而上學》。吳壽彭譯。北京：商務印書館。

Aristotle（1991）。〈物理學〉。徐開來譯。收入苗力田主編，《亞里斯多德全集》，第二卷。北京：中國人民大學出版社。第 1-262 頁。

Emile Durkheim〔涂爾幹〕（1924/1973）。《社會學方法論》。許行（許德珩）譯。臺北：臺灣商務重印本。

Emile Durkheim〔涂爾幹〕（1988）。《社會學研究方法論》。胡偉譯。北京：華夏。

Emile Durkheim〔涂爾幹〕（1989）。《社會學研究方法論》。黃丘隆譯。臺北：結構群。

Emile Durkheim〔涂爾幹〕（1995）。《社會學方法的準則》。狄玉明譯。北京：商務。

孫中興（1993）。《愛．秩序．進步：社會學之父——孔德》。臺北：巨流。

西文文獻

Emile Durkheim (1938). *The Rules of Sociological Method.* Tr. by Sarah A. Solovay and John H. Mueller. Glencoe, Ill.: The Free Press.

Emile Durkheim (1982). *The Rules of Sociological Method and Selected Texts on Sociology and Its Method.* Tr. by W. D. Halls. New York: The Free Press.

Emile Durkheim (1996). *Les régles de la methode sociologique.* Paris: PUF.

John Stuart Mill (1843/1925). *A System of Logic: Ratiocinative and Inductive: Being a Connected View of the Principles of Evidence and the Methods of Scientific Investigation.* London: Longmans, Green and Co.

Mike Gane (1988). *On Durkheim's Rules of Sociological Method.* London: Routledge.

第十三講

涂爾幹（三）

《自殺論：社會學的研究》

涂爾幹的《自殺論：社會學的研究》是社會學的一個很重要的經典著作，跟前面的《社會分工論》一樣，很多人都忽略掉它的副標題，包括現行的許多中文譯本也都有這樣的問題。

涂爾幹爲什麼要把「社會學的研究」當成書名的副標題？

因爲《自殺論》從一開始就來個「文獻回顧」，書中第一個部分談論的是從天象、心理方面討論這些現象對自殺的影響，這些都是過去和當時研究自殺的主要方向。

但是涂爾幹要另闢蹊徑，從社會學的角度來談論自殺問題。可是他在這本書犯了第一個錯誤，就是「書名主標題取錯」。如果仔細看待他的行文脈絡，就會發現他書中的做法其實不是在談「自殺」而是「社會自殺率論」。

書名的副標題「社會學的研究」才是本書的重點。涂爾幹強調「社會學的研究」就是要有別於心理學的研究，以及其他對於自殺的研究。他並不是要研究個別的自殺現象，而是「社會自殺率」。我們在前一個講次提到他的《社會學方法的規則》的時候就提過有關整體與個別差異的問題，以及方法學上的個體主義和方法學上的集體主義的差別。

研究社會自殺率的原因主要是從可以看到的社會自殺率反映出社會看不到的道德狀態。簡言之，社會自殺率是道德的「集體表徵（再現）」。這是涂爾幹從《社會分工論》出版以來的一貫思想。所以他應用了當時出版的統計資料當作重要的資料。不過讀者也應該注意：在討論幾種自殺的類型時，統計資料只有針對某一類型才用得上，其他類型的自殺都沒有相對的統計資料佐證。這種在書中使用「所本」（證據）

的不一致，其實也是一本書論證不夠扎實所產生的問題。可惜大部分人的注意力都在於書中提到的自殺類型的分類，而忽略這些基本問題。

涂爾幹的自殺類型的分類也是一個人云亦云、以訛傳訛多年的學術界陋習。我們在下面講次也會從文本證據中提出涂爾幹對自殺類型的完整的分類架構。

我們先提醒這本書的這些問題，然後再去閱讀這本書的內容，就可以有比較清楚地指引，可以看出涂爾幹的貢獻和限制。

對此書有濃厚興趣的讀者可以參考我寫過的《理論旅人之涂爾幹自殺論之霧裡學》（臺北：群學，2009 年），希望將讀者帶出讀此書時的「迷霧」。

一、研究的是「社會自殺率」不是「自殺」

粗心的讀者會誤會涂爾幹的這本書是談「自殺」，除了書名的誤導，以及引起的以訛傳訛聯想之外，涂爾幹自己也花了不少篇幅界定「自殺」：

> 自殺一詞可用於下列的死亡，即由受害者本身完成的主動或被動的行為所導致直接或間接後果（On appelle suicide toute mort qui résulte médiatement ou immédiatement d›un acte positif ou négatif, accompli par la victime elle même）。（Durkheim, 1993: 3; 1951: 42; 1988: 2-3; 1989: 37）

涂爾幹把這個定義稱爲「初步的公式」，他認爲這個「公式」並不完整，不能區分受害人自己是否會知道致死的後果與否。所以他再深入討論以後，就下了下面這個定義，書中還特別用斜體字標明：

> 自殺是指受害人本身透過積極或消極的行動直接或間接導致死亡，受害人本身知道會導致這種後果（On appelle suicide tout cas de mort qui résulte directement ou indirectement d’un acte positif ou négatif, accompli par la victime elle-même et qu’elle savait devoir produire ce résultat）。（Durkheim, 1993: 5; 1951: 44; 1988: 4; 1989: 39）〔原文為斜體字〕

這個定義當然比起前一個要完整，特別是加在後面的這個條件子句。不過，涂爾幹這裡不是自相矛盾嗎？根據他的定義，自殺的人必須是自殺成功的，而對於已死的人，我們怎麼知道他在自殺前是否眞的知道會導致這種結果，特別是沒有遺書的話。也就是說，要如何從死亡的結果，來判定當事人當初的認知狀況？是不是像警方在有人通報死亡的情況下要先確認是「自殺」還是「他殺」，就算現場留有遺書，往往也會有誤判的情況發生。多看一點刑偵劇應該對類似的劇情不會陌生。

許多人在看到涂爾幹上述對於自殺的定義之後，就以爲已經抓到涂爾幹此書的重點了。如果再耐心仔細看下去，讀者不難發現涂爾幹不是要研究自殺，而是要研究社會自殺率：

> 在歷史的每一個時刻，每一個社會都有一定的自殺傾向。這種傾向的相對強度可以用自殺身亡的總數和每一種年齡和性別的比例來測量。我們把這種數量資料稱為我們所研究的社會的自殺死亡率。通常是以百萬或十萬人口為基準計算的。（Durkheim, 1993: 10; 1951: 48; 1988: 9; 1989: 37）

這其實才是本書的研究重點，因爲藉由自殺率可以突顯社會的道德狀態。這是從可以看見的社會自殺率來反映出看不見的社會道德狀態的一種研究路徑。我們再度強調一下涂爾幹的這種立場。

他自己是這麼說的：

> 自殺率是一種事實的秩序（un ordre de faits），可以從它的不變性和可變性看出它是統一的而且固定的。從不變性來看，它是一個具有某個特質的團體的結果，和另一個團體有連帶關係，同時就算是在不同的環境下也是有效的，否則就無法解釋；可變性證實了同一種特質的具體性和個別性，因為它們會隨著社會本身所具有的個別性而變化。簡言之，這些統計資料表現了每一個社會所集體承受的自殺趨勢。（Durkheim, 1993: 14; 1951: 51; 1988: 12; 1989: 47-48）

這裡的「事實的秩序」，簡單講就是「社會事實」，而不變性和可變性這兩個名詞，是社會事實的性質。

另外，他對於自殺率又提出這樣的看法：「每一個社會都傾向於提供某一定額的自願死亡。這種傾向可以成為社會學特別研究的主題。這就是我們現在所要從事的研究。」（Durkheim, 1993: 14; 1951: 51; 1988: 12; 1989: 49）

我們還可以從下面涂爾幹自己的說法來得到一個清楚的結果，再度證明涂爾幹所研究的是自殺率：

> 我們並不是要找出盡可能完整的影響個別自殺起源的狀況，而只是要研究我們所謂的社會自殺率（le taux social des suicides）所依賴的確定事實（fait défini）。（Durkheim, 1993: 14; 1951: 51; 1988: 12; 1989: 49）

簡單來說，他認爲社會自殺率是一種社會事實的秩序，而這種社會事實，在他的《社會學方法的規則》提到，具有外在的強制力，而這種強制力是針對社會中個體的一種看不見力量。

而他之所以要研究自殺，其重點在於強調社會凝聚力的重要性，他想透過社會凝聚力的強弱與自殺間的正反比關係，也就是社會自殺率反映出社會的道德狀態。

涂爾幹在研究之初，就對當時的自殺研究做了個「文獻回顧」。他回顧並評論了四種研究路徑：

1. 心理變態的狀態
2. 正常心理狀態——種族、遺傳
3. 宇宙因素
4. 模仿（Gabriel Tarde 的模仿律）

他認爲過往的研究都強調「社會之外」的因素，特別是在正常心理狀態裡，時常使用種族與遺傳這兩項變數進行研究。對於這些「不以前一個社會事實研究後一個社會事實」或是「心理學化約論」的觀點，他都一一駁斥。

以上四種研究路徑中強調模仿的論點，是由提出「模仿率」（law of imitation）的與涂爾幹同時代的塔爾德（Gabriel Tarde, 1843-1904）的立場。當時他有一本著作出版——《模仿率》，這本書現在也有簡體中譯本可以參考。

雖然涂爾幹並不贊同他的方法，但因爲塔爾德是一位負責統計的官員，所以涂爾幹寫《自殺論》時，還是跟塔爾德借了許多相關的資料，關於這件事情，許多二手書籍都有提到過。

所以在他駁斥完之後，我們接下來，可以透過他的標題設計來了解他對於自殺是如何研究的。

二、自殺的三層次分類

許多二手書都會提到涂爾幹對於自殺的分類，通常提到自殺的分類最常見的是分成三種，偶有分成四種的。這些其實都是很不完整的誤導說法。

我們下面先講清楚從正文脈絡整理出來的完整的分類層次和類型，再細部解釋某些類型的社會學意義。

先提醒一下，涂爾幹此處說的是「自殺」的分類，而不是前面說到本書要研究的「社會自殺率」的分類。這其中的混淆，可能也在於只有在「利己型自殺」的討論中才舉統計資料爲證，其他類型的舉例沒有用到統計資料。這樣就只有「利己型自殺」才能從統計資料上看出社會道德的狀態，其他不用統計資料作證的類型應該就沒有這方面的說服力。涂爾幹對此緘默不語。

比較精準的說法，涂爾幹的自殺類型的分類是分成三個層次的，各個層次又可以再細分成不同的子類型。

第一層次的區分就是「社會原因」和「社會類型」。涂爾幹又把根據「社會原因」的分類稱爲「病源學的（étiologique; aetiological）分類」，「社會類型」的分類就是「形態學的（morphologique; morphological）分類」。雖然可以分成兩大類型，但是其實雙方是互補的（Durkheim, 1993: 141; 1951: 147; 1988: 101; 1989: 115）。涂爾幹自己在書中所繪製的圖表中，又把「病源學的分類」稱爲「基本型」，而「形態學的分類」稱爲「混合型」。

然後進入第二層次的分類。涂爾幹是先從「病源學的分類」開始的。從文本脈絡中，我們可以歸納出他使用的分類判準是「社會對於個人的管制」（regulation）和「個人對於社會的整合」（integration）的雙重情況決定的。他又在此細分成四種類型：

1. 利己型（egoistic）自殺
2. 利他型（altruistic）自殺
3. 脫序型（anomic）自殺
4. 宿命型（fatalistic）自殺

而「類型學的分類」則是上面前三種的類型兩兩相配的結果，又可再細分成三種：

1. 利己—利他型
2. 利己—脫序型
3. 利他—脫序型

第三層次的分類只發生在第二層次的「利他型自殺」的分類中，其分類又可以再分成三種類型：

(1)義務利他型自殺（suicide altruiste obligatoire; obligatory altruistic suicide）（Durkheim, 1951: 221, 227; 1993: 238, 245）
(2)隨意利他型自殺（suicide altruiste facultatif; optional altruistic suicide）（Durkheim, 1951: 223, 227; 1993: 240, 245）
(3)激烈利他型自殺（suicide altruiste aigu; acute altruistic suicide）（Durkheim, 1951: 225, 227; 1993: 243, 245）
「神祕型自殺」（suicide mystique; mystical suicide）（Durkheim, 1993: 245; 1951: 227; 1988: 184; 1989: 210）〔不知道算不算是另一種類型？〕

涂爾幹自己在書中第二部分的結尾整理出一份自殺類型的表格如下，都沒有我從正文脈絡中來的詳細窮盡。請看：

自殺的社會類型：病源學的和形態學的分類所採取的個別形式

基本特質			次級變化
基本型	利己型自殺	冷漠	自滿自足的慵懶憂鬱。 懷疑論者覺醒後的冷靜。
	利他型自殺	熱情或意志的能量	冷靜的責任感。 神祕的熱情。 和平的勇氣。
	脫序型自殺	激怒、討厭	對於一般生活激烈的反控訴。 對於特定個人的激烈反控訴。
混合型	利己—脫序型自殺		激動和冷默、行動和夢想的混合。
	利他—脫序型自殺		激怒地愉快。
	利己—利他型自殺		道德剛毅緩和著的憂鬱。

涂爾幹的表格中多了對於「病源學分類」（即表格中的「基本型」）的主要三種類型的情緒條列，以及對於所有自殺類型所展現出來的「次級變化」。這裡展現了許多涂爾幹對於各種情緒的分類，這也是到近年才受到「情緒（感）社會學」的學者所重視的。值得注意的是涂爾幹沒有在這個表格重提他在正文中對「利他型自殺」所再作的三種（或四種）細分。這個圖表也可能是造成不仔細的讀者誤解的重要文本來源。我覺得應該從文本脈絡來整理涂爾幹的完整分類，而不是認爲「涂爾幹自己都這麼整理了，怎麼會錯？」作者前後不一致的說法，也是會發生的事。

接下來我們要比較詳細地介紹病源學類型中的四種自殺類型。

三、利己型自殺

涂爾幹是這麼界定「利己型自殺」的：

> 當一個人所屬的團體越弱，他就越不依靠這個團體，因此他也就越靠自己，而且他的行為也只會考慮到自己的私利。假如我們把這種狀態稱為利己主義（egoism），小我（moi individuel; individual ego）過度強調自己，不顧大我（moi social; social ego），我們可以稱其為因為過度的個人主義（individuation démesurée; excessive individualism）所導致的利己型自殺。（Durkheim, 1951: 209; 1993: 223）

簡單來說，社會對個體約束太低，個人主義太強，就是利己型自殺的命名原因。在這本書裡，涂爾幹強調個人和社會的關係要有一個平衡點：社會管制太強或太弱，個人整合到社會太強或太弱，這些都是社會的道德狀況出了問題，就會產生不同的自殺類型。

涂爾幹接著從宗教的角度來區分幾種宗教和自殺類型的關係。他參考的是當時歐洲的統計資料：他發現，根據這幾種宗教的社會自殺率的高低，可以排列出下面的順序：基督教 > 英國國教 > 天主教 > 猶太教。

對涂爾幹來說，這種差別的自殺率正好顯示出不同宗教對於個人的道德約束深淺不同的影響力。

其次，他也從統計資料證明了教育程度的高低和自殺率是沒有關係的。他以猶太人爲例說明，猶太人的教育普及但自殺極少（Durkheim, 1951: 167）。

雖然有些人認爲教育程度高的人比較容易自殺；教育程度低的人比較不容易自殺。可是從自殺率來看，並不是這樣的。個別的情況可能有，但是從社會中整體的自殺率來看並不是這樣（Durkheim, 1951: 164-168）。

針對這樣的現象，他提出兩個結論：

> 第一，我們看出為什麼自殺會隨著知識而增加而成為一條規則。知識並不會決定這種進步。這是天真的説法；這種控訴是不公平的，從猶太人的例證就可以斷然地加以反駁……人們求知，人們也自殺，這是因為他們在宗教社會中失去了聯繫；他不是因為知識而自殺。絕不是他所獲取的學問讓宗教瓦解、對知識渴望的覺醒是因為宗教瓦解了。不是因為作為摧毀既定意見的工具而追求知識，而是因為〔既定的知識的〕毀壞而產生的〔知識的追求〕。（Durkheim, 1951: 168-169）
>
> 知識絕不是邪惡的來源，而是其救星，我們唯一擁有的救星。（Durkheim, 1951: 169）
>
> 第二，我們可以看出，總體而言，宗教有防範自殺的效果……假如宗教保護人們免於自毀的渴望，這不是因為它宣揚了獨特的論證（arguments sui generis）要自尊自重，而是因為它〔宗教〕是一個社會。構成這個社會的是一組信念和行為的存在，為所有信仰者所共享，既是傳統的也是義務的。這種集體心態（collective states of mind）越多越強，宗教社群的整合就越強，它所保有的價值也越大。教條和儀式都是次要的。重要的是要能夠支持一個夠緊密的集體生活。（Durkheim, 1951: 169-170）

另外，從婚姻面向來看，他發現未婚 > 喪偶 > 已婚（Durkheim, 1951: 179-180）。

所以從統計圖表裡，他歸納出一些看法：

1. 過早結婚對於自殺有惡化的效果，特別是對於男性。
2. 從二十歲以後，已婚的男女兩性比起未婚的都享有存活係數。
3. 已婚者得的存活係數和未婚者的比較會隨著性別而異……在婚姻中享受較高存活係數的性別會隨著不同的社會而異，而兩性本身差異的程度會隨著存活係數所偏好的性別而異。

> 4. 喪偶狀況降低了每個性別結婚者的係數，但很少會完全將其消除。（Durkheim, 1951: 178-179）

婚姻的層次裡，他覺得未婚的人，因爲沒有情感的連結，所以在他的預設觀點裡，其自殺率是高於喪偶的人，而喪偶的人，曾經有過這種婚姻的連結，只是後來失去，所以其自殺率是高於已婚的人。

談論完宗教、婚姻後，接下來他談論政治對自殺率的影響：

> 重大的社會動亂和巨大的人民戰爭激起集體情愫，刺激黨派精神和愛國主義，以及政治的和國家的信念，而且會將活動導向一個單一的目標，至少暫時會造成社會強烈的整合。（Durkheim, 1951: 208）

涂爾幹強調：在社會有強烈的整合狀況之下，社會的自殺率就會比較低。簡言之，自殺與社會整合的程度有關，這種整合涉及個人整合社會和社會管制個人兩方面。

所以在此前提之下，他總結出了三大命題：

> 自殺和宗教社會整合程度成反比。
> 自殺和家庭社會的整合程度成反比。
> 自殺和政治社會的整合程度成反比。（Durkheim, 1951: 208; 1993: 222）

他總結到：

> 自殺和個人所屬的社會團體的整合程度成反比。（Durkheim, 1951: 209）

其實，這裡使用的字眼，應該使用社會自殺率而不是自殺。也就是說社會自殺率與個人所屬的社會整合程度成反比。

而且在區分社會自殺率類型的時候，最重要的就是「整合」與「管制」這兩個面向。整合就是個人跟社會的關係，而管制就是社會對於個人的一個影響。

四、利他型自殺

前面利己型自殺使用了大量的統計資料，但是對於利他型自殺，涂爾幹因爲找不到相關統計數字，因而在解釋上，就很少使用統計數字，表格也幾乎完全不見。這是很值得注意的現象。

涂爾幹將「利他型自殺」如此命名的原因如下：

> 我們已經把自我的我行我素的狀態稱為利己主義（egoism），那麼利他主義就可以很恰當用來表示相反的狀況，不考慮自我，和自己以外的對象混而為一，行動的目標也以自己以外的因素為考慮，也就是說，以自己所參與的某一個團體為考慮。因此，我們把這種因為強烈的利他主義（altruisme intense; intense altruism）所導致的自殺稱為利他型自殺（suicide altruiste; altruistic suicide）。（Durkheim, 1951: 221; 1993: 238）

而利他型自殺裡，前文提過又分成三類：

第一種是義務利他型自殺。因爲義務而產生的自殺（Durkheim, 1951: 221, 227; 1993: 238, 245）。

第二種是隨意利他型自殺。不像義務利他型自殺那麼具有強制性（Durkheim, 1951: 223, 227; 1993: 240, 245）。

第三種是激烈利他型自殺。拋棄自己的生命，積極追求另一個眞正的本質合一（Durkheim, 1951: 225, 227; 1993: 243, 245）。

另外一個稱爲神祕型自殺（suicide mystique; mystical suicide），這與第三種激烈利他型自殺相關。

> 我們已經建構了第二種自殺的類型，它本身還包括三種變形：義務利他型自殺、隨意利他型自殺，以及激烈利他型自殺，其中最完美的典範就是神祕型自殺。（Durkheim, 1993: 245; 1951: 227; 1988: 184; 1989: 210）

法文原句是將「神祕型自殺」用來修飾前面的「激烈利他型自殺」，所以應該算是此類型的特例，而非第四種分類：le suicide altruiste obligatoire, le suicide altruiste facultatif, le suicide altruiste aigu dont le suicide mystique est le parfait modéle；可是英

譯本的翻譯卻好像是用來修飾前面三種類型的自殺，以及整個利他型自殺：obligatory altruistic suicide, optional altruistic suicide, and acute altruistic suicide, the perfect pattern of which is mystical suicide。

他舉的例子是低等社會與現代社會中的軍隊，這是利他型的自殺。記住：沒有統計資料。

五、脫序型自殺

涂爾幹的自殺類型中，被討論最多的是「脫序型自殺」。所以我們要好好先從名詞開始了解。

首先，我依照原典與譯本對於「脫序」一詞的理解整理了一個有點複雜的表格。

anomie 中文譯名的混淆

1993 年法文本	Spaulding & Simpson 英譯本	鍾旭輝等人譯本	黃丘隆譯本	馮韻文譯本
suicide anomique（p.264）	anomic suicide（p.241）	動亂型自殺（p.200）	脫序（無規範）型自殺（p.229）	反常的自殺（p.220）
anomie（p.288）	anomy（p.258）	動亂（p.217）	動亂（p.248）	社會混亂（p.239）
suicide anomique（p.288）	anomic suicide（p.258）	動亂型自殺（p.217）	脫序型自殺（p.248）	異常的自殺（p.240）
anomie économique（p.289）	economic anomy（p.259）	經濟上的動亂（p.218）	經濟上的動亂（p.249）	經濟的混亂（p.240）
anomie domestique（p.290）	domestic anomy（p.259）	家庭動亂（p.218）	家庭動亂（p.249）	家庭混亂（p.240）
anomie（p.305）	anomy（p.271）	不穩定（p.231）	不穩定（p.264）	反常（p.253）
anomie conjugale（p.307）	conjugal anomiy（p.273）	婚姻動盪狀態（p.233）	婚姻動盪狀態（p.266）	夫妻關係反常的狀態（p.255）
suicide anomique（p.307）	anomic suicide（p.273）	動亂型自殺（p.233）	脫序型自殺（p.266）	異常的自殺（p.255）

1993 年法文本	Spaulding & Simpson 英譯本	鍾旭輝等人譯本	黃丘隆譯本	馮韻文譯本
anomie matrimoniale（p.307）	matrimonial anomy（p.273）	婚姻破裂（p.233）	婚姻破裂（p.266）	婚姻的反常狀態（p.256）
goût de l'anomie（p.307）	taste of anomy（p.273）	漏譯（p.233）	漏譯（p.266）	反常狀態的愛好（p.256）
原文無	anomy（p.273）	婚姻關係的不穩定（p.233）	婚姻關係的不穩定（p.267）	反常狀態（p.256）
anomie spéciale（p.308）	special anomy（p.273）	婚姻關係動盪（p.234）	婚姻關係動盪（p.267）	特殊的反常狀態（p.256）
anomie sexuelle（p.308）	sexual anomy（p.274）	性關係的不穩定狀態（p.234）	性關係的不穩定狀態（p.267）	性反常的狀態（p.200）
cette forme d'anomie（p.308）	this form of anomy（p.274）	不穩定（p.234）	不穩定（p.267）	反常狀態（p.257）
suicide anomique（p.311, n.1）	anomic suicide（p.276, n.25）	動亂型自殺（p.236）	脫序型自殺（p.269）	異常的自殺（p.258, n.3）
anomie（p.311, n.1）	"anomy"（p.276, n.25）	「動亂」（p.236）	「脫序」（p.269）	反常的（p.259, n.3）

各個譯本譯名的混亂以黃丘隆譯本爲最，總共有「脫序」、「無規範」、「動亂」、「不穩定」、「動盪」和「破裂」五種譯名。這個譯本可能是根據鍾旭輝等人的譯本校改（譯文高度雷同可以爲證），參酌臺灣習慣用法，可是又沒地毯式搜尋置換之故。其他譯本的情況也沒多好。我們現在使用「脫序」一詞算是逐漸有共識的譯名。

關於「脫序型自殺」的命名原因，涂爾幹是這樣說的：

> 第三類自殺起因於人類的活動缺乏管制因而導致了他的苦難。因為這個起因，我們把最後這種類型賦予「脫序自殺」（suicide anomique; anomic suicide）的名稱。（Durkheim, 1951: 258; 1993: 288）

所以從這上下文脈絡來看，「脫序」（anomie）就是「缺乏管制」的意思。

涂爾幹以經濟危機當例子說明此種脫序型自殺，也沒用統計資料：

> 假如工業或財政危機會使自殺增加，這不是因為它們導致了貧窮，因為富裕的危機也會有同樣的效果；而是因為它們是集體秩序被擾亂所造成的危機。（Durkheim, 1951: 246）

除了經濟以外，他又另舉了家庭作爲例子。

在家庭方面，當個人與家庭脫序時，通常是一個分崩離析的狀態，以婚姻而言就是離婚的悲劇。「從自殺的觀點來看，在離婚越是普遍的情況下，婚姻是對妻子越是有利的；反之亦然。」（Durkheim, 1951: 269）

只是這裡的「反之亦然」指的是什麼？是指「離婚越是不普遍的情況下，婚姻對妻子越是不利」？還是「婚姻對妻子越是有利，離婚就越是普遍」？似乎以前者爲有理。後者只是把話倒過來講。

其實我們回想一下在涂爾幹談到《社會分工論》的「異常的分工」時，第一種類型的異常社會分工就是脫序型的分工，此種分工因爲缺乏社會管制，處於一種動亂的狀態。對涂爾幹而言，「脫序」基本上就是一種罪惡。對於此種亂象，涂爾幹希望能夠撥亂反正，恢復正常秩序。

而「脫序型自殺」與「利己型自殺」因爲有若干重疊之處，涂爾幹對此稍作說明：

> 〔兩者〕有親密的關聯。兩者都是因為社會在個人心中的現身不足（n’est pas suffisamment présente; insufficient presence）所造成的。但是兩者在其缺席的範圍是不同的。在利己型自殺中，它缺乏真正的集體活動，因此使得後者缺乏對象和意義。在脫序型自殺，社會的影響缺乏個人基本的熱情，因此讓它們沒有牽制。因此，雖然有著這種關係，但是兩種類型還是相互獨立……這兩類自殺起源的社會環境是不同的；其實主要在於思想界或知性的生涯中——另一種則在工業和商業界。（Durkheim, 1951: 258; 1993: 288）

六、宿命型自殺

如同「利己型自殺」與「利他型自殺」對反關係般，「宿命型自殺」與「脫序型自殺」也呈現一個相反關係。

涂爾幹是如此定義與舉例：

> 以上的說明顯示了還有一種自殺類型是和脫序自殺相反的，就像利己型和利他型式相反的一樣。這是因為過度的管制所造成的，發生在那種沒有什麼未來以及因為嚴格的規訓以至於熱情無法發洩的人。發生在十分年輕的丈夫或是沒有小孩的已婚婦女的自殺就是這種類型。所以，為了分類的完整起見，我們必須建立第四種類型。但是對於當代的重要性很小，而且除了上面提到的幾種情況之外，也很難找到實例，所以似乎沒什麼必要多討論。不過，這種類型倒是具有歷史的旨趣。在某種情況下常見的奴隸自殺（參考 Corre, *Le crime en pays creoles*）不就是屬於這一類嗎？或者過度的體力上和道德上的專制制度所導致的自殺也是嗎？為了人類所不可抗拒和不可改變的規則特性，以及為了和剛剛說過的「脫序」一詞相對照，我們或許可以稱其為宿命型的自殺（suicide fataliste; fatalistic suicide）（Durkheim, 1993: 311, n1; 1951: 276, n25; 1988: 236; 1989: 269; 1996: 258-259, n3）

這種類型的自殺在原著中是在腳註中提到。不過，在現有的三個中譯本對此段敘述的處理有兩種方式：鍾旭輝等人合譯的以及黃丘隆的中譯本誤將腳註併入本文，只有馮韻文的中譯本忠於原著，是放在腳註中加以處理的（Durkheim, 1993: 311, n1; 1951: 276, n25; 1988: 236; 1989: 269; 1996: 258-259, n3）。所以選擇譯本能不謹慎嗎？

七、自殺與兩性關係

關於兩性與自殺，他先提出女性與自殺的想法：

> 我們進一步可以看出，在世界上的所有國家中，女性自殺遠遠少於男性。她們也比男性少受教育。基本上她們本質上是傳統主義的，她們是藉由固定的信念來管制她們的行為，並沒有強烈知性上的需要。（Durkheim, 1951: 166）

第二句話透露出涂爾幹對女性的偏見，這是他對男性中心社會沒有反省的明證，也是那個時代的限制。

所以對於這段話，我們只要採取還原歷史的態度即可，不必信以爲眞。

而在婚姻與自殺率的關係，也是他所強調的，他特別提供了他的建議：「要減少因為婚姻脫序所造成的自殺數量的唯一辦法是讓婚姻更難拆夥。」（Durkheim, 1951: 384）

我覺得非常有意思的是，他不認爲婚姻是爲了使雙方得到更大的滿足，產生更強大的社會凝聚力，而是要透過此種制度，使得兩人即使處於一個不好的關係之下，也難以拆夥分離。

可能是因爲他的婚姻處於一個相對滿足的狀態，所以他才會覺得婚姻更難被拆散，是一個社會凝聚力的展現。對於感受大不同的人，恐怕就會很不以爲然。

關於此點，我們可以回溯孔德談論婚姻時，也曾提及到婚姻的不可分離性：一旦結了婚，就不可離婚；配偶過世也不能再進入婚姻；死後還要同葬在一個墓穴中。孔德這點可能繼承了早期天主教的看法，雖然涂爾幹後來脫離猶太教，但對於婚姻的神聖性，顯然是一個根深蒂固的信念。

畢竟以現在的觀點來看，離婚只是一個形式，重點是婚姻關係裡的品質，如果離婚後，雙方可以得到更好的生活品質，那麼離婚應該會是一個比較恰當的選擇。如果純粹從婚姻形式的有無考量，擁有婚姻會比較符合社會主流價値，但是實質內容來看，他的論點眞的是欠考慮的。

八、道德與脫序

涂爾幹關心道德跟脫序的關係。基本上「脫序」就意味著缺乏管制或者沒有規範，這也導致社會自殺率不正常的增加。在涂爾幹看來，這些就是道德敗壞的邪惡展現。整個進步和完美的道德因此和某種程度的脫序是不可分的。因此，一定道德的組成相應於某種類型的自殺，而且和其息息相關（Durkheim, 1951: 364）。

他認爲自殺率的增加，是一種罪惡。自殺的不正常增加是道德邪惡（moral evil）的症狀（Durkheim, 1951: 387）。

可見他希望藉由自殺的研究，能夠對現實層面發揮作用，強化道德，整合社會與個人，降低自殺率。自殺的不正常發展和當代社會普遍的不安都來自同一個原因（Durkheim, 1951: 391）。

但是對當代而言，已經很少會將自殺與社會不安視作同一原因之來源。

此外，有人將自殺與社會關係解釋成不可避免的「文明的贖金」：

假如自制的精神，對進步的愛，對個別化的偏好在每個社會中都占有一席之地的話，而且在某些方面會變成造成自殺的因素，因此有必要讓這些特質只限定在某種程度，因為不同的人民而異。只有在不超過某個界線的情況下，它才能被接受。同樣的，對哀傷的集體偏好，只要不嚴重，也是有益的。以上的說法都沒有解決文明國家自殺的現況到底是正常還是不正常的問題。我們需要進一步來討論過去一個世紀以來情況的惡化是否有著病態的起源。這被稱為文明的贖金。（Durkheim, 1951: 366-367）

其實這裡面有統計上的問題，是因爲古代統計少，所以自殺少，還是因爲眞的古代自殺率就比較少，這點無法用現有的資料加以證實或否證。

涂爾幹在一個腳註裡駁斥此種看法：

為了避免這種結論，曾經有人〔歐廷根（Oettingen）〕說過，只是文明的邪惡面（Schattenseiten）之一，這可以在不影響文明的情況之下加以消除。但是這只是玩弄文字遊戲。假如自殺的原因和文化所仰賴的原因相同，我們就沒辦法只消除其一而不消除另一個；因為唯一有效地對抗它的辦法是攻擊它的成因。（Durkheim, 1951: 367, n.7）

所謂的「這種結論」是指在正文中提到的：「高等文明的組成要素已經蘊含著導致自殺潮流的特殊誘因；所以極端的暴力是正常的，也因為是必須的，而且沒有辦法可以與之對抗而不同時和文明對抗。」（Durkheim, 1951: 367）

九、職業團體與自殺

同樣的，涂爾幹研究自殺的目的是要防止社會自殺率的提升。對於防治之道，如同他在《社會分工論》一樣，他提供的解答仍是一樣，就是需要出現專業團體或者職業團體。「職業團體（occupational group）或是法人團體（corporation）是指同一種結社工作的所有工人，大家一同合作發揮同樣的功能。」（Durkheim, 1951: 378）

因爲職業團體在他的想像中，具有強大的社會凝聚力與情愫，成員之間的關係一方面具有凝聚力，另一方面職業團體對成員的管制也不會太多，這樣成員（人）跟職業團體（社會）的整合處於一個平衡的最適狀態：

> 因為它是由有共同目標的個人所組成的，不管他們的利益是個別的還是共同的，這是培養社會思想和情愫的溫床。共同的起源、文化和職業使得職業活動變成共同生活的最佳素材。此外，以前的法人團體也證明了它可以形成一個共同的人格（collective personality），以便對其成員有控制權，而不會讓他們自主；因此，無疑地它就成為成員的一種道德環境（moral environment）。（Durkheim, 1951: 378）

而這一切發生的領域必須要在職業團體中發生，所以要依據這樣的目標重新設計整合職業團體，因爲現有的政治、宗教、家庭都無法有效整合個人與社會間的運作關係。涂爾幹認爲：

> 比起其他團體〔孫案：指政治社會、宗教社會和家庭社會〕來說，職業團體具有三重優點：它是到處都在（omnipresent），無所不在的（ubiquitous），它的控制也可延伸到生活的最重要部分。它不像政治社會一樣對個人的影響力是間斷的，它和個人的接觸是頻繁的，不斷地和其合作像一個器官一樣具有功能。它隨著工人的發展而生；這是家庭所不及的。不管工人到何處，都會發現職業團體包圍著他們，提醒他們職責所在，在他們需要時支持他們。最後，因為職業生活幾乎就是生活的全部，法人團體的活動在我們的職業中是處處可見的，因此才有集體的取向。法人團體提供了個人所有必要的背景，帶領他們走出道德的孤立狀況；由於別的團體的實際上的不足，所以它才能獨立擔當這份不可或缺的職責。（Durkheim, 1951: 379）

所以他說職業團體有雙重功能：「身為一個團體，它有效地控制了個人，以規範他們的需要；但是也因為對其生活了解甚多，所以不可能不同情他們的需要。」（Durkheim, 1951: 384）

有需要的這面向與功能有關，所以職業團體除了管制人的生活之外，也可以滿足人的許多需求，因此職業團體除了是一個道德團體之外，也是一個對於職業團體的烏托邦式的光明想像，這種看法其實也是對於道德的強調。

從上面的討論，我們多少也可以看出以前我們提過的，在涂爾幹的觀念裡，社會、道德、宗教是三位一體，都是社會凝聚力很重要的因素。

最後也一樣，在這本書後面，也講到了一句跟《社會學方法的規則》結尾差不多的話：

> 一旦邪惡已被證明是存在的，其本質和其來源，以及我們所知道的治療良方及其應用，重要的事並不是要預先畫出各種可預期一切的藍圖，而是要下定決心開始工作。（Durkheim, 1951: 391-392）

希望藉由這個講次的原典回顧，能夠釐清社會學知識在普及時需要注意的許多面向，避免以訛傳訛，找到更正確的知識，使得人類知識的發展都能在一個穩健的進步之中，這樣我們的學術才會有更良好的未來。

所以套一句涂爾幹的話：「現在我們應該好好的去工作。」

十、Q & A 反思回顧

1. 如果現在我們研究自殺率跟社會凝聚力的關係，有沒有除了職業團體之外的其他的可能性來促進社會團結？
2. 我們還能用什麼樣的分類方法，使得我們對於社會自殺率的問題有更清楚的理解？
3. 這裡的脫序型自殺與利己型自殺都有提到家庭的部分，請問這兩者有何關聯？
4. 離婚的人爲什麼會擺放在脫序型自殺的部分談論？
5. 涂爾幹爲什麼如此在意社會與個人之間的關係？

參考文獻

中文文獻

Emile Durkheim〔埃米爾・迪爾凱姆〕（1996）。《自殺論：社會學研究》。馮韻文譯。北京：商務。

Emile Durkheim〔埃米爾・迪爾凱姆〕（2016）。《自殺論：社會學研究》。謝佩芸、舒雲譯。北京：台海。

Emile Durkheim〔涂爾幹〕（1989）。《自殺論》。黃丘隆譯。臺北：結構群。

Emile Durkheim〔愛米爾・杜爾凱姆〕（1988）。《自殺論》。鐘旭輝、馬磊、林慶新譯。杭州：浙江人民。

外文文獻

Emile Durkheim (1951). *Suicide: A Study in Sociology.* Trs. by John A. Spaulding and George Simpson. Glencoe, Ill.: The Free Press.

Emile Durkheim (1993). *Le Suicide: Étude de Sociologie*. Paris: PUF.

Emile Durkheim (2006). *On Suicide*. Tr. by Robin Buss. London: Penguin Books.

第十四講

涂爾幹（四）

《宗教生活的基本形式：澳大利亞的圖騰系統》

這一講要討論涂爾幹「四大名著」的最後一本——《宗教生活的基本形式：澳大利亞的圖騰系統》（*Les Formes élémentaire de la vie religieuse: le système totémique en Australie*，或譯爲《宗教生活的初級形式》），以及其他的相關觀念。涂爾幹的宗教研究非常有名，而且相當慶幸地，在古典社會學家裡面，他的文字敘述相對而言是非常清晰的，所以理解涂爾幹的宗教社會學研究並不會造成太大的問題。只是副標題「澳大利亞的圖騰系統」也常被譯本忽略不計。

比較特別的是，在中文社會學界順著習稱的「分工論」、「方法論」和「自殺論」，卻沒有因此將此書稱爲「宗教論」。

我們在前面的講次中提到過涂爾幹將「宗教、社會、道德」當成一種三位一體的概念。順著這條主線，就很容易理解涂爾幹的宗教研究其實也是對於道德和社會的研究，和其他研究宗教的角度不同。所以如果本書有另一個副標題，大概也會像《自殺論》那樣，叫做「社會學的研究」吧！

一、基本形式的定義

《宗教生活的基本形式》中的「基本形式」有的中譯本譯成「初級形式」，涂爾幹是用如下的段落解釋「基本形式」一詞的：

> 在本書中，我們打算研究實際上已為人所知的最原始的和最簡單的宗教，對它進行分析，並試圖提出解釋。當一個宗教系統（système religieux;

religious system）符合下述兩個條件時，我們就可以說這即是我們能見到的最原始的宗教：首先，它應該鑒於**組織最為簡單的社會**中；其次，**不必借用以前宗教中的任何成分便可解釋這一宗教系統**。（Durkheim, 1960: 1; 1995: 1; 1992: 1）

涂爾幹強調的是，從目前已知的材料中所給定的起點開始進行最原初現象的研究。相對於這種回歸到最原初的樣貌的研究路徑，就是要從最成熟的樣貌入手。馬克思的《資本論》就是從當時資本主義生產方式最成熟的英國著手研究資本主義所展現的弊端。

涂爾幹在上文中的定義引發出兩個問題：

首先，提出「宗教系統」（芮趙兩人譯爲「體系」）而不是單純的「宗教」，是否有特殊的意義？特別是「系統」這個字眼，是借自力學還是生物學？

其次，這兩個條件是好判準的嗎？例如「組織最爲簡單的社會」和「不必借用以前的宗教中的任何成分便可解釋這一宗教系統」都有賴於當時學術界的研究成果，以及涂爾幹蒐集資料的能力及語言能力，未必是眞實世界的狀況。

「組織最爲簡單的社會」是蘊含著斯賓賽的「從簡單到複雜」的演化觀。

第二項條件的基本假定是他在《社會學方法的規則》中所說的：「一項社會事實的決定原因應該在先前的社會事實中尋找，而不該在個人良識狀態中尋找。」（Durkheim, 1982: 134; 1995: 125; 1996: 109）〔原文爲斜體字〕既然無法在先前的社會事實中找到，因此可以證明這是「基本的」或「初級的」或「原初的」。

二、宗教的定義

一般來說，宗教的定義十分多樣繁複，會隨著每個人立場不同而不同。所以要界定一個讓眾人滿意的宗教定義，如果可能，也並不是件容易的事情。涂爾幹在此書的說法可算一家之言。

我們可能認爲宗教的定義應該會包含了神、鬼、天堂、地獄、善、惡等等觀念，而涂爾幹卻只明白指出宗教與神聖事物相關：

這樣我們得出了如下的定義：**宗教是一種與神聖事物（及性質特殊的、禁止接觸的事物）有關的信仰與儀式組成的統一系統，這些信仰與儀式把所**

有對之贊同的人團結在一個叫做「教會」的道德共同體內（Une religion est un système solidarire de croyances et de pratiques relatives à des choses sacrées, c'est-à-dire séparées, interdites, coryances et pratiques qui unissent en une même communiauté morale, appelée Église, tous ceux qui y adherent）。（Durkheim, 1992: 49）

他完全避開神、鬼以及超自然事物，說明群體以神聖事物作爲崇拜對象，其實就是崇拜「社會本身」，這種這裡沒有提到的「集體良識」，進一步形成或是反映了「道德共同體」。這不就揉和了前面我們說過的「宗教、道德、社會（共同體）」的三位一體觀念嗎？

「教會」這個字，因爲在中文世界裡面已經有限定的意義，所以容易讓人誤會是基督宗教的專屬。在這裡並沒有這種意思。基本上它的原意是一個具有集體良識的「道德的共同體」。

所謂的宗教崇拜，以此意義延伸便可以推斷爲是一種對社會的崇拜，在這裡的定義裡，並沒有出現神明的觀念。

涂爾幹強調的是一個「神聖的」觀念，而此種神聖就變成一種圖騰和禁忌。

還要提醒的是，他在這本書所引用的資料，不是他自己親自調查的報告，而是來自閱讀當時人類學對於其他異文化宗教生活的研究。他是根據別人的研究來建立自己的宗教社會學的概念和理論。

我們可以先從書中的結論來了解涂爾幹在研究宗教的時候所採取的立場。

本書總的結論是：

宗教乃是顯著社會性的事物（une chose éminenmment sociale）。宗教表象（représentations religiueses）是表達集體實在（réalités collectives）的集體表象（représentations collectives）；儀式是產生於集合群體中的行為方式，並註定要激發、維持或者重新創造群體中的某種心理狀態（états mentaux）。所以，如果範疇起源於宗教，那麼它們就應該分享所有宗教事實（faits religieux）共有的本質（nature commune）；它們還應該是社會事物（choses sociales），並是集體思想（penseé collective）的產物。」（Durkheim, 1960: 13-14）

以上就是精簡地表述了「宗教、社會、道德」三位一體的概念，值得細細品味三者之間的密切關聯。特別是儀式表達了群體中某種心理狀態這一點，似乎連結了心理事實和社會事實兩個涂爾幹以前覺得不相干的界域。最後提到範疇是社會事物和集體思想的產物，也和哲學家從亞里斯多德和康德認爲範疇是先天的看法大相逕庭。這裡有著「知識社會學」的重要立論依據，所以後來討論涂爾幹的知識社會學時，這段經典引文是不會被忽視的。

另外，涂爾幹也在這裡對於宗教的基本形式的研究做了總結：

> 我們研究的這個系統不論多麼簡單，我們從中能找到宗教裡所有的重要觀念和基本的儀式心態，它們甚至對最發展了的宗教來說，也是最基本的東西。這些重要觀念是：把事物分為神聖和世俗的觀念、靈魂、精靈和神話人格的觀念，以及部落神甚至族際神的觀念。在儀式方面，有消極崇拜儀式，它是苦行主義行為的誇張形式；還有犧牲奉獻與共享犧牲、模仿性儀式、紀念性儀式和贖罪性儀式，基本的東西都應有盡有了。（Durkheim, 1992: 471）

這與我們在《社會分工論》所提到過：藉由觀察外在行爲表現，可以推測其內在事實。宗教因爲有儀式典禮、崇拜以及信仰等外在可見事實，所以可藉由看得見的東西推測出看不到的社會事實或道德狀況。這是我們簡單介紹涂爾幹對於宗教的想法。

三、社會學與宗教

涂爾幹在這裡也順帶提到了研究社會學的目的：

> 社會學並非只在僅僅了解和重建已逝去的文明形式。我們的目標就像每門**實證科學**一樣，旨在**解釋我們身旁的某種現存的實在**（une réalité actuelle），因而即是**能影響我們的觀念**（idées）**和行為**（actes）**的實在**：這一實在即是人類（l'homme），更確切地說，是今天的人類，因為沒有什麼比這個更使我們想好好加以了解的了。（Durkheim, 1960: 1-2; 1995: 1; 1992: 1）

這裡的「實證科學」應該就是延續著孔德定義下的「實證科學」，並強調社會學是一門最高的「實證科學」。

這段話也強調社會學不僅要重視歷史也要重視當代，特別是生活在社會之中的人。

原文的「實在」（réalité）是個很難翻成恰當中文的字眼，有時翻成「現實」會像罵人，翻成「實在」或「實像」或「實體」都有可以令人質疑之處。從涂爾幹的文本脈絡來看，直說是指「人類」，不是更清楚嗎？

這裡強調的是「了解」沒有特別強調「預測」。

在涂爾幹看來，社會學的目的，就是要了解人類的生活狀況；研究古老的宗教，就是能夠了解到人類的生活狀況之外，還能研究到人性的永恆面向。這也就是他研究古老宗教的目的：

> 我們之所以把它〔古老的宗教〕作為研究的課題，是因為它似乎能比別的宗教更能使我們理解人類宗教的本性，也就是說，它似乎能向我們展示人性的一個基本和永久的面向。（Durkheim, 1960: 2; 1995: 1; 1992: 1）

這段話重點之一是「似乎」，不太肯定的口氣。

涂爾幹「把人類宗教當成人性的基礎特性」在此文本中展露無遺：

> 社會學的一個基本前提是：**人類制度（une institution humaine）不可能建立在謬見（erreur）或謊言（mensonge）的基礎上**，沒有這一前提，社會學就不可能存在。如果社會學不以事物的本質（la nature des choses）為根據，那麼它就會在事物（chose）面前遭遇到絕對克服不了的阻力（résistance）。所以我們在著手研究原始宗教（religion primitive）時，是確信它們與實在相聯繫並表達了實在的（l'assurance qu'elles tiennent au reel et qu'elles l'experiment）；這一原則將在下文的分析和討論中以及對一些學派的批評中反覆出現。（Durkheim, 1960: 3; 1995: 2; 1992: 2）

另外、涂爾幹還提到和世俗宗教觀念很不同的一個概念：他認爲「沒有一種宗教是虛假的」。「實際上，沒有一個宗教是虛假的（fausse）。一切宗教都在其自己的方式上是真實的（vrai）；它們以不同的方式對人類生存環境做出反應。」

（Durkheim, 1960: 3; 1995: 2; 1992: 3）這也是宗教社會學能開展對於世界宗教研究的基本概念，而不是「西方基督宗教最爲先進，其他宗教都應該滅絕，都皈依到基督宗教門下」的歷史動亂根源的狹隘宗教思想。

從一般人的立場或反宗教的立場，或從無神論的立場，我們常常會覺得「宗教都是騙人的」；「鬼神之說都是荒謬」；加上有些地區對於異己（非國教）宗教和新興宗教的政治打壓，將某一些宗教或新興宗教運動視爲「邪教」；或者是宗派之間的傾軋鬥爭，而彼此形同水火，產生宗教衝突或升級成爲宗教戰爭。這些基本上不是宗教社會學者做研究時會採取的態度，在研究者來看，這些都是眞實的。這是涂爾幹研究宗教社會學的珍貴遺訓。

因爲許多社會學研究雖然在探究社會現象，但是更注意了解社會現象在一般人的理解裡是什麼。當我們的感覺是眞實的時候，它們就按實際情況對我們施加影響（Durkheim, 1992: 13）。

類似的說法，後來稱爲「湯瑪斯定理」（Thomas Theorem）或是「情境釋義」（definition of the situation）。這是由二十世紀初的美國社會學家湯瑪斯（W. I. Thomas）所提出的概念：「當我們把某種情境視爲是眞實的，結果它就會產生眞實的影響。」根據這樣的說法，宗教社會學主要關心的不是「有沒有鬼神」的問題，而是要討論「爲什麼這社會上有人會相信鬼神」，以及「這些信念所產生的一些行爲、社會制度以及思想等等影響」。

涂爾幹又再度強調：

> 我們回到原始宗教，**並不是要貶低一般的宗教**，而是因為**原始宗教和其他宗教是同樣體面的**（respectables）。它們體現了**同樣的需求**（nécessités），扮演著**同樣的角色**（rôle），取決於**同樣的原因**（cause）；它們也能很好地展示**宗教生活的本質**，因而能解決我們所要研究的問題。（Durkheim, 1960: 4; 1995: 2-3; 1992: 3）

這段話裡面提到了有「原因」、「角色」，卻沒有出現「功能」。他在《社會分工論》裡面不斷地強調「功能」，還對此概念進行界定。在《社會方法的規則》裡面也有提到「功能」、「原因」跟「結果」的不同。可是在此處卻沒有提到宗教的「功能」。這是讓我很困惑的一點。

四、社會與個人及自然

除了《宗教生活的基本形式》之外，我也順便提一下涂爾幹在「四大名著」以外的一些學術文章中所提及的重要社會學概念。

首先，他提到社會跟個人關係。

涂爾幹認爲：

> 是社會提高了人，甚至造就了人。因為造就人的東西就是構成文明的智力總體，而文明是社會的工作。這樣就解釋了崇拜何以會在所有宗教中占有最顯要的地位，而不論它可能是什麼宗教。因為只有在行動中，社會才能產生它的影響，但是，如果**組成社會的個人**未曾聚集起來、沒有共同的行動，社會也不會有行動。社會通過個人的共同行動才能意識到自己，赢得自己的地位；這首先是一種積極的合作。由於這種外在的行動，集體的意識和情感才有可能表達，正如我們已證明了的那樣：集體的行動是集體意識和情感的象徵。因而，這種行動支配著宗教生活，因為**社會是宗教的源頭**。（Durkheim, 1992: 474-475）

我們可以這樣推論：每一個社會之所以會有宗教的出現，是因爲它需要道德的教訓，這是他的「宗教、社會、道德」三位一體觀的展現。

簡單來說，沒有社會就沒有個人。

另外在社會與個人認知的部分，他提出對於哲學上範疇（category）的概念。這在前面提到《宗教生活的基本形式》結論時也提到過。

這個概念，原先是人對於外在事物的分類認知與分類結果，而此外在事物的分類，他認爲是受制於社會對於人的影響。

依照他的想法：社會是宗教的來源，而關於範疇的部分，自會受到宗教的影響。「在我們的研究進程中，我們證實了思想的基本範疇，以及後來的科學的基本範疇都起源於宗教……幾乎所有重大的社會活動準則都起源於宗教。」（Durkheim, 1992: 475）

這部分正是他被認爲是「社會學主義」或者說「社會學中心主義」的原因。外在事物看似自然的存在，在他的眼中卻認爲這一切僅是我們對社會的想像延伸，他認爲所有事物都要受制於社會這個概念。

他跟他的外甥人類學家馬塞爾・莫斯（Marcel Mauss）合寫一篇小文章叫〈關於原始分類的幾種形式：集體表徵研究的貢獻〉（De quelques formes primitives de classification. Contribution à l'étude des représentations collectives），英譯本簡稱〈原始分類〉（Primitive Classification），中譯本書名也根據英譯本用簡稱版。這本書也是一個非常重要的知識社會學的著作，其中也提到範疇與宗教、社會的起源息息相關。雖然英譯者對於這本書的研究方式和結論很不以爲然，但還是覺得此書很有啟發性。

他也提到社會與自然的關係。我們一般人都認爲自然是自然，社會是社會，但是涂爾幹不這麼認爲，他認爲社會領域基本上是一個自然領域：

> **社會領域是一個自然領域**，它與其他領域的差別只在於它極為複雜。而自然的最基本面向不可能在不同的情況下而有根本的差異。存在事物中的關係——這正是範疇功能表達的那種關係——也不可能因領域不同而有根本性的區別。如果它們在社會界中更清楚地分解出來——其原因將在下文討論——那麼它們也一定會見於其他地方，雖然其形式不太明顯。**社會只是讓它們更加體現出來而不是獨占了它們**。這就是為什麼以社會事物為原型而構想的觀念能幫助我們思考另一自然的事物。至少可以肯定，即使使這些觀念如此偏離最初涵義而扮演**象徵符號**的角色，它們也是有著充分根據的象徵符號。即使它們因為是組織起來的概念而有一些人為的成分進入其中，但這也是非常接近自然，並永遠趨向於**自然的人造物**。雖然**時間、空間、類別、原因或個性的概念均由社會因素構成**，但不一定就能由此推斷它們缺乏一切客觀價值。正相反，它們的社會起源卻能使人相信它們並沒有客觀的基礎。（Durkheim, 1992: 17）

簡單來說，時間、空間、類別等等看似自然界的事物，在涂爾幹看來，都是由社會因素構成的。一切都可以回歸到「社會」來解釋。讀到這一講次的引文，讀者應該不會覺得意外了吧！

五、《宗教生活的基本形式》的影響

總結《宗教生活的基本形式》一書的內容要旨：非常強調社會或宗教的中心性，同時也強調時間、空間還有範疇，都是受到社會影響所造成的。

而他這本書對於宗教社會學與後來的知識社會學有重要意義，就在於他認爲社會上對於時間的安排，以及空間組織上的安排，都是受制於社會的想法。這點對很多人來講，實在不太可思議了。

換句話說，社會組織是自變項，時間的安排與空間的安排是依變項，所以範疇與宗教間的關係，轉變成範疇是起源於宗教。「在我們的研究進程中，我們證實了思想的基本範疇，以及後來的科學的基本範疇都起源於宗教……幾乎所有重大的社會活動準則都起源於宗教。」（Durkheim, 1992: 475）

這種觀點與傳統哲學觀點完全相反，在哲學裡，一般來說，會將時空視作範疇，無論是康德或亞里斯多德的範疇論點。

簡單來說，在傳統哲學裡，時間與空間是自變項，社會組織是依變項。

涂爾幹反而認爲人們的時空概念，是受到社會組織主導下的結果，時間的安排是一個習慣的養成。基本上這是一個非常翻轉的想法，這種看法在日後的宗教社會學與知識社會學研究裡，也強調時空確實具有社會性：

> 如果範疇誠如我們所認為的那樣，基本上是集體的表象，那麼它們首先應該展示團體的心理狀態；它們應該取決於建立和組織團體的方式，取決於它的心態，取決於它的宗教、道德和經濟制度等等。（Durkheim, 1992: 15）

譬如說社會上的慶典，如中國的二十四節氣、日本有些固定的節日，或者其他國家慶祝節日，這些都是希望在不同的時間，能夠再度凝聚社會的力量，然後讓眾人因此凝聚集結成爲道德共同體的做法：

> **社會乃是一種獨特的實在，它具有自己的獨特性質，這種性質不見於其他地方，**以及不會再以同一形式出現在宇宙中的其他地方。**表達它的表象具有與個人表象完全不同的內容。**我們可以事先肯定，前者將某種東西加到了後者身上。（Durkheim, 1992: 15）

對於時空社會性的概念，對於後人有很大的啟發，像英國人類學家瑪麗·道格拉斯（Mary Douglas, 1921-2007），就以社會組織當作自變項，研究其他事物，諸如情緒發展等與此相關。

> **集體表象是廣泛合作的結果**，它不僅擴展入空間，而且也擴展入時間：大量不同的頭腦聯合起來，混合和組合成它們的觀念和感情，這才造成了這些表象；**漫長的世代積累了經驗和認識，才形成了這些表象**。（Durkheim, 1992: 15）

此外，涂爾幹還有一個「人性二元論」的概念。如果對於西方近代思想史稍微接觸過的人，大概都會知道這與笛卡爾的「身心二元論」是有一些關係的：

> 根據眾所周知的公式，**人類是二元的。人體內有兩個存在：一個是個體存在，其基地在有機體中，因此其活動範圍是嚴格限制的；另一個是社會存在，它代表了我們觀察所見的智力和道德層次中的最高實踐**——我的意思是指**社會**。我們本性的這種雙重性的實踐結果是不能把道德觀念還原為功利動機，其思想狀態的結果則是理性不可能還原為個人。只要個人屬於社會，他的思想和行為都超越了自己。（Durkheim, 1992: 15）

涂爾幹另外有一篇文章專門討論「人性二元論」，簡單來說，我們心中並存著個人和社會。

我就特別列了一個表，將涂爾幹的人性二元論的想法整理如下：

肉體（BODY）	靈魂（SOUL）
感官	概念
世俗世界	神聖世界
私人的	非私人的
個別良識	集體良識

資料來源：孫中興根據 Durkheim（1973）製表。

六、道德的三要素

涂爾幹也有些上課講義在他過世之後由學生整理成書。這些編輯書籍的內容，也延續了許多他在前面幾本著作裡提到的主題。不過，因為他本人生前沒有看過這些講義，整理者是否有加入自己的意見或是遺漏涂爾幹的說法等等因素都很難確定，所以文本價值是有爭議的。我們只簡單提到下面幾處他在「四大名著」中沒有提及或詳述的主題。

我要特別提到學生整理的筆記中的《道德教育》（*moral education*）。這本書中有比較完整涂爾幹的道德觀。他認為道德的組成有三個主要的部分：

第一個是紀律的精神（spirit of discipline）。
第二個是社會團體的隸屬（attachment of social group）：你必須屬於一個社會團體，跟這個團體中間，有這個恰當的關係，個人整合於社會，社會管制個人。
第三個是自律或者叫自主（autonomy or self-determination）或者自決。

道德，必須具備這三個要素，這也是他認為學校教育裡對於教育內容的核心看法，使得學生成為一個道德的個體。對照斯賓賽認為教育包含智、德、體三個部分，涂爾幹的道德教育似乎遜色不少。

七、社會學的分科

因為涂爾幹是社會學的第一位擁有正式頭銜的社會學教授，所以他對於社會學的分科看法，我覺得是非常值得大家注意的。這是在一般社會學理論教學裡，比較容易忽略的地方。

我把涂爾幹對社會學內容的分類整理如下：

1. 社會形態學（Social Morphology）
   (1) 從不同民族與社會組織的關係來研究不同民族的地理基礎
   (2) 人口研究：多寡、密度以及在地球上的分布
2. 社會生理學（Social Physiology）
   (1) 宗教社會學（Sociology of Religion）

(2) 道德社會學（Sociology of Morals）

(3) 法律社會學（Sociology of Law）

(4) 經濟社會學（Economic Sociology）

(5) 語言社會學（Linguistic Sociology）

(6) 美學社會學（Aesthetic Sociology）

3. 普通社會學（General Sociology）（Durkheim, 1909: 83）

首先，涂爾幹將社會學分成三個部分，「社會形態學」、「社會生理學」跟「普通社會學」。

而社會形態學又分成兩個部分，第一個是研究民族，我們曾經提過在古典社會學家裡，很少人注意民族的問題。涂爾幹雖然沒有在民族研究方面有相關著作，不管他的《自殺論》還是《社會分工論》都沒有這方面研究，但他認爲這是社會形態學的一支。至少在此處我們可以發現，他已經指出未來的研究方向。

另一個是人口的研究，這是針對地球上人口多寡密度分布的問題，在《社會分工論》裡面提到，「社會容積」與「社會密度」等人口因素都是社會分工的主要原因。雖然人口研究在他的研究裡著墨不多，但這方面的研究分類屬於社會形態學，其重要性，他在這裡已經說得很清楚了。

在第二部分「社會生理學」，他區分了六個分支，分別爲宗教社會學、道德社會學、法律社會學、經濟社會學、語言社會學以及美學社會學。

雖然光看標題，我們不太知道具體內容是什麼，即使當代我們有相同類似的標題學門，但內容上可能也未必相符，但是透過這樣的分類，我們至少可以得知他認爲社會學的領域，是可以擴及到生活的各面向。對照前面提到的杜尼斯的社會學分類，也幾乎沒有太大雷同。前輩們對於社會學的想像空間顯然沒有共識。

最後的一個部分，當時因爲盛行心理學，所以爲了要與心理學有所區別，也爲了方便大家了解，他認爲社會學研究的是一個集體的層次，就像《自殺論》裡面，他研究的是社會自殺率，屬於集體的層次，而不是個別的自殺。

所以在這個意義上，他認爲如果需要從心理學角度理解的話，那麼社會學是一種集體心理學。

但是因爲他是第一個創設社會學於高等教育領域的前輩，所以他非常強調社會學的獨特性，有別於當時正紅的心理學，誰也不用取代誰，都可以對後來的學術有所貢獻。

八、社會學家與社會看法

最後我要再提一下涂爾幹對於社會學跟社會學家之間的關係有一些看法，我覺得是蠻有意思的，值得大家參考，引文有三段：

> 有人曾經指責實證社會學，把事實當成偶像來膜拜，而對於理想漠不關心，如今，我們可以看到這種指責是沒有道理的，因為宗教、道德、法律、經濟和審美，這些主要的社會現象都只不過是價值體系和理想體系，社會學是從理想領域出發的，這是社會學的起點，而不是逐漸達到的研究終點。（Durkheim, 1974: 96; 2002: 104）

> 可是無論如何，無論何處，任何討論現實的科學都會促使我們改變現實，引導現實討論道德輿論的科學，也會提供我們判斷，它的方法跟矯正它的需要。（Durkheim, 1974: 60; 2002: 64）

> 我從來沒有刻意地指出這種新生的科學已經成為主宰行為的指南，這裡我想說的一切就是這種科學不僅不會阻攔我們去評價現實，反而會向我們提供一些解決現實問題的手段，讓我們能夠做出有理有據的評價。（Durkheim, 1974: 62; 2002: 66）

所以在這裡強調，社會學是有理想的，而且這個理想不單只是解決個人飯碗問題，還是針對社會未來整體的願景。我們在談到《社會分工論》的時候，他甚至考慮到世界大同的建立可能性。

而他對於社會跟社會學家也提出了看法，值得我們再度重視：

> 社會學並不能解決理想問題，除非把它變成一門科學，社會學沒有著手建構理想反而把理想接納成為既定的事實和研究的對象，並且試圖分析跟解釋它們。
>
> 在構思過程（faculte d ideal）上，社會學所看到的是一種先天的能力，通過這種能力可以找到意圖的條件和原因，如果有可能也可以使人們在更大程度上控制它……社會也是自然，卻可以支配自然，不僅萬物之力匯集於社

> 會之中，而且也形成一股新的合成力，通過它所具有的豐富性、複雜性跟作用力。
> 超越了所有曾經構成它的事物之外，歸根結底來說，社會是自然在其發展過程中達到的一個更高點，匯集了所有自然的能量，在某種程度超出了自然之外。（Durkheim, 1974: 96-97; 2002: 105）

最後，我們要提出涂爾幹對他當時社會的反思，頗值得我們也來反思我們的當代社會：

> 今天傳統的道德已經發生了動搖，人們還沒有找出也還沒有提出其他的道德取而代之，原有的義務已經失去了往日的力量。我們無法清晰而確切地發現新的義務究竟在哪裡？不同的心靈持有截然相反的觀念，我們的時代危在旦夕。請不要覺得驚奇，我們已不再會感到道德規範曾經給我們壓力，它們已經不再是最高的權威，因為它們實際上已經消逝而去。（Durkheim, 1974: 68-69; 2002: 75）

涂爾幹這種感受，就是他一直在社會學研究裡強調的社會凝聚力，希望能夠恢復法國大革命以後法國社會的秩序。這跟孔德最後強調的「愛、秩序、進步」是一脈相承的。

但是涂爾幹並沒有簡單地像孔德一樣提出對社會的愛，而強調了三個面向，分別爲職業團體、道德的權威以及道德的共同體，希望藉此能恢復社會凝聚力，進而造成社會的穩定發展，甚至近至大同世界。這樣的理想，在全球化的地球村生活的我們，不是也應該懷抱著同樣的理想而繼續奮鬥嗎？學古典社會學理論不是念念書，懂幾個專有名詞而已啊！大家隨時都應該想到涂爾幹等前輩的「古典社會學理論的初心」啊！

九、Q & A 反思回顧

1. 涂爾幹對道德抱持著這樣的看法，而我們其他人對道德又是什麼看法？
2. 道德的建立，按照涂爾幹所提的三個因素建立，就可以讓社會變得比較完善嗎？還有別的可能因素嗎？
3. 是什麼樣的社會條件下，使得涂爾幹如此強調道德？

參考文獻

中文文獻

涂爾幹（1912/1992）。《宗教生活的基本形式》。芮傳明、趙學元譯。臺北：桂冠．

涂爾幹（1912/1999a）。《宗教生活的基本形式》。渠東、汲喆譯。上海：上海人民出版社。

涂爾幹（1912/1999b）。《宗教生活的初級形式》。林宗錦、彭守義譯。北京：中央民族大學出版社。

涂爾幹（2002）。《社會學與哲學》。梁棟譯。上海：上海人民出版社。

外文文獻

Emile Durkheim (1912). *Les Formes élémentaire de la vie religieuse: le système totémique en Australie*. Paris: Felix Alcan.

Emile Durkheim (1912/1915). *The Elementary Forms of the Religious Life: A Study in Religious Sociology*. Tr. by Joseph W. Swain. Reprinted Edition. New York: The Free Press.

Emile Durkheim (1912/1960). *Les Formes élémentaire de la vie religieuse: le système totémique en Australie.* Paris: PUF.

Emile Durkheim (1912/1995). *The Elementary Forms of Religious Life*. Tr. by Karen E. Fields. New York: The Free Press.

Emile Durkheim (1974). *Sociology and Philosophy*. Tr. by D. F. Pocock. New York: The Free Press.

第十五講

齊美爾

（Georg Simmel）

這一講次開始談論齊美爾。

我們先講他的生平亮點，再談及他的許多深具啟發的洞見，特別是他對社會學研究的假設、社會類型的觀念、文化觀以及他對社會學的看法。

齊美爾在古典社會學者裡，是特別注意到日常生活的微觀現象，並試圖挖掘出其豐富與深刻意義的學術探險家，這也是他最吸引我之處。而我對於齊美爾的興趣，是到美國讀博士以後的事。齊美爾的許多觀點，可以與當代社會學理論中也注意日常生活的高夫曼（Erving Goffman, 1922-1982）對話，都讓社會學理論更貼近日常生活。不過，齊美爾的缺點在於他的書寫，內容往往都太過晦澀，通常還不引證出處，很難讓人掌握他想要表達的內容什麼。我們或許可以說，他對於社會學理論的研究方向有別開生面的開創之功。

在英語世界的齊美爾著作譯本，早先可見於二十世紀之交《美國社會學刊》（*American Journal of Sociology*）上的英譯文章。但是真正有影響力的，還是 Kurt Wolff 在 1950 年編譯出版的《齊美爾的社會學》（*The Sociology of Georg Simmel*），這是從齊美爾 1908 年版的《社會學：社聯形式的研究》（*Soziologie: Untersuchungen Über die Formen der Vergesellschaftung*）摘譯了一部分，和 1917 年出版的篇幅較小的整篇《社會學的基本問題：個體與社會》（*Grundfragen der Soziologie: Individuum und Gesellschaft*）合併在一起出版的。這本書是後來許多年英語世界認識齊美爾的社會學思想的主要譯作。一直到 2002 年才有林榮遠的中文全譯本《社會學》出版。完整的英譯本也一直晚到 2009 年才由布萊希（Anthony J. Blasi）、傑可布（Anton K. Jacobs），以及勘吉拉丁卡爾（Mathew Kanjirathinkal）三人聯合編譯出版，書名爲

《社會學：社會形式的建構研究》（*Sociology: Inquiries into the Construction of Social Forms*）。1990 年代末期，還出現了齊美爾的《金錢哲學》（*Philosophie des Geldes; Philosophy of Money*）〔通譯爲《貨幣哲學》，但我覺得「貨幣」是比較正式的經濟學用詞，不如一般用詞的「金錢」來的貼切，所以採取異於諸多中譯本的譯名〕，以及文化社會學、性別社會學、宗教社會學方面的英譯本。中譯本方面也有不少直接從德文翻譯而來的，甚至《金錢哲學》至少還有三種中譯本，這是英譯本所難望其項背的。不過不管是中英譯文對讀者都是很大的挑戰，這也常常令許多人望書興嘆，難得其門而入。

正因爲以上所談及中英譯本的狀況，所以我雖然讀了不少，但是眞不敢說完全了解齊美爾的整體理論和思想。所以本講次也是我閱讀中能懂的部分。

順便說一下，1997 年暑假我申請到德國學術交流基本會的獎學金到德國柏林進修兩個月。在那段時間中，德文本《齊美爾全集》（*Georg Simmel: Gesamtausgabe*）編輯工作已經啟動，我也買到不少。我也在當地舊書店買到幾本齊美爾當年出版的初版書籍。許多文獻上他住過的地點我都去參訪過，但是柏林在二戰期間被炸得面目全非，就算按圖索驥找到地點，也都看不到當年的樣貌。當時的失落就好像我在閱讀他作品一樣的感覺。那次學術之旅原定要寫的書，也一直拖延至今無法完成。本講次只能算是我閱讀齊美爾多年的初步心得吧！

一、生平與著作脈絡介紹

我們先說一下他的生平亮點，詳細的生平可以參考本講次結尾的附錄一。

1858 年齊美爾出生在柏林市萊比錫街和弗列德利希街的西北角的公寓。雙親爲猶太人，父親後來改信天主教，母親改信新教（基督教）。他是七個孩子裡的老么。

他的父親創立了一個巧克力工廠，是巧克力莎樂蒂（Sarotti）的創始人，只是後來工廠易手。

順便說一下，我曾在臺北的某個百貨公司超市裡買到過這品牌的巧克力，吃過後不覺得有什麼特色。

16 歲（1874 年）時，齊美爾的父親過世。家庭友人弗里德蘭德（Julius Friedländer）成爲他的監護人，也是齊美爾日後學術生涯中的重要恩人。當時他的監護人是著名樂譜公司（Peters Edition）的所有人，是一位富裕的猶太人。

當時弗里德蘭德有許多房子出租，1886 年齊美爾時年 28，幫忙收房租，被房客開兩槍，中左肩。此事因而上新聞。

18 歲（1876 年），進入柏林大學就讀，很多猶太人家境不錯，文化教養也會比當地一般人高，較容易嶄露頭角。

23 歲（1881 年）時，獲得柏林大學博士，論文題目爲〈從康德的自然單子說論物的本質〉（Das Wesen der Materie nach Kants physischer Monadologie）。這篇文章曾經獲獎。

但是這篇其實不是他原來的博士論文題目。他原先的題目，是〈心理學和民族學對音樂的研究〉（Psychologische und ethnologische Studien über Musik）。後來在他 24 歲（1882 年）時才正式發表。後來有收入英譯本，但很少人討論。因爲研究社會學的很少研究音樂，研究音樂的也很少研究社會學，這篇論文就變成一份孤兒式的文本。

27 歲（1885 年），擔任柏林大學編制外講師或私講師，長達 15 年。

他的猶太背景，致使他一生在德國學術界求職時，常碰到挫折。所以有研究者稱他是「學術界的異客（陌生人或局外人）」（the stranger in the academy）。

31 歲（1889 年），監護人去世，遺留大部分的財產給齊美爾，所以他就累積到第一個點數——繼承遺產。

同年發表一篇文章〈金錢心理學〉，其中一些看法會延續至他的《金錢哲學》。

32 歲（1890 年）時，出版《社會分化論：社會學和心理學的研究》（*Über sociale Differenzierung: Sociologische und psychologische Untersuchungen*）〔有英文節譯本〕。這一本書涂爾幹曾經參考過，但沒有明顯引用這本書的內容。

而這一年，他與格特魯德．金內爾（Gertrud Kinel）結婚。他的太太是位哲學家。巧的是，齊美爾太太的名字與他後來外遇的對象——格特魯德．康托羅維茨（Gertrud Kantorowicz）的名字一樣。齊美爾和康托羅維茨在齊美爾 46 歲（1904 年）時，育有一女安琪拉（Angela），後來移居巴勒斯坦，於 1944 年在該地過逝。

33 歲（1891 年），兒子漢斯（Hans）出生。他後來成爲耶那（Jena）大學醫學教授。1939 年被關入達豪（Dachau）集中營時，已獲准移民美國；1943 年 8 月死於該集中營。

34 至 35 歲（1892-1893 年）出版了《道德學導論：倫理學基本概念的批判》（*Einleitung in die Moralwissenschaft: Ein Kritik der ethischen Grundbegriffe*）二冊。

他後來很後悔，認爲這本書是他年少輕狂之作。只是到底輕狂了什麼，大概是不可知了。

38 歲（1896 年）時，發表〈社會學的美學〉、〈社會科學方法論〉、〈近代文化中的金錢〉等各面向的文章，可見他寫作與興趣廣泛。

當時處於十九、二十世紀之交，當時齊美爾在柏林授課，許多美國留學生將他視作導師，跑去聽課，後來將他上課內容整理成文章發表於《美國社會學刊》，所以齊美爾對美國社會學早期的發展是有很大的影響。

40 歲（1990 年），發表《金錢哲學》，後來這本書在中文世界蠻紅的，我自己曾經念過英譯本，除了最後兩章約略能懂之外，其他前四章根本就是「有字天書」。

43 歲（1901 年），發表〈羞愧心理學〉（Zur Psychologie der Scham），也是現在社會學研究情緒時都會提到的一種感情。

45 歲那一年（1903 年），發表〈大都會和精神生活〉（Die Großstädte und das Geistesleben），這是一篇非常有名的文章，因爲他精準地描繪了早期現代化過程裡，都會生活對人們心態的影響。

46 歲（1904 年），他和外遇對象康托羅維茨產下女兒安琪拉。繼之前繼承遺產之後，他累積到第二個點數。

47 歲（1905 年），出版《風尚的哲學》（*Philosophie der Mode*），引領了後來文化社會學的研究風。

50 歲（1908 年），出版《社會學：社聯形式的研究》（*Soziologie: Untersuchungen Über die Formen der Vergesellschaftung*）。以「社會學」爲名出版的書，這本書算非常早的。古典社會學理論的前輩中，孔德、馬克思和恩格斯以及涂爾幹都沒有這樣書名的著作，只有巴烈圖、斯賓賽、杜尼斯跟齊美爾有這樣的書名出版。

1914 年第一次世界大戰開始。

戰爭期間，齊美爾 57 歲（1915 年）的時候，海德堡大學因溫德班（Wilhelm Windelband, 1848-1915）和拉斯克（Emil Lask, 1875-1915）逝世，空出兩個職位，他參與競爭未果。當年同場角逐的有李克特（Heinrich Rickert, 1863-1936）、麥爾（Heinrich Maier, 1867-1933）、史普郎格（Eduard Spranger, 1882-1963）、胡賽爾（Edmund Husserl, 1859-1938）和卡西勒（Ernst Cassirer, 1874-1945），結果前兩人雀屏中選。

逝世的前兩年，他仍舊持續出版。

1918 年因肝癌去世，享年 60 歲。

德文版的《齊美爾全集》24 冊從 1989 年開始編輯分冊出版，2015 年最終完成。

二、思想特色

我們在介紹齊美爾社會學思想之前，先介紹一下他的思想特色，特別是從他的「社會互動觀」裡能夠較完整地呈現出他的預設立場、界定與分析。

第一，是他使用辯證的觀念來寫文章。所以文章中常常會先有一個對立觀念出現，最後才會有一個統一的說法。譬如，他在分析時會時常運用到「分與合」、「社會化的衝動與個人衝動」、「近與遠」、「漂泊與定居」、「數量與質量」、「形式與內容」，以及「相似與不相似」等等，這些都是他在文章中使用過的對立觀念。

第二，就是他的作品毫無系統性可言，往往都是很鬆散隨意的散文式書寫，又不註明典故出處，讓讀者除了讚嘆他的睿智洞見之外，很難查證他說法的「所本」（立論根據）。這對於學術界「句句話有來歷」的腳註做法是相違背的。

第三，他討論的對象豐富無比，注重日常生活經驗和特殊題材，讓讀者很容易親近他討論的主題。

第四，他的社會學研究基本預設非常清楚，相較於其他人而言，他有一個很清楚的說法。

本著以上的四點結論，讀者應該比較容易進入閱讀和理解齊美爾的思想世界。

三、社會學的預設與社會互動觀

(一) 社會學的基本預設

齊美爾很清楚地指出他的社會學研究的基本預設：

> 永遠只有一個現實，可是我們沒有科學的方法可以掌握它的當下性和整體性，而必須從不同的觀點來研究，也因此將社會變成由許多相互獨立的科學所探討的主題。（Simmel, 1971: 33）

他相信有一個整體，不過這是我們所無法完全理解掌握的。我們充其量也只能夠了解當下的現象。

所以科學研究單位與現實是有差距的：

> 我們的思想經常而且**到處**（allenthalben; everywhere）將已有的事實（Gegebenheit; given）綜合而成科學研究對象，在當下的現實（unmittelbare Wirklich; immediate reality）中是找不到可以和其相對應的對象（Gegenbild; counterpart）。（Simmel, 1950: 5; 1984: 7）

齊美爾原文對「到處」（allenthalben; everywhere）一字有特別加重，但是英譯者卻忽略了。

下文中齊美爾以「哥德式風格」（gotischer Stil; Gothic style）爲例，指出歷史知識中的哥德式風格只是一種「思想」（geistiges; intellectual）現象，是從現實中抽離出來的，本身並不是一個直接的事實（Simmel, 1950: 5; 1984: 7）。他強調這種整體觀是藉由「知性的綜合」而形成的，不是從觀察個別現象而來的（Simmel, 1950: 5; 1984: 7-8）。

齊美爾在這裡所說到的整體觀，很類似於韋伯後來所說的「理念型」（Idealtyp; ideal type）：基於研究者的研究旨趣，對研究對象的特質所作的一種片面的強調。有關這部分我們會在韋伯的講次裡進一步介紹。

所以社會科學對齊美爾而言，研究的都是同一個社會現實，只是我們站在不同的觀點，或者不同的立足點來研究而已。

不同的立足點或不同的觀點與我們研究的對象會同時產生不同的距離，不同的距離就影響我們觀察到的內容。

譬如說「見樹見林」的問題，如果我們站在一棵樹前，我們所見自然是一棵樹，如果距離拉遠到了一個範圍，我們看到一片森林時，反而就看不到一棵樹。所以這也是整體跟部分之間，若用不同的觀點，在不同的距離就會看到不一樣的東西。

齊美爾這麼說：

> 它確實是個抽象的概念。但是這種數不盡的安排和分類是可以被研究的，而且也是值得被研究的對象。其中沒有一個由個別存在所構成的對象是可以觀察到所有的細節。（Simmel, 1950: 6; 1984: 8）

伯克（Kenneth Burke）後來也說過類似的話：「有見就有不見，一種觀看的方式，同時也是另一種遮蔽（A way of seeing is also a way of not seeing）。」所以社會科學的使用質化研究或量化研究的結果，看見的東西就會有所差異。比較好的做法是兩者同時參照。

接著，齊美爾又更進一步對社會科學研究中「個體」的建構做了很哲學性的思考：

> 假如我們仔細考察「個體」，我們就會了解它絕不是人類世界的一個終極的要素或「原子」。我們所用的「個體」概念所指涉的單位，畢竟並不是認知（Erkennen）的對象，而只是經驗（Erleben）的對象。我們每一個人，對自己及對別人，所認知的方式，都無法以認知的方式加以比較。我們從科學所知道的個體只是單一的特質。它們可能一度存在過，或是可能彼此相互影響時才發生關係，其中每一項都需要有特別的研究和衍生的研究，因而導致了物理的、文化的，和個人環境的數不盡的影響，這些影響來自各處，而且會在時間中無盡的擴展。只有將其化約成更簡單、更深入和更遙遠的要素之後，我們才算孤立了和掌握了真正的「終極的」（Letzten），也就是說，嚴格意義下的真實的（Realen），這成為所有更高的思想綜合（geistige Zusammenfassung; intellectual synthesis）所仰賴的基礎。（Simmel, 1950: 6; 1984: 8-9）

齊美爾的意思是：個體是存在於客觀的現實（objektive Realität; objective reality）中，但是綜合（Synthese; synthesis）是存在於意識（Bewußtsein; consciousness）之中（Simmel, 1950: 7; 1984: 9）。不過，他仍然認爲：「即使是這些所謂的要素，其實也是高度綜合的現象。」（Simmel, 1950: 7; 1984: 9）Kurt H. Wolff 的英譯本在此句話中多譯出了一個 these 並且加重，這是原文所沒有的。

此外，他常常界定「形式」一詞，這也導致他後來被人誤解爲「形式社會學」。他提到距離與形式的問題。他對於形式（Form）是這麼界定的：

> 更確切地說，所有的形式，經常是一種結合（Verbindung; synthesis），都是由一個結合的主體（ein verbindendes Subjekt）所增添的（hinzufügen; add）。（Simmel, 1950: 7; 1984: 9）

這裡雖然有了定義，但其實還是不容易懂。

對於距離的討論就相對比較容易。齊美爾認爲距離（Distanznahmen; distance）

選擇的不同對應於認知旨趣（Erkenntnisabsicht; purpose of cognition）的不同（Simmel, 1950: 8; 1984: 11）。

齊美爾也提到：我們現在所研究的現實，其實是研究者在思想上的變造，那思想上爲什麼會這麼變造，這又是跟我們的認知旨趣息息相關：

> 這些真實（Wirklichkeit; reality）是以複雜的意象呈現，就像連續不斷的、彼此相互關聯的現象的表面（Oberfläche von continuierlich aneinandergesetzen Erscheinungen; surface of contiguous phenomena）。當我們將這些真實的初級的存在（wirklich primäres Dasein）安排成為個體的命運時，我們將這些簡單的現象事實找到個別傳人以及好像將其聚集成接合點（Knotenpunkt; nodal point），同樣的我們也將直接的眼前的真實（unmittelbar vorliegenden Wirklichen）加以思想上的**變造**（Formung; transformation），彷彿是我們可以完全了解的、持續不斷的習慣，也彷彿是事物的本然（Natur der Dinge; natural order of things）。實際上，這可以全然是主觀的，正因為它可以產生有效的認知圖像（gültiges Erkenntnisbild; valid cognition），也可以全然是客觀的，在社會的範疇之下來綜合既定的現象。（Simmel, 1950: 8; 1984: 11）

認知旨趣這樣的概念，在後來當代社會學理論的哈伯馬斯（Jürgen Habermas）的早期作品裡，特別強調認知旨趣對於研究時所占有的關鍵地位。有時候我們研究時，對於主題的選擇取捨，便涉及到研究者當下的認知旨趣，有些是來自於個人的關心，有些則來自於學術界的流行。

所以認知旨趣涉及到立足點的問題：

> 只有特殊的認知目的（Zweck der Erkennens; purpose of cognition）決定了出現在當下的或是體驗到的現實（Realität; reality）是否要從個別的或是集體的主體（Subjekt; frame of reference）加以研究。這兩種架構，我們同樣稱之為「立足點」（Standpunkt; standpoint）。（Simmel, 1950: 8; 1984: 11）

立足點概念後來影響盧卡其（Georg Lukács）的《歷史與階級意識》（*History and Class Consciousness*）這本書以及「女性主義立場論」（Feminist Standpoint

Theory）的觀點。

齊美爾對社會的看法跟一般人很不一樣，他認為社會互動是息息相關，只要有互動就會形成社會。社會並不是一個「實體」（entity），不是具體的，而是一個「事件」（event）。它是一個人的命運或發展受到另一個人影響或影響到另一個人的函數（function）〔此字也有「功能」的意思，但衡諸文本脈絡，不宜如此翻譯〕。（Simmel, 1950: 11）

所以有關社會互動的問題便可以區分成形式與內容兩個面向：

> 每一種社會現象或過程都包含兩樣因素：一方面是利益、目的和動機；另一方面是一種互動的形式或方式，透過它，內容成為社會現實。（Simmel, 1971: 24）

齊美爾常將形式比喻成幾何學，幾何圖形涉及到抽象的概念。相對於此，內容便是具體存在物。一個抽象概念有時候可以涵蓋不同的內容，如同圓形的概念，可以在瓶蓋與輪胎上找到。上面的引文強調的是：社會現實就是利益與互動方式的結果。

(二) 其實不難懂的確被翻譯搞糊塗的兩個概念

齊美爾經常提到兩個令讀者困惑的觀念，分別為「Vergesellschaftung」和「Geselligkeit」。困惑之處在於下面幾點。

首先，是譯名在英文與中文的翻譯問題。我整理了如下的一份表格：

德文	英譯	中譯
Vergesellschaftung	sociation（K. H. Wolff）	社會性 社會化〔林榮遠〕
Geselligkeit	sociability（K. H. Wolff; D. Levine）	社形 社聯

我們稍微解釋一下 Vergesellschaftung 這個德文字的意思。除了字頭的「Ver」跟字尾「tung」之外，就是字根「gesellschaft」，這就是杜尼斯的雙胞胎概念之一的「社會體」或者「社會」。Vergesellschaftung 在一般德漢字典的解釋都放在其動詞形態「vergesellschaften」之下，並不別立一條目。

根據我手邊現有最大的一本《德漢大辭典》的解釋：

I. 及物動詞　使成為公司，使結為公司……使社會化，使公有化。
II. 反身動詞　組成公司（動植物）共同出現，結伴出現。
Vergesellschaftung 陰性名詞。（洪茂雄編，1987：1322）

齊美爾的書中經常用這個字，但是他並沒有加以界定。對於當時同行可能不是問題，可是就苦了我們這些不諳德文的人，只能在各種不同譯本的譯名中載浮載沉。

在 1908 年出版的《社會學：社聯的研究》（*Soziologie: Untersuchungen über die Formen der Vergesellschaftung*）一書中就把這個字當成副標題。

以 1917 年出版的《社會學的基本問題》來說，有時他也會用「所有生產方式的社會化」（die Vergesellschaftung aller Produktionsmittel）（Simmel, 1984: 77），這裡是指「生產方式爲社會所公有」的意思，和英文的 socialization 一詞的某一個意義是一樣的。

若是從德文原字的字根上來看，Vergesellschaftung 應該譯成英文的 socialization 或是中文的「社會化」，因爲德文的字首 ver 有「變化，轉變」及「合在一起」的意思（洪茂雄編，1987：1309）。

最初的英譯者 Albion Small 和 Nicholas J. Spykman 就是譯成 socialization；早期的另一個英譯者 Theodore Abel 譯成一個罕見的 societalization。我甚至沒見過有其他人使用過這個英文字。

可是後來的英譯者 Kurt H. Wolff（1950: lxiii）卻認爲這些都是錯誤的英譯，而將其譯成一個英文中不常用也不容易在字典中查到的字 sociation。這個字是美國早期的社會學家 J. H. W. Stuckenberg 於 1898 年在《社會學研究導論》（*Introduction to the Study of Sociology*）一書中所用過的字眼。

若是從上下文來看，我個人認爲比較像是我們現在所熟用的「社會互動」。雖然齊美爾也用過 Wechselwirkung 這個通常被英譯成「相互影響」（reciprocal effect）或「互動」（interaction）的詞，後者特別是 Kurt H. Wolff（1950: lxiv）的譯法。

2009 年出版的《社會學》英文全譯本中英譯者就特別討論到這個關鍵名詞的英譯問題。他們歸納這個名詞的幾種用法：有時指的是「社會互動」（social interaction），有時指的是「社會實體的創造」（creation of social entities），因此三位英譯者根據上下文脈絡而將此字分別譯爲「社會互動」或「創造社會」（creating society）（Simmel, 2009: xv）。

中文翻譯的部分，有時候譯爲「社會性」或「社會化」，這在理解上也造成很大的困擾，因爲「社會化」通常是「socialization」的翻譯。這樣的譯名並不能確切掌握到齊美爾的獨特概念——「社會互動」的意思。

另外一個相似的概念，德文叫「Geselligkeit」，早期英文翻譯爲「sociability」，中譯翻爲「社交性」，當時臺灣也不知道怎麼處理這問題，有人將它翻譯成「社形」，「社交的形式」或「社聯」，都不是很恰當的翻譯。

但這也不能怪中文翻譯，因爲原來在德文裡它就不是一個常用的字。

「Geselligkeit」是陰性名詞，根據同一本辭典的解釋：

I. 不可數。交遊，社交，交際。

II. 可數。聯歡會，晚會。（洪茂雄編，1987：500）

其形容詞形式是「gesellig」意義如下，「成群的，合群生活的，好郊遊的，愛合群的，愉快的。」（洪茂雄編，1987：500）

齊美爾在1917年出版的《社會學的基本問題》一書的第三章標題就用了這個字，Kurt H. Wolff將之譯成sociability，是「社交、交際」的意思，可是其實也有我們今天所通用的「互動」的意思。Kurt H. Wolff對此字的英譯並沒有特別加以解釋。

雖然齊美爾沒有特別說明「Geselligkeit」和「Vergesellschaftung」兩字有何異同，我個人從《社會學的基本問題》第三章中的上下文推知：兩者的差別是很細微的，幾乎可以當成同義字。

所以在這裡我們有一些說明，因爲現在這本《社會學的基本問題》有荷蘭人將其翻譯成英譯本，所以他們對一些觀念整理出一些簡要的說法，基本上，「Vergesellschaftung」就是「社會互動」；「Geselligkeit」就是「社交性」。

現在回到齊美爾的主要社會學概念。

(三) 團體的量與質：二元體與三元體

齊美爾的一個重要的概念是他從抽象的幾何學式的角度來談論團體量變到質變的問題。

齊美爾把人群的結合分成兩種最基本的形式：二元體（dyad）和三元體（triad）。

二元體的特質是互動的雙方是彼此面對面的，兩個人之外沒有另外一個超乎它而存在的整體（Simmel, 1950: 123）。所以二元體的關係是瑣碎的、親密的。

三元體則是每一個組成元素都介乎兩個二元體之間，同時展現了「分」跟「合」的雙重功能（Simmel, 1950: 135）。此外，三元體中有「大多數」，這是二元體中所沒有的。三元體中的個體（第三者）還可以形成三種不同的狀況：第一種情況是「中立者」（mediator），也就是三個元素在無適當的互動情況下，第三者將兩組二元體連接在一起（Simmel, 1950: 146）；第二種情況是得利漁翁（tertius gaudens），這是被雙方認爲公正不偏的第三者；這又可以再細分成兩種類型：其一是因雙方對抗而得利〔第三者採取主動〕（Simmel, 1950: 154）；其二是因爲一方作爲而得利〔第三者是被動的〕（Simmel, 1950: 155），這又可能產生兩種變形的情況：(1) 因相互敵對而諂媚第三者（Simmel, 1950: 155）以及 (2) 爲諂媚第三者而相互敵對（Simmel, 1950: 155）。第三種情況是挑撥分化（divide et impera），也就是第三者有意獲取主導地位，將原本兩者彼此的親密關係轉化成二人相互敵對，第三者因此坐收漁翁之利（Simmel, 1950: 162-169）。

齊美爾認爲人際關係最爲複雜的狀況，都可以採用三元體來解釋，而不必討論四元體或五元體。

所以這個研究可以用來分析男女關係，也可以用來分析兩個家族、兩個國家，或者各種二元的關係。

(四) 宰制與臣服

齊美爾對權力的看法也是很特別的部分，可惜注意和引用的人比較少。這是很可惜的。

關於權力的部分，我們在杜尼斯講次曾提到過他談威望的部分，而在之後韋伯的講次，我們也會提到他關於宰制（支配、權威）的分類。

齊美爾將「宰制」（superordination）跟「臣服」（subordination）這兩對觀念合併成一對概念，而不是單從宰制來看，這點也是他跟許多人不一樣的地方。

齊美爾將宰制分成三種：一是被一人宰制；二是被多數宰制，他特別提出「多數決」（majority rule）的例子；三是受原則的宰制。

他還提出：「宰制若無壓迫、受苦、貶抑的情愫，則和完全平等一樣。」（Simmel, 1978: 336; 1990: 336）這裡似乎表示權力的問題在於一方壓迫，讓一方受苦而產生貶抑的情愫這種惡劣的情況。如果沒有這樣的情況，有權力的人只是管理而非統治，就只是工作崗位的不同而沒有權力的高低，這就是他所謂的「完全平等」。反過來看，平等和權力的濫用及受害是息息相關的。這也是同時考慮到宰制和臣服雙方的觀點。

(五) 衝突

齊美爾也是當代社會學理論中「社會衝突論」的老祖師。他的文本很蕪雜，以下是我的整理。

齊美爾根據衝突的目的而將衝突的形式分成五種：

一是敵對的遊戲，這是爲了勝利和鬥爭而衝突。

二是法律衝突，有明確的對象。

三是爲理想而衝突，這又可細分成重視客觀利益以及重視主觀意志兩類。

四是全人格衝突，這又分成三類：第一類是因爲共同特質或共同成員身分的衝突，也就是個人在社會生活中因爲不同角色的責任衝突而產生的「角色（間）衝突」（role conflict），例如傳統中國社會的「忠孝不能兩全」就是身爲人臣和人子角色的要求不同而產生的衝突；另外一類是同一種角色面對不同群體時責任和義務的「角色緊張」（role strain），例如當教師的人對學生應該一視同仁，可是還是會對某些學生有偏愛。第三類是親情、友情和愛情等親密關係中的衝突，越親密衝突起來就越厲害。

最後是想要與所有權的不一致所造成的衝突。在這裡他又區分了三種類似觀念之間的差異〔無適當的中文譯名〕：jealous 是擁有所有權，envy 是無所有權，begrudging 別人擁有（整理自 Simmel, 1955: 34-35）。

另外有一種間接衝突的形式，也是比較和平的衝突形式，在早期社會學裡只要不是流血形式的衝突，都稱爲「競爭」。

畢竟衝突涉及到利益、權力方面，容易流血；競爭基本上具有道德的約束，特別強調自制（否認／棄絕）的倫理（ethic of renunciation），和自我肯定的倫理（ethic of self-assertion）（整理自 Simmel, 1955: 83-85）。這種看法與我們後面講次會提到韋伯的「心志倫理」跟「責任倫理」是否有可以相通或互補之處，頗值得深入探討。

除了衝突的形式之外，齊美爾還有討論到衝突的終止。我將他的說法整理如下：一是對象的消失；二是一方勝利；三是雙方妥協；四是雙方和解；五是雙方不和解（整理自 Simmel, 1955: 111, 113, 114, 117, 121 小標題）。

以上的分類有幾個問題：其中第三和第四項似乎可以整合成一項，而最後一項，嚴格來說，並不是衝突的結束，而是衝突會持續。還有，在日常生活裡，其實衝突的結束，有時候確實是不和解的情況，比較常見的往往是「不了了之」。不過齊美爾沒提出這樣明確的看法。

(六) 社會圈的交錯：角色理論的雛形

齊美爾另外一個非常有趣的觀念是「社會圈的交錯」（cross-cutting social circle）。這可以算是角色理論的濫觴。

我們在日常生活中所見到的人往往只是那個人在某個團體中所扮演的角色。所以我們是透過我們所參與的團體而獲得我們的角色。齊美爾就提到幾個形成團體的基礎：首先是「貿易」原則，這是根據相似的活動和職業所形成的團體；其次是「城市／當地（住地）」原則：這是因爲地域上的相近而組成的團體，像鄰里關係就是；第三是血緣團體；最後是姻緣團體，因爲婚姻所產生的親屬團體（整理自 Simmel, 1955: 128-134）。

根據這種原則，一個人會因爲地緣、職業、血緣以及婚姻的關係，而在社會生活上有不同的角色。所以從社會學角度來看，要區分一個人的特色或可辨識程度，往往就是從這些交錯的社會圈所產生的，這也是他和其他人的相同或相異之處。

舉例來講，要進一步區分同名的人就可以從他們職業、地緣、姻緣的差異來區辨。以前的名人往往在自己的名號會加上自己的家鄉的名稱或堂號，以更精確表明自己的身分，免得不必要的混淆。所以齊美爾認爲我們每個人都因爲所從屬的團體而構成了一套辨識身分的座標系統（Simmel, 1955: 140）。

這也就是說我們每個人，基本上是由我們在社會團體中所扮演的各個角色組合而成的。

到了二十世紀的美國社會學家，也是我的老師默頓（Robert King Merton, 1910-2003）就提出過類似的「角色組」（role set）的概念。我們每一個人基本上都是由這些角色所組合而成的「人」。

(七) 知識、誤知、無知、祕密、謊言

齊美爾也注意到其他社會學家所忽略的日常生活中我們的知識、誤知、無知、祕密和謊言等等相關的問題。

奇美爾注意到，我們每一次與別人互動，都想知道對方是誰。這也意味著我們對於彼此的知識其實是不完整的，也因爲有不完整的知識，在判斷上，我們會有一些預設的刻板印象或既定成見，因此這當中就涉及到雙方知識互動下的眞假問題。所以他說：

> 每一種關係都預設了相互的知識……發現不同人際關係中所需要的相互知識是很值得探討的。如：面對一般人和面對特別人物所需的特別經驗之間的關係不對稱：雙方對對方所知不平等；現存關係的發展受到相互逐漸的了解影響；一方對另一方的心理印象受到真正的、實際的和感情的關係影響。（Simmel, 1950: 308）

在人際關係中，我們的知識也跟我們的立場有關。我們對於某一個特殊個人所有的理論概念是因我們的立場而有不同的，這是知人者和被知者所有關係的結果（Simmel, 1950: 308）。

教育傳播知識時，會同時蘊含著知識、無知以及誤知的地方。所以我們常常沒有察覺我們在面對生活狀況時，同時擁有了知識、無知和誤知（Simmel, 1950: 310）。

我們的人際互動中還往往參雜著謊言。簡單而言，就是「口是心非」的狀況。這是說話者所思、所想與實際說出的不一致的情況。齊美爾很睿智地指出，說謊者對聽眾隱藏了自己私下眞正的意見（Simmel, 1950: 312）。

現代社會中生活比以往更加豐富和廣泛，也因此需要對別人更多的信任。也正因爲如此，謊言會比以往造成更嚴重的後果，因爲它危害到社會互信互賴的基礎（Simmel, 1950: 313）。

齊美爾也指出，謊言是社會生活中很重要的東西，一旦被揭穿，人際關係便容易崩解。所以許多老人的教訓常常告誡人們不要說謊。在人際關係層面，因爲想與他人建立良善關係，倘若說謊後，便會滋生更多謊言。這對人的心智負擔甚重，最終會穿幫。謊言可以讓說謊者短期獲得物質方面的利益，但是代價是從此不被信賴，影響到人際關係的永續發展。但是長期來看，不說謊是一個省力之餘，又有永續發展的可能。

除了謊言之外，在人際關係裡面有些知識你沒有，或者人家將你排除在外，這樣的「你不知道而有人知道」的情況下，就構成所謂的「祕密」。這是他很重要的發現，尤其是現在強調隱私權的社會，個人資訊就是一項需要愼重保守的祕密。

齊美爾認為祕密是整個外顯世界之外的第二世界，這個祕密也在人際關係中搭建了一些屏障，同時也產生一種吸引力（Simmel, 1950: 330）。

四、社會類型

齊美爾提出過幾種「社會類型」。我們選擇其中四種加以介紹。

(一) 異客（局外人、陌生人）

其中一個他著名的分析的類型叫做「異客」，或譯成「陌生人」或「局外人」（Fremder; Stranger），但是這並不是指不認識的人，所以翻成「陌生人」不甚恰當。根據齊美爾文本中的描述，似乎更貼近「獨在異鄉為異客」的意思。所以翻成「異客」應該比較好。

齊美爾採用「漂泊跟定居」這組對立概念進行討論。他強調，這個異客不是今天來，明天就離開的人，而是今天之後就留在這兒。只是在你生活中，他不是你熟悉的對象。這種看法應該與他的猶太身分的生活經驗相關。所以他對異客有一個非常長的定義：

> 這裡所指的異客並不是常用的那種意義，也就是：那種今天來明天走的那種過客（Wandernde; wanderer），而是那種今天來明天會留下來的人——也就是所謂的潛在的過客（der potenziell Wandernde; the potential wanderer）。他雖然不再離開，但是他也沒有完全克服來去自如的輕鬆。他在固定的空間範圍中——或者用空間類比來說有某種固定的疆界中——定居，雖然他在其中的位置基本上是固定的，因為他從一開始並不屬於這個團體，而且也因為他也引進了這個團體原來沒有而且也不可能有的一些特質。人際關係中所包含的近的和遠的統一在這裡達到一種狀態：在這種關係的距離中，近的變成遠的，而陌生的存有（Fremdsein; strangeness）使得遠的變成近的。這種陌生的存有自然是一種完全正向的關係，一種特別的互動形式（Wechselwirkungsform; form of interaction）；天狼星（Sirius）的居民對於我們來說並不是真正的陌生——至少不是在我們所使用的社會學意義上來說——但是他們主要不是為我們而存在的，他們是超越了遠近。異客是團體本身的要素之一，不像窮人和其他各式各樣的「內在敵人」——這種要素

> 的固有和關鍵位置同時包含著外在性和對立性。現在，這種排擠和疏遠的關鍵構成了團體成員和互動統一的形式，這會在下面稍加說明，可是並不意在詳盡。（Levine ed., 1971: 143; Simmel, 1968: 509; 1992: 764-765）

簡單說，齊美爾所謂的異客是具有某個團體身分的成員。他不是一開始就隸屬於某個團體的人，是在團體形成之後才加入該團體的人。對在團體中「土生土長」的人來說，他們並沒有建立相互的信賴關係。這種異客雖然「身」在我們周遭，可是他們的「心」卻常常被認為在遙遠的地方。中國俗話的「身在曹營心在漢」就是齊美爾異客的典型例證。

齊美爾在此地用的是辯證的討論方法，先強調「遠」、「近」的「對立」，進而強調兩者最後的「統一」。異客在此展現了這種「對立統一」概念的具體化身。

而這些異客有一些特質，我們也稍微整理出來，因為他的文章無系統性，所以我要強調，這些都是我們閱讀的人所整理出來的，不是他原來文章脈絡的說法。有時候這也是閱讀原典時很痛苦的地方，而閱讀二手書的好處，有時候也在這——整理得很清楚。但是整理得很清楚，你可能看不到他的思想脈絡以及中間的取捨運用。

接著，我們還是回頭來看一下異客的特質：

> 1. 移動性（Beweglichkeit; mobility）——因為居間貿易之故，剛好是異客所特有的遠（Ferne; remoteness）和近（Nähe; nearness）的綜合，他和所有人都接觸，卻不屬於任何團體（Levine ed., 1971: 145; Simmel, 1968: 510; 1992: 766）
> 2. 客觀性（Objektivität; objectivity）——因為異客的清楚的距離（Abstand; detachment）和不參與（Unbeteiligheit; nonparticipation）的立場，他就被認為具有客觀的態度對待發生的事情。他同時兼具有遠和近，以及冷漠（Gleichgültigkeit; difference）和投入（Engagiertheit; involvement）。

這裡順便補充一下，在齊美爾的《社會學》談到〈宰制與臣服〉的部分中曾提到，某些義大利城市規定要聘用外地人當該城的法官，以免和當地的大家族利益（Familieninterest; family interests）和政治派系（Parteiung; factionalism）有瓜葛（Levine ed., 1971: 145; Simmel, 1968: 510; 1992: 766）。

3. 坦承與信賴（Offenheit und Konffession; revelation and confidence）——這種現象主要發生在異客身上，但不只限於異客。許多不能對周遭親友說的事，都會向異客坦承（Levine ed., 1971: 145; Simmel, 1968: 510; 1992: 766）
4. 抽象性（abstrakteren Wesen）與一般性（allgemeinere Qualitäten）——雖然大家和異客有共同之處，可是和異客的關係會比較一般，而不是比較特別。這也展現了遠和近的同時性。因為大家都因為相似而具有一般性，卻也因此會在溫暖的關係上蒙上一層冷淡，這種原來是聯繫人群的力量反而失去了特殊的和向心力的特色。（Levine ed., 1971: 147; Simmel, 1968: 511; 1992: 768）

此外，異客雖然在地理上接近一般人，但在心靈思想層次上又與其他人不太一樣。這種既遠又近的辯證式的關係，同時蘊含著親密與陌生兩項要素。一般來說，住得近，因爲時常見面，容易凝聚親密關係，但又因爲生活方式與信念的不同，陌生感交雜於其中，異客與社會主流群體互動上呈現若即若離的關係：

> 這種陌生感（Fremdheit; strangeness）也會滲透到我們最親密的關係之中。在最初激情的階段，情慾關係（erotische Beziehung; erotic relation）極度拒斥任何一般性的想法（Generalisierungsgedanken; thought of generalization）。像這樣的愛情是前所未有的；對方以及我們對待對方的感情都是無與倫比的。當這種關係的獨特感（Einzigkeitsgefühl; feeling of uniqueness）消逝的當下，這一種疏離感（Entfremdung; estrangement）就會悄然而生，是因或是果尚難論斷。一種懷疑的論斷會認為：這種關係的內在價值以及我們所堅持的想法畢竟只是滿足了一般的人類命運，這在以前已經發生過千萬次，如果一個人沒有碰到現在這位，也會碰到另外一位具有同樣意義的人。（Levine ed., 1971: 147; Simmel, 1968: 511; 1992: 769）

關於這一點，在愛情社會裡雙方要建立關係時，常會出現「如果不是在此時、此地遇到你……我可能就不會再遇見了你」（1991 年日本連續劇「東京愛情故事」的主題曲歌詞）的浪漫想法，齊美爾的打臉看法是「放心啦！還會再碰到另外一個對你生命具有同樣意義的人」。

異客的出現，對於主流團體而言，便容易建立出接近我們現在所說的刻板印象，或先入爲主的印象，這也造成我們通常看到的異客，都不是他個人的特質，而是他身上的標籤，這與前面提到的「社會圈交錯」相關：

> 我們提到異客的時候，往往重視國家、城市、種族等等，其中所強調的都不是個別性而是他和其他異客共有的特性。因此，異客從來就不是被看成是一個獨特的個人，而是某一類型的異客。（Levine ed., 1971: 148; Simmel, 1968: 512; 1992: 768）

譬如說，他是一個猶太人，評斷者就不會在意他是什麼樣的猶太人，只會用對猶太人的既定印象來評斷他。

這種狀況所注重的都是類型，而非獨特的人，但是類型與獨特並非截然劃分，在人際關係中像是連續體的兩端，而所有的關係在這兩端中呈現不同的遠近比例關係：

> 雖然我們在所有人際關係中都可以發現遠和近並存的特質，可是只有在異客的特別的和形式的關係上才展現了特別的比例和相互的緊張關係。（Levine ed., 1971: 149; Simmel, 1968: 512; 1992: 768）

這是他對於異客的研究。

(二) 小氣鬼和敗家子

齊美爾提到的第二種社會類型是「小氣鬼」（miser）和「敗家子」（spendthrift）。兩者既相似又相異，兩者的區分在於對待金錢的態度與使用方式。

順便說一下，英譯的〈小氣鬼和敗家子〉（1907）這篇文章是英文編者根據齊美爾在《金錢哲學》一書中第三章〈目的序列中的金錢〉和第四章〈個人自由〉分別選取兩段對照，並不是原來就有的文章。「小氣鬼（miser）和敗家子（spendthrift）」的標題也是英譯者特別標出的，齊美爾原文中並沒有這樣做。這也是我強調要注意版本和譯本的原因。這裡英譯者就編造出了一篇齊美爾沒有寫過的文章，可是內容卻都是齊美爾寫的。

「小氣鬼」的重點在於擁有金錢。小氣鬼光是擁有金錢就很樂不可支，並不需要有某種特殊物品的求取或是享受。因此，他的權力感對他來說，要比掌控某種特殊的物品要來得更加珍貴和深刻（Levine ed., 1971: 179）。

「敗家子」則是浪費金錢與浪費物品：

> 最重要的是，浪費金錢和浪費具體的物品是有著不同的意義，也有著細微的差別。後者指的是對任何個人有意義的目的被摧毀了，而前者卻指的是被毫無目的地轉換為其他的價值。金錢經濟的敗家子並不是某個毫無道理地將金錢送給世界的人，而是用來購買一些沒有意義的東西，也就是說，買一些和他的環境並不搭配的東西。（Levine ed., 1971: 182）

雖然兩者截然不同，但他們卻也彼此相似。敗家子和小氣鬼之間的相似性要勝過兩者表面上的兩極對立（Levine ed., 1971: 182）。

甚至他還提出兩者進行消費時的公式，同時藉由此公式比對出他們的差異：

> 敗家子的生活和小氣鬼的生活有著類似的驚人公式：每一個獲得的快樂會再引起進一步的快樂，這是永遠不會被滿足的。永遠不會滿足的原因是從一開始就已經知道目的所在，所以就專注在手段上，而且也專注在實現之前的瞬間。兩種人之間比較抽象的是小氣鬼，他的目標比一般目標很早就達到了。敗家子和真正的物品比較接近。（Levine ed., 1971: 185）

(三) 貴族

齊美爾提到的第三種類型是「貴族」。這篇文章原來收入 1908 年出版之《社會學》第十章的附論。英譯收入 Levine 的選文本，由 Richard Albares 翻譯，原文並未區分小節，英譯者擅自增加。

齊美爾指出：貴族屬於一種介於統治階級和群眾之間的中間結構，而不是統治階級的一部分：

> 伴隨著貴族（Adel），社會發展過程中創造了一個中間結構（Zwischengebilde; intermediate structure），主要的相互關係（Korrelation）都圍繞著這個結

> 構。這樣的「中間結構」有著雙重的意義，這是社會的概念在研究一開始就展現的：貴族一方面是聯合個人（Zusammenschlusses von Individuen）的一個超越個人的以及社會學的形式，貴族也包含在一個大的封閉圈中，譬如：行會、宗派、家庭以及政黨；貴族另一方面一個具體的個人聚合體（Konglomerat von Personen），構成政治團體中的統治力量以及廣大群眾之間的中介（Mittelglied）。（Levine ed., 1971: 199; Simmel, 1968: 545）

英譯本省略掉開頭的這一段，而齊美爾此段原文並沒有「中產階級」（Mittelstand）的字眼，只提到「中間結構」（Zwischengebilde）。

貴族雖然與中產階級類似，但似乎地位又在其上：

> 貴族這種界於團體的最高因素和最低因素的地位，很像我們前面所提過的「中產階級」（Mittelstand）。因此貴族具有向兩方開放的社會學特性，同時它——假如加以許多修正的話——也向兩方封閉。前者〔中產階級〕向兩方拓展（expansiv），而後者〔貴族〕則向內緊縮（repulsiv）。顯而易見的理由，貴族比較願意向上層開放，比較不願意向下層開放，因此有夠多的歷史範例，當貴族對抗統治者（Herrscher），他們就自成一個自給自足的封閉團體，衛護圍繞著自己的利益。（Levine ed., 1971: 199; Simmel, 1968: 545）

中產階級在當代德文中通常用 Mittelschicht，此處的 Mittelstand 是另一個用法。中產階級和貴族的差異在於對其他兩階層的開放與否。

(四) 冒險家

最後我們要提到「冒險家」（adventurer）的社會類型。他指出，最常見的冒險形式是和生活連續性的脫離（dropping out of the continuity of life）（Levine ed., 1971: 187）。就是遠離日常生活的意思。

比較特別的是，他提到愛情與冒險的關係：戀情縱使短命，也不必然是冒險（Levine ed., 1971: 195）。

他也注意到冒險在兩性方面的差異，對男人來說戀情特別是一種風險：

> 戀情和冒險經常具有的形式有兩點相似：征服的力量以及不經強迫而可以讓步（unextortable concession），靠著自己的本事以及運氣這些自己無法掌握的不可算計的因素。這兩種力量的平衡點的尋求，需要先找到兩者的明顯區別，這種本事只有男人才有。也正因為這個原因，好像形成一條規則：只有對男人來說戀情才是一種「冒險」。在言情小說中，女性的被動性強過其主動性，不管是自然因素或是歷史因素對女性個性的影響。再者，女性接受幸福的同時，既是讓步，也是禮物。（Levine ed., 1971: 195）

但他到底爲什麼會這樣講，我有時候也不太懂，不知道這是否跟他婚外情有關。而且這種論述我個人不太認同，所以此處的說法僅供參考，我不背書。

在這裡，齊美爾也提到在這段冒險裡，男人應該如何求愛：

> 男人求愛、攻擊，積極扮演掌握的角色：這很容易讓我們忘掉命運的重要性，也就是某些無法事先排定的或是強迫的，不像是情慾經驗那樣。這不僅要對方的讓步，還要一些更深刻的東西。可以肯定的是，每一個「回應的戀情」（love returned）都是禮物，這在愛情中是沒辦法「賺來的」（earned）——因為愛情和需要以及補償無關；原則上，愛情不是可以斤斤計較的——這和虔誠的宗教關係有些類似。不過，在我們收到的免費禮物裡，仍然有著愛情的幸福——就如同這些私人因素的深入的、非私人擁有者——命運的眷顧。我們不僅從對方得到幸福；我們從對方得到幸福的這件事本身就是命運的祝福，這是不可算計的。在這項最光榮、最令我們志得意滿的事件上，正是我們必須虛心接受的。（Levine ed., 1971: 196）

齊美爾要強調的其實就是愛情的不可捉摸、不可算計的這種特性，或者簡稱爲「命運的眷顧」。

但是男人求愛、攻擊，積極扮演掌握的角色，好像男的就要主動，女的就要被動的感覺，這種說法影響很多人，我個人是不太贊成的。有愛情的人就該主動，和性別無關，這才是我的主張。

最後要我們虛心接受愛情的降臨，是我很同意的一種對待愛情的態度。

嚴格來說，社會類型建立有一個問題：社會類型的建立到底根據的是什麼？容易淪爲自說自話，雖然展現出作者的睿智洞見，可是無法建立共識。

五、文化觀

齊美爾對文化的論述也非常多，但是比較偏向哲學的講法。我能夠掌握的實在不多。

在文化的本質上，他提供了一個清楚的界定：「當每一分子都貢獻自己以造成全體的完美時，就創造了文化。」（Levine ed., 1971: 232）

這種看法跟啟蒙時代認為「人可以不斷地進步以達到完美」的想法一致。

此外，齊美爾將文化區分出了主觀與客觀兩部分，他也用了非常複雜的說法加以解釋。總結來說，主觀文化談的是「人」，客觀文化談的是事物的「物」，兩者的區分在於分工。兩者的分野導因於分工，展現了個人活動的專門化以及對象的專門化（Levine, ed., 1971: 459）。後面的部分我實在無法理解。

他有一本非常有名的書，現在許多中文譯本稱為《貨幣哲學》，但我覺得「貨幣」是一個經濟學的概念，而「金錢」比較是生活上的用語。所以我偏愛說成《金錢哲學》。

這本書基本上非常難讀。全書共有六章，我大概算讀得懂的就是後面兩章，前面幾章的哲學性太強，我完全沒辦法掌握其中的要旨。所以下面的介紹就以後兩章為主。

在這本書的〈序〉裡就很清楚指明他所設想的「歷史唯物論」。齊美爾說他的研究是要在「歷史唯物論之下更深挖一層」，也就是在經濟基礎層面繼續向下深掘。

他不認為這是一個兩層結構的問題，而是一個無限層結構的問題，他企圖將這之間的因果鎖鏈拉得更長。這跟我們前面提到他對社會現實很難全面掌握的看法應該是息息相關的。

我所能夠掌握的部分，是書中他發現資本主義體制、金錢制度體制下，個人的價值可以被金錢化的現象。簡單講，「每個人都有他的價碼」。

整個社會從原先「人崇拜神」的信仰關係，轉變成「崇拜金錢」，神就在不知不覺中消失了。這讓我想起一個我在美國讀書時聽過的笑話：美國鈔票上印了一句話「我們相信上帝」（IN GOD WE TRUST），在美國少數地方的加油站收銀台機器前面會有一張貼紙，用了一句很近似的話「我們相信黃金（現金）」（IN GOLD WE TRUST）。大概也可以看成是這個轉折的最佳註腳。

齊美爾也直言不諱：「金錢是俗世的上帝。」（Simmel, 1978: 238）

齊美爾認為金錢可將所有事物轉變成定量時，便意味著一切皆可衡量計算，特別是與人的價值衡量。譬如說罰款、買賣婚、賣淫、遮羞費、賄賂等。這些都是金錢與人的價值相關。

有趣的是，他在這本書的第六章，提到工作、產品、人跟自己與生產工具的異化，這些跟馬克思在《1844年經濟學哲學手稿》所提出異化是若合符節的。但是馬克思的手稿在生前並沒有出版，所以齊美爾也沒有機會看到。在這裡兩人相似的想法應該是「英雄所見略同」而不是抄襲。

我把兩人的看法整理成下面的一個表格來供大家比較參考：

齊美爾	馬克思
工作（work）（Simmel, 1978: 455）	生產過程
產品（product）（Simmel, 1978: 454）	產品
自己（estranged from himself）（Simmel, 1978: 456）	類本質
生產工具（means of production）（Simmel, 1978: 455）	
	他人

另外，他對於傳統社會轉變到現代社會的「近現代性」（modernity）問題也表現在他〈大都會與精神生活〉的文章中。

齊美爾在1903年發表的〈大都會與精神生活〉（Die Grossstaedte und das Geistesleben; The Metropolis and Mental Life），是一篇很重要的文獻。

他指出在大都會裡會展現出五項「近現代性」的特質：一是大都會是貨幣經濟的所在地（Levine ed., 1971: 326）；二是大都會的生活是由理智主導的（Levine ed., 1971: 326）；三是強調準時（Levine ed., 1971: 328）；四是大都會影響到人產生「無所謂的（blasé）態度」，也就是大都會裡的人們對新的刺激無法以所需的能量去反應，也不在乎事物之間的區別，認為大都會生活是無意義的（Levine ed., 1971: 330）；五是大都會生活可以發現有最進步的經濟分工（Levine ed., 1971: 335）；六是在大都會中，客觀精神勝過主觀精神（Levine ed., 1971: 337）。

關於第四點的表述，他採用法文「blasé」來表達。這種態度，類似厭倦，接近現在的躺平，不想從事任何活動，對於社會沒有太大興趣的態度。

還有很重要的一點是他對於流行的先鋒研究。一般社會學家覺得流行是個非常粗俗的事情，不是嚴肅的學者應該關心的，但齊美爾不是，他很早就注意到社會意義可以藉由流行與階級關係探得。

齊美爾認爲，流行通常是上層階級開始，然後中下階級希望效法上層階級的穿著、吃飯、打扮等各種生活方式，但是上層階級不想與下層階級相似，所以不斷地變換他們的生活，下層階級則不斷追逐，兩者間產生追逐與變化的分分合合追逐的狀態，這就是流行。

除了階級之外，他也強調流行跟性別的關係。他有一個很獨特的觀察。他認爲男性的服裝之所以乏善可陳，是因爲男性在社會生活有許多他們更值得關心與展現權力的地方。男人因爲是個多面的動物，所以對於流行是不在乎的（Levine ed., 1971: 310）。而女人在當時的社會上沒有讓她們展現獨特貢獻的地方，導致她們將許多心力都專注在流行事物。這也是流行變成女性所關注的焦點原因。簡單來說，女性的社會生活狀態與流行相關。女人在生活的其他領域不得滿足，只能在流行上展現個人的獨特性和顯著性（Levine ed., 1971: 309）。

我們現在逛百貨公司，一樓、二樓、三樓幾乎都是女性的商品，男性關心的大都爲電器用品等較高樓層。百貨公司周年慶的目標也以婦女爲主，似乎也強化了這種長久以來的刻板印象。這也是當代流行跟性別所展現出來的現象。

六、愛情觀

由於我長年對於愛情社會學的關心，所以碰到理論家有談及愛情的地方都不會放過。後來還因爲資料豐富而開設了一門「愛情與社會理論」，可惜乏人問津。有興趣的讀者可以到臺灣大學開放式課程網站上去找來看。

這一部分，我要介紹齊美爾也很特別的分析「調情」、「賣弄風情」或「挑逗」（die Koketterie; flirtation）論述。

齊美爾觀察到調情的出現與消失取決於男女之間的關係。一旦雙方關係確定後，調情或賣弄風情或挑逗就結束了（Simmel, 1984b: 136）。

齊美爾指出，在兩性交往過程裡，女性的權力最高的時候是在男性向女性求婚時。這時候女性尚未表達自己的意向，所以男性只能等待聽命。但是一旦女性下了決定，無論答應與否，男性又開始拿回權力，女性的權力就像過眼雲煙一般。這是一個非常發人深省的說法。

此外，齊美爾也進一步分析挑逗、調情或賣弄風情的三種綜合形式：

1. 奉承（die schmeichlerische Koketterie; flirtation as flattery）：「你也許真能征服我，但我才不要被你征服。」
2. 輕蔑（die verächtliche Koketterie; flirtation as contempt）：「縱然我真會讓自己被你征服，你也征服不了。」
3. 挑釁（die provokante Koketterie; flirtation as provocation）：「也許你能征服我，也許不行——試試看吧！」（Simmel, 1923: 107; 1984b: 135）

我在比較年輕的時候讀到這段時，常常回想我自己有沒有碰到過這樣的經驗。各位可以回想一下，這是社會學理論最接近生活、最有趣的地方。

最後，齊美爾指出，女人在賣弄風情時是主動的選擇者（Simmel, 1984b: 138）。這與當時女性生活裡沒有太多獨立自主的空間相關，所以一旦女性可以主動展現權力時，賣弄風情便是一個難得的機會。因爲在這樣的行爲裡，可以運用暗示性的給予與拒絕，兩者交替運用，一種辯證關係，使得男性喪失權力，兩性之間處於懸疑的震盪。這在許多影劇作品中都有過類似的描述。

我覺得齊美爾談論這個的時候，眞像個老司機。也許是因爲有外遇的經驗吧？

七、社會學觀

最後我們談論齊美爾對於社會學範圍的想法。這部分也是大部分古典社會學理論教學容易忽略的地方。

我們前面提過，齊美爾在學術生涯的前後分別寫了《社會學》（1908）和《社會學的基本問題》（1917）兩本一大一小的書。

我將兩本書的主要差異比較如下：

	《社會學》	《社會學的基本問題》
篇幅	大	小
內容	龐雜無條理	比較有條理 分成三種社會學來討論
英譯本	有全譯本	有全譯本
中譯本	有中文全譯本	無中文全譯本

而關於「社會學」一詞的界定，因爲早期社會學處於發展階段，在名詞使用上，他在《社會學的基本問題》第一章中提到「社會學」一詞時，交互使用了「Soziologie」和「Gesellschaftswissenschaft」兩個名詞，Kurt H. Wolff的英譯本分別以「sociology」和「science of society」來譯這兩個德文字。其實是一樣的意思。

面對當時對於社會學研究對象的質疑——沒有研究對象的問題，他則是提出人類的所作所爲無一不是社會學的研究對象的方式回應：

> 所有人的所作所為都在社會中發生，都受到社會的決定，並且都是社會生命的一部分。沒有任何有關人類事物的科學不是社會的科學。人為的、相互孤立的、歷史的、心理的、規範的個別科學都可以被社會的科學（Gesellschaftswissenschaft）所取代，而且很明顯的帶來一種一統現象，也就是要透過社會性（Vergesellschaftung; sociation）來具體地統一所有人類的利益（Interesse）、內容（Inhalt）和過程（Vorgang）。（Simmel, 1950: 4; 1984: 6）

只是在一般看法裡，會因爲他提出的形式與內容的區分，將他的社會學稱作「形式社會學」（formal sociology）。但這其實只說對了三分之一，其他兩種大家沒提到的是「普通社會學」（general sociology）和「哲學社會學」（philosophical sociology）。

這可以從齊美爾在晚年出版的《社會學的基本問題》（1917）一書的目錄看出來：

> 1. 普通社會學（general sociology）
>   對歷史生活所做的社會學研究（Simmel, 1950: 16）
> 2. 純粹或形式社會學（pure and formal sociology）
>   對社會形式的研究（Simmel, 1950: 21）
> 3. 哲學社會學（philosophical sociology）
>   對社會的認識面和形上面所做的研究（Simmel, 1950: 23）

這本書算是齊美爾對社會學分類的最後見解，所以三種分類之說比起「形式社會學」更應該令人採信才對。

齊美爾比較抽象的論述，對於我們一般念社會學的人而言，是有比較大的障礙，加上他的論述不像其他的學者舉例豐富，導致我們在了解時，有時候也會因爲我們的背景知識，影響到我們對齊美爾的認知。

總而言之，齊美爾是我最喜歡的古典社會學家。

因爲實在太有趣了，給我們太多的可以繼續發展的空間。我覺得前輩能給我們的影響，不是告訴我們答案而是啟發我們未來可能的方向。這一點我認爲是比較重要的。

八、Q & A 反思回顧

1. 齊美爾對於貼近社會生活的分析對你現在來看還有它的現實性嗎？
2. 哲學作爲齊美爾的知識背景，對於他的觀察是否提供或蒙蔽了視野？
3. 爲什麼他想觀察日常生活，而非制度層面？
4. 爲什麼早期美國社會學家會將他視作啟發性的導師？

附錄一
齊美爾
（Georg Simmel, 3/1/1858-9/26/1918）
的生平與著作

時代大事	生平與著作
1858 年	3 月 1 日　生於柏林市萊比錫街和弗列德利希街的西北角的公寓（雙親原為猶太人，後來父親改信天主教，母親改信新教）。是七個小孩的老么，上有一位兄長，五位姊姊。
1874 年（16 歲）	父親過世。其父原為 Felix und Sarotti 巧克力工廠的創始人〔後來工廠易手〕。 家庭友人 Julius Friedländer 為其監護人，後來成為其學術生涯中的重要恩人。他是 Peters 音樂出版社 Edition Peters 的創始人。
1876 年（18 歲）	在柏林的 Friedrich-Werderscheh-Gymnasium 畢業。 進入柏林大學〔即今天之 Humbolt Universität zu Berlin〕，修習歷史、民族學、民族心理學（Völkerpsychologie）、哲學及文化史。當時的教師有：Gustav Droysen、Theodor Mommsen、Heinrich von Sybel、Heinrich Treitschke、Adolf Bastian、Moritz Lazarus、Heymann Steinthal、Edward Zeller、Adolf Lasson、Friedrich Harms、Max Jordan 及 Hermann Grimm。
1881 年（23 歲）	獲得柏林大學博士，論文題目為〈從康德的自然單子說論物的本質〉（Das Wesen der Materie nach Kants physischer Monadologie）〔此文在兩年前曾獲獎〕。
1882 年（24 歲）	發表〈心理學和民族學對音樂的研究〉（Psychologische und ethnologische Studien über Musik）〔此文原擬為博士論文題目，但不獲通過〕〔1968 年由 E. Peter Etzkorn 英譯為 Psychological and Ethnological Studies on Music，收入 *Georg Simmel: The Conflict in Modern Culture and Other Essays*〕。
1883 年（25 歲）	准予以一篇有關康德的時空理論的文章升等（Habilitation）。
1885 年（27 歲）	升等過程以一篇公開演講結束，講題為〈倫理觀念與邏輯的及美學之間的關係〉（Über das Verhältnis des ethischen Ideals zu dem logischen und dem ästhetischen）。 擔任柏林大學的編制外講師或私講師（Privatdozent）（長達 15 年）。 教授邏輯、哲學史、倫理學、社會心理學和社會學。
1886 年（28 歲）	10 月 30 日　因替監護人 Julius Friedländer 管理房租，向房客追討積欠房租，而遭房客槍擊二槍，中左肩，但無大礙。

時代大事	生平與著作
1887 年 俾斯麥發表鐵血政策	
1889 年（31 歲）	12 月　監護人 Julius Friedländer 因感冒過世，遺留大部分財產給 Simmel。 發表〈金錢心理學〉（Zur Psychologie des Geldes）。
1890 年（32 歲）	7 月 11 日　與 Gertrud Kinel 結婚（其妻為哲學家，以化名 Marie-Luise Enckendorf 著名）。 出版《社會分化論：社會學和心理學的研究》（*Über sociale Differenzierung: Sociologische und psychologische Untersuchungen*）〔有英文節譯本〕。 發表〈女人心理學〉（Zur Psychologie der Frauen）。
1891 年（33 歲）	4 月 6 日　兒子 Hans 出生〔（-1943）後來成為 Jena 大學醫學教授，1939 年被關入 Dachau 集中營時，已獲准移民美國；1943 年 8 月死於 Dachau 集中營〕。
1892 年（34 歲）	出版《歷史哲學的問題：認識論的研究》（*Die Probleme der Geschichtsphilosophie: Eine erkenntnistheoretische Studie*）〔此書第二版於 1977 年由 Guy Oakes 英譯出版；2006 年陳志夏中譯為《歷史哲學問題——認識論隨筆》出版〕。
1892-1893 年（34-35 歲）	出版《道德學導論：倫理學基本概念的批判》（*Einleitung in die Moralwissenschaft: Ein Kritik der ethischen Grundbegriffe*）二冊。
1894 年（36 歲）	發表〈社會學的問題〉（Das Problem der Soziologie）。
1895 年（37 歲）	發表〈家庭社會學〉（Zur Soziologie der Familie）。
1896 年（38 歲）	發表〈社會學的美學〉（Soziologische Ästhetik）。 發表〈社會科學方法論〉（Zur Methodik der Sozialwissenschaft）。 發表〈近代文化中的金錢〉（Das Geld in der modernen Kultur）〔1997 年 David Frisby 英譯為 Money in Modern Culture 出版；2001 年顧仁明中譯為〈現代文化中的金錢〉出版；2001 年吳曛中譯為〈當代文化中的貨幣〉出版〕。 《美國社會學刊》（*American Journal of Sociology*）上發表〈宰制與臣服當成社會學的主題〉（Superiority and Subordination as Subject-Matter of Sociology）。
1897 年（39 歲）	發表〈金錢在生活步調上的重要性〉（Die Bedeutung des Geldes für das Tempo des Lebens）。

時代大事	生平與著作
1898 年（40 歲）	柏林大學哲學系提議讓他升任 Extraordinarius，但隨後被拒絕。 發表〈社會團體的自我保存〉（Die Selbsterhaltung der sozialen Gruppe: Soziologische Studie）。 發表〈宗教社會學〉（Zur Soziologie der Religion）〔1997 年 David Frisby 英譯為 On the Sociology of Religion 出版；2001 年吳曛中譯為〈宗教社會學〉出版〕。 發表〈兩性關係中金錢的角色〉（Die Rolle des Geldes in den Beziehungen der Geschlechter）〔2001 年顧仁明中譯為〈貨幣在性別關係中的作用〉出版〕。
1899 年（41 歲）	發表〈工作的哲學〉（Zur Philosophie der Arbeit）。
1900 年（42 歲）	出版《金錢哲學》（*Philosophie des Geldes*）〔此書第二版由 Tom Bottomore 和 David Frisby 英譯於 1978 年出版；英譯本第二修訂版由 David Frisby 編譯於 1990 年出版；2002 年由陳戎女等中譯為《貨幣哲學》出版；2007 年于沛沛、林毅和張琪合譯英漢對照全譯本《貨幣哲學》出版；2014 年于沛沛、林毅和張琪合譯本《貨幣哲學》出版〕。
1901 年（43 歲）	升任 Außerordentlicher Professor。 發表〈羞愧心理學〉（Zur Psychologie der Scham）。
1901-1902 年（43-44 歲）	發表〈個人主義的兩種形式〉（Die beiden Formen des Individualismus）。
1902 年（44 歲）	發表〈女性文化〉（Weibliche Kultur）〔1984 年 Guy Oakes 英譯為 Female Culture 出版；2001 年顧仁明中譯為〈女性文化〉出版〕。 《美國社會學刊》上發表〈團體成員的數量決定團體的社會學形式〉（The Number of Members as Determining the Sociological Form of the Group）。
1903 年（45 歲）	發表〈競爭社會學〉（Soziologie des Konkurrenz）〔2001 年顧仁明中譯為〈競爭社會學〉出版〕。 發表〈空間社會學〉（Soziologie des Raumes）〔1997 年 Mark Ritter 和 David Frisby 合譯為英文 The Sociology of Space 出版；2001 年費勇中譯為〈空間社會學〉出版〕。 發表〈大都會和精神生活〉（Die Großstädte und das Geistesleben）〔1950 年 Kurt Wolff 英譯為 The Metropolis and Mental Life；2001 年費勇中譯為〈大都會與精神生活〉出版〕。
1903-1904 年（45-46 歲）	《美國社會學刊》上發表〈衝突社會學〉（The Sociology of Conflict）。

時代大事	生平與著作
1904 年（46 歲）	和 Gertrud Kantorowicz 的私生女 Angela 出生〔後移民巴勒斯坦，於 1944 年於該地逝世〕。 出版《康德：在柏林大學所作的十六次演講》（*Kant: Sechzehn Vorlesungen gehalten an der Berliner Universität*）。
1905 年（47 歲）	徹底改寫《歷史哲學的問題：認識論的研究》出第二版（*Die Probleme der Geschichtsphilosophie: Eine erkenntnistheoretische Studie*）〔第二版於 1977 年由 Guy Oakes 英譯為 *The Problems of the Philosophy of History* 出版〕。 出版《風尚的哲學》（*Philosophie der Mode*）〔1997 年 Mark Ritter 和 David Frisby 合譯為英文 *The Philosophy of Fashion* 出版；2001 年費勇中譯為《時尚的哲學》出版〕。
1905-1906 年（47-48 歲）	《美國社會學刊》上發表〈祕密社會學和祕密社會〉（The Sociology of Secrecy and Secret Societies）。
1906 年（48 歲）	發表〈保密的心理〉（Psychologie der Diskretion）。 發表〈貧困社會學〉（Zur Soziologie der Armut）。 出版《康德與哥德》（*Kant und Goethe*）。 出版《宗教》（*Die Religion*）〔1959 年由 Curt Rosenthal 英文節譯為 *The Sociology of Religion* 出版〕。
1907 年（49 歲）	發表〈感謝：社會學的研究〉（Dankbarkeit: Ein soziologischer Versuch）。 發表〈宰制與臣服的社會學〉（Soziologie der Über- und Unterordnung）。 發表〈宰制的哲學：一篇社會學未完稿〉（Zur Philosophie der Herrschaft: Bruchstük aus einer Soziologie）。 發表〈感覺社會學〉（Soziologie der Sinne）〔1997 年 Mark Ritter 和 David Frisby 合譯為英文 Sociology of the Senses 出版；2001 年費勇中譯為〈感覺社會學〉出版〕。 發表〈貴族社會學：社會形態學片斷〉（Zur Soziologie des Adels: Fragment aus einer Formenlehre der Gesellschaft）。 出版《叔本華與尼采：合講》（*Schopenhauer und Nietzsche: Ein Vortragszyklus*）〔Helmut Loiskandl、Deena Weinstein 和 Michael Weinstein 英譯為 *Schopenhauer and Nietzsche* 於 1990 年出版；2006 年莫光華中譯為《西美爾文集——叔本華與尼采——一組演講》出版〕。
1908 年（50 歲）	雖然經過 Max Weber 和 Eberhard Gothein 的推薦，申請海德堡大學教職一事仍未成；此職位為 Ernst Troeltsch 所得。 出版《社會學：社聯形式的研究》（*Soziologie: Untersuchungen Über die Formen der Vergesellschaftung*）〔1950 年有 Kurt H. Wolff 英文節譯本；2002 年林榮遠中譯為《社會學》出版；2009 年由 Anthony J. Blasi、Anton K. Jacobs 和 Mathew Kanjirathinkal 合譯為《社會學：社會形式的建構研究》

時代大事	生平與著作
	（*Sociology: Inquiries into the Construction of Social Forms*）出版〕。 發表〈信：祕密社會學的研究〉（Der Brief: Aus einer Soziologie des Geheimnisses）。 發表〈社會心理學的本質〉（Über das Wesen der Sozialpsychologie）。 發表〈裝飾的心理〉（Psychologie des Schmuckes）。
1909年（51歲） 《學術》（*Logos*）創刊	和Ferdinand Tönnies、Werner Sombart、Max Weber發起成立德國社會學社（Deutsche Gesellschaft für Soziologie）。 發表〈賣弄風情的心理〉（Psychologie der Koketterie）〔此文由Guy Oakes於1984年英譯為Flirtation，收入*Georg Simmel: On Women, Sexuality, and Love*〕。
1910年（52歲）	在德國社會學社於法蘭克福召開的第一次成立大會歡迎晚會上發表學術演講，講題名為〈聚會社會學〉（Soziologie der Geselligkeit）。 深度參與《學術》的創立，擔任編輯委員，直到逝世為止。 出版《哲學的主要問題》（*Hauptprobleme der Philosophie*）〔2006年錢敏汝中譯為《哲學的主要問題》出版〕。 發表〈冒險家的哲學〉（Philosophie des Abenteuers）。 發表〈用餐社會學〉（Soziologie der Mahlzeit）〔1997年Mark Ritter和David Frisby合譯為英文Sociology of the Meal出版；2001年吳驄中譯為〈飲食社會學〉出版〕。
1910-1911年（52-53歲）	發表〈死亡的形上學〉（Zur Metaphysik des Todes）。
1911年（53歲）	出版《哲學文化：論文集》（*Philosophische Kultur: Gesammelte Essais*）。 發表〈社交社會學〉（Soziologie der Geselligkeit）〔1949-1950年Everett C. Hughes英譯為The Sociology of Sociability出版；2001年吳驄中譯為〈交際社會學〉出版〕。 發表〈兩性問題中絕對的和相對的〉（Das Relativ und das Absolute im Geschlechter-Problem）〔此文由Guy Oakes於1984年英譯為The Relative and the Absolute in the Problem of the Sexes，收入*Georg Simmel: On Women, Sexuality, and Love*；2001年顧仁明中譯為〈性別問題中的相對與絕對〉〕。 發表〈文化的概念和悲劇〉（Der Begriff und die Tragödie der Kultur）〔此文由K. Peter Etzkorn於1968年英譯為The Concept and the Tragedy of Culture，收入*Georg Simmel: The Conflict of Modern Culture and Other Essays*；1997年Mark Ritter和David Frisby合譯為英文The Concept and Tragedy of Culture〕。
1913年（55歲）	出版《哥德》（*Goethe*）。 發表〈個別法則：倫理學原理的研究〉（Das individuelle Gesetz: Ein Versuch über das Prinzip der Ethik）。

時代大事	生平與著作
1914 年（56 歲） 第一次世界大戰開始	轉往史特拉斯堡（Straßburg）大學擔任哲學講座教授。
1915 年（57 歲）	海德堡大學因溫德班（Wilhelm Windelband）和拉斯克（Emile Lask）逝世，空出兩個職位，競爭未果。同時角逐的有李克特（Heinrich Rickert）、麥爾（Heinrich Maier）、史普郎格（Eduard Spranger）、胡賽爾（Edmund Husserl）和卡西勒（Ernst Cassirer），結果前兩人雀屏中選。
1916 年（58 歲）	出版《倫布蘭：藝術社會學的研究》（*Rembrandt: Ein kunstphilosophischer Versuch*）。 出版《歷史時間的問題》（*Das Problem der historischen Zeit*）〔此文由 Guy Oakes 於 1980 年英譯為 The Problem of Historical Time，收入 *Georg Simmel: Essays on Interpretation in Social Science*〕。
1917 年（59 歲） 俄國大革命 美國參戰	出版《社會學的基本問題：個人與社會》（*Grundfragen der Soziologie: Individuum und Gesellschaft*）〔此書由 Kurt H. Wolff 於 1950 年英譯，收入 *The Sociology of Georg Simmel*〕。 出版《戰爭與心靈的抉擇：演講和文章》（*Der Krieg und die geistigen Entscheidungen: Reden und Aufsätze*）。
1918 年（60 歲）	9 月 26 日　因肝癌逝世〔Lichtblau（1997: 180）作 26 日，而 Coser（1977: 197）作 28 日〕。 出版《生命觀：形上學四論》（*Lebensanschauungen: Vier metaphysische Kapitel*）〔2003 年由刁成俊中譯為《生命直觀：先驗論四章》出版〕。 出版《近代文化的衝突：演講錄》（*Der Konflikt der modernen Kultur: Ein Vortrag*）〔此書由 K. Peter Etzkorn 於 1968 年英譯，收入 *Georg Simmel: The Conflict in Modern Culture and Other Essays*〕。 發表〈歷史理解的本質〉（Vom Wesen des historischen Verstehen）〔此文由 Guy Oakes 於 1980 年英譯為 On the Nature of Historical Understanding，收入 *Georg Simmel: Essays on Interpretation in Social Science*〕。
1919 年 巴黎和會 凡爾賽和約 莫斯科召開第三國際大會	
1922 年	Karl Hauter 編輯出版《學校教育學：在史特拉斯堡的演講》（*Schulpädagogik: Vorlesungen gehalten an der Universität Straßburg*）。 Gertrud Simmel 編輯出版《藝術哲學》（*Zur Philosophie der Kunst*）。
1923 年	Gertrud Kantorowicz 編輯出版《晚年公開發表過的文章及遺稿片斷》（*Fragmente und Aufsätze aus dem Nachlaß und Veröffentlichungen der lezten Jahre*）。

時代大事	生平與著作
1957 年	Margarete Susman 和 Michael Landmann 合編《橋與門：歷史的，宗教的，藝術的和社會的哲學論文集》（*Brücke und Tür: Essays des Philosophen zur Geschichte, Religion, Kunst und Gesellschaft*）〔1984 年改名《個體與自由：散文集》（*Das Individuum und die Freiheit: Essais*）出版；1991 年周涯鴻、陸莎、沈宇清和劉玉聲等人中文合譯本《橋及閘——齊美爾隨筆集》出版〕。
1968 年	Michael Landmann 編輯出版《個別法則：哲學旁論集》（*Das individuelle Gesetz: Philophische Exkurse*）。
1983 年	Heinz-Jürgen Dahme 和 Otthein Rammstedt 合編《齊美爾社會學論文集》（*Georg Simmel: Schriften zur Soziologie*）。
1985 年	Heinz-Jürgen Dahme 和 Klaus Christian Köhke 合編《齊美爾兩性哲學和兩性社會學論文集》（*Georg Simmel: Schriften zur Philosophie und Soziologie der Geschlechter*）。
1988 年 -	《齊美爾全集》陸續出版。
1997 年	David Frisby 和 Mike Featherstone 編譯齊美爾文章編成《齊美爾論文化》（*Simmel on Culture*）出版。 Horst Jurgen Helle 和 Ludwig Nieder 合作，將齊美爾宗教方面的論文英譯為《齊美爾宗教論文集》（*Georg Simmel: Essays on Religion*）出版。 曹衛東等人根據德文合譯齊美爾宗教方面論文，編成《現代人與宗教》。
2001 年	劉小楓根據德文編譯《金錢、性別、現代生活風格》出版。 費勇和吳曣根據英譯本編譯《時尚的哲學》。

補充說明：

1. 對當代的事務及政治社會問題不太感興趣，但在第一次大戰期間卻極度熱情爲德國宣傳。
2. 寫作不合學術規範，很少引證資料來源；但是著作範圍包羅萬象，有哲學、倫理學、社會學、文化批評、藝術哲學、生命觀、兩性關係、人類的情緒、美學、歷史哲學和社會心理學。
3. 由於沒有發展出一套有系統的社會學和哲學系統，也沒有培養入室弟子，所以沒有形成學派。
4. 寫作風格被 David Frisby 稱爲是「社會學中的印象派」（Sociological Impressionism）。
5. 一生在學術生涯的發展很不得志，被 Lewis A. Coser 稱爲是「學院中的異客」（The Stranger in the Academy）。
6. 上課很受學生歡迎，特別是革命激進的學生，如盧卡奇（Georg Lukács）、布洛赫（Ernst Bloch）和曼海姆（Karl Mannheim）。他也是少數讓女人旁聽的教師。
7. 1890 年以後漸漸對社會學和社會科學產生興趣，晚年興趣從社會學轉向哲學（1908 年以後）。

附錄二
齊美爾的思想傳承

前輩

康德（Immanuel Kant, 1724-1804）哲學家
歌德（Johann Wolfgang von Goethe, 1749-1832）文學家
叔本華（Arthur Schopenhauer, 1788-1860）哲學家
尼采（Friedrich Wilhelm Nietzsche, 1844-1900）哲學家
毛姆森（Theodor Mommsen, 1817-1903）歷史學家
拉差魯斯（Moritz Lazarus,1824-1903）民族心理學家
史丹塔爾（Heymann Steinthal, 1823-1899）民族心理學家
巴斯提安（Adolf Bastian, 1826-1905）民族學家
查勒（Eduard Zeller, 1814-1908）哲學家
哈姆斯（Friedrich Harms, 1819-1880）哲學家

同輩

涂爾幹（Emile Durkheim, 1858-1917）社會學家
韋伯（Max Weber, 1864-1920）社會學家
狄爾泰（Wilhelm Dilthey, 1833-1911）哲學家
包森（Freidrich Paulsen, 1846-1908）哲學家
許默勒（Gustav Schmoller, 1838-1917）經濟學
瓦革納（Aldolf Wagner, 1835-1917）經濟學家
葛奧格（Stephan George, 1868-1933）詩人

晚輩

盧卡奇（Georg Lukács, 1885-1971）
派克（Robert E. Park, 1864-1944）
司馬爾（Albion Small, 1854-1926）
布勞（Peter M. Blau, 1918-2002）

附錄三
齊美爾的主要著作脈絡

* 有關齊美爾的德文原著詳細目錄，參見：

Michael Landmann and Margarete Susman (eds.) (1957). *Brücke und Tür: Essays des Philosophen zur Geschichte, Religion Kunst und Gesellschaft*. Stuttgart: K. F. Koehler. pp. 274-276.

Kurt H. Wolff (ed.) (1959). *Georg Simmel, 1858-1918.* Ohio: The Ohio State University Press. pp. 377-382.

有關著作的英譯，可參看：

David Frisby (1991). Bibliographical Note on Simmel's Works in Translation. *Theory, Culture, and Society,* 8, 3 (August): 235-241.

《社會分化論：社會學和心理學的研究》（*Über sociale Differenzierung: Sociologische und PsychologischeUntersuchungen*）

寫作時間：不詳

出版時間：1890 年

1976 年部分章節英譯

目錄：

第一章　導言：社會科學的認識論（Zur Erkenntnistheorie der Socialwissenschaft）

第二章　論集體責任（Über Kollektivverantwortlichkeit）

第三章　團體的範圍與個性的發展（Die Ausdehnung der Gruppe und die Ausbildung der Individualität）

第四章　社會水平（Das sociale Niveau）

第五章　論社會圈的交錯（Über die Kreuzung socialer Kreise）

〔英譯："The intersection of Social Spheres," in Peter Lawrence (1976: 95-110)〕

第六章　分化與能量節約原理（Die Differenzierung und das Prinzip der Kraftersparnis）

〔英譯："Differentiation and the Principle of Saving Energy," in Peter Lawrence (1976: 111-138)〕

《歷史哲學的問題：認識論的研究》（*Die Probleme der Geschichtephilosophie: Ein erkenntnistheoretische Studie*）

寫作時間：不詳

出版時間：1892 年第一版

1905 年徹底修訂第二版

1977 年 Oakes 根據第二版英譯成 *The Problems of the Philosophy of History*

2006 年陳志夏中譯爲《西美爾文集——歷史哲學問題——認識論隨筆》出版

目錄：

	第一版	第二版
第一章	歷史研究的心理假定（Von den psychologischen Voraussetzungen in der Geschichtsforschung）	歷史研究的內在條件（Von den inneren Bedingungen der Geschichtsforschung）
第二章	歷史法則（Von den historischen Gesetzen）	
第三章	歷史的意義（Vom Sinn der Geschichte）	

《道德學導論：倫理學基本概念的批判》（***Einleitung in die Moralwissenschaft: Ein Kritik der ethischen Grundbegriffe***）二冊

寫作時間：不詳

出版時間：1892-1893 年

1893 年第二冊部分英譯爲 “Moral Deficiencies as Determining Intellectual Fashion,” *International Journal of Ethics*, 3, 3 (July): 490-507.

目錄：

【第一冊】

第一章　應然（Das Sollen）

第二章　利己主義和利他主義（Egoismus und Altruismus）

第三章　道德功勞和道德過錯（Sittlicher Verdienst und sittliche Schuld）

第四章　幸福（Die Glückseligkeit）

【第二冊】

第五章　無上命令（Der kategorische Imperativ）

第六章　自由（Die Freiheit）

第七章　目的的一致和矛盾（Einheit und Widerstreit der Zweck）

《金錢哲學》（***Philosophie des Geldes***）

寫作時間：不詳

出版時間：1990 年第一版

1907 年修訂第二版

1971 年部分英譯爲 “Exchange,” “Prostitution,” “The Miser and the Spendthrift,” in Donald Levine (1971: 43-69; 121-126; 179-186)

1978 年 Tom Bottomore 和 David Frisby 根據第二版英譯爲 *The Philosophy of Money*

1990 年 David Frisby 編譯英譯本第二修訂本

2002 年陳戎女、耿開君和文聘元合譯爲《貨幣哲學》出版

2007 年陳戎女、耿開君和文聘元合譯本《貨幣哲學》重印出版

2007 年于沛沛、林毅和張琪中譯英漢對照全譯本《貨幣哲學》出版

2009 年許澤民中譯本《貨幣哲學》出版

2009 年朱桂琴中文節譯本《貨幣哲學》出版

目錄：

分析部分

第一章　價值和金錢（Wert und Geld）

第二章　金錢的本然價值（Der Substanzwert des Geldes）

第三章　目的次序中的金錢（Das Geld in den Zweckreihen）

綜合部分

第四章　個人自由（Die individuelle Freiheit）

第五章　和金錢等值的個人價值（Das Geldädquivalent personaler Werte）

第六章　生活方式（Der Stil des Lebens）

《康德：在柏林大學的十六次演講》（*Kant: Sechzehn Vorlesungen gehalten an der Berliner Universität*）

寫作時間：不詳

出版時間：1905 年

《風尚（流行）的哲學》（*Philosophie der Mode*）

寫作時間：不詳

出版時間：1905 年

英譯：

1. "Fashion," *International Quarterly,* 10 (1904: 130-155; Reprinted in *American Journal of Sociology*, 62 (May 1957); Reprinted in Donald Levine (1971: 294-323).
2. "The Philosophy of Fashion," Trs. by Mark Ritter and David Frisby in Simmel (1997: 187-206)

中譯：〈時尚的哲學〉，費勇譯，收入西美爾（2001: 70-93）

《康德與哥德》（*Kant und Goethe*）

寫作時間：不詳

出版時間：1906 年

《宗教》（*Die Religion*）

寫作時間：不詳

出版時間：1906 年第一版

1912 年修訂第二版

1959 年 Curt Rosenthal 英譯爲 *Sociology of Religion*

1997 年曹衛東等人譯成〈論宗教〉收入《現代人與宗教》

《叔本華和尼采：合講》（***Schopenhauer und Nietzsche: Ein Vortragszyklus***）

寫作時間：不詳

出版時間：1907 年

1986 年 Helmut Loiskandl、Deena Weinstein 和 Michael Weinstein 英譯爲 *Schopenhauer and Nietzsche*

2006 年莫光華中譯爲《叔本華與尼采——一組演講》出版

目錄：

第一章　叔本華和尼采在思想史上的地位（Schopenhauer und Nietzsche in ihrer geistesgeschichtlichen Stellung）

第二章　叔本華：其人及其意志（Schopenhauer: Der Mensch und sein Wille）

第三章　叔本華：意志形上學（Schopenhauer: Die Metaphysik des Willens）

第四章　叔本華：悲觀論（Schopenhauer: Der Pessimismus）

第五章　藝術的形上學（Die Metaphysik der Kunst）

第六章　叔本華：意志的道德和自就（Schopenhauer: Die Moral und die Selbsterlösung des Willens）

第七章　尼采：人性尊嚴與頹廢（Nietzsche: Die Menschheitswerte und die Dekadenz）

第八章　尼采：高傲的道德（Nietzsche: Die Moral der Vornehmenheit）

《社會學：社會性形式的研究》（***Soziologie: Untersuchungen über die Formen der Vergesellschaftung***）

寫作時間：不詳

出版時間：1908 年第一版

1922 年第二版

1950 年部分英譯收入 Kurt H. Wolff（1950）

1955 年部分英譯收入 Kurt H. Wolff & Reinhard Bendix（1955）

2002 年林榮遠中譯本《社會學——關於社會化形式的研究》出版

2009 年由 Anthony J. Blasi、Anton K. Jacobs 和 Matthew Kanjirathinkal 聯合英譯出版

目錄：

第一章　社會學的問題（Das Problem der Soziologie）

〔英譯："The Problem of Sociology,"

1. Tr. not indicated in *Annals of the American Academy of Political and Social Science*, 6, 3 (Nov. 1895): 412-423.
2. Tr. by Albion Small in *American Journal of Sociology*, 15, 3 (Nov. 1909): 289-320.
3. Tr. by Kurt H. Wolff in Kurt H. Wolff (1959: 310-336); Reprinted in Donald Levine (1971: 23-35)〕

附論：社會如何可能（Exkurs über das Problem: Wie ist Gesellschaft möglich?）

〔英譯："How is Society Possible?"

1. Tr. by Albion Small in *American Journal of Sociology*, 16, 3 (Nov. 1910): 372-391.
2. Tr. by Kurt H. Wolff in Kurt H. Wolff (1959: 337-356); Reprinted in Donald Levine (1971: 6-22)〕

第二章　團體在數量上的決定性（Die quantitativen Bestimmtheit der Gruppe）

〔英譯：1. "The Number of Members as Determining the Sociological Form of the Group," Tr. by Albion Small in *American Journal of Sociology*, 8, 1-2 (July-September 1902): 1-46, 158-196.

2. "Quantitative Aspects of the Group," Tr. by Kurt H. Wolff in Kurt H. Wolff (1950: 87-177)〕

第三章　宰制與臣服（Über-und Unterordnung）

〔英譯：1. "Superiority and Subordination as Subject-Matter of Sociology," Tr. by Albion Small in *American Journal of Sociology*, 2, 2-3 (September-November 1896): 167-189, 392-415.

2. "Superordination and Subordination," Tr. by Kurt H. Wolff in Kurt H. Wolff (1950: 181-303)〕

附論：多數決（Exkurs über die Überstimmung）

〔英譯："The Phenomenon of Outvoting," Tr. by Kurt H. Wolff in Kurt H. Wolff (1950: 239-249)〕

第四章　衝突（Der Streit）

〔英譯：1. "The Sociology of Conflict," Tr. by Albion Small in *American Journal of Sociology*, 9, 4-6 (January-May): 490-525.

2. "Conflict," Tr. by Kurt H. Wolff in Kurt H. Wolff & Reinhard Bendix (1955: 13-123)〕

第五章　祕密與祕密社會（Das Geheimnis und die geheime Gesellschaft）

〔英譯：1. "The Sociology of Secrecy and of Secret Societies," Tr. by Albion Small in *American Journal of Sociology*, 11, 4 (January 1906): 441-498.

2. "The Secret and the Secret Society," Tr. by Kurt H. Wolff in Kurt H. Wolff (1950: 307-376)〕

附論：裝飾（Exkurs über den Schmuck）

〔英譯："Adornment," Tr. by Kurt H. Wolff in Kurt H. Wolff (1950: 338-344). Reprinted in Simmel (1997: 206-211)〕

附論：文字溝通（Exkurs über den schriftlichen Verkehr）

〔英譯："Written Communication," Tr. by Kurt H. Wolff in Kurt H. Wolff (1950: 352-355)〕

第六章　社會圈的交錯（Die Kreuzung sozialer Kreise）

〔英譯："The Web of Group-Affiliation," Tr. by Reinhard Bendix in Kurt H. Wolff & Reinhard Bendix (1955: 125-195)〕

第七章　窮人（Der Arme）

〔英譯："The Poor," Tr. by Claire Jacobson in Donald Levine (1971: 150-178)〕

附論：集體行爲的負面性（Exkurs über die Negativität kollektiver Verhaltungsweise）

〔英譯："The Negative Character of Collective Behavior," Tr. by Kurt H. Wolff in Kurt H. Wolff

(1950: 396-401)〕

第八章 團體的自衛（Die Selbsterhaltung der Gruppe）

〔英譯："The Persistence of Social Groups," Trs. by Albion Small in *American Journal of Sociology*, 3, 5-6 (March-May 1898): 662-698〕

附論：世襲官職（Exkurs über das Erbamt）

附論：社會心理學（Exkurs über Sozialpsychologie）

附論：忠誠與感激（Exkurs über Treue und Denkbarkeit）

〔英譯："Faithfulness and Gratitude," Tr. by Kurt H. Wolff in Kurt H. Wolff (1950: 379-395)〕

第九章 空間與社會的空間安排（Der Raum und die räumlichen Ordnungen der Gesellschaft）

附論：社會的界限（Exkurs über die soziale Begrenzung）

附論：感（官）覺社會學（Exkurs über die Soziologie der Sinne）

〔英譯："Sociology of the Senses: Visual Interaction," in Robert E. Park and Ernest W. Burgess. *Introduction to the Science of Sociology.* Chicago: The University of Chicago Press, 1921. pp. 356-361〕

附論：異客（Exkurs über den Fremden）

〔英譯：1. "The Sociological Significance of the Stranger," in Robert E. Park and Ernest W. Burgess. *Introduction to the Science of Sociology.* Chicago: The University of Chicago Press. 1921. pp. 322-327.

2. "The Stranger," Tr. by Kurt H. Wolff in Kurt H. Wolff (1950: 402-408)

3. "The Stranger," Tr. by Donald Levine in Donald Levine (1971: 143-149)

中譯：〈異客〉，費勇譯，收入西美爾（2001：110-115）〕

第十章 團體的擴張與個人發展（Die Erweiterung der Gruppe und die Ausbildung der Individualität）

〔英譯："Group Expansion and the Development of Individuality," Tr. by Richard P. Albares in Donald Levine (1971: 251-293)〕

附論：貴族（Exkurs über den Adel）

〔英譯："The Nobility," Tr. by Richard P. Albares in Donald Levine (1971: 199-213)〕

附論：個人心理的關係和社會關係的類比（Exkurs über die Analogie der individual-psychologischen und soziologischen Verhältnisse）

《哲學的主要問題》（***Hauptprobleme der Philosophie***）

寫作時間：不詳

出版時間：1910 年第一版

1911 年第二版

2006 年錢敏汝中譯爲《哲學的主要問題》出版

目錄：

導言

第一章　論哲學的本質（Vom Wesen der Philosophie）

〔英譯：“On the Nature of Philosophy,” Tr. by Rudolph H. Weingartner in Kurt H. Wolff (1959: 282-309)〕

第二章　論存有與轉變（Vom Sein und vom Werden）

第三章　論主體與客體（Vom Subjekt und Objekt）

第四章　論理想的要求（Von den idealen Forderungen）

《哲學文化：雜文集》（***Philosophische Kultur: Gesammelte Essais***）

寫作時間：不詳

出版時間：1911 年第一版

1919 年增訂第二版

目錄：

導言（Einleitung）

〔英譯：“Introduction,” Trs. By Mark Ritter and David Frisby in Simmel (1997: 33-36)〕

哲學心理學（Zur philosophischen Psychologie）

冒險家（Das Abenteuer）

〔英譯：1. “The Adventure,” Tr. by David Kettler in Kurt H. Wolff (1959: 243-258). Reprinted in Simmel (1997: 221-232)

2. “The Adventurer,” in Donald Levine (1971: 187-198)

中譯：〈冒險〉，費勇譯，收入西美爾（2001：204-218）〕

風尚（流行）（Die Mode）

〔英譯：1. “Fashion,” *International Quarterly,* 10 (1904): 130-155; Reprinted in *American Journal of Sociology*, 62 (May 1957); Reprinted in Donald Levine (1971: 294-323).

2. “The Philosophy of Fashion,” Trs. by Mark Ritter and David Frisby in Simmel (1997: 187-206)〕

兩性哲學（Zur Philosophie der Geschlechter）

兩性關係中的相對與絕對（Das Relativ und Absolute im Geschlecter-Problem）

〔英譯：“The Relative and the Absolute in the Problem of Sex,” Tr. by Guy Oakes in Guy Oakes (1984: 102-132)

中譯：〈性別問題中的相對與絕對〉，顧仁明譯，收入齊美爾（2001：187-214）〕

賣弄風情（Die Koketterie）

〔英譯：“Flirtation,” Tr. by Guy Oakes in Guy Oakes (1984: 133-152)

中譯：〈賣弄風情的心理學〉，顧仁明譯，收入齊美爾（2001：171-186）〕

美學（Über Ästhetik）

把手（Der Henkel）

〔英譯：“The Handel,” Tr. by Rudolph H. Weingartner in Kurt H. Wolff (1959: 267-295)〕

廢墟（Die Ruine）

〔英譯：“The Ruin,” Tr. by David Kettler in Kurt H. Wolff (1959: 259-266)〕
阿爾卑斯山（Die Alpen）
論藝術家的個性（Über künstlerische Persönlichkeit）
　米蓋郎基羅（Michelangelo）
　羅丹（Rodin）
宗教哲學（Zur Religionsphilosophie）
　位格神（Die Persönlichkeit Gottes）
　〔中譯：〈上帝的位格〉，刁承俊譯，劉小楓校，收入西美爾（1997：59-77）〕
　宗教地位的問題（Das Problem der religiösen Lage）
　〔中譯：〈宗教的地位問題〉，曹衛東等合譯，收入西美爾（1997：45-58）〕
文化哲學（Zur Philosophie der Kultur）
文化的概念和悲劇（Der Begriff und die Tragödie Kultur）
〔英譯：1. “On the Concept and the Tragedy of Culture,” Tr. by K. Peter Etzkorn in K. Peter Etzkorn (1968: 27-46)
2. “The Concept and Tragedy of Culture,” Trs. By Mark Ritter and David Frisby in Simmel (1997: 55-75)〕
女性文化（Weibliche Kultur）
〔英譯：“Female Culture,” Tr. by Guy Oakes in Guy Oakes (1984: 65-101). Reprinted in Simmel (1997: 46-54)〕
中譯：〈女性文化〉，顧仁明譯，收入齊美爾（2001：151-169）〕

《哥德》（*Goethe*）
寫作時間：不詳
出版時間：1913 年

《倫布蘭：藝術社會學的嘗試》（*Rembrandt: Ein kunstphilosophischer Versuch*）
寫作時間：不詳
出版時間：1916 年

《社會學的基本問題（個人與社會）》（*Grundfragen der Soziologie [Individuum und Gesellschaft]*）
寫作時間：不詳
出版時間：1917 年第一版
1950 年 H. Wolff 英譯，收入 Kurt H. Wolff (1950: 3-84)
目錄：
第一章　社會學的範圍（Das Gebiet der Soziologie）
第二章　社會和個人的水平（普通社會學的例子）（Das soziale und das individuelle Niveau）

（Beispiel der Allgemeine Soziologie）

第三章　社交（純粹或是形式社會學的例子）（Die Geselligkeit）（Beispiel der reinen oder formalen Soziologie）

第四章　十八和十九世紀生命觀中的個人與社會（哲學社會學的例子）（Individuum und Gesellschaft in Lebensanschauugen des 18. und 19. Jahrhunderts）（Beispiel der philosophischen Soziologie）

《生命觀：形上學四論》（***Lebensanschauung: Vier metaphysische Kapitel***）

寫作時間：不詳

出版時間：1918 年

2003 年刁成俊中譯本出版

目錄：

第一章　生命的超越（Die Transzendenz des Lebens）

〔英譯："The Transcendent Character of Life," Tr. by Donald Levine in Donald Levine (1971: 353-374)〕

第二章　觀念的轉變（Die Wendung zur Idee）

第三章　死亡與不朽（Tod und Unsterblichkeit）

第四章　個別法則（Das individuelle Gesetz）

參考文獻

中文文獻

齊美爾（1991）。《橋及門——齊美爾隨筆集》。周涯鴻、陸莎、沈宇青、劉玉聲譯。上海：上海三聯書店。

Georg Simmel〔齊美爾〕（2002）。《社會是如何可能的：齊美爾社會學文選》。林榮遠編譯。桂林：廣西師範大學出版社。

Georg Simmel〔蓋奧爾格．西美爾〕（2002）。《社會學：關於社會化形式的研究》。林榮遠譯。北京：華夏出版社。

洪茂雄編（1987）。《德漢大辭典》。臺北：開拓。

Georg Simmel〔西美爾〕（1997）。《現代人與宗教》。曹衛東等譯。香港：漢語基督教文化研究所。

Georg Simmel〔齊奧爾格．西美爾〕（2001）。《時尚的哲學》。費勇、吳曣譯。北京：文化藝術出版社。

Georg Simmel〔齊美爾〕（2001）。顧仁明譯。劉小楓選編，《金錢、性別、現代生活風格》。臺北：聯經。

外文文獻

David Frisby (1981). *Sociological Impressionism: A Reassessment of Georg Simmel's Social Theory.* London: Heinemann. pp. 1-32.

David Frisby (1984). *Georg Simmel.* London: Tavistock. pp. 21-44.

Donald Levine (ed.) (1971). *Georg Simmel on Individuality and Social Forms: Selected Writings.* Chicago: The University of Chicago Press.

Georg Simmel (1906/1912). *Die Religion* (2nd ed.). Frankfurt a.M.: Literatische Anstalt: Rütten & Loening.

Georg Simmel (1908). *Philosophie des Geldes*. Muenchen: Duncker & Humblot.

Georg Simmel (1911/1923). *Philosophische Kultur: Gesammelte Essais.* 3. Auflage. Potsdam: Gustav Kiepenheuer.

Georg Simmel (1950). *The Sociology of Georg Simmel.* Tr. & Ed. by Kurt H. Wolff. Glencoe, Ill.: The Free Press.

Georg Simmel (1955). *Conflict and the Web of Group-Affiliation*. Trs. by Kurt H. Wolff and Rheinhard Bendix. Glencoe, Ill.: The Free Press.

Georg Simmel (1959). *Sociology of Religion*. Tr. by Curt Rosenthal. New York: The Wisdom Library.

Georg Simmel (1968). *The Conflict in Modern Culture and Other Essays*. Tr. by K. Peter Etzkorn. New York: Teachers College Press.

Georg Simmel (1971). *On Individuals and Social Forms.* Tr. & Ed. by Donald N. Levine. Chicago: The University of Chicago Press.

Georg Simmel (1978). *The Philosophy of Money.* Trs. by Tom Bottomore and David Frisby. London: Routledge & Kegan Paul.

Georg Simmel (1983). *Schriften zur Soziologie: Eine Auswahl*. Frankfurt a.M.: Suhrkamp.

Georg Simmel (1984). *Grundfragen der Soziologie* (Individuum und Gesellschaft). 4. Unveränderte Auflage. New York: Walter de Gruyter.

Georg Simmel (1984a). *Das Individuum und die Freiheit: Essais*. Berlin: Klaus Wagenbach.

Georg Simmel (1984b). *On Women, Sexuality, and Love*. Tr. by Guy Oakes. New Haven, CT.: Yale University Press.

Georg Simmel (1990). *The Philosophy of Money* (2nd Enlarge Edition). Trs. by Tom Bottomore and David Frisby. Ed. by David Frisby. London: Routledge.

Georg Simmel (1997). *Simmel on Culture: Selected Writings*. Eds. By David Frisby and Mike Featherstone. London: Sage Publications.

Georg Simmel (2009). *Sociology: Inquiries into the Construction of Social Forms*. 2 Vols. Trs. by Anthony J. Blasi, Anton K. Jacobs & Matthew Kanjirathinkal. Leiden: Brill.

Georg Simmel (2009). *Sociology: Inquiries into the Construction of Social Forms*. Vol. 1. Trs. by Anthony J. Blasi, Anton K. Jacobs, and Mathew Kanjirathinkal. Leiden: Brill.

Gertrud Kantorowicz. Hrsg (1923). *Georg Simmel: Fragments und Aufsätze aus dem Nachlaß und Veröffentlichungen der letzten Jahre*. München: Drei Masken Verlag.

Guy Oakes (ed.) (1980). *Georg Simmel: Essays on Interpretation in Social Science.* New Jersey: Rowman and Littlefield.

Guy Oakes (ed.) (1984). *Georg Simmel: On Women, Sexuality, and Love*. New Haven, CT.: Yale University Press.

Hans Simmel (1976). Auszüge aus den Lebenserinnerungen. In Hannes Böhringer and Karlfried Gründer (eds.), *Ästhetik und Soziologie um die Jahrhundertwende: Georg Simmel*. Frankfurt a.M.: Vittorio Klostermann. pp. 247-268.

Heinz-Jürgen Dahme und Otthein Rammstedt (eds.) (1983). *Georg Simmel: Schriften zur Soziologie*. Frankfurt a.M.: Suhrkamp. pp. 295-301.

K. Peter Etzkorn (ed.) (1968). *Georg Simmel: The Conflict of Modern Culture and Other Essays*. New York: Teachers College Bookstore.

Klaus Lichtblau (1997). *Georg Simmel*. Frankfurt a.M.: Campus Verlag. pp. 178-180.

Kurt H. Wolff (1950). Introduction. In Georg Simmel. *The Sociology of Georg Simmel*. Tr. by Kurt H. Wolff. Glencoe, Ill.: The Free Press. pp. Xvii-lxiv.

Kurt H. Wolff (ed.) (1950). *The Sociology of Georg Simmel.* Glencoe, Ill.: The Free Press.

Kurt H. Wolff (ed.) (1959). *Georg Simmel, 1858-1918.* Ohio: Ohio State University Press. Reprinted in 1965 as *Essays on Sociology, Philosophy & Aesthetics by Georg Simmel et al.* New York: Harper & Row.

Lewis A. Coser (1971/1977). *Masters of Sociological Thought* (2nd ed.). New York: Harcourt Brace

Jovanovich. pp. 194-199.

Nicolas J. Spykman (1925/1965). *The Social Theory of Georg Simmel* (Reprinted ed.). New York: Atherton Press.

Peter Lawrence (1976). *Georg Simmel: Sociologist and European.* New York: Barnes and Nobel.

第十六講

韋伯（Max Weber）（一）

《宗教社會學》與《新教倫理》

從這一講開始，連續四講，都要談韋伯。本講次的要點先談韋伯的生平大略，關於他的生平以及他著名的新教研究。

我個人認爲閱讀社會學理論時，有些東西相對而言是不重要的，其中最不重要的就是各種分類。但是許多師生都對於分類深感著迷。尤其華人因爲考試緣故，特別喜歡考試背誦分類，也很好計算分數。但是沒清楚說明分類判準，又沒有互斥和窮盡的分類，實在對我們的理性思維沒有多大幫助。分類之後還應該說明概念之間的相互關係，除了確定因果關係之外，進而能歸納出一些法則應該還是最重要的。

韋伯做了很多沒有太大意義的分類，有興趣的人去翻一翻那本厚厚的《經濟與社會》（*Wirtschaft und Gesellschaft; Economy and Society*）。這本書是韋伯夫人在韋伯逝世後編輯而成的，是否可以代表韋伯的遺願，實在是有爭議性的。後來 Johannes Wincklemann 再編，以及後來德文版《韋伯全集》對於原本幾大內容的分冊，多少也引起一些爭議。我大致翻閱過全書，也認眞看過其中某些部分，對於這本蕪雜的書，充滿著各種分類，實在很難說是韋伯的「力作」。我的興趣比較著重在他對宗教社會學的研究，這是他後來竭盡心力的嘔心瀝血之作，雖然最後大功並未如願告成，但已經完成了相當令我佩服的絕大部分，其中除了視野遍及世界宗教的經濟倫理之外，還能參閱當時各種相關的文獻，實在是一個值得繼承的宏偉計畫。

因此在韋伯思想的幾大領域中，我會著重在其宗教社會學的部分，以及他對於社會學基本觀念的討論，其他社會科學方法論、社會經濟史、政治社會學，以及法律社會學等等方面我都沒有讀過，只能稍微提到或甚至略過。至於許多人都愛、中英譯本都相對多的他的晚年的兩篇「志業」演說，我雖然也不免俗地會提到，但是我認爲內容的原創性價值不高，但是其優點是因為文字好讀（這是因為是演講紀錄的整理，不像其他難以卒讀的文獻是出自他的那雙學富五車的手），而且頗多心靈雞湯的段落。再度提醒，這兩篇演講詞眞不是韋伯的研究重心，請各位不要劃錯重點。

最後提醒一下韋伯的中英譯本都不少，譯文幾乎都是隨著譯者的任性而「去脈絡化」（decontextualization），有些選文的譯本因為當時尚無韋伯主要作品的翻譯而問市，在多年後韋伯譯本日益增多的情況下，這種過時的、去脈絡化的選文，實在沒有再繼續出版和閱讀的必要，如 1946 年名噪一時的《韋伯社會學論文選》（*From Max Weber: Essays in Sociology*）。其他韋伯宗教社會學的中英譯本，往往有中譯本多出英譯本頗多的良莠不齊的現象。許多中譯本還是英譯本的轉譯，而從德文直接翻譯成中文的書往往又難以閱讀，這種種不得已的現象是讀者在閱讀韋伯時要特別注意愼選的。我當然不是精通韋伯的專家，只敢在此講次中提一些自己比較有心得的部分。讀者還是需要多看書，多聽高人的課來彌補有關韋伯的知識。德國學界對韋伯非常重視的，所以在 1984 年開始一直到 2018 年，整個德國學界努力編輯了一套新的《韋伯全集》（*Max Weber Gesamtausgabe*）。這部全集主要分成三個部分：第一部分是「著作和演講」（Schriften und Reden），共計25 冊，其中有些還有分冊；第二部分是「書信」（Briefe），共計 9 冊；第三部分是「上課筆記」，共計 7 冊。每一冊都有精心的編輯前言，以及正文的版本比較和精細的校勘，實在是曠世鉅製。這對後來的韋伯研究者也提出了新的挑戰：除了精通德文，有幾人能看得完這套全集呢？

這版本的《韋伯全集》是精心校訂了各個版本其中的差異部分，花了非常多的心思。目前中文世界的〈政治當作為一種志業〉跟〈學術當作一種志業〉的眾多譯本中，有一本是根據這個最新的全集本翻譯的，此譯本一出，直接讓其他譯本相形失色。希望以後的中英譯本都能以此為翻譯的基準。這樣的譯本會將德國學術界對韋伯作品和思想的最新研究成果介紹給德文世界以外的讀者，讓全世界研究韋伯的讀者，不再和世界一流的韋伯研究成果有內容上的「時差」，對於日後世界的韋伯研究的精進，實在是指日可待的。這也是我望塵莫及的。

一、生平脈絡

關於韋伯的生平，有許多書籍都有介紹，最近十年內還出版了幾本德文的韋伯傳記，比起過往的傳記，提供了更多的韋伯生平資料，值得大家去找來參考。讀者也可以參考本講次附錄一，或者我的另一本韋伯著作《久等了，韋伯先生！〈儒教（與道教）〉的前世、今生與轉世》中的相關章節。下面我們就大致說明一下韋伯的生平，主要從學術方面與家庭生活面向做介紹。

韋伯是個早慧的小孩，在非常年輕的時候，就表現出對於學術的天賦。13 歲（1877 年）就寫出了有學術水準的論文，論述德國歷史上的皇帝和教皇以及從君士坦丁到大遷徙的羅馬皇帝。

30 歲（1894 年），韋伯參加了當時的社會政策研究會，研究易北河東岸的移民的問題，出版《易北河東部農民情況的發展趨勢》（*Entwicklungstendenz in der Lage der ostelbischen Landarbeiter*）。這些問題從二十世紀來看，特別是在許多移民國家，其實還蠻具有啟發的意義。

他在 39 歲（1903 年）辭去教職，轉任榮譽教授（Honorarprofessor）。和宋巴特（Werner Sombart）、雅飛（Edgar Jaffé）接收《社會立法與統計學報》（*Archiv für soziale Gesetzgebung und Statistik*）改名爲《社會科學與社會政策學報》（*Archiv für Sozialwissenschaft und Sozialpolitik*）出版。韋伯的許多學術論文都是在自己的期刊上發表的。那是個美好的沒有「匿名同儕審查」的時代，一切都靠著學者的良心作爲學術論文的判準。

同年，韋伯開始撰寫〈基督新教倫理與資本主義「精神」〉（Die protestantische Ethik und der »Geist« des Kapitalismus）。

40 歲時（1904 年），受到哲學家兼心理學家閔斯特柏格（Hugo Münsterberg, 1863-1916）之邀和特勒爾奇（Ernst Troeltsch, 1865-1923）、杜尼斯（Ferdinand Tönnies, 1855-1936）遊歷美國，參加在 St. Louis 舉行的萬國博覽會中的世界學術會議，也順道拜訪了美國的各個基督新教教派，對新世界印象深刻。

特勒爾奇是一個神學家，他有關基督教的社會學說的著作，後來很受韋伯的重視。

韋伯藉由這次的邀請，而有了在美國的遊歷，關於這部分，後來他把它寫成《基督新教教派與資本主義精神》，這部分可以與《基督新教倫理》交互搭配參看。

他 33 歲時（1897 年），因爲和父親激烈爭吵，沒多久父親就過世了。他的精神也因此大受打擊。翌年，34 歲（1898 年），發現精神病徵兆，到日內瓦湖畔治療。

我們在前面講次都有提到有些古典社會學理論家有精神崩潰的紀錄，韋伯在這方面也不遑多讓，集滿了一個點數。但是這個精神崩潰具體來講是屬於現在精神醫學的哪個範疇，我們是不太了解的。

44 歲時（1908 年），他的太太瑪麗安娜（Marianne）從娘家繼承一份遺產，讓韋伯家躋身有財產的布爾喬亞階級之列。這是他累積到的第二個點數。

後來，他集滿了第三個點數——外遇，還不只一次。他曾在他的學術文章裡，有一段話談論到外遇事件，不知道是否是在替自己說情。這段文字潛存在他的學術論文之中，只是很少人注意到這問題。我有一次公開提出來的時候，還被同行覺得我實在很無聊，實在很八卦。

爲了證明我不是造假，我把德文原文和英譯及出處都條列如下：

德文原文：Es konnte unter diesem Spannungsverhältnis zum rationalen Alltag das außeralltäglich gewordene, spezielle also das ehefreie, Geschlechtsleben als das einzige Band erscheinen, welches den nunmehr völlig aus dem Kreislauf des alten einfachen organischen Bauerndaseins herausgetretenen Menschen noch **mit der Naturquelle alles Lebens verband**.（Max Weber, 1920: 560）

英文翻譯：Under this tension between erotic sphere and rational everyday life, specifically extramarital sexual life, which had been removed from everyday affairs, could appear as the only tie which still linked man with the natural fountain of all life.（Gerth & Mills, 1946: 346）

中文孫譯：在情色關係，特別是婚外性行為，因為遠離日常生活的，與這種合理性日常生活的緊張關係中，可以被看成是維繫（男）人和所有生命自然泉源的聯繫。

關於第一次外遇事件的女主角之一是他的博士生，也是跟他創辦雜誌的朋友的妻子，叫做愛爾莎（Else Jaffé）。她有三個姐妹，她們三姐妹的情感生活都非常的豐富。曾經有學者葛林（Martin Green）就在 1974 年出版過《馮李希特霍芬三姊妹》（*The von Richthofen Sisters*）的情感生活。我覺得最有趣的是書中的兩張對開的照片，一張照片是著名文學家勞倫斯（D. H. Lawrence, 1885-1930）的照片，另外一張則是韋伯的照片。兩張照片比較下，大概很難分出來誰是誰，所以好像姐妹兩個人愛上的都是「大鬍子」的同一類型。

另外一位跟他有深入情感關係的是鋼琴家托布勒（Mina Tobler, 1880-1967）。韋伯 48 歲（1912 年）曾經跟她一起去拜魯特（Bayreuth）參加一年一度的拜魯特音樂節，那個音樂節專門演出華格納（Wilhelm Richard Wagner, 1813-1883）的歌劇。

韋伯也因爲跟她這段情感關係，所以寫了一篇文章談論西方音樂的社會學的基礎。這是情感生活會影響學術研究的一個最佳範例。

兩人於 1919 年結束關係，當時韋伯已經 55 歲了。這年他起草威瑪共和國憲法，繼續寫作《經濟與社會》（*Wirtschaft und Gesellschaft*）。

56 歲（1920 年），因肺炎在慕尼黑離開人世。

二、宗教社會學

韋伯在生命後期，最重要的研究方向是有關宗教社會學的研究。他在臨死前一年，曾經爲他的《宗教社會學論文集》（第一卷）重新寫了一個〈前言〉（Vorbemerkung），這個〈前言〉之後有兩篇我稱爲「新教研究」的文章，其中包含了大家耳熟能詳的《基督新教倫理與資本主義精神》以及《基督新教教派與資本主義精神》。

基督新教的教派是他（1904 年）跟朋友去參加萬國博覽會以後，訪問美國當地的新教組織所寫的一篇文章，後來改寫；另外一個系列是「世界宗教的經濟倫理」。他爲這個系列寫了一個〈導言〉（Einleitung），之後第一篇原來叫做〈儒教〉，後來改成《宗教社會學論文集》（第一卷）出版的時候，在標題上又加上「與道教」的字眼，所以後來叫《儒教與道教》。再後來，英譯本爲了英語世界的讀者能了解本書的內容，就把原書名改爲副標題，而添加了「中國的宗教」當成正標題，於是英語學界又把韋伯這本書稱爲《中國的宗教：儒教與道教》。韋伯如果地下有知，不知做何感想？

在這篇文章之後，有一個較爲短小的篇幅，稱作「間論」〔或譯爲〈中間考察〉（Zwischenbetrachtung）〕。這個〈間論〉日後也引起了很多學者的重視。文章雖然短，但是其中包含了許多他思想上的精義。我對此持不同的意見，下面會說的更清楚。

而《宗教社會學論文集》（第一卷）的主要內容，都是他原先發表過的東西，之後再增補刪改然後彙編集結成書。所以這部分有很重要的版本差異要注意。現行德文版的《韋伯全集》對此做了很詳盡的校訂工作，更可見他們對於版本差異的重視。

而第二卷、第三卷，都是他生前發表過的，沒有任何修訂。所以相對在版本的意義上，第二卷和第三卷的重要性就沒有像第一卷那麼重要。

另外，我特別強調出版脈絡跟思想脈絡的問題，韋伯雖然在生前最後編輯了《宗教社會學論文集》（第一卷），但是他與新教相關的文章，特別是他在《新教倫理與資本主義精神》發表以後，曾經引起一場從 1907 年代到 1915 年左右的論戰，以及他的答辯文章都沒有收錄到《宗教社會學論文集》中。所以光是閱讀《宗教社會學論文集》的讀者會錯失同樣也是很重要的「新教論戰」的部分。這種情況就是我們要重視「思想脈絡」和「出版脈絡」的重要原因。當然，現在的德文版《韋伯全集》已經彌補了此項缺失。

另外，我們也可以從思想脈絡重建他思想更完整的面貌，因此製作圖表，供各位參考：

韋伯宗教社會學論文的原始出版年代與名稱		《宗教社會學論文集》三卷中的出版年代與名稱	
1905	〈新教倫理與資本主義精神〉	1920	同左〔增訂內容〕
1906	〈「教會」與「教派」〉 〈北美的「教會」與「教派」〉	1920	〈新教教派與資本主義精神〉〔增訂內容〕
1907	〈前文《批判》的批判〉		未收入
1908	〈前文《答辯》的評論〉		未收入
1910	〈資本主義「精神」的反批判〉 〈《資本主義精神》反批評的總結〉		未收入
1911-3	〈宗教社會學〉〔收入《經濟與社會》〕		未收入
1916	〈導言〉	1920	同左
1916	〈儒教〉	1920	〈儒教與道教〉〔增訂內容〕
1916	〈間論〉	1920	同左

以上的兩種脈絡的差異，在我們重建韋伯的宗教社會學思想是十分重要的。

下面的討論，受限於我的閱讀範圍，只談論〈前言〉和〈基督新教倫理與資本主義精神〉兩個部分。比較完整的韋伯新教研究我還在努力中，無法在此處呈現，請讀者包涵。

我們先從韋伯生前最後完成的《宗教社會學論文集》（第一卷）的〈前言〉開始看待韋伯最後對於西方理性的資本主義研究的比較全面的看法。再進到介紹韋伯兩篇新教的研究。

《宗教社會學論文集》編輯以後，韋伯在新寫的〈前言〉裡，提出一個身爲「西方文明之子」的問題——爲什麼近代西方在各種領域裡，無論是自然科學、文學、政治、法律、音樂、建築、印刷、高等教育、科層體制跟國家觀念等等，都是西方領先於世界其他文明，西方文明具有什麼獨特性嗎？

韋伯先說明了一般人經常誤解的資本主義只是注意「營利」。韋伯強調並非如此。他認爲營利（acquisitiveness），或追求利潤、追求金錢以及盡可能聚集更多金錢，就其本身而言，與資本主義無關。資本主義應該有的特點是：

1. 基於交易機會而追求利潤的行爲，亦即，形式上和平的營利行爲；
2. 營利行爲是以資本的「計算」爲依據，亦即，以貨幣形式計算資本〔損益平衡表（德文：Bilanz；英文：balance）〕。

而且韋伯也明白指出，他所要探討的核心問題是基於自由勞動之合理組織的資產階級經營的資本主義（bürgerliche Betriebskapitalismus）。

此外，韋伯也史無前例地而且很明白提出和資本主義發展有關的因素，在制度面有下列各項：

1. 行政和法律的合理結構（Weber, 1930: 25）
2. 技術能力的發展（Weber, 1930: 24）
3. 家計和營業分離（Weber, 1930: 20-21）
4. 合理簿記的採用（Weber, 1930: 21）
5. 合理的資本主義勞動組織（Weber, 1930: 20-21）

在精神面則是實用理性的生活態度的能力和性向（Weber, 1930: 1930: 26）。

資本主義的制度面和精神面呈現的雙向的因果關係，也就是互相影響的。

韋伯也特別強調反對其他人用遺傳論或種族論的立場來討論資本主義發展的問題。他在行文中雖然沒有指名道姓說出同行的名字，但是宋巴特（Werner Sombart, 1863-1941）在 1902-1927 年出版過三大冊的《現代資本主義》（*Der moderne Kapitalismus*）〔這本書至今沒有英譯本，卻很早就有季子的中譯本，1991 年我和朋友在舊書店發現後，交給臺北的唐山出版社重印成兩巨冊出版〕，特別是《猶太人與資本主義發展》（*Die Juden und das Wirtschaftsleben*, 1911; *The Jews and Modern Capitalism*, 2001），以及《戰爭與資本主義》（*Krieg und Kapitalismus*, 1913）、《奢侈與資本主義》（*Luxus und Kapitalismus*, 1922; *Luxury and capitalism*）的著作，韋伯劍指的應該就是宋巴特吧！

這篇文章有別於前此韋伯所發表的關於資本主義的研究，清楚而且完整地勾畫了韋伯比較完整的資本主義研究的藍圖，至少不再像最當初的「基督新教倫理」那樣只把重心放在思想的層次，而擴及到許多制度層面的考量。

不過，韋伯這篇文章所展現的西方獨特性的看法，其中蘊含著西方中心主義的思想，包括對非西方文明鄙視的「東方主義」。當時的韋伯並沒有這種反省意識，甚至強化了這種西方中心主義。他後來研究世界宗教的經濟倫理，遍及中國與印度，也只是爲了證明西方文明的獨特性，以及潛藏的「西方文明是獨步全球」的思想。這是我們這個時代可以避免而且也應該超越的限制。

三、《新教倫理與資本主義精神》

韋伯在 1904 年寫作並出版了〈基督新教倫理與資本主義「精神」〉一文，分兩期在《社會科學與社會政策學報》上刊出。1920 年韋伯修訂舊稿出版《宗教社會學論文集》（第一卷）時，又做了相當幅度的修改。在現行的德文版《韋伯全集》出版前後兩個版本的精校本之前，就已經有德國的學者用個人之力作出了比較的版本，有些還特別出版了 1904 年的版本。不過大部分的中、英譯本都還是根據 1920 年的版本翻譯出版。最近中、英譯本也開始注意翻譯第一版。中譯本中比較值得注意的是張旺山教授根據第一版翻譯的中譯本。這個譯本融入了不少德文《韋伯全集》編輯者的研究成果，在各個中譯本中特別出類拔萃。林南的簡體字譯本直接譯自德文，根據的是 1920 年版，沒有參考最新的德文版《韋伯全集》，但在張旺山譯本之前能從德文直接翻成中文，不像前此的諸多中譯本都是從英文轉譯，也算是難得的異數。相形之下，其他中譯本的學術價値都低了不少，省去腳註的譯本就更不用談了！

首先我們要注意這一篇文本原先出版時是以「文章」的形式問世，到了譯本才變成是「單行本」的書籍形式。其次，1904 年版的文章標題上精神兩字有加上引號，到了 1920 年版卻因爲不明的原因去掉了引號。文章的架構基本上沒有版本上的不同，文字和腳註的多寡倒是有不少差異。這個只能參考德文版《韋伯全集》的精細功夫。

解讀這本書可以根據書名分成三個部分：「基督新教倫理」、「資本主義精神」和「兩者的關係」。

我要鄭重提醒：這篇文章研究的不是「資本主義」，而是「資本主義的精神」。在韋伯的觀念中，資本主義有很多種，都是帶有修飾詞的資本主義，譬如，政治的資本主義、軍事的資本主義以及賤民資本主義，而這裡的資本主義，其實就是「近代的、西方的、理性的資本主義」。不過，很多讀者都沒特別注意，這本書不是要談一般的資本主義，而只是要談其中的「精神」。所以不厭其煩地講是要研究「近代的、西方的、理性的資本主義」。有的時候，韋伯只提「理性的資本主義」，和「傳統主義」是相對的一組概念。

其次是「基督新教倫理」，從文本來看，和資本主義精神有關的只是部分的基督新教教派，而不是所有的基督新教；而且此處的「倫理」也只是職業倫理或者「工作倫理」（work ethic）或者「經濟倫理」（economic ethic），而不是「家庭倫理」之類的其他「倫理」。

韋伯這篇長文只是要研究近代的、西方的、理性的資本主義的一個思想側面而已，不是韋伯認爲資本主義只有這個側面。也許我們可以說這篇長文是韋伯研究資本主義的「戲作」，眞正的「力作」是後來未完成的「世界宗教的經濟倫理」系列。

我們簡單介紹一下這本書的主要內容以及涉及的問題，旨在引起思考，還是希望讀者能帶著問題去閱讀原典。

韋伯在研究的開始就說明這種「基督新教倫理」與「資本主義精神」之間的親近性在他之前就有人發現了，韋伯只是希望用另一種方法來證實這種關係。就此而言，把「基督新教倫理」和「資本主義精神」的關係當成是「韋伯論旨」（Weber's thesis）就不夠精確。他只是比較有名而已，並非原創者。

韋伯論證的開始是引用了而且是本文唯一使用的量化資料，他的學生奧芬巴哈（Martin Offenbacher）研究裡的一張圖表。他發現在圖表裡，新教徒在商業方面的表現高過於天主教徒。

總體而言，德國北部地區以新教徒居多，南部的巴伐利亞則天主教徒居多。

現在到慕尼黑去看，會發現裝飾得富麗堂皇的天主教教堂，以及樸素的新教教堂。這是我們從外人的眼光比較容易觀察到的現象，至於教義上的差異，各位可以找相關書籍閱讀。

最近我看到 Richard F. Hamilton（1996）的新發現，他重新去翻查奧芬巴哈研究的圖表，發現韋伯其實只用了其中的一個部分，如果把這個圖表的其他部分也一併參考的話，韋伯所謂的新發現——新教徒與商業發展的成正比關係，其實是不成立的。

韋伯以富蘭克林爲例來展現他標題中的「資本主義精神」。值得注意的是，他不是從大部分人比較熟悉的《富蘭克林自傳》開始，而是富蘭克林的倫理格言說明。

這裡存在著一個問題：富蘭克林並不是居住、成長於歐洲的人，而新教倫理資本主義的精神，基本上，是發生在當時的歐洲而非美國，而且富蘭克林的資本主義精神，發生在當時還沒有資本主義制度的美國，使用富蘭克林當成資本主義精神的代言人，這個例子似乎說明精神可以不需要仰賴制度獨立存在。這樣對嗎？而且那個資本主義發展時代的偌大的歐洲人中就找不出一個人可以代表資本主義精神嗎？那歐洲的資本主義精神又是怎麼發展起來的？

韋伯執意不從當時的富商來代表資本主義精神，他希望從一般人身上發現實際上驅動資本主義精神的力量來源。但是這又要如何才能落實在研究中呢？

第二個主題有關「基督新教倫理」。基督新教〔即俗稱的「基督教」（Protestantism）〕是與「基督舊教」〔俗稱「天主教」（Catholicism）〕有別的。這和歐洲歷史上的「宗教改革」（Reformation）有關，其中最有名的莫過於馬丁．路德（Martin Luther, 1483-1546）和喀爾文〔或譯「加爾文」（Jean Calvin, 1509-1564）〕。

韋伯在很認眞地研究路德，發現雖然他將聖經用德語翻譯完成，但是他創生了「天職」〔或譯「志業」或職業（Beruf; occupation, vocation）〕以及「因信稱義」（justification by faith）的觀念，對基督新教的倫理，特別是經濟倫理的部分，產生重大影響。但是路德的整體思想，卻對資本主義發展沒有影響。關於這點，是他在這篇文章裡第一部分的結論。

韋伯書中提到的影響到近代的、西方的、理性的資本主義的幾種基督新教教派分別爲：喀爾文教派（Calvinism）、敬虔教派（Pietism）、衛理公會（Methodism）以及浸信會各派（The Baptist Sects）。

嚴格來講，新教倫理應該稱爲職業倫理或者「工作倫理」（work ethic）或者「經濟倫理」（economic ethic），而新教倫理與資本主義精神相關的內涵，韋伯提出了下面三項：

1. 天職（德文：Beruf；英譯：vocation, calling）
2. 預選說（德文：Prädestinationslehre, die Lehre von der Gnadenwahl；英譯：theory of predestination）
3. 俗世世界的制欲（德文：innerweltliche Askese；Parsons 英譯：worldly asceticism；Gerth & Mills 英譯：inner-worldly asceticism）

簡單來說，第一個的天職觀，是路德的想法，他認爲神給每個人一個使命，依天命而行動，就是所謂的「天職觀」。

第二個預選說，是從聖經的選民說法而來的：在末日審判時，人是否得以成爲選民，而非棄民，唯有上帝知道。所以對於不知道自己是否可以成爲選民的人而言，唯有努力在葡萄園（比喻世界）勤奮工作，竭力向前，爭取來世的榮耀。此種事前不能預知的預選說造成教徒之間的心理緊張，促使他們面對世界時，採取清心寡欲的態度，這就意外地與資本主義早期的精神發展相關。

第三個是「入世的寡欲」（innerworldly asceticism），對於世上的享樂沒有太大興趣，一切工作都是爲了榮耀上帝。雖然資本主義藉由刺激欲望，提高生產力，但這種俗世的寡欲，卻非常弔詭地也與資本主義發展相關。

這三點就是基督新教對於職業倫理的影響，有關這部分韋伯在《經濟與社會》中〈宗教社會學〉的部分有比較清楚的說明：

> 然而在全世界，只有苦行主義的新教職業倫理，達到一種俗世之內的職業倫理和宗教上救贖確保的原則的和系統的一致。兩者的統一未被破壞，恰恰只有在這裡，由於俗世造物的墮落，它在宗教上唯一具有重要意義的是，按照一個一般是超世俗的神的意志，通過理性的行為，俗世成為履行責任的對象。行為的合乎理性的、冷靜的、不是奉獻給俗世的目的的特徵及其成就，是神的賜福建立在這之上的標誌。苦行主義不是要求要像和尚那樣保持童真，而是要排除一切情愛的「縱樂」；不是要求要貧窮，而是要排除一切收租取息的享受和封建的、奢華的炫燿財富；不是要求要苦行主義地扼殺寺院的僧侶，而是要求有一種清醒的、合理掌握的生活方式，避免沉緬於俗世的美或藝術，或者放縱自己的情緒和感情，唯一的目的是生活方式的紀律化和條理化。它的典型代表是「職業人」（Berufmensch）。和世界上一切其他的宗教信仰相反，西方俗世之內的苦行主義特殊的結果是社會關係合理的具體化和社會化。（韋伯，1997：622-623）

此外，他還舉出一些傳道人的布道證詞來說明這樣的基督新教的工作倫理或職業倫理，其中包括了：英國清教的巴克斯特（Richard Baxter, 1616-1691）、德國敬虔派的施本納（Philipp Jakob Spener, 1635-1705）、喀爾文教派（Calvinism）以及浸信會各派（Baptism）。

最奇妙的地方是，韋伯在他的文章裡面 不僅這一篇，甚至別的文章裡都曾經使用「選擇性的親近」（Wahlverwandtschaft; Correlation Elective Affinity），這導致許多人誤以爲「選擇性親近」是一種特殊的關係。

這個概念是從當時德國知識分子都會閱讀的歌德（Johann Wolfgang von Goethe）

的小說書名《選擇性的親近》（*Wahlverwandtschaften*）而來的概念。

這本小說，後來在大陸和臺灣都有中文譯本，大陸版都做《親合力》，臺灣的中譯本有一本 1943 年的《愛力》，以及後來出版的《愛的親合力》，當年是由我寫的導讀。

故事很簡單：在第一階段，男主角愛德華與女主角夏綠蒂，兩人當初相愛，但因爲不同的原因，所以沒有結合在一起。到了第二階段，後來他們的對象都過世了，所以兩個人就在一起了。在一起後，買了莊園共同生活。然後愛德華邀請自己的朋友上尉一同居住，同時夏綠蒂也找一個年輕的女孩——奧蒂莉，幫忙照顧孩子。第三階段，男女主角開始換愛人，愛德華愛上了奧蒂莉，上尉也跟夏綠蒂發生情愫。但是夏綠蒂和上尉只是發乎情而止乎禮，慧劍斬情絲，兩人就結束了關係。

後來奧蒂莉在帶小孩的過程，一時疏忽導致夏綠蒂的小孩在湖水溺斃，非常自責，最後抑鬱而終，愛德華對此哀痛不已而亡。故事就這樣結束。

這情節設計其實非常濫情，是一個歌頌婚外情或歌頌眞正的愛情故事，端看讀者的愛情立場。

而這個故事其實是比喻基督新教倫理與資本主義精神之間在不同階段發生的分分合合的關係：資本主義發展初期，新教倫理與資本主義精神關係密切，甚至有因果關係的存在。但隨著時間發展，資本主義發展成熟之後，再也不需要仰賴新教倫理了，兩者就徹底沒了關係。

「選擇性的親近」的德文原字 Wahlverwandtschaft 在 Talcott Parsons 於 1930 年的英譯本中翻成 correlations，顯然並不是很特別的字。後來在 1946 年 Hans H. Gerth 和 C. Wright Mills 編譯《韋伯社會學論文集》（*From Max Weber: Essays in Sociology*）才開始譯成 elective affinity。這也成爲當今比較通用的英譯。但是這個字只是表示兩者關係親密，並沒有後來的因果關係來的明確。所以一度有人以爲這是一種有別於「因果」和「相關」以外的第三種說不清楚的「關係」，實在令人啼笑皆非。

這裡有一個英文誤譯多年卻被廣泛引用的比喻，也是一件意外的結果。英譯本在 1930 年就被當時默默無名、一度大名鼎鼎、風光一時的結構功能派大師帕深思（Talcott Parsons, 1902-1939）將原先德文的「硬殼」（ein stahlhartes Gehäuse）誤譯成英文「鐵牢籠」或「鐵籠」（iron cage）的概念。

「鐵牢籠」一詞出自於另外一篇班揚（John Bunyan）寫的宗教小說《天路歷程》（*The Pilgrim's Progress*），這在書中沒有什麼太特別的意義。但是後來「鐵牢籠」被日後許多研究者比喻爲現代社會生活在資本主義下的生活景況。

原來只有「硬殼」的意思，指的是當人在行走時，需要背負著沉重的硬殼，而非在「鐵牢籠」裡，動彈不得。

所以這兩種不同的比喻，因爲翻譯的問題造成理解上的落差，這也是爲什麼要特別強調譯本的問題，後來 Stephen Kalberg 的英文新譯本就改正了這個誤譯。譯本不重要嗎？

除了回到《選擇性親近》的小說內容來證明兩者的關係是個因果關係之外，我讀博士時就在當年發表的一篇文章中整理過韋伯在全書正文脈絡下談論「基督新教倫理」和「資本主義精神」關係的段落及用字的一覽表，藉此可以更清楚從文本看出韋伯確實認爲兩者是因果關係。請參考下面的表格：

韋伯正文脈絡中基督新教倫理和資本主義精神的關係的關鍵用字一覽表

德文原詞（Weber, 1920）	英譯（weber, 1930）	中譯
innere verwandschaft (p. 29)	inner relationship (p. 45)	內在的關聯
eng berühren (p. 36)	closely connected with (p. 53)	息息相關
kausalverhältnis (p. 38)	causal relation (p. 56)	因果關係
Zusammenhänge (p. 48)	connection (p. 63)	關聯
Beziehungen (p. 81)	relationship (p. 89)	關係
Wahlverwandtschaften (p. 83)	correlations (p. 91)	投合／選擇性親近
direkt…beeinflussen (p. 183)	directly ... influence (p. 166)	直接影響
liegt auf der Hand (p. 190)	obvious (p. 170)	明顯的
zugute (p. 195)	favored (p. 174)	有利於
ist ... geboren aus (p. 202)	was born from (p. 180)	源自
kausale (p. 205)	causal interpretation (p. 183)	因果解釋

資料來源：孫中興（1987: 195-196）。

我曾經在美國念書時聽過一位教師認爲「基督新教倫理」就是「資本主義精神」，當時相當震撼。後來仔細看書，才發現韋伯已經說明了兩者的不同之處。我從正文將兩者的差異整理如下：

	新教倫理	資本主義精神
崇拜對象	上帝（God）	金錢（Gold）
個人意願	自願（voluntary）	被迫（forced）
和個人關係的比喻	輕裘（light mantel）	硬殼〔鐵籠〕 （德文：stahlhartes Gehäuse） （英譯：iron cage）
所屬生活領域	神聖（sacred）	世俗（secular）

除了這部分以外，我後來也才發現有對於《新教倫理和資本主義精神》一書反駁的總答辯的英譯本，其中也回顧式地把兩者的關係作了簡明扼要的表述，請特別注意韋伯說的第三點：

> 不管如何，我所處理的是非常複雜的歷史現象。因此，可能在一開始找一些**清楚的已知對象**（anschauliche Gegebenen），再逐漸透過分類整理和抽象化，以及排列一些「不重要的」（Unwesentlichen），來掌握概念。因此：
>
> 1. 我一開始就舉出實例，以證明截至目前為止無人疑問的事實（die von niemandem bisher bezweifelte Tatsache）：新教和近代資本主義之間強烈的一致性（Kongruenz）；資本主義導向的職業選擇以及資本主義的「全盛時期」（Blüte）。
> 2. 為了說明這項關係，我提供了一些例子，**如此**倫理生活格言（Lebensmaximen）〔富蘭克林〕無疑地是被認為是「資本主義精神」的展現。於是我提出下列的問題：這些生活格言和其他不同種類的，如中古時代的，有何不同？
> 3. 然後，再透過例證，我說明了（illustrieren）這種精神態度（seelische Attitüden）是如何**因果地**（kausal）關聯到近代資本主義經濟制度。
> 4. 結果，我發現了「天職」（Beruf）的觀念，以及指出了長久以來即被〔特別是葛譯 Gotthein）〕注意到的喀爾文教派和資本主義之間的選擇性親近的關係（Wahlverwandtschaft; affinity）——這種選擇性親近的關係也同樣存在於教友派和其他教派。
> 5. 同時，我企圖指出當代天職觀念多少都是有**宗教的**（religiös）根源。
>
> （Weber, 1978: 1112; 1982: 304-305）

但是從這篇總結來看，毫無疑問地應該是「因果的」（kausal），原文還特別用斜體字加重。所謂的「選擇性親近」，在此並未特別用加重符號，所以，可以推論說，「選擇性的親近」要不是「因果關係」的同義字，要不就是現代研究法中所謂的「高度相關」，但還沒能到確定其因果關係的一種階段。

當時《新教倫理》一出版後，就有許多論戰，所以才會出現論戰總答辯這樣的文章，這樣的討論，隨著現代化的發展，到了 1980 年代、1990 年代時，皆不斷從經濟現象與不同文明間的關係，找尋是否有等同基督新教倫理的等同物或替代物。例如美國社會學者貝拉（Robert N. Bellah, 1927-2013）就曾經研究過日本的德川宗教，認爲日本的德川宗教有一些與新教倫理相似的要素，這些要素也影響日本資本主義後續的發展。

另外還有余英時先生也有一篇長文（後來出版單行本）講到《中國近世宗教倫理與商人精神》，著眼於儒家倫理與經濟發展的關係。這些都可以看出韋伯這本小書的影響。

四、Q & A 反思回顧

1. 很多人讀過這本書之後，往往覺得困難且不好理解，爲什麼社會學要讀這些我們不太懂的東西？
2. 我們不太懂這本書，是因爲我們不是那個文化圈的居民，所以我們不太了解宗教對於生活的影響嗎？
3. 請問這本書與社會學相關的部分在哪裡？

附錄一
韋伯
（Max Weber, 4/21/1864-6/14/1920）
生平與著作

年代	生平與著作
1864 年	4 月 21 日　生於德國圖林及亞（Thuringia）的愛爾福特（Erfurt）。是八個小孩家庭中的長子。父親也叫同名的 Max Weber（1836-1897），母親叫 Helen Weber（1844-1919）〔娘家姓 Fallenstein〕。
1866 年（2 歲）	罹患腦膜炎（meningitis）。
1867 年（3 歲） Karl Marx《資本論》第一卷出版	
1868 年（4 歲）	在比利時目睹火車出軌事件。
1870 年（6 歲） 8 月 2 日 Marianne Schnitzger 出生	進入柏林夏洛登堡（Charlottenburg, Berlin）的私立多柏林（Döbbelin）學校就讀。
1871 年（7 歲） 德國統一	
1872 年（8 歲） 父親被選為國家自由黨在帝國議會的代表	
1875 年（11 歲）	最鍾愛的妹妹 Klara（-1953）出生。
1877 年（13 歲）	寫作有學術水準的論文。論述德國歷史上的皇帝和教皇以及從君士坦丁到大遷徙的羅馬皇帝。
1880 年（16 歲）	妹妹 Lili（-1920）出生。
1882 年（18 歲）	進入海德堡（Heidelberg）大學法律系，兼習歷史、經濟學、哲學和神學。參加學生社團 Alemannia，參加過決鬥及其他儀式。
1883 年（19 歲）	在海德堡念了三個學期之後，到史特拉斯堡（Strasbourg）服一年兵役，先當士兵，再當軍官。和舅父 Hermann Baumgarten 家過從甚密。

年代	生平與著作
1884 年（20 歲）	復學，先後進入柏林大學和哥廷根（Göttingen）大學。
1887-1888 年（23-24 歲） Ferdinand Tönnies 出版《社區與社會》	在阿爾薩斯（Alsace）和東普魯士參加軍事演習。 參加「社會政策聯合會」（Verein für Sozialpolitik）〔這是由 Gustav Schmoller 所創立，受到搖椅社會主義者（Kathedersozialisten; Socialists of the Chairs）所把持〕。 和表妹艾美（Emmy）過從甚密。
1889 年（25 歲）	獲得柏林大學法律博士，論文題目是《中世紀商社史》（*Zur Geschichte der Handelsgesellschaften im Mittelalter*）。 學習義大利文和西班牙文。
1890 年（26 歲）	受「社會政策聯合會」委託調查東普魯士農民。
1891 年（27 歲）	在 Meitzen 指導下出版教授資格論文（Habilitationsschrift）《羅馬農業史對國家法和私法的重要性》（*Die römische Agrargeschichte in ihrer Bedeutung für das Staat- und Privatrecht*）。作為升等論文。 在論文辯論時和 Theodor Mommsen 教授對話，並因此在柏林大學法律系謀得教職，從此展開了大學教授生涯。
1892 年（28 歲） Georg Simmel 出版《歷史哲學的問題》	春季　Marianne 到韋伯家長住，兩人關係變得密切。 夏季　接替他在柏林大學的老師 Goldschmidt 上課。 秋季　到德國南部探訪因精神耗弱而住院療養的表妹 Emmy〔她自認是韋伯的未婚妻〕。 服完最後一段兵役。 出版調查報告《德國易北河東部農民情況》（*Die Lage der Landarbeiter im ostelbischen Deutschland*）。
1893 年（29 歲）	1 月 11 日　Marianne 拒絕 Paul Göhre 的求婚，因此和韋伯的母親有衝突。 和 Marianne Schnitger 訂婚。 9 月 20 日　和 Marianne Schnitzger 在 Oerlinghausen 結婚。 受聘傅萊堡（Freiburg）大學經濟學和財政研究正式教授。但是 Althoff 還努力希望柏林大學能聘他擔任商法的教授。
1894 年（30 歲）	秋季　轉往傅萊堡大學擔任政治經濟學教授。 出版《易北河東部農民情況的發展趨勢》（*Entwicklungstendenz in der Lage der ostelbischen Landarbeiter*）。
1895 年（31 歲）	5 月 13 日　在傅萊堡大學發表就職演講〈民族國家和國民經濟政策〉（Der Nationalstaat und die Volkswissenschaftspolitik）。 8-10 月　遊歷英格蘭、蘇格蘭和愛爾蘭。

年代	生平與著作
1896 年（32 歲）	轉往海德堡大學任教，接替 Karl Knies（1821-1898）遺缺。 因為嚴厲批評新的證券交易法獲邀到邦議會（Bundesrat）演講，並獲邀成為穀物貿易委員會委員。 出版《古代文化沒落的社會原因》（*Die sozialen Gründe de des Untergang der antiken Kultur*）。
1897 年（33 歲）	夏季　韋伯一家遷往海德堡。 7 月 14 日　和父親激烈爭吵。 8 月 10 日　父親逝世。不久，韋伯一家人到西班牙旅行。 拒絕擔任薩爾布呂根（Saarbrücken）議會候選人。
1898 年（34 歲） Bismarck 過世	春季　發現精神病徵兆，到日內瓦湖畔治療〔或作 1897 年，見 Aron（1968: 305）〕。 夏季　無法正常工作，到康斯坦斯（Konstanz）的診所治療。 年底前　疾病復發。 為治病散心，遊歷瑞士。
1899 年（35 歲）	免除教學職務，但仍需負擔學術義務。 橫越阿爾卑斯山到威尼斯。 秋　恢復上課。但不久又復發。 冬　辭職。
1900 年（36 歲） Georg Simmel《金錢哲學》出版 Sigmund Freud《夢的解析》出版	7 月 2 日　在烏拉赫（Urach）精神診療所治療。
1901 年（37 歲）	3 月　遊歷羅馬及義大利南部。 夏　遊歷瑞士。 秋冬　回到義大利。
1902 年（38 歲） Werner Sombart 出版《近代資本主義》第一版 Heinrich Rickert 出版《自然科學概念建構的限度》	3 月至 4 月　從羅馬轉往佛羅倫斯。 4 月 20 日　回到海德堡慶祝 38 歲生日。 12 月　遊歷義大利里維拉（Rivera）。 恢復在海德堡大學上課，但已經不復往昔活躍。 寫作批判 Roscher 和 Knies 的方法學論文。

年代	生平與著作
1903 年（39 歲）	夏天　遊歷羅馬、荷蘭和比利時。 10 月　重遊荷蘭。 10 月 1 日　辭去教職，轉任榮譽教授（Honorarprofessor）。 和宋巴特（Werner Sombart）、雅飛（Edgar Jaffé）接收《社會立法與統計學報》（*Archiv für soziale Gesetzgebung und Statistik*）改名為《社會科學與社會政策學報》（*Archiv für Sozialwissenschaft und Sozialpolitik*）。 開始撰寫〈基督新教倫理與資本主義精神〉（*Die protestantische Ethik und der »Geist« des Kapitalismus*） 出版〈羅雪和柯尼斯以及歷史經濟學的邏輯問題〉（Roscher und Knies und die logischen Knies und die logischen Probleme der historischen Nationalökonomie）第一部分〔第二部分 1905 年出版；第三部分 1906 年出版〕。
1904 年（40 歲）	8 月　受到哲學家兼心理學家 Hugo Münsterberg 之邀和 Troeltsch、Ferdinand Tönnies 遊歷美國，參加在 St. Louis 舉行的萬國博覽會中的世界學術會議，對新世界印象深刻。 在聖路易發表〈德國農民問題的今昔〉（German Agrarian Problems in the Past and Present）的演講。 12 月　返回德國。 和 Sombart、Jaffé 擔任《社會科學與社會政策學報》的編務。 參加「Eranos 圈」。 出版〈社會科學和社會政策知識的「客觀性」〉（*Die "Objektivität" sozialwissenschaftlicher und sozialpolitischer Erkenntnis*）。
1905 年（41 歲） 1 月 9 日　俄國聖彼德堡爆發革命，史稱「血腥周日」	2 月 23 日　在 Eranos 圈提出「基督新教倫理」的報告。 9 月 27 日　參加在 Mannheim 舉行的「社會政策聯合會」（Verein für Sozialpolitik）會議，替年初魯爾區礦工罷工辯護。 俄國革命激起對沙皇帝俄的興趣，開始學習俄文，以便閱讀原始文件。 出版〈基督新教倫理與資本主義精神〉（Die protestantische Ethik und der »Geist« des Kapitalismus）第一部分〈問題〉（Das Problem）。 出版〈基督新教倫理與資本主義精神〉第二部分〈禁慾新教的天職觀〉（Die Berufsidee des asketischen Protestantismus）。 出版〈羅雪和柯尼斯以及歷史經濟學的邏輯問題〉第二部分。
1906 年（42 歲）	10 月　參加社會民主黨大會，注意到該黨小資產階級的本質。 11 月　遊歷西西里，並到 Turin 訪問 Robert Michels。 出版〈農村社群和其他社會科學的關係〉（The Relation of the Rural Community to Other Branches of Social Science）〔由 Ch. W. Seidenadel 英譯〕。

年代	生平與著作
	出版〈羅雪和柯尼斯以及歷史經濟學的邏輯問題〉第三部分。 出版〈文化科學的邏輯的範圍的批判研究〉（Kritische Studien auf dem Gebiet der kulturwissenschaftlichen Logik）。 出版〈「教會」與「教派」〉（»Kirchen« und »Sekten«）以及〈北美的「教會」和「教派」〉（»Kirchen« und »Sekten« in Nordamerika）。 出版有關俄國的文章。
1907 年（43 歲） Marianne Weber 出版《法律發展上的妻子與母親》（*Ehe-frau und Mutter in der Rechts- entwicklung*）	春季　家人遊歷 Lake Como。 夏季　家人遊歷荷蘭。 參加「社會政策聯合會」會議，批評皇帝和社會民主黨人。 在海德堡家中，座客常滿：Emil Lask、Gertrud Bäumer、Wilhelm Windelband、Georg Jellinek、Troeltsch、Friedrich Naumann、Werner Sombart、Georg Simmel、Robert Michels 和 Ferdinand Tönnies，並指導年輕學子 Paul Honigsheim、Karl Jaspers、Georg Lukács 和 Karl Löwenstein。詩人 Stefan George 也常在座。 出版〈許塔姆勒對唯物史觀的「戰勝」〉（R. Stammlers »Überwindung« der materialistischen Geschichtsauffassung）。
1908 年（44 歲） 弟弟 Alfred 受聘於海德堡大學	夏天　遊歷普羅旺斯和佛羅倫斯。 秋天　到 Oerlinghausen 和親戚長住，並因為他的〈工業勞動的心理物理學〉（Zur Psychophysik der industriellen Arbeit）而研究當地工廠。 Marianne 從娘家繼承一份遺產，讓韋伯家躋身有財產的布爾喬亞階級之列。 參加國家自由黨大會。 對工業心理學產生興趣，發表三篇相關論文。 出版〈邊際效用理論和「心理物理學的基本原理」〉（Die Grenznutzlehre und das »psychophysische Grundgesetz«） 出版〈工業勞動的心理物理學〉（-1909）。
1909 年（45 歲） 弟弟 Alfred 出版《論工業的立場：純立場論》（*Über den Standort der Industrie: Reine Theorie des Standorts*）	6 月 13 日　經 Emil Lask 介紹認識鋼琴家 Mina Tobler（1880-1967）。 接任《社會經濟學大綱》（*Grundriss der Sozialökonomie*）主編。 加入新成立的海德堡科學院。 在黑森林避暑。 參加在維也納召開的「社會政策聯合會」大會。 出版〈古代農業情況〉（Agrarverhältnisse im Altertum）。 開始撰寫《經濟與社會》（*Wirtschaft und Gesellschaft*）
1910 年（46 歲） 10 月　德國社會學社在法蘭克福召開第一次大會	春季　遊覽義大利。 4 月　和 Troeltsch 一家搬入外祖父在海德堡的舊居。 夏季　遊歷英格蘭。 10 月　積極參與籌備德國社會學社會議，並在大會上反對種族主義。

年代	生平與著作
	12 月　嚴厲反駁〈基督新教倫理〉的批評者。並和 Arnold Ruge 展開論戰。 認識 Stefan George、Georg Lukács，以及 Ernst Bloch。
1911 年（47 歲） Sombart 演講〈猶太人的未來〉（Die Zukunft der Juden） 出版《猶太人與經濟生活》（*Die Juden und das Wirtschaftsleben*）	春季　遊歷義大利，到 Turin 拜訪 Robert Michels。 9 月　遊覽巴黎。 10 月 12-13 日　在第四屆德國大學教師會議上批評當時的「Althoff 體制」以及引進商學院。此事在報上引起軒然大波。 創立「威廉皇帝科學促進社」（Kaise Wihelm Society for the Advancement of Society）〔後來更名為「普朗克社」（Max Planck Society）〕。 和 Else Jaffé 發生長達四年的婚外情。曾留下許多書信，其中比較親密的都已經燒毀，剩餘的書信由姪子 Eduard Baumgarten 收藏。
1912 年（48 歲） Troeltsch 出版《天主教教會和團體的社會教義》 10 月　德國社會學社召開第二次大會	春天　遊歷普羅旺斯。 夏天　和 Mina Tobler 一同參加 Bayreuth 音樂節。 10 月　Adolf Koch 控告韋伯。
1913 年（49 歲） Sombart 出版《資產階級》（*Der Bourgeois*） Jaspers 出版《普通心理病理學》（*Allgemeine Psychopathologie*）	春天　遊歷瑞士 Ascona 的 MonteVerità〔真理山〕社區，該處社區強調回歸自然。 秋天　和 Marianne 遊歷義大利中部。
1914 年（50 歲） 第一次世界大戰開始 妹夫 Hermann Schäfer 在東線戰場陣亡	春天　拜訪 Ascona 以及蘇黎世。 在「社會政策聯合會」中的一個委員會中辯論「免於價值判斷」問題〔Lassman（1994: xxx）作 1913〕。 戰爭發生後，在海德堡附近的醫院服務。
1915 年（51 歲） 友人 Emil Lask 及弟弟 Karl 陣亡 Friedrich Naumann 出版《中歐》（*Mitteleuropa*）	9 月 30 日　因專業化的要求，韋伯退出醫院的服務。 透過 Else Jaffé 的推薦，擔任駐比利時德軍的經濟政策顧問，但未被任用。到柏林希望擔任波蘭問題的顧問，也沒被接受。 專心研究東方宗教。 出版《世界宗教的經濟倫理》（*Die Wirtschaftsethik der Weltreligion*）的前三部分：〈宗教社會學大綱〉（Religionssoziologische Skizzen）、〈導言〉（Einleitung）和〈儒教〉（Konfuzianismus）。

年代	生平與著作
1916 年 2 月　Friedrich Naumann 成立「中歐工作委員會」（Arbeitsausschuss für Mitteleuropa） 布連塔諾（Lujo Brentano）出版《近代資本主義的起源》	3 月　撰文批評德國日益強化的潛艇戰，但並未出版。 5 月　因為加入 Friedrich Naumann 的「中歐工作委員會」（Arbeitsauschuss[1] für Mitteleuropa），企圖整合中歐各國的風俗和經濟成為一個共同體，因而前往維也納和布達佩斯。
1916-1917 年（52-53 歲） 宋巴特出版《近代資本主義》第二版	出席布魯塞耳、維也納和布達佩斯舉行的非正式會議，並數次企圖說服德國領袖，避免戰爭的延續，並預測蘇聯未來的威脅。 出版《世界宗教的經濟倫理》的第四部分〈印度教和佛教〉（Hinduismus und Buddhismus）
1917 年（53 歲） 俄國大革命 4 月 6 日　美國向德國宣戰	在《法蘭克福報》（*Frankfurter Zeitung*）上撰文批評政府政策以及普魯士和德國關係而和軍事檢察機構發生衝突。 5 月　參加社會主義和和平主義學生主辦的「勞恩斯坦會議」（Lauenstein Conferences）。 9 月 20 日　在《慕尼黑新新聞》（*Münchner Neueste Nachrichten*）上撰文批評「德國祖國黨」（German Fatherland Party）。 10 月　遊歷維也納，研議維也納大學經濟學講座聘任的邀約。 11 月 7 日　演講〈學術當作一種志業〉（Wissenschaft als Beruf）〔此處根據 Wolfgang Schluchter（1979: 113-116）考證〕。 出版〈社會學和經濟學中「價值中立」的意義〉（Der Sinn der »Wertfreiheit« der soziologischen und Wissenschaften）。 出版《世界宗教的經濟倫理》第五部分〈古代猶太教〉（Das antiken Judentum）中的第一個小部分〔其餘的部分一直連載到韋伯身後才完成〕。
1918 年（54 歲） 11 月　Kurt Eisner 推翻巴伐利亞 Wittelsbach 王朝 Edgar Jaffé 成為 Kurt Eisner 巴伐利亞革命政府的財政部長	4 月　到維也納大學教授暑期班。 6 月 13 日　向奧地利軍官演講社會主義。 受到 Friedrich Naumann 和弟弟 Alfred 的人情壓力，成為德國民主黨發起人。 以非正式的身分參與討論未來威瑪共和國的憲法。 冬　在慕尼黑大學演講。

1 Radkau（2009: 569）誤將此字寫成 Arbeitschuss。

年代	生平與著作
1919 年（55 歲） 2 月 21 日　Kurt Eisner 被刺身亡 第一次世界大戰結束 召開巴黎和會 訂定凡爾賽和約 第三國際在莫斯科成立	1 月 28 日　演講〈政治當作一種志業〉（Politik als Beruf）。 2 月　在德國前總理 Max von Baden 王儲的建議下，在韋伯家成立「海德堡法律政策聯合會」（Heidelberger Vereinigung für eine Politik des Rechts），以對抗德國戰爭罪責的問題。 3 月 11 日　在一場海德堡學生抗議盟軍和平條件的場合中，韋伯提出需要一場國族革命。 4 月　和 Mina Tobler 結束關係。 5 月 13 日　參加德國代表團《凡爾賽和約》的簽訂。並往柏林勸德軍主將 Ludendorff 接受盟軍法庭審判。 6 月　轉任慕尼黑大學任教，繼受 Lujo Brentano 的講座，教授社會科學、經濟史和政治經濟學。 8 月　被選為德國民主黨執行委員會委員。 10 月 14 日　母親過世。 教授「經濟史」（Wirtschaftsgeschichte）。 起草威瑪共和國憲法。 繼續寫作《經濟與社會》（*Wirtschaft und Gesellschaft*）
1920 年（56 歲） 國際聯盟成立	1 月中旬　和右派學生因為刺殺 Kurt Eisner 的兇手 Count Arco 執行死刑一事而起衝突。 4 月　妹妹 Lili 自殺身亡。收養妹妹的四個孩子。 校訂出版《宗教社會學論文集》（*Gesammelte Aufsätze zur Religionssoziologie*）第一卷並撰寫〈前言〉（Vorbemerkung）〔第二、三卷都在韋伯死後出版〕。 出版〈基督新教教派和資本主義的精神〉（Die protestantischen Sekten und der Geist des Kapitalismus）。 6 月 14 日　因肺炎在慕尼黑逝世。
1921 年	出版《宗教社會學論文集》第二、三卷。 Marianne Weber 編輯出版《政治論文集》（*Gesammelte politische Schriften*）。 出版《經濟與社會》第一、二部分。 出版〈城市：一個社會學的研究〉（Die Stadt: Eine soziologische Untersuchung）。 出版《音樂的理性的和社會學的基礎》（*Die rationalen und soziologischen Grundlagen der Musik*）。
1922 年	Marianne Weber 編輯出版《科學學（方法論）論文集》（*Gesammelte Aufsätze zur Wissenschaftslehre*）。 出版《經濟與社會》第三、四部分。

年代	生平與著作
	出版〈合法宰制的三種純粹型式〉（Die drei reinen Typen der legitimen Herrschaft: Eine soziologische Studie）。 出版〈增補許塔姆勒對唯物史觀的「戰勝」〉（Nachtrag zu dem Aufsatz über R. Stammlers »Überwindung« der materialistischen Geschichtsauffassung）。
1923 年	S. Hellmann 和 H. Palyi 合編出版《經濟史：普遍的社會經濟史大綱》（*Wirtschaftsgeschichte: Abriß der universalen Sozial- und Wirtschaftsgeschichte. Aus den nachgelassenen Vorlesungen*）。
1924 年	Marianne Weber 編輯出版《社會學和社會政策論文集》（*Gesammelte Aufsätze zur Soziologie und Sozialpolitik*）。 Marianne Weber 編輯出版《社會經濟史論文集》（*Gesammelte Aufsätze zur Sozial- und Wirtschaftsgeschichte*）。
1926 年	Marianne Weber 出版《韋伯傳》（*Max Weber: Ein Lebensbild*）。
1936 年	Marianne Weber 編輯出版《韋伯：青年書簡》（*Max Weber: Jugendbriefe*）。
1981 年 -	《韋伯全集》（*Max Weber Gesamtausgabe*）33 冊陸續出版。

附錄二
韋伯的思想脈絡

前輩

羅雪（Wilhelm Roscher, 1817-1894）
柯尼斯（Karl Knies, 1821-1898）
許塔姆勒（Rudolf Stammmler, 1856-1938）
許莫勒（Gustav Schmoller, 1838-1917）
尼采（Friedrich Wilhelm Nietzsche, 1844-1900）
馬克思（Karl Marx, 1818-1883）

同輩

特略區（Ernst Troeltsch, 1865-1923）
杜尼斯（Ferdinand Tönnies, 1855-1936）
齊美爾（Georg Simmel, 1858-1918）
耶林內克（Georg Jellinek, 1851-1911）
李克特（Heinrich Rickert, 1863-1936）
宋巴特（Werner Sombart, 1863-1941）
布連塔諾（Lujo Brentano, 1844-1931）
拉赫法（Felix Rachfahl, 1867-1925）
費雪（H. Karl Fischer, 1879-1975）

晚輩

雅斯培（Karl Theodor Jaspers, 1883-1969）
盧卡奇（Georg Lukács, 1885-1971）
帕深思（Talcott Parsons, 1902-1979）
舒茲（Alfred Schutz, 1899-1959）
哈伯瑪斯（Jürgen Habermas, 1929-）

附錄三
韋伯的主要著作脈絡

說明

韋伯的主要著作已經列在附錄二的年表中。此處則根據韋伯身後四年中由瑪莉安娜主編的幾本韋伯論文集爲基礎，條列出相應的英文和中文譯本，以供讀者想進一步閱讀韋伯時參考。

比較完整的韋伯文獻會在 1981 年開始陸續出版的《韋伯全集》（*Max Weber Gesamtausgabe*）中問世。這個版本特別重要的是對於各版文本的對照比較和索引檢索，以及以前未出版的相關書信。

韋伯的德文詳細書目參見 Dirk Käsler（1975; 1988: 235-275）。有關韋伯的英譯原典和英文二手文獻，參見 Peter Kivisto 和 William H. Swatos, Jr.（1988）和 Alan Sica（2004）。有關 1990 年以前韋伯原典的中譯和中文二手資料，參考湯志傑編（1990）。

以下根據完整書名〔我儘量貼近原文翻譯，並不一定和現行中譯本書名相同〕、寫作時間、出版時間，以及內容及相關中英譯本的項目，逐年條列如下：

《中世紀商社史：以南歐資料爲根據》（***Zur Geschichte der Handelsgesellschaften im Mittelalter: Nach südeuropäischen Quellen***）

寫作時間：不詳

出版時間：1889 年

〔英譯本〕

The History of Commercial Partnerships in the Middle Ages. Tr. by Lutz Kaelber. Lanham, MD.: Rowman & Littlefield. 2003.

〔中譯本〕

《中世紀商業合夥史》，陶永新譯，上海：東方出版中心，2010。〔根據英譯本轉譯〕

備註：博士論文。收入：Marianne Weber 主編，1924，《社會經濟史論文集》（*Gesammelte Aufsätze zur Sozial- und Wirtschaftsgeschichte*）中。

《羅馬農業史對國家法和私法的重要性》（***Die römische Agrargeschichte in ihrer Bedeutung für das Staat- und Privatrecht***）

寫作時間：不詳

出版時間：1891 年

備註：教授資格論文（Habilitationsschrift）。

《宗教社會學論文集》（***Gesammelte Aufsätze zur Religionssoziologie***）三卷

〔第一卷〕

寫作時間：1905-1920 年

出版時間：1920 年由 Max Weber 本人修訂編輯出版並加寫「前言」

目錄：

前言（Vorbemerkung）〔1920年撰寫〕

〔英譯本〕

1. "Author's Introduction," Tr. by Talcott Parsons. In *The Protestant Ethic and the Spirit of Capitalism.* New York: Charles Scribner's. 1958. pp. 13-31.
2. "Prefactory Remarks to the Collected Essays in the Sociology of Religion (1920)," in *The Protestant Ethic and the Spirit of Capitalism and Other Writings.* Trs. by Peter Baehr and Gordon C. Wells. New York: Penguin. 2002. pp. 356-372.
3. "Max Weber's 'Prefactory Remarks' to Collected Essays in the Sociology of Religion (1920)," Tr. by Stephen Kalberg. In *The Protestant Ethic and the Spirit of Capitalism.* Third Roxbury Edition. Los Angeles: Roxbury Publishing Co. 2002. pp. 149-164.
4. "Prefactory Remarks to Collected Essays in the Sociology of Religion (1920)," in *The Protestant Ethic and the Spirit of Capitalism with Other Writings on the Rise of the West.* Fourth Edition. Tr. by Stephen Kalberg. New York: Oxford University Press. 2009. pp. 205-220.
5. "Author's Introduction," in *The Protestant Ethic and the Spirit of Capitalism.* Tr. by Talcott Parsons. Ed. by Richard Swedberg (A Norton Critical Edition). New York: W. W. Norton. 2009. pp. 3-13.
6. "Prefactory Remarks to Collected Essays in the Sociology of Religion (1920)," in *The Protestant Ethic and the Spirit of Capitalism* (The Revised 1920 Edition). Tr. by Stephen Kalberg. New York: Oxford University Press. 2011. pp. 233-250.
7. "Prefactory Remarks to the Collected Essays in the Sociology of Religion," Tr. by Sam Whimster. In Sam Whimster. Ed. *The Essential Weber: A Reader.* London: Routledge. pp. 101-116.

〔中譯本〕

1. 〈著者補論〉。張漢裕譯，收入其所譯《基督新教的倫理與資本主義的精神》。臺北：協志。1960。第89-98頁。（有刪節）
2. 〈作者導論〉。黃曉京和彭強合譯，收入其所譯《基督新教的倫理與資本主義的精神》。成都：四川人民。1986。第11-30頁。
3. 〈導論〉。于曉譯，收入于曉等人合譯《新教倫理與資本主義精神》。北京：三聯，1987。第4-19頁。
4. 〈作者導論〉。黃曉京和彭強合譯，收入其所譯《基督新教的倫理與資本主義的精神》。臺北：唐山。1987。第7-21頁。
5. 〈導論〉。于曉譯，收入于曉等人合譯《新教倫理與資本主義精神》。臺北：谷風。1988。第1-17頁。
6. 〈資本主義精神與理性化〉。康樂譯，收入康樂和簡惠美合譯，《宗教與世界．韋伯選集（II）》。臺北：遠流。1989。第37-52頁。（有刪節）

7.〈西方文明的獨特性〉。譯者不詳，收入《文明的歷史腳步——韋伯論文精選》，孫大川審譯。臺北：結構群。1989。第 1-12 頁。（節譯）
8.〈《宗教社會學論文集》導論〉。于曉譯，收入韓水法編，《韋伯文集》，上冊。北京：中國廣播電視。2000。第 233-250 頁。
9.〈前言〉。于曉譯，收入于曉等人合譯《新教倫理與資本主義精神》。臺北：左岸。2001。第 1-13 頁。
10.〈前言〉。收入《基督新教倫理與資本主義精神》，康樂和簡惠美合譯。臺北：遠流。2007。第 1-19 頁。
11.〈導論〉。收入《新教倫理與資本主義精神》（全譯本），龍婧譯。北京：群言。2007。第 1-18 頁。
12.〈作者導言〉。收入《新教倫理與資本主義精神》（英漢對照），李修建和張雲江合譯。北京：九州。2007。第 3-31 頁。
13.〈導論〉。收入《新教倫理與資本主義精神》（全彩插圖本），陳平譯。西安：陝西師範大學。2007。第 12-38 頁。
14.〈作者前言〉。收入《新教倫與與資本主義精神》（修訂版），于曉等人合譯。臺北：左岸。2008。第 20-36 頁。
15.〈宗教社會學序言〉。收入《新教倫理與資本主義精神》，閻克文譯。上海：人民。2010。第 157-169 頁。
16.〈導論〉。收入《新教倫理與資本主義精神》，鄭志勇譯。南昌：江西人民。2010。第 1-20 頁。
17.〈宗教社會學論文集‧緒論〉。收入《新教倫理與資本主義精神》，蘇國勳、覃方明、趙立瑋和秦明瑞合譯。北京：社會科學文獻。2012。第 1-14 頁。〔根據羅克斯伯里第三版〕
18.〈作者引言〉。收入《新教倫理與資本主義精神》，馬其炎和陳婧合譯。北京：北京大學。2012。第 1-21 頁。
19.〈導論〉。收入《新教倫理與資本主義精神》，龍婧譯。合肥：安徽人民。2012。第 1-18 頁。

備註：1920 年撰寫，為《宗教社會學論文集》及系列的總導論。

基督新教的倫理與資本主義的精神（Die protestantische Ethik und der Geist des Kapitalismus）

I. 問題（Das Problem）
1. 教派與社會階層（Konfession und soziale Schichtung）
2. 資本主義的「精神」（Der »Geist« des Kapitalismus）
3. 路德的天職觀：研究的任務（Luthers Berufskonzeption. Aufgabe der Untersuchung）

II. 禁慾新教的天職倫理（Die Berufsethik des asketischen Protestantismus）
1. 內心禁慾的宗教基礎（Die religiösen Grundlagen der innerweltlichen Askese）
2. 禁慾與資本主義的精神（Askese und kapitalistischer Geist）

〔英譯本〕

1. *The Protestant Ethic and the Spirit of Capitalism.* Tr. by Talcott Parsons, with a preface by R. H. Tawney. London: Allen & Unwin. 1930. First Paperback Edition. 1958.
2. *The Protestant Ethic and the Spirit of Capitalism.* Tr. by Talcott Parsons, with a New Introduction by Anthony Giddens. New York: Charles Scribner's. 1976.
3. *The Protestant Ethic and the Spirit of Capitalism.* Tr. by Talcott Parsons, with a New Introduction by Anthony Giddens. London: Routledge. 1992.
4. *The Protestant Ethic and the Spirit of Capitalism* (2nd Roxbury Edition). Tr. by Talcott Parsons, with a new introduction by Randall Collins. Los Angeles: Roxbury Publishing Company. 1998.
5. *The Protestant Ethic and the Spirit of Capitalism* (3nd Roxbury Edition). Tr. by Stephen Kalberg. Los Angeles: Roxbury Publishing Company. 2002.
6. *The Protestant Ethic and the Spirit of Capitalism and Other Writings.* Trs. by Peter Baher and Gordon C. Wells. New York: Penguin. 2002.
7. *The Protestant Ethic and the Spirit of Capitalism with Other Writings on the Rise of the West.* Fourth Edition. Tr. by Stephen Kalberg. New York: Oxford University Press. 2009.
8. *The Protestant Ethic and the Spirit of Capitalism.* Tr. by Talcott Parsons. Ed. by Richard Swedberg (A Norton Critical Edition). New York: W. W. Norton. 2009.
9. *The Protestant Ethic and the Spirit of Capitalism* (The Revised 1920 Edition). Tr. by Stephen Kalberg. New York: Oxford University Press. 2011.

〔中譯本〕

1.《基督新教的倫理與資本主義的精神》。張漢裕節譯。臺北：協志。1960。（附註未譯出）
2.《基督新教的倫理與資本主義的精神》。黃曉京和彭強合譯。臺北：唐山（繁體字本）。1987。（附註未譯出）
3.《新教倫理與資本主義精神》。于曉、陳維綱等合譯。臺北：谷風（繁體字本）。1988。（全譯本）
4.《新教倫理與資本主義精神》。于曉、陳維綱等合譯，馬國明導讀。臺北：唐山（繁體字本）。1991。（全譯本）
5.《新教倫理與資本主義精神》。于曉等人合譯，顧忠華審定，張旺山導讀。臺北：左岸。2001。
6.《基督新教倫理與資本主義精神》。康樂和簡惠美合譯。臺北：遠流。2007。
7.《新教倫理與資本主義精神》（全譯本）。龍婧譯。北京：群言。2007。
8.《新教倫理與資本主義精神》（英漢對照）。李修建和張雲江合譯。北京：九州。2007。
9.《新教倫理與資本主義精神》（全彩插圖本）。陳平譯。西安：陝西師範大學。2007。
10.《新教倫理與資本主義精神》。康樂和簡惠美合譯。桂林：廣西師範大學。2007。
11.《新教倫與與資本主義精神》（修訂版）。于曉等人合譯。臺北：左岸。2008。

12.《新教倫理與資本主義精神》。趙勇譯。西安：陝西人民。2009。
13.《新教倫理與資本主義精神》。閻克文譯。上海：人民。2010。
14.《新教倫理與資本主義精神》。鄭志勇譯。南昌：江西人民。2010。（未譯注釋，譯者自行作注）
15.〈禁欲主義和資本主義精神〉。收入《學術貴族與政治飯碗》，劉富勝和李君華合譯。北京：光明日報。2010。第 97-201 頁。（節譯本，未譯注釋）
16.《新教倫理與資本主義精神》。康樂和簡惠美合譯。桂林：廣西師範大學。2011。
17.《新教倫理與資本主義精神》。蘇國勳、覃方明、趙立瑋和秦明瑞合譯。北京：社會科學文獻。2012。（根據羅克斯伯里第三版）
18.《新教倫理與資本主義精神》。馬其炎和陳婧合譯。北京：北京大學。2012。（未譯注釋）
19.《新教倫理與資本主義精神》。龍婧譯。合肥：安徽人民。2012。

備註：1905 年發表，1920 年增訂出版。

基督新教教派與資本主義精神（Die protestantischen Sekten und der Geist der Kapitalismus）

〔英譯本〕

1. "The Protestant Sects and the Spirit of Capitalism," Trs. by Hans H. Gerth and C. Wright Mills. In Hans H. Gerth and C. Wright Mills. Eds. *From Max Weber: Essays in Sociology.* Oxford: Oxford University Press. 1946. pp. 302-322.
2. "'Church' and 'Sects' in North America: An Ecclesiastical Socio-Political Sketch," Tr. by Colin Loader. *Sociological Theory*, 3: 1-13.
3. "'Church' and 'Sects' in North America," in *The Protestant Ethic and the Spirit of Capitalism and Other Writings.* Trs. by Peter Baehr and Gordon C. Wells. New York: Penguin. 2002. pp. 203-220.（根據 1905 年版）
4. "The Protestant Sects in America and the Spirit of Capitalism," in *The Protestant Ethic and the Spirit of Capitalism with Other Writings on the Rise of the West*. Fourth Edition. Tr. by Stephen Kalberg. New York: Oxford University Press. 2009. pp. 185-199.
5. "The Protestant Sects and the Spirit of Capitalism," in *The Protestant Ethic and the Spirit of Capitalism* (The Revised 1920 Edition). Tr. by Stephen Kalberg. New York: Oxford University Press. 2011. pp. 209-226.

〔中譯本〕

1.〈新教教派與資本主義精神〉。閻克文譯，收入《新教倫理與資本主義精神》，于曉等人合譯。臺北：左岸。2001。第 252-286 頁。
2.〈新教教派與資本主義精神〉。收入《基督新教倫理與資本主義精神》，康樂和簡惠美合譯。臺北：遠流。2007。第 229-261 頁。
3.〈新教教派與資本主義精神〉。收入《新教倫理與資本主義精神》，康樂和簡惠美合譯。桂林：廣西師範大學。2007。第 191-221 頁。

4.〈新教教派與資本主義精神〉。閻克文譯，收入《新教倫理與資本主義精神》（修訂版），于曉等人合譯。臺北：左岸。2008。第 272-306 頁。
5.〈新教教派與資本主義精神〉，〈世界性諸宗教的經濟倫理——宗教社會學比較研究導論〉。收入《馬克斯・韋伯社會學文集》，閻克文譯。北京：人民。2010。第 282-307 頁。
6.〈新教教派與資本主義精神〉。收入《新教倫理與資本主義精神》，蘇國勳、覃方明、趙立瑋和秦明瑞合譯。北京：社會科學文獻。2012。第 121-140 頁。（根據羅克斯伯里第三版）

世界宗教的經濟倫理（Die Wirtschaftsethik der Weltreligionen）
導論（Einleitung）
〔英譯本〕
1. "The Social Psychology of the World Religion," Trs. by Hans H. Gerth and C. Wright Mills. In Hans H. Gerth and C. Wright Mills. Eds. *From Max Weber: Essays in Sociology.* Oxford: Oxford University Press. 1946. pp. 267-301.
2. "Introduction to the Economic Ethics of the World Religions," Tr. by Sam Whimter. In Sam Whimster. Ed. *The Essential Weber: A Reader*. London: Routledge. 2004. pp. 55-80.

〔中譯本〕
1.〈比較宗教學導論——世界諸宗教之經濟倫理〉。簡惠美譯，收入《宗教與世界・韋伯選集（II）》，簡惠美、康樂合譯。臺北：允晨。1989。第 53-99 頁。
2.〈導論（《世界宗教的經濟倫理》）〉。王容芬譯，收入《儒教與道教》。北京：商務。1995。第 3-40 頁。
3.〈《世界宗教的經濟倫理》導論〉。王容芬譯，收入韓水法編，《韋伯文集》，下冊。北京：中國廣播電視。2000。第 3-42 頁。
4.〈比較宗教學導論——世界諸宗教之經濟倫理〉。簡惠美譯，收入《韋伯作品集（V）：中國的宗教 / 宗教與世界》。桂林：廣師師範大學。2004。第 461-503 頁。
5.〈世界性諸宗教的經濟倫理——宗教社會學比較研究導論〉。收入《馬克斯・韋伯社會學文集》，閻克文譯。北京：人民。2010。第 251-281 頁。

儒教與道教（Konfuzianismus und Taoismus）
I. 社會學的基礎（Soziologische Grundlagen）：
A. 城市、諸侯和神祇（Stadt, Fürst und Gott）
II. 社會學的基礎（Soziologische Grundlagen）：
B. 封建和俸祿國家（Feudaler und präbendabler Staat）
III.社會學的基礎（Soziologische Grundlagen）：
C. 行政與農業情況（Verwaltung und Agrarverfassung）
IV.社會學的基礎（Soziologische Grundlagen）：
D. 自治、法律和資本主義（Selbstverwaltung, Recht und Kapitalismus）

V. 文人階層（Der Literatenstand）

VI. 儒家的生命態度（Die konfuzianische Lebensorientierung）

VII. 正統與異統（道家）（Orthodoxie und Heterodoxie（Taoismus））

VIII. 結論：儒教和清教（Resultat: Konfuzianismus und Puritanismus）

〔英譯本〕

1. "Confucianism and Puritanism Compared," Tr. by Sam Whimster. In Sam Whimster. Ed. *The Essential Weber: A Reader.* London: Routledge. p. 54.
2. *Religion of China: Confucianism and Taoism.* Tr. by Hans H. Gerth. Glencoe, Ill.: The Free Press. 1951. p.308 With an introduction by C. K. Yang. New York: The Free Press. 1964.

〔中譯本〕

1. 《中國的宗教：儒教與道教》。簡惠美和康樂合譯。臺北：遠流。1989。（1996 年修訂版）
2. 《儒教與道教》。洪天富譯。江蘇：江蘇人民。1993。
3. 《儒教與道教》。王容芬譯。北京：商務。1995。
4. 《中國的宗教：儒教與道教》。簡惠美和康樂合譯，收入《韋伯作品集（V）：中國的宗教／宗教與世界》。桂林：廣師師範大學。2004。第 3-334 頁。
5. 《儒教與道教》（全譯彩圖本）。張登泰和張恩富合譯。北京：人民日報。2007。
6. 《儒教與道教：世界宗教的經濟倫理》。王容芬譯。桂林：廣西師範。2008。
7. 《儒教與道教》。洪天富譯。江蘇：江蘇人民。2008。
8. 《中國的宗教：儒教與道教》。康樂和簡惠美合譯。桂林：廣西師範大學。2010。
9. 《儒教與道教》。洪天富譯。南京：江蘇人民。2010。
10. 《儒教與道教》。悅文譯。西安：陝西師範。2010。
11. 《儒教與道教：世界宗教的經濟倫理》（最新修訂版）。王容芬譯。北京：中央編譯社。2012。
12. 《儒教與道教》。富強譯。安徽：安徽人民。2012。

間論：宗教拒世的階段和方向的理論（Zwischenbetrachtung: Theorie der Stufen und Richtung religiöser Weltablenung）

理性建構拒世動機的意義（Sinn einer rationalen Konstruktion der Weltablehnungsmotiv）

禁慾和神祕的類型（Typologie der Askese und Mystik）

拒世的方向：經濟的、政治的、美學的、性愛的、知性的範圍（Richtungen der Weltablehnung: ökonomische, politische, ästhetische, erotische, intellektuelle Sphäre）

拒世的階段（Stufen der Weltablehnung）

神義論的三種理性形式（Die drei rationalen Formen der Theodicee）

〔英譯本〕

1. "Religious Rejections of the World and Their Directions," Trs. by Hans H. Gerth and C. Wright Mills. In Hans H. Gerth and C. Wright Mills. Eds. *From Max Weber: Essays in Sociology.* Oxford: Oxford University Press. 1946. pp. 323-359.

2. "Intermediate Reflection on the Economic Ethics of the World Religions: Theory of the Stages and Directions of Religious Rejection of the World," Tr. by Sam Whimster. In Sam Whimster. Ed. *The Essential Weber: A Reader*. London: Routledge. 2004. pp.215-244.

〔中譯本〕

1.〈中間考察——宗教拒世的階段與方向〉。康樂和簡惠美合譯，收入《宗教與世界．韋伯選集（II）》。臺北：遠流。1989。第 101-150 頁。
2.〈過渡研究〉。王容芬譯，收入《儒教與道教》。北京：商務。1995。第 302-337 頁。
3.〈過渡研究〉。王容芬譯，收入韓水法編，《韋伯文集》，下冊。北京：中國廣播電視。2000。第 43-81 頁。
4.〈中間考察——宗教拒世的階段與方向〉。簡惠美譯，收入《韋伯作品集（V）：中國的宗教／宗教與世界》。桂林：廣西師範大學。2004。第 505-550 頁。
5.〈中間考察——宗教拒世及其方向〉。閻克文譯，收入《馬克斯．韋伯社會學文集》。北京：人民。2010。第 251-281 頁。

【第二卷】

寫作時間：1916-1917 年

出版時間：1921 年由 Marianne Weber 編輯出版

目錄：

世界宗教的經濟：第二部分（Die Wirtschaftsethik der Weltreligionen. II）

印度教與佛教（Hinduismus und Buddhismus）

I. 印度的社會制度（Das hinduistische soziale System）

II. 印度知識分子的正統和異統救世說（Die orthodoxen und heterodoxen Heilslehren der indischen Intellektuellen）

III. 亞洲教派的和救世主的宗教性（Die asiatische Sekten-und Heilandsreligiosität）

〔英譯本〕

The Religion of India: Hinduism and Buddhism. Trs. by Hans H. Gerth and Don Martindale. Glencoe, Ill.: The Free Press. 1958.

〔中譯本〕

1.〈作爲經濟停滯因素的印度宗教、種姓和官僚專制政治：種姓和部落〉。譯者不詳，收入《文明的歷史腳步——韋伯論文精選》，孫大川審譯。臺北：結構群。1989。第 80-108 頁。（節譯）
2.《印度教與佛教》，康樂和簡惠美合譯。臺北：遠流。1996。
3.《印度教與佛教》。康樂和簡惠美合譯。桂林：廣西師範。2007。

【第三卷】

寫作時間：1917 年

出版時間：1921 年由 Marianne Weber 編輯出版

目錄：

第三卷前言（Vorwort zum dritten Band）

世界宗教的經濟倫理（Die Wirtschaftsethik der Weltreligionen）

古代猶太教（Das antiken Judentum）

I. 以色列聯邦和耶合華（Die israelitische Eidgenossenschaft und Jahwe）

II. 猶太賤民的出現（Die Entstehung des judischen Pariavolkes）

附錄（Nachtrag）

法利賽人（Die Pharisäer）

〔英譯本〕

Ancient Judaism. Trs. by Hans H. Gerth and Don Martindale. Glencoe, Ill.: The Free Press. 1952.

〔中譯本〕

1.《古猶太教》。康樂和簡惠美合譯。臺北：遠流。2005。

2.《古猶太教》，康樂和簡惠美合譯。桂林：廣西師範。2007。

《政治論文集》（*Gesammelte politische Schriften*）

寫作時間：1895-1919 年

出版時間：1921 年由 Marianne Weber 編輯出版

目錄：

前言（Vorwort）

民族國家和國民經濟政策（1895）（Der Nationalstaat und die Volkswirtschaftspolitik）

〔英譯本〕

1. "Economic Policy and the National Interest in Imperial Germany," Partially Translated by E. Matthew. In W. G. Runciman. Ed. *Max Weber: Selections in Translation*. Cambridge: Cambridge University Press. 1978. pp. 263-268.
2. "The National State and Economic Policy (Freiburg Address)," Tr. by Ben Fowkes. *Economy and Society*, 9, 4 (November 1980): 428-449.
3. "The National State and Economic Policy," Tr. by Ben Fowkes. In Keith Tribe. Ed. *Reading Weber*. London: Routledge. 1989. pp. 188-209.
4. "The Nation State and Economic Policy (Inaugural Lecture)," in Peter Lassman and Ronald Speirs. Eds. *Weber: Political Writings*. Cambridge: Cambridge University Press. 1994. pp. 1-28.

〔中譯本〕

1.〈民族國家與經濟政策〉。甘陽和文一郡合譯，收入甘陽編選，《民族國家與經濟政策：

韋伯文選第一卷》。北京：三聯 / 牛津。1997。第 75-108 頁。

2.〈民族國家與經濟政策〉。甘楊和文一郡合譯，收入韓水法編，《韋伯文集》，下冊。北京：中國廣播電視。2000。第 377-407 頁。

3.〈民族國家與經濟政策〉。閻克文譯，收入彼得．拉斯曼和羅納德．司佩爾斯合編，《韋伯政治著作選》。北京：東方。2009。第 1-23 頁。

俾斯麥的外交政策和當今（1915）（Bismarcks Außenpolitik und die Gegenwart）

論和平結束（1915 年末）（Zur Frage des Friedenschließens）

在兩種法律之間（1916 年月）（Zwischen zwei Gesetzen）

〔英譯本〕

"Between Two Laws," in Peter Lassman and Ronald Speirs. Eds. *Weber: Political Writings*. Cambridge: Cambridge University Press. 1994. pp. 75-79.

〔中譯本〕

〈兩種法則之間〉。閻克文譯，收入彼得．拉斯曼和羅納德．司佩爾斯合編，《韋伯政治著作選》。北京：東方。2009。第 62-65 頁。

惡化的潛艇戰（1916 年月）（Der verschäfte U-Boot-Krieg）

歐洲列強之下的德國（1916 年月）（Deutschland unter den europäischen Weltmächten）

德國的外交和普魯士的內政（1917 年 3 月）（Deutschlands äußere und Preußens innere Politik. I/II）

蘇聯過渡到假像民主（1917 年月）（Rußlands Übergang zur Scheindemokratie）

〔英譯本〕

"Russia's Transition to Pseudo-constitutionalism," Trs. By Gordon C. Wells and Peter Baehr. In Max Weber. *The Russian Revolutions*. Oxford: Polity Press. pp. 240.

〔中譯本〕

〈論俄國的立憲民主形勢〉。閻克文譯，收入彼得．拉斯曼和羅納德．司佩爾斯合編，《韋伯政治著作選》。北京：東方。2009。第 24-61 頁。

重建德國的國會和政府（1917 年夏）（Parlament und Regierung im neugeordneten Deutschland）

〔英譯本〕

"Parliament and Government in Germany under a New Political Order," in Peter Lassman and Ronald Speirs. Eds. *Weber: Political Writings*. Cambridge: Cambridge University Press. 1994. pp. 130-271.

〔中譯本〕

〈新政治秩序下的德國議會與政府〉。閻克文譯，收入彼得．拉斯曼和羅納德．司佩爾斯合編，《韋伯政治著作選》。北京：東方。2009。第 107-217 頁。

德國首相危機的教訓（1917 年月）（Die Lehren der deutschen Kanzlerkrisis）

祖國與祖國的政黨（1917 年月）（Vaterland und die Vaterlandspartei）

巴伐利亞和帝國的國會化（1917 年月）（Bayern und die Parlamentisierung im Reich）

德國的選舉法和民主（1917 年月）（Wahlrecht und Demokratie in Deutschland）

〔英譯本〕

1. “National Character and the Junkers,” Trs. by Hans H. Gerth and C. Wright Mills. In Hans H. Gerth and C. Wright Mills. Eds. *From Max Weber: Essays in Sociology*. New York: Oxford University Press. 1946. pp. 386-392.
2. “Suffrage and Democracy in Germany,” in Peter Lassman and Ronald Speirs. Eds. *Weber: Political Writings*. Cambridge: Cambridge University Press. 1994. pp. 80-129.

〔中譯本〕

〈德國的選舉權與民主〉。閻克文譯，收入彼得．拉斯曼和羅納德．司佩爾斯合編，《韋伯政治著作選》。北京：東方。2009。第 66-106 頁。

內政情況與外交政策（1918 年月）（Innere Lage und Außenpolitik. I/II）

下一項內政的任務（1918 年月）（Die nächste innerpolitische Aufgabe）

停戰與和平（1918 年月）（Waffenstillstand und Frieden）

德國未來的政體（1918 年月）（Deutschlands künftige Staatsform）

新德國（1918 年月）（Das neue Deutschland）

論「發動戰爭罪責」的主題（1919 年月）（Zum Thema der “Kriegsschuld”）

帝國總統（1919 年月）（Der Reichspräsident）

〔英譯本〕

1. “The Reich President,” Tr. by G. C. Wells. *Social Research*, 53(1986): 125-132.
2. “The President of the Reich,” in Peter Lassman and Ronald Speirs. Eds. *Weber: Political Writings*. Cambridge: Cambridge University Press. 1994. pp. 304-308.

〔中譯本〕

1.〈帝國總統〉。錢永祥譯，《當代》，1990 年 5 月號；收入其所編譯《學術與政治：韋伯選集（Ⅰ）》。臺北：遠流。1985。第 273-280 頁。
2.〈帝國總統〉。韓水法譯，收入韓水法編，《韋伯文集》，下冊。北京：中國廣播電視。2000。第 466-470 頁。
3.〈帝國的總統〉。閻克文譯，收入彼得．拉斯曼和羅納德．司佩爾斯合編，《韋伯政治著作選》。北京：東方。2009。第 243-246 頁。

責任問題的研究（1919 年月）（Die Untersuchung der Schuldfrage）

政治當作一種志業（1919 年）（Politik als Beruf）

〔英譯本〕

1. “Politics as a Vocation,” Trs. by Hans H. Gerth and C. Wright Mills. In Hans H. Gerth and C. Wright Mills. Eds. *From Max Weber: Essays in Sociology.* New York: Oxford University Press. 1946. pp. 77-128.
2. “Politics as a Vocation,” Partially Translated by E. Matthew. In W. G. Runciman. Ed. *Max Weber: Selections in Translation.* Cambridge: Cambridge University Press. 1978. pp. 212-225.

3. *The Profession of Politics*. Ed. and Tr. by Simona Draghici. Washington, D. C.: Plutarch Press. 1989.
4. "The Profession and Vocation of Politics," in Peter Lassman and Ronald Speirs. Eds. *Weber: Political Writings*. Cambridge: Cambridge University Press. 1994. pp. 309-369.
5. "Politics and the State," Tr. by Sam Whimster. In Sam Whimster. Ed. *The Essential Weber: A Reader*. London: Routledge. 2004. pp. 131-132.（節譯）
6. "Politics as a Vocation," in David Owen and Tracy B. Strong. Ed. *The Vocation Lectures: "Science as a Vocation" "Politics as a Vocation"*. Tr. by Rodney Livingstone. Indianapolis: Hackett. pp. 32-94.
7. "Politics as a Vocation," in John Dreijmanis. Ed. *Max Weber's Complete Writings on Academic and Political Vocations*. Tr. by Gordon C. Wells. New York: Algora. 2008. pp. 155-207.

〔中譯本〕

1.〈政治當作一種志業〉。錢永祥譯，收入《學術與政治．韋伯選集（Ⅰ）》。臺北：允晨。1985。
2.〈以政治爲業〉。王容芬譯，收入馬克斯．韋伯，《學術生涯與政治生涯——對大學生的兩篇演講》。北京：國際文化。1988，第 49-108 頁。
3.〈以政治爲業〉。馮克利譯，收入馬克斯．韋伯，《學術與政治》。北京：三聯。1998。第 54-130 頁。
4.〈以政治爲業〉。王容芬譯，收入韓水法編，《韋伯文集》，下冊。北京：中國廣播電視。2000。第 407-465 頁。
5.〈政治當作一種志業〉。錢永祥譯，收入《韋伯作品集（I）——學術與政治》。桂林：廣西師範大學。2004。第 193-274 頁。
6.〈以政治爲業〉。王容芬譯，收入《入世修行：馬克斯．韋伯脫魔世界裡性集》。西安：陝西師範大學出版社。2003。第 57-152 頁。
7.〈以政治爲業〉。閻克文譯，收入彼得．拉斯曼和羅納德．司佩爾斯合編，《韋伯政治著作選》。北京：東方。2009。第 247-296 頁。
8.〈以政治爲業〉。閻克文譯，收入《馬克斯．韋伯社會學文集》。北京：人民。2010。第 79-126 頁。
9.〈以政治爲業〉。劉富勝和李君華合譯，收入《學術貴族與政治飯碗》。北京：光明日報。2010。第 35-95 頁。
10.〈以政治爲業〉。王容芬譯，收入《馬克斯．韋伯的兩篇哲學演講：倫理之業》（最新修訂版）。北京：中央編譯。2012。第 28-75 頁。
11.《以政治爲志業》。李中文譯。臺北：暖暖書屋。2018。
12.〈以政治爲業〉。呂叔君譯，收入《馬克斯．韋伯全集》，第 17 卷，《以學術爲業．以政治爲業》。北京：人民。2021。第 112-235 頁。

論政書信（1906 年）（Politische Briefe）

《經濟與社會》（***Wirtschaft und Gesellschaft***）

寫作時間：1909 年以後斷斷續續

出版時間：1922 年第一版由 Marianne Weber 編輯出版

1925 年第二版

1947 年第三版（照第二版影印發行）

1956 年第四版由 Johannes Winckelmann 編輯出版

1968 年由 Guenther Roth 和 Claus Wittich 根據第四版編輯英譯出版三卷精裝本

1972 年第五版由 Johannes Winckelmann 修訂出版

1978 年英譯平裝二卷本出版

1985 年第一部分第三章由康樂中譯爲《支配的類型》出版

1993 年第一部分第一章由顧忠華中譯爲《社會學的基本概念》出版

第二部分第九章由康樂和簡惠美聯合中譯爲《支配社會學 II》出版

第二部分第九章第七節由康樂和簡惠美聯合中譯爲《非正當性的支配——城市的類型學》出版

1997 年林榮遠根據 1972 年德文第五版中譯爲《經濟與社會》兩冊

1998 年由李強中譯爲《經濟、諸社會領域的權力》出版〔據編者甘陽聲稱這是根據「原書」第一章至第五章，但是這不是現在通行的章節〕

2010 年閻克文根據英文全譯本中譯爲《經濟與社會》分兩卷（第二卷又分兩冊）出版

目錄（第一版）：

第一部分　經濟和社會秩序和權力（Die Wirtschaft und die gesellschaftlichen Ordnungen und Mächte）

〔英譯本〕

The Theory of Social and Economic Organization. Trs. by A. M. Henderson and Talcott Parsons. Glencoe, Ill.: The Free Press. 1947.

第一章　社會學的基本觀念（Soziologische Grundbegriffe）

〔英譯本〕

1. *Basic Concepts in Sociology*. Tr. by H. P. Secher. New York: Citadel. 1962.
2. "Basic Sociological Concepts," Tr. by Keith Tribe. In Sam Whimster. Ed. *The Essential Weber: A Reader*. London: Routledge. pp. 311-358.

〔中譯本〕

1. 《社會學的基本概念》。顧忠華譯。臺北：遠流，1993。
2. 〈社會學基本術語〉。楊富斌譯，收入韋伯，《社會科學方法論》。北京：華夏。1999。第 34-99 頁。
3. 《社會學的基本概念》。胡景北譯。上海：上海人民，2000。
4. 〈社會學基本概念〉。林榮遠譯，收入韓水法編，《韋伯文集》，上冊。北京：中國廣播電視。2000。第 107-166 頁。

5.《社會學的基本概念》。顧忠華譯。桂林：廣師師範大學。2005。

第二章　經濟行動的社會學範疇（Soziologische Grundkategorien des Wirtschaftens）

第三章　宰制的類型（Die Typen der Herrschaft）

〔中譯本〕

1.《支配的類型．韋伯選集（III）》。康樂和簡惠美合譯。臺北：遠流。1985。

2.《支配的類型．韋伯選集（III）》。康樂和簡惠美合譯。桂林：廣西師範大學。2004。

第四章　地位團體和階級（Stande und Klassen）

第二部分　共同體化和社會化的類型（Typen der Vergemeinschaftung und Vergesellschaftung）

第一章　經濟與社會通論（Wirtschaft und Gesellschaft im allgemeinen）

第二章　共同體化和社會化的類型（Typen der Vergemeinschaftung und Vergesellschaftung）

第三章　種族團體（Ethnische Gemeinschaften）

第四章　宗教社會學（宗教社區化的類型）（Religionssoziologie (Typen religiöser Vergemeinschaftung)）

〔英譯本〕

The Sociology of Religion. Tr. by E. Fischoff, with an introduction by Talcott Parsons. Boston: Beacon Press. 1963.

〔中譯本〕

1.《宗教社會學》。劉援和王予文合譯，張家銘校閱。臺北：桂冠。1993。

2.《宗教社會學》。康樂和簡惠美合譯。臺北：遠流。1993。

3.《宗教社會學》。康樂和簡惠美合譯。桂林：廣西師範大學。2005。

第五章　市場（Markt）

第六章　經濟與秩序（Die Wirtschaft und die Ordnungen）

第七章　法律社會學（經濟與法律）（Rechtssoziologie (Wirtschaft und Recht)）

〔英譯本〕

Max Weber on Law in Economy and Society. Trs. by Edward A. Shils and M. Rheinstein. Cambridge, Mass.: Harvard University Press. 1954.

〔中譯本〕

《論經濟與社會中的法律》。張乃根譯。北京：中國大百科全書。1998。

第八章　城市（Die Stadt）

〔英譯本〕

The City. Trs. by Don Martindale and G. Neuwirth. Glencoe, Ill.: The Free Press. 1958.

〔中譯本〕

1.《非正當性的支配——城市的類型學》。康樂和簡惠美合譯。臺北：遠流。1993。

2.《非正當性的支配——城市的類型學》。康樂和簡惠美合譯。桂林：廣西師範。2005。

第三部分　宰制的類型（Typen der Herrschaft）

第一章　宰制（Herrschaft）

第二章　政治社區（Politische Gemeinschaften）

第三章　權力的構成「國家」（Machtgebilde. “Nation”）
第四章　階級、地位團體、政黨（Klassen, Stand, Parteien）
第五章　合法性（Legitimität）
第六章　科層制（Bureaukratie）
第七章　世襲制（Patrimonialismus）
第八章　父權制的和封建制的影響（Wirkung des Patriarchalismus und des Feudalismus）
〔中譯本〕
《支配的類型》。康樂譯。臺北：遠流。1985。
第九章　卡力思瑪（Charismatismus）
第十章　卡力思瑪的轉變（Umbilde des Charisma）
〔中譯本〕
《支配社會學 II》。康樂和簡惠美合譯。臺北：遠流，1993。
第十一章　國家和神職人員統治（Staat und Hierokratie）
〔第二版新增附錄：音樂的理性的和社會學的基礎（Die rationalen und soziologischen Grundlagen der Musik）〕
〔英譯本〕
The Rational and Social Foundations of Music. Trs. by Don Martindale et al. Carbondale, Ill.: Southern Illinois University Press. 1958.

《科學學（方法學）論文集》（***Gesammelte Aufsätze zur Wissenschaftslehre***）
寫作時間：1903-1919 年
出版時間：1922 年由 Marianne Weber 編輯出版
〔英譯本〕
Max Weber: Collected Methodological Writings. Tr. by Hans Henrik Bruun. Eds. by Hans Henrik Bruun and Sam Whimster. London: Routldge. 2012.
〔中譯本〕
《韋伯方法論文集》。張旺山譯。臺北：聯經。2013。
目錄：
羅雪和柯尼斯以及歷史經濟學的邏輯問題（1903-6）（Roscher und Knies und die logischen Probleme der historischen Nationalökonomie）
I. 羅雪的歷史方法（Roschers historische Methode）
II. 柯尼斯和不理性問題（Knies und das Irrationalitätsproblem）
III.柯尼斯和不理性問題（Knies und das Irrationalitätsproblem）
〔英譯本〕
1. *Roscher and Knies: The Logical Problems of Historical Economics*. Tr. by Guy Oakes. New York: The Free Press. 1975.
2. “*Roscher and Knies and the Logical Problems of Historical Economics*,” in *Max Weber:*

Collected Methodological Writings. Tr. by Hans Henrik Bruun. Eds. by Hans Henrik Bruun and Sam Whimster. London: Routldge. 2012. pp.1-94.

〔中譯本〕

1.《羅雪爾與克尼斯：歷史經濟學的邏輯問題》。李榮山譯。上海：人民。2009。

2.〈羅謝與肯尼士和國民經濟學之邏輯問題〉。張旺山譯，收入韋伯，《韋伯方法論文集》。臺北：聯經。2013。第 3-162 頁。

社會科學和社會政策知識的客觀性（1904）（Die Objektivität sozialwissenschaftlicher und sozialpolitischer Erkenntnis）

〔英譯本〕

1. "'Objectivity' in Social Science and Social Policy," Trs. by Edward A. Shils and Henry A. Finch. In *The Methodology of the Social Sciences*. Glencoe, Ill.: The Free Press. 1949. pp. 50-102.

2. "The 'Objectivity' of Knowledge in Social Science and Social Policy," Tr. by Keith Tribe. In Sam Whimster. Ed. *The Essential Weber: A Reader*. London: Routledge. pp. 359-404.

3. "The 'Objectivity' of Knowledge in Social Science and Social Policy," in *Max Weber: Collected Methodological Writings*. Tr. by Hans Henrik Bruun. Eds. by Hans Henrik Bruun and Sam Whimster. London: Routldge. 2012. pp. 100-138.

〔中譯本〕

1.〈社會科學知識的「客觀性」〉。陳跡譯。中央警官學校警政研究所。1978。

2.〈社會科學與社會政策的「客觀性」〉。黃振華和張與建合譯，收入韋伯，《社會科學方法論》。臺北：時報。1991。第 61-125 頁。

3.〈社會科學和社會政策中的客觀性〉。楊富斌譯，收入馬克斯．韋伯，《社會科學方法論》。北京：華夏。1999。第 146-207 頁。

4.〈社會科學認識和社會政策認識中的「客觀性」〉。韓水法和莫茜合譯，收入馬克斯．韋伯，《社會科學方法論》。北京：中央編譯。1999。第 1-61 頁。

5.〈社會科學認識和社會政策認識中的「客觀性」〉，韓水法和莫茜合譯，收入韓水法編，《韋伯文集》，上冊。北京：中國廣播電視。2000。第 3-70 頁。

6.〈社會科學認識和社會政策認識的「客觀性」〉，李秋零和田薇合譯，馬克斯．韋伯，《社會科學方法論》。北京：中國人民大學。1999。第 1-42 頁。

7.〈社會科學的與社會政策的知識之「客觀性」〉。張旺山譯，收入韋伯，《韋伯方法論文集》。臺北：聯經。2013。第 171-242 頁。

文化科學的邏輯的範圍的批判研究（1905）（Kritische Studien auf dem Gebiet der kulturwissenschaftlichen Logik）

I. 和麥爾辯論（Zur Auseinandersetzung mit Eduard Meyer）

II. 歷史因果考察的客觀可能性和適切的促成（Objektive Möglichkeit und adäquate Verursachung in der historischen Kausalbetrachtung）

〔英譯本〕

1. “Critical Studies in the Logic of the Cultural Sciences,” Trs. by Edward A. Shils and Henry A. Finch. In *The Methodology of the Social Sciences*. Trs. by Edward A. Shils and Henry A. Finch. Glencoe, Ill.: The Free Press. 1949. pp. 113-188.
2. “Critical Studies in the Logic of the Cultural Sciences,” in *Max Weber: Collected Methodological Writings*. Tr. by Hans Henrik Bruun. Eds. by Hans Henrik Bruun and Sam Whimster. London: Routldge. 2012. pp. 139-184.

〔中譯本〕

1.〈歷史解釋的邏輯〉。黃進興節譯，收入其《歷史主義與歷史理論》。臺北：允晨。1992。第 291-312 頁。
2.〈對文化科學邏輯性的批判研究〉。黃振華和張與建合譯，收入韋伯，《社會科學方法論》。臺北：時報。1991。第 127-210 頁。
3.〈文化科學邏輯的批判研究〉。楊富斌譯，收入馬克斯．韋伯，《社會科學方法論》。北京：華夏。1999。第 208-288 頁。
4.〈文化科學邏輯領域內的批判性研究〉。韓水法和莫茜合譯，收入馬克斯．韋伯，《社會科學方法論》。北京：中央編譯。1999。第 62-135 頁。
5.〈文化科學邏輯領域的批判性研究〉。李秋零和田薇合譯，馬克斯．韋伯，《社會科學方法論》。北京：中國人民大學。1999。第 43-91 頁。
6.〈在「文化科學的邏輯」這個領域的一些批判性的研究〉。張旺山譯，收入韋伯，《韋伯方法論文集》。臺北：聯經。2013。第 243-325 頁。

許塔姆勒對唯物史觀的「戰勝」（1907）（R. Stammlers »Überwindung« der materialistischen Geschichtsauffassung）

〔英譯本〕

1. “R. Stammler’s ‘Surmounting’ of the Materialist Conception of History,” Tr. by M. Albrow. In *British Journal of Law and Society*, 2 (1975): 129-152.
2. *Critique of Stammler*. Tr. by Guy Oakes. New York: The Free Press. 1977.
3. “R[udolf] Stammler’s ‘Overcoming’ of the Materialist Conception of History,” in *Max Weber: Collected Methodological Writings*. Tr. by Hans Henrik Bruun. Eds. by Hans Henrik Bruun and Sam Whimster. London: Routldge. 2012. pp. 185-241.

〔中譯本〕

1.《批判施塔姆勒》。李榮三譯。上海：人民。2011。
2.〈史坦勒之「克服」唯物論的歷史觀〉。張旺山譯，收入韋伯，《韋伯方法論文集》。臺北：聯經。2013。第 327-429 頁。

邊際效用理論與心理物理的基本原理（1908）（Die Grenznutzlehre und das »psychophysische« Grundgesetz）

〔英譯本〕

1. “Marginal Utility Theory and ‘The Fundamental Law of Psychophysics,’” Tr. by Louis Schneider. *Social Science Quarterly*, 56, 1 (1975): 21-36.

2. "The Theory of Marginal Utility and the 'Fundamental Law of Psychophysics,'" in *Max Weber: Collected Methodological Writings*. Tr. by Hans Henrik Bruun. Eds. by Hans Henrik Bruun and Sam Whimster. London: Routldge. 2012. pp. 242-251.

〔中譯本〕

〈邊際效用學說與「心理物理學的基本法則」〉。張旺山譯，收入韋伯，《韋伯方法論文集》。臺北：聯經。2013。第 431-448 頁。

「能量的」文化理論（1909）（»Energetische« Kulturtheorien）

〔英譯本〕

1. "'Energetic' Theory of Culture," Trs. by *Mid-American Review of Sociology*, 9, 2 (Winter 1984): 33-58.
2. "'Energetical' Theories of Culture," in *Max Weber: Collected Methodological Writings*. Tr. by Hans Henrik Bruun. Eds. by Hans Henrik Bruun and Sam Whimster. London: Routldge. 2012. pp. 252-268.

〔中譯本〕

〈「能量學」的文化理論〉。張旺山譯，收入韋伯，《韋伯方法論文集》。臺北：聯經。2013。第 449-480 頁。

論理解社會學的一些範疇（1913）（Über einige Kategorien der verstehenden Soziologie）

〔英譯本〕

1. "Some Categories of Interpretive Sociology," Tr. by Edith E. Graber. *Sociological Quarterly*, 22, 2 (Spring 1981): 151-180.
2. "On Some Categories of Interpretive Sociology," in *Max Weber: Collected Methodological Writings*. Tr. by Hans Henrik Bruun. Eds. by Hans Henrik Bruun and Sam Whimster. London: Routldge. 2012. pp. 273-301.

〔中譯本〕

〈社會學基本術語〉。楊富斌譯，收入馬克斯．韋伯，《社會科學方法論》。北京：華夏。1999。第 34-99 頁。

社會學和經濟學中「價值中立」的意義（1917-8）（Der Sinn der »Wertfreiheit« der soziologischen und ökonomischen Wissenschaften）

〔英譯本〕

1. "The Meaning of 'Ethical Neutrality' in Sociology and Economics," Trs. by Edward A. Shils and Henry A. Finch. In *The Methodology of the Social Sciences.* Glencoe, Ill.: The Free Press. 1949. pp. 1-49.
2. "The Meaning of 'Value Freedom' in the Sociological and Economic Sciences," in *Max Weber: Collected Methodological Writings*. Tr. by Hans Henrik Bruun. Eds. by Hans Henrik Bruun and Sam Whimster. London: Routldge. 2012. pp. 304-334.

〔中譯本〕

1.〈社會科學中價值判斷的問題〉。黃進興節譯，收入其《歷史主義與歷史理論》。臺北：

允晨。1992。第 315-347 頁。

2.〈「倫理中立」在社會學和經濟學中的含義〉。黃振華和張與建合譯，收入韋伯，《社會科學方法論》。臺北：時報，1991。第 11-59 頁。

3.〈「道德中立」在社會學和經濟學中的意義〉。楊富斌譯，收入馬克斯．韋伯，《社會科學方法論》。北京：華夏。1999。第 100-145 頁。

4.〈社會科學與經濟科學「價値無涉」的意義〉。韓水法和莫茜合譯，收入馬克斯．韋伯，《社會科學方法論》。北京：中央編譯。1999。第 136-182 頁。

5.〈社會學與經濟學的「價値闕如」的意義〉。李秋零和田薇合譯，馬克斯．韋伯，《社會科學方法論》。北京：中國人民大學。1999，第 92-124 頁。

6.〈社會學與經濟學的諸科學之「價値中立」的意義〉。張旺山譯，收入韋伯，《韋伯方法論文集》。臺北：聯經。2013。第 481-538 頁。

社會學的方法基礎（1920）（Methodische Grundlagen der Soziologie）

學術當作一種志業（1919）（Wissenschaft als Beruf）

〔英譯本〕

1. "Science as a Vocation," Trs. by Hans H. Gerth and C. Wright Mills. In Hans H. Gerth and C. Wright Mills. Eds. *From Max Weber: Essays in Sociology.* Oxford: Oxford University Press. 1946. pp. 129-156.

2. "Science as a Vocation (1917)," Tr. by Michael John in Peter Lassman, Irving Velody, & Herminio Martins. Eds. *Max Weber's 'Science as a Vocation*." London: Unwin Hyman. 1989. pp. 3-46.

3. "Science as a Vocation," in David Owen and Tracy B. Strong. Eds. *The Vocation Lectures: "Science as a Vocation" "Politics as a Vocation"*. Tr. by Rodney Livingstone. Indianapolis: Hackett. pp. 1-31.

4. "Science as a Vocation," in John Dreijmanis. Ed. *Max Weber's Complete Writings on Academic and Political Vocations*. Tr. by Gordon C. Wells. New York: Algora. 2008. pp. 25-52.

5. "Science as a Profession and Vocation," in *Max Weber: Collected Methodological Writings*. Tr. by Hans Henrik Bruun. Eds. by Hans Henrik Bruun and Sam Whimster. London: Routldge. 2012. pp. 335-353.

〔中譯本〕

1.〈學術當作一種志業〉。錢永祥譯，收入《學術與政治：韋伯選集（Ⅰ）》。臺北：允晨。1985。

2.〈以學術爲業〉。王容芬譯，收入馬克斯．韋伯，《學術生涯與政治生涯——對大學生的兩篇演講》。北京：國際文化。1988。第 15-47 頁。

3.〈以學術爲業〉。馮克利譯，收入馬克斯．韋伯，《學術與政治》，馮克利譯。北京：三聯。第 17-53 頁。

4.〈以科學爲業〉。楊富斌譯，收入馬克斯．韋伯，《社會科學方法論》。北京：華夏。

1999。第 1-33 頁。

5.〈以學術爲業〉。王容芬譯，收入韓水法編，《韋伯文集》，上冊。北京：中國廣播電視。2000。第 71-104 頁。

6.〈以學術爲業〉。王容芬譯，收入《入世修行：馬克斯．韋伯脫魔世界理性集》。西安：陝西師範大學。2003。第 3-55 頁。

7.〈學術當作一種志業〉。錢永祥譯，收入《韋伯作品集（I）——學術與政治》。桂林：廣西師範大學。2004。第 193-274 頁。

8.〈以學術爲業〉。閻克文譯，收入《馬克斯．韋伯社會學文集》。北京：人民，2010。第 127-152 頁。

9.〈以學術爲業〉。劉富勝和李君華合譯，收入《學術貴族與政治飯碗》。北京：光明日報。2010。第 1-33 頁。

10.〈以學術爲業〉。王容芬譯，收入《馬克斯．韋伯的兩篇哲學演講：倫理之業》（最新修訂版）。北京：中央編譯。2012。第 28-75 頁。

11.〈以學術爲業．以政治爲業〉。王容芬譯，收入《馬克斯．韋伯的兩篇哲學演講：倫理之業》（最新修訂版）。北京：中央編譯。2012。第 1-27 頁。

12.《以學術爲志業》。李中文譯。臺北：暖暖書屋。2018。

13.〈以學術爲業〉。呂叔君譯，收入《馬克斯．韋伯全集》，第 17 卷，《以學術爲業．以政治爲業》。北京：人民。2021。第 75-111 頁。

補論許塔姆勒對唯物史觀的「戰勝」（Nachtrag zu dem Aufsatze über R. Stammlers »Überwindung« der materialistischen Geschichtsauffassung）

〔英譯本〕

"Postscript to the Essay on Stammler's 'Refutation' of the Materialist Conception of History," Tr. by Guy Oakes. In *Critique of Stammler*. Tr. with an introduction essay by Guy Oakes. New York: The Free Press. 1977. pp. 145-182.

〔中譯本〕

〈〈史坦樂之「克服」唯物論歷史觀〉一文之補遺〉。張旺山譯，收入韋伯，《韋伯方法論文集》。臺北：聯經。2013。第 403-429 頁。

《經濟史：一般社會經濟史大綱》（*Wirtschaftsgeschichte: Abriss der universalen Sozial- und Wirtschaftsgeschichte*）

寫作時間：非韋伯撰寫

出版時間：1923 年由 Marianne Weber 委託學生 S. Hellmann 和 H. Palyi 合編而成

〔英譯本〕

General Economic History. Tr. by Frank H. Knight. London: Allen & Unwin. 1927. 3rd. Printing with an introduction by Ira J. Cohen. New Brunswick, N.J.: Transaction Books. 1984.

〔中譯本〕

1.《世界的社會及經濟史大綱》。周咸堂譯。京華。1934。

2.《社會經濟史》。鄭太朴譯。上海：商務。1937。1977 年臺灣商務印書館再版，2003 年重排版。
3.《世界經濟通史》。姚曾廙譯。上海：上海譯文。1981。
4.〈近代資本主義的本質〉。譯者不詳，收入《文明的歷史腳步——韋伯論文精選》，孫大川審譯。臺北：結構群。1989。第 109-110 頁。（節譯）
5.〈宗教和近代資本主義發展中的其他因素〉。譯者不詳，收入《文明的歷史腳步——韋伯論文精選》，孫大川審譯。臺北：結構群。1989。第 129-142 頁。（節譯）
6.〈歐洲城市的特徵和西方世界的興起〉。譯者不詳，收入《文明的歷史腳步——韋伯論文精選》，孫大川審譯。臺北：結構群。1989。第 143-156 頁。（節譯）
7.〈國家和企業經營〉。譯者不詳，收入《文明的歷史腳步——韋伯論文精選》，孫大川審譯。臺北：結構群。1989。第 157-165 頁。（節譯）
8.《經濟通史》。姚增廙譯，韋森校訂。上海：三聯。2007。
9.《社會經濟史》。鄭太樸譯。北京：中國法制。2011。
10.《韋伯：人類社會經濟史》。唐偉強譯。北京：中國畫報。2012。

《社會學和社會政策論文集》（***Gesammelte Aufsätze zur Soziologie und Sozialpolitik***）
寫作時間：1894-1918 年
出版時間：1924 年由 Marianne Weber 編輯出版
目錄：
社會政策研究會私人大工業工人選擇和適應（職業選擇和職業命運）調查報告的方法學導論（1908）（Methodologische Einleitung für die Erhebungen des Verein für Sozialpolitik über Auslese und Anpassung (Berufswahl und Berufsschiksal) der Arbeiterschaft der geschlossenen Großindustrie）
工業活動的心理物理學（1908-9）（Zur Psychophysik der industriellen Arbeiten）
〔英譯本〕
"Industrial Psychology," Tr. by E. Matthews, in W. G. Runciman. Ed. *Max Weber: Selections in Translation*. pp. 370-373.（節譯）
交易所（1894）（Die Börse）
〔英譯本〕
"The Stock Exchange," Tr. by E. Matthews, in W. G. Runciman. Ed. *Max Weber: Selections in Translation*. pp. 374-377.（節譯）
普魯士限定世襲財產繼承的農業統計的和社會政治的考察（1904）（Agrarstatistische und sozialpolitische Betrachtungen zur Fideikommißfrage in Preußen）
在社會政策研究會會議上的討論（1905, 1907, 1909, 1911）（Diskussionsreden auf den Tagungen des Vereins für Sozialpolitik）
在德國社會學社大會上的業務報告和討論（1910, 1912）（Geschäftsbericht und Diskussionsreden auf den deutschen soziologischen Tagungen）

社會主義（1918）（Der Sozialismus）

〔英譯本〕

1. *Socialism*. Tr. by H. F. Dickie-Clark. Durban, South Africa: Institute for Social Research, University of Natal, Occasional Paper. No. 11, 1967, vii+ 50p.
2. "Socialism: Speech for the General Information of Austrian Officers in Vienna, 1918," Tr. by D. Hyetch. In J. E. T. Eldridge. Ed. *Max Weber: The Interpretation of Social Realty*. New York: Charles Scribner's. 1971. pp. 191-219.
3. "Socialism," Partially Translated by E. Matthews. In W. G. Runciman. Ed. *Max Weber: Selections in Translation*. Cambridge: Cambridge University Press. 1978. pp. 251-262.
4. "Socialism," in Peter Lassman and Ronald Speirs. Eds. *Weber: Political Writings*. Cambridge: Cambridge University Press. 1994. pp. 272-303.

〔中譯本〕

《社會主義》。收入彼得．拉斯曼和羅納德．司佩爾斯合編，《韋伯政治著作選》，閻克文譯。北京：東方。2009。第 218-242 頁。

《社會經濟史論文集》（***Gesammelte Aufsätze zur Sozial- und Wirtschaftsgeschichte***）

寫作時間：1894-1909 年

出版時間：1924 年由 Marianne Weber 編輯出版

目錄：

古代農業情況（1909）（Agrarverhältnisse im Altertum）

〔英譯本〕

The Agrarian Sociology of Ancient Civilizations. Tr. by R. I. Frank. London: New Left Book. 1976.

〔中譯本〕

1.〈資本主義在古代世界的失敗〉。譯者不詳，收入《文明的歷史腳步——韋伯論文精選》，孫大川審譯。臺北：結構群。1989。第 13-49 頁。（節譯）
2.〈資本主義終結了嗎？〉。譯者不詳，收入《文明的歷史腳步——韋伯論文精選》，孫大川審譯。臺北：結構群。1989。第 166-167 頁。（節譯）

古代文化沒落的社會原因（1890）（Die sozialen Gründe des Untergang der antiken Kultur）

〔英譯本〕

"The Social Causes of the Decay of Ancient Civilization," Tr. by C. Mackauer. *Journal of General Education*, 5(1950): 75-88. Reprinted in J. E. T. Eldridge. Ed. *Max Weber: The Interpretation of Social Reality*. New York: Charles Scribner's. 1971. pp. 254-275.

〔中譯本〕

〈古典西方文明衰落的社會原因〉。甘陽譯，收入甘陽編選，《民族國家與經濟政策：韋伯文選第一卷》。北京：三聯 / 牛津。第 1-33 頁。

中世紀商社史（1889）（Zur Geschichte der Handelsgesellschaften im Mittelalter）

〔英譯本〕

The History of Commercial Partnerships in the Middle Ages. Tr. by Lutz Kaelber. Lanham, MD.: Rowman & Littlefield. 2003.

〔中譯本〕

《中世紀商業合夥史》。陶永新譯。上海：東方出版中心。2010。（根據英譯本轉譯）

農村的勞動情況（1893）（Die ländliche Arbeitsverfassung）

易北河東部農民情況的發展趨勢（1894）（Entwicklungstendenz in der Lage der ostelbischen Landarbeiter）

〔英譯本〕

1. “Developmental Tendencies in the Situation of East Elbian Rural Labourers,” Tr. by Keith Tribe. *Economy and Society,* 8(1979): 177-205.
2. “Developmental Tendencies in the Situation of East Elbian Rural Labourers,” Tr. by Keith Tribe. In Keith Tribe. Ed. *Reading Weber*. London: Routledge. 1989. pp. 158-187.

〔中譯本〕

〈德國走向資本主義的特殊發展趨勢〉。李強譯，收入甘陽編選，《民族國家與經濟政策：韋伯文選第一卷》。北京：三聯／牛津。第 34-74 頁。

過去一世紀德國文獻中對古代日爾曼社會情況性質的論戰（1905）（Der Streit um den Charakter der altgermanischen Sozialverfassung in der deutschen Literatur des letzten Jahrzehnts）

參考文獻

中文文獻

韋伯（2001）。《新教倫理與資本主義精神》。于曉等人譯。臺北：左岸。

韋伯（2020）。《新教倫理與資本主義精神》。林南譯。南京：譯林。

韋伯（2022）。《韋伯基督新教研究文集：1904-1911》。張旺山譯注。新竹：國立清華大學出版社。

孫中興（1987）。〈從新教倫理到儒家倫理〉。收入杜念中和楊君實合編，《儒家倫理與經濟發展》。臺北：允晨。第 181-225 頁。

孫中興（2019）。《久等了，韋伯先生！〈儒教（與道教）〉的前世、今生與轉世》。臺北：聯經。

外文文獻

Arthur Mitzman (1969). *The Iron Cage: An Historical Interpretation of Max Weber*. New York: Alfred A. Knopf.

David J. Chalcraft and Austin Harrington (eds.) (2001). *The Protestant Ethic Debate: Max Weber's Replies to His Critics, 1907-1910*. Trs. by Austin Harrington and Mary Shields. Liverpool: Liverpool University Press.

Dirk Käsler (1975). Max-Weber-Bibliographie. *Kölner Zeitschrift* für *Soziologie und Sozialpsychologie*, 27, 4(Dezember): 703-730.

Frank Parkin (1982). *Max Weber*. London: Tavistock.

Harry Liebersohn (1988). *Fate and Utopia in German Sociology*. Cambridge, Mass.: MIT Press.

Joachim Radkau (2005/2009). *Max Weber: A Biography*. Oxford: Polity. pp. 561-571.

Johannes Winckelmann (ed.) (1982). *Die Protestantische Ethik. II: Kritiken und Antikritiken*. Gütersloh: Gütersloher Verlagshaus Gerd Mohn.

Marianne Weber (1926/1975). *Max Weber: A Biography*. Tr. and Ed. by Harry Zohn. New York: John Wiley & Sons.

Max Weber (1910). Antikritisches Schlußwort zum »Geist des Kapitalismus«. *Archiv für Sozialwissenschaft und Sozialpolitik*, 31: 554-599.

Max Weber (1910/1978). Anticritical Last Word on The Spirit of Capitalism. Translated with an introduction by Wallace M. Davis. *American Journal of Sociology*, 83, 5(March 1978): 1105-1131.（只譯出原文的第二部分）

Max Weber (1910/1982). Antikritisches Schlußwort zum »Geist des Kapitalismus«. *Archiv für Sozialwissenschaft und Sozialpolitik*, 31: 554-599. Reprinted in Johannes Winckelmann (ed.), *Die Protestantische Ethik. II: Kritiken und Antikritiken*. Gütersloh: Gütersloher Verlagshaus Gerd Mohn. pp. 283-345.

Max Weber (1920). *Gesammelte Aufsätze zur Religionssoziologie*. Vol. I. Tübingen: J. C. B. Mohr

(Paul Siebeck).

Max Weber (1920). Zwischenbetrachtung. In *Gesammelte Aufsätze aur Religionssoziologie.* Band 1. Tübingen: J. C. B. Mohr (Paul Siebeck), pp. 536-573.

Max Weber (1920/1930). *The Protestant Ethic and the Spirit of Capitalism.* Tr. by Talcott Parsons. New York: Charles Scribner & Sons.

Max Weber (1920/1946). The Protestant Sects and the Spirit of Capitalism. Trs. by Hans H. Gerth and C. Wright Mills in Hans H. Gerth and C. Wright Mills (eds.), *From Max Weber: Essays in Sociology*. New York: Oxford University Press. pp. 302-322.

Max Weber (1920/1951). *The Religion of China*. Tr. by Hans H. Gerth. Glencoe, Ill.: The Free Press.

Max Weber (1921a). *Gesammelte Aufsätze zur Religionssoziologie*. Vol. II. Tübingen: J. C. B. Mohr (Paul Siebeck).

Max Weber (1921b). *Gesammelte Aufsätze zur Religionssoziologie*. Vol. III. Tübingen: J. C. B. Mohr (Paul Siebeck).

Peter Lassman and Ronald Speirs (eds.) (1994). *Max Weber: Political Writings.* Cambridge: Cambridge University Press. pp. xxix-xxx.

Raymond Aron (1967/1970). *Main Currents in Sociological Thought.* Vol. II. Trs. by Richard Howard and Helen Weaver. New York: Anchor Books.

Wolfgang Schluchter (1979). Value-Neutrality and the Ethic of Responsibility. In Guenther Roth and Wolfgang Schluchter. *Max Weber's Vision of History.* California: University of California Press. pp. 65-116.

第十七講

韋伯（二）

《世界宗教之經濟倫理》

我們這一講次要介紹韋伯的《世界宗教的經濟倫理》系列中的〈導言〉、〈儒教（與道教）〉〔關於這部分的詳細論證，我寫了一本《久等了，韋伯先生！〈儒教（與道教）〉的前世、今生與轉世》，可以參考〕、〈間論〉和他的外遇事件。

韋伯在構思寫作《世界宗教的經濟倫理》系列時正處於第一次世界大戰期間。能夠在戰爭期間定下心來專心寫論文，是我這個過慣太平日子的晚輩很難想像的事情。

這是他繼「新教研究」之後所開展的新系列，特別強調「經濟倫理」的部分，應該是更精確的補正了前面模糊的「新教倫理」的說法。並將此擺在《宗教社會學論文集》（第一卷）的後半部。至於第二卷談論《印度教與佛教》（*Hinduismus und Buddhismus*），以及第三卷談論《古代猶太教》（*Das antike Judentum*）都是他生前遺稿的重印，沒有版本方面的問題。德文版《韋伯全集》後來在這系列的書名前面都一律加上「世界宗教的經濟倫理」（Das antike Judentum）這樣的主標題，以彰顯這是一個系列的研究。

我們就先從韋伯爲這個「世界宗教的經濟倫理」系列所寫的〈導言〉（Einleitung）開始講起。

這個〈導言〉，當初在1946年葛斯和米爾斯的《韋伯社會學論文集》（*From Max Weber: Essays in Sociology*）中標題改成〈世界宗教的社會心理學〉（Social Psychology of the World Religions）。這個譯名簡直就是「翻譯就是背叛」的一個最佳註腳。比較合適的翻譯應該是〈〔世界宗教的經濟倫理之〕導言〉。

一、〈〔世界宗教的經濟倫理之〕導言〉

在這篇導言裡有許多韋伯的睿智洞見，其中就有這麼一段被徵引的名句：

> 是利益（物質的和思想的），而不是思想，直接宰制了人的行動。可是，由「思想」所創生的「世界觀」，卻往往又像管鐵路的轉轍手，決定了受利益推動的行為方向。（Weber, 1946: 280）

這段話通常被認爲是韋伯的社會行動的原因論。這句話的前半段強調「利益」對於推動行動的重要性，接近馬克思和恩格斯講的「（經濟）基礎」。可是後半段就又說明了「思想所創生的世界觀」可以決定行動的方向，這也就是表明「思想所創生的世界圖像」這類馬克思和恩格斯稱之爲「上層建築」的部分也可以決定行動的方向，而不只是被動的「利益」的產物。這也許就是他隱晦的在重述他前此對於基督新教的倫理和教派的研究結論，特別要撇清他只重視「思想所創生的世界圖像」這個部分。其實他是把「利益」和「思想創生的世界圖像」都一併重視的。所以要拿他的研究方法和馬克思和恩格斯對立，實在是太過激的言論。如果從前面我對於恩格斯「歷史唯物論」的介紹來看，兩個人的看法其實是相近而不是對立的。

這裡他也對於世界宗教的經濟倫理有清楚的界定，我整理成下面幾項：

> 所謂的宗教的「經濟倫理」（Wirtschaftethik der Religion; Economic ethic of a religion）：
> 1. 重點不放在神學綱要的倫理學說上；
> 2. 是行動——根植於宗教的心理的、事實的種種關聯之中——的實踐啟動力；
> 3. 通常在結構上是複雜的，其制約條件是多面的；
> 4. 經濟倫理和經濟組織沒有必然的關係；
> 5. 經濟倫理不只是單純由宗教所決定。

在〈導言〉中他也特別提到經濟倫理與文化、宗教的階層存有著對應關係，這些曾經稱爲經濟倫理的「傳人」（或譯「承載者」或者「擔綱者」，Träger 或 carrier），我也將其整理成下表：

世界宗教及其傳人(承載者/擔綱者)

六大宗教	傳人
儒教	俸祿階層
古印度教 印度教	世襲的種性制度 婆羅門 苦行僧 社會下階層的平民祕教者
佛教	托缽僧
回教	聖戰士騎士團 蘇菲派狂迷法師
猶太教	賤民氏族 受過猶太教特有典籍與禮儀的教育的知識階層
基督教	遊走四方的技匠職工 都市市民

這是韋伯對於當時「六」(他在正文一開始明白誤說成是「五」)大宗教的了解。由此可見,韋伯除了在《宗教社會學論文集》(第一卷)〈前言〉中強調資本主義發展的思想和制度因素之外,應該還要包括精英人群的因素。所以對於資本主義發展或任何制度的分析都應該涵蓋思想、制度、人群三個方面。

此外,韋伯也區分了「精英」(或譯「達人」或「大師」)宗教意識(“Virtuosen-” Religiosität)與「大眾」宗教意識(“Massen-” Religiosität)。這種精英與大眾的區別在當時是很常見的。我們在介紹巴烈圖的講次也提到當時對於「精英」研究的重視。

這篇〈導言〉中也提到一個後來經常被引用的「世界除魅」(Entzauberung der Welt; disenchantment of the world),指的是世界如何從非理性的相信巫術階段慢慢過渡到理性上位的狀態。這個概念在《基督新教倫理與資本主義精神》時就出現過。

接著韋伯就提出了「理性主義」(Rationalismus; rationalism)、「理性」(Rationalität; rationality)或者「理性化」(Rationalizierung; rationalization)等一組相關的概念。這也是大部分談論韋伯的書都會提到的部分。

我整理了韋伯對於「理性的」界定如下:

理性的意義十分多樣,所以人言人殊,基本上是以越來越精確的抽象概念爲手段,越來越能從理論上來掌握對於世界的理解,而且也以越來越精確的計算手段和目的之間的最適性,以便能夠有條理的達成一個特定的現實目標。理性的觀念便是在手段跟目的之間，尋求一個最適切的安排。

此外，韋伯也再度強調，理性就是：

一種計畫性的安排（Planmässigkeit），也就是一切有系統地、毫不含糊地指向無可改變的救贖目標的實踐倫理。

順著理性的定義之後，他還區分「實質的理性化」（materiale Rationalisierung; substantive rationalization）與「形式的理性化」（formale Rationalisierung; formal rationalization）。這種區分也讓我聯想到齊美爾對於「形式」和「內容」的對舉。

二、〈儒教（與道教）〉

前面提過我已經寫過一本討論這本書的專門著作：《久等了，韋伯先生！〈儒教（與道教）〉的前世、今生與轉世》，下面只能挑出一部分加以介紹。

這篇長文原來在 1915 年發表，篇名只作〈儒教〉（Konfuzanismus），到了 1920 年韋伯修訂出版《宗教社會學論文集》（第一卷）時，增添了很多文本和腳註，更名爲〈儒教與道教〉。所以爲了表明這種前後不同的書名，我才運用標點符號將這項前後的研究合稱爲〈儒教（與道教）〉。

原來的長文，翻譯之後，抽離了原有的出版脈絡，變成了獨立的單行本。讓不知情者有時會衍生出求全責備的誤會，不知道這是一系列作品中的一部，而不是一部討論中國宗教的專著。

這本書的目前唯一英譯本將原書名改成副標題，增加了一個有爭議的主標題，作《中國的宗教：儒教與道教》。可惜後來重印的簡惠美的繁體譯本如英譯本泡製，後來重印本雖然更正，但是將「中國的宗教」當成副標題，也實在是讓我感嘆是功虧一簣！現在比較有「學術翻譯應該還原到原文原典」的意識，後來的簡體中譯本就改善了。其中最認眞的而且重印多次的王容芬譯本的書名還作《世界宗教的經濟倫理：儒教與道教》，算是能跟上德文《韋伯全集》的做法，正確標舉出該書的「出版脈絡」，不過也可惜沒有多加利用其中最新的對比成果。

最令人佩服的是這篇長文的內容，除了在 1915 年時的雜誌版出版後的四年戰爭期間，韋伯參與了《威瑪憲法》的起草與《凡爾賽和約》的會議，在如此繁忙的情況下，他還能持續校訂增加許多內容，可見他對於這方面研究的重視。他眞是把「學術當作一種志業」的。

很多人在研究的時候說他不懂中文，要如何了解儒教。韋伯當然也被質疑過這個問題，所以他在正文一開始就有一條長長的腳註，說明他所參考的資料。大概當時歐美重要的漢學著作都在他這份參考書單中。很多質疑韋伯的人都沒有注意過他在這方面的努力而作其他求全責備之論。我覺得很可惜！

我想對於儒教，每個人應該都有不同的看法，所以我們要來研究韋伯的儒教看法，就要看看他自己怎麼說。所以我就透過文本的分析，整理發現他對於儒教較爲具體的看法。

首先，是他對於儒教看法依據的說明，他認爲他不是漢學家，但是他希望能夠研究這樣的主題，他關心的是世界宗教經濟倫理。有關這主題的歐洲語言和英文相關的中文著作，在他的研究裡面，幾乎把它們全部都整理出來，還包括當時西方世界所擁有的中文書的歐美語言譯本。

因爲韋伯參考的是西方的漢學著作，對我們中文世界的人顯得十分陌生。在韋伯參考的著作裡，細看後可以發現，許多有關《史記》、《四書》、《五經》的傳統英譯本，還有一些其他的著作，韋伯都盡可能參考。

如果現在去購買一本《韋伯全集》，裡面有關《儒教與道教》的部分，有更豐富、更詳細的整理，其中包括原先漢字的拼音都標示得非常精確。

有關韋伯對儒教的看法，我整理出十四種：

1. 不相信人的稟賦是有差別的，沒有「天寵」（state of grace）的觀念
2. 沒有自然法的觀念，因此也沒有神聖法和世俗法之間的緊張關係
3. 沒有形式邏輯
4. 沒有成熟而且有系統的自然科學
5. 代表一般人的俗世道德
6. 沒有玄思的興趣，注重實際事物
7. 不著重巫術
8. 強調「禮」、「孝」
9. 經濟上是消費取向，嚴禁與民爭利，反對國家干預
10. 反對專業分工
11. 崇拜古代經典
12. 講求和平
13. 敬畏鬼神
14. 是文人階級的理論中也同時被其他學派接受的，但卻不是唯一被接受的

理論，也不是壟斷的國訂哲學（整理自 Weber, 1951: 144）

有關「儒教」是否是一種宗教，是個一直有爭議的問題。但是韋伯在書中強調過這個「教」，有時候是「教化」的意思，並不一定是我們現在「宗教」的意思。所以英譯本的「中國的宗教」就顯然的誤導了英語世界的讀者。

那除了韋伯的儒教觀之外，韋伯也從社會結構面來了解中國社會結構中有利與不利資本主義發展的因素，所以他對於新教方面的研究，並不僅於思想層面，他也研究結構面。

對於社會結構中對於資本主義發展有利的因素，我整理出六項：

1. 由貴重金屬的發掘使用所帶來的財富（Weber, 1951: 12, 63）
2. 人口的快速增長（Weber, 1951: 12, 63, 242）
3. 沒有強制攜帶通行證、受教育和服兵役的義務（Weber, 1951: 100）
4. 沒有限制高利貸和類似商業行為的法律（Weber, 1951: 100）
5. 受到現世功利主義影響而產生的斤斤計較心態和量入為出的節約，以及相信財富的價值是達成道德完美的普遍手段（Weber, 1951: 242）
6. 頻繁的國內貿易（以及偶爾發生的國際貿易）（Weber, 1951: 242）

而書中提到中國的社會結構裡面不利於資本主義發展的，我整理出十八項因素：

1. 缺乏固定的、公認的、正式的和可靠的法律基礎來保護工商業的自由發展（Weber, 1951: 20, 85, 100-101, 104）
2. 文官階層的特性和心態（Weber, 1951: 55, 104, 249）
3. 同業組合（cartellization）削弱了合理的算計（這是資本主義的靈魂）（Weber, 1951: 62）
4. 沒有競爭的大一統帝國（Weber, 1951: 62, 137）
5. 沒有出現類似西方中古城市的新興市民階級（Weber, 1951: 85, 137）
6. 商業上合理的「非人性化」（depersonalization）（Weber, 1951: 85）
7. 城市缺乏政治上的自主性（Weber, 1951: 101）
8. 由於大一統世界帝國無須戰爭公債，故無由戰爭而導致的資本主義現象（Weber, 1951: 103）

9. 無海外殖民地(Weber, 1951: 104)
10. 沒有合於理性的行政和司法制度(Weber, 1951: 104)
11. 捐官制度的結果(Weber, 1951: 104)
12. 道家把世界看成巫術花園(Weber, 1951: 227)
13. 工業界中沒有合於理性的資本主義企業(Weber, 1951: 242)
14. 資本的形成是靠文官斂財(Weber, 1951: 242)
15. 沒有合理的組織企業方法(Weber, 1951: 243)
16. 沒有商業消息的服務機構(Weber, 1951: 243)
17. 技術發明沒用在經濟用途上(Weber, 1951: 243)
18. 沒有真正的商業文書、會計和簿記制度(Weber, 1951: 243)

可見,韋伯並不全然認爲中國不利於發展資本主義,利弊方面他都分別考察。這對於我們了解韋伯思想的時候,有助於釐清他的觀點,並非如傳聞般的看法——中華文化或是中國的社會結構裡面「都」或「完全」不存在對資本主義發展有利的因素。

所以綜合上面有利與不利的兩方因素,這並不是一個量化研究的觀點,而是藉由他的研究,我們可以理解有一些關鍵的因素或許是中國所缺乏的。

當然更基本的問題是韋伯根本就沒有說清楚,有關「資本主義」發展需要哪些「社會結構因素」、「思想因素」以及「人群制度」。

如果能夠把人群制度與這些因素結合,才有可能共構成一個比較完整的資本主義社會發展的概況。

可惜的是,他在書中並沒有這樣的論點。

韋伯也拿「儒教」跟「英國的清教」比對。對比的項目包括:兩者關於宗教、巫術的態度;神、人世之間的態度;人際關係的態度;以及自我的控制、商人的行爲、語言的運用、財富觀、知識觀跟世界觀,這些儒教跟清教都有一些差別。

關於這部分,我一樣整理了一份表格,如下:

儒教與清教的對比

	清教	儒教
1. 對巫術的態度	視為妖孽	容忍
2. 對神和人世的態度	緊張	和諧
3. 人際關係	不講人情 相互信賴	人情至上 相互猜疑
4. 自我控制	奉行上帝意旨 內心自發	成聖成賢 外鑠而成
5. 商人行為	不圖小利	錙銖必較
6. 語言運用	對事不對人 言簡意賅	辭藻華麗 彬彬有禮
7. 財富觀	禁慾主義成功的象徵 意外的結果	蓄財 有意的結果
8. 知識觀	重視自然科學	講求書本知識
9. 世界觀	合理的駕馭世界	合理的適應世界

資料來源：孫中興整理自 Weber, 1951: 226-249。

所以對於這本書，如果能透過本講次所提供的視野角度，更能夠看出韋伯思想裡更豐富的東西，而不是只流於表面判斷——「關於中國社會結構裡，因爲沒有對資本主義有利的因素，這就是它落後的原因。」

不過我們還是要強調韋伯因爲不是漢學專家，所以他對於中國歷史的研究，也不如我們一般高中生的程度，所以這樣的苛求並沒有太大意義。

只是要指出他在談論世界宗教的經濟倫理時，所具有的宏大視野與胸襟，這在後來的研究都極爲罕見，也非常値得效法。

三、〈間論〉（Zwischenbetrachtung）

另外在《宗教社會學論文集》的最後有一個尾巴叫做〈間論〉，也曾經被翻譯成〈中間考察〉。這篇文章出版時是介於〈儒教（與道教）〉與〈印度教與佛教〉之間（所以我譯爲〈間論〉），乍看之下，像是〈儒教（與道教）〉的結尾，或者〈印度教跟佛教〉的開頭。但是如果放置於上下文脈絡來看，似乎和前後兩篇研究都沒有什麼太大關聯。

而這部分的內容，談論的其實是在理性化與非理性間交互變化的六項關係，而韋伯的標題只註了「五個」，他忽略掉第一個「宗族的發展」，只用「經濟的面向」、「政治的面向」、「美學的面向」、「性愛的面向」以及「知性的面向」五項當成小標題。

在這本書裡面，我個人認爲上述這些發展，其實同時展現了理性化與非理性化兩者一體兩面之間的爭戰問題，即諸神爭戰的問題，不是只有強調理性化的單一觀點。

另外，我個人認爲這篇〈間論〉還有另外的文本，在他的《經濟與社會》裡會有更完整的討論，我覺得韋伯的〈間論〉放在這裡，實在是有點錯亂。這個部分我在《久等了！韋伯先生》裡也有詳盡的討論，有興趣的人可以去參考。

四、Q & A 反思回顧

1. 世界宗教之間的和平是否等同於世界和平？
2. 除了《世界宗教經濟倫理》之外，全球的倫理跟世界和平的關係是什麼？
3. 人類以前的歷史上出現了許多宗教戰爭，依照我們當代經驗，能否在各宗教之間提出和平共處避免戰爭的方案？

参考文獻

中文文獻

韋伯（2001）。《新教倫理與資本主義精神》。于曉等人合譯。臺北：左岸。

孫中興（1987）。〈從新教倫理到儒家倫理〉。收入杜念中和楊君實合編，《儒家倫理與經濟發展》。臺北：允晨。第 181-225 頁。

外文文獻

David J. Chalcraft and Austin Harrington (eds.) (2001). *The Protestant Ethic Debate: Max Weber's Replies to His Critics, 1907-1910.* Trs. by Austin Harrington and Mary Shields. Liverpool: Liverpool University Press.

Dirk Käsler (1975). Max-Weber-Bibliographie. *Kölner Zeitschrift* für *Soziologie und Sozialpsychologie*, 27, 4(Dezember): 703-730.

Frank Parkin (1982). *Max Weber*. London: Tavistock.

Johannes Winckelmann (ed.) (1982). *Die Protestantische Ethik. II: Kritiken und Antikritiken.* Gütersloh: Gütersloher Verlagshaus Gerd Mohn.

Max Weber (1910). Antikritisches Schlußwort zum »Geist des Kapitalismus«. *Archiv für Sozialwissenschaft und Sozialpolitik*, 31: 554-599.

Max Weber (1910/1978). Anticritical Last Word on The Spirit of Capitalism. Translated with an introduction by Wallace M. Davis. *American Journal of Sociology*, 83, 5 (March 1978): 1105-1131.（只譯出原文的第二部分）

Max Weber (1910/1982). Antikritisches Schlußwort zum »Geist des Kapitalismus«. *Archiv für Sozialwissenschaft und Sozialpolitik*, 31: 554-599. Reprinted in Johannes Winckelmann. Ed. *Die Protestantische Ethik. II: Kritiken und Antikritiken.* Gütersloh: Gütersloher Verlagshaus Gerd Mohn. pp. 283-345.

Max Weber (1920). *Gesammelte Aufsätze zur Religionssoziologie*. Vol. I. Tübingen: J. C. B. Mohr (Paul Siebeck).

Max Weber (1920/1930). *The Protestant Ethic and the Spirit of Capitalism.* Tr. by Talcott Parsons. New York: Charles Scribner & Sons.

Max Weber (1920/1946). The Protestant Sects and the Spirit of Capitalism. Trs. by Hans H. Gerth and C. Wright Mills in Hans H. Gerth and C. Wright Mills (eds.), *From Max Weber: Essays in Sociology*. New York: Oxford University Press. pp. 302-322.

Max Weber (1920/1951). *The Religion of China*. Tr. by Hans H. Gerth. Glencoe, Ill.: The Free Press.

Max Weber (1921a). *Gesammelte Aufsätze zur Religionssoziologie*. Vol. II. Tübingen: J. C. B. Mohr (Paul Siebeck).

Max Weber (1921b). *Gesammelte Aufsätze zur Religionssoziologie*. Vol. III. Tübingen: J. C. B. Mohr (Paul Siebeck).

第十八講

韋伯（三）

《經濟與社會》

這一講次要介紹介紹韋伯《經濟與社會》裡面的幾個重要概念：包括他對於有名的「社會學的定義」、「社會行動的分類」的看法、「宰制的類型」或者「宰制類型」以及他的《方法論》裡提到的「價值中立」、「心志倫理與責任倫理」以及「理念型」等這些方法學上的觀念。

一、《經濟與社會》版本問題

我們先談論《經濟與社會》（*Wirtschaft und Gesellschaft*）版本的問題。這本書是在韋伯生前和出版商曾經有過一個不成形的想法，原來計畫是一系列名爲「社會經濟學大綱」（Grundriß der Sozialökonomik）叢書的總論，但計畫總趕不上變化。韋伯只寫了部分章節的部分草稿之後，就過世了。後來，1922 年由韋伯夫人編輯了第一版的《經濟與社會》德文版，1925 年的第二版增加了韋伯生前所寫的一篇音樂社會學的論文〈音樂的理性的和社會學的基礎〉（Die rationalen und soziologischen Grundlagen der Musik）當成附錄；1947 年第三版基本上是第二版的重印本，內容並沒有增減。該書一直延續當成是「社會經濟學大綱」系列的三部分。1954 年韋伯夫人過世後的兩年，這本書又轉由溫克爾曼（Johannes Winckelmann）編輯出版，增加了副標題「理解社會學的大綱」（Grundriss der verstehenden Soziologie）。第五版修訂版又在溫克爾曼的編輯下問世，成爲當時的「欽定版」，後來不斷的重印以及譯本都是根據這個版本的架構而來的。

1991 年出版的德文版《韋伯全集》，則又有另外的編輯方法：編輯者首先區分已經完稿的部分和未完的部分。前者又細分成五個部分：

第22卷的五本分冊：

第一分冊《經濟與社會：共同體》（*Wirtschaft und Gesellschaft. Gemeinschaften*）（2001）；

第二分冊《經濟與社會：宗教共同體》（*Wirtschaft und Gesellschaft. Religiöse Gemeinschaften*）（2001）；

第三分冊《經濟與社會：法律》（*Wirtschaft und Gesellschaft. Recht*）（2010）；

第四分冊《經濟與社會：宰制》（*Wirtschaft und Gesellschaft. Herrschaft*）（2005）；

第五分冊《經濟與社會：城市》（*Wirtschaft und Gesellschaft. Die Stadt*）（1999）；

第23卷是未完成的《經濟與社會：社會學》（*Wirtschaft und Gesellschaft. Soziologie*）（2013）；

第24卷是《經濟與社會：發生史與文件》（*Wirtschaft und Gesellschaft. Entstehungsgeschichte und Dokumente*）（2009）；

第25卷是《經濟與社會：總索引》（*Wirtschaft und Gesellschaft. Gesamtregister*）（2015）。

英譯本的問題相對簡單，目前只有羅斯（Guenther Roth）和維迪希（Claus Wittich）於1968年整理之前的節譯本而完成的三卷精裝本《經濟與社會：理解社會學大綱》（*Economy and Society. An outline of interpretive sociology*）。1978年改成兩本厚重的平裝本出版。2019年出現特萊卜（Keith Tribe）編譯的新譯本。

簡體中文譯本則先後有：1997年林榮遠從德文翻譯的《經濟與社會》，和2010年閻克文從英譯本轉譯的《經濟與社會》出版。這兩個譯本也都在後來重印過。

繁體中文譯本主要是康樂和簡惠美多年來根據英文早期節譯本轉譯的多種不同書名的版本。至今並沒有根據任何德文版本而彙集成《經濟與社會》一書。

二、《經濟與社會》書名與內容問題

面對這本書的第一個基本問題：「這是一本有系統的著作？還是拼湊的百科全書？」

韋伯雖然在生前留下相關書信，但是他後來也沒完成這本書，所以對於這本書的章節編排上，韋伯的原意與編者的意思往往交織其中。這應該可以從我們前面對於此書版本的描述中看的出來。

例如《韋伯全集》第一卷第22冊將《經濟與社會：經濟與社會秩序與權力》分成五個部分，分別爲共同體、宗教共同體、法律、宰制與國家。我們可以把這五個部分當成是社會學主要討論的主題。

這本書另外一個重要的概念，就是「理解社會學」（Interpretive Sociology）。「Interpretive」這個字，有時候也可以寫成「Interpretative」，這是德國編輯者溫可爾曼所賦予這本書的副標題，英譯者也跟著放在英譯本的書名上，遂讓許多人當成是韋伯對於社會學的看法，或逕自認爲韋伯的社會學招牌就是「理解社會學」。這其實是積非成是的看法。韋伯自己也要負點責任。

韋伯對於社會學的主張，除了後來被收錄在《經濟與社會》之中的〈社會學的基本概念〉之外，還有一篇鮮爲人知的1913年發表的文章〈理解社會學的某些範疇〉（Kategorien der verstehenden Soziologie; Some Categories of Interpretive Sociology）的長文，這篇文章的標題就提出「理解社會學」。這篇長文後來被韋伯夫人收錄在《科學學論文集》（*Gesammelte Aufsätze zur Wissenschaftslehre*）中，而不是《經濟與社會》中。1981年由Edith E. Graber譯出，刊登在美國的《社會學刊》上。2019年中譯本由鄭作彧譯出。網路上可找到譯文，有興趣的人可以自行前往閱讀。韋伯都這麼用了，我爲什麼還要懷疑韋伯的社會學是理解社會學？理由如下。

首先，韋伯在書中聲明過：「理解」（Verstend; understanding, Interpretation）的概念，並非是他的發明，而是引用其他學者的看法。下面就是他的「所本」：

雅斯培（Karl Jaspers）的《普通心理病理學》（*Allgemeine Psychopathologie*）
李克特（Heinrich Rickert）的《自然科學概念建構的限制》（*Grenzen der naturwissenschaftlichen Begriffsbildung*）
齊美爾（Georg Simmel）的《歷史哲學的問題》（*Probleme der Geschichtsphilosophie*）
葛陀（Friedrich Gottl）的《字的宰制》（*Die Herrschaft des Wortes*）

另一個證據我們合併在下一節討論。

三、社會定義與社會行動

韋伯在《經濟與社會》的〈社會學的基本概念〉部分，提出了一個非常著名的社會學的定義：

> 對社會行動作詮釋的理解（interpretive understanding）並對其過程和結果加以因果解釋。

如果光看前一句，便可以直接從正文中的「詮釋的理解」就認定韋伯的社會學就是「理解社會學」。但是看書不能看一半，別忘了下半句的解釋是對其過程要有「因果關係」的解釋。「理解社會學」之說就活生生打了對折。

這段定義，其實與十九世紀德國方法學論戰的背景相關。

當時對於人文社會科學的未來發展，有兩派主張，一方認爲人文社會科學是一種詮釋學問，強調詮釋理解（interpretation）；另外一方認爲要仿效自然科學的做法，強調解釋（explanation）。

對此韋伯採取的立場顯然是兼容並蓄的，融合詮釋與因果解釋兩方面，並沒有書名副標題所引發的誤解是偏向「理解社會學」。簡單來說，詮釋的理解與因果的解釋共同構成他對於社會學的界定。由此可知，簡單將他的社會學歸類於「理解社會學」，是一個不正確的說法。

以社會學定義爲前提下，他舉了騎腳踏車爲例，說明什麼是「社會行動」。他認爲一個人單獨騎腳踏車不是社會行動；騎腳踏車時，遇到另外一個對象，採取閃躲或其他避免碰撞的方法時，此時因爲已經考慮到及預測出他人的行動，於是就構成了「社會行動」。

在這樣的說法裡，同時蘊含著上述詮釋與因果兩方的要素。

接著他對社會行動進行分類。許多人往往直接認定說是四分法。這樣的說法也是不完整的。

我們前面講次曾經提到杜尼斯的兩個主要觀念，一個是共同體（Gemeinschaft）；另一個是社會體（Gesellschaft）。而韋伯的分類，便是延續此兩個觀念加以變化而來。

第一個共同體化（Vergemeinschaftung; communal relationship），是一個變化的過程，強調禮俗，所以又可以再細分成兩類，分別爲「情感的」（affectueller;

affectual)與「傳統的」(traditionaler; traditional)社會行動，這與我們前面講次談到杜尼斯時，有關共同體(Gemeinschaft)強調感情與傳統的說法相關。

而另一個社會體化(Vergesellschaftung; associative relationship)，強調利益，也可以再細分成兩類，分別為「價值理性」(wertrational; value-rational)與「目的(工具)理性」(Zweckrational; instrumentally rational)的社會行動。其實在原來德文的脈絡裡，更恰當的翻譯應該是「目的手段理性」，為了達到一個目的，我們應採取什麼手段方法完成，只是在英文翻譯裡，將目的去除轉變為工具理性(Weber, 1972: 21)。

嚴格來說，這是兩個層次的分類。一般所謂的四種社會行動就是忽略了第一層次的分類，直接以第二層分類當成全部的誤解。

韋伯最有名的是工具理性的社會行動，以行動時考慮手段與目的之間有無配合的關係，再區分成價值理性與目的理性。

簡單來說，價值理性與目的理性兩者是對反關係：價值理性只專注目的，不在乎手段，甚至為了目的不擇手段；而目的理性，考慮到手段與目的之間的最適性。

但是這樣的分類，在概念上是有問題的。因為理性一詞，本身就蘊含著手段與目的間的考量，若是只考量目的而不考慮手段，這就和「理性的」定義相左。所以，嚴格說，「價值理性」是個矛盾的詞彙，除非強調是「價值」，而不是以「手段」為優先考量。

雖然他做了四個分類，可是我們需要注意這四種分類在層次上是否是平行關係，有無滿足分類時應該注意互斥和窮盡的要求。

我就將這四種分類重新構思，用兩個向度的分類來區分：一個是人性面，另一個是歷史面；在人性面的部分，分成理性與情感；歷史面，分成理性跟傳統。這可能更符合現代科學分類的要求，下面的圖表供大家參考：

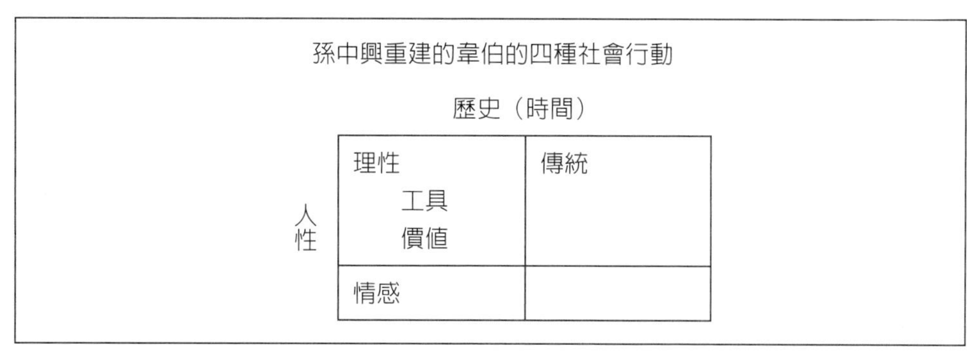

四、宰制或支配

另外一組概念談得非常多的就是所謂的「宰制」或者「支配」或者「統治」（Herrschaft; domination）的概念。

關於宰制，韋伯也提出了很有名的定義：「一群人會服從某些特定的（或所有的）命令的可能性。」（韋伯，1996：1）

簡單來說，誰是具有權力的人或能宰制別人的人。這其實是從被宰制者（或被統治者）的臣服行動來確立宰制者（或統治者）的權力地位。只講「宰制」不如考慮宰制機制的雙方：宰制者和被宰制者。

我整理韋伯有關宰制的相關概念。

韋伯認爲宰制的要素在特殊的非日常生活狀況下，是以物質利益爲重（韋伯，1996：3），相對地，在日常生活下則受到習慣、個人利害、純情感動機、理想動機以及正當性的理念的影響（韋伯，1996：3）。

除了定義之外，他透過非日常與日常生活的各面向，對於宰制因素進行分類，只是這樣的分類並沒有符合互斥跟窮盡的原則，對於我們的理解幫助並不大。

韋伯提出了三大宰制的類型：

> 一、**理性的**基礎——確信法令、規章必須合於法律，以及行使宰制者在這些法律規定下有發號施令之權利（法治型宰制，legale Herrschaft）。
>
> 二、**傳統的**基礎——確信淵源悠久的傳統之神聖性，即根據傳統行使宰制者的正當性（傳統型宰制，traditionale Herrschaft）；以及
>
> 三、**卡理斯瑪的**（charisma）基礎——對個人及他所啟示或制定的道德規範或社會秩序之超凡、神聖性、英雄氣概或非凡特質的獻身和效忠〔卡理斯瑪宰制（charismatische Herrschaft）〕。（韋伯，1996：7）

以上三種宰制類型中，韋伯對於法治型宰制或是理性型宰制的討論非常多，特別是討論現在的科層體制〔或譯爲官僚制（Bürokratie）或官吏制度（Beamtentum）〕。我整理了十項有關這方面的說法：

> 1. 他們在私人生活方面是自由的；唯有在公共領域裡，才有服從宰制的義務。

2. 他們以清楚界定的職位階層制組織起來。
3. 每一個職位的權限都由法令清楚規定。
4. 職位基於契約。因此原則上它是自由選擇的。
5. 人員的選擇根據專業的資格。
6. 他們的報酬是貨幣形式的固定薪資。
7. 職位是在職者唯一，或至少是最重要的職業。
8. 職位及前途。「升遷」制度是由上級依據年資與業績，或是兩個標準一起而決定的。
9. 官員與行政工具的所有權完全分離，而且不得據該項職位為己有。
10. 在辦理公事的時候，他必須遵從組織嚴格、有系統的紀律和控制。（韋伯，1996：17-18）

「傳統型的宰制」與社會風俗、個人習慣構成的傳統相關。我也整理出韋伯提到的幾種相關類型：

1. 長老制（Gerontokratie）
「長老制」一詞用來指涉下述情況：只要對團體的宰制是有組織的，而且統治權是掌握在長者手中——此處長者最早的確是指年齡最老者，因為他們最熟悉神聖的傳統。此一現象普遍存在於基本上非經濟性或親屬性的團體。（韋伯，1996：39）
2. 家父長制（Patriarchalismus）
「家父長制」則是：在一個通常以經濟及親屬為基礎的團體（家）中，有一特殊的個人——經由固定的繼承規則產生——來統治。（韋伯，1996：39）
3. 家產制（Patrimonialismus）
當傳統型宰制開始開展出特別的行政機關及武裝力量，而這兩者成為宰制者個人的工具時，**家產制**即可能發生——在最高度發展情況下，例如回教的「蘇丹制」（Sultanismus）。（韋伯，1996：40）
原先〔孫按：應指「長老制」和「家父長制」〕宰制者的權威明顯的是屬於團體所共有，現在則成為個人的權利，他把此一權威竊為己有，正如他占有其他事務一樣。原則上，他可以利用其權威，正如同他可以處分任何經濟資產——出賣、典當或因繼承而予以分割。家產制權力的主要外在支柱是奴隸（經常是打了烙印的）、「部曲」及徵發來的人民，以及僱來的貼身侍衛及傭兵（家產制軍隊），後一措施是為了盡可能強化宰制者及其幹部間利益的穩固性。藉著控制這些工具，宰制者可以擴展其獨斷獨行的權力，破壞家長制及長老制結構的傳統約束而得以任意賞賜恩惠。當宰制形態基本上還是傳統型時，儘管權力是依宰制者個人意志行使，我們稱此種宰制為**家產制宰制**；如果此種宰制基本上是基於宰制者的獨斷獨行，我們稱之為**蘇丹制**。其間轉換無疑是連續不可分割的。這兩種宰制類型與**原始的**家父長制主要的區別是個人**管理幹部**的存在。（韋伯，1996：40-41）

4. 身分制（Stand）

身分制宰制（ständische Herrschaft, estate type domination）是家產制宰制類型之一。在此類型中，**管理幹部**得以**處分**（appropriierte）特定權力及其相應的經濟利益。就像在所有其他類似的場合，此種處分以下列數種方式為之：

a. 有時處分權是由一個有組織的團體，或具有某些特性的一群特定的人控制。

b. 也可能由個人控制，或者因世襲而終身享有，或者以自由所有權形式。（韋伯，1996：41-42）

這些觀念有時候都需要更精確的定義，有時候光看名詞很難了解他的確切意思，而這些說法又與歐洲經濟史的發展有關。

而卡理斯瑪的宰制，他有許多論述，我採用臺灣常見的康樂譯本與大陸林榮遠先生的譯本，進行譯名、字源與定義、形態、特質以及卡理斯瑪的例行化的比對。

第一個是譯名的比對，我整理了表格供大家參考：

德文	英文	康樂譯	林榮遠譯
Charisma	charisma	卡理斯瑪	魅力

第二個是有關字源與定義的部分：

康樂譯文	林榮遠譯文
「『卡理斯瑪』，即『天賜恩寵』（Gnadengabe, the gift of grace），來自早期基督教的辭彙。索姆（Rudolf Sohm）在他有關基督教教權制的研究《教會法》（*Kirchenrecht*）一書中，首先澄清這個概念的本質，雖然他使用的是另一個名詞。另外一些學者，例如賀爾（K. Holl）在《狂熱與懺悔》（*Enthusiasmus und Bussgewalt*, 1898）一書中，曾經討論這個現象的某些重要作用。因此它並不是個新的東西。」（韋伯，1996：8-9）	「『魅力』（『天賦特質』）的概念是來自早期基督教的述〔原誤〕語。對於基督教僧侶統治來說，首先是魯道爾夫·索姆的《教會法》一書闡明了這個概念，儘管他不是根據這個術語進行論述。其他一些作者（例如卡爾·霍爾的《狂熱與懺悔的力量》〔1898 年版〕）〔曾經〕使某些重要的結論明朗化。因此，這個概念並不新鮮。」（韋伯，1997：241-242）

卡理斯瑪宰制：

康樂譯文	林榮遠譯文
「『**卡理斯瑪**』（Charisma），這個字眼在此用來表示某種人格特質：某些人因具有這個特質而被認為是超凡的（außeralltäglich; extraordinary），稟賦著超自然以及超人的，或至少是特殊的力量或品質。這是普通人所不能具有的。他們具有神聖性或至少表率的特性。某些人因具有這些特質而被視為『領袖』（Führer）。在較為原始的社會中，這些特質是來自巫術，如先知、號稱具有醫治或律法智慧的人、狩獵活動的領袖及戰爭英雄等。我們應根據什麼倫理學、美學或其他任何的標準來衡量這些特質，都與『卡理斯瑪』的定義無關。最重要的是服從卡理斯瑪宰制的人，例如『**皈依者**』（Anhängern），他們是如何真誠地看待具有這些特質的領袖人物。」Weber, 1972: 140; 1968: 241；韋伯，1996：61-62）	「『魅力』應該叫做一個人的被視為非凡的品質（在預言家身上也好，精通一術的或者精通法學的智者也好，狩獵的首領或者戰爭英雄也好，原先都是被看作受魔力約制的）。因此，他被視為〔天分過人〕，具有超自然的或者超人的，或者特別非凡的、任何其他人無法企及的力量或素質，或者被視為神靈差遣的，或者被視為楷模，因此也被視為『領袖』。當然，至於將如何從任何一種倫理的、美學的或者其他的立場，來『客觀』正確地評判有關的品質，這在概念上完全是無所謂的：唯一的關鍵是這種品質實際上被接受魅力統治的人及『追隨者們』作出何種判斷。」（Weber, 1972: 140; 1968: 241；韋伯，1997：269）

康樂的譯本斷句是根據英譯本轉譯；林榮遠的譯本是貼近韋伯原典文脈來翻譯的。

康樂的譯本對於卡理斯瑪（Charisma）界定爲「天賜恩寵」（gift of grace），就是我們現在流行講的「天選之人」，所以卡理斯瑪是一個非常特殊的狀態。而且這些天選之人的特質，不是個人自身擁有的，是被吹捧出來的，所以他的光芒是有可能會過氣的，這裡強調卡理斯瑪不是那些領袖本身的才具，而是在追隨者眼中看到的領袖才具。

通常在一些特殊場合裡面宗教的先知或者各地的領袖，在不同階段都會有這樣的人設。

第三個是卡理斯瑪的宰制形態，康樂的譯文遵循英譯本，將分類清楚標出；林榮遠譯本貼近原典，並未明說是四大類型。

1. 暴虎之勇（Berserker）／狂暴鬥士

康樂譯文	林榮遠譯文
「第一種是『暴虎之勇』（Berserker）。有些人曾誤以為這種狂熱是來自藥物的使用。中古拜占庭時期，統治者經常維持一支由具有此種格鬥之勇的卡理斯瑪的人所組成的隊伍，作為統治的武器。」（韋伯，1996：62）	「一個『狂暴鬥士』的魅力（人們對他的魔力的發作，似乎不正確地歸咎於服用某些特定的毒品）。」（韋伯，1997：269）

2. 薩滿之魔（Shaman）／薩滿人

康樂譯文	林榮遠譯文
「第二種是『薩滿之魔』（Shaman），具有此種魔力的人經常透過癲癇性的舉止墜入昏迷的恍惚忘我狀態。」（韋伯，1996：62）	「一個『薩滿人』的魅力（巫師），他的瘋癲發作的可能性被視為他可能進入純粹類型的極度興奮狀態的先決條件。」（韋伯，1997：269）

3. 非常靈巧聰明的騙子——摩門教的創始人

康樂譯文	林榮遠譯文
「第三種形態的代表者是摩門教（Mormonism）的創立者史密斯（Joseph Smith）。此人是一個非常靈巧聰明的騙子（雖然這一點我們並不能完全確定）。」（韋伯，1996：62-63）	「或者諸如『摩門教』的創始人的魅力（他也許確實是一個詭計多端的詐騙典型，但是不能十分肯定）。」（韋伯，1997：269）

4. 文人型（litterateur）／文人墨客

康樂譯文	林榮遠譯文
「最後是文人型（litterateur），如埃斯納（Kurt Eisner）。他幾乎為自己成功的煽動技巧所淹沒。」（韋伯，1996：63）	「或者一位諸如庫爾特·埃斯納爾獻身於自己的蠱惑人心成就的文人墨客的魅力，等等。」（韋伯，1997：269）

第一種就是暴虎之勇的狂暴鬥士，類似電影《神鬼戰士》（*Gladiator*）的主角；第二種是薩滿之魔，是薩滿教裡能靈魂附體的特殊巫師；第三種是非常靈巧聰明的騙子，特別以摩門教的創始人爲例子，這部分，摩門教的人是不會贊同的；第四是文人型或文人墨客，這類型的人有時候也具有卡理斯瑪的特質。

第四個是卡理斯瑪的宰制的特質，一共有三種：

1. 被宰制者的承認

康樂譯文	林榮遠譯文
「被宰制者對卡理斯瑪之承認與否，是卡理斯瑪是否妥當的決定性因素。此種**承認**是由被宰制者自由給予，並須由具體事實——起初通常是一項奇蹟——來**保證**。此種承認乃是對某些啟示，對英雄崇拜、對領袖絕對信任的完全獻身。然而當卡理斯瑪真正存在時，正當性就不再以此種承認為**基礎**。這時正當性的基礎在於以下的觀念：人民將**承認**卡理斯瑪的真實性及聽從其召命（Berufung）而行動，當成是自己的**職責**。由心理層面而言，這項『承認』是個人對擁有這些特質者的完全效忠和獻身。它來自狂熱、絕望或希望。」（韋伯，1996：63）	「關於魅力的適用是由被統治者承認決定的，這種承認是由實際的考驗——原先總是由奇蹟——保障的，自由的，產生於獻身於默示、對英雄的崇拜和對領袖的信賴。然而，承認（在先天魅力的情況下）不是合法性的原因，而是依據使命和實際考驗被召喚承認這種品質的人的義務。從心理學上講，這種『承認』是一種產生於激情或者困頓和希望的信仰上的、純屬個人的獻身精神。」（韋伯，1997：269-270）

2. 長久無法讓追隨者受益，領袖則喪失卡理斯瑪

康樂譯文	林榮遠譯文
「如果領袖在很長一段時間中無法創造奇蹟和成功；如果神或魔性及英雄性的力量似乎拋棄了領袖；最重要的，**如果領袖無法繼續使跟隨者受益**，他的卡理斯瑪宰制很可能因此喪失。這是『君權神授』的真正意義。」（韋伯，1996：64）	「倘若實際考驗不能維持持久，則表明受魅力的恩寵者被他的上帝所遺棄，或者喪失他的魔力或英雄的力量，倘若他長久未能取得成就，尤其是倘若他的領導沒有帶給被統治者以幸福安康，那麼他的魅力型權威的機會就會消失。這就是『神的恩賜』的魅力原先的意義。」（韋伯，1997：270）

3. 卡理斯瑪共同體及其管理幹部

康樂譯文	林榮遠譯文
「一個臣服於卡理斯瑪的宰制團體，我們稱之為『卡理斯瑪共同體』（Gemeinde），以情感性的	「社區統治團體是一種感情的共同體化。魅力型統治者的行政管理班子並非『官員』，至少不是

康樂譯文	林榮遠譯文
『共同體關係』（Vergemeinschaftung）為基礎。一個卡理斯瑪領袖的管理幹部並非『官員』，他們也絕少具有技術上的訓練。這些幹部的甄選，並不以社會地位為依據，也不從家族內或私人的隸屬關係來決定，其基礎在於管理幹部本身的卡理斯瑪稟賦。『先知』有其『使徒』；『軍閥』有其『侍衛』；『領袖』則有其『心腹』（Vertrauensmänner）。無所謂『任命』或『解職』。行政官職不是一項終身事業，也沒有『升遷』這類事。其中只有領袖對追隨者的召喚，而其甄選的基礎是後者的卡理斯瑪資格。其中沒有『階層系統』。只有領袖對一般事務或個別事件的干預，當領袖認為其追隨者的卡理斯瑪不足以完成某項任務時。其中沒有明確的『權責』；也沒有因社會地位而享有政治權力。卡理斯瑪權力及個人的『使命』，當然也有可能受地域或功能性的限制。可是卻沒有『薪資』或『俸祿』這類東西。 門徒或追隨者傾向於靠志願的奉獻為生，與其宰制者形成一種共產主義式的關係。其中沒有行政組織（『機關』）的存在，只有許多宰制者的代理人。他們的卡理斯瑪宰制若非由宰制者提供，即是自己擁有某種程度的卡理斯瑪。其中沒有正式的規則，或抽象的法律原則，因此也沒有任何以此為取向的理性的判決過程，同樣的也沒有導向判決先例的『睿智』。具體的判決因個別案例而有所不同，並且被視為神聖的判決或啟示。由實質的觀點而言，每一個卡理斯瑪宰制都必須訴諸如下的訓示：『法書上如是說，……可是我告訴你們…… 』。每一個真正的先知，正如每一個軍事領袖，以及卡理斯瑪領袖，都訓示、創造或要求新的義務，其所憑藉的，典型而言是啟示、神諭、靈感或其意志——這些通常為宗教、軍事或政治團體的成員所承認。因後者亦來自相同的背景，承認是一種義務。當這種宰制和其他同類的宰制發生衝突和競爭時，唯一的解決方式是領袖之間魔法或武力的競爭，原則上只能有一方是對的，另一方則必須因錯誤而受罰。」（韋伯，1996：65-66）	在專業業務上訓練有素的官員。它既不是按等級觀點，也不是按對家族或個人依賴的觀點選擇的，而是按照魅力的品質選擇的：與『預言家』相適應的是『信徒』，與『好戰的王侯』相適應的是『扈從』，與『領袖』相適應的，從根本上說是『親信』。既沒有『任命』或『罷免』，也不存在著『資歷』和『升遷』，而是僅僅在被召喚者的魅力資格基礎上，依照領袖的直覺加以召喚。不存在著『等級制度』，而是在行政管理班子對於某一項任務，也可能是對某一種祈求，普遍的或者在個別情況下產生的魅力不能勝任愉快時，只有領袖進行干預。沒有『職務轄區』和『權限』，不過也沒有通過『特權』占有官職的權力，而且僅僅（可能）存在著魅力和『使命』的地區的或事務的界線。沒有『薪金』，也沒有『俸祿』，而是信徒和扈從們（主要）與統治者一起，依靠資助獲得的物資，生活在仁愛和伙伴的共產制度之中。沒有固定的『機構』，而是僅僅從魅力上講，在統治者委託以及在自己魅力的範圍內，有受指派的使者。沒有規章，沒有抽象的法律原則，沒有以法律原則為取向的尋找合理的律例，沒有以傳統的先例為取向的司法判例和司法判決，而是在形式上根據具體案例，現實地創造法律，原先只有神的宣判和默示是決定性的。然而在實質上，對於一切先天魅力型的統治，這個原則是適用的：『已有明文規定——但是我告訴你們』；先天的預言家也好，先天的好戰王侯也好，以及任何先天的領袖也好，都會宣告、創立和要求新的規定——在魅力的原來的意義上：依據默示、神諭、靈感或者依據具體的創造意志，這種意志由於它的淵源被信仰共同體、軍隊共同體、黨派共同體或其他共同體所承認。承認是義不容辭的。一旦另一個人的競爭性指令與原來的指令相對立，並要求他的魅力的適用，就存在著領袖的鬥爭，而這種鬥爭最終只能通過巫術手段或者共同體的（義不容辭的）承認才能解決，在鬥爭中，必然在一方只有正義，而在另一方僅僅負有罪惡義務的不義下，能夠發揮作用。」（韋伯，1997：270-271）

這個當事人未必承認，但是他人仰慕崇拜，構成第一種被宰制者的承認，而第二種，因爲時間的因素導致追隨者無法受益，就會喪失其宰制能力，所以卡理斯瑪需要不斷地重複證明。

第三種是卡理斯瑪共同體與管理幹部，變成團隊問題，在這之後組織開始正常化，往往在領導者或先知過世以後，不再有衣缽傳人。這時候的卡理斯瑪會急速衰亡。這是人類歷史上許多宗教、政治組織裡常見的現象，這又稱作「卡理斯瑪的例行化」（routinization of charisma），林榮遠譯爲「魅力的平凡化」。

4. 關於卡理斯瑪型宰制只出現在初始階段的論述

康樂譯文	林榮遠譯文
「如果卡理斯瑪宰制希望維持一個**持久性**的關係，一個由門徒、戰士或跟隨者組成的『共同體』，或一個政治性的教權制團體，而不只是一個過渡中的現象，那麼，卡理斯瑪宰制的基本特質必須加以改變，我們可以肯定地說：卡理斯瑪宰制只能存在於初始階段（in statu nascendi），它無法長久穩定。它終究會被傳統化或法制化，或兩者的連結所轉化，以下是幾個引發這項改變的動因： (a) 維持追隨者的精神力量和物質利益，同時使共同體不斷地再生； (b) 為了強化管理幹部——追隨者、門徒、黨工或其他人——之間的關係所需的、更強的精神力量和物質利益。」（韋伯，1996：71）	「然而，如果這種關係不再純屬短暫的，而是具有持久關係的性質：教友或者戰士或者信徒們的『社團』，或者政黨團體，或者政治的或僧侶統治的團體，那麼魅力型的統治就僅僅存在於純粹理想類型的起源狀態之中，這必然會大大改變它的性質：它將傳統化或者合理化（合法化），或者在不同的方面，兩者兼而有之。推動事態如此發展，有如下的動機： 甲、追隨者在思想上和物質上，對共同體的長久存在和不斷獲得更新感興趣； 乙、行政管理班子即追隨者、信徒或黨派的親信等等，在思想上和物質上對下述情況有更強烈的興趣： i. 繼續保持關係的存在； ii. 把關係繼續保持到這樣的程度，使自己的地位在思想上和物質上建立在持久的、日常的基礎之上：在外在方面，建立家庭生活，或者建立心滿意足的生活，取代遁世的、對家庭和經濟陌生的『使命』。」（韋伯，1997：274）

對於卡理斯瑪領袖過世以後的繼承方式，韋伯做了一些歷史整理：

一、尋找一位人格特質合乎該宰制位置的新的卡理斯瑪領袖（韋伯，1996：72）

二、以神意來選擇新領導者，如：神諭、抽籤、神示或其他技巧（韋伯，

1996：73）

三、由原來的卡理斯瑪領袖指定繼承人，並由其追隨者加以承認（韋伯，1996：74）

四、由具有卡理斯瑪特質的管理幹部推舉繼承者，並由共同體加以承認（韋伯，1996：74）

五、卡理斯瑪可以透過血緣而繼承〔世襲性卡理斯瑪〕（韋伯，1996：75）

六、卡理斯瑪可以透過某種儀式，由持有者傳給另外一個人，或可以用某種儀式在一個人身上創造出來〔職位性卡理斯瑪〕（韋伯，1996：70）

另外，我重建了這三種類型的宰制，依照「私人與非私人」以及「平常與非時期」這兩個向度，整理成另外一個圖表。

其中有關戒嚴法的權威部分，是我根據韋伯的兩個向度的分類判準新增加的，這是韋伯過世之後，世界上很多國家或地區都出現過的現象，也是韋伯生前所未見過的政治現象。這也可以算是我用韋伯用過的分類判準，做出了與時俱進的二度創作。

	平常時期（Ordinary）	非常時期（Extraordinary）
非私人的 （Impersonal）	理性的權威 Rational Authority	**戒嚴法的權威** **Martial Law Authority**
私人的 （Personal）	傳統的權威 Traditional Authority	卡理斯瑪 Charismatic Authority

第一個在「平常時期」的「理性的權威」，或者「法治的權威」屬於「非私人的」；「傳統的權威」則屬於「私人的」。

第二個在「非常時期」的「戒嚴法的權威」，其實原來是空白的，在韋伯時代也非常罕見，只是後來歷史的發展，特別是二十世紀的二戰以後，中南美洲和臺灣都出現「戒嚴法」，這個戒嚴法就是「非常時期」的「非私人權威」，這也是另外一種宰制的類型，韋伯的時代沒有經歷，但我們經歷過，所以可以把它放置其中使分類更完整，這是我的一個小小的看法。「卡理斯瑪」則屬於「非常時期的私人權威」。

五、方法論

接下來，我們要介紹韋伯方法論裡的「價值中立」、「心志倫理」和「責任倫理」以及「理念型」這幾個經常被提起的部分。

先提醒一下，上面說「韋伯的方法論」通常是指韋伯討論社會科學方法的幾篇文章。韋伯夫人在韋伯過世後將他討論學術以及社會科學基本問題的方法的文章彙集成一本文集，她命名爲《科學學論文集》（*Gesammelte Aufsätze zur Wissenschaftslehre*）。書名中的 Wissenschaftslehre 是德國哲學家費希特（Johann Gottlieb Fichter, 1762-1814）在《全部知識學的基礎》（*Grundlage der gesammten Wissenschaftslehre*）〔王玖興譯本書名〕中用過的書名，只是通常翻譯成「知識學」而非我們這裡使用的「方法學」。Wissenschaftslehre 其實就是「有關科學的科學」，或者簡稱有點拗口的「科學學」。韋伯夫人爲什麼使用這個詞，沒人知道。但是席爾斯（Edward Shils, 1910-1995）在 1949 年將其中三篇文章英譯以後出版成爲《社會科學的方法論》（*Methodology of the Social Sciences*）之後，英譯書名的「方法論」就成爲大家稱呼韋伯這方面著作的共識。有的中譯本從英譯本轉譯，也都理所當然翻成「方法學」。2013 年張旺山的中譯本也不例外。可是韋伯自己似乎在文章中一直沒有提及這個概念。「方法論」的譯名顯然活出了自己的一條路。

我們先討論「價值中立」的概念。德國韋伯學專家施魯赫特（Prof. Wolfgang Schluchter）認爲英文世界對於韋伯「價值中立」（value free 或 value freedom）的翻譯是錯誤的，應該譯作「freedom from value judgment」（免除價值判斷的自由）。韋伯在文章的標題使用此字時是用了括號 »« 的，應該表示是「所謂的」，「別人常用的，他本人未必同意，甚至是不同意」的意思在內。

張旺山在中譯本譯註中特別說明他對譯名的選擇：「本書將韋伯所用的 “Wertfreiheit” 一詞譯爲『價值中立』。」

“Wertfreiheit” 這個語辭很難恰當地譯成中文。目前中文學界有許多譯法，都不盡理想。因此，我還是採用「價值中立」這個較爲通用的譯法。簡單地說，“Wertfreiheit” 就是「不做（實踐性的）價值判斷」的意思；就此而言，也可以說是「擺脫（實踐性的）評價而中立」。」（Weber, 2013: 481n3）

我認爲「價值無涉」或「免於價值判斷的自由」是比較好的翻譯，畢竟不可能存在著多元價值衝突下的中立地帶，這也與韋伯所討論的觀點不符合。

這種價值衝突涉及到倫理判斷，在韋伯原先想法裡原先的倫理是一元論，是非對錯的判準清楚，到倫理多元後，開始進入諸神爭戰：

> 四十年前，在我們學科的知識界圈子裡，廣泛流傳著一項信仰，認為：在『實踐性—政策性的評價』這個領域裡，在可能採取的立場當中，最終一定有一個立場是『在倫理上唯一正確的』（當然，施莫勒本人始終都只是很有保留地採取了這種觀點）。但在今日，我們卻很容易就可以確定，恰恰就在那些講壇評價的擁護者們之間，情況已經不再如此了。（Weber, 2013: 484）

韋伯另一組常被提起的觀念是「心志倫理」（Gesinnungsethik; ethic of conviction）和「責任倫理」（Vorantwortungsethik; ethic of responsibility）。「心志倫理」類似價值理性的社會行動，意思是要做一件事情時，只考慮到符合價值與否，不去討論該用何種手段。簡單來說，爲了達到目的，犧牲自身生命都在所不惜。韋伯常以殉道者爲例。爲了理想犧牲的人，所抱持的信念就是一個心志倫理，沒有妥協的餘地。

但是韋伯期待的其實是「責任倫理」，特別在現代政治領域裡，如果決定號召產生行動，就需要考慮結果對大眾的影響。所以一個負責任的政治人物，是需要考慮每一個政策執行時的各種面向及後續效應。

韋伯特別提倡公共人物應具有責任倫理，而非如同過往的宗教人士，只具有心志倫理。特別在當代多元價值的社會裡，容易產生價值衝突，而這種衝突，韋伯藉由宗教的比喻，就是神魔之間的戰爭，在這場戰爭中，韋伯提醒我們的是在行動上雖然依據良心行事，但是還是要注意責任後果的重要性：

> 我只是想提醒讀者：如果有什麼的話，那麼下面這一點就是特別應該像職業性的「思想家們」（berufsmäßige Denker）建議的一項職責（Obliegenheit），亦即：在面對各該當時具有宰制性的種種理想、哪怕是最崇高的理想時，保持一顆在『個人的能力』這個意義下的清醒的腦袋，必要時還得「逆著潮流游泳」（gegen den Strom zu schwimmen）。（Weber, 2013: 513）

但最終的決定歸屬於自身，因爲有時候人生眞的得逆著潮水而游泳，這種看法類似孟子：「雖千萬人，吾往矣」的大丈夫氣魄。

最後一個概念，就是經常提到的「理念型」（或「理想型」、「理想典型」）（Idealtypus; ideal type）的概念。韋伯對於「理念型」的看法，主要發表在〈社會科學與社會政策的知識之「客觀性」〉（1904）一文中。這篇文章是在韋伯和宋巴特（Werner Sombart）及雅飛（Edgar Jaffé）三人接手了《社會科學與社會政策學報》之後發表的該期刊的第一篇宣示性的文章。

這個概念就是用來研究社會科學的利器。因爲社會科學的研究無法掌握整體現象，所以社會科學的研究對象，其實都是一種理念型建構出來的研究對象。

我將韋伯對於理念型的說法整理如下：從負面來看，理念型並不是一種假設，但是可以幫助形成假設；也不是對於現實的描述，但是目標希望能夠精確地表達這種描述的方式；更不是研究現象的平均數。從正面來看，理念型是根據研究旨趣，片面強調研究對象的某些面向中的一部分，然後根據這樣的強調整合出許多分散的、特殊的、時有時無的具體現象，綜合而成一種新的研究對象，而這種建構出來的研究對象是在現實中找不到對應的（Weber, 1922: 190-191; 1949: 90）。

理念型爲了研究方便建構出來的東西，這是理念型的功能。這在另外一篇文章的英譯本就談的更清楚：「比較經驗事實以建立其同異，並以最精確易懂的概念來描述，再加以了解和因果地說明。」（Weber, 1949: 43）

特別要注意此處他又提到「了解」與「因果的說明」，這與他對社會學的定義強調的「了解」與「因果說明」定義一樣。

他以資本主義爲例子來解釋理念型：

> 的確，下述情形不僅是可能的，甚至必須被看作是一定會發生的，那就是：人們可以構想出許多個，甚至一定會是為數甚多的這種種類的烏托邦，其中**沒有任何一個**和另一個相同，其中更且**沒有任何一個**是可以在經驗實在中作為『社會狀態之事實上有效的秩序』而被觀察到的，但其中的**每一個**卻都提出要求，認為自己就是對『資本主義式的文化』這個「觀念」的某種陳述，而只要這每一個烏托邦事實上都由實在中取得了我們的文化之某些在其**獨特性上有意義的**特點，並形成為一個一致的理想圖像，這些烏托邦中的**每一個也**的確都**可以**提出這種要求。因為，我們視為文化現象而感到興趣的那些現象，總是由那些我們可以和那些現象關聯起來的極為不同的價值觀念，導出我們的這種興趣（亦即這些現象的「文化**意義**」）的。

（Weber, 2013: 218）

簡言之，研究者根據自己的價值關聯建構出資本主義的文化，可以是「人言人殊」。這是很可怕的後果。大家以爲是在研究同一種現象，其實都因爲自己在選擇現象的側重面不同，而形成「雞同鴨講」的現象。這樣的話，「理念型」又該如何評論其在學術研究上的功過呢？

如果沒有一個學術共同傳統的共識，容易導致使用此種理念型的流弊。

這種理念型觀點也影響到他對於馬克思主義的評論：

> 每一個曾經用馬克思主義的種種概念進行過研究的人都知道：這些理想典型，如果人們利用它們來對實在與它們進行比較的話，是具有重大的，甚至獨一無二的**啟發學上的**意義的，而一旦將它們想成是一些經驗上有效的，或甚至是**真實的**（事實上亦即：形上學的）「發生影響的**力量**」、「趨勢」等等時，則它們同樣也是危險的。（Weber, 2013: 232）

韋伯認爲馬克思主義者將馬克思提出的理念型與現實相混，是一件非常危險的事情。

但他這種評論，以現在後見之明來看，其實不單是危險而已，其中還有複雜的歷史因素影響。

六、Q & A 反思回顧

1. 大家可以去找一本現行社會學的入門書對於社會學的定義跟韋伯的定義，兩者間是什麼原因造成社會學有不同的定義？
2. 韋伯對於社會行動的定義跟巴烈圖對於邏輯行動跟非邏輯行動的定義，都有思考到手段與目的關係，或客觀的意圖跟主觀的目的。對於社會行動還能有其他的可能說法嗎？
3. 多元價值下的抉擇困擾有何依循判準？
4. 你認爲有關價值中立，可以討論的情況有哪些？
5. 對於學習內容的選擇，是否也與心中的價值相關，爲什麼？

參考文獻

中文文獻

Max Weber（2013）。《韋伯方法論文集》。張旺山譯。臺北：聯經。

甘陽（1998）。〈韋伯文選第二卷編選說明〉。收入甘陽編選，李強譯，《經濟、諸社會領域及權力》。北京：三聯／牛津。第 1-5 頁．

韋伯（1989/1996）。《支配的類型：韋伯選集（III）》（修訂版）。康樂等合譯。臺北：遠流。

馬克斯・韋伯（2010）。《經濟與社會》（兩冊）。閻克文譯。上海：上海人民。

馬克斯・韋伯譯（1997）。《經濟與社會》（兩冊）。林榮遠譯。北京：商務。

外文文獻

Max Weber (1922). *Gesammelte Aufsätze zur Wissenschaftslehre.* Tübingen: J. C. B. Mohr (Paul Siebeck).

Max Weber (1922). *Wirtschaft und Gesellschaft*. Tübingen: J. C. B. Mohr (Paul Siebeck).

Max Weber (1925). *Wirtschaft und Gesellschaft*. 2 Bande. 2. vermehrte Auflage. Tübingen: J. C. B. Mohr (Paul Siebeck).

Max Weber (1949). *The Methodology of the Social Sciences*. Trs. by Edward A. Shils and Henry A. Finch. New York: The Free Press.

Max Weber (1968). *Economy and Society: An Outline of Interpretive Sociology.* Trs. by Guenther Roth and Claus Wittich. New York: Bedminster.

Max Weber (1972). *Wirtschaft und Gesellschaft: Grundriss der verstehenden Soziologie*. 5. Auflage. Tübingen: J. C. B. Mohr (Paul Siebeck).

Max Weber (1978). *Economy and Society: An Outline of Interpretive Sociology.* 2 Vols. Trs. By Guenther Roth and Claus Wittich. Berkeley, CA: University of California Press.

Max Weber (1985). *Wirtschaft und Gesellschaft: Grundriss der verstehenden Soziologie.* 5. revidierte Auflage. Tübingen: J. C. B. Mohr (Paul Siebeck).

Wolfgang J. Mommsen (2000). Max Weber's "Grand Sociology": The Origins and Composition of Wirtschaft und Gesellschaft. Soziologie. *History and Theory*, 39(October): 364-383.

第十九講

韋伯（四）

兩篇「志業」演講

這一講次，要談論韋伯晚年的兩篇演講。這兩篇演講的學術性不高，但是它的普及性很強，很多人喜歡讀這兩篇，主要有兩個原因，第一個是行文簡單明瞭、不晦澀；第二是具有療癒的心靈雞湯作用，非常值得介紹。

我們就先從比較前面的〈學術當作一種志業〉開始討論。

一、〈學術當作一種志業〉版本和譯本問題

原先這篇演講稿收入韋伯夫人瑪莉安娜・韋伯（Marianne Weber）在韋伯過世之後所編輯的《科學學論文集》中。因爲原書目錄註明是 1919 年的演講，所以一般都沿用這個年代。後來，德國的學者施魯赫特（Wolfgang Schluchter）經過查對當時的報紙報導發現應該是韋伯在 1917 年 11 月 7 日所做的演講（Schluchter, 1979: 113-116），所以後來的英文新譯本的年代也跟著更正過來（見Lassman, Volody & Martins, 1989）。

另外，根據施魯赫特（1988: 110）的說法，當時的演說和印出的講稿不盡相同。

這篇文章由韋伯夫人收錄在以討論學術或社會科學知識特性的文集中，她還特別用了一個費希特所創用的「Wissenschaftslehre」一字當成文集的書名。

關於這個書名，德國學者漢尼斯（Wilhelm Hennis）建議譯爲英文的「Science of Science」；費希特該書的大陸中譯本將其譯爲「知識學」；英譯者希爾斯（Edward A. Shils）和芬奇（Henry A. Finch）選譯了該文集中的三篇文章，給了另一個英文書名 *Methodology of the Social Sciences*，似乎要將德文的 Wissenschaftslehre 和英文的

Methodology 等同的意味。但是就德文的原字來看，這個字是由 Wissenschaft（學術、或廣義的科學）和 Lehre（學）兩個字合成的，應該是「有關學術基本問題的探討」。

這篇文章原名 Wissenschaft als Beruf，英譯本都翻成 Science as a Vocation，三個中譯本則各有自己的譯名：錢永祥譯成〈學術作爲一種志業〉，王容芬譯成〈以學術爲業〉，楊富斌譯成〈以科學爲業〉。題目中的 Wissenschaft 英文都譯成 Science，中文則有「學術」和「科學」兩種譯法；題目中的 Beruf 英文都譯成 Vocation，中譯本在標題上都譯成「志業」或「業」，同一個字，在正文中，錢永祥譯本通常譯成「志業」，王容芬則多譯成「天職」，而楊富斌則多半譯成「內心感召」或「感召力」。

這篇文章各有多篇英譯本和中譯本。1946 年的 C. Wright Mills 和 Hans H. Gerth 合作的英譯本通行較久，但是可能的話，還是應該找 1989 年 Michael John 考訂精詳的新譯本來看。

中譯本有臺灣譯者錢永祥很努力參考了德文原文、英譯本、日譯本等所做的翻譯，增加了幫助讀者閱讀的小標題。此書換過出版社，也修訂過，在正文中當然以新譯本較好，但是在附錄的文字中，有些是舊譯本有，而新譯本刪掉的，不乏參考價值，不可偏廢。錢永祥將全文分成六個部分三十三節，各節均冠以小標題。這也是原文中沒有的做法

另外一個譯本是大陸留德學者王容芬的譯本，是直接從德文翻譯的，還附錄了相關的文章，其中包括施魯赫特的〈《以學術爲業》和《以政治爲業》的特色〉一文，頗有參考價值。王容芬的譯文比較貼近德文，中文讀者或許會覺得不太習慣。不過，和錢永祥參考多種語文的譯本比起來，是各有優劣的。

馮克利的簡體字譯本在行文中都加有小標題。馮譯本還收錄了一些 Peter Lassman、Volody 和 Martins 等人譯本中其他相關文章的中文翻譯，算是諸譯本中特別之處。

最近的譯本是楊富斌的譯本，也是簡體字。

2018 年李中文的中譯本，以德文版《韋伯全集》爲底本，很值得參考。其中有鄭志成教授的〈導讀〉，特別有助於讀者對整本書的背景有更深刻的了解。

2021 年呂叔君的譯本完全根據德文版《韋伯全集》翻譯，連同相關資料都全部譯出，最適合學術界閱讀。

Lassman、Volody 和 Martins（1989）聯合編輯的新譯本中除了收錄 Michael John 的全新英譯之外，還收錄了當時對學術這個主題相關的討論，將這篇文章放到應有的歷史文化脈絡中，比起其他不提及這篇文章歷史文化脈絡的譯文來說，更增添了豐富

的參考價值。

二、〈學術當作一種志業〉主要概念

在這篇演講裡，一開始韋伯提出了一個問題：

> 學術作為一種物質意義下的職業，具有怎樣的面貌？基本言之，這個問題在今天實際問的是：一個決心取〔原誤〕在學院裡從事學術工作（Wissenschaft）為職業的研究生，居於怎樣的處境？（韋伯，1991：132）

這跟我們現在所關懷的問題，沒有太大差別。當時 1917 年的德國，剛經歷過第一次世界大戰，而在這問題提出後，韋伯對當時的美國與德國有志於獻身學術研究年輕人的生涯歷程，分別從就職、薪資、離職與開課問題進行比對。

我整理了一份清楚的表格，供大家參考：

德國和美國「有志獻身於學術研究的年輕人」的生涯歷程比較

	德國	美國
就職	從「私講師」〔王譯「編外講師」〕（Privatdozent）做起，經過與某大學裡本科專家學者討論並得到他們同意之後，他提出一本著作，通過教授團所舉行的一場通常屬於形式的面試〔王譯「正式考試」〕，然後才具備這所大學的正式教書資格。然後，他可以按照自己的專長，選開一門課。但是，除了學生的聽講費之外，別無薪水可領。	先以「助理」身分受聘。這種身分，類似德國自然科學與醫科大型研究機構裡的助理，其中只有一部分助理渴望獲得私講師的正式職位，而且這種機會經常來得很遲。
薪水	德國學者的地位是建立在金權取向（Plutokratie）的前提上。事實上，一個身無恆產的年輕學者，要面對學院生涯的這種現實，必須承擔極大的風險。至少幾年之內，時間長短不定，他必須想辦法維持自己的生活。在這同時，他對自己將來是否能夠得到一個職位，使生活過得比較像樣，卻毫無把握。	一開始就有薪水可領。當然，他的薪水很微薄，幾乎比不上一個半熟練勞工的收入。可是，表面上他已經有了一份穩定的工作，因為他有一份固定的收入。不過，通常他也和德國的助理一樣，有被解聘的危險；如果他的表現不符期望，他得經常有這種心理準備，不必奢望同情。這些期望是什麼呢？很簡單，他必須招徠眾多學生。
離職	一旦在位，沒有人可以請他走路。	會被開除。

	德國	美國
開課	在德國，一般情形是私講師開的課比他希望的要**少**。照規定，他有權開他研究範圍之內的任何一門課。但是，此舉若付諸實行，將會被認為是對資深的先生們不恭敬。因此，「重頭」課都留給正教授，私講師則開次要的課程。這種安排的好處是，學者在年輕的時候，有充裕的時間作研究，雖然這不一定出於當事人的自願。	最初幾年，正是助理教授學術生涯中工作負荷超重的時候，只因為他**拿了薪水**。

資料來源：孫中興根據韋伯（1991：132-134）製表。

另外，他提到「機運」作爲教學生涯的關鍵因素之一。這在我個人教學經歷裡也碰到過，常常兩個人在學歷方面也差不多，爲什麼有人被錄取了，有人沒被錄取，有時候是人際關係的影響，造成錄取與否的差別；另外的狀況是人際關係對兩人沒有影響時，對於一個人被錄取了而另外一個沒被錄取的情況，只能訴諸於機運這項什麼都沒解釋卻似乎又解釋了一切的因素。

基本上現在的社會科學對於機運的理解，處於一個茫然無知的狀態：

> 唯一不曾消失，並且有變本加厲之勢的，乃是**機運**（Hasard）〔原誤，應為Hazard〕在大學學術**生涯**中所扮演的角色；也就是說，一個私講師，乃至於一名助理，是否有朝一日能夠升成正教授，甚或當上學術機構的主持人，純粹靠**運氣**。當然，在這場賭博中，機運不是唯一的決定因素，但卻占有非常高的比重。我幾乎不知道世界上還有哪種行業，機運在其中扮演如此重要的角色。我尤其有資格說這種話，因為當我相當年輕的時候，純粹靠著一些意外的機運，我便被聘為正教授，而在這個學科中，一些與我年齡相若的同行的成就，無疑早超過我。我猜想，因為有這段個人親身經驗，我特別有銳利的目光，看出許多人儘管才氣縱橫，但因時運不濟，而不能在這套選拔制度裡，取得他們應得的職位。（韋伯，1991：135）

韋伯說自己是運氣好而被聘爲正教授，應該有謙虛的意思在內。他的努力和程度應該是眞正被聘用的原因。

不過，因爲被聘用時大家沒說原因，那麼只好歸因於機運了，但是「機運」是不可解釋時勉強爲之的一種解釋：

> 機運，而非真才實學，之所以扮演如此重大的角色，不能完全歸咎於人性，甚至我們不能說人性是主要因素。學術界的選拔過程，和其他選拔過程一樣，必然會牽涉到人性因素。但是，如果把眾多才智平庸之士在大學裡扮演重大角色這個事實，歸罪於學校教授或教育主管個人程度的低劣，卻是不公平的。造成凡才當道的原因，要到人類協作的法則中去找，尤其是好幾組人的協作法則。在這裡，這是指負責推薦的教授與教育官員之間的協調合作。（韋伯，1991：135）

另外，韋伯也特別提到，政治干涉讓庸人當道，只是不知道是什麼樣的特殊事件讓他有這樣的感觸，而他的這種感觸，其實也是古今中外許多人的感嘆。

> 唯有當國會（如在某些國家）或君主（德國到目前為止）——兩者結果相同——或取得權力的革命者（如德國當前），因**政治**原因干預學術界的用人時，我們才能確定有人和的平庸之輩及一心上爬的人會壟斷賢路。（韋伯，1991：136）

他也感嘆到學者跟教師，這雙重的任務是非常難平衡的。現在在學校教書更需要兼顧到研究、教學與服務的比例平衡。像我過去教書的時候，教學只占20%的評分；研究占70%；服務占10%，並不是每一項都是三分之一。

所以教學、服務品質占據整體的比例是遠低於研究方面。簡單說，沒有任何研究的話，就會被學校解聘。這不是韋伯當時的問題。現在來看，也是一個迫切的問題，沒有出版，就得走人。

> 我們要明白，學術命運的決定主要憑「機運」，並非僅只是因為藉集體決定拔擢人才的方式有所不足。每位受到召喚、有志從事學術工作的年輕人，都必須清楚地認識到，他所肩負的重任具有雙重面貌。他不僅需要具備學者的資格，同時也必須能夠作一位好老師；而這兩種條件並不一定全然吻合。一個人可能是天分傑出的學者，同時卻是一位糟糕透頂的老師。（韋伯，1991：136）

早期英文的「publish or perish」與現在臺灣、大陸都是這樣的情況。

另外，還有學術專業化的問題，這涉及到「熱情」這項要素，他在〈政治當作一種志業〉的時候，就有提到熱情可以完成許多事，沒有熱情是無法將事情完善的：

> 從表象與實質兩方面來說，我們都必須認清，個人唯有透過嚴格的專業化，才能在學術世界裡，獲得那種確實感到達成某種真正完美成果的意識……唯有憑藉嚴格的專業化，學術工作者才有機會在有朝一日充分體認到，他完成了一些可以**傳世**的成就，但是這種情形一生也許只有一次。今天，真正確定並且重要的成就，無不屬於專業性的成就。任何人如果不能，打個比方，帶起遮眼罩，認定他的靈魂的命運就取決於他能否在這篇草稿的這一段裡作出正確的推測，那麼他還是離學術遠點好些。他對學問將永遠不會有所謂的「個人體驗」、沒有這份熱情、沒有這種「你來之前數千年悠悠歲月已逝，未來數千年在靜默中等待」的壯志——全看你是否能成功地作此臆測——你將永遠**沒有**從事學術工作的召喚；那麼你應該去作別的事。因為凡是不能讓人懷著**熱情**（Leidenschaft）去從事的事，就人作為人來說，都是不值得的事。（韋伯，1991：138-139）

韋伯在〈政治當作一種志業〉中說到政治人物的三種傑出特質時，提到：熱情（Leidenschaft; passion）、責任感（Vorantwortungsgefühl; feeling of responsibility）、判斷力〔拿捏分寸、距離感〕（Augenmaß; sense of proportion, judgment）三個條件。其實學術研究的極致也應符合這三種條件，韋伯在此只提到熱情，蠻可惜的。

熱情是完成許多事物的先決條件，若在學術上，還能夠有「靈感」這項要素的話，這對於學術上找尋自己的一條道路會更有幫助。當然，對於具有決定性作用的「靈感」（Eingebung）來說，熱情乃是先決條件（韋伯，1991：139）。

簡單來說，熱情是先決條件，靈感起決定性作用。

我自己35年來的教學經驗，更深刻感受到若無熱情的話，會找不到研究下手的關鍵處；沒有靈感，則無法發展出自身的獨特性，最終在茫茫學海裡，「秋風秋雨愁煞人」。

不過熱情與靈感相較之下，靈感相對更爲重要，畢竟在一門學問，研究者需要靈感才能找到獨特的方向，建立起自己的獨特之處，也確立自己的歸屬感。

韋伯還提出了另外一個概念——「人格」（Persönlichkeit; Personality）。但這不是一個心理學研究的人格或性格的問題，這裡指涉的意義是「有道德品格的人」，是指有節操特質的人，而非唯唯諾諾。獻身於工作，對工作有熱情與靈感是韋伯非常重要的一個概念：

> 在學問的領域裡，唯有那**純粹**向**具體工作**（Sach）獻身的人，才有「人格」。不僅研究學問如此，就我們所知，偉大的藝術家，沒有一個不是把全部心力放在工作上；工作就是他的一切。（韋伯，1991：141）

這種論點與大部分文化裡強調將事情完善時，能有尊嚴、專業的精神的主張是一致的。例如近年來，強調「職人精神」的說法，這其實就是職業倫理的問題，每個職業都有對於自身職業犧牲奉獻、追求極致的人。唯有那些發自內心對學問的獻身，才能把學者提升到他所獻身的志業的高貴與尊嚴。在這一點上，藝術家也是一樣的（韋伯，1991：142）。

另外，他提到學術的進步，代表著人類知性化（Intellektualisierung; intellectualization）或理性化的過程（韋伯，1991：144）。

嚴格來說，我們在〈間論〉那篇文章時就提到過，有理性化的現象出現時，同時也有非理性化現象相隨，兩者都是要相互鬥爭的：

> 理知化和合理化的增加，並不意味人對他的生存狀況有更多一般性的了解。它只表示，我們知道，或者說相信，任何時候，**只要**我們**想**了**解**，我們就能夠了解；我們知道，或者說相信，在原則上，並沒有任何神祕、不可測之力量在發揮作用；我們知道，或者說相信，在原則上，透過**計算**（Berechnen），我們可以**支配**（beherrschen）萬物。但這一切所指為一——世界的除魅（Entzauberung der Welt）。我們再也不必像相信神靈存在的野人那樣，以魔法支配神靈或向神靈祈求。取而代之的，是技術性的方法與計算。這就是理知化這回事的主要意義。（韋伯，1991：144-145）

所以他在後面提到理性化跟合理化，是在日常生活中慢慢的去除了神祕的部分。

簡單來說，就是「世界的除魅」，這種除魅能讓世界愈加理性化，這是韋伯很重要的觀念。

而對於從歷史上考察學術的意義，他指出學術將通往的可能方向與關鍵。我將韋伯的幾種說法整理如下：

「通往真實存在之路」（Weg zum wahren Sein）
「通往真實藝術之路」（Weg zum wahren Kunst）
「通往真實自然之路」（Weg zum wahren Natur）
「通往真實上帝之路」（Weg zum wahren Gott）
「通往真實幸福之路」（Weg zum wahren Glück）（韋伯，1991：150）

通往上帝之路的看法，當然是沿自基督宗教的說法，而幸福之路，與亞里斯多德的人生目的說法相關。

雖然這篇演講名爲〈學術當作爲一種志業〉，討論的對象並非政治，但是此處他提到，當時德國因戰敗，學生對於政治議題有許多討論，但是他認爲政治並不屬於課堂，教師不應該在課堂傳授自己的政治立場，因爲學校不是這樣的場域：

> 真正的教師會注意，不要在講臺上，把某一種立場灌輸給學生，無論其方式為明講或暗示。因為以「讓事實自己說話」的方式，把政治立場灌輸給學生，是最欺騙性的做法。（韋伯，1991：153）

韋伯的這種說法，在許多國家引起了不同迴響。不論同意與否，這樣的議題與觀點表達，確實也呈現了價值多元的時代。

所以韋伯也提到各領域裡諸神論戰的問題，在價值多元衝突之下，理性化與非理性化的情況是同時出現的，幾乎無可避免。不過，我們文化的命運已經註定，我們將再度清楚地意識到多神或者價值多元才是日常生活的現實（韋伯，1991：157）。

因此在教學上，韋伯期待教師能夠讓學生有一個清醒的頭腦，而不是只是訓練自己的跟班，達成所謂的「清明」（Klarheit）：

> 我們可以——並且應該——告訴諸君，這樣這樣的實踐立場，按照其意義，可以在內心上一致並因此見人格之一貫的方式下，從這樣這樣的終極世界觀式的基本立場導出（它也許只能從某一個這種基本立場導出，但也許可以從不同的幾個這類基本立場導出），但不能從那樣那樣的其他基本立場導出。具象地說，一旦你們認定了這個實踐立場，你們就是取這個神來

> 服侍，**同時也得罪了其他的神**。因為只要你們忠於自己，你們必然地要得出這樣一個主觀上有意義的終極**結論**。至少在原則方面，這點是可以辦得到的。這也是作為專門學問的哲學，以及其他學科中在本質上涉及原則的哲學討論，所試圖達成的。如此，只要我們了解我們的任務（這點在此必須預設在先），我們可以強迫個人，或至少我們可以幫助個人，讓他**對自己的行為的終極意義，提供一套交待**。在我看來，這並不是蕞爾小事，即使就個人生命而言，也關係匪淺。如果一位教師做到了這點，我會想說，他是在為「道德的」勢力服務；他已盡了啟人清明，並喚醒其責任感的職責。我認為，他越是有意識地避免從他這方面把一種立場用強迫或用提示的方法加諸聽眾身上，他越能夠善盡這項職責。（韋伯，1991：161）

這個概念應該來自於法國近代思想家——笛卡爾（René Descartes），笛卡爾曾提過人類的思想若符合眞假與清晰明瞭的判斷，就能達成清明。

簡單說，韋伯在這裡的援引，意思是指教學應該是讓學生有獨立思考的能力，而非成爲教師信念的門徒。

另外，他也提到關於生命的問題，他認爲生命是諸神之間永恆的鬥爭，所以生命之間，不可能達到一個平衡的狀態，永遠處於鬥爭：

> 只要生命的根據在其自身，須透過其本身方得了解，生命便只如諸神之間永恆的鬥爭。或者說得更直截了當：對生命採取的各種終極而一般性的**可能**立場，是不可能相容的，因此其間的鬥爭，永遠不可能有結論。這也就是說，在它們之間，必須要下**決定**。（韋伯，1991：162）

「諸神之間永恆的鬥爭」是最近韋伯學者狂愛引用的比喻。這段話的要義是說：生命沒有十全十美，就是一連串的下決定的過程。

最有趣的是，他對於當時社會的一個診斷：

> 我們的時代，是一個理性化、理知化，尤其是將世界之迷魅加以祛除的時代；我們這個時代的宿命，便是一切終極而最崇高的價值，已自社會生活（Öffentlickkeit）隱沒，或者遁入神祕生活的一個超越世界，或者流於個人之間直接關係上的一種博愛。（韋伯，1991：166）

韋伯在此的樂觀態度，被他身後興起的納粹大大的打臉。所以充其量也只是代表他的美好願望。跟我們前面提到的涂爾幹的理想世界是很相近的。

三、〈政治當作一種志業〉版本問題

以往的韋伯研究者根據韋伯自己的書信推斷這次演講的日期是 1919 年 10 月。後來根據德國學者 Martin Riesbrodt 根據《慕尼黑最新報》（*Münchener Neuest Nachrichten*）的資料考訂，本次演講是在 1919 年 1 月 28 日晚上七點半在「史坦尼克藝術廳」（Kunstsaal Steinicke）舉行（Schluchter, 1979: 114）。

這場演講和〈學術當作一種志業〉那場演講都是當時巴伐利亞的「自由學生聯盟」（Freistudentische Bund）所舉辦的。

本文的英譯本目前有四種：最早見於 1946 年 Gerth 和 Mills 編譯的《韋伯社會學文選》（*From Max Weber: Essays in Sociology*）。後來有多個譯本，稍早比較常見的有 Eric Matthews 的節譯文，收入 1987 年 W. G. Runciman 的《韋伯：文章選譯》（Max Weber: Selections in Translation）。比較罕見的是 1989 年 Simona Draghici 編譯的《政治的職業》（*The Profession of Politics*）。最近的一個譯本可見於 1994 年 Peter Lassman 和 Ronald Speirs 合編的《韋伯：政治論文集》（*Weber: Political Writings*），譯文的題目改爲〈政治的職業和志業〉（The Profession and Vocation of Politics），以明白標示出韋伯論文中對於「職業」和「志業」雙重討論。

中譯本目前則有十二種，比較值得一提的是下面幾種：最早有錢永祥的翻譯（韋伯，1991），後來有王容芬的譯本（韋伯，1988）。錢氏的譯本參考了法文及日文譯本，還參考了德文原文。因爲原文甚長，爲了便利中文讀者，錢氏將全文分成十個部分，六十九節。王容芬的譯本比較謹守德文的字句、段落和脈絡。馮克利的譯本（韋伯，1998）正文中也參考了錢永祥的譯本加入小標題，他的翻譯主要是根據英譯本。2018 年呂中文的新譯本也是從德文直接翻譯的。但是 2021 年呂叔君能從德文版《韋伯全集》直接將一切最新研究成果翻成中文，最是後來居上，對於學術研究，更是難能可貴。

簡單來說，這篇在 1919 年 1 月 28 日的演講紀錄，主要談論廣義與狹義的政治問題，歷年來對於政治有許多不同的定義，但大致都環繞在權利與國家的主體。不過，這篇演講稿大概是在 1919 年 3 月才正式付梓的（Schluchter, 1979: 115）。

四、〈政治當作一種志業〉主要概念

韋伯提到國家是可以壟斷武力使用的唯一的單位，這種觀點涉及他對國家的定義：

> 可是到了今天，我們必須要說：國家者，就是一個在某固定疆域內——注意：「疆域」（Gebiet）乃是國家的特色之一——（在事實上）肯定了自身**對武力之正當使用壟斷權**的人類共同體。就現代來說，特別的乃是：只有在**國家**所允許的範圍內，其他一切團體或個人，才有使用武力的權利。因此，國家乃是使用武力的「權利」的唯一來源。（韋伯，1991：171）

簡單來說，國家擁有軍隊、警察這種合法暴力機制，這種權利是其他人所沒有的權利。

他也提到有關於我們在上個講次談到的三個純粹支配型或宰制的類型：

> 在原則上，支配的心理根據——也就是說支配的**正當性**根據——有三。第一，「永恆的昨日」的權威：也就是權威因於「古已如此」的威信，和〔過〕去遵襲的習慣，而變成神聖的習俗（Sitte）。這是舊日家父長（Patriarch）及家產制領主（Patrimonialfürst）所施展的「傳統型」支配。其次，權威可以來自個人身上超凡的**恩典之賜**（Gnadengabe; gift of grace）——即所謂的卡理斯瑪（Charisma）。這種權威，來自受支配者對某一個個人身上顯示出來的啟示、英雄性的氣質或事蹟，或其他的領袖特質，所發的人格上的皈依和信賴；這是「卡理斯瑪」型的支配。先知或——在政治領域內——群雄推舉出來的盟主、直接訴求民意認可的統治者（plebiszitäre Herrschen）、偉大的群眾鼓動者（Demagog）、政黨領袖等類的人，所運用者即為此。最後，還有一型支配，靠的是人對法規成文條款之妥當性的信任、對於按照合理性方式制定的規則所界定的事務性「職權」的妥當性有其信任。這也就是說，對於合於法規的職責的執行，人們會去服從。近代「國家公務員」，以及在這一方面類似公務人員的權力擁有者，所運用的支配便屬此型。當然，在實際中，人們之所以會去接受支配，是因於恐懼和期望這類最真實不過的動機：恐懼魔法的力量的報復、恐懼權力擁有者的報復、期望在世間

或在彼岸得到報償。或者，是因為各式各樣的利益而服從；這一點我們很快就會談到。無論如何，如果去詰問這些服從的「正當性」根據，則答案不出於這三種「純粹」類型：傳統型的、卡理斯瑪型的，和法制型的。（韋伯，1991：172-173）

另外，他提到兩種跟政治有關的人物：一種是爲了政治而活（把政治當成是人生志業）的人，另一種是依賴政治而活（把政治當成是謀生的手段）的人。依靠政治而活的職業政治家有兩種：或者是純粹的「俸祿人」（Pfründen），或者是受薪的「官吏」（Beamter）（韋伯，1991：183）。

接著他又將依靠政治而活的上述兩種職業政治家再進行細分：

1. 僧侶（Kleriker）
2. 文人（Literati）
3. 宮廷貴族（Hofadel）
4. 士紳（gentry）
5. 法律家（Jurist）

這些分類都涉及到宰制的類型。例如他解釋僧侶之所以被重視的原因：

在印度次大陸和中南半島，在佛教的中國和日本，在喇嘛教的蒙古，和在中世紀時的基督教世界一樣，都有這個階層的存在。僧侶之所以能夠扮演這樣的角色，有一個技術上的原因：他們識字。婆羅門、佛僧及喇嘛等之被引入宮廷，主教和教士之被用為政治上的顧問，目的是得到一股能讀能寫的行政管理力量，由皇帝、君主或者可汗，在和貴族的對抗中使用。（韋伯，1991：190）

而士紳是英格蘭特有的制度：

這是一種地方名門（Patriziat）階層，由小貴族和城鎮中靠租賃及利息收入的人組成；用術語來說，這叫做士紳（gentry）。英格蘭的士紳階層，原來是一個君主為了對抗封建豪族（Baron）而引為己用的階層……士紳使得英

格蘭免於官僚化，但這種官僚化卻是所有歐陸國家的命運。（韋伯，1991：191）

但是他認爲唯有將政治當作志業的人，才有資格被稱爲「志業政治家」，其人格上有三條件：熱情 、責任感、判斷力（掌握分寸、距離感）：

我們可以說，就政治家而言，有三種性質是絕對重要的：熱情（Leidenschaft; passion）、責任感（Verantwortungsgefühl; sense of responsibility）、判斷力（Augenmaß; sense of proportion, sharp eye, judgment）。（韋伯，1991：220）

關於熱情的部分，他在〈學術當作一種志業〉曾經提及過：

所謂熱情，我指的是**切事**（Sachlichkeit）的熱情、一種對一件「踏實的理想」（Sache）的熱情獻身、對掌管這理想的善神或魔神的熱情歸依。我所謂的熱情，和我已故的朋友齊默（Georg Simmel）嘗稱為「沒有結果的亢奮」（sterile Aufgeregtheit）的那種心態，是兩回事。（韋伯，1991：220）

顯然熱情無論是在學術或政治領域，都是他認爲必須要有的基本特質。

另外他提到責任感和判斷力，這兩項都是在〈學術當作一種志業〉裡沒提到過的，我個人認爲志業政治家式的特質，對於學術領域而言，也是一樣重要：

不論如何誠心，只有熱情是不足的。政治家不在於熱情本身，而是要再用熱情來追其某一項「踏實的理想」之同時，引〔孫注：應為「以」〕對這個目標的**責任**為自己行為的最終指標。這就需要政治家具備最重要的心理特質：**判斷力**。這是一種心沉氣靜去如實地面對現實的能力；換句話說，也就是一種對人和事的**距離**。「沒有距離」，純粹就其本身而言，是政治家致命的大罪之一；也是我們新起一代知識分子，一旦養成便會註定他們在政治上無能的性質之一。因此，問題是熾烈的熱情和冷靜的判斷力，怎樣才能在同一個人身上調和起來。（韋伯，1991：220）

其實，對一般人而言，在社會上生活，熱情、責任感與判斷力也同樣重要，皆有助於開創一個較爲順利的人生，這並不是志業政治家的專利。

他也提到了我們前面講次提到過的心志倫理跟責任倫理。簡單來說，心志倫理認爲目標正確，其他手段都不重要，宗教殉道者屬於這範疇：

> 不過，一個人是按照心志倫理的準則行動（在宗教的説法上，就是「基督徒的行為是正當的，後果則委諸上帝」），**或者**是按照責任倫理的準則行動（當事人對自己行動〔可預見〕的後果負有**責任**），其間有著深邃的對立。（韋伯，1991：227-228）

責任倫理則考慮到行動後果，因此行爲更加謹愼，特別是在價値多元的諸神論戰時代，這是責任倫理的範疇：

> 我們必須明白，一切具有倫理意義（ethisch orientierte）的行動，都可以歸屬到**兩種**準則中的某一個之下；而這兩種準則，在根本上互異，同時有著不可調和的衝突。這兩種為人類行動提供倫理意義的準則，分別是心志倫理（Gesinnungsethik）和責任倫理（Verantwortungsethik）。這不是説心志倫理就不負責任，也不是説責任倫理便無視於心志和信念。（韋伯，1991：227）

這兩個譯名，中英文譯本有奇妙的一致之處：前一個都有不同的翻譯法，而後者則毫無疑義。各種譯名對照如下：

德文	英譯	中譯
Gesinnunsethik	ethic of absolute (ultimate) ends〔Mills and Gerth（1946: 120, 127）〕 ethic of (single-minded) conviction〔Wolfgang Schluchter（1981: 52）；Draghici（1989: 54）〕 ethic of principled conviction〔Lassman & Speirs（1994: 359）〕	心志倫理（錢） 信念倫理（王、馮）
Verantwortungsethik	ethic of responsibility	責任倫理（錢、馮）

那接下來就是他也提到的，令他動容的理想人格：

> 真正能讓人無限感動的，是一個**成熟**的人（無論年紀大小），真誠而全心地對後果感到責任，按照責任倫理行事，然後在某一情況來臨時說：「我再無旁顧；這就是我的立場」。這才是人性的極致表現，使人為之動容。只要我們的心尚未死，我們中間**每一個人**，都**會**在某時某刻，處身在這種情況中。在這個意義上，心志倫理和責任倫理不是兩極相對立的，而是互補相成：這兩種倫理合起來，構成了道地的人、一個**能夠**有「從事政治之使命」（“Beruf zur Politk” haven）的人。（韋伯，1991：237）

「我再無旁顧；這就是我的立場」（Here I stand, I cannot do otherwise），引用自路德的名言。韋伯認爲這才是人性極致的表現，令人動容。

雖然他在前面強調將心志倫理與責任倫理分別看待，但到了這裡他強調要彼此配合，才能共構成動容的人格。

其實這與我們傳統文化裡提到的良心、責任感，或韋伯在前面提到的熱情、責任感以及判斷力相同。我想這些價值從中西方對照來看，其實是一個值得再度強調及推廣的普世價值。

延續這樣的看法，他提出「何謂政治作爲志業」的眞意：

> 政治，是一種並施熱情和判斷力，去出勁而緩慢地穿透硬木板的工作。說來不錯，一切歷史經驗也證明了，若非再接再厲地追求在這世界上不可能的事，可能的事也無法達成。但要作到這一點，一個人必須是一個領袖，同時除了是領袖之外，也仍然必須強迫自己的心腸堅韌，使自己能泰然面對一切希望的破滅；這一點，在此刻就必須作到——不然的話，連在今天有可能的事，他都沒有機會去完成。誰有自信，能夠面對這個從本身觀點來看，愚蠢、庸俗到了不值得自己獻身的地步的世界，而仍毅力不潰，誰能面對這個局面而說：「即使如此，沒關係！」（dennoch）誰才有以政治為志業的「使命與召喚」。（韋伯，1991：238-239）

最後一句話，中英文譯本都有不同的譯法，不過意思是一樣的，其實和孟子說的「雖千萬人吾往矣！」是一樣有氣魄的。譯名整理如下：

德文	英譯	中譯
Dennoch	In spite of all!（Gerth & Mills） All the same!（Draghici） Nevertheless（Lassman & Speirs）	錢譯：即使如此，沒關係！ 王譯：儘管如此，我還要做！ 馮譯：等著瞧吧！

而這種把政治當作一種志業，其實也可以翻成政治作爲一種「天職」或「召喚」。因爲使命、志業、召喚，其實是同一個概念的三種不同的翻譯。

所以在此講次裡介紹的「政治當作志業」或「學術當作志業」，歸根究底都在於完善自身人格，成爲一個完整的人，這也是啟蒙時代的理想——敢於求知。

完美的人必須對自身從事的活動有熱情，其熱情亦必須使理性與之相配合，爲自身結果負起責任。

韋伯的說法已經不再侷限於社會學，而是整個人生，這個人生不僅是韋伯的人生，也可能是你我的人生都值得關心的議題。

雖然不是所有人都對政治有這麼大的熱情，但是它裡面所講的道理，很多是值得我們深深地去思考實踐。

五、Q & A 反思回顧

1. 如果學術跟政治交織在一起會出現什麼情況？
2. 學術領域追求目標與理想，而政治活動追求利益的調和，兩者之間會不會有衝突的問題？
3. 韋伯對於學術與政治看法，與華人世界對於學術與政治看法有何差異？
4. 資本主義精神如何影響學術與政治？

參考文獻

中文文獻

韋伯（1919/1988）。〈以政治爲業〉。王容芬譯。收入《學術生涯與政治生涯——對大學生的兩篇演講》。北京：國際文化。第 49-108 頁。

韋伯（1917/1988）。〈以學術爲業〉。王容芬譯。收入《學術生涯與政治生涯——對大學生的兩篇演講》。北京：國際文化。第 15-47 頁。

韋伯（1919/2021）。〈以學術爲業〉。呂叔君譯。收入《馬克斯・韋伯全集》，第 17 卷。北京：人民。第 75-111 頁。

韋伯（1917/2018）。《以學術爲志業》。李中文譯。臺北：暖暖書屋。

施魯赫特（1988）。〈《以學術爲業》和《以政治爲業》的特色〉。徐鴻賓譯。收入《學術生涯與政治生涯——對大學生的兩篇演講》，王容芬譯。北京：國際文化。第 109-117 頁。

韋伯（1919/1998）。〈以政治爲業〉。馮克利譯。收入《學術與政治》。北京：三聯。第 54-130 頁。

韋伯（1917/1998）。〈以學術爲業〉。馮克利譯。收入《學術與政治》。北京：三聯書店。第 17-53 頁。

韋伯（1917/1999）。〈以科學爲業〉。楊富斌譯。收入《社會科學方法論》。北京：華夏出版社。第 1-33 頁。

韋伯（1917/1985/1991）。〈學術當作一種志業〉。錢永祥譯。收入《學術與政治：韋伯選集（Ⅰ）》。臺北：允晨。重印本：臺北：遠流。

韋伯（1919/1985/1991）。〈政治當作一種志業〉。錢永祥譯。收入《學術與政治：韋伯選集（Ⅰ）》。臺北：允晨。重印本：臺北：遠流。

外文文獻

Max Weber (1917/1922). Wissenschaft als Beruf. In his *Gesammelte Aufsätze zur Wissenschftslehre*. Tübingen: J. C. B. Mohr (Paul Siebeck). pp. 582-613.

Max Weber (1917/1989). Science as a Vocation (1917). Tr. by Michael John in Peter Lassman, Irving Velody, & Herminio Martins (eds.), *Max Weber's 'Science as a Vocation*. London: Unwin Hyman. pp. 3-46.

Max Weber (1917/1946). Science as a Vocation. Trs. by Hans H. Gerth and C. Wright Mills. In Hans H. Gerth and C. Wright Mills (eds.), *From Max Weber: Essays in Sociology*. Oxford: Oxford University Press. pp. 129-156.

Max Weber (1919/1946). Politics as a Vocation. Trs. by Hans H. Gerth and C. Wright Mills. In Hans H. Gerth and C. Wright Mills (eds.), *From Max Weber: Essays in Sociology*. New York: Oxford University Press. pp. 77-128

Max Weber (1919/1978). Politics as a Vocation. Partially Translated by E. Matthew. In W. G. Runciman (ed.), *Max Weber: Selections in Translation*. Cambridge: Cambridge University

Press. pp. 212-225.

Max Weber (1919/1989). *The Profession of Politics.* Ed. and Tr. by Simona Draghici. Washington, D. C.: Plutarch Press.

Max Weber (1919/1994). The Profession and Vocation of Politics. In Peter Lassman and Ronald Speirs (eds.), *Weber: Political Writings*. Cambridge: Cambridge University Press. pp. 309-369.

Max Weber (1988). Politik als Beruf. In Max Weber. *Gesammelte Politische Schriften*. München: J. C. B. Mohr (Paul Siebeck). pp. 505-560.

Wolfgang Schluchter (1979). Value-Neutrality and the Ethic of Responsibility. In Guenther Roth and Wolfgang Schluchter. *Max Weber's Vision of History.* California: University of California Press. pp. 65-116.

第二十講

結論

我們的古典社會學理論二十講，在此全部談完了。

有一些重點在這裡提醒各位讀者：

一、本書引用的文獻都是以原典爲主。因爲我的教學生涯很長，在每次閱讀和引用中，有時沒有中譯本，我只有硬著頭皮自行翻譯；有時中譯本太多，我只能靠「運氣」選用手邊的譯本；有時又希望能夠對照不同的版本和譯本查明每一段引文在各書的出處，有些部分做到了，有些則待未來自己或後人的努力了。我教學35 年來累積的講義十分龐大，因爲篇幅限制，所以內容都有裁減，但是有些實在是花費了不少心血，也沒見到其他同行做類似的工作，所以就保留當成附錄：附錄一是理論家的生平和著作的年表，附錄二是他的思想脈絡，附錄三則是我經年累月整理的著作脈絡，其中對於中英文譯本和原典的關係特別用心，希望能夠幫助讀者對本書所介紹的理論家有更完整的認識。也很期待大家能夠因此對古典社會學家或他們的理論產生興趣，能夠進一步閱讀經典。也鼓勵大家在英文或其他德文、法文、日文或西班牙文的學習。當然，對於社會學而言，德文跟法文相對而言更加實用些。在 AI 翻譯軟體尙未完善之前，這樣的努力還是必需的。

在語言能力還沒那麼好之前，相關中文譯本的閱讀，也是一件重要的基礎訓練。我在附錄部分，盡可能地蒐羅了海峽兩岸簡體跟繁體的中文譯本，但譯本因爲推陳出新，有些我可能沒注意到；有些是本書出版後才出版發行的，所以各位要隨時注意新的資訊，幫助你對社會學理論有更好的了解。

二、關於社會學理論的部分，因爲這是我獨特的安排與自身將近 40 年學習閱讀及教學原典的心得，所以其他人可能有不同的觀點與理解，因此對於這些理論家的介紹，會跟我詳略不同，甚至完全不同的看法，我覺得這點都非常值得去比較參考，挖掘出更多意義風貌。

三、我希望讀者們能夠藉由比較不同的說法，同時重視不同說法的所本，然後以原典爲判準，了解各種說法的優劣之處。我希望我們都能具有這樣的精神，如此，學術才能夠很扎實地往前進步。

四、在學習古典理論的部分時，要思考這些理論與我們生活有什麼關係。雖然每個人會因爲自身教育背景、社會位置、年齡、性別、階級以及族群的不同，對於學習認知上也有不同程度的影響，我想這方面的影響，在我們前面介紹的社會學家裡，也都有類似的狀況發生。但這並不應該阻礙我們學習認知上的開展與進步，套用《禮記》裡提到的「博學、審問、慎思、明辨、篤行」的說法，我想我們對於理論的學習時，應該進一步思考這些論述有沒有道理，其中不合理的地方又在哪裡？而這些論述對於現在還適用嗎？哪些又已經被時代拋棄了？當然如果有能力可以加以實踐是更好的。

五、我們前面談論到這些社會學前輩們，對於人類的共同的未來都賦予厚望，這也是後輩們要繼續努力的地方。現在許多課程學習上，許多人會持有「有沒有用」的框架來看待學科理論，這也是很多人會提問的問題。可是對我而言，這樣的問題類似一把刀子，可以用它來殺人，也可以用它來切菜，端看不同的目的。所以問題不在於刀，而在於使用刀具的人。我們學習社會學理論，特別是古典社會學理論，有些人覺得這種知識不太有用，蠻推薦大家有機會可以閱讀《莊子》這方面的論述，執著於用與不用的名相，反倒忽略事物本身的其他豐富可能性。面對理論時的視野，不單只有經濟效益的考量，許多理論的出現，其實是對於人類文明的思想、心靈層面的思考結晶。或許透過經典的閱讀，能幫助我們生命的視野更加豐富，也讓我們或許有機會成爲一個更好的人，讓我們共居的世界成爲更好的世界，希望這一點跟大家共勉。

如果還有什麼樣相關的問題，歡迎大家能夠透過電子郵件與我聯繫，我們可以進一步地討論，希望能幫助大家，我是孫中興，謝謝大家的閱讀。

國家圖書館出版品預行編目(CIP)資料

古典社會學理論二十講／孫中興著. --初版. --
臺北市：五南圖書出版股份有限公司,
2024.08
面； 公分
ISBN 978-626-393-398-9(平裝)

1.CST: 社會學理論

540.2 113007399

1J1K

古典社會學理論二十講

作　　者— 孫中興
企劃主編— 李貴年
責任編輯— 何富珊
文字校對— 黃淑真
封面設計— 姚孝慈
出 版 者— 五南圖書出版股份有限公司
發 行 人— 楊榮川
總 經 理— 楊士清
總 編 輯— 楊秀麗
地　　址：106台北市大安區和平東路二段339號4樓
電　　話：(02)2705-5066　傳　　真：(02)2706-6100
網　　址：https://www.wunan.com.tw
電子郵件：wunan@wunan.com.tw
劃撥帳號：01068953
戶　　名：五南圖書出版股份有限公司
法律顧問　林勝安律師
出版日期　2024年 8 月初版一刷
定　　價　新臺幣790元

※版權所有．欲利用本書內容，必須徵求本公司同意※

全新官方臉書

五南讀書趣

WUNAN Books since1966

Facebook 按讚

1 秒變文青

★ 專業實用有趣
★ 搶先書籍開箱
★ 獨家優惠好康

不定期舉辦抽獎
贈書活動喔！！！

經典永恆‧名著常在

五十週年的獻禮——經典名著文庫

五南，五十年了，半個世紀，人生旅程的一大半，走過來了。
思索著，邁向百年的未來歷程，能為知識界、文化學術界作些什麼？
在速食文化的生態下，有什麼值得讓人雋永品味的？

歷代經典‧當今名著，經過時間的洗禮，千錘百鍊，流傳至今，光芒耀人；
不僅使我們能領悟前人的智慧，同時也增深加廣我們思考的深度與視野。
我們決心投入巨資，有計畫的系統梳選，成立「經典名著文庫」，
希望收入古今中外思想性的、充滿睿智與獨見的經典、名著。
這是一項理想性的、永續性的巨大出版工程。
不在意讀者的眾寡，只考慮它的學術價值，力求完整展現先哲思想的軌跡；
為知識界開啟一片智慧之窗，營造一座百花綻放的世界文明公園，
任君遨遊、取菁吸蜜、嘉惠學子！